オットー・フォン・ギールケ

歴史法学論文集

第一巻

Schriften der geschichtlichen Rechtswissenschaft, erster Band

von

Dr. Otto von Gierke (1841-1921)

O.ö.professor der Rechte an der Universität Berlin.

Ausgewählt und ins Japanische übersetzt

von Professor Dr. Yoshio Shoji

Tokyo, Shinzansha Buchhandlung.2019.

オットー・フォン・ギールケ

歴史法学論文集

第一巻

庄子良男 訳

信山社

Schriften der geschichtlichen Rechtswissenschaft, erster Band

von

Otto von Gierke

Tokyo, Shinzansha Buchhandlung. 2019.

訳者まえがき

一　本書は、オットー・フォン・ギールケ（1841–1921）の数多くの個別論文や講演のうち、主として基礎法および公法に関する著名なものを訳出して年代順に配列し、二冊の論文集にまとめたものである。

二　第一巻には、1.「ドイツ法におけるフモール」（初版一八七一年、第二版一八八六年〔底本〕）、2.「国家法の基本的諸概念と最近の国家法諸理論」（一八七四年）、3.「新旧のドイツ帝国」（一八七四年）、4.「上級貴族の家の法人格」〈一八七八年〉、5.「法の青春と老年に関して」（一八七九年）、6.「自然法とドイツ法」（一八八二年）、7.「ラーバントの国家法とドイツ法科学」（一八八三年）の七編を収める。第二巻には、8.「ハインリッヒ・ブルンナーの有価証券論書評」（一八八三年）、9.「精神諸科学のための基礎づけ――ディルタイ『精神諸科学序説』書評論文」（一八八四年）、10.「ゲオルク・ベーゼラー論」（一八八九年）、11.「グナイスト・ネクロローグ」（一八九六年）、12.「人間的諸団体の本質」（一九〇二年）、13.「歴史法学派とゲルマニステン」（一九〇三年）、14.「デルンブルヒ・ネクロローグ」（一九〇七年）、15.「シュタインの諸都市条例」（一九〇九年）、16.「国家科学の補習教育の概念と課題」（一九一〇年）、17.「アメリカ憲法との関係におけるドイツ憲法」（一九一〇年）、18.「死刑の廃止?」（一九一一年）、19.「多数決原則の歴史」（一九一三年）、20.「ブルンナー・ネクロローグ」（一九一五年）、21.「法と道徳」（一九一七年）、22.「労働協約法の将来」（一九一七年）、23.「ゲルマン的国家思想」（一九一九年）、の十六編を収めている。それらによって、青年時代から晩年に至るまでのギールケの団体法思想の深化とゲルマン法を中心とする歴史法学の展開をたどることができる。また、ベーゼラー、グナイスト、デルンブルヒ、ブルンナーに関するものは、いずれもギールケが親しく接したベルリン大学の同僚についてのネクロローグ（追悼文）であり、温かいまなざしのもとに十九世紀の法律学の雰囲気を伝えている。

三　本訳書は、さきに発表したギールケ『ドイツ団体法論・第一巻・ドイツゲノッセンシャフト法史』（一八六八年）全四分冊（信山社、二〇一四・一五年）を前提とする、ギールケ研究の補充ないし継続である。合わせて参照していただければ幸いである。未収録のギールケの個別論文には、私法の社会的課題（一八八九年）、不正競争に対する保護の法律上の根拠（一八九五年）、権利能力なき社団（一九〇〇年）、商事組合法と民法（一九〇一年）、債務と責任（一九一〇年）、雇用契約の諸根（一九一四年）、継続的債務諸関係（一九一四年）など民法・商法に関するものが多数あり、他にも多くの優れた書評その他の論考がある。晩年には「法と戦争」（一九一五年）など、戦争論もいくつかある。今後の課題としたい。

四　翻訳のスタイルは、原則として原文の忠実な直訳であり、ゲシュペルトの部分はカッコ「　」で囲み、現代ドイツ語以外の言語（英語・フランス語、ラテン語、ギリシャ語、中高ドイツ語）については、原文を示した。第一論文に集中するどうしても訳せない中世ドイツ語の引用文については、訳を示さず、原文のみを掲げてある。私の従来の例により、丸括弧（　）は原文にあるもの、または、テクニカルタームの表記であり、山括弧〈　〉と二重山括弧《　》は、文章のつながりを明らかにするために訳者がつけたものであり、キッコウ括弧〔　〕は意味を補足するために訳者が加えたものである。なお、ギールケの氏名に「フォン」が入るのは、彼が永世貴族に叙せられた一九一一年以後のことである。各論文の原典表記は、翻訳の底本としたものの出版当時のそれに従っている。

【庄子良男】

目　次

1．ドイツ法におけるフモール（一八七一年）

オットー・ギールケ『ドイツ法におけるフモール』（初版一八七一年、第二版一八八六年〔底本〕）

Der Humor im deutschen Recht von Otto Gierke, Professor der Rechte zu Heidelberg. zweite Auflage. Berlin. Weidmannsche Buchhandlung. 1886.〔Erste Auflage：1871. Berlin〕

まえがき

〝ドイツ法律学の老巨匠カール・グスタフ・ホーマイヤー（Karl Gustav Homeyer）〔先生〕に〟一八七一年七月二八日の博士学位五十年記念のために、著者は、この貧しい冊子を、――〝より真面目な学問的作業を提出することには、〟著者がその当時謝罪しつつ述べたように、〝永い戦争による平和的な活動の中断をとおして妨げられて、そして、それでもしかし、美しい慣例に相違して、何の成果も得ずに現れることを、まさに今回はほとんど熟慮することなしに〟献呈した。

現在、新版が必要となってきているとき、そのようにして成立したこの機会的な論文に、〈それが、フモールとの取り組みにもかかわらず、学問の真面目さの前により良く存在することがそこでは出来るところの〉本質的に異なる姿を与えることは、課題としては現れることができなかった。そしてまた、著者には、そのような論文の第二版は、〈その中で提案された一般的な諸観方と諸思想を、その間に獲得された新たな諸洞察の基準に従って、制限的にまたは補充しつつ訂正し、または、それらを、例えばその後に作業して得られた諸理念との融合をとおして、より深く基礎づけ、そして、より高めるためには〉、適切な場所であるとは、思われなかった。むしろ、ただ個別の点における諸改善と諸補充が問題となることが出来ただけであった。そこで、それゆえ、とくにいくつかのその当時見過ごされたことどもが補われ、その他のことは、それ以来公表された諸源泉から挿入されている。それでもしかし、書物は、現在もまた、決して、その諸限界がそうでなくとも流動的なそのテーマを汲み尽くすという要求を提起するものではない。

この書物がいまや少なくとも相応しくなくはない方法において、〈ドイツ法のすべての友人たちによって稀有の一致において尊敬された《この書物の献呈をかつて快く受け入れて下さった》人の追憶を、さらにもう一度、いわば個人的な献呈において新たにすることの〉畏敬の義務を果たすものでありますように。

ハイデルベルク、一八八六年八月

オットー・ギールケ

カール・グスタフ・ホーマイヤー〔先生〕の追憶に〔捧げます〕。

第一章

ヤコブ・グリム（Jacob Grimm）は、かなり以前に「法におけるポエジー」[1]について書いた。それゆえ、そこに属する個々の現象に関して、今日何かを言うこともまた、許されるであろう。すなわち、「ドイツ法におけるフモール」に関して〔である〕。しかも、このためには、何かもっと詳しく取り上げることが勧められるように思われる。なぜなら、すでにグリムに対して提起された異論[2]は、〈ここでもまた、幾人かの人には、ことがらと言葉が正当ではないように思われ、より多くの人々には、さらに《偶然的で本質的ではない付随物と彼らに思われるもの》を一緒に並べることが無用の遊戯と思われるであろう〉という推定を明らかにするからである。

我々の今日の法においては、法とポエジーのかつての結合のほとんどすべての諸痕跡が消去されているのみではない。我々の法解釈全体は、むしろあらゆる思想に、〈我々が古い法においてもまた、両者の「内的」な相互浸透をではなく、ただ「外的」な接触のみを認める傾向がある〉という点において、極めて遠く離れて立っているのである。しかし、我々は、別の時代の法を我々の法意識によって測ることは許されない。我々がそうではなくその生成を理解しようとするときは、その時代の観方へと立ち帰らなければならない。そして、そこでは、〈最終の根拠においてもまた、法は至るところで法として同一の概念であるが、それでもしかし、その本質と形態とともに、法理念もまた、《同一のことがらを、ここでは法理念と調和的に、そして、そこではそれとの矛盾において出現させるのに》十分に変化するのかどうか〉、そして、〈十分に変化するものであること〉が、示されるのである。

【以上、第一章、本文終わり、以下、第一章の注】

注

（1） J・グリムJ. Grimm, von der Poesie im Recht. In Savigny's Zeitschrift für geschichtliche Rechtswissenschaft. Bd. II. (1816) S. 25-99. それについて、ホーマイヤーK.G.Homeyer, Jahrbücher für wissenschaftiche Kritik. April 1830, S. 524-531.

（2） 例えば、フォン・ライシャーvon Reyscher, über die Symbolik des germanischen Rechts. Tübingen 1833. S. 2. 彼は、〝法とポエジーとは、前者は否定的に道徳的なものに、後者は積極的に道徳的なものに関係しつつ、永久に相互から分けられている。詩的なものは、せいぜい法「において」ではなく、法「について」求められなければならない。〟と考えている。

【以上、第一章の注、終わり】

第二章

事実、民族生活の一機能である法が、民族の生活諸段階で、民族精神そのものと同様に、さまざまに形成されるとすれば、そのことは、注意を引くことではありえない。法の諸変化には、[3] しかし、この場合、民族生活のその他の諸機能の諸変化、すなわち、言語とポエジー、信仰と風俗、経済と国家の諸変化が、平行して走っている。我々が民族の青春と成熟した老年を対立させるときに、最も鋭くここでは諸差異が現れるのであり、――相互から遠ざかれば遠ざかるほど、それだけいっそう鋭く、我々は比較された諸時代を把握するのである。[3a]

とりわけ、まず最初に、青春の時期は、「直接および不可分の民族創造と民族活動」をとおして、すべての諸領域で指摘されている。古い法は、いまだ分裂されない民族の一様な所有財産であり、それは、民族叙事詩のようにその〔民族の〕魂から流出する。それは、民族の信仰のようにその〔民族の〕中に遍在している。それ〔古い法〕は、民族によって民族の風俗習慣のように絶えず伝承され、そして、絶えることなく適用される。それは、言語の完全な構築のように、ほとんどいまだ自然力の種類に従って生み出す民族力をとおして、生成し、そして、成長する。成熟した諸民族においては異なっている。それらは、個々の諸クラスおよび諸階級において、それらの精神的生活の個々の諸側面のための特別の諸機関を獲得している。法律に通じた固有の階級が、民族から、法意識のより繊細な陶冶とより鋭い刻印、諸規約の起草と形態形成、生活への規範の論理的適用を、奪うのである。そしてまた、その階級は、〈健全な発展の場合には、民族の法意識が、すべての法の諸理念の広範な基礎を保持し続け、民族的な協力が、しかし、法の産出の際においては、裁判所におけるように保持され続けるのであるが〉[4]、残念ながら極めて永い間我々のもとでそうであったように、もちろんただ病的な諸状況のもとにおいては、民族をその法から「完全に」押しのけるであろう。絶えず、その間に、民族法の古い直接性は破壊され、そして、民族と法との間を媒介する階級は、法に、新たな本質の刻印を押捺するのである。全く類似のことが、言語と詩において、信仰と風俗において、示される。それは、国家的な行動と〈古い自然経済の代わりに上昇する分業、経済的な編成と組織化、および、意識的な諸傾向を置くところの〉経済生活の領域でもまた、示される。

青春の民族は、さらに、運動ならびにその諸結果に、すべてのこれらの諸領域で「青春の魂の独特の諸メルクマール」を押捺する。さらに、後の時代が作りそして改善するものが、生成しそして成長する。さらに由来をとおして神聖化である。さらに、無意識のまたは半ば意識的な行為は、意識的なまたは熟考された行為よりも強力された秩序を、〈個別意思があえて攻撃することをしない〉不思議なものと神的なものの外観が、取り囲む。さらにすべて精神的なものが肉体的な覆いの中へと自らを装い、そして、端的に非感覚的なものさえも感覚像をとおして感覚世界と結びつけられる。倦むことないそして尽きることのない、後の諸世代によってはほとんどいまだ理解されない、形態形成力によって、民族は、あらゆる諸思想に肉体的な観念、像または感覚像をとおして接近することを知る。至るところでそして個別の点にまで、規約は、生き生きとしてそして具体的であり、それは、どこにもそれ自身のために一般化を追求しない。そのような諸特徴が、青春の諸民族のその他の諸機能を伴う古い法に共通であることは、容易に貫徹されている。すべてのこれらの諸関係において、ところで、しかし、〈その点では個別人間の精神に類似して、民族精神が成熟するときに〉、完全な変化が登場する。次第に多く、抽象的思考が、精神的諸力の指導性を受け取る。意識的な意思、熟考された創造が、次第により広い空間を獲得する。諸観念の世界の上に、純粋の諸概念の世界が上昇する。精神的なものが、肉体的なものから引き離される。色彩ある諸像が吹き払われる。個々人の具体的な生活が、諸形式と諸原則へと逃げ去る。抽象的に、まさにしばしば死者の諸限界へとまで抽象的に、法と言語、信仰と風俗が、〔そして〕国家さえもが、なるのである。

すべての言われたこととの関連において、いまや最後に、「青春の諸民族のさまざまな生活諸機能が、鋭い隔壁を通してではなく引き離されること」もまた、立っている。まだ、それら〔さまざまな生活諸機能〕は、同一の民族の魂の中に区別されずに並列して存在している。〈それの上に神性が崇拝され、そして、法が判告され、耕地が抽選で決定され、そして、戦争への出征が決議され、社交の風俗が配慮され、そして、吟遊詩人の歌が聞かれるところのもの〉は、まだ、外的にもまた、同一の集会である。あらゆる領域は、外国の影響のために、まだ隔離されずそして開いている。そうして、最も生き生きとした方法において、あらゆる機能が、別の機能の中へと手を出し、同時に他の領域において馴染んでおり、その領域において最も直接に共同で形態形成する。事実、ポエジーは、古い法において、〈それが、古い信仰において、古い言語において、古い風俗において、付着するように〉、付着している。なぜなら、多数の諸規約は、形式と内容上、〈民族の魂の詩人的な力がそれらを直接につくるのを助けなかったとした場合には〉、「そのように」ではなく、違う内容であったであろうからである。同様に、例として、慣例と風俗もまだ法の「中」にあり、まさにそれらは、ほとんど確定の限界を区分していない。法における道徳的確信は、たんに遠い動機以外の何ものでもないのみならず、直接の形態形成要因として有効である。信仰もまた、法の中へと混合しており、神の諸さばきのような諸制度をその更なる分枝において創るのである。そして、少なくともゲマインデのクライスにおいては、経済的生活もまた、マルク法、荘園法またはドルフ〔村〕法の中へと、最も生き生きとした直接性において編み込まれてきている。——後には、このことは、すべてが違ってくる。諸対立がより鋭くそしてより多数現れて来る。体系的なものが発展する。かつて結合されたものが分離され、そもそも現在では調和しがたいように見える。〈絶えず進んで自己自身において自らをさらに分割し、対立を対立の上に生み出し、益々豊かに自らを編成するために〉内的にそして外的に民族生活の大きな諸分枝が分離される。決して一度ももちろん、〈民族有機体のさまざまな諸機能を互いに従属させるところの〉あの永遠に活発な相互作用は、やむことがない。しかし、〈あらゆる機能が、他の諸機能に対して、独立の有機体として自らを隔離し、その第一次的な生存法則を唯一自己自身において担い、ただ自己自身からのみ成長し、そして、いつでも「間接的」にようやく他の諸機能を自らに作用させる〉という点において、古い時代に対する差異が存する。それゆえ、例えば、法にとっては、風俗と道徳は最も内的な核心にとどまり、経済的な諸関係は強行的な外的基礎にとどまっている。しかし、――もちろんしばしば、風俗、道徳的な諸観方または経済的な諸事情は、しかし、すでに直接にこの変化をとおしてではなく、ある程度外国風のものの翻訳の後に初めて、法へと、変化してきている「ゆえに」――、法は、それらに対する関係で独立し、たとえ一度だけであるにせよそれらと対立する力を受け取り、そして、ただ自己自身をとおしてのみさらに形成される。法と国家は、さらに内的に結合され続けているが、しかし、それらもまた、それらが互いに閉じられている場合に初めて、完成されている。そして、至るところでそれは類似している。ひとは、それゆえ、いまや、事実、もはや一方の機能の存在を他方「において」語ることはできないのである。

【以上、第二章、本文終わり、以下、第二章の注】

注

（3）民族生活のその他の諸機能に対する法の関係との関連において、Arnold《アルノルト》, Kultur- und Rechtsleben. 1865. を参照せよ。

（3a）より詳細に、私は、論文 “Ueber Jugend und Altern des Rechts”, Deutsche Rundschau V. 5（Febr. 79）S. 205-232,［本書

の本巻三〇一頁以下に収録の第5論文『法の青春と老年に関して』――訳者記〕の中で諸差異を説明し、そして、その場合、〈進歩する区別化のプロセスの中で法の変化を惹起するところの〉一連のここへと譲渡された諸モメントを指摘している。

（4） Vgl. ベーゼラー Beseler, Volksrecht und Juristenrecht,〔民衆法と法曹法〕Leipzig 1843.

【以上、第二章の注、終わり】

第三章

生活諸段階のこれらの典型的な諸差異は、すべての諸民族において繰り返し見出される。個別においては、しかし、それらは、さらに、〈民族の諸精神そのものが互いに同じではないように〉、「さまざまな諸民族において」「同じではない」。

すでに「発展における過程、時間そして内容」が同じではない。それゆえ、例えば、「古代の文化諸民族における発展が、ゲルマン的なそしてゲルマン民族文化をとおして若返らされた諸民族におけるよりも、より速やかに、単純に、輝かしく経過したこと」が、眼中に跳びこむ。我々がローマ人たちやギリシャ人たちのもとではほとんど気づかない諸移行が、我々のもとでは、ほとんど一千年を満たしたのである。我々のもとでは、より確かな組織への、抽象的な思考への、システムへの、諸対立の認識と分離への進歩は、ゆっくりと、重苦しく、不揃いであった。比較にならないほど永く、我々のもとでは、より古い生活諸段階の不完全性が保持された。多くの諸概念が不明確にそして流動的にとどまった。しかし、最初から〈より深く、より多面的にそして内容豊かに整えられた〉文化を展開すること、人類の樹により高い開花を熟させることもまた、妥当した。

我々が、個別においてさまざまの生活諸段階の「有効性」とそれらの互いに対する「相互の諸関係」を、個々の諸民族のもとで比較する場合に、不平等性は、さらにより大きい。ここではひとつの機能が、そこでは別の機能が、支配的または従属的に、豊かにまたは貧しく、早くまたは遅く、完成されまたは萎縮させられている。そして、あらゆる領域の実定的な「整備」において、〈全体への決して一度も欠けることのないつながりをとおして、最も小さな諸特徴もまた、関心を獲得するほどに〉極めて明瞭に、民族の魂が再び反映している。

【第三章に注はない。】

第四章

ひとつの例を、我々に与えるのは、「ドイツ法における倫理的要素」である。(5) そもそも風俗と道徳的なものが法へと織り合わされることは、より古いドイツ法に、その他の青春時代の諸法とともに共通である。この現象の、しかし、特別の色彩は、ドイツ法においては極めて独特であるので、それは、ただドイツの民族の魂からのみ流出することができたのである。すでに〈いかなる他の法においても、倫理的要素が、そのような力強さ、粘り強さおよび内面性とともに、作用していないこと〉が特筆的である。しかし、どのようにドイツ的な道徳性と風俗の深さ、やさしさ、心情の豊富と心情的なものが、多数の法の諸規約において表明されているかは、さらにもっと特筆的である。いかなる他の民族も、最も重要な法の諸制度の中へと「誠実」(Treue) という美しい道徳的な概念を〈それが我々のもとでレーン制度全体の中へと、最高のかつ最低の支配諸関係と奉仕諸関係の中へと、ゲノッセンシャフト法の中へと、婚姻法の中へと、契約法の中へと、そして、市民的名誉の法の中へと織り合わされていた(5a)〉ほどに極めて芸術的に編み合わせることは、おそらく出来なかったのではないか? なんという道徳的な深さが、さらに、刑法 (Strafrecht) において〈ただ「秘密性」のために、光をきらう嘘をもっとも深く軽蔑する真のドイツ精神には、もっと極めて荒々しい公然たる暴行よりも罪深いものとして現れるところの〉〝破廉恥な〟諸犯罪のより鋭い取り扱いにおいて、表明されていることであろうか!(6) 少なからず独特にドイツ的であるのは、〈信仰と出自をとおして聖化された人々、諸場所および諸道具に対して高められた「平和」を保障し、防衛力のない者と保護のない者に特別の国王または裁判所の「保護」を与え、それどころか犯罪者自身にもさらに「避難所」をそして「逃亡」の可能性を提供するという〉古い法の配慮である。[6a] 外人（Gäste）法と外人裁判所（Gastgerichte）法、[7]「寡婦たち」と「孤児たち」への、〈彼女らには男たちに対する彼女らの権利となるべき[8]〉「婦人たち」への、やさしい顧慮が、ここでは関連している。親類が親類と、隣人が隣人と、主人が男子と、ゲノッセがゲノッセと、より近く結ばれれば結ばれるほど、それだけいっそう強く、〈互いに助け合い、そして、互いに支えあうこと、他人の利益に対する諸顧慮を払うこと、〞愛と苦しみを担うこと〟、それどころかさらに死を超えて最終的な名誉を互いに証明し、そして、魂の救済のために配慮すること〉の義務が、強調される。[9] ドイツの心情にとって、おそらくさらに特筆的であるのは、〈いかにして、地代を支払いそして賦役に服する人々の重い負担が、友好的な待遇といくつかの種類の小さな反対諸給付をとおして緩和されるべきであるか〉を正確に規定するところの、荘園諸ヴァイストゥームの多くの諸規定である。[10] 一般にプリューム大修道院においては、フォークトは、フォークトペニッヒ（Vogtpfennig）を〞それゆえ〈彼が、ゆりかごの中の子供を目覚めさせず、そして、安全な場所で鶏を驚かさないように〉穏便に徴収すべきである（also gütlich heben, dass er das kindt in der wiegen nit weck und das hoen uf der hort nit erschreck.）〟と言っている。[11] 裁判権所有者（Gerichtsherr王や領主）が農民の封臣（bäuerlicher Lehnmann）のもとに宿を取るときは、彼は、剣と拍車を、彼が夫人を怖がらせないように、扉の前にはずして置くべきである。[12] 特別の顧慮が、「家族」における諸事件や諸祝祭に対して払われる。すべての諸地方の諸ヴァイストゥームは、小作料の鶏の収納者は、彼が家の中に産婦を見出すときは、鶏の頭だけを折り取って持ってゆき、産婦がそれによって自らを元気づけるために、鶏はこれを後に向かって家の中へと投げ返すべきである、[13] と決定している。男の子または女の子の誕生の際には、性によって異なる小さい諸贈り物がマルクから差し渡され、[14] そして、厳格な義務からのいくつかの種類の諸免除が保証される。[15] 若い夫婦たちにもまた、しばしば婚礼の諸贈り物が与えられ、地代と奉仕の諸免除が承認されている。[16] 古い伝統の諸贈り物、諸饗応および諸特権が、一定の諸祝日のために注意深く規定され、[17] 子供たちあるいは僕卑のこともその場合忘れられていない。[18] 少なからず特筆的であるのは、〈それをもって通常は厳格な法が、《三房のぶどうまたはその他の果実を即座の享受のために手折ること、魚を採ること、馬に道路そばの原野からえさを与えること、壊れた道具をマルクから改善することを》他所の人に許しているところの〉、そして、〈それをもって、法が、さらに類似のことを妊婦たちや病床の人々に認めているところの〉寛大さである。[19] 心情的なそして愛すべき諸特徴を、法は、同時に、〈法が注意深い綿密さをもって、すべてのより重要な法律諸訴訟に続くのがつねである諸酒宴や諸饗宴に関して、飲み物やご馳走の状態と種類に関して、食卓の座席順や礼儀作法に関して、しかり遊戯やダンスに関して、その場合に諸規定を作る場合に[20]〉、発展させている。そのような特徴的な諸規約の領域は、尽きることなく多い！ 私は、ただ、さらに、わけてもそれがフモールに軽く触れるように見える、〈それをとおしていくつかの諸ヴァイストゥームが道徳的諸義務の「衝突」を感覚的に生き生きと解決している〉美しい規定を引用しよう。逃走する犯人（Missethäter）が河に来て、渡し守（Fährmann）に、〃だんな（Wardmann）、向こう岸にやってくれ！〃と呼びかけるときは、渡し守は犯人を向こう岸に渡すべきである。追っ手が犯人の背後にやってきてそして同じ呼びかけをするときは、渡し守は、もし彼がすでに岸から離陸しているときは、彼は最初の者〔犯人〕を船の前方に置き、追っ手を船の後方に置いて、自らを両者の真ん中に立たせるべきである。そして、彼が着陸するときは、彼は、犯人をまず最初に上陸させるべきであり、その上で小船の方向を転じて、追っ手を上陸させるべきである。それによって彼は罪を犯すことにはならない。[21]

【以上、第四章、本文終わり、以下、第四章の注】

注

（5） Vgl. auch オーゼンブリュッゲン Osenbrüggen, Studien zur deutschen und schweizerischen Rechtsgeschichte. Schaffhausen 1868. Abh. Nr. 1 : "Der ethische Faktor im altdeutschen Recht." S. 1-18.

（5 a） エーレンベルクの論文 Aufsatz von V. Ehrenberg, die Treue als Rechtspflicht（in der Deutschen Rundschau）を参照せよ。そこでは、それにもかかわらず、この点におけるドイツの法形成の独特性が、余りにも専ら法制度としての奉仕誠実の刻印において見出されており、その上、しかし、この制度は、余りにも近代的な感覚から判断され、そして、近代の諸需要によって測られている。

（6） Vgl. Osenbrüggen a.a.O. S.10-15.

（6 a） ひとは、諸避難所の法（Recht der Freistätten）に関して、現在、とりわけフラウエンシュテット P. Frauenstädt, Blutrache und Todtschlagsühne im deutschen Mittelalter（Leipzig 1881), S. 51-87, の優れた叙述を参照せよ。彼は、まさにここで展開された古い法の心情豊かなそして詩的な諸特徴の豊かさを正当に評価している（S.84 f.）。

（7） Vgl. オーゼンブリュッゲン Osenbrüggen a.a.O. S. 19-68.

（8） それゆえ、ひとは、キルヒベルクでは、グリム Grimm I. 203 における一五一五年のヴァイストゥームによれば、まずはじめに寡婦たちと孤児たちに、その後に他国人たちに、やがてはじめてハウスゲノッセン〔家仲間たち〕に、〝そして、絶えず男たちの前に婦人たちに〟〔ベットや食事を〕整える。

（9） 「私〔ギールケ〕」の Rechtsgesch. der deutschen Genoss.〔ドイツ団体法論第一巻・ドイツゲノッセンシャフト法史〕, Berlin 1868. S. 21-23. 33. 72. 92. 187. 229. 238. 240.〔以上、庄子訳・第一分冊、第三章三〇－三二頁、第四章四八－四九頁、第八章一〇〇－一〇一頁、第十一章一三八頁、第二十二章二八六頁、第二十六章三五三頁、第二十七章三七〇頁、同三七二頁〕、341. 347 Note 12. 351. 387. 494. 623-624.〔以上、庄子訳・第二分冊、第三十六章七一頁、第三十七章八九頁注(12)、同八二頁、第三十八章一一七頁、第五十三章四七八頁以下〕。ベルンのハントフェステ（Berner Handfeste 特許状）§.45. をもまた参照せよ。それによれば、結婚した息子は、寡婦となった彼の年老いた母にかまどと机のもっとも良い場所を与えるべきである。ある農夫の貧しい娘にベットをもって嫁入支度させるという教会堂の義務に関する、グリム Grimm, W. I. 378 もまた、〔参照せよ〕。

（10） グリム Grimm, R.A. 394 f. マウラー Maurer, Fronh. III. 307-309。グリム Grimm, Weisth. II. 412. をもまた。これによれば、シュルトハイス〔市町村長〕は、耕夫たちの帰還の際に荘園の門に立ち、そして、〝各腕の下に親指と小指を張った長さのパンをもつべきであり、そして、ある貧しい男が車輪を壊すときは、この者自身に、彼が家に帰ることが出来るように助けに来るべきである。〃そして、それによれば、さらに、牧草地で干草を作る際に、若い人々（Volk）は、最大ではなくそして最小でもない干草の塊をとるべきであり、〃それについてdantzen（?）す〔その周りで踊る（?）〕べきであり、そして、そのような管理された干草が彼らの報酬であるべきである。〃Vgl. das W. v. Ranspach v. 1532 ib. II. 36, それによれば、同様に、その者の鋤によってフロンにおいて車輪を壊したところの貧しい男には、農場主はスペルト小麦パンを届けるべきである。――〃彼が帰宅することができる彼の車輪へとぶつかる者に〃という、明らかに諧謔的な付加部分とともに。さらに、ib.II. 693. 697; IV. 577 §.5 そしてとくに、ヘッセンのワルペルツメンヒェンWalpertsmännchenの法に関してグリムGrimm, R.A. S. 388. をもまた。

（11） グリムGrimm, W. III. 835. まさに同じことをRauchhühner（毛皮鶏?）を取りに行く際にdie Weisth. v. Gondebret u. Selrich ib. II. 539 u. 546は、規定している。Vgl. auch ib. 191.

（12） W. Hottenbach b. グリムGrimm II. 132. Vgl. ib. 528.

（13） グリムGrimm, R.A. 443; Weisth. I. 129. 239. 257. 282. 351 a. 25. 376. 535. II. 119. 129. 154. 210. 534. 544. Vgl. auch Oesterr. Weisth. IV. S. 89.

（14） グリムGrimm, W. I. 101. 107. 307. 815. IV. 334 §. 7. 通常、男児の誕生の場合には2フーデル〔二馬車分〕の、女児の誕生の場合には1フーデル〔一馬車分〕の木材が〔贈られた〕。例えば、ib. I. 78 §.43. 96. 137. 141 §. 21. 374. III. 429. IV. 430 §. 40. 夫は、そこから〃ワインと美味しいパン〃を産婦のために買うべきである。

（15） 二日または一日のフロンターク〔賦役日〕の諸免除、b. グリムGrimm, W. II. 408; 夫人の諸軽減、ib. I. 800. IV. 211; 禁制ワイン（Bannwein）の諸免除ib. I. 425. II. 411、解放の報告に接して、夫は、直ちに役務から家へと急ぐべきである、ib. III. 311 §. 33. 359. Vgl. auch ib. I. 243.

（16） ハッハブルク（一三四一年以前）において最初の一年を通じてそうである、b. グリムGrimm I. 366. Vgl. ib. II. 657 Note 1. そして、〃花嫁木材（Brautholz）〃の贈り物、ib. III. 78.

（17） 例えば、クリスマスの木材、b. グリムGrimm I. 101. 823. IV. 212.

（18） Vgl. 例えば、グリムGrimm, W. I. 441（農場主は、子供たちに記念のためにmutscheleibelin〔比較的僅かな大きさと性質のパンを〕準備しなければならない）。II. 168. 411（子供たちにはKönigsfewr（王様の祝祭）を）。413（彼らのためにパンを）。509 f.（僕卑の権利、彼の祝祭、彼の王様）。等々。

（19） Ed. Rotar. 301. Sachs.sp. II. 68. グリムGrimm, R.A. 400-402. 523. 554; Weisth. I. 183. III. 457. 460 §.9. 426. 631. V. 302 §9. 305 §11. u. 12. Oesterr. Weisth. VII. 19. Z. 27. Rechtssprüchw.：〃三房は自由Drei sind frei〃。類似の諸権利を病人や虚弱者は有する、

例えば、グリム Grimm, W. I. 357. 641 §.3. II. 85. 539. V. 227 §. 24, Oesterr. Weisth. VII. a.a.O. u. S. 35 Z. 16. 43 Z. 19. および、とくに、妊婦たちは、葡萄、果実、魚、獣肉に対する彼女らの病的嗜好の満足のために、グリム Grimm, R.A. 408 f.; W. I. 394. 463. 641 §.3. II. 85. 454. 817. III. 834. 887. IV. 430 §. 36. 528 §.5. 621 §. 12. V. 227 §. 24. カルテンベック Kaltenbäck, österr. Pant. I. 233 §. 90. 508 §.19. Oesterr. Weisth. VII. a.a.O. u. S. 75 Z. 35. 160 Z. 32. 309 Z. 3. 328. Z. 1. 406 Z. 40.

(20) Vgl. グリム Grimm, R.A. 395. 529. 869-871;「私〔ギールケ〕」の R.G. der Genoss.〔ドイツ団体法論第一巻・ドイツゲノッセンシャフト法史〕,. 33. 229.〔以上、庄子訳・第一分冊、第四章四八－四九頁、第二十六章三五三頁〕、336 Note 25. 340. 347 Note 11. 386. 494. 624 および同所での諸引用〔以上、庄子訳・第二分冊、第三十五章六七頁注(25)、第三十六章七〇頁、第三十七章八九頁注(11)、第三十八章一一六頁、第四十六章二九八頁、第五十三章四七九頁以下〕。; マウラー Maurer, Stadtv. II. 388. 439 f. 459. III. 93-103. 〝法における社交〟にとって特筆すべきであるのは、ここでは、例えば、社交的な義務が「法的」諸義務として現れていることである。すなわち、それらの義務の履行に、ケルンにおいていわゆる〝務め（Dienst）〟の遂行に完全な営業権のような、重要な諸私権が依存していること、すなわち、厳格な法規制に基づいて入る罰金が飲酒のために決定されていること、などである。――個別に関しては、以下、注(186)－(197)を見よ。

(21) グリム Grimm I. 656. における一三八四年のヴァイストゥームによれば、上部エルザスにおいては、グロスケムス・アム・ラインにおいてそうである。同様に、キュッセンベルク・アム・ラインにおいて、ib. V. 221 §.24（そこでは平底船 Nachen の逆が）。――リムブルクの大修道院長が、殺人によって逃走する彼のフーフェ農民または聖堂下男をどのように保護し、そして、緊急の場合においては、海まで導き、その場所で二つの銀白色の徽章といくらかの貨幣を装備させ、彼の従者たちとともに、彼がその者をもはや見えなくなるまで、海岸に待機させ、そして、その後に彼を聖なる十字架に命令すべきであるか、に関する極めて独特の諸規定をもまた、参照せよ。; W. v. Dürkheim ib. I. 784. ――アルフレン ib. II. 410 において、ある犯人が逃走し、そして、平地で誰かに出会うときは、彼は、〝彼の幸運は彼の権利〔法〕よりもより良いであろう〟と語るべきである。――すなわち、明らかに、〝彼には恩恵が権利〔法〕よりもより良いものであろう〟という通例の形式の言い回し〔を語るべきである〕(z.B. Grimm I. 565)。

【以上、第四章の注、終わり】

第五章

道徳的なもの（Sittliches）と礼儀正しいこと（Sittiges）のように、「古代ドイツ法における詩的なるもの（das Dichterische）」もまた、独特に「ドイツ的」である。ここでもまた、まず最初に、外国法、例えば、ローマ法との比較において、法における詩的な要素の力強さ、豊富さおよび寿命は、驚かせる。ここでもまた、しかし、同時に、現象の特別の色合いにおいて、ドイツの詩作の本質は、百倍も著しい。すでに特筆されるのは、法律用語の多種多様な詩的な表現諸形式において、〈それと並んでは、韻（Reim）は後になって初めてそしてまばらに法の中へと突入するところの(23)〉頭韻法（Alliteration）(22)のような、〈タウトロギー〔同義異語の反復〕と並行の(24)、肯定的な前置文を強める否定的な諸帰結の(25)、格言と金言の(26)〉ような、最古の由来の「諸形式」(27)の長いそして誠実な保持である。それに次いで、祝祭的な、規則的に繰り返される諸表現、諸熟語および諸慣用句の豊富さにおいて、とくに〈土地支配〔グルントヘルシャフト〕と土地所有権のための、法の判告のための、諸裁判所の囲い込み〔設置〕のための、宣誓のための、追放、刑罰および贖罪のための〉諸慣用句において、たんに感覚的なものおよび具象的なもののみならず、とりわけ「自然生活」およびその秘密に満ちて支配している諸力(28)への深化、「生命なきもの」に生命を与えること(29)、「家庭の」(30)生活の内部への沈下が、特徴的に出現する。同一の諸特徴を、我々は、古い「法の諸シンボル」の有り余るほどの財宝において見出すのである(31)。我々は、それらのシンボルを、しかし、詩的な要素が法の形式のみならず、法そのものの内容を決定する場所でもまた、見出す(32)。ここでは、特別に民族的な諸特徴として、〈権利と義務の確定の際に「不変の量と機械的な数を避ける」という〉詩的な傾向が属している。その代わりに、ひとは、〈全体として極めて正確に個別のものが規制されるが、いくらか個別的なもの、開放されたもの、未決定のものを残す〉生き生きとした感覚的な表現を選択する。それゆえ多くの民族諸法によれば、〈ひとがその骨が一定の空間（例えば、十二幅の公道）を越えて盾へと投げられて鳴り響くのを聴く〉ほどの大きさの骨が切り出される場合に、[33] あるいは、傷が〈血が大地に滴り、傷つけられた目蓋がまだ涙を支え、萎えた足が牧草の露をなでるかどうか〉に従って測られる場合に、[34] 傷害が特別に罰せられる。そして、さらに、法的に重要な空間は、どれだけ遠く、ひとが、赤い盾、白い馬あるいは扉のかんぬきがかすかに光るのを見、人間の叫び、鐘の響きあるいは犬のほえ声が響くのを聴くか、に従って決定される。[35] 道の幅、[36] 引き渡されるべき飼料の量、[37] フーフェ農夫に債務を負うパンの大きさ、[38] 土地と占有の範囲、および、多くの他のものが、詩的‐感覚的方法で測られている。さらによりしばしば、判決は、全く直接には法をとおして与えられず、権利者の「身体的な力」と「肉体的な行動」に向けられている。権利者は、例えば、金槌、オノ、槍、鋤およびそのようなものの投擲をとおして、大河の中への武装した騎行をとおして、彼の走りの速さをとおして、彼の諸権限の限界を測るべきである。[39] あるいは、彼は、〈全く具体的に特定された点での義務の履行の試みが失敗する場合に〉[40] 義務から免れるべきである。あるいは、彼はそもそも一定の法的行為のために、〈地位と目的に従ってさまざまな古い伝統的な力試しをとおして〉彼の必要な強健さを示さなければならない。[41] あるいは、彼は、強欲から彼の力の程度を過大評価した場合に、彼の権利を失う。[42] 最後に、しかし、〈《ひとが人間的恣意に対するある真面目な恐れにおいて聖なるすべてのものと不可抗力（höhere Macht）の不可侵的な決定を呼びかけることによって》法のより詳細な決定が「知られざる自然力の支配」に委ねられること〉もまた、登場する。境界が、棍棒の転がし、タマゴの転がりをとおして決定される。[43] 偶然の接触がベストハウプト（Besthaupt 最良の家畜＝借地相続税）の選択に関して決定すべきである。[44] あるいは、そもそも他所の偶然的な秘密に満ちた事情の特定しがたい介入をとおして義務や罰が解消され、権利が基礎づけられるべきである。それとは、明らかに神明裁判（Gottesurtel）および類似の諸現象、[45] ならびに、くじ（Loos）の頻出が関連している。[46] ――ドイツ法の更なる独特の諸特徴は、〈多くの法的諸行為に、とくに、しかしそれに先立ちそして引き続くところのものを含む裁判手続きに、生命を与えそして形成する〉「劇的な」要素から生じている。[47] ――それから、〈「生命なきもの」に一定の生命を、「対象なきもの」に独立の実在を、捏造するという〉ドイツの傾向をとおしての見紛うことなき詩的内容をもついくつかの種類の諸特別性が成立する。ここには、とりわけ〈それらに最も重要な諸制度の豊かさをとおして固有の法的個性とそれによって《人々の全体的な地位へと決定的に遡って作用する》可能性とが付与されるところの〉土地諸所有の権利が、根ざしている。[48] ここに、〈非常に古い時代から一定の諸場所に付着し、[49] しかしまた、いくつかの種類の道具と動産が特徴づけるところの〉[50] 特別の諸自由と特別の諸平和が根ざしている。ここに、家（Haus）の、すなわち、ある程度〝人間の技術的に拡大された肉体〟[51] の、少なからず高い意義が、根ざしており、それゆえ、家の平和という豊かにそして深く遂行された理念が、古い法の基礎を形成することが出来たのである。[52] ここに、〈家の聖なる土台を剥奪しないために、その中に打ち殺された犯罪者または自殺者の肉体が、土台の下の穴をとおして取り出されるべきである〉[53] という、非常に古い規約が根ざしている。ここでは、最後に、〈それらに従って、より重い犯罪をとおして神聖を汚された、あるいは、その他、名誉を汚された家は、あたかもその家自身が可罰的であるかのように、破壊されるべきである〉[54] ところの、諸規定が根ざしている。――少なからず、独特であるのは、〈「動物たち」に法的な個性、それどころかまさに人格を付与するところの〉諸規定である。[55] だれが、その場合に、〈その中で再び法が卓越した役割を演ずるところの〉ドイツの文学作品における動物寓話の地位について想起しないであろうか？ 諸動物は、特定の諸法、彼らの家畜の個々の諸種類、その特別の諸正義、および、諸自由、を有する。[56] 種動物、すなわち、村の種馬、雄牛、イノシシまたは雄羊は、罰されることなく損害を加える諸特権を有する。[57] ひとは、それを、ただ寛大な方法においてのみ、例えば、その年の成長したハシバミのひこばえをもって、あるいは、上着の右すそをもって、追い払ってよい。[58] そして、その一方では、その他の諸動物が罰金を支払い、あるいは、質をとられ、[59] 家禽はしばしば死刑を受けなければならない。[60] 特別の色彩をもつ動物たちもまた、時おり、より大きな諸自由を有する。[61] 彼らの牧草を食む権利のための代償として、動物たちは、自ら諸公課を支払うように見える。[62] 殺された動物のための賠償は、人命金（Wergeld 殺人賠償金）として理解され、[62a] そして、かつて先史時代において人に関してあったように、さらに中世を超えてまで非常に古い伝統に従って、動物においては、人命金は、赤麦をもって死体に注ぐことをとおして求められるべきである。[63] 婦人に暴力が加えられるときは、直ちに、それが行われた家の破壊とともに、その中にいるすべての生き物は首を刎ねられるべきである。[64]〈行為の当時家の中にいた〉人々と家畜、馬および牛たち、犬たちや猫たち、ガチョウとニワトリは、〈彼らが暴力を振るわれた者の味方をせず、あるいは、叫び声をとおして助けをもたらさなかったゆえに〉、助けを呼ぶ声に応じて馳せ参じなかったところのすべての人々とともに、死をもつて償わなければならない。[65] その他の場所でもまた、動物たちに対する形式的な刑事手続きが見出される。[66] そして、最後に、動物たちは、証人としても登場する。一人で彼の家の中で襲われた男が、その平和が破壊された家のシンボルとしての屋根からの三本の麦わら、しかし彼の犬、彼の猫、または、彼の雄鶏を、行為の諸証人として、起訴証明の際に裁判所に提出すべきである。[67] ――法における詩的な要素の独特に「ドイツ的」な諸特徴として、私は、いまや最後に、まれではない「法におけるフモールの存在」をもまた、数えたい。[67a]

【以上、第五章、本文終わり、以下、第五章の注】

注

(22) グリム Grimm, R.A. S. 6-13.

(23) グリム Grimm, R.A. S. 13.

(24) グリム Grimm, R.A. S. 13-17; von der Poesie im Recht S. 38 f.

(25) グリム Grimm, R.A. S. 27-31.

(26) グラーフ・ウント・ディートヘル Graf u. Dietherr, deutsche Rechtssprüchwörter, Nördlingen, 1864. 3698 の諸番号を含んでいる！ その中における詩的なるものに関しては、グリム Grimm, von der Poesie im Recht S. 50 f.

(27) グリム Grimm, R.A. S. 32-54.

（28）例えば、輝く太陽、明るい陽光、冴えた星の光、漆黒の夜、赤い大地で、荒々しい塩の海、陰気な暗黒の森、九輻の車などにおける、詩人的な形容詞の付加においてそうである。〔そして〕、太陽が恩恵に浴させ〔登り〕、やがて太陽が金色となり、〝カッコウが覗いた、聖ワルプルギスの日までに〟、それによって何かが起こるべきことまたは起こらざるべきことの諸決定がそうである。あるいは、〈馬鍬が撫で、そして、鍬が蔽ったところのものが、取得されるべきである〉場合に、あるいは、〈煙が《火と炎が登る》山に向かうところのものが、自己の所帯と呼ばれる〉場合に、そして、さらに、《《風が雲から吹き、そして、世間が成り立つ限りで》、《風が吹き、そして、雄鶏が鳴き、そしてそれゆえ、太陽が登りそして沈むだけ広く》、《空が青く、そして、雨が降るまで遠く》〝強く風が吹き、そして、雨が降り注ぐ（was der wind bewêt und der regen gesprêt.）〟（グリム Grimm, W. I. 162）など、それに従ってフリーゼンの自由が継続し、平和喪失が及ぶべき贖罪が妥当するところの〉時間と空間の測りがたいもののための諸形式において〔そうである〕。Vgl. とくに、さらに、グリム Grimm, R.A. 39, における、グラガスからの贖罪の形式、追放（Verfemung）の形式 ib. 41。

（29）例えば、〝斧は泥棒ではなく、報告者である。〟というアンゲルザクセンの形式において、そうである Ges. K. Ina's c. 43。そして、ドイツのヴァイステューマーの対応する諸形式においてそうである。例えば、グリム Gromm I. 414（斧によって、彼は、山林官に呼びかける。）。422. III. 542. 591. V. 306 §. 25.

（30）〈三脚の椅子がその上に立ち、そして、少女が子供のゆりかごと並んでその上に座ることが出来る限りで〉最小の土地占有として要求される場合に、そうである。グリム Grimm, W. IV. 554. における W. v. Hausen u. Lämmerspiel. Vgl. ib. III. 460. 478. 514. IV. 683 §. 6. u. R.A. S. 80-81, とくに浴槽による測定に関する Nr. 4 もまた、参照せよ。

（31）グリム Grimm, R.A. S. 109-207 und von der Poesie im Recht S. 74-81. ライシャー Reyscher a.a.O. Vgl. グリムのヴァイステューマー集成において登場する諸シンボルの、〈〝象徴 Wahrzeichen〟の下にする索引 Bd. VII. S. 383-384. における〉シュレーダー R. Schroeder による総括をも、参照せよ。

（32）グリム Grimm, von der Poesie im Recht S. 57. f. ホーマイヤー Homeyer a.a.O. S. 527 f.

（33）L. Rib. 68, 1. L. Alam. 59, 4. Ed. Rotar. 47. L. Fris. 22, 71 u. 74; add. sap. 3, 24. Skandinav. Ges. b. グリム Grimm, R.A. 78.

（34）L. Sal. 20, 3. L. Rib. 2. L. Bajuv. 3, 1. 22 u. 4, 10.

（35）グリム Grimm, R.A. S. 74-77; W. I. 799. III. 563：地代の取立人は、彼が扉のかんぬきを見ることができる「限りで」、柵のところで待たなければならない。

（36）例えば、鞍の上に斜めに置かれた槍を持つ騎士をとおして。婦人が馬車または棺台と並んで彼女の白衣を汚すことなく両脇を行くことができる可能性をとおして。袋を背負ったロバとむちを持つ男をとおして、など。グリム Grimm, R.A. S. 69. 104 u. Weisth. II. 696. 724. III. 28. 47 §. 56-58. 133 §. 4-6. 847. 857. IV. 311; マウラー Maurer, Dorfv. I. 286-287.

（37） 馬が腹帯に達するまでカラス麦の中に立つべきである。あるいは、わらの中で肩関節に達するまで、そして、カラス麦の中で目に達するまで（あるいは鼻の穴を超えて）。ボードマン Bodmann, rheingau. Alterth. 856. グリム Grimm, W. I. 426. II. 692 : "und schoden den perden so vill haveren vur, dat si litzdeif legen bliven.〔翻訳できない。訳者〕"

（38） 例えば、男の足から彼の膝の上まで達するほど大きくあるべきである。グリム Grimm, W. IV. 135. 156. 210-211.

（39） グリム Grimm, R.A. S. 55-68. 84 f.; Weisth. I. 157. 462. 499. 837. II. 587. 657-658. 414（教会から来る男たちからの三十人による一エレの長さの丸太によるそれぞれ三十回の投擲をとおして禁制区域が測られる場所で）; Oesterr. Weisth. VII. 105 Z.28 356 Z.19. 366 Z.29. 924 Z.21（ハンマー投げの諸場合）。それについては、以下、注 N. 150-157.

（40） 審判人は、洪水をとおして、〈彼が膝に至るまで水につかり、半マイル上流にそして半マイル下流に再び膝に至るまで浸かって行き、そしてそれでもなお、向こう側へと着かなかった場合には〉、裁判集会の延引（Dingsäumniss）のゆえに免責される。グリム Grimm, W. III. 891.

（41） ザクセンシュピーゲル Sachs.sp. I. 52 §.2 および註釈の知られた諸追加によれば、そうである。Vgl. グリム Grimm, R.A. S. 95-97 u. Weisth. III. 191. IV. 273. 類似しているのは、子供たちの生存能力の諸試験、呱々の声など。それについて、以下、注（159）。

（42） それゆえ草刈男は、グリム Grimm, W. I. 10, によれば、干草の一荷物を運び去ることができるが、彼がそれを落とすときは、それを失う。草刈女は、彼女の夫に、彼女が頭にかぶる布（stauch）の中に運ぶことが出来る限りの穀物（または干草）を持っていくことができるが、しかし、彼女がその場合に、頭にかぶる布が破れるほどに強欲（goüttig）であったときは、処罰される。; ib. IV. 160. 211. 212. Vgl. 以下、注（116 a）。

（43） グリム Grimm, R.A. 84、および、卵の転がりに関しては、Weisth. III. 679。より伝説的であるのは、Federflug〔羽毛の飛行〕、〈ロバ、目隠しした馬、不具者〉の走り、を通しての決定である。R.A. S. 83-84 u. 86-89.

（44） それゆえ、グリム Grimm III. 161 §. 3 における W. v. Werne u. Seperade によれば、大修道院長の下僕は、Churmoede（ベストハウプト＝借地相続税の選択）を〈彼が白い切り株をもって死者の馬たちや牝牛たちの後ろから行く、すなわち、彼が触れる部分〔馬か牛〕が、主人に属する〉というようにして、取るとのことである。

（45） 例えば、有罪判決を受けた者に保証される〈まだ偶然または他人の行為をとおして救われる〉可能性。Vgl. グリム Grimm,

R.A. S. 701; Weisth. III. 671; オーゼンブリュッゲン Osenbrüggen a.a.O. 350. 352 f. 367–382; ホーマイヤー Homeyer a.a.O. S. 527–538. Vgl. それについては、以下、注(161)(161ａ)(175ａ)を参照せよ。

(46) ホーマイヤー Homeyer, das germanische Loosen〔ゲルマンのくじ〕, Berlin 1853; Loosstäbchen, in den Symbolae Bethmanno Hollwegio oblatae〔ベートマン・ホルヴェークによって提供された諸醵金におけるくじ引きの棒 Berlin 1868, S. 69–81.

(47) それに属するのは、多くのヴァイステューマーの問いと答えにおける表現法である。語る人々の紹介（例えば、グリム Grimm, W. V. 579 § 15. における：農民は賦役農場の粉挽所において三度〝親愛なる粉挽きさん、私に挽いて下さい。〟と言うべきである。粉挽きが拒絶するときは、彼は、別の場所で挽かせることができる。；vgl. ib. I. 659 §.13 725–726. 777. II. 247. III. 640§.6. IV. 336 §. 22. V. 669 §. 13 および上述 Note 21 注(21)。）；〈儀式ばった主張（Rede）と抗弁（Gegenrede）、態度と挙動〉などの規則。最も生き生きと、しかし、裁判手続きにおいて、そして、〈前以ては評判、追跡、捕縛の際において、そして、後で判決の執行の際において〉劇的な要素が登場する。ひとは、例えば、ただ、〈暴力が加えられた処女は、引き裂かれたれ衣服と乱れた髪をもって直ちに嘆きの悲鳴を上げるべきであり、その場合、あらゆる人は、鋤と家畜群または道具を放置してその場にかけよるべきであり、最後に処女自身が、生きながら墓に置かれた犯罪者の心臓を貫いて突き通されるとがった棒に三度の打撃を加えるべきであるという〉、古い諸決定を考えるだけでよい。グリム Grimm, R.A. 633–634. 691. オーゼンブリュッゲン Osenbrüggen a.a.O. S. 270 u. 271 u. 296 f. グリム Grimm, Z.f. D.R. V. S. 24. W. des Cröver Reichs b. グリム Grimm, W. II. 381. あるいは、L. Ribuar 58, 18, の諸文言〔を考えるだけでよい。〕すなわち、それによれば、王またはグラーフは、両親の意思に反して不自由人の夫を娶った自由人に、刀または糸巻き棹を差し出し、彼女が前者を選ぶときは、彼女は下僕を殺し、彼女が後者を選ぶときは、彼女は不自由人となる。多くのその他のこれに属するものは、グリム Grimm, R.A. 253 f. 637 f. 839 f. 882 f.; Weisth. II. 380 f. III. 556. 780. IV. 575. 655; オーゼンブリュッゲン Osenbrüggen a.a.O. S. 311 f. 327 f.

(48) それゆえ、唯一つのことだけを強調すれば、荘園マルク（Hofmarke）と荘園名（Hofname）が、ただ人々におけるように見出されるのみならず、しばしば占有者の諸マルクと諸名称を超えて強力なものとなっている。ホーマイヤー Homeyer, die Haus- u. Hofmarken, Berlin 1870, S. 195–203. 私〔ギールケ〕の mein Genossenschaftsrecht II.〔ドイツ団体法論第二巻〕S. 75–126。

(49) グリム Grimm, R.A. S. 886–892. フラウエンシュテット Frauenstädt a.a.O. S. 56 f.

(50) 動産の個々の諸部分の法的個性が、刀と糸巻き棹の意味においてもまた、軍隊装備および婦人の装身具などにおいて、示されている。

（51） ブルンチュリー Bluntschli, Staatsr. II. 521.

（52） オーゼンブリュッゲン Osenbrüggen, der Hausfriede, Erlangen 1857. グラーフ・ウント・ディートヘル Graf und Dietherr a.a.O. S. 381 f.

（53） グリム Grimm, W. I. 351 a. 23. 425–426. III. 42 §. 15. 308 § 9.

（54） 夫人に暴力が加えられている家は、そうである。Sachs.sp. III. 1.; Schwabsp. 209; Rechtsb. Rupr. v. Freis. I. 167; Kulm, R. V. 40; Dist. IV. 10, 6 bei Ortloff S. 202; Sächs. Weichb.（粉引き人 Mühler）55; ガウプ Gaupp, Magd. R. 276 §.17; グリム Grimm, Zeitachr. f. D.R. V。S. 17–18; オーゼンブリュッゲン Osenbrüggen a.a.O. 271. ミュールハウゼンの法によれば、耕地または庭園は、それが侵されるところでは、さらにいかなる実りも担うべきではない。——Vgl. グリム Grimm, R.A. 723 f. をもまた。

（55） オーゼンブリュッゲン Osenbrüggen a.a.O.Nr. 7 S. 139–149：〝諸動物の擬人化〟。論文は、しかしながら、テーマを網羅していない。

（56） グリム Grimm, R.A. 594–596. Weisth. I. 695. II. 64. III. 41 §.12. 42 § 21–24. 259 §. 6. 308 §. 12–15. 683 §.12–13. 714. 719. 720. 840. 889. ここでは、至るところで、豚、羊、ヤギ、ガチョウ、アヒル、ニワトリ、はとの正義（Gerechtigkeit）、自由（Freiheit）などが問題となっている。

（57） グリム Grimm, W. I. 100–101. 321. 758. 821. IV. 24. 153. 148. 210. 237. 279. V. 190 §.26. 220§. 14. 310 §. 3. Oesterr. Weisth. I. 23. 43. 58. 98. 173. 222（そこでは至るところで言われる。雄牛（Stier）は自由に第九番目の裁判所または第九番目の牧師まで行けばよい、と。）。VI. 58 §.38. VII. 41 Z. 21. 314 Z. 17. 416 Z. 18. 699 Z.3. 705 Z.6. グラーフ・ウント・ディートヘル Graf und Dietherr a.a.O. S. 116 Nr. 299 u. S. 120 Note b-e.

（58） グリム Grimm, W. IV. 401 §.16. その場合、§.14 における注目に値する表現：ある家畜が、六週間と三日間要求されずに動き回るときは、その家畜は無主物（mulëfe）と呼ばれそしてそうあるべきである。それについて §.16 において、〈種家畜 Wucher-vieh は決して無主物とはならない〉という注解がある。——ザルツブルクのヴァイストゥームにおいては、雄牛は、以前にそれが三度追い払われることができたときに、三度戻ってきて、なおも飲むものを与えられる場合にすら、〔無主物とされるべきではない〕」、ib. III. 683 §.12.

（59） グリム Grimm, W. IV. 161 296. 511§.4. グラーフ・ウント・ディートヘル Graf und Dietherr a.a.O. S. 116 Nr. 300 f. u. S. 120–122.

（60） グラーフ・ウント・ディートヘル Graf und Dietherr a.a.O. S. 116 Nr. 302：ガチョウは権利を有しない。Nr. 303：ガチョウは頭をもって支払う。；Nr. 304：誰かの草地でのガチョウ、アヒル、ニワトリは、平和をもたない。；Nr. 307：アヒルは瘤に対する権利を有する。——ガチョウの独特の処罰に関しては、以下、注(160)および(161)を参照せよ。——低地オーストリアからの若干のヴァイステューマーによれば、ひとは、それにもかかわらずニワトリを撃ち殺してはならず、ただ煙突をとおしてのみ〔小屋へ〕追い込むことが出来る。；Oesterr. W. VII. 206 Z. 36. 314 Z. 30. それでもしかし、ひとは、W. v. Hochwolkersdorf ib. 71 Z. 43 によれば、人がニワトリを手で頭をつかみ、そして、腕をとおして投げる場合に、隣人を（すなわち、殺されたニワトリの所有者を）そのために客として招待するより以上には、何らの責任も負わない、とのことである。

(61) Recht der Benkerheide b. グリム Grimm, W. III. 41 §.14：「雪白のファーゼルズッゲは、彼女の七匹の雪白の木苺の斑点のある子豚たちとともに、彼女が赴く所で彼女が権利を有することを、彼らは判告する。」(ene schneewitte faselsugge mit ihren seven schneewitten jungen beerfecken wisen sie, dat sie recht hebben war sie kombt.)。Ib. I. 440：「血紅色の雄牛は〝モウモウ〟という叫びによって至るところに自由に赴く。」(ein blutrother Stier geht mit seinem Rufe "much! much!" überall frei hin.)。

(62) グリム Grimm, W. II. 123. 355. 437. III. 558. V. 310 §.3.

(62 a) Sachs.sp. III. art. 51, auch II. 54 §.5. 40 §.1 u. III. 48.

(63) グリム Grimm, R.A. S. 668-674, そこでは、〈人間の場合には純金によって注ぎかけること、おそらく銀または金をもってする死体を償うこともまた、そうであったように〉、最古の時代において人命金をどのように決定したかの証明もまた〔見出される〕。オーゼンブリュッゲン Osenbrügen R.A. aus österreich. Pant. S. 48, Studien S. 140-142. グリム Grimm, W. III. 222. 308 §.9. 712. 715. 720;〝ネコの権利 Katzenrecht〟について ib. 222 Note 2. Oesterr. Weisth. VII. 41 Z. 15. 54 Z. 29. 78 Z. 36. 315 Z. 3。以下、注N. 208a u. 211b. をもまた。それと、ひとは、Sachs.sp. III. art. 45 §.8 に従って、dagewerchten（ダゲヴェルヒテン＝非自由人の最下層、非自由僕卑）の人命金を形成する Weizenberg を参照せよ。以下、注(140)を参照せよ。——ホレの法 Holler-recht ib. 221 v. J. 1604 においては、問題は、反転している。すなわち、噛み付く犬は、尻尾で吊るされ、そして、〈ひとがもはや犬を見ることが出来ないほどに〉小麦をもって注がれるべきである。しかる後、犬と小麦は噛まれた者に属する。

(64) Sachs.sp. III. 1 および、その他、注(54)において引用されている諸箇所を諸差異に従う法書の例外とともに。

(65) Schwab.sp. c. 254 (Lassb.)、および、グリム Grimm, Z.f.D.R. V. 18, オーゼンブリュッゲン Osenbrüggen a.a.O. 144, ホーマイヤー Homeyer, Stell. des Sachs.sp. 81. における解釈。——グリム Grimm は、さらに異教徒の贖罪の犠牲について類似の諸響きを見出している。

(66) オーゼンブリュッゲン Osenbrüggen a.a.O. S. 144-149. ピーパー Piper 208, マウラー Maurer, Markv. 312. における、危険な

牝牛のマルクからの追放。それについて、以下、注（160）－（162）。

（67） R. v. Liestal v. 1411 §.27 b. グリム Grimm, W. IV. 470; グリム Grimm, R.A.588; オーゼンブリュッゲン Osenbrüggen a.a.O.S. 143.

（67 a） ホーマイヤー Homeyer a.a.O. S.524もまた、"Poesie im Recht"のもとに、おそらく、〃本来的に詩的な要素、形式と内容において象徴的なもののみならず、そもそも《《それらが今日の法の抽象的な理解からは追放されなければならない以上に》信仰と予感において、親密さ、同情、「嘲弄」と「気まぐれ」において、同様に自由にかつあからさまに中世の法を浸透することが出来るところの》情緒世界全体を把握すること〃が、許されるであろうと考えている。

【以上、第五章の注、終わり】

第六章

法におけるフモールは、「ドイツ」法、および、ドイツ的またはそれでもしかしゲルマン的な根から成長した類似の法に特有の現象である。なるほど個々の類似のものは、他の諸法においてもまた見出されるのであり、確かにいくつかのこれに属するものが、アリアン諸民族の共通の不法（Unrecht）において有する。その場合、それは、しかし、それでもなおドイツ法においては、絶えず特別の民族的な言い回しと色彩を受け取ってきている。私は、このことを〈私がそれをまさに法における〃フモール〃と称すること〉をとおして最も良く表現するものと信ずる。なぜなら、まさにフモールの概念そのものが独特のそして国民的なものであるからである。ふざけた、気まぐれなものが、心情豊かに細部へと赴くが、その場合、しばしば粗野なものが圧倒する。それでもしかし、機知に富んだものと嘲弄的なもの、時おりは珍妙なものや特異なものもまた、見出される。

諸拾得地は、現象が民族的であるゆえに、ほとんどただ民族的な法の諸源泉のみである。最古の時代においては、それゆえ民族諸法であり、それらにおいては、しかしながら、一部は、ラテン語が、一部は、より厳格でそしてより単純な古代法の性格が、フモール的なもの〔滑稽なもの〕のより大きな展開に向き合うのである。その後の時代においては、その場合、とりわけ〈そもそも我々の今日の限界に至るまで他の民族諸クライスにおいて永い間姿を消してしまっていた法律観が反映したところの〉地方的なヴァイステューマーが、源泉として登場する。しかし、より古い都市諸法もまた、そして、その後、再びギルド諸規約およびツンフト諸規約が、いくつかのこの点に属するものを含んでいる。とくにザクセンシュピーゲルのように、少なからず〈直接の民族伝承と新鮮な法律生活から汲み取る〉より古い諸法書〔もそうである〕。最後に、書かれた法〔成文法〕から消滅した多くのものが、永い間、さらに〈そのためにいくつかの判決諸文言（Rechtssprüchwörter）の表現において証拠文書がみいだされうるところの〉書かれない法〔不文法〕において存続してきているであろう。

詩的要素一般がそうであるように、滑稽なものもまた、一部はただ法の諸規定の「形式」のみにおいて、一部は「内容」においてもまた、登場する。

さらなる差異は、現象のさまざまな「原初性」から生ずる。しばしば、すなわち、民族のフモールは、はじめから規約またはその独特の表現の源泉である。しばしば、しかし、もともと厳粛に考えられてきている諸規約は、その後の時代においては、滑稽な言い回し、色彩または解釈を受け取っている。多くのヴァイステューマーおよび諸法書において我々に出会うのは、《《何らかの遠い昔の先史時代において確かに一度は妥当したところの「もの」》、《同様に、確かに、しかし、目下のところ、法源の表現から永い間全くまたはそうでないとしてもこの形式においては実際の使用からは消滅してしまっていたところの「もの」》を、現行法として提出するところの〉諸規定である。神聖な宝物として、ひとは、世代から世代へと非常に古い伝承をもたらし、そして、神聖なる恐れをもってゲマインデ集会においてその驚くべき内容を知覚したのである。多くの種類のこのようなものが、すでに登場してきている。すなわち、鳴る骨の、ころがるタマゴの、敷居の下を出て行くことの、暴行の家におけるすべての生き物の殺害についての、動物たちの人命金〔殺害賠償金〕と証人たることについての、諸伝承が、

〈それらにおいては、それらが、いまだ真剣には受け取られなかったところの〉諸時代から、我々へと到達してきている。その他のものは、以下に現れるであろう。しばしばであるのは、とくに必ずしも真面目には考えられなかった残酷な諸刑罰の威嚇である。すべてのそのような諸場合において、いまや、より後の世代には、〈先祖たちには、半ばまたは全部伝説的な冗談として以上に、より厳しい真剣さであったところのもの〉が、容易に現れた。すでにそのような諸規定の伝播を促進する〈特異なもの、古代的なもの、異様なもの、ありそうにないものについての〉民族的な満足が、フモールに近いものであったとすれば、しばしば、〈結局は外的にもまた、気まぐれな表現と気まぐれな付加物が、それに与えられるまでに〉、全体のまさにフモール的な解釈が展開されたのである。もちろんこれらの外的な諸しるしが欠けているところでは、我々にとって、源泉の思想を確定することは困難である。また、例えば、マルク民裁判集会（Märkerding）における彼らの判告（Weisung）において、〈それらの執行をだれもが見ておらず、そして、容易に解き離されなければならなかったところの〉多くの残酷な刑罰の諸威嚇は、「同時に」もっとも極端な法の最終的な厳格さを前に微笑と密かな戦慄を目覚めさせてきているかもしれない。私は、それについて、さらに、〈それらへとそれゆえに多くのものが、すでに他の関連において言及されたことがたぶん設定されなければならなかったところの〉関連する諸個別性の若干においてさかのぼり、そして、ただ暫定的に〈私は、法におけるフモールの本来の諸場合に、なるほどさらに「半ば」伝説的な法を数えるが、しかし、「純粋の」伝説となっている《たとえ一定のフモール的な動因から確保され、そして、フモール的に飾り立てられたにせよ》法伝承は、これを数え「ない」こと〉のみを指摘しておきたい。なぜならこれらは、まさに、もはや生ける法ではないからである。

【以上、第六章の本文、終わり。第六章には、注はない。】

第七章

我々が、いまや法におけるフモールの「個別諸場合」を問うときは、我々に真っ先に出会うのは、法律用語の多様に個々のフモール的な色彩を持った「諸表現」である。それに属するのは、例えば、絞首（Strang）や断頭（Enthauptung）の諸刑罰のための書き換える諸形式である。すなわち、空中において馬に乗る（in der Luft reiten）、枯れ木に騎乗する（den dürren baum reiten）、自らの上の空気を打ち叩かせる（die Luft über sich zusammenschlagen lassen）、頭をより短くする（des Kopfes kürzer machen）、〈胴体が最大部分に、そして、頭が最小部分にとどまるように〉一つから二つの部分を作る（zwei Stücke aus Einem machen, dass der Leib das grösste und der Kopf das kleinste Theil bleibe.）、および類似のもの[68]、である。さらに、〈それに従って裁判所主人または土地の占有獲得のためのその代理人が、裁判所のためまたは狩猟のために、一と半分の、二と半分の、六と半分の、八と半分の人、馬または犬とともに乗り入れるべきであるところの〉諸規定における、少年（Knabe）を半人間（halber Mensch）とし、ラバ（Maulesel）を半分馬（halber Pferd）とする古風な記載である[69]。ここにはまた、〈ルッチャー〔小旅行?〕税（Rutscherzins）[70]、平和喪失者たち[71]のための、転がりまたは飛ぶ諸財産（walzende oder fliegende Güter）、太陽レーン（Sonnenlehn）、鉄の家畜（eisern Vieh）、狼の諸名前（die Namen Wolff）、狼の頭をもつ人（Wolfshauptträger）、および、鳥の自由〔追放〕のような〉多くの法律用語もまた、属している。それから、旅する人々の〝王国〟、笛吹き王たち、綱渡り王たち、農民王たち[72]、公設諸売春宿の〝女王たち〟と〝女修道院長たち〟[73]。だれかがそこへ帰る故郷の村の〈そこから飛び立った[74]〉巣（Nest）という呼び名、〈それによって二つの等しい半分への分割が表現されるところの〉〝豚の足のような wie ein schweinfuess〟相続財産の分割という言い方〔が属している[75]〕。

【以上、第七章の本文、終わり。以下第七章の注。】

注

(68) グリム Grimm, R.A. 42. 682. 689。Weisth. IV. 755 における追放刑の形式（Aechtungsformel）：「私は、本日、あなたに、あなたの首のあたりにオーク材の幅で、手でしつらえたこん棒をその中に据えること、〔すなわち〕枯れ木に騎乗すること、〈ある者が回転させ、他の者が回転させ、第三の者が正当な判決を持って立つ〉というカルルス王の命令に従うことを、判告する。〔仮訳〕」（ich weisen dir hut zu tag zu ein eichen weit umb dinen halts,einen handornen knebel darin zu setzen, einen dorren bome zu reiden, koniks Karlus geboet zu leiden, ein werbe, ander werbe, dri stont mit rechtem ortel.）。その他の書式、R.A. 42：「彼は、彼を最善の首とつなげるべきであるので、風が下からそして上から彼を一緒に打つのである。」（da soll er ihn anknüpfen mit seinem besten hals, dasz der wind under und über ihn zusammenschlägt.）。カルテンベック Kaltenbäck, österr. Pant. II. 62 §. 8：強姦者（Nothzüchter）は、婦人または少女が頭と胴体の間を通り抜けることが出来るように、処刑される。――Sachss.sp. II. a. 16 もまた、これに属する。それによれば、義務を懈怠した従僕（Fronbote）は、〝国王のマルテルを――支払う。それは、長さ二ダウメネレの、一本の生の樫の枝をもって三十二回打つのである。」〔久保正幡＝石川武＝直居淳訳『ザクセンシュピーゲルラント法』（創文社、昭和六〇年、一五八頁）〕（weddet…des koninges malder, dat sin tvene und drittich slege mit ener gronen ekenen gart, die tvier dumelne lang si.）〟

(69) グリム Grimm, R.A. 255. 258. Urk. v. 1291 b. ボードマン Bodmann 480.「四人と半分の人々の役権を」（servitum quatuor et dimidii v hominum）。グリム Grimm, W. I. 426. 510. 527. 651. 700. 709. 713：「口半分の馬とともに、すなわち、八頭の馬と一頭のラバとともに」（mit mundehalben ros, dasz ist mit acht rossen und mit einem mule.）。735. 763 §. 37. II. 188：「二人半のひと、二頭半の馬および二匹半の犬とともに」（mit dritthalben mann, dritthalben pferdt und dritthalben hund.）。後者は、マウラー Maurer, Fronh. III. 438 によれば、二匹の完全な犬と一匹の去勢された犬を意味する。グリム Grimm, W. VI. 705. におけるアムブレーフェのゼント裁判所（Sendgericht zu Ambleve）をもまた、参照せよ。：「三頭の馬をもってよりも多く、そして、四頭の馬をもってよりも少なく、それは、三頭の馬と一頭のラバを意味すべきである。」（mee dan mit drin perden, ind min dan mit vier pferden, dat sallen sin dri perd ind ein muil.）。Sendgericht zu Konzen ib. 702 §. 1. も類似する。

(70) それについて、グリム Grimm, W. I. 740：「そして、彼が、マイエルとともにそのゆえに（裁判集会の懈怠のゆえの罰金のゆえに）日中に到着しないときは、すなわち、それが夜を越えてまだ多く、そして、「小旅行の道」が第三日目までであるときは、そして、それによって静止しているべきである。〔仮訳〕」（und uberkompt der mit dem mygere nit darumb（um die Busse wegen Dingsäumniss）by der sonnen schin, so ist es uber nacht also vil, und rutsche furt biss an den dritten tag u. solle damit

stille ston.)。

（71）グリム Grimm, R.A. 733 f. マウラー Maurer, Fronh. II. 93 f. IV. 245.

（72）マウラー Maurer, Fronh.II. 406. III. 17. グリム Grimm, W.I. 533：縄つくり人たちの王（König der Seiler）。「私〔ギールケ〕」の R.G. der Genoss.〔ドイツ団体法論第一巻・ドイツゲノッセンシャフト法史〕, 445 Note 19 u. 21; auch S. 495 Note 59.〔庄子訳・第一巻第二分冊・第四十二章二三三頁注(19)、注(21)。なお、第四分冊末尾索引に続く一二二頁の追加を参照。第二分冊第四十六章三〇八頁注(59)〕。――Käskönig〔喧嘩王〕b. マウラー Maurer, Markenv. 301 f.

（73）ヒュルマン Hüllmann, Städtewesen IV. 267. マウラー Maurer, Städteverfass. II. 471. III. 110.

（74）グリム Grimm, W. V. 669 §. 10.

（75）グリム Grimm II. 578. におけるヴァイストゥームにおいて。

【以上、第七章の注、終わり。以下、第八章。】

第八章

特別に力強く、多くの「判決諸用語」（Rechtssprüchwörter）において、法規則をフモール的な形式において表現する傾向が表明されている。例えば、不自由人と結婚することは不自由人となすと言う命題は、〃あなたが私の雌鶏を踏みつけるならば、あなたは私の雄鶏となる（tritts du mein Huhn, so wirst du mein Hahn）〃という形式を含み、あるいは、諸都市においては〃空気は自由にする（die Luft frei macht）〃という命題は、〃いかなる雌鶏も壁を越えては飛ばない（keine Henne fliegt über die Mauer）〃[76]と言う表現をもまた獲得しているので、両者の場合においては、不自由のために通例である具象的な雌鶏（Henne）という表現が、面白い方法において文言上把握されており、そして、その具象がその後もずっと行われてきている。同様に、（混同原則 Konsolidationsprinzip に従って）婚姻の全財産の残存配偶者への帰属との関連において、〃最後の者が扉を閉める（Der Letzte macht die

Thür zu.)[77]〃という場合に、それはフモール的な比喩である。あるいは、遅延された地代の増加のゆえに、それをとおして財産そのものが失われうる場合に、〃娘が母を食う[78]（Die Tochter frisst die Mutter）〃と言われている。他の判決諸用語は、例えば、〃鉄の家畜は決して死なない（eisern Vieh stirbt nie）〃、（農民の相続順位のゆえに）〃農民はただ一人の子供だけをもつ（der Bauer hat nur Ein Kind）〃、そして、後者にそもそも（例えば恩赦に関係づけられるべき）法律的意味が内在する場合に〃一度は何度でもない（Ein Mal ist kein Mal）〃というように、外見上のパラドックスにおいて陥っている。[79]繰り返しその他の諸格言は、何か外見上自明なものを一定の適用において言明している。諸行為に対する可罰性の制限について、〃思想は関税免除である（Gedanken sind zollfrei）〃、および、〃言葉はある人を叩いて頭に穴をあけない（Worte schlagen Einem kein Loch in den Kopf）[80]〃と言う場合に、そうである。そして、〃シュヴァルツァッハの大修道院長は、もし銀をそのために有するならば[82]〃十四日間流通しうる貨幣を鋳造しうることと比較されうるところの、〃何もない場所では、皇帝はその権利を失う[81]〃という、さまざまな諸方向に向けて使用可能なことわざにおいて同様である。容易に増加される[83]これらの諸例は、判決用語におけるフモールのさまざまのフモールの登場の証明のために十分であるであろう。

【以上、第八章の本文終わり。以下、第八章の注。】

注

（76）グラーフ・ウント・ディートヘル Graf u. Dietherr S. 62 Nr. 247 および Nr. 248 u. 249. における類似の諸表現。

（77）グラーフ・ウント・ディートヘル Graf u. Dietherr 153 Nr. 78. Vgl. ib. Nr. 82：〃頭を持つ者はひげを剃る（wer den Kopf hat, schiert den Bart.）〃。Nr. 77：〃ヴェールに帽子、帽子にヴェール（Hut bei Schleier, Schleier bei Hut.）〃。

（78）グラーフ・ウント・ディートヘル Graf u. Dietherr 83 Nr. 93.

（79）グラーフ・ウント・ディートヘル Graf u. Dietherr 268 Nr. 281, 215 Nr. 218, 397 Nr.615.

（80）グラーフ・ウント・ディートヘル Graf u. Dietherr 292 Nr. 65 u. 77; 類似の諸格言 Nr. 66-70. 74-76. 78.

（81）　グラーフ・ウント・ディートヘル Graf u. Diether 222 Nr. 273 においては、それは、相続財産の総計に至るまでの債務責任へと関連づけられている。この解釈は、正当であることは困難である。それは、おそらくただ民事法への適用においてのみ、とくに奏功なき強制執行との関連のもとに、〈刑法においてひとが窃盗犯人たちを捕まえていない場合に、ひとはそれに従って彼らを絞首刑にしないところの原則が表現するところのもの〉と同じことを言っているのである。以下、N. 161.〔注(161)〕を参照せよ。

（82）　グリム Grimm, W. I. 425 u. 426. Vgl. auch ib. 394.

（83）　Vgl. グラーフ・ウント・ディートヘル Graf u. Dietherr 528 Nr. 356：〝あなたが私のユダヤ人を殴打するときは、私はあなたのユダヤ人を殴打する（Haust du meinen Juden, hau ich seinen Juden）〟。——ここでは、民族法的な報復（vöikerrechtliche Retorsion）へと関連づけられている。S. 543 Nr. 47：〝教会財産は鉄の歯をもっている（Kirchengut hat eiserne Zähne）〟、および其の他の教会財産に関係する諸格言 Nr. 45 u. 46, 48, 50–52. S. 276 Nr. 295：（損害賠償に関して）〝ある人から最後の一滴を飲んだ者は、新種によって始めなければならない（Wer Einem die Neige getrunken hat, muss von frischem anheben）〟。S. 287 Nr. 32：〝自らを改善しようとしない者は、これを刑吏は学校に入れるべきである（wer sich nicht bessern will, den soll der Henker in die Schule nehmen.）〟。S. 298 Nr. 89：〝自ら砕いたパンを自ら食べ尽くす〔自業自得〕（selbst eingebrockt, selbst ausgegessen.）〟。S. 128 Nr. 395：〝ふくろうはその権利を巻き毛に担っている（die Eule trägt ihr Recht auf dem Buckel）〟（すなわち、——は保護されない）。S. 268 Nr. 279：〝狐が死ぬと剥製が妥当する（Stirbt der Fuchs, so gilt der Balg.）〟。S. 502 f. Nr. 142–145：〝諸ギルドは、あたかも鳩たちがそれらを集めた如くに、純粋でなければならない（Gilden müssen so rein sein, als hätten sie die Tauben gelesen.）〟。知られた諸格言、すなわち、〝眼を開かない者は、財布を開く（wer die Augen nicht aufthut, thue den Beutel auf）〟、〝贈られた馬の口の中をひとは見ない〔＝もらい物を品評するな〕（einem geschenkten Gaul sieht man nicht ins Maul）〟、〝ひとが彼の信仰を捨てたところでは、ひとは信仰を求めなければならない（wo man seinen Glauben gelassen hat, da muss man ihn suchen）〟、〝子は母のふところに落ちる（das Kind fällt in der Mutter Schoss）〟、〝相続財産は努力して求めない（das Erbe klimmt nicht）〟、〝悪しき一滴を享受する者は、よき一滴も享受する（wer den bösen Tropfen geniesst, geniesst auch guten）〟、〔などの格言〕は、ある意味において、そこに含まれている諸比喩のゆえに、これに属している。人は判決諸用語に、例えば、グラーフ・ウント・ディートヘル Graf u. Dietherr 388 Nr. 535：〝必然は鉄を破る（Not bricht Eisen）〟、あるいは、アイゼンハルト Eisenhart〝名誉におけるキスをドイツの娘は拒むことができない（einen Kuss in Ehren kann ein deutsches Mädchen nicht verwehren.）〟、などの、ほとんど何らの法律的関係のない一般的なことわざをもまた数えるならば、——諸例は、さ

らに極めて多く引用されるのである。

【以上、第八章の注、終わり。以下、第九章。】

第九章

ここでは、至るところでフモール的なものがただ表現においてのみ存在するのであるが、その一方で、他の諸規定のもとでは、なるほど内容それ自体ではないが、おそらくしかし「内容の表現」がフモール的である。このことは、とりわけ二つの類似したそして極めて流布した〈私が「法の誇張（Rechtsübertreibung）」と呼び、そして、「外観的権利（Scheinrecht）」と呼びたいところの〉諸現象において、問題となる。

「法の誇張」は、まず最初に権利または義務の強さを表現するために、誇張されたそしてその誇張において笑うべき諸帰結がそこから導かれる場合に、存在する。規定は、ここでは、その内容の強烈な表現をとおして、〈≪それでもしかし最も極端な法の可能性の実際的な利用についてかつて考えられることなしに≫、その規定を直ちにその全体的な射程に関して明らかにする〉感覚的に生き生きとした表現を受け取るのである。

そのように一四〇三年のトゥールガウにおけるヴィゴルフィンゲンのオェフヌング〔スイスのヴァイストゥーム〕（Oeffnung von Wigolfingen im Thurgau v. 1403）においては、健全な身体のもとに「帯びる（verfügen）」べき動産に関する宮廷侍従（Hofjünger）の完全な自由が、次のように表現されている。すなわち、〝あるいは、動産を野生の馬につけ加えることができ、それから彼によって叩くことができ、そして、馬をその野生の性質に従って走らせることができる（oder mag die einem wilden rosz anhengken und mags dann von im schlahen und es laufen lassen nach syner wilden nature.）〟と。そして、類似して、一五三六年のシュヴィーツにおけるホーフローデル・フォン・ライヒェンベルク（Hofrodel von Reichenberg in Schwyz v. 1536）は、聖堂下僕（Gotteshausmann）について言う。すなわち、〝すなわち、彼は、犬を尾で吊るし、あるいは、川に投げることができる。その限りで、彼は、杖と棒を持って裁判所へと行くことが出来る〔仮訳〕（dasz sin mag er einem hund an den schwantz hencken oder in ein bach werffen, so fer daz eir müge gan on stab und stangen an daz grichtt.）、〟と(84)。

一五一〇年のチューリッヒ湖畔のエルレンバッハのヴァイストゥーム（Weisth. v. Erlenbach am Zürichersee v. 1510）においては、荘園諸財産（Hofgüter）は、それがいかなる「帰属」（Anries）も与えない、というように自由である、と言う。すなわち、〝ある者が悪い屋根を有し、そして、胡桃の木が家のそばに立ち、そして、胡桃の実が屋根をとおって落ちる場合に、ある者が家の中へと入り込み、そして、胡桃の実を拾わなければならないときは、そして、彼にはそれを何人も防ぐべきではない。〔仮訳〕（und were sach, das einer bös tach hette und ein nussbom bi dem hus stuend und die nussen zuo dem für durch dz tach fielind, so sol einer in dz hus gan zuo dem für und sol die nussen uflesen, und sol im dz nieman weren.）、〟と(85)。ここでは、それゆえ、例外的にドイツの落下果実収取権（Ueberfallsrecht）は妥当しない。ひとは、むしろ隣人の土地に足を踏み入れ、そして、自分の木から隣地に落ちた果実を拾うことができる。この権利は、ところで、その強度において感覚的に描き出されている。ひとが、隣家を覆う胡桃の木を有し、そして、この〔隣〕家の屋根が穴を有し、そして、この穴をとおってクルミの実がかまどの火に落ちるときは、ひとは、〔隣〕家の中に入り、そして、かまどのところで自らクルミの実を拾うことができる。ケースは、おそらく必ずしも極めて実際的なものではなかったであろう。しかし、法の強度は、〈ひとが同じこと〔＝その表現〕をとおして《家の平和（Hausfriede）および特にかまどの火の神聖性（Heiligkeit des Herdfeuers）という》最も強いそして最も神聖な諸権利の一つをさえも克服させたことによってより以上に〉激烈には表現されなかった。それにもかかわらず、さもなければ、家の主人は、たんに侵入者のみならず、雨樋の下でただ立ち聞きする人さえも、罰されることなく撃ち殺すことができたのである！

夜の特別の神聖性および高度の平和は、[86] Oeffnung von Wattwil の中において表現されている。すなわち、〝その場合、夜は、〈あるひとが公道に対する彼の小さな戸口を夜に取り外して彼の壁に掛け、そして、朝には再びそこに置く〉というように自由であるべきである（dann die nacht sol so fri sin, das ainer sin türli ab der landstrasz ze nacht nemen mag und an sin wand hencken und mornent das widerumb hintuon.）〟、と。[87] もちろん、真面目には、だれも、家の扉を夜に取り外してはいないであろう。しかし、夜における平和の高められた「法的」な安全性は（なぜなら「実際上」安全性はより僅かであるので）、容易には、より美しくそしてより感覚的には描き出されえなかったのである。

ケラータール・アン・デア・ザール Köllerthal an der Saar のヴァイストゥーム[88]によれば、森は、何びとも許可なしに木を伐ってはならない、と言うように自由であるべきである。すなわち、〝そして、ある貧民が入り込み、そして、彼の Tischenagel（台車の釘?）が壊れるときは、彼は、一本の指を穴の中へと突っ込むべきであり、そして、そのためにそこでは森におけるいかなる木も伐るべきでも切るべきでもない（und fare eyn arm man dadurch und breche yme eyn tischenagel, so sol er eynen finger in das loch stossen und keyne holcz darzu da ynne hauwen noch snyden in dem forsten.）〟、と。「森の自由」（Waldfreiheit）の強さが、ここでは、〈さもなければ通常《壊れた馬車を森の木で修理する》という道で難渋した人に許される権利（上述、注(19)を見よ）さえもが脱落すること〉をとおして表わされている。しかし、このことは、農夫は壊れた釘の代わりに指を穴に突っ込むべきであるとの追加部分をとおして、より徹底的となるのである（それについての諸刑罰を、以下注(176)と(177)で参照せよ）。

多くの諸マルクにおいては、マルク民の木材利用権（Holznutzungsrechte）に対する関係での柏の木（Eiche）の保護、および、それによって柏の木を毀損する者の差し押さえと処罰の可能性は、〈柏の木の上のハイ鷹が、スズメを食い尽くしうるや否や〉開始すべきであるが、しかしながらノロシカが足で柏の木を蹴壊しうるほどに、柏の木が脆弱になっている場合にはじめて終わるべきである。[88a]

フランケンにおけるホーフシュテッテンにおいては、シュルトハイス〔市町村長〕が、ゲマインデに帰する罰金を徴収することができない場合には、僧院長（Prior）が、裁判所主人としてゲマインデをそのために達成させるべきである。すなわち、〝そのことを僧院長がしないときは、彼らに助けが与えられるまでの間、彼らは自ら彼の僧衣を吊るす〔僧衣に向けて絞首刑をなす〕べきである（thet das der prior nit, so sollen sie sich ime an die kutten henken alsslange, biss inn geholffen wurde.）[89]〟と。

より多くのヴァイステューマーにおいては、「警戒」（Wachsamkeit）の義務が絵画的な誇張において厳命されている。一四二六年のビーラー湖畔のトゥヴァン（Twann am Bielersee）の葡萄のヴァイストゥームによれば、三人の葡萄畑の番人たち（Bannwarte）（Weinbergshüter）は、彼らの宣誓のゆえに、裁判所地区においては決して屋根の下で（in deheiner husröche いかなる家の匂いの中でも）寝ないのみならず、〝彼らを眠りが襲うところでは、彼らは、彼らの槍〔やり〕を彼らの腕の間に置き、そして、火打石（Kieselstein）を彼らの頭の下に置き、そして、彼らはそのように眠りをなすべきである（wa sy der schlaf an gat, da sollent sy ir spiess zwischent ir arm und ein kisling（Kieselstein）under ir höpt legen und ir schlaf also tun.）[90]〟。よりしばしばさらに牧人たちには〈彼らの牧人杖が両端に尖った鉄をもつべきであり、そして、牧人は、彼が静かに立っているときは、たえず一方の先端を足の上に置き、そして、《それによって彼が眠り込む場合に足を鉄が刺すように》他方をあごの下におくべきであること〉[91]がさらに要求されている。

それと、ひとは、〈ゾーストの裁判所条例（Soester Gerichtsordnung）によれば、裁判官は、疑わしい事件（Sache）を百二十三回熟考すべきであること〉すなわち、〝白髪憤怒のライオンのように彼の裁判官席に座っている裁判官は、右足を左足の上に乗せるべきであり、そして、彼が事件から必ずしも正当に判決することができない場合には、彼は、その事件を百二十三回熟考すべきである（es soll der richter auf seinem richterstul sitzen als ein grisgrimmender löwe, den rechten fuss über den linken schlagen, und wenn er aus der sache nicht recht könne urtheilen, soll er dieselbe hundert drei und zwanzig mal überlegen.）〝[92]を、比較することができる。

「諸公課と諸勤務」（Abgaben und Diensten）に関して、ヘルシャフトが僅かな価値の給付をもってもまた、満足しなければならない場合に、このことは、まれならず誇張する方法において描き出されている。一四三九年のアルトルフの荘園記録（Hofrodel von Altorf v. 1439）によれば、それ〔ヘルシャフト〕は、引き渡された頭巾布を受け取らなければならない。たとえそれ〔布〕が〝ひとが草地の上の穀物、草の種類および玉ネギを布をとおして食べることが出来るほどに弱いとしても（so swach sin, wen man das spreitt uf ein wasen, das gens gras und bollen durch das tuch mugint essen.）〝と。[92a]プリュム（Prüm）の大修道院長は、ゼルリッヒにおいては、その者〔草刈人〕が九つの穀物わらを手にもつために十分に強くさえある場合に、一人の草刈人をもって満足すべきである。[92b]同じ意味を有するのは、以下にさらに言及されるべき木材の諸供給の状態に関する諸規定である。[92c]また、ここに属するのは、それをとおして次のことが表現されているチューリッヒにおけるブリュッテン（Brütten in Zürich）の開城〔開封〕規約である。すなわち大修道院長は、居住（Einsiedeln）から、なるほど、彼にフーバー〔Huber フーフェ所有者〕たちおよびシュッポーザー〔Schupposer 一フーフェの三分の一または四分の一の土地の所有者〕たちから、地代として債務を負われている豚という特定の財産を要求することができるが、しかしながら、この場合に端的に《フーバーたちがシュッポーザーたちから、そして、シュッポーザーたちがフーバーたちから、引き渡された豚に関して、行わなければならない》評価に拘束されている、と。この関連においては、いまや、次のように言われる。主人は豚を、小さいまたは大きい、太っているまたは痩せていると、否認してはならない。それがただ〝四本の足、一つの口および一本の尾をもつ（vier Beine, einen Mund und einen Schwanz hat.）〝豚でありさえすれば、[93]と。

隷属者の遺産からベストハウプト（Besthaupt 借地相続税）を求める主人の権利は、さまざまな強度において登場している。それが、完全な厳格性において妥当するところでは、〝棺台〔死体の担架〕の場合は、別の扉まで追跡すべきであり〔?-〕（soll der Fall der Leichenbahre zur andern Thüre nachfolgen.）〃そして、遺産の中に生きている頭（Haupt）が存在しないときは、死者の動産の最良のものが主人に帰する。このことを弾力的に表現すれば、権利は、まれならず全く価値のない諸物まで引き下げられるのである。例えば、他に何もないときは修繕のために仕立屋のもとにある衣服、そして、たとえ〃かぶった上着をひき剥がされている（gehouptlocht）〃ときでさえ、貧乏人（Bettler 乞食）から杖または乞食袋が、貧しい寡婦からその後直ちにその農場で焼却されるところの三脚椅子が、取られるべきである。[94]

ここでは、公課がけっきょく主人権のたんに象徴的な承認へと移行しているように、多くの〈まれにしかあるいは全く要求されなかった、時おり半ば伝説的に向けられた、しかし伝統的に諸ヴァイストゥームにおいて保持されてきた〉「フロン諸奉仕」（Frohndienste）もまた、ただ象徴的な意味だけを有したにすぎないのである。[95]

【以上、第九章の本文、終わり。以下、第九章の注。】

注

（84） シャウベルク Schauberg, Zeitschr. II. 68 f.; コーティング Kothing, Schwyzer Rechtsq. 338 f.; グリム Grimm, W. IV.414 §. 16 u. 351 §.3 において。Oeffn. v. Winkel ib, I. 88：〃あるいは、犬を尻尾で結ぶこと（oder daz einem hund an ein swanz binden.）〃。Vgl. ib. II. 242.

（85） シャウベルク Schauberg, Beitr. VIII. 283 f. グリム Grimm IV. 336 §. 26.

（86） それについて、オーゼンブリュッゲン Osenbrüggen, Studien, Abh. Nr. 10 S. 241-251：〃夜の追いはぎ（Der Nachtschach）〃、を参照せよ。

（87） グリム Grimm, W. V. 198 §.1.

（88） グリム Grimm, W. II. 19.

（88 a） グリム Grimm, W. III. 302 §. 22, におけるマルクのモチの木のヴァイストゥーム、マルク・ベーバーの、ib. 304 § 14. のヴァイストゥーム。少なくとも、保護の終了に関する規定において、ここでは、冗談的な誇張が存在する。

（89） グリム Grimm, W. III. 548.

（90） オーゼンブリュッゲン Osenbrüggen, Studien 99 f. におけるヴァイストゥーム、グリム Grimm, W. I. 182 における、現代語での抜粋を、参照せよ。

（91） 例えば、グリム Grimm, W. I. 360. IV. 155. 160. 164 （v. 1343.） 263. ザクセン・レーン法 Sächs. Lehnr. Art. 68 §.7 は、愚かな人々の妄想が否認され、〔従って〕、彼がレーン裁判所において、指をくわえてみていたり、あるいは、怒鳴りつけたり、つばを吐いたり、あくびをしたり、咳をしたり、くしゃみをしたり、あるいは、彼の弁護人の反対側に歩み、あるいは、礼儀正しそうに振り返って見たり、あるいは、ハエや蚊やアブを追い払ったりするときは、ひとは賭けを失う〔敗訴する〕であろう〔とされている〕ので、――ここでもまた、諸法律効果の古来から伝承されてきた冗談的な誇張が、裁判所の静謐（Gerichts-stille）の基礎におかれており、それは、その場合（たぶん貪欲な裁判官たちによってさえも）真面目に取られたのである。Vgl. プランク Plank, das deutsche Gerichtsverf. im M.A. I. S. 129.

（92） グリム Grimm, R.A. 763 における、ルードルフ Ludorf, obs. for. app. II. 35.

（92 a） グリム Grimm, W. I. 12 §.14.

（92 b） グリム Grimm, W. II. 547. ゴンデンブレートのヴァイストゥーム W. v. Gondenbret ib. 541. におけると類似の種類のより詳細な諸規定。

（92 c） 以下、注（146）と（147）を参照せよ。

（93） グリム Grimm, W. I. 148. 主人または農民たちの側からのより多いことまたはより少ないことの未必的な賠償義務が、表現されている。その場合、貧民または（受領者の）主人の、〝財布は空いたままであり（seckel offen stan）〟、そして、他方の者から〝支払いが入ってくる（gelt ussher gen.）〟、と。

（94） グリム Grimm, W. I. 681 a. 25. 424 （頭から引き剥がされた衣服 das gehauptlochte Kleid）. II. 536. 545. IV. 74：実際に生きている状況も存在しないときは、ひとは、アルゼ〔?〕のもとのベットを取る。ひとがそれを見出さないときは、ひとは庭における住居のベットを取る。ひとが住居を見出さないときは、ひとは家にある突き棒をとるべきである。（wer ôch des lebenden valles nit da, so neme man dz bette unter dem arse; vindet man dz nit, so nimt man ein bette lôches in dem garten; vindet man des lôches nit, so soll man nemmen den stampf in dem huse.）. IV. 683 §. 15. 684 §. 7. グリム Grimm, R.A. 369. マウラー Maurer, Fronh. IV. 369.

（95） 例えば、知られた、フランスおよびロートリンゲンにおいて登場するが、しかしまた、トリーアにおける、そしてヴェッテラウにおいてもまた個々の諸痕跡から、証明しうる、周知の、カエルの静謐（Fröschestillen）、グリム Grimm, R.A. 355–356。フロンダンス（Frohntänze）に関しては、マウラー Maurer, IV. 306. を参照せよ。

【以上、第九章の注、終わり。以下、第十章の本文】

第十章

この意味において、〈ドイツの諸原典によって、十六世紀の二つのヴァイストゥームが、主人またはむしろ彼の役人に認めるが、直ちに、しかし、全く無意味な公課をとおして《初夜を自らに買い取る》という隷属する花婿に許される選択をとおしてすら、再び廃棄しているところの〉「初夜（erste Nacht）」に対する悪名高い権利〔初夜権〕もまた、権利の諸誇張に属している。これは、主人権およびその〈不自由人たちの諸婚姻に関する〉かつての厳格な法律諸効果の、象徴的、弾力的な表現にすぎない。言及された諸ヴァイストゥームの時代には、そもそも、ただいまなお、伝承として生きているのみであり、かの権利は、最も厳格な不自由の古い時代においてもまた、必ずしも例えば文言どおりには考えられてきていないのである。規定の独特の内容は、〈その意味が、身体支配の象徴的な承認として、公課をとおして避けられる最も極端な法律的帰結の冗談的な叙述と描写をとおして、明るい光の中へと置かれるべきであるところの〉むしろただ公課〔Abgabe 租税〕の命令であるに過ぎない。(96)

類似の諸視点のもとで、ここへと〈全く真面目には考えられてきていないか、あるいは、罪のある者（Schuldige）に許される軽い代刑（Ablösung）をとおして自己自身を助け起こすところの〉〈しかし、他方では、それでもしかし、厳格な法の最終的な諸可能性への《力をこめて強化する》言及を含んでいるところの〉多くの「刑罰の諸威嚇」が数えられる。それについて、以下に、若干の諸例が明らかにされるであろう。(97)

最後に、私は、冗談的な権利の諸誇張に、さらに、特徴的な、極めてさまざまに適用された〈それによって権利の取り扱いが行われるべき〉「迅速性」の規定を数えたい。財産に関して親族同意（Beitritt）または抽選（Losung）のための権利を有する血族相続人（Bluterbe）は、彼は、その財産の譲渡を知るや否や、最も迅速に彼の権利を保存すべきである。彼が机のもとに座っている間に、最初の通知を受け取るときは、バルメン（Barmen）とシュヴェルム（Schwelm）の荘園法によれば、彼のナイフをぬぐうことなく鞘に入れ、跳びあがってそして、ネーエルレヒト（Näherrecht 物権的取得権）を行使すべきである。[98] 権利者が外国に居り、そして、馬で帰郷するときは、彼は、ベルクホーフ（Berghof）の荘園法によれば、主人へと騎乗して赴き、そして、闊歩と拍車において彼の財産の返還を要求すべきである。[99] あるいは、彼は、ホーフシュテット（Hofstett）のヴァイストゥームによれば、彼がすでに片方の靴を脱ぎ、他方の靴を脱いでいないときは、急いで最初の方の靴を履くべきである。[100] はるかにさらに進んでいるのは、ラシュテット（Rastett）のドルフ裁判所条例である。それによれば、ひとは、片方のズボンに足を通し、そして、他方を手にして、抽選を行うべきである。すなわち、〝あるひとが片方のズボンに足を通し、そして、他方はまだであるときは、まだ通していない他方を手にもって、そして、安全に抽選を行うべきである（so einer ein hose angethan und die ander nit, so soll er die, so noch nit angethan, an die hand nemmen und die losung thun ongeferlich.）〟[101]、と。そして、類似して、ロスブルク（Lossburg）において、次のように言われる。すなわち、〝彼が片方の靴を履いたときは、彼は、他方を手に取るべきであり（hette er ainen schuch an, so soll er den andern an die hand nemmen）〟そして、彼の権利を確保するために走ってゆくべきである[102]、と。――机の上で彼の財産の裁判上の差し押えを知る者もまた、ボッフム（Bochum）のラント法によれば、彼が彼の財産を移す場合を別とすれば、彼のナイフを鞘に納めるべきではなく[103]、シェプレンベルク（Schöplenberg）の荘園法によれば、彼がラントと海の向こうに居るときは、彼は、彼のナイフをぬぐうべきではなく、跳びあがり、そして、彼が先立つ夜々にとどまった場所で〈彼が彼の財産に来るまでに〉一夜もとどまるべきではない。[104] ――法律問題をコイヘン（Keuchen）の最上級裁判所に持ち出そうとする者は、〃〈尻込みをするよりもむしろ〉それを遅滞なく、熟考せずにそして即座になすべきである（isz tun unvertogenlich, unberaden und stendes fuszes, ee er hinder sich trede.）〃(105)。――とくに、最後に、〈主人またはそのフォークトが、彼の保護義務（Schirmpflicht）により、〈捕われたまたは彼の権利において危殆に陥った〉農奴に対して負っている〉差し迫った救助が、エルザスの諸ヴァイストゥームによって、次のように描き出されている。すなわち、同人［主人またはフォークト］は、最初の知らせに向けて、緊急の場合には、素足でまたは一方の長靴を履いて鞍を置かない馬に飛び乗り、そして、その場合、彼が最初に一方の長靴を履いてしまっているときは、他方を手に取るべきである(106)、と。かつてあるフォークトが、鞍のない馬上に素足でまたは手に他方の長靴を持って乗り、権利の救助を行うために駆けつけたとは、信じがたいことである。しかし、ここでは、至るところでそうであるように、〈我々が、例えば、無色の〃直ちに（sofort）〃をその場所に置くであろうところで〉冗談的な誇張が弾力的な、感覚的に生き生きとした姿を与えている。

【以上、第十章の本文、終わり。以下、第十章の注】

注

（96） Oeffn. v. Muri v. 1543 und von Hirslanden und Stadelhofen v. 1538 b. グリム Grimm, W. I. 43 u. IV. 321. さらに、グリム Grimm, R.A. 384. ブルンチュリー Bluntschli, R.G. I. 189. ヴァルター Walter, R.G. §. 455. マウラー Maurer, Fronh. III. 169. とくに、しかし、オーゼンブリュッゲン Osenbrüggen, Studien, Abh. Nr. 4. S.84-98：〃初夜権（das jus primae noctis）〃。この多く援用された、特別にフランスおよびスコットランドからもまた報告された権利の解釈は、極めて争われている。若干の人々は、それを全く真面目に受け取るのに対して、他の人々は、それを、純粋の誤解から生じた冗談と受け取っている。オーゼンブリュッゲン Osenbrüggen S.91：〈それは〃一つの原則の、極端な法律的帰結、弾力的な表現である〃〉は、正当なるものを有している。それによってはしかし「冗談的」なモメントは排除されない。このことをオーゼンブリュッゲン Osenbrüggen が認めるように見えるように、古い時代における権利が命題の最初の定式化の際に「真面目」に考えられてきていることは必ずしも必然的ではなく、むしろ直ちに最初から、花婿をとおしての弁済が実際に考えられたこととして付加されてきてありうるのである。

オーゼンブリュッゲンは、〝彼は私の所有であり、私は彼を煮ることも焼くこともできる（er ist mein eigen, ich mag ihn sieden und braten）〟という格言（S.91）と、しばしば有罪宣告された者に任された〈より重い身体刑と相対的に取るに足らない罰金〉との間の選択（S.97）を、比較している。彼は、適切にも付け加えている。すなわち、〝可能なるものの法〔権利〕の極み（summum jus）の設定において、満足なるものの給付のための強い強制が存したのである〟、と。ひとは、しかし、上述において引用された〈一部分は、明らかに必ずしも極めて古い起源のものではない〉〈それらのもとでは、規定とその冗談的な表現が同じ古さであるところの〉〝権利の誇張（Rechtsübertreibung）〟の諸場合をもまた、引き寄せることが出来る。適切に、とくに確かに必ずしも真面目には考えられなかった〈写本がWilzhut im Salzburgischen のエーハフトレヒト（Ehaftrecht〔法的効力ある法＝バイエルンのヴァイストゥーム〕）に付加しているところの〉そして〈グリム Grimm, W. III. 680 が Note 1 において、それをひとが参照することができる場所を報告しているところの〉規定もまた、比較されるのである。——それ以来、とくにシュミット Schmidt, Jus primae noctis〔初夜権〕. Freib. 1881, は、注意深い諸研究に基づいて、〈それはこの内容の現実の権利では決してなく、そして、どこにも存在したことはない〉という確信に到達している。ヴァインホルト Weinhold, die deutschen Frauen im M.A., 2. Aufl., I. S. 301.

(97) 以下、注(166)、(167)、(168)、(170)−(175)を参照せよ。
(98) グリム Grimm, W. III. 13 und 31.
(99) グリム Grimm, R.A. S. 99 Nr. 4.
(100) グリム Grimm, W. III. 551.
(101) グリム Grimm, R.A. S. 99 Nr. 6.
(102) グリム Grimm, W. I. 391.
(103) Bochumer Landr. §. 20. グリム Grimm, R.A. 98.
(104) グリム Grimm, W. III. 37.
(105) グリム Grimm, W. III. 458.
(106) W. v. Obermichelbach im Oberelsass b. グリム Grimm I. 658 §. 9：〝フォークトが、フーバーをとおして裁判所法廷のゆえに彼に下僕の救助に呼ばれ、その場合、片方の長靴を履いていたときは、彼は、他方を手に持ち、そして、裁判所法廷の財産によってフーバーたちに間に合わせるべきである（wenn das geschäch, dass ein vogt durch einen huber von des dingshofes wegen angeruft wurde, ihm helflich zu sinde, hette er denn ein stiefel angeleit, so sollte er den andern in der hand führen und den hubern

von des dinghofs gut beholfen sin.)〟、と。W. v. Haselach im Unterelsass ib. 701：〝ひとがフォークトによって捕らえられたときは、彼（オクセンシュタインの主人）は、遅滞なく、素足で立ち上がり、鞍の置いていない馬に乗り、そして、彼がたとえ一方の足が素足の場合でも、彼は、遅滞すべきではなく、そして、彼は、他方の長靴を履き、そして、さらにひとを救うべく急ぐべきである（wenne ein man von der vogetigen gevangen wurt, so sol er (der Herr von Ochsenstein) one sume ufsitzen barfussig, obe das pfert nit gesattelt ist, und wo er ouch an eime fusse barfus, er sol sich nit sumen untze er den andern schuch angelege u. sol noch ilen den mann zu errettende.)〟、と。Vgl. ib. V. 422. §.6. W. v. Kircheim v. 1329 ib. V. 435 §.12. Auch W. v. Breitenbach I. 818. ――Vgl. Tholey の保護権力の行使に関する規定もまた、ib. III. 759。さらに W. v. Lendersdorf ib. VI. 705 §.4. それによれば、主馬頭（Marschall）は〝必要であるときは、直ちに近くの馬に乗る（ein perd na dem andern doit riden, ob es nöthig were.)〟べきである。

【以上、第十章の注、終わり。以下、第十一章の本文】

第十一章

権利の誇張という現象よりももっと流布しているのは、「外観的権利」（Scheinrecht）という正反対の現象である。その点に、私は、外観的権利（Scheinberechtigung）の諸場合も外観的債務（Scheinverpflichtung）の諸場合をも数えたい。これらの諸場合の特徴は、法が〈まさにさもなければ基礎づけられた権利（Recht）またはさもなければ基礎づけられた義務（Pflicht）を個別の場合に否定すること〉を避け、そして、その代わりにむしろ外観的権利を承認し、あるいは、外観的債務を課すことである。外観は保護される。厳格には、それは、〈全く何ものでもないものが維持され、あるいは、全く何ものでもないものが要求されること〉ではないし、あるいは、それとははるかに違うものでもない。フモールのこの形式は、少なくとも、表現において、法の厳格さを緩和し、それは、婉曲的であって、そっけない否を恐れるのである。しかし、それは、しかし、しばしば、刺すようなイロニーと咬むような嘲笑を包んでいる。

　これに属するのは、まず最初に、自由な諸マルクに属するかあるいはそうでないとしても特定の支配から自由な「諸森林」（Wälder）における「フェルストたちおよび主人たちの外観的権利」である。マルクゲノッセンは、木材または諸耕地についてのヘルシャフト的な使用収益権（Nutzungsrecht）を承認していない。しかし、彼らは、〈グルントヘルシャフトの拡大をとおしてすでに原則となっている〉主人権をまさに否定するのではなく、詩的に冗談的な装飾において、良くもあり無でもある何かを維持しているのである。ヴェッテラウにおけるカルバーマルク（Carber Mark in der Wetterau）のヴァイストゥームの最古の表現においては、次のように言っている。すなわち、マルクゲノッセではないある主人または貴族が、耕地についての彼の権利を知ろうと欲するときは、〝我々は、我々老人に我々の上に壮麗さを持つように、〈主人または貴族が森を通って騎乗すべきであり、そして、彼の後ろに彼の小姓を同じ速さで走らせるべきであり、そして、その者〔彼の小姓〕は、彼の盾を彼の頭に掛けるべきであること〉を判告する。その場合、ブナの実のうち盾の上にとどまるもの、それは彼〔主人または貴族〕のものである（so wiesen wir als uns altern uf uns pracht han, das ein herr oder etelmann soll durch den wald riden und soll ihm seine knaben nach lassen traben, und der soll sein schild auf sein haubt führen ; wasz dan von eckern da uf dem schilde bleibt, dasz ist seine,）〟[107]と。同じマルクのヴァイストゥームのその後の表現においては、この規定は、いくらか違う形式において、しかし、〝その他の部分はもはや〔帰属せず〕、その他のすべてはマルクに帰属する（und sonst nichts mere, sondern dasz ander alles der mark zuestendig）〟という追加部分をとおして弱められている。[108]フォルホルツのホルティング（Das Holting auf dem Vorholz）は、シュトイエルヴァルト家の主人たちおよび森におけるその他の諸ヘルシャフトにこれらの人々がいかなる権益（Gerechtigkeit）を森について有するか、という裁判官の問いに対して、以下の権利を割り当てている。すなわち、〝彼らが——それを通って騎乗するときは、彼らは森の若枝を折って、馬からブヨを追い払うことができる。そして、彼らがそこを通って駆け抜けたとき、彼らは、若枝を大きなフォルホルツに戻すべきであり、さもなければそれらは抵当物でありうる（wan die —— dadurch reiten, mögen sie einen reis brechen im holze, dem pferd die mücken abzutreiben ; und wan sie dadurch sind geritten, sollen sie das reis zurück in das grosse Vorholz werfen, sonst sind sie pfandbar.）〟と[109]。トゥルーヴァルトのホルティング（Holting des Truwaldes）においては、〔次のように〕言われる。すなわち、〝ルーネブルクのヘルツォーク〔大公〕がトゥルーヴァルトに入って通りぬけるとき、s.f.gn.〔彼の従者たち？〕は、そこにおける風の縄を解き、そして、森の一方の側から（帽子の回りに、花輪が王冠の魁であるところのものとしての、フュルスト地位のシンボルとして）花輪を摘み取ることが出来る。s.f.gn.〔彼の従者たち？〕が森の他方の側からふたたび通り抜けるときは、彼は、花輪を再び森の中へと投げ、そして森に感謝すべきである（wan der hertzog von Luneburg durch den Truwaldt thut, mögen s.f. gn. ein strick windt darin lösen und brecken einen kranz（um den Hut als Symbol der Fürstenwürde, als welches der Kranz Vorläufer der Krone ist）up der einen siden des woldes ; wann s.f.gn. up der andern siden wedder ut dem wolde thuet, schal he den kranz wedder in den wolde werpen und dancken den wold）〟[110]、と。それゆえ、花輪を求めるフュルストのこの権利さえも、たんなる優遇であるに過ぎない。彼はそれを持っていくことは許されず、それを戻しそして森において自らを感謝させなければならないのである。別の場所では、カラスが木から飛ぶところのものに向けての権利が存在する[110a]。そして、ズルツバッハ（Sulzbach）の森においては、リンブルク（Limburg）の大修道院長は、〈四つの車輪を持ち、そして、各車輪に一人の従者と四つの手綱のない荷物をもった〉馬車で走ることが出来るのみならず、〝重くそして多く〟のせることもできるが、――〝それでもしかし嵩張るゆえに馬車が止まり続けるときは、大修道院長は、膨れる荷物を失う〟のである[110b]。それゆえ、大修道院長は、止まってはならないゆえに、彼の権利もまた、ただ例えば通り過ぎる際に〈馬車の中に落ちるか、または、この馬車から素早く捕まれる〉木材諸部分または木の実にのみ及ぶのである[111]。

一四四七年のトゥールガウにおけるテーガーヴィーレン（Tägerwylen im Thurgau）のオェフヌング〔Oeffnung

スイスのヴァイストゥーム」においては、ある抜粋によれば次のように言う。[112] すなわち、〝さらに、ゴットリーバーの人々はそれ以上には裁いてはならない。なぜなら、もし彼らが雄鶏を橋の上に置き、そして、その雄鶏から一つの眼を抉り出すときは、そして、その限りで雄鶏が抉り出された眼をもって見ることが出来るからである（item es haben die Gottlieber nicht weiter zu richten, denn wenn sie einen hahn auf die brugg stellen und ihm das ein aug ausstechen, und so weit er mit dem ausgestochenen aug heraus sehen mag.）、〟と。もともとのそして完全な表現は、おそらく何か別のことを表現していたのであろう。考えられているのは、いずれにせよ〔次のことである。すなわち〕、雄鶏が橋を横切って置かれ、そして、雄鶏からテーガーヴィーラーマルクの側を見る眼が抉り出されているとするときは、雄鶏がいまや見る限りでは、ゴットリーバーの裁判権が及び、すなわち、裁判権は小川を超えては及ばない。なぜなら、鶏たちはその側だけしか見ず、〈片目の雄鶏はそれゆえただゴットリーバーマルクの方だけを見る〉からである。小川（Bach）は、言葉を換えて言えば、裁判所の境界である。

ヘルシャフト的な役人が荷物が積まれた馬車または荷車を差し込まれた小指をもって持ち上げるか、[112a] あるいは、出航のために装備された船を二本の指で水から引っ張る場合に、[112b]〈その財産をもってする荘民の「退去 Abzug」を妨げるという〉時おりヘルシャフトに認められる権利は、必ずしも役には立たない。

逆にナルバッハータール（Nalbacher Thal）においては、豚の肥育のための十分の一税（deme）の支払いの義務が、詳細に、さらに豚たちの態度に掛からせられ、そして、これによって不確実なものへの外観へと設定される。樫の実が落ちてしまっているときは、聖アンドレアスの祝日〔十一月三十日〕に、牧人は、豚の群れを森の縁のある一本のブナの木に駆り立て、そして、そこに放すべきである。それから、彼は、家に行き、四分の一ポンドの穀物を持ってきて、ナルバッハの指定製粉所へと運びそして粉に挽かせ、粉とともに再び戻り、菓子をそれに基づいて焼き、そして、この菓子を彼の袋につめ、最後に、袋と一緒に豚のところに帰るべきである。ところで豚たちがその間に森の中へと入ってしまっているときは、豚たちは十分の一税（Deme）の債務を負い、豚

たちが森の中に行っていないときは、十分の一税の債務を負わないのである。[112c]

これに近いのは、プリューム大修道院におけるベリスコルン（Beriskorn）のヴァイストゥームによれば、ゲヘーファー（Gehöfer）によって適切な課税に従ってではなく飲まれた「禁制ワイン Bannwein」は支払われる、とされる場合である。すなわち、〝ワインが谷に流れるときは、ゲホーファー〔ゲホフナー〕が支払うべきであり、ワインがしかし山に流れるときはゲホーファーはワインを支払うべきでは「ない」（laufft der wein zu dahl, so soll der gehoffner ihn bezalen, laufft er aber zu bergh, so soll der gehoffner ihn nit bezalen.）[113]〟と。彼は、従って、ワインは決して山に向かっては流れないから、いつも支払わなければならないのである。しかし、少なくとも外観としては、決定は、〈それが、その他の場合、真面目には、水の滴りあるいはタマゴの転がりに置かれるのと〉類似の方法において無意識の自然に委ねられている。

さらに奇妙に響くのは、同じヴァイストゥームの以下の規定である。すなわち、〝審判人は――フォークトに第三の木〔樹果〕を告げる。すなわち、そして、樹果が事件となり、フォークトが第三の木を立たせておこうとしないときは、彼は、木を絹糸に結び付けて空につるし、そして、他の木々を驚かすべきではない（weist der scheffen ――dem vogt den dritten baum ; und obs sach wurde, dass der vogt den dritten baum nit wil stehen lassen, soll er den baum an einen seiden faden geknupft an den himmel hencken undt die andern beum nit schrecken.）[114]〟と。その意味は、おそらく、フォークトは、およそ木が伐採されているときにのみ、第三の木を受け取る、という意味である。彼は、もちろん自己のためにのみつねに第三の木を森から持ってくることができる。しかし、それによって彼に属さない他人の木々が驚かされないために、ただ、彼が絹糸を空に向かって吊るし、木をそれに結びつけ、そして、木をそのようにして引き出すことだけにする。〔それは〕その行使をフォークトは、おそらくほとんど試みたことはないであろう権利〔である〕。

ここには、ラント権が奪われた犯人はどこで「平和」をもつべきであるか、という裁判官の問いに対して、審判人たちが〝ひとが彼を聞かず見もしない場所で（wo man ihn weder hört noch sieht.）〟と、判決を発見する場合もまた、属している。[115] この言い回しをとおしてただ徹底的にのみ表現されている。

製粉所へと運ばれたよい穀物で一杯の袋について、ひとは、ひとがそれを返還されて受け取る場合に、〝ひとが棹で水の中へと打ち付けるときより以上には（als wann man mit einer ruthen ins wasser schlägt.）〟不足を感ずるべきではない。[116] 痕跡をそれゆえ水における打ちつけが後に残した限り、その限りでは、しかし、もはや不足の痕跡をひとはここに見出すべきではない。

たんなる外観的権利としては、さらに〈オーバーエルザスの荘園諸法がマイエル（Meier 荘園管理人）に《彼が伐採人たちに、彼らが朝食の時間まで働いた後で、食べ物を何も与えない場合に》保証しているところの〉「賦役労働の継続 Fortsetzung der Fronarbeit」を求める権利が理解されなければならない。その場合、伐採人は、伐採した実りから彼が欲するだけ柳の枝で縛ることが許される。柳を折るときは、彼は罰金を支払う。別の場合には、彼は、穀物を家に運び、そして、打穀し、それを製粉し、粉からパンを焼かせ、焼いたパンを食べ始めるべきである。――そして、もし彼がその後十分に食べたときに、そして、まだ日が昇っているときは、そのときは、彼は、もう一度出かけて行き、そして、さらに伐採すべきである。[116a]

たんに象徴的な、ヘルシャフトの承認のために支払われた「諸公課」を求める権利もまた、〈例えば、オーストリアの貴族は、彼の封主に毎年二マースの蝿〔ハエ〕をとどけるべきであり、フランケンの貴族は、毎年聖マルチン祭の日〔十一月十一日〕に一羽のミソサザイ（Zaunkönig）を提供すべきである〉、というような冗談的な形式において表現されうるのである。[117]

【以上、第十一章の本文、終わり。以下、第十一章の注】

注

(107) グリム Grimm, W. V. 304 §. 4. 十五世紀から。

(108) グリム Grimm, W. V. 302 §. 4. Vgl. ib. III. 462 §. 4.

(109) グリム Grimm, W. III. 259 §. 7. 同様に §.8 u. 9, ならびに Note 1 zu §.11. Mordmühlen v. 1703, S. 260 §. 3.. Vgl. Weisth. v. St. Goar ib. I. 585 §. 4 および Bd. V. S. 740 §. 12, の補遺、VI. 489 §. 12, をもまた、参照せよ。その中では、プリュームの大修道院長には、森の中で、〈彼が通り抜けるとき、彼の駄馬の下僕（Saumthierknecht）は、駄馬をそれによって駆り立てるために、《柏でもブナでもあるべきではない》鞭を刈り取ることが出来る〉という権益（Gerechtigkeit）が認められている。返還は、ここでは言及されていない。

(110) グリム Grimm, W. IV. 701 §. 3.

(110 a) シュタインヴェンデルヴァルト Stteinwendelwald におけるシュタインブルク家（Steinburg）は、この権利を有する、グリム Grimm, W. IV. 695 §. 110。別の場所では、その権利を番犬が有する、ib. 701 §. 9。ランベン Ramben の森における〈ウサギが踏み潰し、そして、カラスが巣に帰るところのもの〉に対する貧民の権利をもまた、参照せよ、ib. V. 618 §. 10; シュトルホーフェン（Stollhofen）の森における非ゲノッセンの権利、ib. I. 428。

(110 b) W. v. 1478 b. グリム Grimm, I. 572. 574 N. 1, nebst V. 718.——Vgl. dazu Landr. der 7 Freien ib. III. 67 §. 1：「さらに、耕地を騎乗してくる旅行者は、〈ここで完全な走りにおいて彼の鉤（?）で取ることができる限りの〉穀物束を取ることができ、別の方法ではできない」(item ein reisig man, der über feld kompt reiten, die mag so viel garben ufnehmen,als hei in einem vullen rennen mit seinen klaven apnehmen kan, u. anderst nit.)。

(111) さらに、グリム Grimm, II. 568 における大修道院における W. v. Densborn：〔以下の引用文は、私には翻訳できない。訳者〕“ob die kuchen zu Dentzborn voll fleisch hinge, dat sie fallen wulde, sollen die von D. maicht hain eyne snegk zu hauwen im hage, u. ire kuchen damit stüpen; auch ob die von D. eyner koeppen zu irer moelen noit hetten, sullen sie hauwen im hage, und nyeren mehr.”。さらに、一三八二年のケイヒハルンバッハ（Queichharnbach）のための判決 ib. V. 562 §.7：〝そして、そのような告知された日に、シュルトハイスは狩りをすべきであり、それでもしかし、〈彼が荒野を突き倒すように〉制約されずに刈るべきであり、そして、限定された土地で〈彼が捕まえうるだけの〉魚を獲るべきである（u. uf solche gemelte tag soll der schultheiss macht haben, zue jagen, doch unverbunden hecken, wie er dasz gewild kan fallen, und uf drunckem（1. druckenem）land zue fischen, wie er sie kan fangen.）〟と。——すべてのこれらの諸場合において、外観的権利（Scheinrecht）の詳細な描写と限界づ

けは、同時に、あらゆる実際の権利の感覚的に強力な否定を含んでいる。すべての諸場合において、追加された外観的権利をとおしての緩和なしに、たんに弾力的に表現された主人権の否定が、見られるのである。それゆえ、例えば、グリム Grimm, V. 668 §.5 におけるナンシュトゥール Nanstuhl におけるヴァイストゥームにおけるヘルシャフト的な権益（Gerechtigkeit）の自由はそうである。すなわち、「帝国が高貴であるとして白くなり〔この意味分からず、訳者〕、主人が、彼の猟犬または鳥たちとともにナンシュトゥルの職務をとおして騎乗するときは、彼は、彼の猟犬の縄を放し、鳥を放し、「背後の彼の槍の鉄を、その軸を前に向ける」べきである。」（weissent das reich als edel, so ein herr mit seinen weidhunden oder vögeln durch das ampt Nanstull ritte, soll er sein hund ufkoppeln, den vogel ufbrechen, das eisen seins spiesz hinden, den schaft vornen keren.）、と。狩猟の槍の復帰は、ここではただ象徴的にのみ考えられている。

（112）プピコーファー Pupikofer, Gesch. d. Thurgaus I. Urk. Nr. 85 から報告されている、グリム Grimm, W. IV. 423 においては、しかし、ただ抜粋だけがまた、与えられている。

（112 a）グリム Grimm, I. 651-652 におけるオーバーエルザスにおけるヒューニンゲンの荘園のヴァイストゥーム W. des Hofes zu Hüningen im Oberelsass：〝荘園の一人がそこから引越そうとするときは、彼は、玄関前に荷物が積まれた馬車または荷車を置くべきであり、そして、それからマイエル〔荘園管理人〕のところに行って話すべきである、マイエルさん、私はここから〔出て行〕こうと思います、と。そうすると、そのマイエルは、彼の小指をもって梶棒の後を突くべきであり、そして、マイエルは、それ〔小指〕を〈彼が出来るときは〉それによって持ち上げることが出来る。しかし、彼が、それを持ち上げることができないときは、彼は、彼のことを必要とするならば、彼を直近の裁判所に伴うべきである。Wan einer von H. wil von dannen ziehen, so sol er einen wagen oder karren geladen stellen uf der tenne u. sol dan zum meiger sprechen：meiger, ich wil von hinnen. Sodan sol der meiger seinen kleinen finger hinden in die langwyd stossen, u. mag der meiger in damit beheben, das mag er thun. Mag er aber in nit beheben, so sol er in geleiten in das nechst gericht, ist er sin nottürftig.〟同様に、グロスコルンのヴァイストゥーム W. v. Grosskorns ib. 656 §. 9：彼が共有地持分に参加しうるときは、彼は戻りそしてとどまるべきであるが、しかし、彼が参加することができないときは、彼が占有を欲するならば、彼は退去することが出来る。（mag er in bhan, so sol er widerkheren u. bliben, mag er in aber nit bhan, so mag er faren, war er wil.）。同様に、シュワルツワルトの、ノイエンツェレとヒューゲルハイムのヴァイストゥーム Schwarzwälder W. v. Neuenzelle u. v. Hügelheim ib. IV. 498 §.13 u. 507 §.6.

（112 b）W. v. Altnow v. 1454 b. グリム Grimm, III. 740.

（112 c）W. v. 1532 b. グリム Grimm, II. 25-26.

（113）グリム Grimm, W. II. 528. それについては、上述注（43）。

（114）グリム Grimm, W. II. 527-528.

（115）グリム Grimm, R.A. 731.

（116）グリム Grimm, W. III. 311 §. 34. におけるジーベン・フライエン・ハーゲンの法。

（116 a）グリム Grimm, W. I. 650 u. 844 §. 19. それについては、貪欲のための罰金に関して、上述、注（42）、時間の計測に関して、上述、注（112 c）を参照せよ。――逆にリュッティンゲンの荘園法 Hofr. v. Lüttingen ib. IV. 787 §. VIII は、収穫労働者たちに、彼らが夕方に至るまで働かず、晩拝式の時刻（Vesperzeit）に行こうと欲する場合に、費用の代わりに、単なる外観的賃金（Scheinlohn）を認めている。すなわち、〝〔以下の引用は翻訳できない。訳者〕（so mochten sie oer loen mede nemen, as die meyer an synen haeck, die dreger up oere gaeffelen, die harrykteren an yrre harcken.）〟と。

（117）グリム Grimm, R.A. S. 378 Note ＊ Auch ib. 377。地代徴収人（Zinssammler）が産婦の家から持っていかなければならないところのニワトリの頭、いくつかの狩猟税およびその他多くのものもまた、これに属する。

【第十一章の注、終わり。以下、第十二章】

第十二章

外観的権利の最も頻繁な場合は、「外観的罰金」〔外観的賠償〕（Scheinbusse）である。外観的罰金〔賠償〕は、まず最初に、殺人賠償金（Wergeld）も真の罰金も帰属しない権利喪失〔法喪失〕の人々に、中世の諸法書によって保証されている。[118] そのような人々の二つのクラスにおいて、この賠償は、文言的意味においてただ外観にすぎない。すなわち、雇われた勇者たちおよびその子供たちは、太陽に対する楯の輝きを（den blik von eme kampscilde jegen die sunne 太陽に対する戦いの楯の輝きを）賠償として受け取る。しかし、自己自身を犠牲にした競技者およびすべての人々には、ひとは、賠償として人の影（Schatten eines Mannes）を与えている。後者を、シュヴァーベンシュピーゲルは、さらになお〝名誉のための良きものを受け取る全てのもの（Alle die, die Gut für

Ehre nehmen)〃を算入することによって、より詳細に、〈そのような人々に害をなした者は自らを太陽によって射させるが、しかし、被害者は、彼の影の首を打つ（あるいは、別の手稿によれば、影に対して、彼自身に行われているところのものを加える）べきである。すなわち、〃復讐によって、彼に償われてしまっているべきである（mit der rache sol im gebuezzet sin.)〃〉というように説明している。権利喪失の人々のその他の諸クラスは、実際の、しかし揶揄的に考えられた賠償を受け取る。すなわち、彼らの権利を窃盗、強盗、または、その他の事柄によって喪失した人々は、賠償として二つの箒〔ほうき〕とひとつのハサミを受け取る。すなわち、それらをもって〃皮髪刑（zu Haut und Haar）〃の刑罰が執行されるところの道具である。再び別の権利喪失の人々は、僅かな、しかし必ずしもまさに揶揄的ではない賠償を受け取る。〈その人々に、ひとが二歳の雄牛が引くことができる一フーデルの干草を与えるところの〉僧侶の子供たちおよび正式の婚姻によらない子供たち、および、〈その人々に、ひとが二つの毛織の手袋と肥やし熊手を賠償として与えるところの〉非自由の日雇い人夫たちは、それである。[118a]——これらの賠償の説明として、ザクセンシュピーゲルは、〈不真正の人々の賠償はほとんど敬虔ではないが、しかしながら、それゆえに、賠償が裁判官への賭け（Wette）に従いうるために、規定されていること〉を付け加えている。確かに、このことは、ただ、より後からの説明の試みであるに過ぎない。すなわち、賭けは、賠償がなくても生じ、そして、いずれにせよ、個々の賠償の独特の形式は、それによっては説明されないのである。これらの罰金〔または賠償〕諸規定の共通の理由は、むしろ、古法の愛着である。それは、むき出しの無の代わりに、そうではなくて何ものかを、そしてそれがたんに外観のみに過ぎないとしても、保証することである。それ自体、権利喪失の人々は、法をもたず、それゆえ賠償をももたない。が、しかし、恣意的な侵害をとおしては、やはり彼らに対してもまた、本来的に法は破られているという見方は、必ずしも全面的には拒絶されない。それゆえ、ひとは、彼らに、ひとが彼らに単純に賠償を拒絶するよりも、むしろ、〈真実には、全くまたはほとんどないところの〉賠償を与えるのである。さらなる形態形成において、その後、民族のフモールは主張される。

その場合、しかし、注目に値する差異が示される。自己の責任なしに権利喪失である人々には、ひとは、〈いずれにせよ何物かであり、そして、いずれにせよ――たぶん非自由の日雇い人夫という低い階級にむけて演じ始める肥やし熊手を別とすれば――揶揄的な付随的意味をもたない〉外観的賠償を与えている。反対に、不名誉な生き方のゆえに、あるいは、彼らが名誉の獲得を優先するゆえに、権利喪失である人々に対しては、ひとは、〈同時に軽視する嘲笑がその中に存しているところの〉たんに外観のみを保証している。すなわち、報酬のために彼の生命を賭けるところの雇われた勇士は、楯の輝き以上には受け取らない。そして、彼がそれに復讐することができるところのひとの影以上には、楽手（Spielmann）、あるいは、自らが最高の財産である自由である者は、〈人格は、名誉なしには、名誉について完全な権利を有する完全な人格の影以上のものではないゆえに〉与えられない。そして、最後に、彼らの権利を不名誉な行動をとおして失った人々には、ひとは、〈彼らが、侮辱的な嘲弄をもって、体罰と髪ばさみを持たない刑罰へと警告することによって[119]〉基本的には何もないよりも悪い賠償を与えている。――それらのもとでは一部分フモール的なものがさらにより多く登場する類似の外観的諸賠償は、さらに、スカンジナヴィア法においてもまた、見出される[120]。

外観的罰金［または賠償］の別の場合は、全く異なる理由に、しかし徹底して類似のそして言われたことを確証する考慮に基づいている。それは、ひとが「正当な殺人」（Brechtigter Todtschlag）をそれをもって償うところの外観的罰金である。それゆえ、とくに家主人は、彼の家の中に侵入する犯罪者（Frevler）を刑罰なしに殺害することが許される。その場合、彼は、死体を土台の下の穴をとおして家から引き出し、そして、改善（Besserung）として（家の平和の象徴的守護者としての）ニワトリの頭またはごく僅かな貨幣を彼の胸に置くべきである。そして、それによって彼は、満足させることを行ったのである[121]。とりわけ、外観的罰金が家の平和の破壊者を殺害することのために繰り返されているのは、オーストリアのヴァイステューマーである。ここでは、ひとは、すでに隠れた立ち聞きする者を、ひとが彼を雨どいの下で出会うや否や、危険なしに殺害することが許される[121a]。ひとは、彼をしかし、軒から引き出し、あるいは、道路上に最も近いわだちの中へと運び、そして、彼に三ペニヒ（時おりただ一ペニヒもまた）みずおちの上に置くべきである。[121b] いくつかのヴァイステューマーによれば、ひとは、ひとがそれを以って彼を殺したところの武器を付け加えるべきである。[121c] これをもって、ひとは、彼を罰したのである。[121d] 同じ方法において、ひとは、逮捕された窃盗犯人、[121e] 密かなそしてとくに夜の侵入者、[121f] 家の平和の暴力的な撹乱者、[121g] 窓を叩く酔っ払い、[121h] また、ワイン畑の平和をそこで働く人々への攻撃を通して破壊するよそ者の、[121i] 殺害を罰している。ある別の場所では、血縁者（Brutsfreund）の追放された殺人者を殺す血縁者が、類似に償っている。[122] 理念は、ここでは、明らかに、殺人は、なるほど正当とされ、そして、刑罰はないが、しかし、いずれにせよ外的な現象によれば、法の破壊と平和の破壊を含む。それゆえ、ひとは、そもそも贖罪（Sühne）を、しかしただ外観だけの贖罪を命令する、すなわち、形式上のみ犯されているところのものを、たとえただ空虚な形式をとおしてのみであるにせよ回復するところの贖罪を、命令するというものである。そして、この外観罰（Scheinbusse）もまた、腹立たしい嘲笑罰へと形成されうる。このことを、二三の全く最近になって公表された低地オーストリアおよび西ハンガリーからのヴァイステューマーが示している。なぜなら、ここでは、家の主人は、彼が立ち聞きする者を刺し殺す場合に、完全に罰を受けることがないままであり、彼がしかし、ただ一眼だけを抉り取るときは、彼は彼に対し眼窩にカラス麦をつめることによってそれ〔眼〕を賠償すべきであるからである！[122a]

同様にオーストリアのバンタイディンゲン Banntaidingen において見出される外観罰の「第三」の場合も類似している。強姦（Nothzucht）を犯した者は、婦人が頭と胴体の間を通り抜けることが出来るように、処刑される。しかし、婦人が復活祭から収穫に至るまで、沈黙し、そして、その後に訴えるときは、彼は、それを、彼が二ペニヒを中に入れるべき一ペニヒの価値のある財布をもって償うべきである。[123] ——

外観的諸権利には、さらに、どこかある場所の主人に、宿と世話を求めるという極めて流布した権利が帰属しない場合に、彼には、いまや少なくとも、彼の馬をつなぐための杭、座るための椅子、空の容器といくらかの塩とともに覆われた机が提供されるべきであることも、属する。(124) エルザスにおけるキューンハイム（Kuenheim）裁判集会場所（Dinghof）のフーバーたちは、魂財産（Selgut ?）の占有者に対するパンとワインをもってするもてなしを求める請求権を有する。〃しかしそれによって弁償することを彼らが欲しないときは、彼は、彼らに刻み豚肉とビールを与えるべきである。彼がそれを持たなかったときは、その年その中にあったゆえに、足籠の中にあるものを揺するべきであり、そして、それを互いに勧めるべきである。すなわち、それが刻み豚肉であるべきである。所有者をとおして揺すぶられた水を与えるもの、それがビールであるべきである。そして、それによって彼らは満足すべきである。〔仮訳〕Woltens aber nit dormit vergut haben, so solte er ihnen geben mett und bier ; hette er dz nit, so soll er wasz in ein beinenkorb schütten, da desz jhars ein im inen ist gewesen, u, soll dz under einander emphachen : dz soll der mett sein. Und wasser schütten durch ein häberin garb : dz soll der bier sein. Und damit soll sy benügen.〃(125)。それゆえ、〈同時に彼らが要求されたものをもっては自らを満足させない（ビールはその当時エルザスにおいてはワインよりも高価であった）ことに対する刑罰であるところの〉外観的なもてなしである。

【以上、第十二章の本文、終わり。以下、第十二章の注】

注

(118) Sachsensp. III. a. 45 §. 8-10. Schwabensp.（L.）c. 310.

(118 a) 殺人賠償金は〃不真正人 unechten luden〃にはそもそも拒否されている（Sachsensp. a.a.O. §. 11）が、これとは反対に、日雇い労務者たちには、〈明らかに再びただ外観的権利のみが考えられているほどに〉極めて古風な姿において、そして、極めて誇張された高みにおいて保証されている。以下、注(140)を参照せよ。

(119) 規定が〃罰金、賠償 Busse〃という二義的な語をもってする言葉遊びを含むことさえも、可能であろう。

(120) Vgl. グリム Grimm, R.A. 678. それによれば、楽手は、若い馴らされていない、山からムチで下へと下ろされてきた牝牛を〈彼がその牝牛を新鮮に油を塗られた手袋できれいに刈り取られた尾をつかむ場合に〉受け取るのである。

（121） Benker Heiderecht b. グリム Grimm, W. III. 42 §.25. Recht der sieben freien Hagen ib. 308 §.8.

（121 a） それでもしかし、ひとは、個々のその後のヴィステューマーによれば、彼を三度呼びかけて奏功しなかったのであるべきである。vgl. Oesterr. W. VII. 38. 57. 62. 104. 123. 146. 191. 223. 231. また、ひとは、子供または不要な人間をムチをもってのみ追い払うべきである、ib. S. 81。

（121 b） カルテンベック Kaltenbeck I. 499 §.26. 501 §. 13. 510 §.31. 521 §. 7-8. Oesterr. W. VII. S. 12. 32. 59. 81. 191. 204. 229. 251. 255. 259. 271. 280. 285. 296. 337. 352. 368. 403. 462. 540-541. 696. 953. 991. ——より多く精彩を欠いて、ib. 15. 47. 66. 70. 86. 97. 139. 195. 212. 218. 234. 240.

（121 c） Oesterr. W. VII. S.38. 57. 62. 104. 223.

（121 d） より若いヴァイステューマーは、しかしながら、〈ひとは彼を〝世間に向かって罰したのである〟〉と、しばしば言っており、そして、時おり明示的に〈ひとは、〝神の前に〟そして懺悔椅子において、それをもっては許されないこと〉を付け加えている、Oesterr. W. VII. 178. 191. 204。

（121 e） Oesterr. W. VII. 337. 368. 369.

（121 f） Oesterr. W. VII. 378. 1051.

（121 g） Oesterr. W. VII. 76. 139. 301. 676. 716. 1001.

（121 h） Oesterr. W. VII. 132-133.

（121 i） Oesterr. W. VII. 155 §. 3. 164.

（122） ブルンナー Brunner Z.f.R.G. XVI. 87 f. が、一部分フリースラントの、一部分オランダの原典として引き出して証明したところの、いわゆるラインガウのラントレヒト七十一条によれば、そして、この七十一条と一致するオランダの諸規約（b. Brunner a.a.O. S. 54. 96. 97）によれば、そうである。ここでもまた、そのための罰金ペニヒまたは十分な担保、および、武器は、死体の胸に置かれる。〝そして、それによって彼は解放されるべきである。それゆえ、さらに、太陽が昇りそして再び沈み、そして、この風が吹き、そして、この雨が降り、そして、神は、彼の国の慣習を確保するのである〔仮訳〕、ende daarmede sal hy quyt sein, alsoe verre als die sonne opgaat ende weder toegaat ende dien wind weyt ende dien reghen spreyt ende God gewont s' lants heeft.〟と。

（122 a） Oesterr. W. VII. 1028 Z. 10. 1061. 1064.

（123） カルテンベック Kaltenbeck II. 62 §.8. は、そうである。

(124) 例えば、W. v. Kappeln v.. 1353 b. グリム Grimm V. 649 §. 2：すなわち、野獣伯爵（Wildgraf）が裁判所に来るときは、ひとは、彼に馬をそれにつなぐくいを打ち込み、馬が食べる麦わらの束、彼がそれに座るクッション椅子、机、および、その上の白いコップ、そして、そのために〈二個のタマゴに塩をかけるために〉ひとが用いる限りの塩を、与える。W. v. Schwanheim b. グリム Grimm, R.A. 256、すなわち、ひとは、カラス麦をもってくる主人の従者たちに、〝良きことのために、暖かい部屋と、白布で覆われたその上に何もない机、その中に何もない三つの白い襟飾り、その中に何もない空の棚、火のところに何もついていない二本の投げやりを、〔提供する〕債務を負っている。〔仮訳〕schuldig einen guten willen, eine warme stube und einen tisch weisz gedeckt und nichts darauf, drei weisze krausen und nichts darin, eine leere kandte und nichts darin, zwei spiesz am feuer und nichts daran.〟。Vgl. W. I. 523 und V. 718. ——フモール的な形式において報告された、〈ホルブルクのフォークトの下僕と馬が、エルザスにおけるザントホーフェンの裁判所法廷のマイエル〔管理人〕のもとで見出すとされる〉受け入れと接待もまた、これに属する。馬たちは、ぬれた馬屋と乾いた飼葉桶を受け取る一方、下僕自身は、えさを探すべきである。下僕は、水とパンを受け取る。彼が、それ以上を欲するときは、彼はそれを買わなければならない。マイエルは、壁を守るべきであり、下僕は馬屋の扉を守るべきである。馬たちが壁をとおして盗まれるときは、それらをマイエルが支払い、しかし、扉をとおして盗まれるときは、下僕が支払う。最後に、下僕は、出発の際に、客への贈り物として、〝それらが彼の足を痛めるほどに硬い二つの靴 zwene also hertte schuehe, dasz sie ihme die füese brechen.〟を受け取る。W. b. Grimm IV. 155–156.

(125) グリム Grimm, W. IV. 212.

【以上、第十二章の注、終わり。以下、第十三章】

第十三章

外観的権利の極めて流布した形式は、さらに、その実際の履行が権利者の怠慢によって失敗するところの「債務の外観的履行（Scheinerfüllung einer Verbindlichkeit）」である。債務は、ここでは、それ自体消滅している。しかし、債務は通常の方法で消滅しているのではないゆえに、ひとは、不法の外観に別の外観を対立させるのである。

この場合にとってとりわけ特徴的なものとして、「犯人たちの引渡し」に関する諸規定が役立ちうる。諸ゲマインデと下級裁判所諸ヘルシャフトは、逮捕された犯罪者を、権限のある裁判官のところに、厳かな方法で、通常は裁判所地区の境界にある一定の場所で、そして、確定の時までに引き渡さなければならない。しかし、彼らは、裁判官が適切に行われた告知にもかかわらず不在である場合、ならびに、待機期間後三度の呼びかけに現れない場合は、彼らのなすべきことを果たしたのであり、そして、その後さらなる責任なしに犯罪者を逃がすことができる。ところで、時おり、このことは、直接に言われている。[126] しばしば、しかし、犯罪者は境界に、外観上、彼が容易に逃れ出ることができるように、縛られることが、命令されている。[127] ひとは、彼を、三本のわら茎で、または、一本の絹またはより糸の糸で、境界石、橋の柱または境界木に縛り、そして、彼を立たせるのである。[128] 前個々のヴァイステューマーは、その場合、尊敬すべきことがらと不名誉なことがらの間をすら区別している。前者の場合には両手を前に、後者の場合には後ろに、縛られるべきである。[128a] いずれにせよ縛ることは、単なる外観に過ぎない。それゆえ、時おり〈縛られた犯罪者は、彼が欲する場合は、より上位の裁判官を待つことが許される〉と言われる場合、[128b]——あるいは、ゲマインデと下級裁判官はそれについて責任を負うべきではないであろう、とまさに言われる場合、[128c] 縛られた者が、例えば、悪漢であり、そして、自らを裂き離し、そして、そこから逃走する場合、最終的な結果は、もちろんただ疑わしいものとしての冗談として表現されているのである。真実においては、ただ引き渡しだけが、少なくとも外見上実行されるべきである。犯罪者は、必ずしもまさに引き渡しの債務を負わされた裁判所の居住者たち（Gerichtseingesessenen）によって自由へと置かれるべきではなく、彼らの退去後に始めて自己の行為をとおして逃れるべきである。[128d] 絹糸またはより糸は、この場合、それゆえ、わら茎と同様に、例えば法的に編み込む象徴的意味ではなく、単純にただ最もゆるい、たんに外観上縛る拘束としてのみ、用いられる。[128e] その糸はさらにその他の場合にもまた、しばしば類似の意味において出会うのである。それゆえ、例えば、〈財産または家は、それが絹糸をもって包まれまたは掛けめぐらされ、あるいはまた、おそらくたんに、それは糸をもって掛け巡らされ、そして、それゆえ保護される〉ほどの、高い平和を有する、という言い回しである。なぜなら、ここでもまた、糸は、例えば特別に強い、神聖な〈いまや実際上のであれあるいは想像上のであれ〉囲いを表現すべきではない。むしろ、土地の平和は、最もゆるい、最も僅かな垣根、それどころかそのようなものの単なる観念さえもが、土地をあらゆる侵入に対して、それが最も頑丈な壁より以上に保護すべきであるほどに、強くそして神聖であるべきである、と考えられているのである。(129)

犯人の引渡し義務のように、時おり、「ベストハウプト」〔借地相続税〕の引渡し義務もまた、権利者がそれを受け取らないときは、ひとが馬または牛を泉の柱に結ぶことによって解放される。ここでは、しかし、〈ひとが家畜に、《家畜が出来る限りそれによって生きるように》水を穴だらけの籠に飲料のために、そして、石を飼い葉おけの中に置くべきであること(130)〉が付け加えられる。それゆえ外観的引渡しと並んで、さらに家畜の扶養のための冗談的な外観的配慮〔がみられるのである〕！

家畜たちのこのような「外観的飼養」（Scheinfütterung）は、とりわけ家畜の差押え（Viehpfändung）においてもまた出会う。知られた所有者が、彼に設定された期間内に差し押さえられた家畜を受け戻さないときは、この家畜の世話のための執行官（Pfänder）のあらゆる義務は止むのである。しかしながら、すでにランゴバルドの民族法によれば、彼〔執行官〕は、家畜の前に少なくともさらに水を置くべきである。(130a) スイスのヴァイステューマーによれば、彼は、いまや再び、この水をざるの中に入れて、そして、それと並んで、石を桶の中にいれて与えるべきである。(130b) あるいは、彼は、水を家畜のために扉の飾り縁（Thürgesims）に置き、そして、干草を棟（First）の上に置くべきであり、そして、〝食べさせそして見張る lassen essen untz uf die hut〟(130c) べきである。そして、オーストリアのヴァイステューマーにおいては、彼は、家畜を餓死させてはならず（“nit erhungern”）、家畜に水を三つの石とともに提供し、そして、一束の麦わら（“schäb”）を屋根の棟頂に結ばなければならない。(130d)

類似の方法において、〈権利者の受領遅滞の場合において、《とくに権利者に近づきうる場所での債務を負わされた金額の寄託のごとき》債務者の免責のために、十分であるか、または、現実の給付と並んで必要であるところの〉多くの種類のその他の「外観的諸行為」（Scheinhandlungen）が登場する。それゆえ、夫役義務のある農夫は、彼が運搬作業をもって九時課〔Non 午後三時からの祈祷〕から別の時に至るまで、空しく待ってきている場合に、多くのヴァイステューマーによれば、プリューム大修道院は、彼が三度ムチをもってモーゼル河を打つことをとおして、給付するのである[130e]。そして、非常にさまざまの形において、外観的諸行為が言及される。そして、それらの行為は、例えば、〈林務官から不法におよび遅滞の方法で樹木伐採の許可を受け取らず、そして、いまやそれでもしかし樹木を伐採する〉マルクゲノッセ[131]、〈渡し守を三度空しく呼びかけ、そして、いまや自ら渡る〉旅人[132]、〈その者の地代をめぐって二人の主人たちが争い、そして、それでもしかし、一人のみに支払うことが出来る〉小作人[133]から、あらゆる責任を取り去るために役立つのである[134]。

類似しているのは、さらに、〈荘園裁判官（Hofschulz）が悪意からその者に封土を授与しないことを欲するところの農民である財産受領者が、自ら行うべき〉「外観的封土授与」（Scheinbelehnung）である。彼は、三脚椅子を取り、それを裁判所の中へと置き、各脚部に三アルプス銀貨を置き、そして、椅子をつかむ。そうして彼は、封土が授与されるのである[135]。

また、明らかに、外観的権利に属するのは、〈それらにおいては、神または太陽がレーン〔封土〕主人と考えられたのであり、そして、昇り行く太陽からのレーンの形式的な儀式的受領が通例であったところの〉「太陽レーン」（Sonnenlehn）である[136]。――すべてのことは、ただ、外観のもとに〈レーン制度の理念が騎士的土地占有全体をそこにおいて浸透したところの〉時代における自由なアロード〔Allod 自由所有地〕を維持するため〔である〕。

ある意味においては、たとえただ半分だけであるにせよ、〈「自由に」通行する権利のある、そして、馬車と家具をもって退去して行く〉臣下が出会ったところのグルントヘルに規定されていた手続きは、結局、この点に属するのである。グルントヘルは、彼を自由に通行させるべきであるのみならず、馬車がはまり込んだままであったときは、彼の下僕たちに加勢することを命じ、そして、必要な場合には、自ら助けさえすべきであり、その場合しかしながら片足を車輪においてとどめるべきである。それから、彼は、離れてゆく者に呼びかけるべきである。〝行け！ そして、きみが行くために再びやってくることが、うまく行くように fahr hin ! und dass es dir so wohl gehe, dass du zu fahren wieder kommst〟(137)、と。ここでは、退去していく者の援助と親切な免責が真面目に考えられているのである。これとは反対に、馬車を押すことの際の主人の「身体的」助力は、ただ象徴的に善良な意思の表現として理解されなければならない。むしろおそらく目の前に立ってはいないであろう主人が、片足を車輪にとどめるべきであるというのであるから(138)。

最後に、外観的権利は、時おり〈何か「不可能なこと」あるいは「誇張された大きなこと」がなされるべきであること〉をとおしてもまた、表現されることに、言及されなければならない。第一は、例えば、罰が黒い白鳥たちまたは白いカラスたちへと加えられる場合である(139)。第二は、ザクセンシュピーゲルが、不自由人たる日雇労働者たちに、彼らの無権利状態と極端に僅かな罰にもかかわらず、「人命金」として、《各ルーテにつきそれぞれ十二の釘をもち、各釘ごとに各十二束の袋があり、そして、各袋において各十二シリングの価値をもつ》十二ルーテ〔一ルーテは三・七七メートル〕の間に古風に詰まれた〉小麦の山を、すなわち、明らかに誇張された、そして、ただ嘲弄的に要求される価額のみを、与えている場合である(140)。その他の場合もまた、このことは、しばしば、法外なものが要求される場合に、意味があるであろう(141)。

【以上、第十三章の本文、終わり。以下、第十三章の注。】

注

(126) 例えば、グリム Grimm, R.A. 874. における Selterser W.。

（127） グリム Grimm, W. III. 671.〔における〕ひとがキエムゼーで盗人を〝見出したときは、空の船に乗せ、そして、彼をすべての櫂をつけて流れさせるべきである gepunden an ein ledigs schif setzen und in an alle ruder rinnen laszen soll.〟というのは、別の思想に基づく。なぜなら、ここでは、逃走は困難にされ、そして、さらに一種の神の裁きへと置かれているからである。

（128） Oeffn. v. Altregensperg v. 1456 b. グリム Grimm, W. I. 81–82. Bair. Hofmarkweisth. v. 1554 ib. 604 §. 6（ここでは、彼はわら紐で落し門の柱に縛られる。）および v. Roth ib. 670. Oeffn. v. Wimburg ib. 691. 多くのオーストリアの Pant. b. カルテンベック Kaltenbäck I. 449 §. 5. 469 §.12. 481§.23. 492 §.15. 495§.9–10. 497 §.4–6. 15. 505 §.8. 507 §.9–13. 523 §.11. 533 §.9–10. 544§.26–27. 554§.20. 578§.10. 588§.6. II. 14 §.4. 17 §.5. 65 §.2. 91 §.28. 95§.20. 97 §.3–4. さらに、現在、オーストリア Oesterr. Weisth. VI. における Weisth. aus Steiermark 149 Z. 39. u. 155 Z 20（より糸をもって縛ること）、ならびに、89.92.96.109.164.167.221.u. 317（三本の麦わらをもって縛ること）。さらに、低地オーストリアからの（一部分すでにカルテンベックから知られている）多数のヴァイステューマー、ib. VII. 24. 38. 43. 56. 61. 97. 132. 139. 160. 168. 181. 192. 200–201. 221. 231. 237. 244. 249. 259. 270. 277. 279. 283. 293. 300. 313. 318. 401. 408. 460–461. 474. 544. 556. 561. 573. 695. 716 IV a. 721. 726–727. 757. 858. 917. 933–934. 942 §.11. 952 §.6. 980. 987. 993. 1001. 1030. 1056. 1061. 1064. ――グリム Grimm, III.893. における W. v. Melrichstädt によれば、犯罪者（Missethäter）は、監獄塔の門に引き渡され、そして、誰もそこにいないときは、はしごの三段目に縛られる。――Vgl. グリム Grimm, R.A. 182. をもまた、参照せよ。

（128 a） Oesterr. Weisth. VII. 796. 816. 836. 885.

（128 b） Oesterr. Weisth. VII. 51 : "möge er seiner beiten, mög ers gar wohl thun; liefe er aber davon" etc.（彼が彼のもの〔裁判官〕を待ちたいときは、彼は全くそうしてよい。彼は、しかしそこから逃げてもよい。など）。

（128 c） Oesterr. Weisth. VII. 796, 816, 836 : 〝ob er ein schalk wär und riss sich ab u. lief furder〟 etc.（もし彼が悪漢であり、そして、自らを噛み解き、そして逃走するときは。など）。

（128 d） 至るところで、それゆえ、〈裁判官とゲマインデがあらゆる責任から免責されること〉が、この外観的行為の最も主要な法律効果として、強調されている。〔そして〕、しばしば、〈怠慢なより上位の裁判官は、逃走する犯罪者が例えば引き起こした損害について責任を負うべきであること〉が付加されている。――より最近のオーストリアのヴァイステューマーにおいては、時おり行為はもはや描写されず、ただ、ひとは従来どおりのことを維持すべきである、と言われている。Oesterr. Weisth. VII. 630 u. 635. 後には、その規約は完全に消失する、ib. S. 179 N. 1 に報告された鉛筆の記載を参照せよ。

（128 e） Weisthum v. Wieting in Kärnthen, Oesterr. Weisth.VI. 514. によれば、犯人は、「居合わせて」いたラント裁判官にもまた、

ただ一本のより糸をもってのみ縛られて橋を越えて突きやられ、そして、もしラント裁判官が彼を捕まえないときは、脱することが出来る。ここでは、それゆえ、上述S. 14 N. 45に暗示された視点がともに演じている。

(129) グリム Grimm, R.A.S. 183——184. において、与えられた諸例に拠れば、この意味は疑わしく、そして、むしろ、グリムがこのことを認めるように、その周りに引かれた糸をとおして束縛された諸土地の実際に象徴的な垣根囲いが考えられているのであろう。カルテンベック Kaltenbäck I.522 §. 11. をもまた参照せよ。そこでは、より糸が城の平和を境界づけている。——私は、しかしながら、ことがらを疑いの余地なく示す別の諸箇所を引用することが出来る。まず最初に、家は、カルテンベック Kaltenbäck I. 469 §. 14 におけるオーストリアの Pant. によれば、〃あたかも誰かが家を一本の糸で囲み、または、かけめぐらす als wer es mit einem faden umbfangen oder umbhanagen.〃ほどの高い平和をもつべきである。家は、しかし、囲いを必要とはしない。はっきりと、さらに Oesterr. W. VII. 178 のシュラッテンシュタインのバンタイディング〔Banntaiding オーストリアのヴァイストゥーム〕は、言う。：ein jeder armer man hat freihait in seinem hause als weit sein hoffmarch wehrt, obs nur mit aim zwirmbssfaden umbzogen.〔あらゆる貧民は、彼の家の中において、彼のホーフマルクが「あたかもただ」一本のより糸をもって「のみ」囲われた限りで、自由を有する」、と。最後に、グリム Grimm, W. I. 837 におけるモイト Meuth のヴァイストゥームにおいては、詳細に〔次のように〕言う。すなわち、“were ea sach,dass die herren der grafschaft Dietz einen misstedigen menschen jagenden zu dem dorff M. u. dass ein seyden faden umb das dorff gingh, u. das gejagte mensch unter dem faden in das dorff kem, sollent die vorgedachte herren der grafschaft Dietz wenden und den faden nit schedigen.”〔ディーツ伯爵領の主人たちがある犯罪者を追跡してエム村〔に至り〕、一本の絹糸が村の周りに〔あり〕、追跡される人間が糸の下を〔通って〕村の中へと入った、という事実であるとすれば、ディーツ伯爵領の上述の主人たちは、向きを変え、そして、その糸を傷つけるべきではない」、と。それゆえ、彼らにとっては、避難所（Freistatt）は、〈彼ら自身が、境界を記す一本の単なる絹糸に触れるべきではなく、糸の前では、壁の前の如くに向きを変えるべきである〉というように、神聖であるべきである。それゆえ、結果においては、別の方向で、〈財産は、それが（実際に）九本の垣根によって囲まれているごとくに、（法的に）平和であるべきである（それゆえ、グリム Grimm, I.139 においては：die wynreben zu Würfflingen sollend also in gutem frid sein u. liegen, alss ein guth in nün ettern. ヴュルフリンゲンのぶどうの木々は、九本の柵の中の財産のように、よい状態においてあり、そして、存在すべきである。）〉と言われるのと同一である。ただ、この場合においては、感覚的に最も強い垣根が、あの〔上述の〕場合においては、感覚的に最も弱い垣根が、〈前者では、平和そのものが、ここ〔後者〕では、最も軽い、最も外観的でない、そして、それにもかかわらず可罰的な平和破壊が、描写的に叙述されるべきであるゆえに〉、法の平和（Rechtsfriede）の比喩であるに過ぎない。ひとは、それと上に言及された夜の自由の描写を比較することができる（注(87)）。

(130) グリム Grimm, R.A. 370-371. における Utznach in St. Gallen u. Liechtensteig in Toggenburg の諸自由（Freiheiten）。Vgl. auch Feldheimer Dorföffn. ib. 371 Note*.

(130a) Edict. Rotar. c. 346. その場合、彼は、損害に対するあらゆる責任を免れてとどまる。

(130b) 例えば、グリム Grimm, W. I. 206. における W. v. Kilchberg を参照せよ。もっと嘲笑的に、メンフのドルフレヒト Dorfr. v. Memph ib. VI. 62 : ein burdi gert u. ein logel mit wasser u. ein schindmesser darob〔要求される土地、および、水の入った桶と「その上の皮剥ぎナイフ」〕. Vgl auch ネーゲリ Nägeli, german. Selbstpfändungsrecht, S. 66-67.

(130c) W. v. Adrigenswyl b. グリム Grimm, W. I. 164.

(130d) オーストリア Oesterr. Weisth. VII. 40. 45. 47. 54. 141. 193. 207. 256. 263. 272. 285. 296. 314.（個別においては、多くの種類のヴァリエーションを伴って）。

(130e) W. v. Gondenbret b. グリム Grimm, W. II. 542 : "dreimahl mit seiner schmicken in die Mosel schmicken, und heimfahren, und damit seinen anger gequidt und bezahlt han."〔三度、彼のムチをもってモーゼル河へとムチ打ち、そして、帰還する。そして、それによって彼の耕地を解放し、そして、支払をしたのである〕。W. v. Büdesheim ib. 544. W. v. Seffern ib. 549.

(131) Vgl. 例えば W. des Möhringer Walds b. グリム Grimm, II. 581 : すなわち、農夫は、拒絶された許可にもかかわらず森の中に入り、切り込み haut、積み込み lädt、そして、三度呼びかける。〝林務官よ来たれ、そして、お前の権利をもって来たれ Komm Förster und hole dein Recht.〟、と。〝彼が来るならば、結構だ Kommt er, wol gut !〟彼が来ないときは、あらゆる樹幹に三ペニヒを置き、そして、家に帰る。Vgl. ib. I. 174. 651. II. 271. 475. 616. IV. 558 §. 6 u. 74（その場所でフーバーが木へと三度の打ち込みを行う。それらの打ち込みが、〈誰もそこに居なかったこと〉の彼の証人であるべきである。）。

(132) グリム Grimm, W. I.427. II. 581. III. 627. IV. 221§.23（ここでは、待機の間すら、行程の費用で飲食することが出来る）。

(133) 彼は、机を半ば耕地に、半ば家の前に置き、貨幣をその上に置き、そして、誰かがそれを持っていくのを待つ。グリム Grimm, W. III. 888.

(134) 一部分、これには、取りに来なかったあるいは突き返された地代を、門柱、三脚椅子、石、樹の幹などにおくことをとおしての外観的支払い（Scheinzahlung）もまた、属する、グリム Grimm, R.A. 389-391; 家の前で石のひっくり返しをとおしての外観的積み込み、グリム Grimm, W. I. 305; 十分の一税の放置の際における三度の呼びかけ、ib. III. 67. など。ひとは、〈それによれば、飲まれなかった禁制ワインが、あたかもそれが飲まれたごとくに、義務者の鶏小屋または桶へと注がれるべきであるところの〉一五一七年のシュヴァイヒのヴァイストゥーム ib. II. 309 の規定をもまた、引用してよいであろう。

(135) Schöplenberger Hofr. b. グリム Grimm, III.38. Vgl. die W. von Schwelm, Hagen u. Eilpe ib. 31. 36 §. 17. 40.

(136) グリム Grimm, R.A. 278-280.

(137) Vgl. d. Weisth. v. Fischbach und Nanstuhl b. グリム Grimm, I.777. V. 669 §. 13. ならびに von Nennig u. Helfant II. 254 u. 259. これとは反対に、Rotzenhain u. Fellerich ib. I. 637 u. III. 792 においては、主人は、完全に降り、そして、助けるべきである。同様に、Leuwen (1546), Trittenheim (1472) u. Kenne (14.J.) ib. VI. 525 §.15. 526 §.2. 547 §.14.

(138) そこに〝向かって援助を行え halbe, vornehme Hülfe〟と表現されているのを見出すところの、グリム Grimm, R.A. 100 u. 348 もまた、類似している。――同様に、例えば、〈オーストリアの荘園諸マルクにおいて、それらのインムニテートのゆえに、ラント裁判官は、ただ一歩だけ鐙から歩み出、そして、小さいコップのワインを飲んでよく、さもなければ老若によってこん棒で叩きまたはだめにしてマルクから追い払われるべきであること〉は、ただ半分だけの非現実的な滞在を意味する。そうであるのは、カルテンベック Kaltenbäck I.167 §.37. 180 §.42. 189 §.46. 204 §.26. 221 §.6. 330 §.34 u. 36. 337 §.36. 359 §.22. II. 18 §.22.(これまでに現れているオーストリアのヴァイステューマー集成の I. Theil der niederösterr. Weisth., Bd. VII においては、まだこれらの箇所は含まれていない。)

(139) Urk. aus Carpentier I. 930 b. グリム Grimm, R.A. 377 Note:〝もし誰かが反駁することを試みようとするときは、彼は、百羽の黒い白鳥とそれだけ多くの白いカラスを君主に支払う。si quis contradicere conaverit, centum cyquos nigros et totidem corvos albos regi persolvat.〟

(140) Sachs.sp. III. 45 §.8. それについて、グリム Grimm, R.A. 675-676. 小麦を全く別として、二〇七三六シリングが生ずる！ そして、このことは、二つの手袋と糞便熊手の外観的罰(Scheinbuße)と並んでである。そして、次のように言う Sachs.sp.III. a.44 §.3. と並んで。すなわち、：von den laten, die sik verwarchten an irem rechte, sint komen dagewerchten.〔確かに「それらについての諸権利を失った」ところの諸ラーテについて、日雇い労働者たちは来ている」、と。

(141) Vgl. z.B. Niedermendiger W. v. 1536 b. グリム Grimm, II. 492 および、それについては、グリム Grimm, Z. f. D.R. V. S. 19、さらにグリム Grimm, R.A. 667.

【以上、第十三章の注、終わり。以下、第十四章。】

第十四章

権利の誇張と外観的権利の諸場合のほかに、ところで、しかし、〈それらに、民族のフモールが――しばしば目に見える目的なしに、そして、外観上遊戯的に――フモール的な表現を与えているところの〉さらに多くのその他の諸規約が存在する。

このことは、多くの「諸測定」（Massbestimmungen）において登場する。このことは、ヘンメンドルフの城塞裁判所（Vestgericht）において問題に言う。すなわち、〃傷はどのように行われたとされるべきかに関して、確定されるべきであるのか？、wie die wunden sollen gethan sein, daruber gevhestet werden soll？〃と。回答〔は次のごとし。〕：〃体においては、その部分の長さ深さ、毎日ミサを行う司祭としての頭においては、爪の上の黒いもの im leibe gliedes lang und tief, u. im Kopfe als einem priester, der alle tage messe hält, das schwarze uf dem nagel〃[142]、と。それは、明らかに、全く小さな頭の傷のための、ただ冗談的な表現にすぎない。同様に、私は、ヴェッテラウの水利裁判所（Wetterauer Wassergericht）のヴァイストゥームの規定を数えたい。すなわち、それによれば、水車小屋の持ち主は、水を〈ミツバチが打ち込まれた目印柱における爪の頭の上に飛び、自らをその上で保ち、そして、脚と羽を用いることまたは傷つけることなしに、水から飲みそして享受しうる〉よりも高くせき止めてはならない[143]。なぜなら、ミツバチによる実際の試しは、それでもしかし行われなかったからである[144]。フランケンにおいては、家の所有者は、家の屋根の中に、〈ひとが一組のロバを投げ込むことが出来るほどに大きくそして幅のある〉穴が見出された場合には、建築警察的に罰せられた[145]。主人によってまたはフーバーたちによって供給されるべき車への木材の積荷は、マルク・シュヴァンハイムの多くのヴァイステューマーにおいては、より詳細に次のように称されている。すなわち、車の積荷は、一羽のカササギがその中を真っ直ぐに、または〃伸ばされた耳をもって〃通り抜けて飛ぶことができるほどに、ゆるくかつ広々と積まれるべきである sie solle so lose und weitläufig geladen sein, dass eine Atzel aufrecht oder "mit ufgereckten ohren" hindurch fliegen könne[146]、と。一四一九年のビルゲルのヴァイストゥーム（Birgeler W.）においては、もっとほとんど誤解し得ないフモールをもって次のように言う。すなわち、〝さらに、各フーフェは、二台の車の年貢材を運ぶべきである。その場合、車においては、四頭の馬以上にはあるべきではない。それは、七匹の犬がそれをとおって一匹のウサギを狩することができるように、まずく、そして、汚く、そして、悪く積まれてあるべきである item sol yedie hube führen zwene wagen recholzes；da sollen in dem wagen nit me sin dan vier pferde；iz sal sin suer unde fule unde übel geladen, daz sieben honde eynen hasen dar durch mogen gejagen〟[147]、と。最後に、最も特異にベンクの荒地権〔法〕（Benker Heiderecht）の規定は言っている。それによれば、彼の妻によって殴られた男は、家から避難し、はしごを据えて屋根をくぼませ[148]、そして、家に杭を打ち込むべきである。それから、彼は、一グルデン金貨の価値における質物を持ち出し、そして、これで二人の隣人と酒を飲みつくすべきである。〝そして、ルイス〔虱しらみ〕が指輪の下を広げた耳をもって這うことが出来るほどに、互いに等しくそれにおいて共に飲むべきである und sollen sick so gelick doin im uitdrincken, dat eine luiss unter dem pegel mit upgestreckten ohren krupen könnte.〟[149]、と。彼らは、それゆえ〈一種の罰として現れる〉質物の飲み尽しの際に、ポットからの注ぎ込みの際に、このポットにその測定のためにもたらされた輪（Ringe.pegel 水位計）の下に、そのつど〈真っ直ぐに立てられた耳をもって這う虱が必要とするだけの〉空間がまさにとどまるのと同じ程度に飲むべきである。この虱も、あのカササギたち、あるいは、ウサギと並んで七匹の犬たちも、それぞれに実際には、測定の際に引いて来られてはいない。しかし、ひとはそれらを尺度と考えることによって、民族のフモールは、自らに同時に弾力的でかつ楽しませる形象を作っているのである。

それ自体真面目に考えられてはいるが、フモール的な付加物によって装飾されているのは、〈そこに至るまで「鶏たち」が差押えの危険なしにマルクの中へと、あるいは、隣人の土地へと入って良いところの〉空間の探求に関する規定である。非常に古い風俗によれば、最もさまざまな諸地方において、この距離は、刈り鎌または鋤鉄をもってする投擲をとおして決定される。それによって、しかし、ひとが可能な限り制限しようとする空間がただ極めて僅かにしか脱落しないために、あらゆる種類のフモール的に色彩を帯びた諸困難化と諸変化が、付け加えられている。それゆえ、ウェストファーレンにおいては、ベンクの荒地法によれば、鶏は、〝善良なひとが裸足でしばしば二つの柵堤にまたがって立ち、そして、両脚の間から投げる（als ein guet man mit bair voiten over ein offt twen thunstacken stünde u. worfe zwischen den benen hin.）〟[150]より以上の権利を持たない。同様に、ひとは、ボッフムのラント法（Bochumer Landrecht）（§.44）によれば、裸足で二つの先端のある柵堤へとよじ登り、そして、両脚の間から投げるべきであり、シュヴェルム（Schwelm）においては、〈鶏の権利（Hühnerrecht 鶏権）を求めるために〉柵の上に立って鋤鉄を両脚の間から隣人の耕地へと投げるべきである。[151] ザルツブルクのタイディンゲン（Taidingen［オーストリアのヴァイステューマー］）によれば、鉄の代わりに一個のたまごが（雌鶏の象徴として）投げられる。その場合、投げる者は、同様に裸足であるべきであるが、しかしながら片足を手の中へと掴むべきである、[151a] あるいは、しかし、家の周囲における鶏権の測定が問題となるところでは、片脚をもって屋根の棟木のうえに、他の脚を覆われていない小屋梁の上に、置いて立ち、そして、そうしてその卵を彼の両脚の間を通して投げるべきである。[151b] ニーダーバイエルンおよびオーストリアにおいてもまた、卵投げ（Eiwurf）が見られる。ここでは、農婦は屋根の棟木の上に登り、そして、彼女のヴェールまたは頭にかぶる布にくるまれた卵を両脚の間を後方に投げ出すべきである。[152] チロルにおいては、鶏権を求めるために、手袋が屋根の棟木から投げられる。[152a] これとは反対に、低地オーストリアにおけるシュトルツェンヴェルト（Stolzenwert in Niederösterreich）では、この目的に、いまだ古風なハンマー投げが奉仕している。そして、それは、しかしながら〈門柱に立つひとが、片手をもって髪の毛の房を前につかみ、そして、別の手でハンマーをその中を通して投げる〉[152b] というように行われなければならない。スイスにおいては、投擲は、たえず刈り鎌をもって屋根の棟木から行われる。その場合、しかし、左手で投げられるというごく僅かな困難化がある。[152c] ウズヴィル（Uzwil）の粉屋主人には、かならずしもそれほど快適にはなされていない。すなわち、彼の鶏たちは、彼が水車場の棟木から〈彼が片耳を手に取り、他方の腕を頭の後ろから通して差込み、そして、刈り鎌を同じ手で取る場合に〉[153]刈り鎌をもって投げる限りの範囲でのみ行くことが許される。――〔それは、〕そのようにあるいは類似してその他の権利の諸測定についても登場する、一種の投擲〔である〕[154]。フェランデン（Fellanden）においては、村の囲いの外に住む者は、屋根の棟木の上に立ち、右腕をもって左腕の下を掴み、髪を左腕の下に右手へと取り、左手をもって刈り鎌の先端を掴み、そして、投げる。彼が投げる限りで遠くまで、彼の鶏たちは、マルクの中へと入ることが出来る。鶏たちがそれ以上に行くときは、彼は、一歩ごとに四シリングをもって損害を回復させる。[155]シュヴァルツェンバッハ（Schwarzenbach）においては、最後に、同じ場合において、主婦が屋根の棟木の上に立ち、左手で刈り鎌の先端を掴み、そして、それを右足の下から投げだすべきである。[156]最後の例においては、〈ここでは、意図的に「すべてのこと」が逆にされているゆえに〉、フモールは、形態付与的なものとして最も見紛うかたなく現れている。男性の代わりに婦人が投げ、刈り鎌は逆の端が掴まれ、〈非常に古い法によれば、通常右手が左足の下で投げる代わりに〉左手が右足の下で投げる。[157]そのような意図的な逆さまの「若干のもの」は、まさに、しかし、その他の言及された諸規定においてもまた、見出される。[157a]

「時間の測定」（Zeitmaassen）の規定においてもまた、時おりフモールが役割を演じている。[157b]

【以上、第十四章の本文、終わり。以下、第十四章の注。】

注

(142)　グリム Grimm, IV. 655 §.3.

(143)　グリム Grimm, W. III. 467. グリム Grimm, R.A.79. が、彼がその箇所を〝打ち込まれるべき水柱の高さ〟と称している場合に、その箇所を理解することは、必ずしも完全には正当とは思われない。

(144) グリム Grimm, R.A. 109 は、彼が、ここで、看板の瞥見および骨の響きにおけるように、それらのかつての実際の慣用および共鳴する想起について考えている場合に、異なる見解と思われる。しかし、この測定は、骨の投擲のように、決して現実には実行し得なかった。

(145) グリム Grimm, W. III.549. ——Vgl. dazu ib. 480.

(146) W. v. Schwanheim b. グリム Grimm, W. I. 523 : dan sol man finden uff des apts hoffe eynen wagin ful holtzes, suer u. ful u. ubelgeladen, das eyn atzel uffrecht dar durch gefliegen mag.〔その場合、ひとは、大修道院長の荘園に、〈一羽のカササギが真っ直ぐにその中を通り抜けることができるほどに、まずくそして汚く、そして、下手に積まれた〉朽木の一台の車を見出すべきである〕。その他の諸表現を、グリム Grimm, R.A.93.〔においてみよ〕。

(147) グリム Grimm, W. I.516. Vgl. W. v. Nidde ib. 529 : dar ein hase mit ufgereckten oren mage dadurch gelaufen.〔その中をウサギが直立させた耳をもって走り抜けることができる〕。W. zu Borne u. Crüftel ib. 569.

(148) 〝そうして彼ははしごを家に掛け、そして、屋根をとおして穴を作るべきである（so sall he en ledder an dat huiss setten u. maken en hohl durch den dack.）〟。屋根剥ぎは、〝彼が自らを彼の妻によってむしらせ、叩かせ、または、叱らせるほどに、女々しい（der so weibisch wäre, dass er sich von seinem Weibe raufen, schlagen oder schelten liesse.）〟隣人に対するゲマインデゲノッセンの一人としての、名誉が失われた者に対して行われた刑罰として、しばしば登場している、グリム Grimm, R.A. 723-725。

(149) グリム Grimm, W. III.42 §. 26.

(150) グリム Grimm, W. III. 42 §.23.

(151) グリム Grimm, W. III. 30.

(151 a) Oesterr. W. I. 98 §.5（ラッヘンベルク Rachenberg で、種のまいてある耕地において）。

(151 b) Oesterr. W. I. 29 Z. 11. 40 Z. 25. 68 §.27.. におけるAltenhan, Kessendorf u. Anthering におけるヴァイステューマー。

(152) Ehaftrecht für Niederbaiern a.18 und von Wilzhut §.13 bei グリム Grimm, W. III. 683.

(152 a) オーストリア Oesterr. W. II. 164 Z. 13（片方のたんなるシープリング〔?·〕手袋をもって“mit ainem bloszen schiebling-hantschuech”), 167 Z. 7.

(152 b) オーストリア Oesterr. W. VII. 267 Z. 31. そのために、上記注(39)において引用された厳粛なハンマー投げの諸場合。

(152 c) グリム Grimm, W. IV. 312. におけるディールスドルフ（Dielsdorf）においてそうである。

(153) グリム Grimm, W. V. 196 §. 33.

(154) マルクにおけるハーゲンからの植民（Anpflanzen）の際における、グリム Grimm, W. III. 309 §.19 における、Recht der sieben freien Hagen によれば、そうである。そして、グリム Grimm, R.A. 62 Nr. 53 における Bischweiler W. によれば、（ヴェンデルバウムの粉屋主人が後ろへと、〈彼が左耳を右手で掴み、そして、左腕を肘の上へ通して差し込む場合に〉球を左手で投げる限りで）そうである。そして、新たなミツバチの〔箱の〕設置場所に関して、そうである、ib. 61. Nr. 50 u. 51 など。

(155) グリム Grimm, W. I. 29.

(156) グリム Grimm, W. I. 217-218. 一五一五年のオェフヌング ib. 206 によれば、――ただ刈り鎌をあべこべにすることがないだけで――キルヒベルク（Kilchberg）において、同様である。

(157) とくにマルクにおけるオールトラントとプラッゲマート（Ohrtland und Plaggemaht）に対する権利の範囲の探求のためのハンマー投げにおいてそうである、レフ Löw, Markgrnoss. 174-179, グリム Grimm, R.A. 56-57 u. W. III. 134 §.8 u. 193; マウラー Maurer, Dorfv. I. 294-298. なぜなら、このことはグリムがまず最初に指摘しそして証明してきているように（Poesie im Recht 70, R.A. 65 u. 705-706.）、右腕は刀の振り回し手として、左足は馬の乗り手として、より重要であるからである。

(157 a) ネーゲリ Nägeli, das germ. Selbstpfändungsrecht, S. 68-69. による鶏権の探求のための投擲は、誤解されている。

(157 b) 上記注(112 c)および注(116 a)を参照せよ。グリム Grimm, W. III.312 §.42 における、ジーベン・フライエン・ハーゲンの法もまた〔参照せよ〕。そこでは、〝どれだけ長い時間と期間〟を逃亡する殺人者は有すべきかの問題は、次のように回答されている。すなわち、“Wenn sie hinter ihm wären, und dasz er paar eyden（d. i. Eggen）ankäme, so aufgerichtet u. die zinken zusammengewendet, darunter soll er sich verbergen, bis dasz er einen pfennigweck esse, und dann fortan.”〔もし時間と期間が彼の後ろにあるならば、そして、それゆえ彼が一対の馬鍬（すなわちエッゲン）が手元にあるときは、真っ直ぐ立って、そして、ぎざぎざにひっくり返し、〈彼が僅かに目覚めがあるまで〉その下に彼は隠れるべきである。そしてそれから引き続いて〔云々〕〕、と。それについて、フラウエンシュテット Frauenstädt a.a.O. S. 73-74.

【以上、第十四章の注、終わり。以下、第十五章。】

第十五章

最後に言及された諸規約の多くにおいては、たんに表現がフモール的であるのみならず、「法律的行為そのもの」がむしろ面白いものに転換されている。類似のことが、そのほかにもまた、見出される。そもそも、例えば、法的行為または境界確定の儀式の場合に、〈彼らが長い間出来事または場所のことを思い出すように[158]〉、証人として連れてこられた少年たちをこぶしで張り倒すこと、耳をつまむこと、または、地面に突き飛ばすこと、しかしまた、焼き菓子をもってもまた贈ること、という知られた古い風習は、フモールの協働なしには、成立しなかったであろうように。同様に、しばしば、「法の諸パロディー」においておよび「笑うべき諸刑罰」において、法の行為そのものがフモール的な色彩を受け取るのである。

「法のパロディー」（Rechtsparodie）を、私は、〈真剣なそして尊敬に値する、重要な諸場合に関連する規約が、変化されそして冗談的にそらされた形式において、何か小さいこと、重要でないことに適用され、あるいは、何らかの付加物をとおしてその反対物へと変化される〉場所で見出すものと考える。この意味において、すでに多くのこれに属するものが登場してきている。例えば、山や谷に流れるワインによる決定による盲目的な自然力を通しての決定のパロディー化、日雇い労働者の不利益になる古い人命金の仕組みのパロディー化、爪の黒色による測定をとおしての古い傷の測定のパロディー化、鶏権の探求に関する諸規定をとおしてのハンマー投げのパロディー化、のように。ある意味において、ちょうどそこに属するのは、すべての外観的罰、外観的封土付与、および、その他のものである。

とくに、後の時代に少なくとも、「動物たちの権利」（Recht der Thiere）は、大部分、人間の権利のパロディーとして表現されざるを得なかった。それらの人命金（Wergeld）、それらの処罰（Bestrafung）、それらの証人性（Zeugenschaft）、がそうである。さらに、引き渡されるべき地代鶏（Zinshuhn）が、人間と同様に力試しを果たすべきである、すなわち、三脚椅子または水桶の上を跳ぶべきであるという規定は、そうである。[159] シュヴェルムの荘園法（Schwelmer Hofrecht）の命令は、もっと明瞭にそうである。それによれば、ひとは、麦畑で捉えられたよそのガチョウたちを、この同じ畑に設置された絞首台（Galgen）で絞首することが許される。[160] 極めてしばしば繰り返される規定も、そうである。それによれば、ひとが差し押さえられたガチョウを必ずしもすぐには殺さず、そのくちばしを柵、垣または裂かれた株をとおして差込み、そのそれらの尻を柵、垣または株を越えて投げ、そして、ガチョウをこの状態において吊るさせるべきである。ガチョウが脱出するときは、それで良い。[161]〈被害者が石で柵を打って追い出したところの〉そして〈彼がその場合に両角で直近の木に掛け〔て絞殺す〕ることができるところの〉木々に損傷を加えたゆえに捉えられたヤギたちの同様の処罰も、そうである。[161a] それによって差押えから逃れる動物たちが時おり考慮されるところの、逆に、至るところで、僅かな懲罰（Züchtigung）、あるいは、追い払い（Verscheuchung）の誇張された柔らかな種類も、そうである。[162]

法のパロディーの特徴的な場合は、私には、最後に、さらに以下のものであるように思われる。プリューム大修道院においては、あらゆる土地の区域によって、二個半、あるいはまた、七個半のオスター〔復活祭〕の卵（Ostereier）が債務として負担されている。ところで、地代義務を負う荘民（Gehöfer）が「半分の」卵を支払わざるを得ず、そして、彼がその代わりに完全な卵を与えようとしない、ということが起きるときは、彼は、問題の卵を彼の敷居の上におき、そして、小刀で二つに切るべきである。卵黄が内部へとすべるときは、彼は解放される。卵黄が戸の前にすべるときは、彼は主人に罰金を払うべきである。[163] この規定は、マウラー（Maurer）が言うように、ひとが〝地代取立てにおける正義愛を笑うべきものに至るまで行った〟[164] ことに、基づくものではない。むしろその意味は、おそらく以下のとおりである。〈権利を極端にまで行うこと〉そして〈半分の卵の周りにしるしをつけること〉は、正しくない。なぜなら、しかし、地代主人と地代義務者は、ここでは同じ立場にあるので、決定は、一種の神の裁き（Gotterurtheil 神明裁判）をとおして行われているからである。卵が破壊の際に敷居の内部に落ちるときは、卵は家に属し、そして、主人は彼の請求権全体を失うことが、示されている。しかし、卵が戸の前に落ちるときは、卵は家から与えられなければならなかったのであり、そして、地代義務者は、いまや彼の拒絶のゆえに、一個の卵全体を与えるという罰金を支払わなければならないことが、示されているのである。そして、この場合に、明らかに、別の諸規約が、眼前に浮かぶのである。すなわち、それは、とくに、〈家の平和の維持のための殺害の不可罰性が、被殺害者の頭が敷居の内部に入っているか、あるいは、外部に出ているか、に従って測定されるという〉古い尊敬すべき規定である。[165]

【以上、第十五章の本文。終わり。以下、第十五章の注。】

注

(158) Lex Ribuar. tit. 60 §.1; グリム Grimm, R.A. 143-146, 545 u. W. I. 602.――Vgl. 〈それによってもしかするとあるかもしれない将来の子供たちを放棄されたものとみなすための〉婦人の棟へと突っ込まれる放棄プフェニッヒ（Verzichtpfennig 手切れ金）に関して、W. v. Niederprünm ib. II. 533. をもまた、参照せよ。

(159) Urk. v. Monre v. 1260 b. グリム Grimm, W. III. S. 621 Note. Simmerner u. Gillenfelder W. ib. II. 148 u. 414. それについて、上述注(41)。

(160) グリム Grimm, W. III. 30.

(161) グリム Grimm, R.A. 595. Benker Heider. b. グリム Grimm, W. III. 42 §.21; Recht der sieben freien Hagen ib. 308 §.12（それゆえガチョウは逃げることができ、そうしてガチョウはその命を救われる。so sie sich dann kan lösen, so hat sie ihr leben errettet.）; W. v. Vehlen ib. 318; W. v. Oberwinthur ib. 1. 127; v. Magdenau in Toggenburg ib. V. 188 §.7; Salzburger Taidinge in Oesterr. W. 1. 29 Z.3. 58 Z. 42 68 §. 26（"mag ers anders erwischen 彼がそれをすばやく捕まえることが出来るときは" という冗談的な前提を伴って）。それゆえ、スイスとザルツブルクにおいては、正確に、ウェストファーレン、ニーダーザクセン、フリースラントにおけると同じである。ひとは、とくに、犯罪者にしばしばまだ許される、命からがら逃げる可能性が想起される。上記、注(45)。

(161 a) Niederösterr. Banntaidinge in Oesterr. W. VII. 41 Z. 7. 47 Z. 38（所有者がまだ助けに来ることができるように、三度呼ぶ

ことの命令とともに〉。314 Z. 25. 506 f. §.43 u. 50 （〝それが逃げるときは、ひとは、それを良しと見る kombt si darvon, sieht mans wol〟）。より多く精彩を欠く形式において、ib. 54 Z. 22 u. 324 Z. 8; まだ罰金をもってのみ威嚇されて、ib. 209. Z. 6 u. 720 Z. 18; 純粋に警察的な禁止 ib. 272. 277. 717. 787, ── 一つの特徴的な段階的進行〔である〕。

（162） Vgl. W. v. Düppigheim im Unterelsass b. グリム Grimm, V. 421 §. 10：四つ足をもつ動物を、マイエルは、彼がその動物が損害を加えるのを見出すときは、〝左耳を掴み、そして、それを手袋で叩く（nemen bi dem linken ore und es schlahen mit dem handschuwe.）〟べきである。W. v. Altorf ib. I. 17 §.66：一定の諸荘園の保有者たちは、もしそれらが垣を巡らしていなかったときは、侵入する家畜を差し押さえることも、罰することも許されず、〈《彼らが両手を肘の下に置く一方で》彼らがその場合左手へと取るところの〉ただ一本の今年の若枝をもってのみ追い払うことが許される。さらに、種家畜の追い払いに関する、上述注（58）を〔見よ〕。

（163） W. v. Berisborn b. グリム Grimm, II. 525. によれば、そうである。ここでは、なるほど、事柄は、次のように言うことによって、逆にされている。すなわち、〝大部分の卵が敷居の中に落ちるときは、その卵は主人に罰金として入るが、しかし、大部分の卵が戸の前に落ちるときは、荘民は免れる、（felt das meist stuck binnen die schwel, so ist er dem herrn umb eine boesz erfallen, felt aber das meiste stuck vor die thur, so ist der gehoffner los.）〟と。しかし、私は、これを誤解であるとみなし、そして、このことが同じ大修道院における W. v. Walmersheim in derselben Abtei ib. 538 をとおして確かめられているのを見出すのである。すなわち、〝土地のあらゆる区域は、グルントヘルに七個半の卵を与えるべきである。そして、八番目の卵を、夫人は敷居の上におくべきであり、そして、その卵を債務者たる夫人は、鋤の刃で真っ二つに切るべきであり、そして、敷居の「中へ」と落ちるものは「荘民」がもち、「その外」に落ちるものは「グルントヘル」がもつべきである。（jeder viertel landes gibt dem grundherrn 7 1/2 ey, u. das achte ey soll die fraw uff die schwell legen, welches der scholtess mit einem kolter von einanderhawen, u. was binnent die schwell felt, soll der gehöffer, und was darbaussent fellt, der grundherr haben.）〟と。類似して、W. v. Gillenbeuren ib. VI 595 §. 9. において。これら両者のヴァイストゥームは、外に向けてと中に向けての決定を正しく行っている。が、これとは反対に、罰は欠けている。ここでは、別の誤解を前提とした分配が規定されているとさえ、見えるかも知れない。それでもしかし、私は、卵黄はまとまったままにとどまりそしてただ一方の側にのみすべるので、一方または他方に有利な決定が考えられている、と信ずる。完全に最終的に、我々の解釈は、〈ただ敷居を脱落させ、決定を、しかし、卵黄の滑りに従ってのみ正しく下すところの〉バルメンの荘園法（Hofrecht der Barmen）をとおして確かめられる。すなわち、荘園が半分の卵を債務として負うときは、夫人が、シュルトハイスが卵を集めるざるの縁で卵を割り、卵黄が籠の中に落ちるときは、卵黄を主人が取り、夫人が卵黄を皿に確保するときは、卵黄は彼女のものであり、そして、彼女は、それによって支払いをなしたことになるべきである、ib. III. 16。四つのヴァイステューマーは、それゆえ、何か不適切なものを、一つの〈それらによってもはやそれらの完全な意味においては理解されていない〉伝承の中へと混入させているように思われる。そして、その伝承のもともとの形式としては、三つの箇所の結合から、〈テキストの中に設定されている〉命題が確実性をもって現れるのである。

(164) マウラー Maurer, Fronh. III. 348. 彼を誤り導いているのは、明らかに、〈彼がその中に卵の両半分への実際の分割を引き出すことによって〉彼によって眼前に置かれたヴァルマースハイムのヴァイストゥーム Weisthum von Walmersheim である。しかし、すでに、〈ベリスボルンのヴァイストゥームによれば、ゲヘーファー〔荘民〕は、卵が敷居の中に落ちるときは、卵のほかに、さらに罰金が与えられるべきであるという〉唯一つの事情が、彼に反駁している。

(165) グリム Grimm, R.A. 628 および、一方では、Weisth. I.414 u. 422 が、他方では、R.A. 627, Weisth. I.463. II.658. III.375. IV. 528 §.8. V. 241 §.20, u. Zeitschr. f. Rechtsgesch. V. 45.

【以上、第十五章の注、終わり。以下、第十六章】

第十六章

「フモール的な諸刑罰」（Humoristische Strafen）は、それらが一部分減刑（Ablösung）を狙い、一部分は実際の執行を狙うことによって、古い時代以来、さまざまな方法において登場している。前者の場合においては、〈一部分は、刑罰の威嚇の種類が、もちろんしばしば極めて残酷なフモールによって命じられており、一部分は、極めて容易な支払可能性の追加において、《それが見えるほどには必ずしも極めて厳粛には考えられていないこと》の承認がなされていることによって〉、しばしば二重のフモール的なモメントが存在している。第二の場合においては、笑うべきものが、ただ処罰の種類においてのみ存在している。

ここに属しているのは、すでに民族諸法から、〈アオタカの盗人（Habichtdieb）は、六オンスの肉を自ら裸の胸の上に置かせ、そして、アオタカをしてそこからむさぼり食らわせるべきである、あるいは、彼がそれを選ぶときは、六シリング支払うべきである〉という、ブルグント法の規定である。[166] そもそも〔支払いが〕できた者は、もちろん、アオタカが彼の胸をついばむという危険に、自らをさらさなかったであろう。〈それによれば、旧来の犬泥棒は、全住民の前で犬の尻をなめるか、あるいは、五シリング支払うべきである、という〉同じ法の規定も、同様である。[167]

フモールは、さらにアラマンニー族の民族法において存在している。それによれば、ある犬によって殺された者の相続人は、その犬の主人から「半分」の人命金（Wergeld 殺人賠償金）を受け取るべきである。しかし、彼が「全部」の人命金を要求するときは、彼は犬を引き渡されて受け取るが、しかしながら、引き続く極めて厄介な条件に服さなければならない。彼の家のすべての扉は、それを通して彼が絶えず出入りしなければならないところの一つまで、閉じられなければならない。この扉の上に、九フィートの高さにおいて犬が〈犬が全く腐敗し、腐敗して下に落下し、骨がそこに横たわるまで〉吊るされる。彼が、犬を取り除くか、あるいは、彼が別の扉を通って行くときは、彼は、半分の人命金をもまた返還しなければならない。[168] この手続きの不都合は、ここでは、〈しばしばそうであるように〉〈それ自体たぶん奪い取られるべきではない権利を極端に行使する〉貪欲さの刑罰である。そして、その威嚇は、権利者をして、自らを法律の公平な和解によって満足させることが出来る。

冗談的な種類のものは、少なくとも、表現においては、〈軍隊において、酩酊して見出された者は、彼が彼の不法を調べられるまで、水以外の何も飲むべきではない、というように呪縛されるべきである〉[169]、という司教座聖堂参事会員の威嚇もまた、そうである。

「境界犯罪およびマルク犯罪」（Grenz- und Markfrevel）の残酷な諸刑罰は、減刑可能性（Ablösbarkeit）の付加がないとしてもまた、真面目には考えられておらず、あるいは、考えられたとしてももはや真面目には考えられておらず、ただ〈法が全厳格性において生じる場合に、何が起こるであろうか〉だけを描き出している。[170] それらは、しかし、これを別としてもまた、〈その場合、二つの刑法思想、すなわち、「タリオン」〔同害報復 Talion〕の思想[171]、および、しばしばまた「損害改善」（Schadensbesserung）の思想とが、石々または木々およびそれらの諸部分を、人間の身体およびその構成諸部分との同列化をとおして、奇妙なものおよび嘲笑的なものへと逸らされていることによって〉明らかにひとつの一定の残酷なフモールによって形成されている。境界石を掘り出す者は、自らが境界石の代わりに腰帯に至るまで掘って埋められ、そして、彼から頭が鋤〔すき〕で取られる。あるいは、境界石は、彼の脚の間に置かれ、〃人自身が、それが良きしるしである、das man sech, dass ain gutes gemerk sei.〃[172]。

　木から樹皮を剥ぐ者は、その者からその代わりに腸が摘出され、そして、〈それによって、樹皮が再び成長するまで、木に樹皮が代替されるように〉木の周りに巻きつけられるのである[173]。木の頭を刈り込む者は、再び頭を刎ねられ、そして、彼の頭は、この株に新たな頭が成長するまで、代償として株の上に置かれる[174]。森林の放火犯たちは、三度縛られ火の中に投げられ、あるいは、彼らに〃靴の底ではなく、両足の裏が落ちる〃まで、火の近くに置かれる[175]。あるいは、彼らは、三度、わらで巻きつけられ、そして、点火される[175a]。至るところで、ここでは、犯罪者は、石々や木々が彼らによって取り扱われてきているのと同様に、取り扱われる。そして、第二のものとして、さらに、時おり、〈掘り出された石は埋め込まれた犯罪者自身をとおして、樹皮は彼の腸をとおして、木の頭は彼の頭を通して代替される〉という理念が付け加わっている。

　その他の諸刑罰においては、なるほどタリオン〔同害報復〕の理念ではないが、おそらくしかし「損害改善」の理念が、冗談的なものへと転換されている。それゆえ、ヴェストファーレンのヴァイステューマーによれば、車の楔〔くさび〕の盗人を現行犯で捕まえる辻馬車の主人は、釘の代わりに、行為者の指、または、〃十一番目の指 eilfter Finger〃と称される全く別の部位[176]を、車の穴の中に挟み、そして、それをもって別の釘を製造する鍛冶屋に着くまで走るべきである。そして、類似の諸万引き（Entwendungen）の場合において、対応する諸刑罰が、威嚇されている[177]。

他方において、その他の諸刑罰は、とりわけ〈それをもって犯行を犯した〉体の部分に執行するという慣習を笑うべきものへと方向転換させている。[178] これに属するのは、例えば、〈嘘つき（Lügner）は、諸誹謗（Schmähungen）の裁判上の撤回の際に、自ら自らの口を打つべきである〉という規定である。[179]

その他の刑罰の諸威嚇は、無害な冗談を含んでいる。[180]

最後に、〈その本来的な本質が、まさに「笑うべきののしり」の付加に基づくところの〉そして〈それゆえ、はじめから《目撃者たちの笑いを惹起し、そして、それをとおして罰せられる者を卑しめ、そして、嘲笑することに向けて出発するところの》〉一連の諸刑罰が存在する。フランケンのハルミスカーラ（fränkische Harmiscara）およびそれに由来しまたはそれに模倣された諸刑罰は、そうであり、――〈それらにおいては、失われた刑罰のしるしは、抜き身、絞首索、ムチ、そして、箒、石、しかしまた、犬、鞍、鋤車が担われなければならなかったところの[181]〉すべてのあの〈卑しめそして罵る行列において都市またはラントをとおして企図されるべき〉諸経過は、そうである。さらに、〈その場合、《汚水の上に浮かんだ籠の中へと入れられ、そして、多くの場所で汚水の中へと投げ込まれるところの》犯罪人が、《犯罪人が目撃者たちの娯楽のために飛び込み、そして、汚れてそこから逃げ出すまで》、他の人々に自らがゆだねられたところの〉極めて流布した吊し上げ刑台の刑罰（Strafe des Schnellens）（押すことSchupfens, かごを弾ませることKorbspringens, 跳ねることWippensなど〔の刑罰〕）は、そうである。[182] 後ろ向きの乗馬（das rücklings Reiten）およびロバ騎行（Eselritt）も、少なからずそうである。後者は、とくにヘッセンにおいて、その夫を殴った夫人たちのための刑罰として通例の形式においてである。その形式においては、暴君的な夫人はロバの上に後ろ向きにロバの尻尾を手にもってその場所全部をとおして騎乗する。汚名を着せられた夫は、しかし、彼が後ろからそしてそれゆえ防御の可能性なしに殴られない限り、ロバを自らが引いて行くべきであった。[183] そして、最後に、多くの他の刑罰がそうである。[184]

【以上、第十六章の本文、終わり。以下、第十六章の注。】

注

(166) L. Burg add. I. tit. 11：もし誰かが他人のアオタカを襲う〔盗む〕ときは、肉の六ウンキア〔1ウンキアは全体の1／12〕をアオタカが彼自身からテストネス〔?〕の上で食い尽くすか、それとも、確かにもし彼が〔そのことを〕欲しないならば、六ソリドゥス〔金貨〕を彼から〈その人のアオタカであるところの〉者に、解決すべく取り立てられる。（si quis acceptorem alienum involare praesumpserit, aut sex uncias carnis acceptor ipsi super testones comedat, aut certe si noluerit sex solidos illi cujus acceptor est cogatur exsolvere.）。

(167) Ib. tit. 10：もし誰かがベルトラウム犬かセグチウム犬かペトルンクウルム犬を盗むときは、我々は、〈犯罪者とされる者は、すべての住民の面前で、犬のより後部〔尻〕に接吻するか、それとも、五ソリドゥスを――解決すべく取り立てられること〉を命令する。（si quis canem veltraum aut sequtium aut petrunculum praesumerit involare, jubemus ut convictus coram omni populo posteriora canis osculetur aut quinque solidos…cogatur exsolvere.）。

(168) L. Alam. tit. 102. ――しかし、グリム Grimm, R.A. 665 が、古代北欧法に関して報告しているところのものを参照せよ。それによれば、反対に、殺害を行う下僕の主人は、彼が人命金を支払わないときは、下僕を「自ら」家の扉に〈この者〔下僕〕が腐敗し、そして、落下するまで〉吊るさせなければならない。l. Alam. の規定は、これと関連するとすれば、それは、おそらく、グリムが考えるように、伝統の混乱に基づくものではなく、人命金の半分への引き下げの際に、上記に引用された法の諸パロディーの意味において結果したところの、伝統の意図的な転倒に基づいている。

(169) Capit. Bonon. 811 c.6 ed. ボレティウス Boretius p. 167：敵〔外国人?〕においては、何びとも、彼の同輩かまたは誰であれ他の同輩に飲むことを勧めないこと。そして、誰であれヘブライ人の軍隊において出会ったであろうように、彼は、〈悪行を行ったことを彼が認識するまで〉飲むことにおいては真水が用いられるという条件で、除名される。（ut in hoste nemo parem suum vel quemlibet alterum hominem bibere roget. Et quicumque in exercitu hebrius inventus fuerit, ita excommicetur, ut in bibendo sola aqua utatur, quousque male fecisse cognoscat.）。

(170) このことは、例えば、明らかに、グリム Grimm, I. 565 における Eichelberger Markweisth. から現れる。すなわち、〝さらにマルク民は判告する、――立木を剥ぎ取る者に対しては、法よりも恩恵が有益であろう、と。そして、ひとがその者に対して法を行うべきであるときは、ひとは、その者を彼の臍の側の内部に彼の腹を切開し、そして、腸をそこから引き出すべきである。そして、その腸を木の幹に釘付けにし、そして、身体とともに、〈彼が腸を彼の体の中に有する限り〉木の幹の周りを回るべきである。それゆえに、彼には、法よりも恩恵がより良いであろう。（Further weist der merker…der ein stehenbaum sche-

lett, dem were gnade nutzer denn recht. Und wan man dem solle recht thun, solle man ine by seinem nabel sein bauch uffschneiden und ein darm darauss thun, denselben nageln an dem stamme und mit der person herumb gehen, so lange er ein darm in seinem leibe hat. Darumb were ime gnade besser den recht.)〟、と。ここでは、全部が仮定的に保持されている。ひとが厳格法に従うならば、彼は、そのように処罰されるであろう。ひとは、しかし、それには従わず、恩恵を行使するのである。――Vgl. auch ib. IV. 712 u. グリム Grimm, R.A. 520. 682.

(171) オーゼンブリュッゲン Osenbrüggen, Studien, Abh. Nr. 8 〝タリオン Die Talion〟 S. 150–180.

(172) グリム Grimm, R.A. 547; W. II. 132. 138. 139. 494. Zeitschr. f. Rechtsgesch. I. 391. オーゼンブリュッゲン Osenbrüggen, R.A. aus österr. Pant. §.16. Oesterr. W. VII. 71 Z. 9（頭を三度鋤で鋤き上げること）。

(173) グリム Grimm, W. I. 565. III. 416 §. 7. 489. 309 §. 18 は、〝彼がそれを耐えることができるときは、柳の枝は、それをもまた曲げることが出来る（kann er das verwinden, so kann die weide es auch verwinden.）〟という、嘲笑的な付加部分を伴っている。IV. 666 §.15：〝その者を、ひとは、腸を腹から引き出し、そして、その周りにまきつけるべきである。〔そして〕より良く彼〔木〕は再び成長する。（den schall man de darmen uth den liewe theen und darumb herschlaen, bet he wedder waszet.）〟。669 §.13. V. 320 §. 10.

(174) グリム Grimm, W. III. 277. 280. IV. 651. §.44：しろやなぎ〔Kopfweide 梢頭を刈り込んだ柳〕の切り落としに対する刑罰とは何か？〝ひとは彼の頭を再び刎ねるべきである。（man soll ihm den Kopf wiederum abhauen.）〟。同様に、660 §.16 u. 712. とくに、しかし、ベーベルの森林条項（Bebersche Holzartikel）ib. 666 §.14：オーク〔柏〕の木の頭を刎ねる者（Eichenköpfer）を〝ひとは、樹幹の側に運び、そして、その上で〔öhme ?〕彼の頭を刎ね、そして、〈頭がよりよく成長するまでの間〉その上に置く。（schall man bringen by den stemmen und hawen öhme synen kop ap und setten darub sau lange, bet he wedder waszet.）〟、と。Vgl. auch 651 §.45（垣からAhrteを切り落とす者からは〝再び〟手が切り落とされる）。

(175) グリム Grimm, W. 466. 499. III. 416 §.8. 489. V. 320 §.12.

(175 a) Oesterr. Weisth. VII. 70 Z.30. Vgl. auch 11 Z. 20 u. 76. Z. 6. 巻きつけられた債務者は、防御力なき木に等しい。ここでは、注(172)と(176)において言及される諸刑罰におけるように、オーストリアのヴァイステューマーが付け加わる。すなわち、彼がそこから逃れるときは、それでよい。――逃れないときは、彼は、彼の法を有するのである（kommt er davon, so ist es gut, ――wo nicht, so hat er sein Recht.）〟、と。

(176) Benker Heiderecht §.5 u. Bochumer Landr. §.50 b. グリム Grimm, W. III. 41 u. R.A. 638. auch オーゼンブリュッゲン Osen-

brüggen, a.a.O. 162. ——低地オーストリアにおいては、同一の方法において、〈森林への禁止された車行で逮捕される〉者の指が、このために引き出された釘の代わりに車軸の穴につめられ、そして、そのようにして馬車は、正しい道へともたらされる。Oesterr. W. VII. 70 Z. 37. 1026 Z. 10. ここでは、思想は、もちろん別のものである。

（177）例えば、Bochumer Landr. §. 48：「盗人が、ある人から彼の車軸の木釘を盗み、そして、その人が彼をその継続中に捕まえるときは、彼は、車軸の上に彼の身体を横たえ、そして、〈彼が鍛冶屋のもとに行き、そして、御者の損害なしに、別の釘をその前につけるに至るまで〉彼の十一番目の親指を軸の前に差し込むべきである。」（ein dieb, der einem manne sein herstells nagel abstielet und er in darüber bekäme, so soll er über das herstell mit seinem leibe gehen ligen und stecken seinen eilften daumen vor das stell, bis so lange er bei einen schmid kommt und stellet einen andern nagel davor, ohne des fuhrmanns schaden.）。Benker Heiderecht §. 4：「それゆえ、馬車のロープを馬車から盗むことを行った行為者〔犯人〕が捕らえられたときは、ロープがその人に属するところの者〔被害者〕は、彼からそれを盗むことを意図する者に、首の周りを縛り、そして、馬車と共に運び去るべきである。それからここで strukelt され、それにもかかわらず、それ以上に哀願は許されない。」（so der theter betreten, de den wagenrep von dem wagen entfrömbden thöte, sall derjenige, dem de rep gehorig, deme, so ihme den zu entfrömbden vorhabens, umb den hals binden und mit dem wagen fortfahren, strukelt hei dann, so sall glikwohl herover keine frake gahn.）。穀物束の盗人（Garbendieb）は、同法§.3によれば、斜めに穀物束の上へと（ある程度自らが穀物束として）置かれるべきである。

（178）オーゼンブリュッゲン Osenbrüggen, R.A. 52 u. Studien 162（例えば、ひとは、立ち聞きする人の耳を窓敷居で詰めるべきである。）。ユダヤ人の処罰は、グリム Grimm, W. I. 533を；それについて ib. III. 274 §. 36. を〔参照せよ〕。

（179）Stadtr. v. Iglau §. 44, v. Ofen §. 254, グリム Grimm, R.A.143 u. 711, オーゼンブリュッゲン Osenbrüggen, Studien 162.

（180）例えば、W. v. Müilbach im Elsass b. グリム Grimm, I. 697：「森林官たちがロッタウエの小川に来るときは、我々の森林官は、ほかの二人の森林官を川を越えて運ばせるべきであり、この同じ森林官たちは、我々の森林官に四分の一の半分のワインを贈るべきである。彼らがそれをしないときは、我々の森林官は、他の森林官たちに、一人から右の靴を、他の森林官から左の靴を取り出すべきであり、それらを四分の一の半分のワインのために置き換えるべきである。」（so die förster kommen zu Rottaue an den bach, so sol unser förster die andern zwen förster tragen uber den bach u. sullen dieselben förster dem unsern schenken ein halb viertel weins; tunt sie das nit, so soll unser förster den andern förstern eim den rechten schuch u. dem andern den linken schuch abziehen u. soll sie versetzen fur ein halb viertel weins.）。

（181）グリム Grimm, R.A. 713-721; ヴァイツ Waitz, Deut. V.G. IV.（2. Aufl.）523 N. 2-3 u. VI. 489-490; フラウエンシュテット

Frauenstädt a.a.O. S. 119 ff.; さらに、〈その場合に、描き出された道のりが後にされ、そして、フロン〔賦役農場〕下僕たちによって〝角笛をもって前に後ろに mit hornen vor und achter〟吹かれたところの〉喧嘩好きの婦人たちの石運び（Steintragen）に関しては、ゲングラー Gengler, Deutsche Stadtrechtsalterthümer（Berlin 1882）S. 134――135; それから、現在、Oesterr. W. VII. 1045 において公表されている、〈しかしながら手桶一杯のワインをもって弁済されうるところの〉十五世紀半ばのハイリゲンクロイツからの犬運びの刑罰（Strafe des Hundetragens）。

（182） Stadtb. v. Augsburg v. 1276（ed. マイヤー Meyer）S. 197 §.10; Verm. Sachsensp.（ed. ボェーメ Boehme）V.24; ベルレプシュ Berlepsch, Chronik vom Bäckergewerb 102–111; マウラー Maurer, Fronh. IV. 270; ゲングラー Gengler a.a.O. S. 202; 詳細に、オーゼンブリュッゲン Osenbrüggen, Studien 361 bis 366、そこでは、とくに、一二八六年のチューリッヒの大火に関する未刊の年代記からの話が、刑罰の笑うべきものを証明している。すなわち、縄で引っ張られそしてすべての民衆の嘲笑のもとに投げ込まれたあるワッカーボルトという男は、〝民衆の嘲笑 lachen des volks〟に関する嫌悪から、復讐のために都市に火を点け、そして、そのあとで〔次のように〕言ったとされる。すなわち、俺は、それによって自分を再び乾かすために火を点けたので、そのことがまた自分に成功し、そして、いま俺は笑う。いまや、都市における人々は、その火のもとで〝笑い、または、泣きわめき、再び都市を波打たせる（lachen oder grynen, weders sie wellind.）〟ことを欲している、と。――注目に値するのは、刑罰が〈〝詐欺を企て beschisz umbgangen〟、そして、そのために再び、汚水から〝ぬれてそして汚れて nass und beschissen〟やってくる〉詐欺師たちに妥当することもまた、である（ib. 362 und Note 4）。――さらに、一一五六年における最初の都市法（Stadtr. v. 1156 art. 6 §.1）においてパン屋のために規定された（judicium aquae frigidae（冷水の裁判）をもってする〈ベルナー Berner, zur Verfassungsgeschichte der Stadt Augsburg（Breslau 1879）, S. 102 において、注の中で報告された〉私〔ギールケ〕のアウクスブルクにおける詐欺的なパン屋の突き落とし（Schupfe）の推定を、参照せよ。

（183） ヴェンク Wenck, Hess. Landesgesch. I.519–521. グリム Grimm, R.A. 722–723. シュメルラー Schmeller, Wörterb. I. 118. マウラー Maurer, Fronh. III. 381. この目的のためのロバの地位は、フランケンシュタイン家が所有する固有のロバレーンの対称でさえあった。通常は、ロバを婦人たちのロバ乗り（Eselsritt）のために提供することは、水車場の問題であった、ゲングラー Gengler a.a.O. 232。――Vgl. グリム Grimm, W. I. 700：遅刻する審判人には、家が破壊され、彼は、敷居の下から引き出され、腹ばいに馬に乗せられ、そして、そのようにして裁判所に連れて行かれる。

（184） そうであるのは、一部分、さらし台（Pranger）、罪人のさらし柱（Schandsäulen）および風刺画（Schandgemälde）。〔そして〕（例えば、拍車、蹄鉄、鞍なしに、靭皮製の手綱をもって騎乗すべきであるところの、グリム Grimm, R.A.712）騎士のための節制的刑罰（entbehrende Strafen）。〔そして〕、ピッチをもって塗ることおよび羽の中で転がすこと、ib. 725。〔そして〕、西イギリスの刑罰、ib. 453 Note。〔そして〕フランクフルトのフロンホーフ法（Frankf. Fonhofsr.）による、遅滞した裁判集会義務者の投獄の種類、ib.842。〔そして〕グリム Grimm, W. III. 782 における刑罰。〔そして〕唱歌のもとでの懲戒、ib. 254。〔そして〕〈鼻押さえ具の中へと、すなわち、平らな覆いをもつ棺の中へと、置かれる〉ニュルンベルクにおける租税滞納者たち（Steuerrestanten）の刑罰、マウラー Maurer, Stadtv. II. 857。〔そして〕おそらく、犬たちと狼たちとの共同絞首もまた、グリム Grimm, R.A. 685-686。

【以上、第十六章の注、終わり。以下、第十七章。】

第十七章

社交的な諸集会、すなわち、〈あらゆるさらに極めて祝祭的な法律的行為、あらゆる裁判所およびあらゆる地代支払日を終結させ、そして、その場合に、決して全部は法の領域からは逸脱しなかったところの〉諸酒宴、諸宴会、諸遊戯および諸舞踏会が、それらに関する緒規約に[185]、フモールの展開への多くの機会を与えることは、容易に理解しうる。なるほど、法には、徹底して「真剣さ」（Ernst）が存在する。すなわち、法が、これらの諸裁判集会をそもそもそのクライスへと導き、そして、そして諸罰金および諸不利益の威嚇のもとに注意深く、そして、強制可能性の考えをもって最も細部に至るまで、規律する場合[186]、法が、諸裁判所の〈正確に引き渡されるべき〉諸目的物の大きさと程度、種類および準備を、それどころか諸装置および屠殺されるべき諸動物の色を、確定する場合[187]、法が、カルタ遊戯の際の支払いと引渡しのみならず、第三者の納付、友好的な顔つき、スープの骨、火の明るさ、ダンスおよびそのための音楽の配置をさえも、、法律の諸債務として刻印する場合[188]、法が祭りの期間を古くからの方法に従って測定する場合[189]、法が婦人たちおよび客人たちの参加を規定する場合[190]、法が、食卓規定を作り、そして、犬にさえもその場所を指図する場合[191]、良き風俗、礼儀作法および社交的な調子に関する諸規則を提出する場合[192]、である。しかしながら、それらが機会に対応するような、愉快な諸規定もまた、欠けていない。それでもしかし、すでにラント的なヴァイステューマーに従って、食事時が喜ばしいものであるべきであり[193]、そして、ひとがその場合に飲酒においてもまた礼儀正しくあるべきであり、そして、節度のなさをとおして飲食代全部の支払いのリスクを課する場合[194]、それでもしかし、限界が、心配のないように付着されている。なぜなら、ひとは、審判人たちに、彼らが屋根の上の鳩をカラスからもはや区別しえなくなる限度で、〔飲み物を〕注ぐからである[195]。そして、ラウグラーフと下僕たちが〈刀と拍車を失うほどに〉ワインの度を過ごすときは、ハイムブルクは、彼らに新たな拍車をサンザシから、そして、新たな剣をハシバミの棒から作るべきであり、そして、彼らをそれによって神にゆだねるべきである[196]。しかし、諸ギルド（Gilden）、商人諸インヌング（Kaufmannsinnungen）、学生諸団体（Studentengesammtheiten）、兄弟諸団体（Bruderschaften）、諸ツンフト（Zünfte）、職人諸団体（Gesellenverbände）およびその他の諸ゲノッセンシャフトの諸定款は、〈もともとは、そのような諸ゲノッセンシャフトの法的な意義との《このことが後に問題となったよりも》極めて多くより狭い関連の中で存立したところの〉大量の繰り返される愉快な諸慣習を形成してきている[197]。それでもしかし、私は、この点には、大部分が法と風俗の境界線の上に存するので、ここではより詳しくは立ち入ることができない。

【以上、第十七章の本文、終わり。以下、第十七章の注。】

注

（185）上述、注（20）を参照せよ。

（186）それでもしかし、そのような諸饗宴（Mahlzeiten）は、極めて重要なものとして現れるので、グリム Grimm, W. II.583 が言うように、むしろいったん小作関係（Pacht）は、脱落すべきであり、マルク民の無礼講の支出のためには、罰金が及ばないときは、マルクの木材が売却されるべきであり（ib. III.500）、W. ib. III.889 によれば、飲食代の金銭を持たない者は、ご馳走に全く参加せず、その間は〝垣根の下に横になっている unter einem zune ligen〟べきである。

(187) Vgl. 例えば、グリム Grimm, W. I. 127. 168. 356. 527. 529. 619. 745 f. 786 f. II. 466. 470. 694 f. 697 f. 732. 824. III. 369. 370. 548. 594. 833. IV. 42. 60. 625 §.2. V. 369. 415 §.2. 384 §.9（ここでは、ワイベル〔下級吏員 Weibel〕がフーバーたちに用意すべき雄羊の色さえも〈それが白い脚と額に白い斑点を持つべきであることによって〉指示されている。）。VI. 706-707. ――ギルド諸規約、ツンフト諸規約、兄弟団体諸規約なども、正確に同様である。

(188) 例えば、グリム Grimm, W. V. 460 §.10：「ひとが、マイエルがフーバーたちに真夜中ころまで火と明かりとを無益に与えるべきであるという法についてもまた、語るとすれば、そして、二人が互いに遊戯する場所では、マイエルは、第三者を与えるべきである。」（spricht man auch zu recht, das der meier den hubern bis umb mitternacht feuer u. liecht solle vergebens geben, und wo zwei mit einander spielen, so soll der meier ein drittman geben.）。Ib. 327 §.8：「食事があるべきときには、ホルツグラーフは、煙なしに火を、怒りなしに女性または料理人を、小麦パンと荒挽きパンを、赤ワインと白ワインを、焼肉と煮込み肉を見出すべきである。」（wan das essen sein soll, so soll der holzgraf finden ein feuer sonder rauch, das weib oder koch sonder zorn, weisz u. grob brod, roten u. weiszen wein, gepraten u. gesotten.）。II.394：もっとも若い審判人がスープを料理すべきである。IV. 576 §.5：草刈人のための辻音楽師たち。III. 369. そして、とくに〝子ヤギ料理 Kitzgericht〟、〝子ヤギ処女 Kitzjungfer〟および〝子ヤギダンス Kitztanz〟に関する、ib. 593-594 Note ＊.〔を参照せよ〕。

(189) 例えば、グリム Grimm, W. II. 697：地代支払人（Zinser）たちは、三日間水の中に置いた緑の車が火の中で灰になるまで燃えるまで、主人の費用で、食べそして飲む。ib. 693. IV. 576 §.5：草刈人たちは、太陽がまだ樹の高さにある時から夜になるまで、踊る。

(190) グリム Grimm, W. I. 625：あらゆる審判人は彼の夫人を、彼がしかし夫人を持たないときは、ほかのよい人を伴うことが出来る。III. 189. V. 394 §.18：「たとえフーバーではない別の品行方正の〔受刑しない〕ひとがさらに来るとしても、人は彼を追い出すべきではない。」（komt ouch ein ander biderman darzuo, der nit huober ist, man sol in nit vertreiben.）。VI. 706 §.6：「その場合、水車場所有者が来るべきであり、そして、彼の妻は後方に荷馬車の上で座っているべきである。」（dan sal der muller kommen, und sein veib sal erschling sitzen uf der karn.）。マウラー Maurer, Stadtv. II. 459.

(191) 例えば、飲み始めに関しては、グリム Grimm, W. I.580 §.5. 583. 589. 590; W. ib. V. 607 §.1 によれば、しかし、ゼント主人(Sentherr) の犬は、食事の際に、食卓の下にいるべきである。

(192) このことは、諸ギルド、諸ツンフト、諸職人兄弟団体などの諸定款における主たる内容である。しかし、ヴァイステューマーもまた、それに関して多く含んでいる、例えば、グリム Grimm, W. 1. 759. II. 466. 693 f. III. 604-608. IV. 135-136. 153. V.

327. Oesterr. W. VII. 122（客との遊戯、および、客がもしかするとあるかもしれない損失に関してがみがみ苦情を言う場合に、その者の取り扱いに関して）。

(193) グリム Grimm, W. III. 189：食事されたご馳走の後で、男たちは、彼らの夫人たちとその場所の北屋敷において一緒に退き、そして、楽しい仲間同士で饗宴をもつ。

(194) グリム Grimm, W. II. 466：「度を過ごし、または、階段を落下する者は、すべてを支払う、なぜなら、彼らは、理性を以って飲み食いすべきであるからである。」（denn sie sullen drynken und essen myt vernoifft.）。693. 697（グルントヘル自身が、あるひとが落ちるか、度を過ごすかどうかなどを、自ら立って、そして、注意すべきである。）。IV. 770 §.4：「〝飲酒において不潔な態度をとった者は、〟すべてを支払う。」（wer "sich unfletig im drunck hielte," bezahlt Alles.）。VI. 687：「陪審員が〝彼が飲酒のために館において倒れるほどに … 不自然に飽食するときは、… その者は酒宴を全部支払うべきである。〟」（würde ein Geschworner "so unnatürlich voll, … dasz er drunks halber im hoff fielt, … der sol das ganze gelaech bezalen."）。それでもしかし、コーベルン Kobern ib. II. 470 においては、荘園審判人が食事後に度を過ごすときは、彼の無節制または悪い食事に責任があったかどうかが、まず調査され、第一の場合においては彼が、第二の場合においては料理人の下僕が、八日後に新たな食事を調整すべきである。Vgl. auch ib. II. 542 und 544、それによれば、馬車の御者は、門を怖がらせないために、飲みすぎるべきではない。——手工業者たちのもとでは、ひとは、罰せられることなく、手または足で蔽うことができるより以上にビールまたはワインをこぼすことは許されない。

(195) W. v. Schwarzenheindorf b. グリム Grimm, IV. 770 §.3：それゆえ彼は、さらにいつでも §.4. によれば、〝飲酒において … 礼儀正しく（zuchtlich … im drunck）〟が妥当する。Vgl. W. v. Sechtern ib. VI. 687："und trinken sich so sat, dasz er nicht erkennt einen man für einen atz"; nur umfallen darf er nicht.〔〝そして、彼が人を食べ物と認識しないほどに充分に飲むこと。〟ただ、彼は、倒れてはならない。〕——エスパッハ Espach においては、審判人たちは、彼らが酒蔵または台所を叩いても、まさに "das zwen den dritten nit kunden uff einen wagen bringen.〔ほとんど客たちを侮辱しない〕" ほどに飲んでよい。; ib. I. 357.

(196) Jahrspruch im Uffried b. グリム Grimm, I. 759.

(197) ひとは、〈それをさらに〝からかう hänseln〟ところの〉ハンザ同盟（Hansen）への採用の際の慣習について、諸大学でのキツネの洗礼（Fuchstaufe）と上級生による新入生制圧（Pennalismus）について、諸職人兄弟団体などの宿泊権（Herbergsrecht）と諸儀式（Feierlichkeiten）について、考えるだけでよいであろう。Vgl. auch マウラー Maurer, Städtev. II. 281. 311 f. 438 f.

【以上、第十七章の注、終わり。以下、第十八章。】

第十八章

そのようにして、〈少なからず網羅的であろうとする〉より古いドイツの諸法源をとおしての変遷が、我々に、〈そのもとで民族的なフモールが法において生きかつ働いている〉諸現象の豊かさを示してきている。しかし、私は、終結する前に、私は、さらに、〈一部分は、反対物をとおして、法におけるフモールの本質を明らかにし、一部分は、フモールと法の別の種類の諸接触の活発さをとおして補充しそして確証的に付け加わるところの〉若干の「こちらへともぎ取る」諸現象に言及したい。

まず第一に、私がすでに上述において指摘してきているように、〈「半分」伝説的な法として何かその中に隠されたものが対応するのではなく、「何ものも」生活において対応しないところの〉「完全に伝説的な法」（das ganz sagenhafte Recht）は、もはや現実の法（wirkliches Recht）には数えられるべきではない。充分に、しかし、そのような伝説法（Sagenrecht）においてもまた、民族のフモールは、〈それが、一部分は、その装飾において働いており、一部分は、不思議なものやメルヘン的なものについての愛好と並んで、時代遅れとなったものの叙述の基礎を、妥当する規約として構成することによって〉有効に示されている。これには、例えば、〈特定しがたい原始時代へと、そして、外観上すでに共通するアーリア人の時代へと〉及ぶ、〈真正の相続人を生産する能力のない夫が、一人の代理人をこのために選びうる[198]〉という伝統が、属している。この伝統を、さらに後のヴェストファーレンのヴァイステューマーは、現行法として、粗野な衣装においておよび奇妙な付随諸事情を伴って、提出している。それによれば、〈婚姻の妻を有し、そして、彼女に彼女の夫人権（fräuliches Recht）のために助けとなることができない〉夫は、彼女を隣人に持っていくべきである。この隣人が、彼女の助けとなることができないときは、彼は、彼女を優しくそして柔らかに、そして、彼女に苦痛を与えることなく抱き上げ、彼女を背中に、九本の相続柵（Erbzäune）の上に担ぎ、そして、彼女を柔らかにそして優しく、そして、彼女に苦痛を与えることなく、下に降ろすべきである。それから、彼は、彼女を五時間そこにとどめ、そして、〈村の仲間たちが彼の助けに来るように〉〝武装せよWapen！〟と呼びかけるべきである。そして、ひとが彼女にそのようにしてもまた助けとなることが出来ないときは、彼は、彼女を再び優しくそして柔らかに、そして、彼女に苦痛を与えることなく、抱き上げそして下に降ろし、彼女に新たな衣服と路銀の入った財布を与え、そして、彼女を年の市に送るべきである。そして、ひとが、その場合になお、彼女の助けとならないときは、彼女に千人の悪魔たちが助けとなるのである！[199]――同一のカテゴリーに属するのは、〈そこにおいて、主人またはその代理人が、土地の占有取得のために、裁判所のために、または、狩猟のために、馬を乗り入れるべきであるところの〉行列に関するヴァイステューマーの諸規定における多くのものである。すなわち、なるほど、〈彼が、二人半の男子と二頭半の馬と共に、白馬に、白い杖と白い犬とともに、来るべきであり、一定の衣装と道具をもち、煙のない火、めりめりときしむベッドと白いコップを見つけ、彼の家畜たちのための正確に書かれた餌を維持すべきであること〉ではないが、しかし、おそらく、例えば、〈彼が、片目の馬、片目の刑吏および片目の犬を自らに伴うべきであること〉、および、〈彼は、木製の鞍具、サンザシの拍車、および、菩提樹の靭皮の手綱をもつべきであること〉である。[200]――同様に、この点に属するのは、〈ツィールフィー（Zielvieh）における牧人は、片目であるべきであり、そして、一方が緑で他方が黄色のズボンを上着と並んで、黄、赤そして緑の各三本の若枝をもって、着用すべきである場合[201]〉あるいは、〈チューブ製粉所（Rohrmüller）が片目の雄鶏をもつべきである場合[202]〉である。

伝説的な法とは異なるのは、「法伝説」（Rechtssagen）、すなわち、何らかの法律制度または法律関係の成立に関する伝説的な諸物語または諸メルヘンである。そのような種類の諸提出については、古い時代は、極端に実り豊かであった。そして、その場合、そもそもドイツの民族諸メルヘン〔童話〕におけるように、そのようにしてとくに法の諸メルヘンにおいてもまた、民族のフモールが心地よく現れることは、不思議なことではありえない。私は、ここでは、例のために、土地の巡回（Umgehen）および周りを囲むこと（Umziehen）をとおしての土地占有の以前の取得に関するグリム（Grimm）によって収集された諸メルヘンのみを指摘したい。すなわち、王の昼寝と入浴の間に巡回されまたは鋤き返されうる限りで、土地占有が約束される。しかし、このことを惹起すべきであるのは、しばしば、ロバであり、生後九日目の子馬、盲目の馬、不具者、太った人である。その場合、ふたたび、すべての種類の奇妙な事情あるいは促進的な狡知が助けとなり、鋤は小さくされて若枝において担われ、拡げられた動物の皮膚は細長い筋へと切断される、などである。そして、極めてのこぎり歯状の境界が、蟹がそれを決定したことをとおして説明される。[203]

最も僅かでも、ひとは、法におけるフモールと「フモールにおける法」を取り違えてはならない。このことは今日もまた極めて通常であるように、すべての時代に、法とその諸規約をもって遊ぶこと、組織体制の諸関係と法の諸関係を滑稽なものへと譲渡すること、法的諸行為の諸形式を、そしてしかも特別の愛好をもって裁判手続きの諸形式を笑いものにすることは、民族と社会の楽しみの広く行き渡っている諸根である。それでもしかし、以前は、そのような法の諸カリカチュアは、今日よりもより公的に、より持続的に、よりしっかりと、組織づけられていた。それどころか、法の諸カリカチュアは、稀ならず、法そのものによって、法がその滑稽な敵対行動のことを喜んだかのごとくに、優遇され、そして、承認されたのである。ひとは、ただ、数多くのばか者ゲゼルシャフト〔組合〕および阿呆ゲゼルシャフト〔組合〕について、中世の冗談的な騎士団および司教座聖堂参事会について、バイエルンのハーバーフェルトトライベン（Haberfeldtreiben〔私刑の一種〕）について、禁猟期（Högezeit）の間の監視ハウスにおけるハンブルクの醸造職人たちの選択と高度の権利について、[204] とくに、しかし、オーゼンブリュッゲン（Osenbrüggen）によって総括されたスイスの諸慣習について、考えるだけでよいであろう。[205] そして、それらスイスの諸慣習は、そこでの自由な組織体制のゆえに、その他のドイツの諸地方における類似の諸慣習よりも長い間、保持されることが出来たのである。アペンツェル（Appenzell）において、自由民におけるラントゲマインデの後の日に開催された、ラントラート〔評議会〕（Landrath）をパロディー化する阿呆ラートのように。ツーク（Zug）において一七九八年まで存在している、〈活発なゲノッセンシャフトおよびフモール的な裁判所の諸集会と、真剣な風俗裁判官的な諸機能を結びつけたところの〉自己自身を補充する〝大権力を持つラート〟（grossmächtiger Rath）のように。〈それの風俗裁判所的な諸判決から、小さなラートへとさえも控訴されることが出来たところの〉ラッペルスヴィル（Rapperswil）における少年ツンフト（Knabenzunft）のメス豚裁判所（Saugericht）のように。〈同様にすべてのフモール的な形式にもかかわらず、必ずしもより真剣な意味がなかったわけではなかったところの〉ベルン（Bern）における〝外的階級〟（der äussere Stand）またはサルたちのラート（Affenrath）のように。形式的に組織された少年裁判所（Knabengericht）を伴う、少年たちと少女たちの風俗に関して成長する同盟少年団体（bündener Knabenschaft）、および、その他多くのもののように。[206] これら全てのものは、ある点においてまたは他の点において、現実の法へと及んでいた。まさに時おり、バーゼル（Basel）における有名な炭鉱裁判所におけるように、[207] そもそもそしてどこまでフモール的な色彩をもつ現実の法であるのか、そもそもそしてどこまで、逆に、ただフモール的な法の遊戯が存在するに過ぎないのかは、ほとんど決定されないのである。至るところでそうであるように、ここでもまた、古い民族生活と、その見渡しきれない豊かさにおける創造的な形態形成力との、生き生きとしていることのゆえに、我々にとって理解しうるならびに実際的に鋭く分かたれた諸領域の諸境界は、流動的であった。

最後に、もちろん、〈まさに今日もなお日常的であるように、法が、フモールの「独立」の表明のための機会を、よい機知と悪い機知などに与えること〉は、法におけるフモールとは全く異なる場合である。このようなものもまた、すでに古いヴァイステューマーにおいて見出され、そして、ここでは素朴な方法において、ともに指摘されてきている。[208] それゆえ、例えば、今日ならば、議会演説者の機知が法律の中へと採用され、あるいは、弁護士の機知が訴訟諸記録の中へと、採用されるかのように。――

【以上、第十八章の本文、終わり。以下、第十八章の注。】

注

(198) グリム Grimm, R.A. 443-445. マウラー Maurer, Dorfv. I. 338-339. さらに、特にインドのニヨガ（Niyoga）に関して、コーラー Kohler, Krit. V. J. Schr. Bd. 23 S. 18 u. Zeitschr. f. vergleich. Rechtswiss. Bd. 3 S. 394 f.

(199) グリム Grimm, W. III. 70 Note. における das Bochumer Landr. §.52 は、そうである。類似するのは、W. v. Hattnegge ib. 48 §.77 u. R.A. 444; 終結は、ここでは〔次のように〕言う。すなわち、「そして、彼の隣人がそのことを行うことをせずまたはすることができないときは、彼は、〈彼女が自らを清潔に身支度しそして顔の表情をゆがめて〉そこに置いて彼女を最も近い年の市へと運ぶべきであり、そして、ほかに〈彼女自身がどのようにしてか求婚しうるように〉金とともに絹で刺繍された財布を提げてやるべきである。それにもかかわらず、彼女が再び助けを得られずにありうるときは、その場所で聾の人が助ける。」(und of sine naebur dat niet doen wolden oder kunden, so sall hie sie senden up die neiste kermisse daerbi gelegen, und dat sie sik süverlik toe make u. verzerre, und hangen ör einen buidel wail mit golde bestickt up die side, dat sie selft wat gewerven kunde; kumpt sie dannoch wieder ungeholpen, so help ör dar der duifel.)、と。ベンカーのハイデ法 Das Benker Heiderecht §.27 ib. III. 42 は、ただ、七本の相続柵（Erbzäune）の上に担ぐことだけに言及している。しかし、夫は、妻を後ろから再び取り上げ、家に運び、優しく降ろして、彼女に焼いたニワトリとコップ一杯のワインを前に置くべきである、と付け加えている。Das Recht der sieben freien Hagen ib. III. 311 §.32 は、ただ九本の穂のある柵の上に担ぐことだけを規定している。――耕地で〈彼の妻と愛に励もうとする〉夫に出会う荷車の御者と豚の牧人が、いかなる態度を取るべきかについての、同じ Hagenrecht の §.30 と 31 における諸規定は、それほど多くおそらく真面目には受け取られるべきではない。御者は、じっと静止しているかあるいはひとが白い馬を無視しうるほど遠くの背後を迂回すべきである。豚の牧人は、しかし、騎士が充分な早足で半時間のあいだ騎乗しうるほど遠くで、背後でぶらつくべきであり、そして、彼から豚が逃走するときは、その豚を捜すべきではない、と。

(200) グリム Grimm, R.A. 254-262. マウラー Maurer, Fronh. III. 436-440. グリム Grimm, W. I.446. 465. 502. II. 376. 581. 730. 775. III. 426. 548. IV. 773 §.1. 3 （v. J. 1260）. ――Vgl. auch W. v. Ravengirsburg v. 1509 ib. II. 578, それによれば、森林官は、聖クリストフの日に、農場支配人の招待に応えて、彼の家妻、一つ目のニワトリと〝ひとつは脹脛〔ふくらはぎ〕付の、もうひとつ

はそれ付きでない、二本の豚足〟を持参すべきである。

(201) グリム Grimm, W. II. 619.

(202) グリム Grimm, W. III. 635. Vgl. II. 618：三本の白い脚と二つのガラスのような眼をもった一頭の種馬。

(203) グリム Grimm, R.A. 86–91. グリム Grimm, W. III.857.——Vgl. ザクセンシュピーゲルにおける法伝説をもまた、Sachsensp. I. a. 3 §.1 vgl. mit §.2; 17 §.2 mit der Glosse; II. 63 §.1; III. 42 §.3. 44; ユダヤ人などに関する、シュヴァーベンシュピーゲルの法伝説 Schwabenspiegel（W）c. 214 を参照せよ。

(204) シュリューター Schlüter, von denen Erben in Hamburg S. 341–368. によるマウラー Maurer, Städtev. II.380 f. 438–442。真剣なもの（Ernstes）と愉快なもの（Lustiges）とが、ここでは不可分に混合されている。

(205) オーゼンブリュッゲン Osenbrüggen, Studien 407–412.

(206) 例えば、ルツェルンにおけるシュポットアムマン（Spottammann〔嘲笑郡長〕）のフモール的な任命、オーゼンブリュッゲン Osenbrüggen 409; エントレブッフ（Entlebuch）における苦しみの月曜日（Hirsmontag）の祝祭 ib. 411–412.

(207) バーゼル市とラントの「諸法源」Rechtsquellen von Basel Stadt u. Land Nr. 154. 160. 287. グリム Grimm, W. I. 818–820. オックス Ochs, Basel V. 69–80. オーゼンブリュッゲン Osenbrüggen 391–407. マウラー Maurer, Städtev. II.472. すべての流浪民たちの裁判所として、この裁判所は、徹底して真剣な制度であった。しかし、真剣な背景は、風変わりなフモール的な諸形式をとおして、結局はほとんど完全に覆われていた。

(208) それゆえ、グリム Grimm, III.813 における Weisth. v. Alken は、二人の裁判官の一人、ケルンの市長あるいはトリーアのフォークトの前口上に関する諸規定を、締めくくりにおいて次のように理由づけている。すなわち、一人が語らねばならず、そして、二人が一緒に語ることは出来ないので、「おそらく一緒に歌うことが許される」（dann es müste einer vorreden u. könnten nit zween sammen reden, mögten wohl sammen singen.）と。それゆえ、裁判所の垣囲い（Gerichtshegung）は、デュエットとして歌われなければならなかった。ひとは、sieben freien Hagen の裁判所の開廷の際の挨拶におけるフモール的な言い回しをもまた、比較せよ、ib. 307。あるいは、W. v. Limburg ib. I. 828 における、書記役の指摘〔を比較せよ〕。それによれば、二人のフュルストが、グラーフたち、主人たち、騎士たちおよび下僕たちと並んで、ある審判人（Schöffe）が〈彼が主人たちに向かって暴力行為をたくらんでいること〉の誘導尋問（Suggetivfrage）に注意深く、〝我々、リムブルクの審判人は、考えに対しては、判告も、いかなる判決も下していません。〟と答えたとき、驚いて立ち上がり、そして、あたかも彼らが、〝我々が捕えていると欲したウサギは、我々から逃げ去った。〟と言うべきであったかのごとくに、互いに顔を見合わせた〔とのことである」。最後に、Hattweiler における境界の判告の最後を参照せよ、ib.V. 683 §.10。それは言う。たぶん、以前にはもっと多くラントは存在してきているであろう、しかし、その後は、それは失われている。〃狼が占拠してきているのであろう〃（vielleicht sei früher noch mehr Land dagewesen, dann aber sei es verloren, "habs der wolf gesessen."）と。

【以上、第十八章の注、終わり。以下、第十九章。】

第十九章

法におけるフモールの現象は、法が民族生活から切り離され、そして、学識ある法律家たち、学識ある諸裁判所、学識ある官吏たちの独占へと移転して以来、「次第に消えた」。それは、そもそもすべての詩的なもの、すべての感覚的なものおよび個人的なもの、すべての若々しいものが、法から消えたように、消えたのである。新たな方向は、このようなことがらに、例えばたんに内的に対立したのみならず、その新たな方向は、それらを意図的に破壊し、そして、それらをあらゆる関連において敵対的に取り扱った。すでにザクセンシュピーゲルのためのボックスドルフの諸註釈（die Bocksdorfsche Gosse）が、〈多くの人々の見解によれば、《小麦が大地の長さに従って掛けられる場合に、小麦を揺するのに》必要である限りの小麦が存在するところの〉犬の人命金についてのそれらの報告を、〃お前は、しかし、それが阿呆たちの裁判諸判決であることを知るべきである（Du solt aber wissen, dass das narrentheidinge sind.）〃という諸語を以って始めていることは、特徴的である。(208a) 最も強靭に、田舎びと（Landvolk）は、古い思考方法に固執した。しかし、次第に多く、田舎びとから自律性が失われた。ゲマインデから生き生きとさらに成長する代わりに、ヴァイステューマーは固定され、そして、年々いかめしく朗読された。しばしばそのようにして、民衆からは、その独自の法は、しばしば疎外され、まさに理解しがたいものにさえなった。(209) そして、最後には、ひとは、上から変更し、あるいは、直接に命令した。その場合、ひとは、ひとがばかげた冗談および子供じみた道具とみなしたものを無用のものとして削除することを、本質的とみたのである。それゆえ、トロストベルク（Trostberg）のエーハフト（Ehafteゲマインデの法）においては、次のように言われている。すなわち、それは変更されてきている。なぜなら、ひとは、従来、〃時おり、そのもとに、そのように笑うべき、そして、冒険的に罵り的な冗談を共に走らせることを許してきており、そのため、いまやエーハフト法（Ehaftrechten ヴァイストゥーム法）は、全く軽蔑すべき、それどころかほとんど子供の玩具に属させられようとしているからである。〃[210]と。同様に、一六五八年におけるカルバー・マルク（Carber Mark）においては、官憲は、メルカーマイスターが〈それらは古くからそのように伝承されてきている〉という口実のもとに公言したところの〃多く無意味な問題（viel ungereimten Sachen）〃に反対した。[211] オーストリアにおいては、ホーフカンマー（Hofkammer）は、十六世紀後半以来、繰り返し、バンタイディングの諸書物の確認を、その中に含まれる〃侮辱的な諸項目（Schimpflichen Artikel）〃のゆえに、思い切らせたのである。[211a] ひとは、その中に、〃〈疑いもなく全く慣用されず、官憲によってもまた、許されるべきではないであろうところの〉多くの奇妙な諸点、全く不合理なそして理性に反することども〃および、さまざまの種類の〃子供じみた諸法〃を見出した。[211b] そして、十七世紀以来は、事実、諸官吏と学識ある法律家たちは、次第に多く、これらの古いドルフレヒト〔村の諸法〕の合理主義的な改変を、そして、最後には、ドルフポリツァイ〔村警察〕諸条例（Dorfpolizeiordnungen）へのそれらの変化を、遂行した。[211c] 同様に、十七、十八世紀においては、とくに手工業者諸条例（Handwerkerordnungen）は、一七三一年の帝国決議に先立って、〈諸ツンフトおよび職人諸団体の〃愚かしい諸儀式および諸挨拶〃、〃一部は没趣味な、一部は無作法な、諸慣習と冗談〃、〃無用のご馳走や宴会〃に反対することに[212]〉、倦むことがなかった。

民族的な法の代わりに登場する諸法律と諸条例は、すぐさま誇張されるまでに抽象的で、衒学的で、無味乾燥なものである。何か詩的なものと同様に、ひとは、フモールをもまた、空しくそれらの中に求めるであろう。せいぜい、意思に反して、それらは、我々に、それらのつまらない後見癖、それらの婚礼―、葬式―、および衣装諸条例、怠惰に対するそれらの反対に関して、笑うべく現れている。法におけるポエジーについて、そして、とくに法におけるフモールについて、とどまった全てのものは、半分隠されたものの中で生き続ける民族法の狭い諸クライスの中に、不文の農民法、手工業者法および類似の諸領域の中に、逃げ込んだ。しかし、公的な法生活によるそれらの圧迫のゆえに、これらの諸クライスからもまた、次第に創造的な力が枯渇した。多くの私的なものは、空虚な螺旋作品となり、多くの古く尊いものが硬直した編み髪となり、多くの象徴的なものが外面的な形式となり、多くのフモール的なものが乱暴なまたは衒学的な慰みとなった。[213] はじめは、法との生き生きとした関連において成立していたか、あるいは、法でさえあってきていたところの、別のものそしていつでも多くのものが、単なる風俗の領域の中へと、あるいは、そうでないとしても、諸境界の近くへと、指示されたのである。しばしば、民族フモールもまた、変化した。なぜなら、それは、〈極めて多くのより新しい諸格言が証明しているように〉法の「ために」もはや作用することができず、まさに新たな非民族的な法とは「反対に」作用することが出来たからである。[214] そして、いつでも深くそしてより深く、上から、法律法は、浸透し、そして、古い民族法の悲しむべき諸残滓にもまた、たえずより狭いそしてより狭い諸制限を引いたのである。

【以上、第十九章の本文、終わり。以下、第十九章の注。】

注

（208 a） Glossa ad Art. 49 lib. III.

（209） それゆえ、十八世紀においては、アイヒェン Eichen のヴァイストゥームの朗読の際に、〃しかし（ベストハウプトのために規定されたもの）は、何も存在しないので、荘園ゲノッセン〔仲間〕は、「ヤギの皮」を指図する（ist aber der （zum Besthaupt bestimmten Dinge） keins fürhanden, so weisens die hofgenossen uf die bockshaut）〃という、もはや理解されなかった箇所は、耳証人たちの報告によれば、常に哄笑を惹き起した、グリム Grimm, V. 257 §.9 u. Note 1。――ひとは、ib. I.796-797 に、すでに一五九四年において、フーン〔ニワトリ?・〕裁判所（Hungericht）に関して報告されているナンセンスをもまた、参照せよ。その場合、例えば、〝フーン hun〔ニワトリ?〕〟は、死刑宣告を受けた罪人の処刑の際に、柵から三度、犬のように吠えなければならない、という報告は、ただたんに、あの理解されない、稀ならず裁判官の名の恣意的な解釈に基づくのである。

(210) グリム Grimm, W. III. 666.

(211) グリム Grimm, R.A. XI. Note***.

(211 a) Vgl. Gutachten v. 1569 in Oesterr. W. VII. 428 N.**.

(211 b) Oesterr. W. VII. 37 N.* における Kammerprokurator Wolfgang Schwanser の一六〇〇年の表明。理性に反する諸規約の諸例として、彼は、立ち聞きする人の殺害に関する諸規約、および、修道院求婚の違反および保安林における樹木の伐採のための諸刑罰に関する諸規約をあげ、子供じみた法の諸例として、差し押さえられた家畜の外観的な飼養（上述、注(130 d))、ヤギの処罰（上述、注(161 a))、および、犬の人命金（上述、注(63)）をあげている。

(211 c) Vgl. カルテンベック Kaltenbäck a.a.O. I. S. XII-XIII. ルシーン・フォン・エーベングロイト Luschin von Ebengreuth, Geschichte des älteren Gerichtswesens in Oesterreich ob und unter der Enns (Weimar 1879) S. 167-170. ヴィンター G. Winter, Einl. zu Oesterr. W. VII. S. XV-XVI.

(212) Meine R.G. der Genoss. S. 943 Note 108.〔ギールケ『ドイツ団体法論第一巻・ドイツゲノッセンシャフト法史』（庄子訳・信山社・二〇一五）第四分冊・第六十七章一一八頁注(108)〕。

(213) Meine R.G. der Genoss. S. 867. 921.〔ギールケ『ドイツ団体法論第一巻・ドイツゲノッセンシャフト法史』第四分冊・第六十四章五頁、第六十七章八〇－八一頁〕。

(214) 例えば、グラーフ・ウント・ディートヘル Graf und Diether 441 f. Nr. 421 における “das Recht hat eine wächserne Nase.〔法はロウ製の鼻を持つ。＝法は欺く。〕”。“ein Schutheiss und ein Strohwisch sind bald gemacht.〔シュルトハイス（村長）とワラボウキはすぐに作られる〕”、ib. 516 N. 224。“die Aemter sind Gottes und die Amtleute des Teufels. 諸官職は神のもの、官吏は悪魔のもの”、ib. Nr. 227。Amt giebt Verstand 官職は理解を与える。：Gewalt geht vor Recht 実力は法に優先する。：kleine Diebe hängt man, grosse lässt man laufen 小さい泥棒をひとは吊るすが、大きな泥棒を人は逃がす。；was nicht nimmt Christus, das nimmt Fiskus, キリストが捕まえない者を国庫が捕まえる、ib. 544 Nr. 71, など。

【以上、第十九章の注、終わり。以下、第二十章。】

第二十章

そのようにして、そもそも我々の「今日の法」においては、ほとんど、まだここそこで、我々の古い法の、すべてのあの独特に青春時代の諸特徴の最後の影は、見出されないのである。立法、司法および行政における全能へと上昇した法律家階級は、〈法律家階級自身が、外国法から、それ〔外国法〕がそれによってローマ人世界の老年期をとおしてのその改変にもかかわらず、その承継の際に、まだそれ自体に有したところのものを、ほとんど捨て去ってきていないように〉、我々の古法の青春時代の諸特徴を今日の法から捨て去ってきている。全くそして徹底して、我々の今日の法においては、味気ないそして乾いた真面目さが支配している。ほとんど一のまたは他の象徴も、いまだ無色の取引諸形態に生命を与えていない。何ものも、身体的なもの、個人的なもの、確定しがたいものに、活動の余地は与えられていない。曲げることの出来ない厳格性をもって、変更し得ない均一性において、至るところでそして全てのもとで、法は、実現される。誰が、失われたものを求めるヤコブ・グリム（Jacob Grimm）の深く感じられた嘆きを知るであろうか？。[215]〔それは〕それが人類の発展の永遠の法律に反対する限りで、ただ抒情詩的な気分の表現としてのみ正当づけられるところの嘆き〔であり〕、ギリシアの神々を求めるシラー（Schiller）の嘆きのような、〈彼ら〔ロマン主義者〕に、そこから引き離されることの出来ないより不完全な文化状態とともに要求されるであろう場合に、彼らが、それでもしかし、決して遡って持とうとはしないであろうものに対する〉ロマン主義者たちの憧れのような、あるいは、消え失せた青春時代を求める個々の人間の嘆きのような、〔嘆きである〕。しかしながら、その嘆きは、それが我々の法律生活の重いそして長く続く病気である、民族と法との間のぽっかりと裂けている分裂に反対して立ち向かう限りで、一定の客観的な正当性を有している。なぜなら、おそらく、成熟は、青春の豊かさと力の保持と調和しうるからである！　そして、そのようにして、我々の法もまた、もしそれが民族的なものにとどまるならば、そのゆえに我々の老年期および文化期にほとんど対応しないことなしに、より感覚的に、より生き生きと、より個人的に、それどころかさらに詩的にもまた、形成されるであろう。[216] ちょうど、他方では、我々の法の対立する状態が、決定的に、民族へのそれの返還を困難にしているように。しかし、歴史は変えられない。そして、そのような物事について一旦失われたものは、二度と回復しがたいように失われているのである。[217] 我々にそれだけ多くのものと引き換えに法においてもたらしてきた病気に対する治療諸手段は、別の、前方を指示する種類のものである。それらは、もはや試みられずにはいられないのである。それら〔治療諸手段〕は、立法、司法、および、より広い諸クライスおよびより狭い諸クライスにおける法律生活への、しだいに道を切り開きつつある民族の再びの参加において存している。そして、それらは、民族意識の中に破壊しがたく生きており、〈たとえしばしば重くそして長くまどろんでいるにせよ〉国民的な法思想への沈潜をとおしての、学識ある法の深化において、存するのである。

【以上、第二十章の本文、終わり。以下、第二十章の注。】

注

(215) グリム Grimm, R.A. XV-XVI in der Note und sonst.

(216) このことを、我々よりも自由にローマ法を受け止め、そして、それらのもとでは、発展の連続性が中断されていないところの、ゲルマン諸国（イギリス、スイス、スカンジナヴィア）の公法および私法が、証明している。

(217) それを取り戻そうとすることは、あたかもひとが、例えば、我々の言語に、より豊かなそしてより完全な諸変化を取り戻そうとすることと同じことであろう。確かに、我々が我々の言語を単調な、そして、区別のない無声の最終綴り字などの代わりに、諸変化を持つならば、良いかもしれない。確かに、それゆえに、我々の言語が、抽象的思想の表現のために、〈それがそうであるよりも、そして、ギリシア語が保持された諸形式の豊かさにも拘らずそうであったよりも〉少なからず有用であるかもしれない。しかし、民族の青春時代とともに、まさに、無意識のうちに創造する言語力は失われ、そして、いかなる技術も、そのようなものを新たに生み出すことは出来ない。――ひとは、言語のこの比喩を、さらに推し進めて、通常「テキスト」の中に暗示されていることを正当に理解するために、突き詰めて考えることを必要とするのである。

【以上、第二十章の注、終わり。】

2. 国家法の基本的諸概念と最近の国家法諸理論（一八七四年）

オットー・フォン・ギールケ『国家法の基本的諸概念と最近の国家法諸理論』（一八七四年、復刻一九一五年）
Die Grundbegriffe des Staatsrechts und die neuesten Staatsrechtstheorien, Von Dr.Otto von Gierke, Geh. Justizrat, Professor an der Universität Berlin. Unveränderter Abdruck der in der Zeitschrift für die gesamte Staatswissenschaft 1874 Heft 1 und 2 erschienenen Abhandlung. Tübingen Verlag von J. C. B. Mohr（Paul Siebeck）1915. S.1-S.132.

I

あらゆる学問には、その進歩の中で、その基本的諸概念を二重の方向において継続的に形成するという任務が課されている。学問はそれらの概念を「説明」すべきであり、そして、それらの概念を「深化」すべきである。両者の進歩を調和的な釣り合いにおいて達成するという理想的な要求に満足を与える者は、しかし、ただまれに包括的な精神のみである。いつでもほとんど個々の思想家の活動は、〔そして〕精神的潮流全体さえもが、圧倒的に思想的進歩のある面または別の面にのみ、役立つにすぎない。その一方で、その下で、対立する側から提起される極めて正当な諸要求が、しばしば著しく苦しみをもたらすのである。まさにこの一面性は、〈そこから個々の諸学問において非常に徹底的な「諸方向の諸対立」のひとつが産み出される〉基本的な原因なのである。

諸概念の透明な「明瞭性」は、あらゆる学問の高い目標である。しかし「一面的に」明瞭性を得ようと努力されるときは、一面的に「形式主義的」な方向が展開されるのがつねである。諸事物の最終的な本質に関する明瞭性には、まさにまだいかなる死すべき精神も到達しきってはこなかった。すなわち、明瞭に、そして、鋭く、消すことのできない諸線において、我々にとりわけ「形式」が向き合う。形式は、しかし、諸事物の諸表面に拘束されている。そしてそのようにして、そのような努力の際に、ただあまりにも直ちに、最も明瞭なるものはつねに最も浅薄なものでもあることが、示されるのである。この方向の危険は、それが学問の任務を、壊れやすい素材がただどのようにかして論理的な諸カテゴリーの自己凝集的なシステムの中へともたらされる場合に、達成されたものとみなすことの中にある。その場合には、諸概念もまた、空虚で浅薄な諸定式へと薄められるかもしれないとしても、希薄は透明であり、浅薄さは理解しやすく、形式は鋭く境界づけられ、そして、そのようにして推知される明瞭性に満足が与えられる。形式的な解決の背後には、さらにきわめて強力に現実存在の未解決の謎が上昇してくるかもしれないとしても、つねにより容赦のない抽象をとおして、諸事実との思想体系の外的な整合性が救出される。無数の箇所で生活の充溢が〈それらに諸章と諸節におけるシステムが築きあげるところの〉技巧的な諸堤防を溢れるかもしれないとしても、責めは諸事物に存し、システムには存しない。研究がその当時まで知られていなかった諸力を明らかにするかもしれないとしても、「そして」全く新しい生活形成物が生み出されるかも知れないとしても、形式主義的方向は、〈狭すぎるものとなった諸概念を拡大し、そして、システムを変更すること〉をその任務とはみなさず、その方向は、最も精密なそして最も苦労の多い仕事を、ただ〈新たな諸事実を古い形式の装置をとおして加工し、それを定式化し、そして、章立てをすること、そして、そのようにして完結した概念体系を妨げることなしに〝仕上げてしまう〟こと〉に向けるのである。

他方では、既存の諸概念がいかに狭くかつ不十分であるか、いかに非常に現存の諸概念が表面的なものに付着しているか、いかに僅かにしかそれらの諸概念が諸事物の本質に接触するにすぎないか、という意識から、「深部」へと穿つ方向が成立する。しかし、この方向の危険は、基礎づけられていない深部において形態をもたないもの、混乱したもの、暗黒のものが基づいていることの中に存する。ただあまりにもしばしば、そのような大胆な潜水夫は、彼がその下で創造することを希望した内容豊かな概念の代わりに、ただなるほど内容豊かではあるが、しかしぼんやりしたそして混乱した観念だけを白日にもたらすのである。空しくも彼は、ぼんやりした観念の造形的な形成に向けて格闘し、そして、それを、最後には、ただ多かれ少なかれ空想的な像に至るまでもたらすのである。空しい定式の代わりに、そのようにして多義的な言い回し（Tropus）が現われ、単純な、確固とした周知の専門用語（terminus technicus）を、〈その曖昧な内容が、あらゆる人によってそしてあらゆる機会において、異なって決定されうるところの〉比喩的な語が押しのける。伝統的なシステムは、その不完全性において認識され、そして、最後には、耐え難い桎梏として粉砕される。しかしながら、与える約束がなされた代償は、長い間自らを待機させ、そして、最後に与えられる場合には、しばしば十分に悲しむべき結果となる。新たな諸直観の豊かさによっておよび神秘的な深さへのまなざしによって陶酔させられて、人間の精神は、しばしば〈それだけが素材に関する思想のより確実な支配へと導く〉あの意識的かつ精力的な自己制限を持たずに済ますのである。彼〔人間の精神〕は、至るところで相互作用を見るゆえに論理的帰結を忘れ、彼は、諸推移の中断されない連鎖にまなざしを向けるゆえに、概念的諸限界が彼には見えなくなるのである。無限なるものへと突然に視界が開かれるように見える。しかし、思想的な特徴は、いつでもより混乱した、より形態を欠く、より恣意的なものとなり、精神的世界のうえにカオスが闖入してくるかのごとくに、素材的なるものの海が、より凶暴に海岸に押し寄せるのである。

それにもかかわらず、極めて非常にその一面性において、これらの方向のそれぞれが変質しうるのであり、けっきょくは、それらの方向は「両者」とも、学問に奉仕するのである。人間的進歩は、ところで一方では、真っ直ぐな線において行われるのではない。多く絡み合った諸道において、頂上をよじ登ることが妥当し、幾多の歩みは後退させられ、幾多の障害が回避され、より価値のある獲得物の幾多の価値ある財産が犠牲にされなければならない。それゆえ、思想的進歩の相反する諸方向もまた、学問を、真理というひとつの目標に近づけることができる。ここでもまた、粘り強い放浪者たちは、さまざまな諸道において高みへと到達しうるのである。最終の目標は、もちろん到達しえずにとどまるが、あらゆるよじ登られた頂上の背後に、目にはそれまで隠されていたより高い目標が姿を現わすのである。しかし、休息地は到達されたのであり、そこでは、彷徨いとおしてきた迷路へのより自由な眺望ととらわれない回顧とが可能となり、そして、精神は、来るべき労苦のために自らを集中させる。ここでは、その場合、短い期間、分離された諸方向が邂逅する。それは、学問の進行における「諸頂点」である！　そこで、しばらくの間、熱望された調和が支配し、形式と内容が一致するように見え、そして、〈我々が非常に喜んで平和の名をもって装うところの〉あの元気を養う休戦が立ち騒ぐ争いを中断する。

その間に、闘われそして格闘される限りでは、対立する諸方向の代表者たちは、ただあまりにも容易に共同体的な目標の意識を失う。あらゆる自らのために精神的進歩の根本的な諸障害を争うべき諸力は、相互に闘争へと自らを向けるのである。宥和し難い敵対において、相手の非武装の部分が暴露される。この力を消耗させる闘争もまた、見紛うことのできない便益である。敵対者の批判は自己検討へと導き、自らの攻撃は武器を鋭くする。この便益は、しかし、諸方向の闘争が自己目的として理解される場合に、その反対へと急変する。その場合、容易に対立は無節度へと上昇し、苛烈さが他人の諸努力の正当な核心に関する判断を曇らせ、暗愚な自己不遜が自己の問題の諸弱点への洞察を妨げる。最も高貴な力は無益に浪費され、目標はまなざしから消え、そして、回り道の代わりにわき道が選択される。その場合、〈自己自身に関するより厳しい判断と敵対者に関するより正当な判断を獲得するために〉、まなざしを固く〈方法のすべての対立の上に立つ〉ひとつの目標へと付着させることは、あらゆる思慮深い人々の義務である！

そのような警告は、たぶん今日では、「法律学」における以外のいかなる学問においても、もはや場所を得ないであろう。まさに法律学においては、諸方向の描き出された分裂が、特別に険しい方法において顕現している。

我々が「形式主義的」な方向と「プラグマティッシュ」な方向の対立と称しうるところのこの分裂は、かつては標語となったが今日では克服された哲学学派と歴史学派の対立を代替すべきであるかのごとくに、思われる。その分裂が、この対立と同様に、「いつの日か」、二つの互いに補充しあうそして互いにとって不可欠の諸方法の対立へと収斂されるとしても、その分裂は、それでもしかし、目下のところより深く存しており、そして、極めて異なる種類のそして相互に矛盾する諸結論へと導いている。

「形式主義的」な方向は、まさに法律学においては、たえず一定の優位を有している。いかなる他の学問も、同じ強調をもっては、すでに実際生活に対するその立場をとおして、諸概念の明瞭で理解しうる定式化へと指示されることはない。それをとおして、しかし、いわゆる〝法的思考〟全体が、それに特徴的な論理的形式へのそれに特徴的な方向を受け取るのである。正当づけられた不満をもって、法律家は、すべての曖昧なるもの、暗黒なるもの、不明瞭なるものから自らをそらす。深遠なるものと神秘的なるものは、法律家に不快を注ぎ込む。定義されないものは、法律家にとっては存在しない。ここから帰結する諸特徴と、一面的な方向のすべての諸短所は、容易に結合する。すべての重量がもっぱら諸概念の論理的＝形式的な側面に置かれることによって、それらの内的な内容は後退する。具体的な法素材全体に対して与えられた諸抽象をもって出動すること、「すなわち」、諸世紀の経過の中で確定されてきている伝統的な諸カテゴリーの助けをもって、日々成長する生き生きとした法の諸形成物の豊かさを〝法律的に構成すること〟は、第一の課題であるように見える。ひとは、その場合に、ひとがそれをもって操作する伝来の諸概念が、長年の流通をとおして通用している貨幣のように、なるほど一般的な理解可能性という利益を獲得してきていること、それらの諸概念は、それにもかかわらず一定の変化しうる諸関係の抽象の産物にすぎず、そして、それゆえにそれらの性質上永遠でも不変でもないことを、見過ごしている。相対的な時間的および場所的に条件づけられた真理についての諸命題は、そのようにして「諸ドグマ」として硬直しており、そして、数学的な諸公理と同様に使用される。そのような諸ドグマの前には、その場合、その他の点では分析的におよび解決的に行使されるまさに最も明敏な批判も、熟考することなしに停止する。ひとは、ただ、例として、〈近代の取引生活に対する関係で、法律的な思考が、ローマ法の意味における所有権概念、コルポラチオン概念、債権債務概念の解釈学的な諸定式化をとおして課されているところの〉桎梏について考えてみるべきであろう！　ひとは、これらの諸基礎の固執のもとに、近代のゲマインシャフト法およびゲゼルシャフト法、無記名証券法、諸債権の譲渡を〝民事法的に〟構成する技巧的な試みについて想起すべきであろう！　ひとは、まさに最も最近の時代において著しく増加した〈明敏さと技巧をもって遂行された諸結論の建築物のために、若干の自ら創造した諸定義とア・プリオリに〝概念〟から獲得された諸ドグマ以外の何らの基礎を示さなければならないわけではないところの〉諸論文の数を概観すべきであろう！　この場合に、一部分は無視され、一部分は展開された諸命題に直接に矛盾するところの諸事実の豊かさをもって、この方向は、一連の快適な諸論議をとおして妥協している。とりわけ容易に、この方向は、概念的な形式の中に場所を見出さない素材的な諸要素の防衛のために、これらの諸要素は〝法律的に重要ではない〟という主張をもって片付けている。反対する諸命題に対する関係で原則を救うために、少なからず好まれているのは、〈ここでは法の理性（ratio juris）は衡平の原則をとおして破られ、〝即自的に〟基礎づけられた法は〝独特の〟方法で警察的な合目的性の基準の下に服する〉という、周知のそしてそれでもしかし無意味な言明であり、あるいは、通常そうであるように、好ましくない事実は、〈何らかの定理が実際の生活においては諸例外をとおしてその反対へと誤って向けられている〉と弁解されるかもしれない。非常に包括的な方法において擬制が用いられ、しかり十分にこの方向において、法の最高の勝利が祝われている。そして、このすべてのことが十分でない場所では、最も大胆な抽象によって、〈現実に存在するものを単純に否定し、どこにも存在しないものを〝概念的に〟唯一存在するものとして設定すること〉が可能とされている。それでもしかし、最も最近の国家法の理論家たちは、たんに〈彼らの前もって把握された国家概念が、いくつかの団体諸主体の間への国家権力の分割の可能性を排除する〉というだけのゆえに、あるときはドイツ帝国に、あるときはドイツの個別国家に、〝国家〟としての特別の存在を否定すべく処理している！実際、ゾーム（Sohm）は、若干のア・プリオリに見出された諸定義に基づいて、さまざまな諸ヴァリエーションにおいて、通常のケルパーシャフト法に服する教会は、〝法律的には教会「ではない」〟！と我々に保証している。それでもしかし、ゲルバー（Gerber）は、著作権に関して、それが現存する諸章のどれにも適合しないだけのゆえに、ここでは新たな諸関係からの独特の「権利」が新たに成長してきていることを争ってきており、そして、ここでは法律関係においては新たな「不法行為」の立法的構成だけが存在する、という注目に値する主張へと極端化させた。そしてそれにもかかわらず、最近、（マン（Mann）によって）レアルラステン〔物的負担〕に、それが諸権利のローマ的諸種類のどれにももたらされるべきではないゆえに、特別の諸権利の性格が否定され、そして、制度全体が条件理論（die Lehre von den Bedingungen）の中へと指示されたのである！もちろん「哲学」からのそのような方向は、積極的にはただ形式論理だけを利用しうる。「歴史」は、しかし、それ〔形式論理〕をとりわけ〈その目標が、現在において学問的に確定されたそして定式化された諸概念への、より暗い諸直観の浄化であるところの〉プロセスとしてのみ理解する。法の諸概念そのものは、歴史的諸産物ではない。ただそれらについての知識だけがその歴史的発展を有してきているのである。いつでもそして至るところで、カトリック教会の信仰諸箇条のように、一定の取り消しえない〝法の諸真理〟が、客観的に確定していたが、しかし、それらは潜在的であり、あるいは、それらについての意識は混濁していた。ただあまりにもしばしば、それゆえ、この方向は、それらによって完成されて一緒にもらされた概念の諸型式（Begriffsschablone）の諸基準とともに、過去の諸法律観を欠き、そして、この場合に生ずる不可測性から、法の諸概念の相対性を推測させるのではなく、それらの法に関するより以前の時代の不明瞭性を推測させるのである。――形式主義的な方向の精神において、さらに、民族の法と「その他の生活諸領域」との間の関連を可能な限り外的なものと解釈することが存している。その方向は、これをとおして〈法の諸理由と諸実体に対する関係における法の形式的独立性を力を込めて強調するという〉大きな功績を獲得する。しかしながらその〔形式主義的〕方向は、文化との〈とりわけ、一方では経済的諸状態との、そして、他方では倫理的な諸直観との〉法の内的な関連の研究が、法の諸概念の学問的形成のためにもまた有したところの価値を過小評価している。すべてのものは〝法の意味における概念〟にとっては重要でない、という言明は、ここでもまた喜んで姿を現わしている。しかしながらそれは、法律的な諸抽象の健全性と有用性にとって最善の試金石はそれらの経済的および倫理的な相関概念において存する、という反対異議を除去しない。――けっきょくそのような〔形式主義的な〕方向の信奉者たちにおいては、そもそも「法 Recht」と「法律学 Rechtswissenschaft」の関係は位置がずれているのである。ひとは法の本質をその学問的な定式化において眺め、そして、法がすでに法解釈学 Jurisprudenz に先立ちそして法解釈学なしに現実の存在を有することを全く忘れている。法律学は、法に対してもはや、言語に対して文法がそうであるような態度をとらず、法律学は諸規則を発見するのではなく、諸規則を作るのである。法律学は生活を認識せず、支配しようとする。その一にしてすべてであるものは、補助手段から自己目的となったところの〝システム〔体系〕〟である。生き生きとした有機体の代わりに、我々は、そのようにして死んだ形式装置を受け取るのである。すべての精神と鋭い感覚の召集をもって、一面的な形式主義は、けっきょく純粋の外面的な法技術へと結果する。そして、具体的な適用においては、この方向は、稀ならずたんなる手作業的なルーティンへと浅薄化するのである。

そのような一面性に対しては、ところで、もちろんずっと以前から、法律学のもっと「プラグマティッシュ」な方向が、〈法の内的な生活内容を妥当へともたらすこと〉、〈人間の共同精神の歴史的な生活表出としての法の本質を正当に評価すること〉に努力してきている。しかしながら、そのうえ自己分裂しそして不統一であるこの方向がしばしば素材に固着し続けることによって、その〔プラグマティッシュな〕方向は、ただあまりにも容易にまさに〈法律家が感じるのが最も困難で、そして、最も僅かにしか許さない〉誤りへと陥るのである。その方向は、法律学が法と同一物ではなく、法を現実の存在として予め見出し、そして、理解しなければならない、という思想に、忠実に固執している。その方向は、それゆえ、抽象的な諸概念に従って生活を支配しそして修正しようとするのではなく、生活から抽象的な諸概念を創造しようとしている。その方向は、それゆえ、最も内的に、すべての法の諸概念が歴史的に条件づけられていること、および、法律的な諸ドグマがただ相対的に真理であるにすぎないことについて、確信している。これをとおして、しかし、その方向は、確かめられてきた形式的な補助諸手段と〈一般に承認されそして一般に理解される〉概念技術との価値を過小評価することに、容易に誤り導かれるのである。事物の本質そのものを把握する能力をもたない人間精神は、〈それが自らを自らが制限することを理解する場合に〉最も確実に達成しがたい目標に接近する。彼を制限する伝来の形式の桎梏を十分な代償なしに捨てる者には、概念の代わりに、容易にカオス的な素材が頭上に成長するのである。あまりにも多く素材的なものが抽象的な概念において表現へと達すべきであるときは、容易に概念の代わりに、ただ不確定の直観だけが獲得される。しばしば十分に、それゆえ、この方向にとって抽象の力は、具体的な生活の直観された豊かさに出会って麻痺する。完全に知的な概念語の代わりに、ひとは、その場合、発酵する思想の表現のために、ただ具象的で比較的な言い回しだけを見出すのである。それによって、しかしひとは絶えず〈意欲されたより以上のことを言い、非常にさまざまの諸解釈に余地を与え、けっきょくは、《そこでは何びとももはや明瞭な思想をもたないところの》おそらく感覚を陶酔させる慣用語を流通へともたらすことの〉危険にさらされる。このまたはあの伝承された概念の諸形式が、力強く入り込んでくるより新たな法の構造物のためには余りにも狭すぎるものとなっている、という十分に基礎づけられた認識において、この方向の信奉者たちは、しばしば、伝統的な図式のための十分な代償が確保される以前に、伝統的な図式を早期にそして不注意に片付けてしまうのである。大部分の諸定義の中に恣意的なるものを認識して、その方向は、その側でしばしばたんなる諸記述を代置している。その方向は、〈非常にしばしば無益な遊戯に、または、まったく人を欺く手品師の早業に変質するところの〉あの法律的諸構成の無味乾燥な技術を軽蔑する。しかしその方向は、それらの代わりに、しばしば、〈諸視点の豊かさを前に、いかなる明瞭な出発点と目標点にも至らず、そして、すべての現存する諸モメントのすべての側面からの評価を前に、ことがらの法的本質にとって最終的に決定的な諸点のいかなる精力的な強調にも、至らないところの〉たんなる法律的諸考察をおいている。そうして、その方向は、そもそもまた、〈生活をその諸推移と混合諸形態とともに提示する〉諸境界のあの流動性を学問的な形態形成へと譲渡する傾向を有する。すなわち、それは、あらゆる概念をその独自の領域の中で〈拡張された生活諸関係がその概念の中で場所をみいだすように〉構築する代わりに、諸概念の境界壁を取り払うのである。〈いつでも個々のそれに服する諸場合の個別の性格を損なうであろう〉規則の〈不快ではあるがそれでもしかし避けることのできない〉強制を逃れるために、その方向は、けっきょく諸規則をそれらの具体的な適用諸場合へと解消する。その方向は、法生活のあらゆる自由な運動を窒息させるべく脅かす硬直した変更しがたいドグマを逃れる。しかし、その方向が、そのために時おりある法制度のあらゆるより詳細な決定を具体的な諸関係への指示をとおして処理し、〈それは諸事情に従ってかくかくでありうるという〉という所見をもって自らを満足させ、そして、すべてのものを裁判官の自由な裁量へと設定する場合に、その方向は、法が抽象的な諸命題なしにはもはや法ではないことを見誤るのである。その方向が、その敵対者たちに、至るところで〝スコラ哲学〟、〝独断論〟、〝図式主義〟を非難するとすれば、その方向は、その代わりに容易に〝非法律的〟、〝無批判的〟、〝無体系的〟な手続きという非難を返されるのである。この方向がその多種多様な諸分枝において法のより深い「哲学的」な基礎づけを求めて努力する場合に、それは、形式論理の一面的な価値評価から自らを自由に保ち、そして、その基礎工事において形而上学にまでさかのぼる。それをとおして、しかし、その方向は、現在において以前より以上に、諸精神を切り離す未解決の争いの不確かな渦の中へと引き込まれるのである。意思の自由、目的論的または機械論的世界観、一元論、二元論およびアトム主義の諸問題において、その方向は、立場をとることに押しやられる。それによって、しかし、その方向は、〈形式主義的方向が、それ〔学問的基礎の不確実性〕を一見して無前提のドグマをとおして隠すのに対して〉、すべての人間的学問の基礎の不確実性をあらわにする。さらに全く別の意味において、その〔形式主義的な方向の〕反対者として、プラグマティッシュな方向は、〈その方向が、現在の法をもまた歴史的な発展段階として理解し、そして、それゆえに性質を異にする時代の法の諸概念と諸法規の中に、永遠の〝法の諸真理〟を見出すことによって〉、「歴史的」な基盤の上へと自らを設定する。しかしながら千倍もの果実をこの立場は、法史学のためにもたらしてきている。現行法の学問的形成のためには、その立場は、まず第一には否定的な諸結論だけを有している。なぜなら、ここでもまた、歴史的な観察をとおして古くなったもの、非ドイツ的なもの、浅薄なものと認められた伝統的な諸概念と諸形式を破壊すること、さらに熱望され、そして、争われる我々の現在の法意識の内容として、新たな、国民的な、深化された思想体系の中で、形式の完成された表現として表現することは、より容易であるからである。最後に、プラグマティッシュな方向が〈法を国民文化の全体内容と結合する〉内的な関連の暴露をめぐって自らに取得してきているところの功績は、大きい。しかしながら、ここでもまた、その方向は、自らを一面的な誇張から必ずしも自由に保ってきてはいない。その方向は、〈それ〔内的関連〕とその他の国民的な生活諸機能との間に存在するすべての相互作用にもかかわらず、法が、特殊な内容と目的をもつ独立の生活領域であること〉、〈それゆえそれ〔法〕は、たとえ、その最終的理念に従えば、一方では道徳法則とそして他方では経済的な諸事情と、調和す「べき」ではあるが、それでもしかし、まさにそれ〔法〕が両者との矛盾において登場することがあり「うる」という点において、その独立性を確保すること〉が、稀ならず考慮の外に置かれるのである。この関係の見誤りのもとに、ひとは、その場合、しばしば、あたかも法の諸規範が外的な強制可能性という付加物を伴う道徳の諸要求以外の何ものでもないかのごとくに、あるいは、法律諸関係が法律的に承認された経済諸関係以外の何ものでもないかのように、手続きする。それゆえ、ある人々は、倫理的な諸直観を法律学の中へと譲渡し、そして、〈このことが、例えば、公法のいくつかの諸部門において、哲学的な基本諸理論に関して起きるのがつねであるように〉二つの諸領域の損害において法と道徳の諸境界を消し去るのである。

そして、他の人々は、法解釈学において〈例えば、エンデマン（Endemann）の商法論（Handelsrecht）においてその中で用いられた〝企業 Unternehmen〟、〝資本 Kapital〟、〝価値 Werth〟、〝信用 Kredit〟、〝危険 Risiko〟などの諸概念がこのことを証明するように、この直接の譲渡がそこではただ混乱と破壊だけを調整するところの〉〔そして〕〈それらの前では、人格 Persönlichkeit、権利客体 Rechtsobjekt、所有権 Eigenthum、債権 Forderungsrecht などの確固とした法の諸概念が後退し、そして、さまざまな法律行為の間の不可欠の境界線が消え去るところの〉純粋に経済的な諸概念によって作業するのである。

そのように法律学の「二つの」描き出された方向は、それらの「一面的」な特徴においては危険な「邪道」に導く。それにもかかわらず、まさに最も最近の時代においては、それらの対立は、緩和されるよりも鋭くされているように思われる。以前よりも多く、ひとは、今日では、高慢な宣告に傾き、ひとは、独創性を求めて汲々とし、ひとは、特異なものと逆説とを愛している。それによって相互的な理解は、絶えずより困難となり、ひとは、極端なことどもへと、絶えず節操なく陥っている。釣り合いのとれた進歩の代わりに、我々は、打撃と反対打撃の中で実現される飛躍的な発展を見いだす。誤った方法であるという意識が浸透する以前に、耐え難い状態に至るまで、たいていの場合、まずは、一方の側面または他方の側面に向かって誇張されなければならず、熱狂へと至るまで方法が変質してしまわなければならない。そして、同様に際限なく、ひとは、その場合、しばしば自らを繰り返し正反対の極端へと委ねるのである。真理の最終的勝利を、そのような諸動揺は、問題とすることができない。しかし、それらは、最も高貴な精神力の無益な消費をとおして、人間の認識の歩みを遅らせ、争う者たちに辛い思いをさせ、思想の担い手の人格的な姿における調和を妨げるのである。それゆえ、〔次のような〕警告は、諸方向のこの対立の場合においては必ずしも不適当なものではない。すなわち、学問的進歩の本質への高められた洞察はある一定の方法の遂行における賢明な自己制限へと導かなければならない！　自らを持ち上げることの代わりに、より厳格に自己を検査しそして敵対的な諸努力をより正当に承認することがより有益であろう！　早手回しにそれに代えて最も独自の工場の短命な被造物を世に出すために、批判的な熱心さにおいて大切なものまで捨ててしまうことは、誤りである！　学問的な進歩は、最も確実に、連続性において先頭に立って行われる精神作業をもって実現されるのである！　と。

そのような警告は、おそらく今日、法律学の「いかなる」部門においても不要なものでは「ない」。とりわけ今の時代において、しかし、その警告は、「公」法の領域で、そして、ここでは再び、とくに本来の「国家法」の領域で必要であろう。私法においては、なるほど同様に、あの諸対立が互いに格闘している。しかしながら運動は、〈進歩の諸進路が、長い間以来、開かれており、そして、諸目標は明澄にされているゆえに〉、すべての側面から承認されたある諸限界の内部に自らをとどめている。形式主義的な方向もまた、ここでは、素材の積極性をとおして現実の諸関係に拘束されており、そして、プラグマチックな方向は、千年を数える形式的な概念体系の基本的諸線を必ずしも容易には破らないことによって、その上にすべての人々が歩むところの共同の地盤が現われている。それでなくとも、自己自身においてもまた、私法は、最も保守的な、そして、すべての諸民族におけるその基本的思想において最も類似した、法律部分ではないか！　〈自己自身においてきわめて多く不安定かつ異質な、その最も内的な基本的諸原則において極めて多く不確かに、そして、学問がきわめて多く若いところの〉「公」法においては、事情は異なっている。ここでは、学問的な諸対立は、より一方的で、より険しく、より厳しく登場している。多くの諸領域において、ここでは、長い間をとおして、〈ひとが承認された形式的＝法律的な概念体系をとおして拘束されていたことなしに〉ただプラグマティッシュにのみ手続きがなされてきている。その場合、しかし、そのように創出された概念カオスに反対する反応が、形式主義的な諸試みを駆り立てるとすれば、それらの諸試みは、それだけいっそうより抽象的に、より恣意的にそしてより主観的に色づけられるのがつねである。そのことは、とくに、刑法、訴訟手続、教会法などの領域での類似の諸現象について全く沈黙するとすれば、本来的な「国家法」の領域で、そうである。まさに国家法は、ほとんどの場合、法律的な取扱いの承認された方法を欠いている。最近まで、ここでは、ただプラグマティッシュな取扱い方法のみが支配した。国〔家〕法学（Staatsrechtswissenschaft）は、一方では国家哲学から、そして、他方では国家史から、内的にほとんど解放されてこなかった。国法学は、おびただしい素材から独立の「法」概念の自らにおいて統一的な体系を摘出する試みを、ほとんど行わなかった。ひとは、国家の基礎、本質および目的について哲学したが、しかし、国家の概念の確固とした法律的定式化を怠ったのである。ひとは、徹底して公的な法律諸関係を叙述したが、しかし、その法律的分析をおろそかにした。ひとは、非常に豊かな程度においてその他の法の諸領域との類推を利用したが、しかし、共通的な諸メルクマールと区別的な諸メルクマールの形式的な厳密な規定を行わなかった。ひとは、公法のすべての可能な諸特異性を、国家の本質から演繹しそして歴史的な諸経過から誘導した。法律的な構成と体系論との関連では、しかし、ひとは、私法における痩せた借用をもって満足した。これらの諸事情のもとで、最初から〈より最近の時代において国家法的素材の法律的精錬を形式主義的な方法で得ようと努力したところの〉諸試みは、喝采を予期することができたのである。最後には、と約束されたのであるが、いまや国家法は、純粋に法律的な諸特徴をもつ単純な基本的諸概念に帰着し、そして、一般的な法体系に挿入されるべきであろう！　と。課題は正しく指摘されていた。しかし、解決は、これまでほとんど準備されてきておらず、いわんや成功もしていない。形式主義的方向が、批判的な技能と並んで、創造力の疑わしい欠如を明らかにしたことによって、その方向は、従来、一部は、否定的な諸結果に立ちどまり、一部は、危険な邪道に陥ったのである。より古い学問によって蓄積された思想財を、その方向は、掲げることを理解「せず」、それを〈その抽象的な建造物のために自由な活動の余地をもつために〉空しい否定において脇に押しやった。〈素材の豊かさからそれに内在する諸概念を明るみに出すこと、および、その自然の性質に適合された体系に結合すること〉の代わりに、形式主義的な方向は、それがそれらをもって操作するところの形式的な諸概念を、たいていの場合、単純に全く別の性質を与えられた法の諸領域から取出し、そして、それらの諸概念をただ弥縫的に異質の素材に当てはめたのである。そして、その方向は、この場合、一致せずに、恣意的にそして徹底して主観的に手続きを進めたゆえに、ここでは、その諸定式は、〈私法における類似の諸定式は、長年にわたる共同の利用をとおしてその役務の能力が与えられてきているのであったが〉、それらがきわめて貧弱なそして浅薄な結果となるにせよ、決して一度も役立つ機械的な処理の役務を果たさなかった。そのような敵対者を前に、もちろんより古い方向は、武器を投入せず、そして、そのようにして〈両者の側において、人が自らに密かに自己の諸弱点を意識すればするほど、それだけいっそう激しく遂行されるところの〉争いが勃発する。とらわれない観察者は、しかし、〈その結果においてて登場するうぬぼれた孤立と独創性癖とのこの争いは、国法学をそのより古い姉妹たちの高みへと上昇させるためには、適切な手段ではなく、ここでは、むしろ、まず最初に少なくとも確固とした共通の基礎を置くために、真剣な共同作業が必要である〉、という印象を受け取るのである。

国家法の法律的取扱いにおける言及された不確実性と不一致性、プラグマティッシュな方向の非特色性と非確定性、その貧弱な実定的諸結果を以てする形式主義的な反動、――すべてのこれらの諸現象は、国家法においては、「国家概念そのもの」をめぐる争いにおいて集中している。ひとが、ここでは、国家の最も内的な本質に関して、その最終の根拠とその最終の目標に関して、二分する諸直観において、合意はおそらく決して達成されないであろうのみならず、決定的な基本概念の外的な定式化と設定に関する理解にもまた、決して到達しないことは、存在する分裂の深さ全体が明らかにしている。ここでは、その解決があらゆる国家法の体系の前提条件であるように見えるところの、そして、それにもかかわらず従来ほとんど正確には設定されておらず、ましていわんや満足すべき方法では回答されてきていないところの、諸問題が役割を演じている。国家は、公法において、主体であるか、あるいは、たんに客体にすぎないのか？　国家が主体であるならば、国家は公法における唯一の主体であるか、あるいは、国家には、その構成員たちに対する関係で固有の国家法的な主体性が帰属するか？　国家がそのような人格を有する場合に、法律的に考えるべき国家の人格は、いかにあるか、［すなわち］、国家の人格は、国家の、ただ外的な生活原則としてのみ法律的に利用可能であるのか、それとも、国家の内的な生活原則としてもまた法律的に利用可能であるのか？　そのような諸問題は、国家法の入り口で、未解決のまま、我々を出迎える！　ここでもまた、まず最初に問題と回答の明確な定式化へと押しやったことは、形式主義的な方向の功績である。ここでもまた、しかし、その方向によって与えられた独自の回答は、浅薄で、恣意的でそして自らのもとで一致しない結果となった。

より古い国法学全体においては、我々には、ほとんど国家の概念をその法律的な側面に向けて鋭くそして純粋に定式化する試みは、出会わない。哲学的な考察は、ある優雅さをもって、〈それが実際にきわめてその明瞭性と論理的な厳密さの不利益になることに、あの諸問題に対する非常にさまざまな種類の諸回答を矛盾に満ちて取り扱ったことを自らに意識することなしに〉このようなより多く形式的な課題を拒否した。歴史的叙述は、生活の交替する直観と表現の諸方法の不変の再現をもって満足した。純粋にプラクティッシュな方向は、それらの解決が直近の需要をとおして要求されないように見えたところの諸問題をそもそもただ提出することさえもこれを不必要なこととみなした。その場合、より多く、むろん解釈学的＝体系論的な方法が根を下ろせば下ろすほど、それだけいっそう多く、ひとは、すべての側から、自らを、標準となる諸概念の真に法律的な特徴づけに接近させざるを得なかった。しかしながら、いずれにせよ、ひとは、目標から隔たって留まったのみならず、解決されるべき課題を自らに明瞭な意識へともたらすことをすら怠ったのである。それゆえ、最も最近の時代において個々の諸理論家から、法律的な諸問題が明瞭にそして厳密に提起され、そして、その回答として国家法の新たな諸構成が試みられたとき、印象は、大きいものであった。支配的な興奮状態と一見して解き難い混乱が、いまや突然に輝く照明の中に存在したのである。事実状態は、解明された。ひとは、従来、何が欠けていたのかを洞察したのである。ひとは、しかし足元の従来の基盤が動揺していると感じたことによって、空白をふさぐことを試みた実定的な諸構成をもまた、真剣な検討なしに受け入れることに、極端に傾斜した。〈これらの諸構成がまだほとんど批判的な給付に匹敵するものではないとしても〉、〈それらがまだきわめて表面的にしか絶えず成長する形式主義をとおして大きな原則的諸問題を解決できるにすぎないとしても〉、〈それらがまだ非常に無思慮に、先立って行われた精神作業の失い得ない核心を傍らに捨てることがありうるとしても〉、〈それらの諸解決がまだ独自の形式論理の非常に恣意的な諸創作物であり、そして、より厳格な検討の際には、内的な価値内容なしに、たんなるソフィスト的な外観的諸解決として明らかになるかもしれないとしても〉、諸精神の支配的な処理は、いかなる犠牲をはらっても解決を要求するのである。それゆえ誤った諸理論さえも、それらがこの潮流に従う場合には、受け入れうる基盤のうえに帰着するのである。とりわけゲルバー（Gerber）が上記の方向に道を開いて以来、すでに、同種類の傾向をもつ少なからぬ諸著作が現われてきている。近い将来には、この方向が地歩を占めるであろうことは、予想するに難くない。

これらの諸事情の下では、新たに登場している国家法の諸理論を批判的に検討することは、特別に差し迫った課題と称されなければならない。より重要でない諸著作もまた、ここでは、明らかに自らを拡張させる精神の潮流の兆しとして、より真剣な注目に値する。なぜなら、その場合、〈国法学の将来にとって基礎的な意味を有するところの〉諸問題が問題となっているからである。従来の学問の証明された諸誤謬は、遠慮なくそのようなものとして承認され、新たにとられた間違った諸道は容赦なく暴露され、正当と認識された道は、躊躇なく開かれなければならない。

II

私の前には、〈前置きされた諸記述のための証明として役立つことに特に適切であるように私には思われる〉最も最近の時代からの二つの小さな諸著作が存在している。

Max Seydel, Grundzüge einer allgemeinen Staatslehre, Würzb. 1873.〔マックス・ザイデル『一般国家論綱要』一八七三年〕、および、

Albert Th. van Krieken, über die sogenannte organische Staatstheorie ; ein Beitrag zur Geschichte des Staatsbegriffs, Leipz. 1873.〔アルベルト・Th．・ファン・クリーケン『いわゆる有機体的国家理論について；国家概念の歴史のための寄与』一八七三年〕

両者の諸著作は、明らかに、まだ若い著者たちによるものであり、両者は、多かれ少なかれ、ゲルバー（Gerber）の画期的な諸詳論によって影響されてきており、両者は、それらが完全に独立に手続きする場所では、ある未成熟を認識させている。しかしながら、それらは、〈それらが同時に、洞察力なしにではなく、支配的な国家解釈を克服し、そして、その側で叙述された法律的＝形式主義的な方向のその積極的構成において忠誠を誓うこと〉をとおして特別の関心を獲得している。

相互間で二つの諸著作は、〈ザイデル（Seydel）がとりわけ新たな国家法の概念体系の積極的な構築を引受けたのに対して、ファン・クリーケン（van Krieken）は、《彼自身の立場を諸暗示として以上には与えることなく》、ほとんど専ら、彼によって〝有機体的国家理論 organische Staatslehre〟として総括された異なる諸直観を歴史的に叙述し、そして、批判的に争うことによって〉、すでにそれらの基礎づけ全体に従って、完全に異なっている。二人の著者は、示されるであろうように、国家概念のその独自の定式化において、はるかに相違している。それにもかかわらず、彼らにおいては、ゲマインシャフト的な精神的特徴が、否認されるべきではない。そして、それゆえに、彼らの基本的諸直観もまた、一部分同一のものであるのみならず、彼らは、彼らが結果において対立している場所でもまた、類似の特徴を示している。

ゲマインシャフト的であるのは、とりわけ、二つの著作は、「国家」の概念と「法」の概念の間の関係の解釈

である。両者にとっては、法は、国家の産出物以外の何ものでもない。それゆえ、〝国家〟はたんに第一次的概念であり、〝法〟は導出された概念である。いかにしてこのひとつの命題から別の諸命題の豊かさが必然性をもって結果するかが、示されるであろう。

対立する意味において、これとは反対に、二人の著者は、そもそもそして如何にして、国家は、独立の統一的な法律制度として考察されなければならないか、という大きな問題が解決されるのを知ろうと欲している。しかしながら、まず最初に、彼らは、否定的な側面に向けて、〈とりわけドイツにおいてより最近の国法学が「有機体 Organismus」としての国家の考察をとおして設定してきている〉すべての解決方法を絶対的に放棄することにおいて一致している。そして、それゆえ彼らの本来の諸解決は、彼らの正反対の対立にもかかわらず、内的に近く親近的である。なぜなら、一見して、なるほどファン・クリーケンがゲルバーとともに全国家法の要点として国家の「人格」の概念を考察し、ザイデルがそれとは反対に、そもそもそのようなものとしての国家のあらゆる権利主体性を否定し、そして、ただ個々の人間の諸権利だけを知っているより以上に、大きな対立は存在し得ない。しかしながら、より詳細な検討の際には、すぐに〈国家のあの〝人格〟もまた国家の内的な生活原則としてではなく、ただ法律構成のための技術的な道具として解釈されそして利用されるべきであるに過ぎないこと〉、そして〈それゆえ二つの概念の定式化は、相互にいずれにせよ、それらの一つよりも、〝有機体的〟国家概念にはるかに近くに立っていること〉が明らかに示されるからである。

我々は、いまや、まず最初に、それらの独自の国家の諸構成、および、従来の国家解釈に対するそれらの諸異議を検討するために、二つの著作のそれぞれをいくらか詳しく考察することにしよう。

1　ザイデル（Seydel）は、彼の序文の中で、自己自身を、その取り扱いが唯一すべての領域において時代の圧倒的な勝利の特徴に対応するように、法律学の純粋に「レアリスティッシュ」〔現実主義的〕な取り扱いの予言者として告知している。今日、すでに成果をもつことが困難であるとしても、そのような解釈方法は、それでもやはり、誤りなく将来において一般的な承認へと到達するであろう。レアリスムス〔現実主義 Realismus〕は、ところで、とりわけ、〈たんに拵えられたものではなく、実際に存在するものだけが、学問の出発点を構成すること〉を要求するであろう。それゆえ、従来法解釈学において非常に不必要に増殖した擬制 Fiktion は、消失しなければならない。この種の諸擬制は、しかし、例えば、〃プフタ（Puchta）のいう民族精神の霧のお化け〃、個別人間のほかに認められる法の諸主体、〈その構成諸部分の総計とは異なる〉総体あるいは〈その中に含まれる諸権限の総計とは異なる〉権利の総体という概念、そして、〈すべての存在しておらず、空想力の産物であるところの〉多くの類似物、である。

我々は、正しく聞いているのであろうか？　我々にここで将来の法解釈学として説教されているところのものは、実際レアリスムスであるのか？　あるいは、それは、むしろ最も著しい〈法律学に譲渡されるべき〉「マテリアリスムス」〔唯物主義 Materialismus〕ではないのか？　ただ見られそして把握されるもののみが、それ〔マテリアリスムス〕にとっては〃実際的 wirklich〃である。それにとっては、権利を付与されるアトムのほかには、いかなる統一体も存在しない。機械的に接合された諸総計へと、内的紐帯なき多数体へと、人間的な権利の諸ゲマインシャフトの多数の構成部分をもつ構造物が解消されるのである！　我々は、ここでは、どこまで著者が自らに自らが忠実に留まることができるのか、を検討しようとは思わない。たぶん著者には、すぐに、もっと〃レアリスティッシュ〃に手続きをする後続者によって、〈「著者」の諸抽象もまた、ただ〃想像上の〃存在だけを有するに過ぎないこと〉、〈ひとは、法〔権利〕において、規則による代わりに法事実によってのみ、諸制度による代わりにただ類似の諸関係の総計によってのみ、諸原則による代わりにただ繰り返される諸現象によってのみ、語ることが許されること〉が、証明されるのである。我々に、ここで興味を引かれるのは、著者の独自の〃レアリスムス〃が、彼をどこへと導くか、ということである。

彼にとって、まず第一に「国家」は、それ自身において基礎づけられた統一体ではなく、有機体でもなく、生ける全体でもない。国家は意思ではなく、意思を与えられてもいない。国家は人格ではなく、そして、そもそも権利「主体」でもない。国家と〝我々人間たち〟が名づけるのは、むしろ〝土地、および、最高の意思が支配するところの人々〟である。国家は、それゆえ、それ自体、死せる多数体である。国家は、意思支配の〝対象〟であり、国家「の」意思ではなく、国家の「上の」意思のみが存在する。国家は、たんなる権利の「客体」である。自然の統一体、意思および人格は、ただ個々の「人間」だけがこれを有する。国家に人格を帰することは、〈実際には、共同の衝動に従って一個の唯一の被造物と等しく運動する限りなく大量の生命存在以外の何ものでもないところの〉行列蛆〔ウジ〕についての民間説話を想起させる。それゆえ、国家もまた、目に統一体であるとたくみに見せかける多数体である。真実においては、国家において要求される統一体は、これをただ再び個々の人間たちだけが生みだすことができるに過ぎず、ただ人間たちだけが国家的な意思と国家的な人格をもつことができる。それゆえ国家は、人間的＝身体的な「支配者 Herrscher」を要求する。この支配者は、唯一、国家権力の主体である。彼は、国家に対しては、所有権者が所有物に対するのと同様の関係にある。支配者意思としては、もちろん一人の人間の意思のみならず、多数者の意思もまた、説明されてきてありうる。後者の場合においてもまた、しかし、国家を支配するのは、一定の個々人たちの意思であり、そして、意思の相違の場合においては、それゆえ、多数者意思が支配者意思としておかれるか、または、和解が求められなければならない。そして、いつでも支配者意思は、〈それが本質上当然に利己的にではなく、被支配者たちの総体利益に向けられるべきであることによって〉その〔意思の〕対象をとおしてのみ特別に特徴づけられるところの、通常の人間的な個別意思である。

ところで、これらの事実的な諸状況に対して、「法」〔権利〕は、どのような関係にあるか？　〝法〟は、〝それをとおして支配する意思が人間の国家的な集合存在を秩序づけるところの諸規定の総体〟として定義される（S.

13)。法は、それゆえ表明された支配者の意思である。法は、国家の「前」にも「外」にも存在せず、ただ国家を「とおして」のみ存在する。慣習法もまた、（民主主義においては）支配者意思の直接的な表出であるか、あるいは、そうでないとしても、支配者の側の承認をとおしてはじめて拘束力を受け取る。それゆえ、国家と支配〔ヘルシャフト〕は、すべての法の前と上に存在してきており、そして、それゆえ法ならびに法律学にとって、ただ「諸事実」の価値のみを有するにすぎない。それゆえ、まず最初に、「国家の成立」という問いは、法律的にはすべての関心をもたない。国家は、人間の意思行為をとおして成立する。その場合、人間の意思は、もちろん国家を生み出す種類の衝動によって決定されるが、それにもかかわらずしかしながら自由である、この行為は、それゆえ、〃有機体〃の成立との全くいかなるアナロギーも提供するものではなく、それは、むしろ、ただ〈契約概念は法の概念を前提とするが、法の概念はしかし国家によってはじめて生み出されること〉のゆえに〃社会契約（contrat social）〃ではない。同様に、法にとっていずれでも良いのは、「支配〔ヘルシャフト〕」の成立」である。なぜなら、支配は国家の上への何らかの意思の力という事実をとおして成立するからである。この事実は、しかし、その場合、それがそれ自身まずすべての法の源泉であるゆえに、それゆえ、いかなる法的な源泉も持ち得ない。委任または契約に基づく支配は存在せず、そして、〃正統性（Legitimität）〃という法概念は存在しない。正統主義者たちLegitimistenは、このことを良く知っており、そして、それゆえ支配の超自然的な源泉を求めている。学問的には、しかし、ただ偉大なる〃既成事実（fait accompli）〃理論が基礎づけられる。支配者意思にとっては、結果として総体諸利益のためのその規定において存在する制限もまた、なるほど自然の、しかし法的ではない限界である。利己的にまたは目的に反して意思する支配者は、法違反ではなく、ただ彼の支配の性質に反する罪を犯すのである。同様に、しかし、社会は、社会が自らのためにそれに反対して革命を、すなわち、〃個々人が失われていく国家的合意を再び求めるところの行為〃（！）を、助ける場合に、法を破るのではない。社会は、それによって、ただ、新たな国家および法の形成のための基礎だけを創造する。支配者の国家に反する態度ならびに民衆の革命的態度は、〝法の諸限界から超えて〞結果する。——

以上が、新たなレアリスティッシュな国家法の建築物の諸基礎ということになっている！　それらの諸基礎は、いったい、しかし、本当に新たなものであろうか？　新しいのは、私には思われるように、ただそれらの衣装の法律的裁断のみに過ぎない！　それらは、その核心においては、〈我々がどこかで一度すべての諸民族のもとで、そして、今日もなお子供たちや無教育の人々のもとで出会うところの〉最も古い野卑で未熟な自然主義的な解釈以外の何ものでもない。これらの諸直観を「哲学的」な衣装に隠す試みは、非常に長い間行われてきている。我々は、それらをハラー（Haller）において、修正されてホッブス（Hobbes）、ルソー（Rousseau）およびその他多数の人々において見いだす。現在、それらは、「法律家たち」を狙って工夫された装いにおいて現われている！　これまで我々には、この立場の学問的勝利において、我々の世紀の偉大な進歩が存在するように思われていた。現在、我々は、このことが輝かしい誤り以外の何ものでもなかったことを経験している。

それらをもってザイデルの概念建造物が立ちそして倒れるところのものは、二つの出発点、すなわち、「国家と支配者」の主張された関係、そして、「国家と法」の主張された関係、である。

「第一」の点について言えば、〝我々人間たち〞は、〝国家〞のもとに、ただ〝土地と、最高意思が支配する人々〞だけを理解する、という証明なしに設定された主張は、単純に誤りである。より未成熟な諸時代の未発達の不完全に抽象する意識だけが、国家権力の主体をその感覚的に知覚しうる担い手と同視し、そして、その場合、国家概念のためには、ただ支配の諸対象のみを残している。とどめ難くそれとは反対に、そして、歴史的な必然性をもって、国家と法の意識は、〈「我々を」長い間、肉と血の中を通り過ぎてきている〉より精神的な解釈へと駆り立てている。「我々は」〝国家〞のもとに、〈人間的な種の存在を個人の存在の上に明らかにするところの〉最高のそして最も包括的な、感覚的には知覚し得ない、そして、それでもやはり精神的な諸手段をもって〝実際に〞認識可能である、共同団体を理解する。この共同団体は、我々にとっては、〈それへと民族全体が結合されるところの〉永続的な、生き生きと意欲しそして行動する統一体である。あらゆる個々人と、個々人のあらゆる総計とは、我々に、国家的な共同団体におけるその地位が問題になる限りで、孤立した個人の諸存在としてではなく、総体存在の諸構成員として、現われる。それらは、まさにその限りで、〈自らを個々人の生活秩序のうえに高める〉より高次の存在秩序に参加するのである。支配者もまた、それゆえ、我々には、たぶん最も重要なものであり、それのみが全体の運動について決定する共同団体の構成部分であるが、しかし支配者は、まさにただ全体の一部であり、そして、それゆえ、自己のためだけに全体なのではない。我々は、支配者をケルパー〔団体〕のハウプト〔長〕と比較したいが、しかし我々は、ケルパーなきハウプトが個性をなさないことを、我々に意識し続けなければならない。これらの我々の諸直観には、ところで、法律的な関係において国家の人格の理論（die Lehre von der Persönlichkeit des Staats）が対応する。そのようなものとしての共同団体は、我々には、公法における最上位の主体である。支配者は、我々には、〈彼とは決して一致しない〉国家人格の最も高貴な構成部分でありそして支配的な機関（Organ）である。それとは、むろん、支配的な国家理論におけるいくつかのことが、とくに歴史的に承継された主権の概念（Souveränitätsbegriff）が、まだ一定の矛盾の中に立っている。なぜなら、ひとが国家人格を国家法の出発点とするや否や、ひとは、最終段階においては、ただ国家そのものの主権のみを語ることができ、国家の上への国家の構成部分の主権を語ることはできないからである。しかしながらそのことは、克服されなければならない古い国家観の諸残存物である。そうすることの代わりに、ザイデルにおいて、ドグマへと石化させられて国家構造全体の基礎を構成しているのは、まさにそれら〔残存物〕である。なぜなら、王制、貴族制および民主制の図式をともなう伝統的な主権理論によれば、誰が〝支配者〟とみなされなければならないかは、その図式において決定される。組織体制の形態に従って、それゆえ、個々人、または、より大きなまたはより小さな人々の多数体が、否定された国家人格のための代用物の役割を引き受け、唯一の国家的主体としてそして法の上に登場し、そして、国家権力を、〈所有者が所有権を行使するのと類似して〉支配対象としての国家について行使する。この場合に浮かび上がる諸疑念と諸矛盾の解決のために、もちろん一度ならず、試みがなされている。しかし、あの諸命題が諸公理として証明なしに設定されているので、まさに諸困難は、沈黙をとおして除去されている。それゆえ、王制においては、フェルストが国家権力の主体として説明され、そして、彼の国家的諸権利と彼の個人的諸権利の間のすべての差異は、ただそれら〔権利〕の同じでない目的規定においてのみ見いだされるにすぎない。いかなる言葉をもってしても、いかにして、いったい国家とフェルストの間の法律関係が可能であるのか、いかにして国庫とランデスヘル〔ラント君主〕との間の訴訟が可能であるのか、いかにして王国の人物における交替の際において国家的な諸権利と諸義務の連続性および多くの類似のことが可能であるのか！　は、説明されていない。そして、それでもやはり、それらが、事実、国家を支配者の人間的個性と同一視する時代の素朴な感覚の直観から当然に離れて存在していたように、同様に当然に、より抽象的な思考方法においては、フェルストによってただ代表されるだけの国家人格の認識へと導いたところのものは、まさにそのような諸考慮であったのである。さらに、より表面的に、著者は、自由国家における彼の解釈が惹起する諸疑念を飛び超えて、滑っていく。彼は、〈ここでは個性的に特定された人々の何らかの総計が〝支配者〟であるが、見解の相違する場合には、しかし、別の方法で和解が配慮されるのでないときは、多数者が支配へと召喚される〉、という記述をもって満足している。いかにして、しかし、ひとは、〈日々変化し、そして、あらゆる機会において統一的な権利の主体以外の諸個人から構成される〉総計を観念すべきであろうか？　素朴な感覚の解釈は、もちろん、〈その解釈が《民族集会における多数人のかつ交代する総体が実際に自己自身と同一に留まる統一体として意思しそして行為する》という知覚に留まっているゆえに〉、そのような諸疑念を知らない。ひとは、しかし、より鋭く抽象するや否や、ひとは、ここでもまた、〈追加先例をとおして探求されるべき個人意思の総計と、統一体的な総体意思とは、同一ではない！〉という認識に到達せざるを得ない。そして、いまや、全く、近代の憲法国家にとって、それがこの型紙へと印刷されるときは、どのような諸結果が生ずるであろうか！　憲法国家においてもまた、個々人または多数者が〃支配者 Herrscher〃であるべきであり、あらゆる他の国家機関は、ただたんに支配者意思をとおしてのみ国家の活動への参加へと召喚されるべきである。そして、ここでもまた、支配そのものにおいて、すべての法の前にかつ上に与えられる事実が見いだされ、これに対して、憲法的な諸参加権の譲与において、法の優越が見いだされる。立憲君主制（konstitutionelle Monarchie）においては、それゆえ、憲法上の王国〔王位〕（verfassungsmäßiges Königthum）の理念は否定され、そして、ただ王国〔王位〕の憲法上の制限の可能性だけが承認されている。君主（Monarch）は、〈そのための法律上の根拠が考えられうることなしに〉彼が支配するゆえに支配し、そして、彼は国家の機関ではなく、国家概念そのものを吸収する。国民代表（Volksvertretung）は、〈その最終的根拠が支配者意思であるところの特定の憲法上の諸権利と諸義務をもつ〉国家の機関である。憲法上の共和国においては、逆に、決定権を有する諸個人の多数が、支配者と同じ地位を法の前と上に占めるべきである。ここでは、それ〔多数者〕が国家の権利主体性全体を吸収し、そして、その主権的諸権利の憲法上の基礎については、問題となりえない。これとは反対に、すべてのその他の国家の職員、すべての代表的および執行的な諸機関は、憲法をとおして彼らに付与された一定の諸権利と諸義務を有する。そして、そのように険しく対立する〈二つの歴史的に近く接触する〉国家の諸形態の構成が、〃レアリスティッシュに〃かつ〃諸擬制〃から自由なものとして与えられるのである！

しかし、それは、「第二の」基礎的な問い、すなわち、「国家と法」の関係についての問いに対する著者の回答とは、どのような関係にあるか？　著者は、ここでは、承認する価値のある鋭さをもって、諸帰結を、最も最近の時代において形式的に流行となってきている解釈から導いている。この解釈が何処へと拒絶し難く導くのか！を、彼が我々に示していることは、感謝すべき価値があることである。

法の概念をたんに国家概念から導出しそして定義することは、もちろん簡単であり快適である。ひとが、その場合、国家の本質に関する問いが〈国家がまさにすべての法の「前」に存在するゆえに〉全く法律学には属さないことを付け加えるとすれば、ひとは法律学のために形式的には取り消しえない出発点をもつことになる。困難は、それによっては、もちろん解決されず、脇に押しやられている。しかしながら、純粋に形式主義的な方向の諸需要には、満足が生じる。ただ、ひとは、そのような手続きを〝レアリスティッシュ〟と名づけるべきではないであろう！　いったい、何らかの瞬間において国家が法なしに存在したこと、最初に支配が確立され、しかる後にはじめて法理念が登場したことは、最大の擬制ではないか？　実際には、国家と法とは、一緒にかつ相互浸透的に成立しそして成長してきているのである！　人間は、国家的な団体が存在しそして諸個人の上にある一般性として感じられたことなしには、人間であることはできなかった。ザイデルがまだ〝国家〟と名づけようとはしない定住しない部族団体もまた、国家的性質を有していたのである。同様に、しかし、法の理念は、人間になることと同様に古いのであり、そして、さすらう遊牧民においてすでに、何らかの〝法〟が必然的に存在している。種類の異なる歴史的発展のそれぞれに従って、それゆえ、あるときはより多く国家が、あるときはより多く法が、前面に登場してきている。実際に法の中に表明された支配者意思だけをみた諸民族が存在してきているし、逆に、時おりゲルマン諸民族のように、国家をただ法律諸関係の総体と理解する諸民族が存在した。しかしながら我々の今日の意識には、国家と法が〈決してしかし相互に一致せず、あるいは、原因と結果の関係には立たない〉人間の共同生活の二つの独立した諸機能であることは、明らかとなってきている。国家と法は、我々には、他方なしには一方は考えられないが、しかし、両者のいずれも、他方の前に、そして、他方をとおして、存在するものではない。そして、学問は、もしそれが実際に〝レアリスティッシュ〟であろうとするならば、この当然の関係に無条件に固執しなければならない。

それゆえ、法の本質を国家の命令であるとする法の定義をとおして汲み尽くそうとすることは、端的に斥けられるべきである。〈国家の最重要の諸課題は法に関係づけられ、そして、国家はこの関係なしには国家ではないであろうにもかかわらず〉、国家は、それでもしかし、その本質をもって法の領域に広く及ぶように、法もまた、

〈国家に対する一定の関係がその本質に属するにもかかわらず〉、その核心において国家に対する関係で独立している。むろん多くの法が、そして、今日では大部分の法が、国家の諸命令の形式へと装っている。しかしながら、この場合においてすら、国家意思あるいは支配者意思は、法の最終的源泉なのではなく、民族生活から提出される法意識の表明のための任務を与えられた民族の機関である。国家は、法律において、法律の内容が〈それがそのように国家の意思であるゆえに〉拘束的であるべきである、というのではなく、国家が〈規範が国家にとり「正当」と考えられるゆえに〉この規範の妥当を意欲する、というのである。ひとがそれゆえただ法律法（Gesetzesrecht）だけを見る場合にもまた、ひとは、国家の命令としての法の定義によっては、ただ法の外的な現象形態だけを表現するのみで、その本質に触れていないのである。ところで、しかし、国家は、ただ法の産出の諸機関の中の最も重要なものであるに過ぎない。その他の有機的に組織された諸団体もまた、自治的に法を生み出す。そして、さらに、必ずしもすべての法が有機的に組織されたゲマインシャフト〔共同体〕の諸権力をとおして表明されるのではなく、たえず民族共同体およびすべてのその他の共同体の諸クライスは、直接に、そして、それらの政治的な有機的組織への顧慮なしに、それらの法意識の活動をとおして法を生み出すことができる。むろん、国家が存在するや否や、自治的な法も、慣習法も、国家の明示的または黙示的な承認なしには、その実際の通用を実現することができない。しかし、承認または許容は、それでもしかし、創造ではない！　国家が何らかの法形成に対して〈法形成の実現を妨げる〉その権力を用いないときは、それでもしかし、それによって自ら完全に受働的態度をとる国家意思は、国家なしに生み出されそして形づくられた法の最終的な源泉となりうるのである！　しかしながら形式主義的な法の定義は、〈すべての法およびそれゆえ国家の協力なしに形成された法もまた、その本質上、表明された支配者意思以外の何ものでもないこと〉を要求し、自然の諸過程は、技巧的に解釈を改められなければならない。自律（Autonomie）は、独立の法源としては、すでにひとつの学派全体によって否定されてきている。ザイデルは、それにはもはや全く言及していない。歴史学派の輝かしい諸叙述の後には、そのような諸暗殺計画に対して何時でも保証されているように見えた慣習法のためには、すでにビンディング（Binding）による黙示の合意（tacitus consensus）からの導出のごとき消えてしまった諸理論がふたたび取り出され、そして、ザイデルは、それを全く君主国におけると共和国におけるとでは異なって、後者では直接に表明された支配者の意思として、そして、前者では〈しかし彼〔臣下〕の側での支配者意思の所有をとおして始めて法となるところの〉臣下の意思として、構成しようとしている！　自らに自らが向ける区別！　そして、森の木々のように知られずに成長する原始時代の法さえも国家の命令という空虚な公式へと逃亡させるために、現実を棚上げにするそのような諸作為が〝レアリスムス〟であるとされるのである！　もちろん、ザイデルにとってもまた、ラッソン（Lasson）の先行に従って、国際法（Völkerrecht）は、完全に法の領域から消滅しなければならない（S.32）。なぜなら法であるためには、それは世界国家を前提とするからである。ところで、もちろん、国際法は、完結した法ではなく、生成中の法である。国際法には、国家であってはじめて法に押捺する最終的な形式的な印章が欠けている。しかしながら、決して一度もそのことのゆえに、健全なそしてレアリスティッシュな直観は、〈すべての教養ある諸国民の意識によって〝法〟とみなされるところの〉国際法に、法たる性質をそもそも否定しないであろう。少なくとも、法の本質の何ものかを、国際法は有しているに違いない。まさに国際法は、それゆえあらゆる人を、〈法の本質にとっては、国家的な刻印のメルクマールはただ外的な形式的価値しか持ちえず、完全な解明を保証し得ないこと〉を教えるべきものであろう。そうすることの代わりに、国際法をあっさりと否定することを、我々の〝レアリスト〟は選ぶのであり、――そして、彼の法概念は、揺るぐことなく存在する。そして、そのようにして、我々は、ようやく最後に、〈たとえそれが法律学全体を尊厳なき手作業へと低下させなければならないとしても、我々の日々における流行に等しく四方八方につかみかかるべく脅かすところの〉あの荒涼とした、慰めのない、空虚な理論に、到達する。――法理念のすべての積極的内容を批判的に解体し、そして、その独自の絶望的な無能力の中で「法であるのは、支配者によって被支配者のために設定される態度諸基準である。」という無意味な公式以外の何ものもその場所におくことを知らない、あの理論のもとに〔我々は到達するのである〕。

ところで、しかし、国家と法が、順にではなく、一緒に存在へと登場するときは、ひとは、ザイデルと共に「国家の成立」を法にとってどうでも良い事実とみなすことは許されない。むしろあらゆる国家の設立行為（staatsbegründender Akt）は、それが、いまや、ここでは先ずもっては決定されずにおいてよいが、非恣意的な生成として理解されなければならないにせよ、あるいは、人間の意思行為として理解されなければならないにせよ、なるほど法過程よりも無限に多くのものであるが、いずれにせよしかしながら、とりわけ「法的な」過程でもある。そのようにまさに後の世代は、たえずその承継された国家の成立を観念する。伝説と伝承は、それをひとつの法律的行為（Rechtsakt）として説明している。そして、ただ、民族意識が国家権力の合法的な基礎づけについて内的に確実であるときにのみ、民族は、その国家と完全にひとつである。法律学にとっては、しかし、我々が国家を次第に生成したものとみなす場合に、その成立は慣習法的な命題の形成として説明される。我々が、しかしながら、ザイデルと共に、国家を〝人間的意思の所産〟とみなそうと欲するときは、構成する意思行為（ein konstituirender Willensakt）は、それがいまだ今日恣意的な〔自由意思による〕ケルパーシャフトのあらゆる設立において登場するような、擬制された設立行為（fingierte Begründungsthat）である。〝契約〟では、そのような行為はもちろんない。しかし、〈ザイデルによって引用された〉欠缺する法的性質の理由からではなく、〈契約は自由でかつ独立に留まる個人意思の合意を前提するゆえに〉ここでは、しかし、〈個人諸意思がその完結した個人性を放棄し、そして、全体の諸構成員となるところの〉自己自身を統一体として設定する総体意思の意思行為が存在する。ところで、しかし、国家の成立が、法的な過程であるとすれば、このことは、もちろんさらにより多く、国家における「支配の成立」である。なぜなら、国家的支配の構成は、内的国家法の問題だからである。支配者は、〈たんに彼が権力を有するゆえに〉法律的根拠なしに支配するのではなく、彼は〈不文のまたは成文の国家組織体制〔憲法〕が彼に支配者への使命を与えるゆえに〉支配するのである。国家は、〈その内的構造が、もちろんこの法律的な意義におけるとは離れて出現することなく、法にとって法的なそして法的に基礎づけられた諸関係の総体として表現するところの〉共同団体である。国家は、その構成と編成が法秩序の対象であるところの全体であり、そこでは、それゆえ、ハウプトの地位もまた、〈法の上にかつ外に根ざすのではなく、法において根ざすところの〉、全体である。同様に、しかし、何が支配者権力の内容であり、そして、何が支配者権力の限界であるかは、憲法問題でありそして従って法律問題である。それゆえ、ザイデルにもかかわらず、支配の〝正統性〟および〝法的制限〟が存在する。もちろん〈支配者がクーデター（Staatsstreich）をとおして、そして、民族が革命をとおして、組織体制を破壊すること〉、および、〈その場合に、しばしば権力が法の上に究極的に勝利しうること〉は、真実である。しかしながらその場合には、まさに法の破壊が存在する。そのような法の破壊は、〈道徳のより高い要求が法と衝突に陥る場合に〉倫理的に要求されうる。法の破壊は、〈現行法が生活と耐えがたい矛盾の中に陥り、そして、変化の可能性が内部から提供されない場合に〉歴史的に正当づけられうる。しかしながら、それは、それにもかかわらず法の破壊に留まる！　そして、それ自体としては、それは、たとえたぶん〈法が最高の善ではないゆえに〉必然的なことであるとしても、いつでも害悪である。それゆえ、法の連続性が破られる限りでは、新たな法の基盤が創られ、そして、登場しなければならない。このことは、しかしながら、ザイデルが考えるように、事実的な権力のたんなる創出をとおして起きるのではない。むしろ、実際の法の破壊の治癒は、もともと非正統的な行為が、民族の法意識にとって十分な何らかの法的過程をとおして事後的に法的根拠を受け取る場合にはじめて、登場するであろう。そのような過程は、例えば、組織体制〔憲法〕の合意において、国民投票などにおいて、存在しうるが、しかし、そのような過程は、しかし、たんに慣習法の聖化する権力においてもまた、存在しうる。ただこれらの諸制限をもってのみ、〈ザイデルの表現においては、〝権力が法に優越する〟というただ裸の命題だけを表現する〉既成事実（fait accompli）の理論もまた、法律的な承認を要求しうる。

国家と法についてのこの種の解釈の表現は、近代の法意識によって提起された「法治国家」（Rechtsstaat）の要求である。ザイデルがこの標語において、立憲国家における立法と行政の完全な分離という理論的な要求を言明したと見ている（S.23）ことは、完全に誤っている。法治国家の概念は、すでにその文言上、国家諸機能の分配の種類を目指すのではなく、ただ国家の法に対する関係のみを目指している。法治国家は、〈自らを自らが法の「上に」おくのではなく、法の「中へ」とおくところの〉国家であり、すなわち、〈個人と同様にその全積極的活動において自由であるが、しかし個人と同様にただ法律的にのみ自由であり、そして、それゆえ法の枠をとおして拘束されるところの〉国家、すなわち、〈そこにおいては、すべての公法が、全く私法と同様に徹底して完全な意味における法として承認され、そして、それゆえ、とりわけそれ［公法］に今日我々のもとではまだ拒否されている裁判上の保護をもまた享受するところの〉国家、である。この種の法治国家の要求は、しかし、国家との法の同等性についての確信を拒み難く前提としている。――

これが、それらの上にザイデルが彼の国家法の概念建造物を作り上げている諸基礎である。建築は全体において、ただ誤りでありうるのみである。我々がそれにもかかわらずいくつかの見いだされた思想に［そして］いくつかの適切な詳論に出会うとき、より詳細な考察は、〈著者は、ここで正しいことを彼の基本的諸概念から導出せず、「彼の基本的諸概念」とは反対に見出していること〉を示すのである。しかり、しばしば諸帰結は、〈それらが見かけ上そこから流出するはずであるところの〉基礎的な諸命題との解き難い矛盾において立っている。

その原則に忠実に、ザイデルは、国家法的な体系の獲得のために、〈諸人間の国家的な共同存在を彼らの外的な自由の境界設定をとおして秩序づける〉「支配者の活動」（Thätigkeit des Herrschers）から出発する。この活動は、彼には、〈私的法秩序と公的法秩序を設定する〉「立法」（Gesetzgebung）と〈この秩序の権力による実現であり、そして、それゆえ立法に対して自らを意思に対する行為と同様の関係におく〉「行政」（Verwaltung）へと帰する。彼が行政に数えるのは、〈彼が内部行政と財務行政を分けるところの〉「狭義」における「行政」のみならず、私的および公的「司法」（Rechtspflege）をもまた含む。ここでは、至るところで、支配者の活動は、「裁判」（Spruch）（処分 Verfügung または判決 Urtheil）とその「執行」（Vollziehung）から構成される。立法が行政をとおして実現されなければならない種類と方法は、立法そのものをとおして、公的法秩序の一部として秩序づけられるべきである。その場合、「憲法」（Verfassungsrecht）は、さまざまな国家的諸課題のための諸機関を決定しなければならず、「手続法」（Recht des Verfahrens）は、これらの機関の活動の種類と方法を規律する。その一方、公的法秩序のその他の内容は、「狭義における公法」、すなわち、国家に対する関係をとおして成立する秩序を構成する。立法と行政の相互の関係は、ところで、しかし、四種類の方法で形成されうる。支配者は、二種類の活動を自己のために保持しそしてただ従属する諸機関だけを構成するか（自己支配）、それとも、彼が立法を保持するがしかし行政を独立の諸機関に与えるか（貴族制または直接民主制）、それとも、支配者はすべての活動を〈有能な諸人格の指示に至るまで〉分離された諸機関へと付与するか（代表制的自由国家）、それとも、支配者が、原則としてすべての活動を自らの下に合一するが、しかし立法においては、他の諸意思に結合させ、そして、行政から司法を、特別の諸機関へと譲渡のために分枝させる（立憲君主制）。ところで、これらの諸場合のひとつにおいて、立法と行政が分離されるときは、立法は、そのより鈍重な装置のゆえに諸規範をただその基本的諸特徴においてのみ確定しうるにすぎないゆえに、立法と行政の間を秩序づける中間活動を必要とする。この活動を行うのは、それをとおして行政が〈あらゆる個々の場合において法律によって委ねられた未決定性を決定する代わりに〉あらかじめ諸場合の全クラスのために拘束されるところの「命令」である。最後に、国家は、裁判によって行政に要求された行為を必要な場合に執行するために、物理的な権力を必要とする。この力は、「軍隊」（Heer）である。軍隊には、「対外的」に向けられる、最終的にはただ戦争をとおしてのみ実現されうる支配者活動に基づく第二の課題が生ずる。

すべてのそれ以降の諸詳論の基礎にあるこの図式は、まず第一に諸事物の自然の秩序を念頭においており、全く最後にようやく、我々は、〈国家が、対外的にもまた、生ける権力として活動し、そして、ただ〝第二の課題〟としてのみ、〈内的な執行のために設立される〉軍隊に、ラント防衛が割り当てられること〉を知るのである。対内的には、真っ先に、さまざまな国家の諸活動が構成されたものとして設定され、そして、その上でようやく〈それでもやはりその側ではじめてその諸活動のための諸機関を規定すべき〉憲法が作られる。立法が憲法の源泉であり、憲法はしかし立法の任務の源泉であるべきことによって、〈立法が、国家および支配と同様に、法の上に上昇され、そして、立法の組織に関するすべての憲法の諸規定が、事実的な権力諸関係に関するたんなる諸請求権として説明される場合に〉のみ、はじめて解かれる円環が結果する。なぜなら、支配者が憲法上使命を与えられる諸機関の顧慮なしに憲法を変更する法律を発布すると仮定するならば、まさにザイデルの独自の諸詳論によれば、いまや新たな法律が現行憲法であろうからである。ひとが、まさにザイデルとともに、支配者を法の上におき、そして、その他の国家諸機関の地位の上への憲法の概念を支配者のために制限する限りでは、憲法の概念もまた、支配者のために必然的に、ただ彼の随意へと置かれる任意に撤回しうる自己制限に過ぎず、そして、支配者をとおしての憲法の破壊は、決して法の破壊ではない。そして、そのようにして、我々の〝レアリスト〟は、既成事実の崇拝によって結局〈そのために正統主義者たちが彼らの支配者権利の崇拝によって至るのと〉同一の目標に到達するのである！

それから、ザイデルによって愛好された、〈そこにおいて法概念の原則的な価値低下との関連において行政と司法がひとつの不明瞭な集合概念へと繋ぎ合わされるところの〉国家活動の二分割は、あらゆる法律的考察にとって完全に斥けられるべきものである。徹底して選び取られなければならないのは、むしろ「立法」（Gesetzgebung）、「行政」（Verwaltung）および「裁判」（Rechtsprechung）を「同格」の諸機能として捉える支配的な三分割である。立法は、法の諸規範の創造であり、最広義における行政は、法の枠内において合目的性の顧慮に従って実現される国家的共同団体の積極的生活活動であり、裁判は、具体的事件のための法規範の明確化である。行政と裁判とは、具体的なるものに向かう方向づけというメルクマールを共通に有する。しかし、法律的考察にとってより重要な他の諸視点によれば、立法と裁判もまた、行政に対する関係では、最初の両者は、法を「内容」として有することによって落ち合うのに対して、行政にとって、法はただ「制限」であるに過ぎない。あるいは、全く立法と行政は、裁判に対する関係で、前の両者は公共の福祉の動機をとおして決定されているゆえに落ち合うが、裁判は、この動機を決して知ってはならない。そして、事実、我々の著者には、行政の下への司法の下位の秩序づけは、一方ならびに他方の概念を混濁することをとおしてのみ成功している。行政一般は、彼にとっては、〝立法の実現〟であり、そして、しかも彼は、このこととの完全な矛盾において、〝「内部」行政〟を支配者をとおしてのゲマインシャフト的な諸目的の追求として理解し、そして、それ〔内部行政〕を、本のその後の諸章においてもまた、全く正しく、合目的性の諸考慮をとおして導かれた〈法律をとおして制限されるが、しかし内容的には決定されない〉活動とみなしている。〝司法〟の概念においては、しかし、彼は、〈そのためには法が内容と目的であり、法以外の何ものも内容と目的ではないところの〉「裁判」を、〈ただ外的な諸理由から特殊の差異を消し去ることなく、しばしば同時に裁判官の手中へとおかれているが、同様にしかし《それによって裁判所の裁判官的本質に最小の損害も生ずることなしに》分離されそして裁判官から奪われうる〉行政の諸機能と一緒に把握している。〈その両者が〝裁判〟(Spruch)として、〝執行〟によって終結する全体行為の第一の行為〔処分〕を構成すべきであるところの〉処分と判決を並置することもまた、まったく誤りである。なぜなら、〝裁判〟が、つねに〝法秩序が行為を要求する、という表示をもって終結する〟ところの〝具体的な場合への法秩序の適用〟であると称されるときは、第一のメルクマールは〈むしろ自由な意思決定が法秩序の基盤の上にあるところの〉行政処分には適合せず、第二のメルクマールも〈何かが法でありまたは法でない、という単純な言明を含むところの〉裁判官の判決には適合しない。〝執行〟は、しかし、なるほど、たえず命令に基づいて登場する処分にとっては、終局的な行為であるが、判決は、これとは反対に、必ずしも必然的にではなく、ただそれに反対して行為される場合にのみ、〈それをとおして、行動する国家が、その権力をもって裁判する国家によって確認される法のために助けに急ぐ〉国家的な執行活動が登場するからである。

より良いのは、「立法と行政」相互の関係に関する著者の諸叙述、とくに「命令 Verordnung」の概念とその「法律 Gesetz」との差異に関する注意深い諸詳論である。彼が通説の〈そして諸憲法の中へと移行した〉観方の不完全性に関して提出していることは、正当である。〔その観方とは、すなわち〕、諸権力の分割についての誤った理論に基づいて、純粋に外的に主体に従って区別し、そして、あらゆる行政行為において〈それがただ議会の同意を要求する場合に〉法律を、あらゆる君主にのみ委ねられる法律行為において〈〃法律の効力をもつ命令〃という間違った概念が示すように〉〃命令〃をみる（S.29-30）ものである。正当であるのは、さらに、シュタイン（Stein）（S.29-30）に反対する批判的な諸指摘である。著者独自の命令概念の定義と境界設定についてもまた、いずれにせよ、〈彼が諸命令の発布のための権利を行政権限の中に含まれる権限として構成し、そのためにしかしまた厳格に行政の権力領域へと制限すること〉は、承認されなければならない。これとは反対に、彼が、「行政内部」の地位と「処分」に対するその関係を指摘することは、私には誤りであるように思われる。彼は、命令の中に、《個別処分から、《それが個別処分と同様に法律を執行すべきであるゆえに》ただ量的にのみ異なるに過ぎない〉一般化された行政処分以外の何ものも見いだしていない。真実には、しかし、命令は、行政をとおしてのかつ行政のための「諸規範」の設定であり、処分が具体的な命令である一方では、命令は、抽象的な原則を創造するのであり、そして、命令は、それゆえ、基本的には立法的行為であり、そしてそれは、〈行政がその場合、ただ自らに自らが諸法律を与える〉ゆえにのみ、行政の領域の中に帰するのである。命令は、それゆえ、事実、行政の自己拘束である。しかしながら、ただ対外的にのみ、命令は、そのものとして、彼が将来ある諸原則に従うであろうという個々人の表示に等しく、それゆえ、任意に撤回可能であって決して諸法を生み出すものではない。対内的には、これとは反対に、命令は、〈行政が編成された有機体であるゆえにそしてそのときに〉ただそれゆえにかつその限りでのみ命令である。ここでは、命令は、それゆえ、自己拘束としてではなく、一般的行政意思をとおしての個々の行政諸機関の拘束として、より上位の官庁をとおしてのより下位の官庁の拘束として、コレーギウム〔同僚団〕をとおしての個別官吏の拘束として、現われる。ここでは、命令は、ただ対応する命令をとおしてのみ、法律が法律をとおして失効させられうるように、失効させられうる。それゆえ、なるほど、命令は「具体的な法」を決して害さず、ただ法律違反の動因でありうるにすぎないこと、それゆえ「裁判所の判決」はそれ〔命令〕をではなく、それに基づいて発布された処分をはじめて取り消しうることは、正しい。なぜなら、行政の領域の外に基礎づけられる法は、命令によって全く触れられないが、行政領域の内部では、しかし、命令は、国家における立法と類似の方法において、形式的に主権的であり、そして、裁判には服さないからである。おそらくしかし、命令においては、「法律」の違反がありうるのであり、そして、命令は、それゆえそれを取り消す「法律の行為」(Gesetzesakt) の対象となりうるのである。――

支配者活動のこの分類に基づいて、ザイデルは、引き続く諸章において国家における「法秩序」全体の体系を設定する。

第三章において、彼は、まず最初に、〈諸公法の分類が完全にそれに依存するゆえにのみ、関心がもたれるところの〉「私法」の僅かな見取り図を与えている。彼は、私権の対象に従って、「物権法」(Sachenrecht) と「人法」(Personenrecht) を区別している。物権法を、彼は、「所有権」と「他人の物についての諸権利」に分解する。その場合、二つの概念の〈一部は実定的ローマ法から、一部は独自の恣意的な歴史構成から創造された〉定式化を、きわめて不当な方法において、論理的な要請として与えている。人法を、彼は、「債務」(Verpflichtung) からの権利、「侵害」(Verletzung) からの権利、そして、「生殖」(Zeugung) からの権利に分類している。彼にとっては、身分法 (Statusrechte 諸身分権) は、諸権利では「なく」、諸権利の事実的諸前提であるに過ぎない。

引き続く章を、彼は、「公的」法秩序〔公法秩序〕、そしてしかも、第四章を狭義における公法に、第五章を憲法〔Verfassungsrecht 組織体制法〕に、最後の章を手続法に捧げている。

「公」法（öffentliches Recht）の叙述においては、彼は、〈その基礎が、法を、法の外にある利益のためのたんなる手段へと貶めることによって〉法の概念を基本的に破壊するところの彼の基礎に、完全に忠実に留まっている。公法は、彼にとっては、〃いかなる諸利益が公的なものであるべきか、ならびに、いかなる諸限界と諸形式において諸利益が従われるべきか、についての支配者意思の表明〃である。私権（Privatberechtigung）から、それゆえ、公権（Die öffentliche Berechtigung）は、ただ〈後者では「一般的」であり、前者では「個別的」である〉「目的」をとおしてのみ区別される。しかし、目的は、法に対して支配者をとおして設定されており、そして、〈この目的が一般的な目的として妥当しなければならないか否かは〉支配者によってのみ決定されるので、二つの法領域の限界は、相対的であり、そして、徹底的に実定的である。したがって、法そのものの状態ではなく、法に、すべての法の上に高められたひとつの意思によって設定された目的の性質決定が、この同一の意思をとおして、法の私的性質または公的性質を決定する！　もちろん、ひとが、国家とあらゆるその他のゲマインシャフトを、ただ個々人の総計としてのみ妥当させるや否や、「内的」な区別は、必然的に見いだし難くなる。なぜなら、〈そこにおいて諸ペルゾンが諸個人として立つ〉諸関係と、〈諸ペルゾンが諸一般性としてまたは諸一般性の諸構成員として立つところの〉諸関係を、種類的に異なるものとして設定しうるためには、ひとは、とりわけ諸一般性を諸ペルゾンとして、そして、それらの内的な構造を法として、認識してきているのでなければならないからである。ザイデルは両者を否定し、そしてそのようにして、ここでもまた、彼の法解釈学（Jurisprudenz）は、その主たる諸問題の一つにおいて、最終的に〈自らを自らが無能力であると宣言し、そして、決定を、その〔法解釈学の〕ために届き難いそして無前提の意思の、主権的な随意へとおくこと〉のもとに到達している！　そして、いったい、この公法は、そもそもまだ法であるのか？　その最終的かつ本来的な主体は、しかしながら、

〈その者の意思が公法に存在と意思を与える〉支配者である。他の諸個人は、それを〝国家の諸利益として知覚する〟ために、それをただ彼から〝付与されて〟受け取るだけである。しかし、支配者の恩恵によって使用のために付与されるような、その目的をただ自己自身の外に見いだすような、雇われ下男のように独自の尊厳なしに他人の〝諸利益〟のために奉仕するような、法は、何を有するのか、――〝法〟というこの扱いやすい便利な道具は、私は問うのであるが、空しい名称以外にさらに何を有するのか？

そのような諸出発点のゆえに、その場合、ザイデルの〈「個々の」諸公法の体系的な提示および性格づけの〉試みもまた、網羅的なものにも満足すべきものにもなりえないのである。この試みは、決して価値のないものではなく、そして、〈そこでは支持し難い基礎が考察されず、あるいは、おそらく恣意的にもまた忘れられているところの〉いくつかの細部の叙述は、徹底して満足すべきものである。しかしながら、全体として、〈まさに公法においてもまた諸個人だけを知っているに過ぎない〉著者には、公法に特有の分配＝および性格づけの原則が欠けており、そして、まったく当然に、著者は、純粋に私法的な構成へと押しやられるのである。彼は、私法の諸制度との類推を追求するのみならず、せいぜい承認されなければならないであろうことに、それらの単純な似姿を、彼は、我々に与えているにすぎない！　二つの法領域における並行する諸概念の同一の根と継続する内的な親近性を、彼は、指示しているのみならず、彼にとっては、諸概念は、それ自体として同一であり、そして、同一の法が、彼にとっては、その目的に応じて、公法的または私法的な性質なのである！

このことは、彼によって設定された公的諸権利の第一のクラス、すなわち、「公的な諸物権」(öffebtliche Sachenrechte) において直ちに示される。ここでは、彼は、彼が合理的に手続きするときは、土地についての私的所有権に国家的な地域高権を並行させることができるであろう。その代わりに、彼は、地域高権を完全に見過ごし、そして、私的所有権と国家 (res publica) についての国家的「所有権」を並行させている。あたかも、ここで所有権が、その公的目的ともしかするとあるかも知れない取引の諸制限のために、私権であることを止めるかのように！　そして、さらに加えて、彼は、〈国庫の諸物（fiskalische Sachen）はたんに〝事実上〟、国家が〝法的に〟公的諸目的のために決定されているゆえに〉国庫の諸物についての所有権に同じ性質を拒否する場合に、自己自身との矛盾に陥っている。なぜなら、目的決定は、まさに彼にとっては、いつでもたんに事実であるからである！　少なからず拙劣であるのは、公法上の諸役権（Dienstbarkeiten）と諸担保権（Pfandrechte）に関する叙述である。なぜなら、ここでもまた、その他のそしてただ同類の公法的諸制度が存在するにすぎないのか、それとも、しかし役権（Servitut）および担保権（Pfandrecht）は、それらが国家に公的諸目的のために帰属するゆえに、少なからず私権であるのか、であるからである。

第二のクラス、すなわち、「公的な諸人権」（Öffentliche Personenrechte）においては、著者は、まず最初に、公的な諸身分権（die öffentlichen Zustandsrechte）を諸権利の領域から排除する。とくに、彼は公法的な団体における構成員地位、従って、国家市民権（Staatsbürgerrecht）、国籍（Indigenat）、故郷権（Heimathsrecht）、ゲマインデ市民権（Gemeindebürgerrecht）などを、ゲルバー（Gerber）の模範に従って、諸権利としてではなく、諸権利の「前提条件」を構成する「諸事実」としてのみ、認識して知ろうとしている。ひとが、もちろん、支配の純粋に事実的な性質を承認するときは、臣民たる地位もまた事実以外の何ものでもないことは不可避の結論である。それでもしかし法の最終的な源泉である一般的な法意識とは、しかし、この推論は、あの前提と同様に矛盾するものに他ならない。同様に、彼は、むろん多彩にごた混ぜにされたいわゆる諸基本権または諸自由権の法的性質を争っており、それらの諸権利は、ただ、〈従来の禁止が脱落し、そして、将来においてはただ憲法変更の方法でのみ再び新たにされうる〉という命題のみを表現すべきである。彼がこれに従って、公的諸人権についての残余として保持するところのものは、これを、彼は、「債務」からの諸権利と「侵害」からの諸権利に分けている。前者を、彼は、とりわけ「法律」をとおして成立させている。法律的に基礎づけられた公法の諸債務を、彼は、諸租税、諸タックス、諸関税、貧者支援、強制収用のような与えること（dare）に赴く債務と、名誉職の諸義務、陪審義務、防衛義務および就学義務のような為すこと（facere）に赴く債務とに、分けている。より詳細な詳論を、彼は、この機会において強制収用の法的性質に捧げている。彼は、それをすべてのその諸部分において公法学的な〈賠償と引換えに物的諸権利の譲渡を求める〉国家の請求権から構成し、そして、通例の、マイヤー（Meyer）によってもまた遂行された公法学的側面と私法的側面の区分に反対して、活発に論難している。公法的諸債務の第二の成立原因として、ザイデルは、法律と並んで「契約」を認めている。とくに、彼は、国家とその諸官吏の間の関係を〈徹底して公法的性質のものであり、そして、それゆえ、少なからず徹底して契約である〉〝任用契約（Anstellungsvertrag）〟から構成している。ここでもまた、彼は、公法学的側面と私法的側面のあらゆる区別を斥け、〈それによれば、公法のために、ただ、君主の一方的な任用処分のみが存在し、そして、すべてのそれと結合された契約諸協議はただ私法的な内容だけを有するところの〉ゲルバー（Gerber）の解釈を非難し、そして、官吏の俸給請求権をもまた、被収用者の賠償請求権とまったく同様に、純粋に公権として説明している。ここでもまた、著者の諸構成が、支配する諸個人と被支配の諸個人への国家の解体を前提として有すること、そして、それゆえ、必然性をもって、著者が自らを諸語をもってこれに反対して守ることができる限りで、純粋に私法的な解釈に赴くことは、自明である。国家をひとつの全体として考察するあらゆる国家理論のためには、これとは反対に、次のことは、疑いのないことである。すなわち、《統一的な国家全体の接合をその諸要素から秩序づけるところの》「内部的」な国家法においては、自由な個別諸存在の並行をとおして条件づけられた契約概念は、場所を持ち得ないこと〉、〈それゆえ、官吏の任用の場合においてもまた、《それをとおして国家が自らに機関を創造するところの》意思行為のみが、官吏の対応する意思服従と並んで、公法的性質を有すること〉、〈それとは反対に、純粋に私法的な契約諸協議は、これとみずからをそれゆえ結合することができ、そして、《官吏がその人格においては官吏の性格をとおしては吸収されず、自由な個人にとどまり、そして、彼の個人法的な地位に関して、国家との特別の諸取り決めを、職務が自らに彼にとって達成する生涯職業であることが明らかになればなるほど、それだけいっそう必要とするゆえに》原則として結合すること〉は、疑いのないことである。――債務からの諸権利に、著者は、公的な諸人権の第二の下位種類として、「侵害からの諸権利」を対立させている。この場合、彼は、我々に、僅かな数行をもって、〈遠慮せずに威嚇説にさかのぼり、犯罪の中に形式的な不服従以外の何ものも見ず、刑罰の中に他の諸目的のための手段以外の何ものも見ない、そして、そもそも外的な形式主義と浅薄な功利主義の点で、すべてのこれまで存在したものを凌駕する〉刑法理論を与えている。犯罪は、彼にとっては、あらゆる〝個々人の意思から惹起される、支配者の意思に敵対する行為〟である。そこから、支配者のために、将来の諸攻撃に対する保証を求める権利が成立する。この保証は、〈行為者に再度の攻撃を「いやがらせる」べき〉「刑罰」をとおして結果し、そして、このことを、あるいは物理的に、あるいは精神的に、無害化をとおしてまたは改善をとおして、達成する。

そこまで、著者は、彼の私法的な諸借用をとおして到達している。ところで、しかし、〈まさに、最も重要なそして最も多くの場合に特徴的である公的諸権利、すなわち、国家生活への憲法上の参加を求める諸権利は、設定された諸項目の中には、場所を見出してきていないこと〉が、示される。著者は、それゆえ、〈彼が諸物権と諸人権に対して、《その対象が〝諸物「と」諸人の総体〟であるところの》公的諸権利の「第三」のカテゴリーを設定することを強いられるのを認める。これが、〈〝国家と国家諸部分〟、従ってラントおよび民族またはその諸部分についての、独自の意思の主張のための権限において存するところの〉いわゆる〝政治的諸権利（politische Rechte）〟である。このカテゴリーのたんなる設定のみをもって、いかに著者の体系論が公然たる破産を示しているかは、何びとの目からも逃れることはないであろう！　麻痺した混合概念へと技巧的に追い込まれて、その客体の同様にゆがんだそして重要ではない性格描写をとおして資格づけられて、体系のその他の構成部分とのあらゆる内的関連なしに、ここでは、〈公的諸権利のあらゆる見いだされた体系の頂点に属するであろう〉諸権利は、後ろから片足を引きづっている！　しかし、もちろん、公的権利の領域の特殊の本質がそこにおいて最も鋭く登場し、そして、私権とのあらゆる並行が終了するのは、これらの諸権利である。それは、人〔ペルゾン〕の内的生活が法秩序の対象となる場合にのみ成立しうるところの、従って一度も個別諸存在の諸関係においてではなく、いつでもただ共同団体とその諸構成員の間の諸関係においてのみ可能であるところの、諸権利である。それは、それらの内容が共同団体の生活秩序における一定の諸機能への使命として、自ずから〝有機体的〟国家解釈に遡るところの諸権利である。そして、それゆえ、まさにそれら〔政治的諸権利〕について、機械的かつ個人主義的国家理論の上に基礎づけられた著者の体系論が、最も嘆かわしく破綻することは、偶然ではないのである。――それらの「成立」によれば、ザイデルは、これらの〝国家および国家諸部分についての諸権利〟は、〈なるほどそれ自体は〝ラントと民族を法的な境界なしに包含する〟が、もちろんしかし自らに自らがひとつの限界をそれゆえ設定しうる〉支配者意思の承認へと遡らせている。そこで、それゆえ、支配者の手中においては、国家権力の一部として、諸権利では「ない」諸権限が、他の人々〔諸ペルゾン〕の手中においては、「諸権利」となる。あるいは、むしろ、それら〔諸権限〕は、権利という人を欺く名称によって装飾されている！　なぜなら、真実においては、それらは、〈まさに支配者意思は、もしそれがそれ自体無制限にそして権利を超えて高められているとすれば、自ら引いたあらゆる権利の制限を、任意にもまた、いつでも再び遠ざかることができるゆえに〉、撤回可能な諸認可に留まっているからである。――個別においては、著者は、このカテゴリーの諸権利を三つのグループに分けている。第一グループの諸権利は、支配者意思の「行使」に関係し、そして、とくに外的な官吏の諸権限を含む。第二グループの諸権利は、支配者意思への間接的または直接的な「参加」に関係し、そして、積極的および消極的な諸選挙権、ならびに立憲君主制における国民代表の諸権利を含む。第三グループの諸権利は、支配者意思の「補充」を求める諸権利と称される。これらのグループへと、国家におけるすべてのより狭いクライスの自律権と自己行政権が支持され、そして、単純に十分に、そのように二つの語をもって、〈そのより深い研究が、それでもしかし、国家生活そのもののあらゆる実り豊かな分析のための予備知識でなければならないところの〉非国家的共同生活全体が片付けられている。

第五章においては、我々に〈〃それをとおして支配者が国家的諸課題を知覚するところの諸機関〃を決定し、そしてしかも、それらの構成を規制し、それらの作用クライスとして境界設定しなければならないところの〉「憲法〔組織体制法 Verfassungsrecht〕」が示される。著者は、ここでは、まず最初に、〈その解釈方法に従って、支配者が自ら行使するか、あるいは、諸機関の共働の下に行使しうるところの〉「立法」に言及する。最後に掲げられた場合に成立する立憲君主制の憲法の形式においては、彼は、自らを、国民代表の合目的的な構成の問いに関する関連においては、もちろんほとんど適合しない詳論へと委ねている。この詳論は、この最新の方向が、どのようにして、あらゆる歴史的および実際的＝政治的な理解なしに、結局、克服された自然法理論の避難所に到着するのかをそれが示している限りで、興味深い。あるいは、〈ザイデルが時と場所を顧慮せずに〃学問〃をとおして〃国家の本質に唯一適切〃なものとして、《付随的に非常に非難しうる図式による自由な職業諸階級による社会の編成の上に建設されている》国民代表を確立しようとする場合に〉、それは、例えば、国家のア・プリオリな構成、抽象的な理性国家の探求なのではないか？　それは、〈国民代表の一定の諸体系、および、さらにそれに加えて《出生の諸階級による代表、一般的な議決権および人口調査のような》ほとんどすべての従来現実に存在した諸体系が、〃原則として（?:）斥けられるべき〃ものとして宣言される場合に〉、すべての国家的な諸関係の相対性、および、時間的ならびに場所的な被条件性の完全な誤解を示してはいないか？　著者がここで（S.73）ならびに別のところで（S.68）、〈あの時代の事実的諸状態をとおして必然的に条件づけられた、そして、人間性の進歩にとって不可欠である〉中世の国家＝および法の諸形成について、〈それらは、〃不幸な方法〃で遂行され、そして、〃不運な誤り〃の結果である〉と言うことができる場合に、それは、〈法制史の今日の状態のゆえにほとんど信じ難い〉歴史的感覚の欠如をあらわしてはいないか？　――類似の方法において、それから、著者は、「行政」の有機的組織を取り扱っている。それでもしかし、我々は、ここでは、「今日」のドイツの憲法国家のために熱望されるべき形態形成の原則的な諸基礎が問題とされている限りで、その諸詳論を是認しなければならない。著者が、行政と司法の完全な分離のために、裁判のもとへの公権〔公法〕の遠慮なき服従のために、私法を判決する裁判所と公法を判決する裁判所の完全な同一性のために、特別の行政裁判所と権限裁判所の全面的除去のために、弁護する温かい言葉は、私には、論文全体の中での最良部分であるように思われる。むろんこれらの諸要求は、それらの基礎づけ同様に、新たなものではない。著者は、むしろ本質的に徹底して、ベール（Bähr）がその法治国家（Rechtsstaat）の中で、公的諸権利の裁判上の保護の問題に捧げた、輝かしいそしてこれまで乗り越えられていない諸推論に自らを適合させている。しかしながら、それにもかかわらず、その鋭いそして緻密な表現のゆえに、私には、〈そのほかにベールの論議の個々の諸完全化を含んでいる〉著者の諸叙述は、完全な注目に値するように思われる。それらの叙述は、残念ながら、書物の概念的基礎とのまったくいかなる関連にも立っていない！　唯一つの点についてもまた、その場合、新たな〃レアリスティック〃な国家法理論の〈それらから、たぶん、もしそれが行われたとすれば、より僅かな労力を持って反対のことが帰結されたであろうところの〉諸原則は、用いられていない！　そして、論文全体（S.77-99）は、文言上変更されずに、〈その諸基礎において直接に対立する諸観方に立つ〉国家法の体系において存立しうるのである！

最後の章において、著者は、さらに若干の僅かな諸頁を「手続きの諸権利〔手続諸法〕」に捧げている。そこでは、彼は、先に言及された詳論に、司法と行政の手続きにおける原則的な諸差異に関する若干の適切な諸指摘を行っている。これらの諸叙述もまた、しかし、本の独特の〈我々の受け止めがそれらに対して妥当した〉基本的諸観方をとおして、いかなる方法においても条件づけられていない。

2　ファン・クリーケン（van Krieken）の〃いわゆる有機体的国家理論について（über die sogenannte organische Staatstheorie）〃は、決してザイデルの論文と同じ程度においては、支配的国家法理論から離れていない。

ファン・クリーケンは、むしろこの通説の国家理論との一致において、国家の「人格」（Persönlichkeit）の原則を国家法のあらゆる法律的構成の出発点として明らかにする。しかしながら、彼は、今日のドイツの国家法学において、〈この国家人格の法的本質の説明のために「有機体」（Organismus）の概念と語を使用する〉絶えず伝播する方向を争っている。

彼の論文のより包括的なそしてはるかに価値のある最初の半分において、彼は、まず最初に、この方向の「歴史」を叙述している。このために、彼は、注意深い勤勉さをもって、たとえ決して網羅的な仕方においてではないとしても、すべての時代の法哲学的および国家法的な諸体系から、〈何らかの方法において国家を有機体とみなし、とくに国家を機械類似のものとして、あるいは、集合的人間（Kollektivmenschen）として、構成するところの〉諸定義、諸比較および諸叙述を収集している。〈相互間で非常に多彩に異なり、そして、非常に多種多様なニュアンスにおいて段階づけられる〉すべてのこれらの諸解釈を、彼は、〝有機体的理論（die organischen Theorie 有機体説）〟という総合名称のもとに総括し、それらを見識ある計画に従って、秩序づけそして編成し、そして、それらの時代的な順序を、同時に、統一的な最終目標に向かって努力する思想的な発展プロセスとして、叙述することを試みている。

著者は、これをもって、事実、感謝に値する〝国家概念の歴史への寄与〟を提供している。しかし、有機体的な国家解釈の実際の発展史を、提供しては「いない」。そのようなものへと、彼は、〈彼が前もって表現された見解をもって、すなわち、純粋に否定的な批判という初めから告知された傾向をもって、彼の素材に歩み寄ること〉をとおして、自らに道を閉ざしている。その歴史を彼が書こうとする理論は、彼にとっては、〝偉大な迷い（Verirrung）〟、すなわち、最も啓蒙化された時代の最も優れた諸頭脳がその能力を有したところの迷い〟以外の何ものでもない。〝有機体〟として国家を称することは、彼にとっては、諸概念が欠けているところでのみならず、諸概念が存在するところでもまた、それらの諸概念を押しのけようとするところの〝諸語〟のカテゴリーからの標語であり、それをまさに〝高められた無理解と通俗的な浅薄さ〟が愛するごとき〝慣用句〟である。彼は、ところで、しかし、このような終局の有罪判決をもたらすことによって、彼は、国家が有機体であるという思想の〈本来的に本質的でそして永続的な〉内容を探求するという試みをほとんど行っていない。彼は、むしろ、あの思想が従来身にまとってきている諸形式の外的な記述をもって、自らを満足させている。

著者は、それゆえ、基本的には、そもそも〈自ら発展し、展開しそして枝分かれしてきている〉〝理論〟の歴史、すなわち、統一的な基本思想の歴史を、書いてはいない。彼においては、むしろ、〝有機的体理論〟は、むしろ《《それら〔国家構成〕が何らかの方法で〝国家を有機的な自然の産物、そしてとくに、最も卓越した自然の産物である人間と比較する〟という》外的なメルクマールを共通に有する〉国家のすべての諸構成のための総合名詞に過ぎない。最も異なる基本的な観方と非常に異なる種類の諸結論を許すこの純粋に外的な視点に従ってのみ、彼は、個々の諸著作の有機体的理論への帰属性または非帰属性を決定し、そして、そのようにして、すべての諸時代の哲学者たちと法律家たちのかなり多彩な社会を集めて提出するのである。〈そのように集められた諸言明が、原則的な一致をいかなる点においても提示することができないこと〉、そして、〈それらの言明が、至るところで繰り返される有機体の定式にもかかわらず、非常に異なる種類の諸観方の極度に非有機的な塊りとして、描写されざるを得ないこと〉は、容易に理解される。ファン・クリーケン自身は、それゆえ、彼が命名しそして記述する理論を、プロテウスと同様に絶えず別の姿において現われる外観理論（Scheintheorie〔仮象理論〕）と名づけている。しかし、奇妙である！　ここから、〈彼が共属しないものをあるいはそうでないとしても共属するものを、不適切な方法において総括して来ていること〉を帰結する代わりに、彼は、彼の主観的な誤りのための責任を総括された諸見解に帰している！　彼は、〈彼独自の標題づけと叙述がその責めを負ってきている〉内的統一性の欠如の中に、すでに、彼によって〝有機体的〟と称されたすべての国家諸解釈に対する半分の〝批判〟を見いだすのである。

著者は、〝迷い（Verirrung）〟の歴史を書こうとしているので、彼は、至るところで、彼の主たる着眼点をそれ自体としては健全な思想の空想的な諸誇張と諸奇形に向けており、そして、あの思想がより最近の国家法学においてすでに見いだしてきているところの厳格に実定的な構築の叙述をおろそかにしている。彼が有機体的方向の諸迷いを可能な限り生き生きとした色彩において描くことによって、彼は、この方向をそもそも迷いとして特徴づけたと信じている。そして、それでもしかし、諸理念の歴史への一瞥は、〈それ自体真実のそして実りある思想もまた、その最初の登場の際には、諸誇張と無用な付属物をとおしてゆがめられるのが常であるが、最終的には、ただ健全な核心のみが自らをさらに発展させ、そして、その核心を覆う寄生植物を枯死させるに至ること〉を、彼に教えることができたはずであろう。

さらに、ファン・クリーケンは、彼が有機体としての国家の解釈を、理論的な迷い以外の何ものでもないものとみなすことによって、この教説の現実の国家の諸状態との関連に、そして、〈国家について一般的な民族意識が自らに形成する〉対応する観念に、ほとんど重きをおいていない。なるほど、彼は、いったんは、〈あの解釈は、個々人がそこでは国家の生き生きとした〝構成員〟と感じるところの国家市民的自由の産物であり、そして、それゆえ、東洋的な独裁においても、国家なき中世においても、成長しえてきていない〉といういきわめて正当な指摘をしている。しかしながら、彼は、この思想をさらに追求し、そして、使用することを怠っている。彼がこのことを行なっていたとすれば、彼はたぶん全く異なる諸結論に到達していたであろう。

ところでしかし、そのように、著者が、有機的体理論をただ理論的諸錯誤の複合として描く場合、彼は、それでもなお、きわめて盛大な迷いのために、何らかの説明、何らかの歴史的正当づけ、何らかの発展目標を必要とする。彼は、このことをすべてしばしば繰り返された〈国家の法律的人格という正当な思想に到達するために、人間性がこの錯誤を克服しなければならなかった〉という命題の中に見出している。それでもしかし、彼は、それによって、例えば、〈人格の理念が、有機体的理論から結果として現われること〉〈したがって有機体的理論が有用な実りを示してきており、そして、ただたぶんこれの成熟の後は不要のものとなっていること〉を言おうとはしない。むしろ彼は、すべての有機体的な国家諸機能を〈迷路において曖昧に予感された《そこへはしかし全く別の真っ直ぐな道が唯一可能な通路を構成していた》目標に達する〉ただ手探りの試みとみなしている。すべてのこれらの諸迷いの価値は、それゆえ、基本的には、ただ〈それらの迷いをとおして一定の諸道が誤りであることが確証され、そして、それによって、正当な道の発見が容易となったこと〉の中にのみ、存したのである。

有機体的国家理論の「実際」の歴史を、我々に、それゆえ、著者は与えて「いない」。そのようなもの〔実際の歴史〕を書こうとする者は、何よりもまず、〈意識的または無意識的に有機体の観念に関連するすべての国家諸構成を駆り出し、そして、それらすべてをひとつの統一的な思想体系へと結びつけるところの〉統一的な基本思想を探求しなければならないであろう。彼は、〈国家のすべてのあの諸構成のもとに、有機体としての記載をとおして《ひとつの全体への諸部分の結合から、諸部分の総計とは異なる生命統一体がそこにおいて成立する》一連の諸存在へと設定されるべき〉そのような基本思想が事実存在することを見いだすであろう。これらの基本諸思想へと眼差しを向けるならば、彼は、その場合には、さまざまな国家諸理論をそれらの有機体的な内容に向けて検討し、そして、それに従って分類しなければならないであろう。彼は、何処で、そして、何時、有機体的国家思想がはじめて登場したか、いかにそれが成長したか、いかにしてそれがはじめは半ば無意識に語られ、そして、次第に意識へともたらされたか、を示さなければならないであろう。彼は、〈これ〔国家解釈〕についての比喩が問題の本質のために取られ、諸比較がその境界を超えてつむぎ出され、そして、知識の空白が活動的すぎる空想によって補充されたことによって〉、どのようにこの国家解釈が非常に多種多様な諸迷いと諸誇張へと導いてきているかを、描写しなければならないであろう。彼は、しかし、いかにしてそれにもかかわらずあの理論の健全な核心が自らを発展させてきているか、いかにして有機体的な国家概念が次第に多く解明されそして法律的に定式化されてきているか、そして、いかにしてより新しい国家法において非常に多様な実りが生じてきているかをもまた、追求しなければならないであろう。彼は、とくに、国家の人格の理念において、〈そこから必然的に現われそしてそれなくしては決して完全には理解されない最終の思想である〉あの理論の開花を提示しなければならないであろう。

　しかし、著者は、有機体的国家思想のこのような発展史を書いてい「ない」としても、それでもしかし、そのようなもののために、いくつかの重要な礎石を提供し、そして、彼の総括からは、あの思想の敵対者のみならず、信奉者もまた、豊かな教示を汲み取ることができるのである。

　ファン・クリーケンは、まず最初に、〃「無意識の」有機体的国家理論の時期〃を叙述している。その最初の萌芽を、彼は、〈周知のように国家を全体として一人の人間と名づけ（καδαπερ ένα ανθρωπον〔カダペル・ヘナ・アントローポン＝ちょうど一人の人間のような〕）、そして、この比較から、彼の理想国家の設立と編成を導出している〉プラトン（Plato）に見いだしている。そのように〃非実際的な、純粋に理想的な国家理論〃からの起源は、その場合、直ちに有機体的国家思想に反対する疑いの要素として使用される。ところで、むろん、〈はじめて人間共同団体の個々の人間との《それ自体はるかに古くそして至るところで自明である》比較を学問的に利用し尽くすことを試みたプラトンが、真っ先にもまた、許されない諸転用の誤りに陥り、そして、それによって危険な擬人化の方向の父となってきていること〉は、正当である。しかしながら、〈まず最初に彼の表現のために、ただ隠蔽している非常に多様な濫用にさらされる形象のみが見いだされなければならなかったこと〉によっては、失うことのできない基本思想に反対する何ものも証明されない。形象的な付加物からより自由に、そして、より深く動機づけられて、有機体的国家思想が〈彼にとっては、国家は当然に与えられた統一体であり、その諸部分の前に存在する全体であり、唯一の魂ある生命体であるところの〉アリストテレス（Aristoteles）のもとで登場する。その場合、古代ギリシャにおいても古代ローマにおいてもしばしば繰り返されているこの思想によって、事実、有機体的国家理論の破壊し難い基礎がおかれてきている（最も明瞭にパウルス（Paulus）〔は言う〕：「諸国家

〔諸市民団体〕は不死であること。なぜなら、明らかに、民衆は、離れて立つ人々から構成されるそれに基づく諸団体の種族であり、そして、ひとつの財産〔ヘクシス・ミア〕をもつために、プルタルコスのようにひとつの魂をもつために、ひとつの名前をもつ主体であるゆえに。」〔と〕（"civitates esse immortales, quia scil. populus est ex eo corporum genere, quo ex distantibus constat, unique nomini subjectum est, ut habet ἕξιν μιαν, ut Plutarchus, spiritum unum."））！ファン・クリーケンは、それゆえ、また、直ちにこの基礎を破壊する必要を感じ、そして、その基礎に反対して、すでに歴史的叙述の真只中において、〈国家は、真実においては〝人間的活動、意識的理性的な人間的意思の作品〟である一方では、これをとおして国家が〝自然の産物〟として解釈される、という〉その〔基礎の〕その後の主たる論議を出動させる。この論議によって、しかし、〈彼が基礎の請願（petitio principii）によって〝有機体〟と〝自然の産物〟を同一の諸概念として設定することによって〉、彼は、その後の叙述全体のためにきわめて不利な混同を犯している。真実においては、国家の存在のための自由意思の意味に関する問いが著者の意味において決定される場合ですら、それによっては、いまだ決して、国家が有機体ではありえないことは、証明されないのである。むしろ、その場合、まず、無意識の自然が生み出す諸有機体に関してまさに、諸有機体のより上位の種類が〈まさにただ自然運動の最高の段階である意識的となった自然であるところの〉人間的意思活動をとおしてもたらされないかどうかという、さらなる問いが成立するであろう。

著者が我々に真っ先にその輪郭を与えている「中世」の国家諸理論においては、独立の有機体的国家解釈は、著者によっては、明らかにされていない。我々は、そうして近世に伝えられてきたギリシャ的＝有機体的思想の繰り返しのみを見いだすのである。

「近世」については、著者は、カント（Kant）にまで至る時期を、有機体的理論がただ「無意識」にそして散在的にのみ登場する時代に数えている。この時代の諸痕跡を、彼は、〈アリストテレスの思想を法治国家の理念をとおして拡大した〉グロチウス（Grotius）において見いだしている。それから彼は、〈彼の絶対主義的な恐怖から基礎づけられた《その総体意思のためにすべての個々人が自らを無権利となしたところの》国家を、明示的に技巧的な人間として記し、すべてのものを飲み込む巨大な怪物リヴァイアサンとして描き、そして、一人のペルゾン同様に、地上の神（Vorsehung）として行動させているところの〉ホッブス（Hobbes）に言及している。形象のない、しかしそれでもなお〝ある程度〟有機体的な国家構成を、彼は、〈その成立の際には〝すべての人々の精神と肉体からあたかも一つの精神と一つの肉体を形成する限りで、すべての人々がすべての人々において利用される（omnes in omnibus ita conveniunt, ut omnium mente et corpore unam quasi mentem unumque corpus componant.）〟ところの〉スピノザ（Spinoza）の有用性国家（Nützlichkeitsstaat）において見いだしている。ロック（Locke）とモンテスキュウ（Montesquieue）の〝自由国家（Freistaat）〟をもまた、彼は、この関連において〈これらの著者たちの〝有機体的理論〟との関係が明らかになることなしに〉提示している。これとは反対に、彼は、後者［有機体的理論］にルソー（Rousseau）の自然国家（Naturstaat）の理論を、〈それによれば国家契約が、自由と平等の自然状態の基礎のうえに技巧的な国家団体（Staatskörper）を生み出し、そして、これがさらに《立法する権力と執行する権力のその諸機能が、〝力〟と〝意思〟と、あるいは、〝心〟と〝脳〟と比較されるところの》技巧的な政府団体（Regierungskörper）を構成する限りで〉、数えている。最後に、彼は、カントの理性国家（Vernunftstaat）とヘルバルト（Herbart）の〝魂を吹き込まれた社会（beseelte Gesellschaft）〟をもまた、無意識の有機体的諸理論の系列の中へと設定している。

「意識的」に展開された有機体的理論の時期は、著者にとっては、フィヒテ（Fichte）とシェリング（Schelling）をもって始まる。フィヒテは、国家を〈その基礎が、総体意思を個人意思の上におく国家市民契約であるところの〉〝共同存在（gemeines Wesen 共同団体）〟とみなしている。彼は、この契約を〝有機体的〟とみなし、そして、これをそれゆえにその唯一のそして十分な担保（Garantie）を自己自身の中に持たせている。彼は、そのような国家を〈そこにおいてあらゆる部分が意欲しそして知る〉樹木と比較し、そして、国家を神の有機体的な現象形式と名づけている。シェリングは、彼のその後の諸著作の中で、国家を〝自由の客観的有機体〟と称し、そして、国家について、〈それは一定の諸目的のための手段ではなく、〝絶対的な有機体の構造〟である〉と言明している。この二人の哲学者の諸見解を、著者は、すべてのその後の有機体的国家諸理論の基礎とみなし、そして、フィヒテがただ「将来」の国家についてのみ語り、シェリングが、しかし、国家の最終的本質を「説明したいもの」とみなしていることを、特徴的であると説明している。正当であるのは、それにもかかわらず、ただ、〈〝有機体（Organismus）〟という「語」は、この適用においては、フィヒテとシェリングによってはじめて用いられたのであるが、その一方、基礎におかれた「思想」については、彼らの諸理論は全く画期的なものではないこと〉だけである。

彼が最も最近の時代における有機体的理論の〝発展と諸形成〟に捧げているさらなる叙述の中で、著者は、〝著しく自然法的な性格の諸作品〟と〝主として歴史的および実定法的な方向の諸作品〟を分離している。前者の諸作品に、彼は、彼の主たる注意を向けている。彼は、それらを五つのグループに分け、その最初のグループにおいて、彼は〈彼が「意思としての」国家の解釈として特徴づける〉ヘーゲル（Hegel）とその信奉者たちの国家哲学を詳細に取り扱っている。その場合、彼は、どこまでヘーゲルが、彼もまた国家に〝有機体〟を帰していることによって、有機体的理論の主張者たちに数えられなければならないか、を明らかにすることを試みている。ヘーゲルが、〈彼が国家のために構成しそして展開する〉〝精神的有機体〟のもとに、その他の学問とは何か異なるものを理解していることは、明白である。彼〔ヘーゲル〕が国家のために〈国家は〝公然たる、自らに自らが明白な実体的である《自ら考えそして知る》意思としての道徳的理念の現実性、道徳的精神であり、そして、国家が知りおよび国家がそれを知る限りでのことを実行する〟という〉定式化を見つけだすとき、〔そして〕、彼が、その存在が国家を構成するところの意思を、具体的な個別のまたは総体の意思としてではなく、〝即自的かつ対自的に理性的なもの〟として把握するとき、〔そして〕、彼が国家の中に〈その歴史的起源が何か

〝純粋に外的＝形式的であるもの〟であるところの〉理性的であり続ける道徳的な宇宙（Universum）を見るとき、彼は、有機体の概念からもまた、その具体的な生活内容を奪い、そして、それ〔有機体概念〕を抽象的な思想の定式のために正当に支持するであろう。しかしながら、〈国家が有機体として、その諸部分の総計とは区別される統一体たる存在をもつ生ける全体である〉という基本思想は、ヘーゲルの諸定式においてもまた繰り返し見いだされる。なぜなら、ヘーゲルは、国家に、国家に内在する道徳的理念と普遍的な意思の実体的な統一体を帰し、国家的な有機体の原則として、しかし、彼は、その諸差異へのこの理念の発展をおき、そして、そこから、〈しかし有機体におけるように〝同一性〟へと移行してきているに違いない、それゆえ、いかなる部分もそのものとしては〝独立していない〟ところの〉国家的な諸権力と諸行為の多種多様性を導いているからである。

「第二」のグループへと、ファン・クリーケンは、〝心理的世界における物理的な諸力の承認〟に基づいている〈彼がヘーゲルの〝「生理的」〟な観方とは反対に〝「物理的〔身体的〕」〟な国家観と名づけている〉国家諸理論を立てている。彼は、ここでは、〈国家を、物理的〔身体的〕＝精神的な有機体として、〈命ある世界と非有機的世界を、心理的世界と物理的世界を支配する〉つりあいの取れた自然法則から説明する〉プランタ（Planta）の試みと、〈国家を、純粋に物理的な魂のない《その基礎に従って純粋な自然の産物である》存在とみなす〉コンスタンティン・フランツ（Constantin Frantz）の国家的自然理論とを概括している。〈法における国家の地位のために原則を立て、または、ただ立てようと欲することもなしに、ただ国家生活の自然的および精神的諸基礎だけと取り組む〉そのような自然哲学的な諸思索は、それにもかかわらず、ひとは、これを、ほとんど著者と共に、一連の「法」哲学的、または、全く「国家法的」な諸理論の中へと置くことはできない。

同じことは、そこにおいて我々に著者が、いわゆる〝「心理学的」〟方向の諸著作を提示する「第三」のグループについても、一部分妥当する。彼は、そこへと、〈国家を人間と並行させ、あるいは、自然的な集合人（Kollektivmenschen）として構成する〉すべての諸理論を数える。とくに、彼は、ここに、ヴェルカー（Welcker）によって展開された、それ自体としてはもちろんはるかに古い〈諸民族と諸国家は、個々の人間と同じく生存年を経験している〉という思想に言及している。彼は、ヴァルンケーニッヒ（Warnkönig）の〝おずおずと有機体的な（verschämt=organische）〟国家法理論を、この者もまた、国家を構成する民族を〝集合人〟と名づけるゆえに、引用する。彼は、詳細に、ローマー（Romer）とブルンチュリー（Bluntschli）の有名なあるいはむしろ悪評のある〝政党理論〟（Parteienlehre）を分析する。彼は、極めて笑われるすべての諸細部と共に、ブルンチュリーによって〝国家と教会に関する研究〟（Studien über Staat und Kirche）の中で遂行された、個々の国家諸機関の諸機能と個々の人間の心理的な諸力との間の類推を再現している。彼は、我々に、〈国家理論を、より多数の人間の有機的結合体をとおしてゲマインシャフト〔共同体〕的な目的のために生み出された人間の理論として、医学の模範に従って分類しそして取り扱う〉K・S・ツァハリエ（K.S. Zachariä）の提案を省いていない。彼は、最後に、さらに、〈〝それらの人々によって言及された類推が、主として装飾または遊戯として用いられている〟〉若干のほとんど重要ではない諸著者を引用している。著者の傾向においては、〈彼が、このグループの諸著書を有機体的理論の〝頂点〟と呼び、彼の本の中心点へと置きそしてとくに詳細に説明していること〉は、明白である。彼は、しかし、その場合、二重の不正を犯している。〔すなわち、〕第一には、〈彼が彼のもちろんしばしば過剰な幻想をもって抱かれた諸像と諸比較を、それらがこれであろうとはしない場所でもまた、正確な学問的諸主張として受け取ることによって〉、言及された著者たちのいく人かに対して。第二には、〈彼が、それらへと有機体的国家思想が、事実、赴いたところの諸迷いをその最も一貫した遂行として描いていることによって〉、有機体的国家思想に対して〔不正を犯しているのである〕。そして、それでもしかし、〈国家は、それが有機体である場合に、それゆえにそれでもなお、ただこの概念のためにのみ本質的である諸メルクマールを他の諸有機体と共に共通に有し、そして、その偶然的な諸メルクマールを分け合わないに違いないこと〉、《〈人間的な個別有機体の知られた諸特性の単純な類推をとおして、国家有機体のまだ知られていない本質に関する諸解明を獲得しようと欲すること》は、それゆえ、なるほど極めて自明な危険ではあるが、しかし決して必然的な帰結ではなく、有機体的な思想の変造であること〉は、明らかである。

「第四」のグループには、著者は、国家を純粋に〝倫理的＝有機体的〟な総体として説明する諸理論をまとめている。彼は、ここでは、まず最初に、このツァイトシュリフトの中で公表されたフォルレンダー（Vorländer）とフリッカー（Frikker）の諸論文、ならびに、ヴァイツ（Waitz）によって与えられた定義に言及している。彼らは、その他の点では極めて異なる種類の解釈であるにもかかわらず、〈彼らが、〝有機体〟（Organismus）という語に純粋に倫理的な、すべての身体的な類推を無視した意味を付与しているが、本来的な国家人格をこれとは反対に認めていない〉という点で一致している。この立場に対しては、シュミットヘーナー（Schmitthener）は、〈そこにおいて〝自然的〟諸有機体との差異のために、個々の諸機能が、意思自由の構成員たち、すなわち、諸ペルゾンをとおして実現されるであろうところの〉国家の〝倫理的〟有機体を共同人格の担い手として認識するという進歩をなしてきている。そして、さらに、より確定的に、形象的なヴェールなしにではないが、トゥレンデレンブルク（Trendelenburg）は、〈〝倫理的な国家有機体〟は基本的には「法人」（juristische Person）である〉という思想を表現している。

第五グループにおいては、著者は、クラウゼ（Krause）によって提起され、そして、アーレンス（Ahrens）によって拡張されそして遂行された〔理論、すなわち、〕〈国家の中に展開されている非人格的かつ抽象的な概念というヘーゲルの理念に対して、個人主義と機械主義に対すると同様に、はなはだしく立ち向かい、そして、その側では、国家を〝独特な理念をとおして生命を与えられた社会の有機体〟として説明するところの〉〝「調和的＝有機体的」〟国家の理論を説明している。そして、その有機体の全体的な諸機能と諸関係を、その理論は、それらの有機的関係と相互作用において把握し、そして、それらを学問的に個々の諸要素からその調和的なジンテーゼ〔総合〕へと構成することを試みている。

最後に、著者は、さらに、ヘルト（Held）が、彼にとっては有機体的原則が国家社会との関連においては「統一体」（Einheit）の原則以外の何ものでもないものを意味するゆえに、以上の諸グループのどれにも属さないことを指摘し、そして、より詳細な性格づけなしに、ゲルストナー（Gerstner）、シュタイン（Stein）、エルトマン（Erdmann）、モール（Mohl）、ダールマン（Dahlman）、シェフレ（Schäffle）、およびその他の人々の諸著作、すなわち、〈そもそもしかし有機体的理論の歴史の中では、《それらにおいては〝先行する§§18-23において叙述された諸観方が、ほとんど純粋でもそして鋭くも〟登場してきていない》という簡単な指摘をもって片付けられてはならなかったであろう！　ところの〉諸著作に言及している。

自然法的な諸著作に、ファン・クリーケンは、彼の歴史的論文の最後に、〈彼が、それらを、しかし、《それらが純粋に理論的な諸抽象に傾斜し、そして、それによって〝有機体的な国家諸幻想の不快な慣用句の織物に「比較的」遠く〟とどまってきているゆえに》〝幸いにも〟有機体的理論にとってほとんど成果がないものとみなしているところの〉〝「とりわけ歴史的および実定法的な方向の諸作品」〟を対抗させている。

それらの下で、彼は、まず最初に、純粋に「歴史」学派の中で主張される〈彼がそれにとって典型的なものとして、その後の国家法的および国際法的なブルンチュリー（Bluntschli）の諸著作をみなしているところの〉穏健な〝歴史的＝有機体的〟な立場に言及している。ひとは、ある法学者によるある法律的な著作の中に、〈最近の国家法学の中でほとんど一般的に受け容れられ、そして、成長する程度において実定的に形成され、そして、個々の国家法的諸制度の法律構成のために利用されている〉ここで暗示された国家解釈が、特別に立ち入った叙述と評価を見いだすであろうことを、期待すべきであろうし、ひとは、ベーゼラー（Beseler）、ベール（Bähr）、シュルツェ（Schulze）、および、その他の人々のような人々をとおしてのあの解釈の継続的発展、ニュアンスある表現、利用に関して少なくとも諸暗示を求めることを、正当づけられるであろう。ひとは、ある理論が拒否的な批判の対象とされるべき場合、批判者自身によって最も健全なものとして認められた方向は、その方向の「最も根本的」な批評と反駁を必要としたことを、信ずるべきであろう。そうする代わりに、〈個々の人々の世に忘れられた幻想の諸迷いを非常な細部に至るまで再現している〉我々の著者は、ここでは、〈歴史的＝有機体的立場は、〝極めて流布したそして周知のものであるので、特別の叙述は不必要であろう〟〉という快適な指摘によって満足しているのである！

より詳細に、彼は、ハラー（Haller）、ブルケ（Burke）、アダム（Adam）、ミュラー（Müller）、シュタール（Stahl）、および、その他の人々の〝「神権政治〔祭政一致〕的な諸傾向（theokratische Tendenzen）をとおして影響された」〟諸理論に、立ち入っている。これらの著者たちが神権政治的諸傾斜を共通に有することは、争い得ない。しかし理解困難であるのは、何ゆえに彼らが、ひとつの特別の主要グループへと有機体的国家思想の実定法的な諸信奉者たちのもとに結合されているか、ということである。なぜなら、第一に、彼らは、彼らの場所を、はるかに以前から、圧倒的に法「哲学的」な諸理論のもとに見いださなければならなかったであろうからである。それから、しかし、有機体的な国家思想に対する彼らの地位は、完全に異なる種類のものである。ハラーにおいては、どのようにして彼が、純粋に私法的な奉仕と支配の諸関係に基づく国家の構成をもって、ここへと陥ったのかは、そもそも不可解である。なぜなら、個人的諸関係への国家の解消は、それでもしかし、有機体的全体の意味における国家というあらゆる解釈の正反対であるからである。ブルケもまた、有機体的な方向への彼の帰属のためには、〈彼が相続君主制（Erbmonarchie）の原則を〝有機体的〟と名づけ、そして、選挙原則（Wahlprinzip）を〝非有機体的〟と名づけること〉以外の項目をほとんど引用してはならないのである。A・ミュラーは、徹底して以前に取り扱われた擬人的方向に属している。なぜなら、彼は、国家へと結合された〈〝高められたそして完全な一個の人間としての〟〉市民社会を、個々人から形成された一個の個人とみなし、そして、ただここからのみ、〈市民社会が、またそれと同じものによって、したがって知性と感情を自己に融合している一個の人間によってのみ、すなわち、君主的に、支配されそして代表されうる〉という独特の結論を導くからである。そして、シュタールの有機体的な理念は、〈彼が国家と国家支配とを完全に切り離し、前者〔国家〕をただたんに上からそして外部から一つにされた〝道徳的「帝国」〟として説明し、ただ国家支配のみを、それが独裁制におけるようにではなく一つの人格において上昇する場合に、道徳的な〝「有機体」〟と認めようとすること〉をとおして特徴づけられている。

これによって、著者は、その歴史的部分を終結している。ひとが偏見なしに彼によって収集された資料を概観するとき、彼の〈偏った、決定的な箇所で欠陥のある、そして、どこでも深みへと到達しない〉叙述さえも、有機体的国家思想の中に何か失うことのできない真理が隠れているに違いない、という推定を暗示しているに違いない。驚かせる一般性の中に、この思想は、何らかの形式において、そして、何らかの程度に至るまで、国家の本質についてより深く考察してきているほとんどすべての大小の諸精神において、見いだされる。この思想は、人間精神が国家という抽象的概念へと自らを高めるや否やそしてその場所で、直ちにそして至るところで、登場している。その思想が、唯一、場所をもたないのは、国家に関してまだ反省されず、そして、素朴で感覚的な観方によって国家が人間的=身体的な担い手と同一視されるところでだけである。ひとたび存在すると、その思想は、〈その中で意識が、国家の独立存在について、諸個人を凌駕するそして諸世代を超えて存続する国家の生命内容について、国家をとおして実現される多数体のなかでの統一体について、成長する〉のと同じ程度において、拡がったのである。国家の組織体制〔憲法〕における〈民族全体の浸透の意味において、国家生活とともに結果する〉すべての実際的な諸変化は、国家にとって促進的である。――そして、国家は、しかしながら、〈国家と民族の分離が、〔そして、〕官憲の概念をとおしての国家概念の吸収と臣民総計の概念をとおしての民族概念の吸収とが、存在しまたは熱望されるところでは〉、押しのけられ、歪められ、あるいは、萎縮させられるのである。国家のさらなる形成は、もちろん、限りない多種多様性を提示する。国家は、あるときは放置され、あるときは誇張され、この方向またはあの方向に一面的に拡大され、対立する諸帰結へと用いられ、内容的に空疎な言い回しへと発散され、あるいは、神秘的な思想の諸遊戯へと紡ぎ出されている。しかしながら、きわめてしばしば、ひとは、国家の諸奇形の支持し難いことと危険性について、自らに確信させてきており、絶えず繰り返し、ひとは、国家に立ち返るのである。そして、そのようにして、すでに、この叙述は、《《ただ我々がまだその発展のさなかに立っているゆえに、まだすべての人々の眼前に公然とは存在していないところの》真の核心が、そもそもそれでもやはり、あの思想の中に含まれているに違いない〉という我知らずの感情を目覚めさせるのである。

しかし、そのような諸視点からは、ファン・クリーケンは、彼の論文の第二部に留保された批判の際に出発していない。彼は、〈彼が《あらゆる読者にいまや全くもはや本来の理論としてではなく、たんなる外観理論として登場するであろうこの理論の内的な散漫性について、内的連関の不確実性と欠缺について、同じものは何もない》という印象を惹起したと思うことによって〉すでに彼の歴史的な叙述をとおして〝有機体的理論〟をほとんど絶滅させたと信じている。我々は、しかし、幾人かの読者は、叙述された素材からよりもより多く叙述「そのもの」から、欠けている内的な統一性と捉え難い基本思想という印象を受け取るであろうことを信じるのである。

そのような基礎のうえに、〈著者が、まず最初に、網羅的かつ完全な批判の要求を提起することなしに、有機体的理論に、二つの主たる方向に従って、その概念的な「信頼性」とその法律的および政策的な「価値」に関して、与えているところの〉「批判的な検討」は、その目標を本質的に逸しているに違いない。なぜなら、全闘争は、永続的な内的思想の核心に向けてではなく、批判者自身によって整えられた外的な現象像（Erscheinungsbild）に向けて、行われるからである。

まず最初に、彼は、国家学（Staatswissenschaft）における有機体（Organismus）の概念の「許容不能性」（Unzulässigkeit）を明らかにすることを求めている。このために、彼は、この概念をその故郷である「自然諸科学」において探索しそしてその意味を確定することを、そして、しかる後に〈この概念を国家へと譲渡することが許されるかどうか〉を問うことを、企図している。彼は、いかにしてダーウィン主義の学派のより新しい機械的世界観によって、有機体的領域と非有機体的領域の間のあらゆる質的差異が否定され、そして、それによって〈そのより以前の適用において、諸動物と諸植物に関して認められた種類的な生命原則を表現したところの〉有機体の概念がその確実性と明確性を失ってきているかを、指し示す。彼は、ひとがそれにもかかわらず有機体の概念を確定しようとするときは、ひとは学問の今日の状態に従って単純な細胞にさかのぼり、そして、これに従って、この概念の積極的な統合的諸メルクマールを、食物、運動そして増殖という三つのモメントに向けて制限しなければならない、と信じる。そして、彼は、最後に、〃諸機関〃を〃〈全体の存続を条件づける諸機能の行使のために、この全体と、全く同一の生命総体のために結合されるところの〉諸部分〃として定義している。そのように把握された概念は、ところで、と著者は考えるのであるが、「国家」へと、明らかにただ「比較の方法」で適用されうる。〔そして、著者は言う、〕そのような比較は、しかし、不必要でありそして誤りである。すなわち、そのような比較が「不必要」であるのは、国家と諸有機体の間に唯一もしかすると存在するかもしれない類似性〔と〕その発展能力は、他の方法でもまた説明でき、そしてその上、人間精神のすべての諸産物と自然とに共通の特性であり、その一方、その他の点では、〈創造的知力の助力なしに純粋に物理＝化学的な手続きをとおして無意識に生じた原始的な生命有機体と、最高の理性存在の創造的知力をとおして生み出された国家すなわちこの〃理念から起因する理性的な人間の思想と意思の公準〃〉以上に異なるものは、何も考えられえないからである、と。〔さらに言う、〕そのような比較がしかしまた、まさに「誤り」であるのは、彼が〈その諸機関が諸人間したがってそれ自身ふたたび諸有機体であるところの〉有機体を設定している一方、〈即自的かつ対自的に何ものでもないこと、および、独自の生命を全体の中にも外にももたないこと〉は、それでもやはり機関の概念に属しており、それゆえ、〃同一のものが同時に有機体でありそして機関であること〃は〃決して解消されるべきではない矛盾〃として明らかにされるからである。首尾一貫するならば、有機体的理論は、〃最も完全な有機体である人間の有機体に、有機体の諸特性をそもそも否認〃しなければならず、そして、国家を持たないグリーンランド人たちや野獣たちは、彼らのために一度も実際には〃生きて〃こなかったことになるであろう！　と。

彼が立証のために自らに与えているこの表面的な推論を、その無効性において暴露することは、もしそれが一般にもまたしばしば流布している立場の表現ではないとすれば、ほとんど労苦に値しないであろう。

まず最初に、有機体の「自然科学的」概念を、そしてしかもそれに加えて特定の最も最近の方向の解釈に従って、「法律学的」な概念の基準にしようと欲することは、〈その成立と形成に際しては、他の学問の「技術的」概念から離れず、いわんやそれ以来変化したその定式化に関連してきたのではなく、たんに自然の生物についての一般的な人間の観念の内容を思想的に用いてきたに過ぎないだけに〉、はじめから誤っている。同様に、それ以来独立に発展させられた、固有の積極的な内容をもって充たされた、次第に多く技術的となった法概念を、唯一、〈法概念にはじめて存在を与え、そして、いまやそれのために「名称」以上の何ものでもないところの〉象徴的なアナロギー〔類推〕の正確さに従ってのみ判断しようとすることは、誤っている。我々は、いったい〈我々に今日たぶん以前は正当と感じられた形象が歪んだものと思われる一方では、まだそれらの形象的な起源の諸痕跡をそれ自体に担っている〉無数の抽象的諸概念をもっていないであろうか？　新たに登場する思想のために適切な表現が欠けていること、ひとが多かれ少なかれ適合する比較または形象に従って捕まえること、そして、時間の経過の中ではじめて新たな学問的用語法が次第に多く形象的なものを剥ぎ取り、自らを技術的に刻印し、そして、いまや自らを完全にその下に隠されている思想と一致させることは、あらゆる学問において、何か日常的なことではないのか？　我々は、〃有体的なもの（das Körperliche）〃の特性が今日の意味におけるコルポラチオンについてほとんど証言しないゆえに、〃コルポラチオン〃と〃ケルパーシャフト〃の語と概念を抹殺すべきであろうか？　実際には、それでもしかし、ことがらは、ここでもまた異なるものではない。国家の本質に関するより深い熟考は、〈国家は、その独特な生命がいかなるその諸部分の生命とも共属しない、複合された統一体である〉という理念へと赴いた。この理念は、すべてのこれまでその他の法律諸関係から区別されてこなかった国家的諸関係の新たなそして独特の解釈を結果として生じたのである。ひとは、〈いかなる人間とも一致しない、そして、人間のいかなる総計とも一致しなかったところの〉目にみえない存在を現実の存在と観念し、そして、主体として法の中へと導入しなければならなかった。ひとは、個々の人間を、彼の国家的諸関係において、〈通常そうであるように〉自己自身において完結した全体としてではなく、全体の一部として考えなければならなかった。ひとは、全体の一定の諸部分または部分諸複合を〈その中においてあらゆる者がやはり全体の統一体を自ら有効に示すところの〉さまざまな生命諸活動の担い手として理解しなければならなかった。ひとは、同等におかれた諸個人の間を媒介する私法との反対において、複合された統一体の内的生活、全体とその諸部分の間の諸関係を規律することを、公法の課題として把握しなければならなかった。すべてのその諸帰結を伴うこの全思想系列のためには、いまや徹底して学問的表現が欠けていた。そして、それでもしかし、あの思想から確固としたそして技術的諸概念を形成するために、とりわけ記載するそして広範に理解できる語が見いだされなければならなかった。ほとんど知らず知らずに、ひとは、この状態において、自然の生命諸統一体との、とくに〈まさにその肉体的ならびに精神的な実存において、複合されたそしてそれにもかかわらず統一的な存在である〉人間との、国家の比較へと導かれた。そして、いまや、自ずからのごとくに、言及された観念クライスのための表現が、自らを現わしたのである。ひとは〈諸部分の総計とは異なる生命統一体の存在へと、そして、個別化された部分諸複合体を通してのこの統一体の活動へと、自らを関係づけるところの〉自然の生物において存在している諸メルクマールをつかみ出し、そして、それらのメルクマールをあの生物たちから抽象された〝有機体〟の概念の構築と形成のために利用した。この意味における〝有機体〟の概念のもとに、ひとは、その場合、〈そこにおいてまさにすべてのあの諸メルクマールが等しく適合したところの〉国家をもまた置いたのである。それによって、しかし、ひとは、さらに、一貫して導出されるべき一連の諸語と諸概念を、内部国家法の独特の種類の個別諸関係のために獲得した。ひとは、人間をその国家的所属性において共同団体の〝構成部分〔成員 Glied〕〟として、個々の国家的な諸活動を共同生活の〝諸機能〟として、全体の特定の諸機能のために構成された国家の諸部分を〝諸機関〟として、このための内部的な諸制度の複合を〝組織（Organisation）〟として、国家の基礎的な生活原則を〝コンスティトゥチオン〔憲法〕〟または〝組織体制〔Verfassung 憲法〕〟として、多数体における目にみえない統一体を全体の精神的な存在のために実体的な統一的意思を付与された国家の〝人格〟として、呼びそして考えたのである。すべてのこれらのそして多数の類似の諸表現は、やがて多かれ少なかれ国家法的な専門諸用語（termini technici）へと刻印され、そして、それらの法律的な思想内容は、絶えずより正確に固定され、そして、絶えずより確実に限界づけられた。それらは、我々にとって、すでに、そのように極めて肉と血へと移行してきているので、〈そもそも、例えば、ザイデル（Seydel）が、先に言及された論文の中で、全く捉われずに、〝機関Organ〟（例えば、S. 39 und 70 f.）、〝有機的組織 Organisation〟（S. 71 u. s. w.）などの語と概念を用いているように〉、有機体的国家思想の敵対者さえもが、けっきょくは、自らをそれらから遠ざけることができないのである。それら〔の語や概念〕をファン・クリーケン（van Krieken）のように、〈それらがどのように代替されるべきであるかに関するただ一つの提案すらなすことなく〉放逐しようとする者は、それによって、彼が国家法学の実際の必要性についてほとんど考えをもっていない！　ことを示している。——ここにおいて、あの国家法的な概念系列にとっては、どのようにして自然科学またはそれの一定の方向が、今日、〝有機体〟の概念を理解し、そして、境界設定するかの問いは、完全に重要性がないことは、明らかである。有機体的な原形質には、プロタプラス＝マクリュムプヒェン（Protaplas＝maklümpchen）および単細胞生物には、自明のことながら、〈より高次の諸有機体の複雑な性質から、そして、とりわけ意欲しそして思考する精神的自我への有機体の上昇から、その出発をした〉有機的国家思想は、関連しない！　有機体の本質を細胞から抽象しようと欲し、そして、そのようにして獲得された本質の諸メルクマールに即して国家の有機体の思想を検討しようと欲することは、笑うべきことと紙一重である！　有機体的国家解釈は、そもそもそれが国家法に属する限りで、形而上学的または自然科学的な仮説ではなく、それは、全く特定の国家法的な基本思想を表現している。この思想に対して、ひとは、ひとがその敵対者である場合に、闘争を開始している。ひとは、しかし、この思想を絶滅させるために、戦線を自然科学の領域へと移す場合、ひとは風車に対して立ち向かっているのである。

しかしながら著者が自然科学の基礎の上に、操作しようと欲するときは、彼は、自らを一貫してもまた維持しなければならなかった。すなわち、彼がひとたびダーウィニズムに由来する機械的な世界観に訴えたとき、彼はそれを全体においてもまた、受け容れなければならなかったのである。そうする代わりに、彼は、それが彼に好都合な限りでそれ〔機械的世界観〕に従い、それが彼を妨げるや否や、それに対する最も冷酷な反対へと自らを置いている。国家の本質に関する彼の論議全体は、自然と精神の比較のうえに、動物の非理性的な本能と自由かつ理性的な人間的意思の間の質的な差異の承認のうえに、〈それらのひとつは盲目的な自然法則によって、それらのもうひとつは理念によって、支配されるところの〉二つの帝国の分離のうえに、基づいている。彼は、彼によって呼び出された方向がこのすべてのものとは正反対のことを教えていることを、我々に沈黙している！我々は、有機体的な領域と非有機体的な領域の間の質的な差異を争う当該学派が、動物と人間の間の、自然力と精神の間の質的差異をもまた否定することについては、何ものも知っていない。我々は、この方向のためには、自由な意思と自己自身をとおして決定される理性は存在しないこと、そして、その方向にとっては人間の〝創造的知性〟の諸行為もまた、結局は、純粋に〝物理的＝化学的な諸過程〟であって、しかしその反対ではないこと、についてては、何も聞いていない。我々は、このことの必然的な帰結として、自然の発展と歴史の発展がそれに従って実現される諸法則の同一性が宣言されることについては、教示されていない。そして、我々は、〈まさに細胞説（Zellentheorie）は、個人の統一体の観念を重要な程度において動揺させてきており、そして、多くの諸場合において《全体は、個人として理解されなければならないか、それとも、諸個人の複合体として理解されなければならないか》、《部分は、部分として理解されなければならないか、それとも、対自的に存在する全体として理解されなければならないか》の疑いを可能にしてきていること〉に関しては、とくに不明瞭の中に留まっている。後者の関係において、著者が我々を導くのは、なるほど、〈あらゆる個人は本来〝社会的種類の有機体〟である〉という、フィルヒョウ（Virchow）の表明（S.133 N.6）であるが、しかし、彼の固有の関連する指摘をとおして、この思想の広範に及ぶ諸帰結の理解についての明らかな欠如を示している。このような理解は、彼に、〈フィルヒョウ（Virchow）とホルツェンドルフ（Holtzendorff）によって編集された共同理解的諸報告のもとに発表されている〉彼によって顧慮されずに放置されたヘッケル（Häckel）の論文が開示することができたであろう。ヘッケルは、ここで、〈共同の傾向によって魂を吹き込まれた独立の諸個人の多数体と、完全に独立した諸機関の多数を付与された統一体的な個人との、中間に立つところの〉一連の複合された諸有機体と取り組んでいる。彼は、そのような移行の諸段階の存在から〈細胞から構成される個別動物と蟻〔アリ〕たちからなる蟻塚との間に、統一体と多数体の関係との関連においては、《蟻塚は、個別動物と同様に、総体有機体として働き、そして、個々の動物は、蟻塚と同様に、多くの自らにおいて生きる諸有機体の社会的なフェライン〔団体、社団〕であることによって》、ただ漸次的な差異があるに過ぎない〉という結論をはっきりと導いている。そして、彼〔ヘッケル〕が、〈国家が人間にとって、正確に蜜蜂国家が蜜蜂にとってと同様の関係にあること〉、〈それゆえ、人間の国家と蜜蜂国家の間には、人間と蜜蜂の間と同様に質的な差異は存しないこと〉が、しかり彼にとって自明のことであるに違いないように、人間社会の国家的組織への適用をすることは、間違ってはいない。事実、ダーウィン主義の理論は、それがその偉大な核心である統一的な発展理論を完全に含もうとするときは、人間の共同体形成の中に、〈基本的な諸有機体を、たえずより高いそしてたえずより複雑な諸有機体へと結合するところの〉ただ偉大な総合的な発展過程の終結のみを認めることができるのである！　それ〔ダーウィン主義の理論〕は、必然的に、〈個別存在の有機体を人間の出現に至るまで高め、そして、完全化してきているところの〉同じ自然の発展法則がこの境界の彼岸に、人間の共同生活の有機体を生み出しそして形成している、という観方から出発しているのである！　それは、個人の有機体を「社会的」に理解すればするほど、それだけいっそう容易に、社会的な共同団体を「有機体的」に説明するであろう！　そして、そのようにして自然科学において実現された有機的世界の生命の基本的観方における諸変化は、有機体的な国家観察を、そこから基盤を奪い去るよりも、より確固として基礎づけるのにはるかに適切であろう。

　このゆえに、著者によってとくに強調された、〈同一物が同時に有機体でありそして機関であるということは、解き難い矛盾である〉という（すでにS.102でシュミットヘーナー（Schmitthener）に対して適用された）主たる論議は、全く薄弱なものである。まさに、彼が援用する自然科学は、正反対のことを、すなわち、〈すべてのより高次の諸有機体は、単純な諸有機体の多数体から成立していること〉、〈総体有機体の内部では、部分有機体は、同時に、全体の機関として、および、独自の生命をもつ有機体として、機能することができること〉、そして、〈有機的生命の自己に向けておよび全体に向けてのこのような二重の関係は、独立性と非従属性の非常にさまざまな程度と諸混合が可能であること〉、を教えている。このことを別とすれば、しかし、大きな基礎的主張（petitio principii）は、〈その構成諸部分が同時に諸有機体でありそして諸機関である〉社会的有機体の国家法的な観念を、これら二つの諸概念の〈個人の諸有機体から《それらを個人の諸有機体に対する社会的諸有機体の差異となすところの》諸特性を抽象する〉定義をとおして反駁しようと欲することである。なぜなら、〈法にとっては二重の種類の諸有機体が実在し、その特殊の差異は、まさにあの個人的な諸メルクマールの存在または不存在において存在する〉という、まさに「このこと」が、有機体的国家理論の内容であるからである。法にとって考察の対象となる唯一の自然の諸有機体である人間たちは、法においては、むろんただ単純な存在である。彼らは、法にとっては、有機体的自然理論にとって基礎的な諸有機体であるものと同一のものである。それらの内的生活全体、それらの構成と編成は、法から完全に奪われており、そして、法律的にみるときは、それらは、それゆえ、事実、たんにただ諸統一体であるに過ぎず、そして、それらの諸構成員と諸機関は〝無〟である。ただ、それに関しては、〈その生命がそのような単純な法の諸存在の結合から成立し、そして、それゆえ法にとってもまた複合された法の存在の意味をも有する〉諸有機体の存在だけが主張されている。すなわち、〈このような結合体が、結合された諸ペルゾンの法的な個人性を、ただ一定の諸関係においてのみ取り上げ、他の諸関係へと存在させること〉、そして、〈それゆえ、社会的な有機体の諸構成部分と諸機関が、それと並んで、諸個人として法的な妥当を保持すること〉、が主張されている。すなわち、〈これらの諸有機体においては、内的生活もまた、法秩序の対象であること〉、そして、〈それゆえそれら相互の諸関係においてもまた、全体も、諸構成員および諸機関も、諸ペルゾンの法的な意味をもつこと〉、が主張されるのである。それゆえ、〈有機体的な国家理論は、一貫するならば、人間を国家の中でも外でも〝無〟として説明しなければならない〉というファン・クリーケンの叙述は、見え透いたゾフィスムス〔詭弁〕として、特徴づけられる。そして、もっと笑うべきであるのは、彼の叙述がこの帰結を事実において示してきているという主張、――すなわち、〈引用された箇所においては、ただ《ケルパー〔団体〕の構成部分は、このケルパーとのこの関連の解消後は、「そのようなもの」として、すなわち構成部分として、存在することをやめる》という自明の真実のみを表明しているにすぎない〉ブルンチュリー（Bluntschli）の言明の全面的な誤解に基づく（S.132 N.2）主張である。

有機体という概念の許容性に関するこれらの諸詳論によれば、ひとは、批判の第二部を構成するその「価値」に関する諸詳論については、はじめから必ずしも多くを期待しないであろう。なぜなら、思想の学問的価値に関して判決を下すためには、ひとはこの思想をとりわけ理解しなければならないからである。

著者は、まず最初に、有機体の概念の「法律的」な無価値性を、我々の法が「諸有機体」の法ではなく「諸ペルゾン」の法である、という命題をとおして証明することを試みている。彼は、〈諸人間は、彼らが諸有機体であるゆえに諸権利と諸義務を有しない一方では、諸動物および諸植物は、彼らが諸有機体であるにもかかわらず、権利能力を有しないこと〉を詳論する。ここから、彼は、国家もまた、それが有機体であるとした場合ですら、それでもしかし法にとっては有機体としてではなく、ただペルゾンとして考察される、と結論する。〔そして、彼は続ける。すなわち、〕国家の法律的人格という理念は、それゆえ、国家法の中心概念、および、すべての国家法の基本学説の法律構成のための出発点を構成しなければならない理念である。基本的には、有機体論者たち（Organiker）が正当な諸命題を一見して有機体の概念から獲得したとするすべてのこともまた、実際には、人格の概念から導出されている。そして、国家人格の理念が認識されそして定式化されて以来、有機体的な国家思想は、自ら、それがあの理念の暗い予感として有していた相対的な正当性（Berechtigung）を失ってきている、と。

著者が自らを本質的にゲルバー（Gerber）に関連づけているこれらの諸叙述は、最も空虚な法律的な概念の形式主義の域を脱していない。だれが諸権利と諸義務をもちうるか？　が問われる。答えは、ペルゾンである。しかし、ペルゾンとは何か？　答え、ペルゾンは〝権利能力ある主体〟、したがって、諸権利と諸義務をもちうるある何ものかである！　それが、我々の批判者の論理的＝形式的な良心がそこにおいて満足する平凡な循環論であり、それが、それらからさらなる諸定義が現われる〝明瞭で、単純なそして意味に充ちた〟基本的諸概念であり、それは、〈有機体的な邪悪のもやを吹き払い、そして、国家法の最も内的な鍵を提供する〉魔法の公式である。権利主体であることができるのは、ペルゾンであり、――国家は、それが権利主体である限りで、ペルゾンである。〔それは〕事実、争いがたい真実である！　論理的に論駁し難い思想公式である！　はるかにより安全な帰結諸命題のための測り知れない価値のある基礎である！　ただ残念であるのは、この厳格に論理的な建築物の思想的内容がほとんど皆無であること、そして、それを遍歴しとおした者が以前と実質的に正確に同じだけ知っている〔にすぎない〕ことである。

〈有機体的理論は、著者がやめる場所ではじめて始まること〉が、いったい、著者からは実際に見落とされているのではないか？　彼は、彼が国家人格の「説明」を暗黙のうちに放棄することによって、概念の代わりに空虚な「語」を与えていることを、実際に見ていないのではないか？　有機体的理論全体がその法律的部分において〈国家の人格を説明しそして構成する〉という偉大な試み以外の何ものでもないことを、いったい、彼は、全く予見していないのではないか？《それらによって人格がまさに権利主体として適合する》人格の「内的」な諸メルクマールを確定すること、および、人間における国家におけるとでそれらのメルクマールが同程度に存在することを示すこと〉の学問的必要性は、彼にとっては存在しないのか？彼にとっては、〈どこでそしてどのように具体化された意思、存在の統一性、自己自身との同一性――純粋に個別人間の場合には自明なことがらであるが――という諸要素が、外的にはたんに個別存在の多数性として知覚しうる国家という現象の中に再発見されるのか〉を探求するために研究することは、必要ではないのか？彼は、そもそもそしていかなる法的な諸差異が、ふたつのペルゾンの種類の間に、すなわち、ペルゾン化された個人とペルゾン化された一般性の間に、存在するのか、という問いを、自らに投げないのか？そして、彼には、本当に、〈まさにこの差異の学問的把握と利用の中に、有機体的国家理論の彼によって否定された〝法律的価値〟が存在するかもしれない〉という思想は浮かび上がらないのか？

著者は、我々に、国家法的な基礎諸理論についての〈それらが彼の思想の諸帰結として彼の念頭に浮かんでいるような〉より詳細な像を、描いていない。彼がそれを行ったとしたならば、彼はたぶん有機体的国家思想に対する彼の反対の核心を意識へともたらし、同時にしかし、敵対する思想についての理解と正当な評価への道を自らに切り開いていたであろう。有機体的理論が国家法を統一体的〔単一体的〕な総体人格の「内的」な生存秩序として理解しているのに対して、彼自身は、国家法においても私法においても、ただ、孤立した諸ペルゾンの「外的」な諸関係の秩序のみを見ていることが、明らかに示されていたであろう。この国家法理論のより詳細な検討の際においては、〈そこからそれが唯一《それにおいては、支配者の役割が、擬制された法人、生命なき法形式を引き受けること》をとおしてのみ区別されるところの〉ザイデル（Seydel）の理論と全く同様に、それが正確に個人主義的に、機械的にそして私法の地平へと硬く呪縛されていることが、明らかにされるであろう。

しかしながら、著者は、有機体理論の文献の中に、〝同一の〔有機体理論の〕基礎のうえに一貫して遂行された国家法の体系〟を見失っており、そして、その点において、彼は、もちろん一部分正当である。彼によって、しかしながら、注目に値すると認められたアーレンス（Ahrens）とフリッカー（Fricker）による体系的な試みは、課題の確定的な諸解決のために、アーレンスが特殊法律的な個別叙述を提供しておらず、フリッカーが有機体の理念から国家の人格の否定をとおしてその法律的な頂点を摘み取っているだけに、それだけいっそう僅かにしか注目されるべきではない。そして、その他の点においてこのような諸試みが全く欠けていることが、たとえ正しくないとしても、それでもやはり、〈これまでほとんど至るところで有機体の理念が、一方では恣意的にかつゆがめられて適用され、そして、他方では不完全に遂行されるのがつねである〉ことは認められなければならない。我々は、また、著者とともに、〈非常に卓越した著述家たちですら、しばしば〝有機的に行う〟という語をもってするところの〉最も鋭く信じ難い濫用が非難されなければならないという点において、了解しており、そして、著者と同様に〈それらについて著者が詞華集をきわめて良く与えているところの〉一部は歪められ一部は無意味な諸言い回し、諸比較および諸描写、問題の核心を不明瞭な靄をもって包む諸慣用句、何ものをも説明しない有機的な諸書き換え、を呪詛する。我々は、最後に、彼と同様に、〈それをもって極めてしばしば、有機体的国家思想から深刻な困難が成立する至るところで、この困難が首尾一貫しない諸脱漏と諸忌避をとおして回避されているところの〉表面的な浅薄さを、少なからず鋭く非難している。

それにもかかわらず、比較的新しい思想のこれまでの瑕疵ある遂行と体系的でない利用は、それでもしかし、この思想そのものに負担として負わされることはできない！　これに加えるに、有機体的理念の従来の遂行に反対して著者によって提起された諸非難のもとには、実質的に基礎づけられていない極めて多くのものが見いだされる。ここでもまた、著者は、〈国家の有機体について、すべての他の諸有機体には欠けているところの特殊の独特性が語られる至るところで、矛盾を見るという〉彼の狭量な基本観に起因する誤りを犯している。ただ〈国家の有機体を、その社会的な、独立の諸ペルゾンから構成される構造のために特記する〉そのような諸特別性にのみ、有機体的国家理論がそこで座礁するとされるいわゆる〝解き難い〟諸困難は、制限されるのである。すでに以前に暗示されたように、〈〝技巧的〔人為的〕な有機体〟のあらゆる承認は、付加されたもの〔形容〕における矛盾（contradictio in adjecto）を含む〉という主張は、同一の基礎に基づいている。少し以前に自らを〈有機体的世界全体を〝生存のための闘争〟をとおして成立させそして成長させる〉自然理論のうえに支えた誰かが、有機体としての国家の解釈に反対して、闘争と実力行使が国家の成立と成長に影響をもつという事実、および、イェーリング（Jhering）の〝権利のための闘争（Kampf ums Recht）〟を、どのようにして引用することができるのかは、ほとんど理解し難いことである。そして、著者がさらに、何ゆえに、いったいまさにただ国家のためにのみ、そして、その他の諸コルポラチオンのためにではなく、有機体的解釈が不可欠であるべきであるのか、という問いを投げるならば、我々は、単純に答える。それ〔有機体的解釈〕は、ここでもそこでも不可欠である！と。ケルパーシャフトは、国家と同様に、ただ有機体としてのみ把握することができ、その人格もまた、ただこの基礎の上にのみ説明され、そして、内的コルポラチオン法の法律的な中心原則としてのみ形成されうる！〝極めてよく〟なく、まさにひどく悪く、法人に関する文献の状況への一瞥が示すように、有機体「なき」諸コルポラチオンにおける法律学は、なっている！　しかし、そのような理由づけられない諸非難とならんで、極めて理由づけられた諸非難が見出される場合、これらは、全体として有機体的国家思想に対してではなく、その諸奇形、諸偽造および諸誇張に対して向けられている。我々は繰り返すのであるが、それらは、〔どんなに鋭く非難しても〕十分に鋭くは非難されることはできない。ただ、それらと並んで、有機体的解釈の基礎のための実定的な国家法の体系の〈例えば、我々に、シュルツェ（Schulze）のもとで、これまで獲得された諸結論の如才ない使用において出会うごとき〉重要でなくはない諸開始もまた、立ち入った検討を経験したとしたならば、そのことは、正義を要求したであろう。

しかし、有機体的方法は、とファン・クリーケンはさらに主張する、たんにこれまで積極的な結果を生じてきていないのみならず、それは学問に対して「有害」な影響を行使している。有機体的方法に対しては、この関係においては、三様に非難されている。第一にそしてとりわけ、それは、「契約」が国家成立の諸種類のひとつである、という基礎的真実を隠蔽する、というのである。〔すなわち、彼は言う。〕なぜなら、有機体的方法は、一貫して、そして、〈問題の諸機関がいちどもそれらの自由な憲法制定議会（Konstituent）ではありえなかったゆえに〉、否定せざるを得ないからである、と。これに対して我々は応答する。国家の設立への〝契約概念〟の適用は、むろん有機体的思想に正反対に対立する個人主義的方向に属しており、〔そして〕、それとは反対に、どこまで自由な人間的意思が国家の憲法制定議会または共同憲法制定議会とみなされなければならないか、という問いは、後者〔個人主義的方向〕の解釈においては、その諸要素が意思を付与された諸ペルゾンであるところの有機体として、完全に未決定であり続けている、と。第二に、有機体的理論は、その不確定性が私法と公法の間の、公法と国家法の間の、しかり法と道徳の間の、支配的な境界の混乱に責任があることが、非難として行われている。我々は応答する。これらの諸領域の実際のそして原則的な区別は、まさに反対に、争われている思想の完全な使用によってはじめて期待されなければならない一方では、支配的な混乱と不確実性は、最も異なる基本諸解釈の主張者たちにおいてかなり同程度に見いだされるのである、と。第三に、全く有機体的理論は、〈有機体的理論にとっては、公法の諸裁判所の設置は、国家ケルパーのその諸部分のもとへの従属として理論的に不可能であるゆえに〉公法の進歩的なさらなる形成を阻止的にはばむ、というのである。我々は、次の問いをもって応答する。すなわち、著者は、〈彼によって極めて高く賞賛されたベール（Bähr）の著作を本当に読んだのかどうか？〉、〈彼は、たぶんそこで国家と法の関係に関する諸詳論、および、しばしば表明された《裁判官の判決への指示が裁判所のもとへの〝従属〟を含む》という主張に対する論争を、完全に見過ごしたのかどうか？〉、あるいは、〈彼は、例えば、彼によって争われた観方が、統一体としての国家とその諸部分の間に存在する諸関係の法的性格を否定する、と信じているのかどうか？〉と。

結論として、著者は、有機体的な国家思想に、さらに、ゲルバー（Gerber）によってその思想に寛容にも与えられた〈その思想は、「法律的」には無価値であるが、それでもしかし、国家の「自然的」および「政治的」な考察にとっての一定の価値をもちうる〉という最後の慰めをもまた奪おうと欲するべく、十分に無慈悲である。諸理由を、我々は、この機会にほとんど聞かないが、しかしその代わりに、〈あの思想が、諸民族と諸学者をそこへと秤にかける〉人を欺く諸幻想の、そして、〈その思想が真実において国家の上にもたらしてきており、かつもたらすに違いない〉政治的悲惨の、それだけいっそう絢爛たる描写を受け取るのである。ひとは、〈著者は、《彼が有機体的理論において見出した〝織り成す不愉快な決まり文句〟が、その殲滅の後に彼に相続されたことによって》、結局、彼の闘争の犠牲者となったこと〉を、ほとんど信ずるべきであろう。真面目な反駁は不可能である。指摘されるのは、ただ、〈有機体的理論はその大部分の主張者たちの自由意識（Freisinnigkeit）にもかかわらず、たえず〝個人の自由を制限し、絶対主義的な恣意を助長する〟〉という特異な主張は、〈全体の中への人間の編入によって必然的に個別存在としての彼の独立の存在は否定されざるを得ない〉という、再び上に反駁された仮定に基づいていることだけである。そして、著者が、人間を市民において出現させる古代〔ギリシャ・ローマ〕の観方を——すなわち、当然に、そして、すべての従って古代の有機体的国家諸哲学においてもまた再び見出されるに違いない観方を——端的に有機体的国家思想のせいにするとき、彼は、〈同じ権利をもって、彼によって主張された方向は、《その方向が、必然的に個人主義的な契約理論の意味において、個々の諸人間の利己主義的な諸目的のためのたんなる手段としての国家の考察へと、そして、最後には、国家の解消に、そして、社会のアトム化へと、導かざるを得ない》として、告発されなければならないであろうこと〉を疑うことができるであろう。

Ⅲ

論評された二つの著作は、我々は繰り返すのであるが、それ自身のために、〈それらが、国家法においてならびにすべての法領域において、新たに広まっている精神的方向の諸徴候であるゆえによるよりも僅かにしか〉それらに捧げられた注目に値しない。両者とも、それらは、多かれ少なかれゲルバー学派の精神の拾得者（Geistes-finder 亜流）であり、両者とも、それらは、完全なエネルギーをもってこれまで国家法において支配しているプラグマティスムに向かって攻撃し、両者とも、それらは、その代わりに、上述の一面的な形式主義と独断論に忠誠を誓っている。それらの詳細な論評は、我々に〈この方向によってとられた国家法の継続的形成のための道が「正しい道では」ありえ「ない」〉という、二つのとくに顕著な諸例を示してきている。

この方向がその存在をそれらに負っている諸努力の核心と目標は、なるほど徹底して正当づけられるように我々には思われる。事実、従来の国家法理論の諸瑕疵と諸一面性を克服することが妥当する。国家法的な基本諸概念を〈それらに付着する不明瞭性、不確定性および比喩性から、すべての種類の法律的でない諸要素とのそれらの法律的内容の混合から〉解放すること、そして、それらの諸概念を真に学問的な体系へと結びつけることが、妥当する。そして、国家法はまさに「法」であるゆえに、その学問もまた、特殊「法律的」に形成し、そして、同権的な構成部分として法律学の総体有機体（Gesammtorganismus）にはめ込むことが、妥当する。しかしながら、この課題の解決は、浅薄な解釈学的な形式主義の道には、存在しない。その形式主義について、我々は、ザイデル（Seydel）とファン・クリーケン（van Krieken）が、彼らの批判的部分と彼らの積極的な部分において、同程度に失敗に悩むのをみた。批判において自らを本質にではなくただ現象にのみ支える方向は、それを〈従来の国家法理論の中に含まれる健全な核心である〉偉大な精神作業の失うことのできない獲得物の認識に至るまでには、決してもたらさないであろう。その方向は、むしろザイデルのように、自らを空しい否定によって満足させるか、それとも、ファン・クリーケンのように、最大の戦争器械をもって、〈その思想の肺腑を突くとその方向が思い違いしているところの〉敵対者の思想に、すなわち、ただ不真正の装飾と金ぴかの安物に飾られた衣服［と彼が思い違いしているもの］に、穴をあけるだけであろう。しかし、さらによりほとんど、法の「概念」を法の「定式」をとおして補充する方向は、積極的な国家法的な新構築のための何らかの支持しうる基礎をおく状態にはない。その方向は、むしろ、ファン・クリーケンのように、法律的＝技術的な「語」によって自らを満足させるか、ザイデルのように数学的に形を整えられた基本定式の最も首尾一貫した遂行にもかかわらず、ただ同様に空虚な実りない「図式」へとのみ到達するにすぎないであろう。

我々が、ところでしかし、そのように正当に追求された目標のために取られた間違った道をそのようなものとして認識し、そして、迷いの諸原因へと根本的な洞察を行ってきているとすれば、我々に、その目標への正当な道を指示することは、もはや困難ではありえない。道の認識によっては、もちろん、まだ必ずしも多くは達成されていない。すなわち、最初の一歩がこの道に実際に行われる場合にはじめて、本来の作業がはじまるのである。しかし、前進の最初の予備条件はそれでもなお達成されており、真剣な諸努力の成果は、保証されているのである！

ところで、正しい道は、国家法の法律学的な完成と成熟へと、明らかに数世紀の経過の中で苦労して深みへと基礎工事が行われた建築物を「とおして」導くのであって、その建築物を迂回し、あるいは、それを越えて導くのではない。むろん、支配的な思想体系をすべての諸奇形から純化し、そして、すべての不明瞭なヴェールから解放することが妥当するが、しかし、その体系の真正のそして健全な核心は、損なわれることなく維持されなければならない。そして、むろん〈国家の法律諸関係に関する従来しばしば曖昧でそして不確定の思想を形式化し、技術的な法の諸概念の中へと改鋳し、そして、純粋に法律的な体系の中へと結合すること〉が妥当するが、しかし、その素材的な内容は、特徴において失われてはならず、その本質の実体は、滑らかな表面の犠牲にされてはならない。ただそうしてのみ、ひとは、国家法的な基本諸概念を、同様に明らかにしそして深化させ、そして、自らを同様に、非法律学的な無方式性と非哲学的な形式拘泥から遠く保つことであろう。

より最近の学問によって設定された〈その上へとこれによりあらゆる国家法的なさらなる建築物が無条件に自らを支えなければならない〉確固たる基礎を、その不滅の見取り図において明らかにするために、我々は、とりわけ、〈我々の時代においては、生活にも学問にも、《二つの原則的に対立する国家の解釈における基本的諸方向をより高次の統一体へと解消するという》課題が与えられたこと〉を想起しなければならない。これらの基本的諸方向のうち、ひとつは、それが一般的なるものの唯一の現実から出発することによって、けっきょく国家法における「法」のモメントの否定に到達し、もうひとつは、それがもっぱら個人的なものの現実性を設定したことによって、「国家」概念の破壊へと到達したのである。

これらの極端な諸方向のひとつは、古代世界を支配し、そして、古代の諸理念の復興によって、哲学、法律学および政治学におけるその復活を祝ってきている。それにとって、人間は、国家のために存在する。ただ「一般的なもの」（das Allgemeine）だけが、その完全な現実性を有し、端的に自らにとって自らが目的であり、その存在の根拠を、もっぱら自己自身においてのみ担っている。個人は、結局のところ自己のためにではなく、一般性のために存在している。ここから国家の成立に関しては、全体は諸部分に先立つ（Das Ganze vor den Theilen ist.）というアリストテレスの基本命題を変化させているところの、すべてのあの多種多様な諸理論が結果している。その本質上、しかし、国家は、〈自己自身をとおして、自己自身において、そして、彼自身のためにひとつの統一体であるところの〉〈ただ非独立である諸部分をもつ、ただ独立している〉全体として現われる。ただこの基礎解釈に向けて、「どのように」その他の点で国家が観念されるか、国家は自然の存在として考察されるか、神の建立として考察されるか、主権的な意思として考察されるか、具体化された理念または自己展開する概念として考察されるかは、何の影響ももたない。法律学的な関係においては、国家には、いずれにせよ〈ただ統一的であるのみならず、すべてを包括する〉人格が帰されなければならず、それゆえ、〈〔国家〕人格が自らを関係づけるすべての諸関係のためには〉国家において結合された諸個人の独自の人格は考えられえないのである。諸個人にもまた、もちろん人格は認められるが、しかし、このことは、諸個人のためには、国家の領域から完全に境界づけられた〈それらにおいては自由な個別意思が主権的な力を受け取るところの〉個人的な諸関係のクライスが別除される、というようにのみ可能である。ここから、その課題が諸ペルゾンの共同生活をとおして成立している意思諸関係を秩序づけることであるところの「法」にとっては、それは、その概念上、基本的に国家の内的組織を全く包含しないことが、結果として生ずる。なぜなら、ただ国家によって自由にされた個人の領域との関連においてのみ、しかり、そもそも〈それらの意思諸領域が相互間の境界設定を必要とするところの〉諸ペルゾンの多数体が存在するからであり、そして、さらに、どのようにこのことを完全に遂行する秩序の国家に対する関係が考えられうるにせよ、いずれにせよ、その内容が、個々の諸人間にとっては真のそして本来の法であるからである。この私法とは特殊的に異なる性格を、これとは反対に、〈まさにただ唯一の主権的な意思が自己自身のために発する〉「国家的」な存在秩序は、もたなければならない。公法が、外見上、さらに極めて多くの私法との類似性を示しうるとしても、いつでも公法には、私法をはじめて法としている決定的な諸メルクマールが欠けている。なぜなら、ただ統一的な人格とそのただ非独立の諸構成部分との間、原因となる全体とその惹起された諸部分との間には、決してそして一度も、意思諸関係の相互性は存在し得ないからである。

「個人主義的」な国家解釈の対立する極端への傾向は、ゲルマン的中世において支配したのであり、そして、その非常に多種多様な形態諸変化をもって行われた哲学、法解釈学および政治学における遂行に負っている。この方向は、国家が人間のために存在する、という命題を基礎においている。ただ個人だけが、その方向の現実性であり、自らにとり自らが目的であり、本来的に統一体として存在する。国家は、ゲマインシャフト的な〈しかしそれゆえに全てのまたは多数の諸個人の〉少なからず個人的な諸利益を、結合された力によってよりよく追求しうるための、ただ手段であるに過ぎない。国家の成立に関しては、ここから、いずれにせよ個人が国家に「先立って」存在したことが、〈その先の点では、ところで、前もっては結合されていない諸個人の多かれ少なかれ意識的な創造的行為について、人間的意思の多かれ少なかれ自由な活動について、しかじかの一定の契約または服従行為について、考えられうるとしても〉、結果する。その本質上、ここでは、国家は、ただ、〈複雑な機械の諸部分のように、ひとつの統一的な結果へと協働する〉諸ペルゾンと諸制度の複合体としてのみ現れる。固有のそれに内在する存在統一体（Wesenseinheit）を、しかしながらこの国家は占有していない。それ自体、それゆえ、法律的な関係においてもまた、ただ、国家を形成する諸個人だけが、固有のそしてオリジナルな人格を付与されている。国家そのものは、それ自体、ペルゾンでは「なく」、不平等に置かれた〈一部は支配し、一部は支配される〉個別諸ペルゾンの総計である。しかしながら、ある人々は、彼らが個人主義の諸帰結を完全に導くことによって、事実、国家人格を端的に否定し、そして、それに支配的な諸個人を代置させるのに対して、他の人々は、それによって基本的に個人主義的な地盤を見捨てることなく、外的な合目的性の諸理由から、国家に、統一的な法主体の「役割」を割り当てている。後者の場合においてもまた、国家の法人格性の承認によって、一般的なものの独特の本質は決して表現されるべきではなく、ただ技術的＝形式的な諸目的のための擬制だけが設定されるべきである。この国家人格は、いかなる現実もそれに対応していない、たんなる応急手段、構成の補助手段であり、抽象的な思想物であるにすぎない。国家人格は、たんに理念においてだけ存在する〈ひとが人格化の目的のために必要とする個人の諸特性がそれへと譲渡されるところの〉統一体である。そして、そのようにして、実際に、ここでもまた、個人主義的な基礎は放棄されておらず、ただ自然的な諸個人と並んで技巧的な国家たる個人（Staatsindividuum）が置かれているに過ぎない。ところでしかし、「法」に関して言えば、この法のために、個人主義的な国家解釈からは、むろん同様に国家の諸関係ならびに個別の諸関係を包含する可能性が生ずる。なぜなら、国家的な存在秩序もまた、この存在が諸個人の共同作業の結果であるとすれば、相互に対する独立の意思諸領域の境界設定と関係するからである。しかしながら、公法は、この基礎のうえに、けっきょくは正確に私法と同様に個人主義的に構成されなければならず、そして、そのようにして甚だしくそれ〔個人主義的な国家解釈〕をそれがヴェールで覆うことができるとしても、基本的には〈ただたんに自らを個人の上にのみ基礎づける〉あらゆる国家法理論は、私法的な解釈に終わるのである。それゆえ、ここでは、むろん国家法に、その他の諸理由が対立しない限りで、完全な「法」の性格は救われるが、しかしながら、このことは、ただ国家法が「私」法理念に服従させられることによってのみ、そして、その限りでのみ、成功する。そして、それによって「法」思想が獲得するものを、間違いなく「国家」思想は失うのである。

この対立させられた基本的諸観方は、ところで、もちろん学問においても、ならびに、生活においても、稀にしか完全な純粋性においては遂行されてきていない。国家絶対主義的な方向は、それが、一方では、私法の社会主義的な否定に至るまでに高められたように、他方では、〈なるほど導出された、しかしそれでもやはり相対的に独立した個人の妥当という意味における〉非常に多種多様な諸修正を、公法において、経験してきている。そして、個人主義的な方向は、それが、一方では、自らをしばしば最も明白な唯物論、機械主義およびアトム主義において失ってきているように、他方では、非常に多種多様な方法において、国家全体の自己権利のためには価値を引き下げられてきている。国家と法相互の関係の等しくない解釈に従って、非国家的諸団体に付与された等しくない意味に従って、等々、ひとつの基本方向ならびに他の基本方向の非常にさまざまな諸混和と諸陰影が成立してきている。そして、多くの諸点において、それは、二つの種類の思想諸体系からの諸断片の非常に多彩な、大部分もちろん極めて皮相な結合を欠いてきてはいない。しかしながら、二つの方向の内的な接近と真の融合は、そのための試みは両者の側の失敗をとおして十分に理解されてきているが、〈従来反目しあう諸方向の対立する基本的な諸観方を統一体へと総括する〉国家法の積極的な出発点が見いだされる以前には、切り開かれることはできなかった。このような新たな基礎的な原則の獲得において、その原則が、同時に「近代の国家生活」の最も内的な核心を、古代に対する並びに中世に対する対立において形成しているように、「近代ドイツ国家法学」の最大の成果が存在するのである。その成果は、ほとんど明確な意識にもたらされず、しばしば隠されそして隠蔽され、そして、ただ最も小さな諸部分としてだけすでに実際に利用されているところの成果であり、――しかし、全ての国家法的な進歩の基礎と保証であるところの成果である。

我々は、〈人間が、至るところでそして全ての時代に、《個人が自己のために存在しそして種族団体の構成員である》という二重の特性をそれ自身に担っているという、歴史的に確定している事実から、出発する。これらの諸特性のいずれもが、他の諸特性なしには、人間を人間たらしめなかったであろう。個人の特別性も個人の一般性への帰属性も、人間の本質を否定することなしには、考えられない。それゆえ、我々は、そもそも〈その存在が自らを、一部分は自己自身に、そして、一部分はその上に存在するゲマインシャフトに、関係づけること〉を、たんに当然に与えられた事実として受け止めるのみならず、人間の概念的諸メルクマールとして設定している。我々は、これとの一致において、人間の意識と人間の衝動という二重の方向を確認する。人間は、同時に特別性としておよび一般性の一部として自らを知ることなしには、自己意識をもつことができない。人間の意思は、内容と方向を、ただ一部分だけ自己自身から受け取り、他の部分として、彼は、他人の諸意思をとおして決定される。そして、我々が生存に目的を付与する限りで、我々にとって、人間的な個別生活は、たんに自己目的でも、婚姻の促進のためのたんなる手段でもなく、〈個人と一般性とは、まず第一には自己のために、そしてしかも同時に相互のために、存在すること〉、そして、〈人間であることの課題は、特別性と一般性の相互に補充しあう諸要素の間の調和の創出の中にあること〉を、信じるのである。

この立場から、我々は、人間的個人にも人間的ゲマインシャフトにも、完全な「現実性」と「統一的存在」を与える。我々には、自己自身のためにだけ存在しそして自己自身に向けてのみ関係する個性は、ひとつの自然的および現実的な生命統一体（Lebenseinheit）である。しかし、同様に自然的でそして同様に現実的な生命統一体は、我々にとっては、〈諸個人の総計を、その個人性の部分的な止揚をとおして、ひとつの新たなそして独立した全体へと組み立てるところの〉あらゆる人間的な種族団体である。なぜなら、人間存在（das menschliche Sein）の総体は、全諸個人の生活内容をたんに総計することをとおしては汲みつくされず、それは、種族生活の統一的諸モメントをたんに取り出すことをとおしても表現されなかったからである。それゆえ、我々には、諸個人の生存秩序（Daseinsordnung）のうえに、人間の諸一般性（die menschlichen Allgemeinheiten〔人間的一般団体〕）という第二の独立した生存秩序が現れる。個別精神、個別意思、個別意識のうえに、我々は、幾千という生活諸表出の中で、共同精神、共同意思および共同意識の現実の存在を認識する。比喩的にではなく、本来の言葉理解において、我々は、個別存在の上の〝共同存在〔共同団体〕Gemeinwesen〟について語るのである。

人間的共同団体は、ところで、しかし、決して、唯一のかつ至るところで同種類の生存形式において集中するのではなく、豊かなそして文化の進歩とともに絶えず成長するさまざまの種類の生活形象の充溢において、表明される。より古い文化諸段階の狭いそして単純な共同諸存在の上に、いつでもより高い、より包括的なそしてより錯綜した諸ゲマインシャフトが、〈それによってその生活内容において減少されたより狭い諸団体が生活をそもそも失うであろうことなしに〉生み出される。そのうえで、しかし、人間的共同生活は、次第に多く内容と目的に従って分枝しそして分散される。もともとは、純粋に物理的〔physisch 自然的〕に基礎づけられた家族の、部族のそして民族の諸団体が、人間的な種族存在の全諸課題を履行する。右諸団体は、同時に統一的かつ排他的に、言語、道徳、信仰、経済、法の、そして、政治的生活の、〔各〕ゲマインシャフトを実現するが、しかし、次第に多く、時代の経過の中で、〈それらのそれぞれが人間的共同生活の個々の諸側面だけを生存内容として有するところの〉統一的なゲゼルシャフトの諸有機体は、独立の社会的な諸有機体のより大きな数へと崩壊する。たとえ元々これらの特殊化された諸ゲマインシャフトもまた、たんに物理的な基礎において無意識にそして非恣意的に成長するとしても、成熟した人間精神は、一定の個人存在を凌駕する諸目的のために、意識的かつ計画的な創造をもまた企図するのである。ゲマインシャフト諸有機体の生成には、しかし、経過が対応し、創造的活動には解決と破壊が対応する。ゲマインシャフト形成がそのようにして絶えずそして至るところで生き生きとした流れの中において把握されるときは、絶えずそして至るところで、完成された団体諸統一体と並んで、多数の不完全なまたは退化した共同諸存在、たんなる諸萌芽および死んだ諸残存物、不完全なおよび未形成の諸発端、全ての種類の疑わしい移行諸形態と中間諸形態もまた、見いだされるに違いない。見渡しきれない多種多様性においてもまた、さまざまな社会的諸有機体は、互いの関係において、交差し合いまたは上方に丸天井のように連なり、ゆるくまたは内的に結びつき、共通の株から枝分かれし、あるいは、さまざまな諸根からの共通の株によって成長することができる。そして、そのようにして、人間の共同生活の世界は、同様に多彩な、幾層にも段階づけられそして編成された、その諸限界に向かって決定されないそして朦朧とした姿を、有機体的な身体世界（die organische Körperwelt）と同様に、現わしている。後者においてもまた、最高の諸存在と最低の諸存在が限りなくさまざまの諸課題と意味を有し、それらすべてには、しかし、生命のメルクマールは共通である。ここでもまた、胎児と発展した個人の間、しかり生と死の間は、諸境界は流動的であるが、しかしながら生命の現実性は、そのことをとおしては揺るがせられない。ここでもまた、疑わしい移行の諸形態の架橋が非有機体的な諸結合の帝国へと導いているが、しかしながら、独立の生命統一体を構成すべき完成された有機体の独特の本質は、それにもかかわらず確定している。ここでもまた、最後に、それは、〈どこで、有機体の分割の際に、特別の諸個体の存在が始まるのか〉、〈どこで、個別諸形成の共同成長の際に、有機体的全体の存在が始まるのか〉は、しばしば疑わしいのであるが、しかし統一的な性質は、我々にとって、それにもかかわらず有機体の本質的メルクマールに留まるのである。

人間の社会的諸存在のもとに、ところでとくに「国家」は属している。「国家的」結合の本質は、それが一般意思の力に充ちた遂行を内容としてもつことに基づく。それは政治的行動の共同体である。その実体は一般「意思」であり、その現象形態は有機体的に組織された「力」であり、その課題は目的意識的「行為」である。この種の国家的共同生活は、以前から存在した。本来的な国家については、しかしながらひとは、国家的生活の独特のそして特別の有機体が形成されるや否や、はじめて語っている。孤立した氏族、さまよう集団、移動する部族は、すでに国家的諸機能を履行するが、しかしながら国家は、ここではまだ独立した存在には到達していない。後者〔独立した存在〕が生ずるときは、より多くのより狭いそしてより広い諸団体の、段階的に上昇する政治的な諸ゲマインデ、諸ケルパーシャフトおよび諸同盟の、国家的諸課題が引き受けられうる。それら全ては、国家的性質のものである。しかしながら特殊の性質および全てのその他の政治的な諸団体からの一連の質的な諸差異を、〈その権力が、上に向かっては、いかなる類似の権力を通しても制限されず、そして、下に向かっては、あらゆる類似の権力の上に置かれているところの〉「この」権力団体は示さなければならない。なぜなら、「最高」であるところの権力は、あらゆるその他の権力から、〈徹頭徹尾権力であり、権力そのものである〉という特殊のメルクマールをとおして区別されるからである。この種の権力が対応する意思は、あらゆるその他の意思から、主権的な、たんに一般的な、ただ自己自身をとおしてのみ決定された意思として、異なっている。それゆえにひとは、政治的な諸団体のもとで、それらがすべて「国家的」であるにもかかわらず、ただその時々に最高の権力団体のみを〝国家 Staat〟と名づけている。

国家は、それゆえ、人間的共同生活の一定の本質的な側面の実現である。ここから、まず最初にその「成立」に関して、〈国家的に生活することは人間性に生得のものであること〉そして〈それゆえ国家は「そもそも」個人と同様に古いこと〉が、結果する。しかし、「個別」の国家もまた、個人の自由な創造物ではなく、諸個人において自ら活動している社会的諸力の必然的な生産物である。もともと諸国家は、意図的に創造する意思のあらゆる共働なしに生成しそして成長する。〔諸国家は〕無意識の社会〔を創る〕衝動の自然発生的な所産である。後には、なるほど意図的かつ計画的に改変されるし、そして、意図的な意思行為をとおしてすら基礎づけられうる。しかしながら、その場合にもまた、国家または新たな国家形態を存在へと呼びだすのは、個人の意思の結合ではなく、一般意思の創造的行為である。まさに、たんに諸個人であるような諸個人、〈自己結合と自己放棄をとおしてその諸個人性の総計から国家的意思を生産することができるであろうところの〉自由な、結合されない、無前提の個別諸意思は存在しない。むしろ〈ひとが国家の設立者たちとして観念されようとしたところの〉目下のところ国家をもたない人間たちもまた、彼らの思考と意欲においては絶えず国家的に結合されており、そして、ただ目下の所、彼らの国家的存在の外的な実現なしで済ませたにすぎないのである。国家の概念も、その実現への決心も、それゆえ、その諸根を個人の精神においてはもたなかったであろう。ここでもまた、行為する個人意思は、そのようなものとしてではなく、一般意思の要素として顧慮されるであろう。そして、多数の諸個人の意思結合ではなく、多数の諸個人において生きておりそしてただ目下のところ形式をもたない〈その独自の生存を肯定しそしてその形式を創造する〉一般意思の統一的な種類が存在するであろう。

さらに、国家の「本質」一般に関して言えば、我々は、言われたることによれば、それ〔国家〕に「固有の現実の実在」(eigene reale Wesenheit) を帰さなければならない。それは、我々には、その諸構成員の生活とは異なる統一的な総体生活を伴う人間的社会有機体として現れる。むろん国家は、それが「一般性」であるゆえに、自己において特別性を形成するその他の諸実在から成立する。国家は、社会的な有機体 (ein gesellschaftlicher Organismus) として、〈一部は単純な、一部はふたたび社会的な〉多くの諸有機体から、人間たちおよびより狭い諸団体から、構成される。その生命は、同時に特別存在を導く諸構成員と諸機関の生活活動において現象へと到達する。しかしながら、国家は、それにもかかわらず、〈全体的な特別諸存在は、それらが国家の諸要素である限りで、国家全体の理念に従ってグループ化され、編成されそして結合されており、そして、その現存在の内容を自己自身においてではなく、より高い総体生活のための決定において見いだすゆえに〉現実の「統一体」である。ひとが国家の統一体をその構成された性質のために否定しようとするときは、このことは、ただ〈ひとがその場合そもそも端的に諸アトムを諸統一体として、そして、世界をそのような諸統一体のたんなる多数体的な総計として、観察せざるを得ないであろうところの〉同一の精神と意味においてのみ可能であろう！

しかし、人間の存在は類的生活において尽きるのではなく、同時に自らにとって自らが目的であるゆえに、我々は、国家に対する関係でもまた、「個人」を〈「オリジナル」な、自ら存在する、その目的を自己自身の中に担っている〉存在として承認しなければならない。ただその存在の一部分をもってのみ、それゆえ、個々の人間は、国家に構成部分〔構成員〕として所属するのである。彼の存在のその他の内容は、国家的な共同生活から完全に触れられることなく放置され、そして、彼の自由な個人性の素材を形成する。それゆえ国家的存在と個人的存在は、二つの独立した生活領域として相互に並行しており、それらのもちろんいずれもが他方なしにはありえず、そして、いずれもが他方をその補充として指示するのであり、そして、それらは、それにもかかわらず両者ともその最も近い目的を自己自身の中に有するのである。

国家は、最後に、なるほど一般性ではあるが、しかし国家は決して、流布された解釈が教えるように、「端的に人間的一般性」なのではない。国家は人類の社会的諸有機体の中のひとつであるに過ぎず、そして、人間の類生活のただ一定の側面だけがその概念的に本質的な内容を構成する。一定の民族においてそして一定の時代に、国家が全てのあるいは極めて多くの共同生活の諸機能を引き受けることは、むろん可能である。そして、まさに高度に発展した文化のもとでは、しかしそしてとりわけ近代世界においては、人間の社会存在の非政治的諸側面は、〈国家的有機体的組織といかなる方法でも一致しない〉「特別」の生活諸構造物においてその表現を見いだすのである。すでに血の、言語のそして大地の物理的〔自然的〕共同体は、なるほど一定の範囲に至るまで国家の繁栄のための不可欠の基礎であるが、しかし概念的には、国家がそれらなしに存続しうるように、国家なしにも存続できるのである。そして国家が唯一かつ統一的な民族の政治的機関であるというその理想に可能な限り近づくときでさえ、それにもかかわらず自然的民族概念と政治的民族〔国民〕概念とは、決して完全には一致しない。

それゆえ、民族の生活統一体は、政治的共同体〔ゲマインシャフト〕のためにも、全てのその他のゲマインシャフトのためにも、なるほど最も重要な中心点を構成するが、しかし決して唯一の自然に与えられた中心点を構成しない。むしろ民族統一体の下には、部族、ゲマインデおよび家族が、その上には、文化諸民族の国際的なゲマインシャフト、および、最終的には広狭の人間的社会諸存在としての人類一般が、特別の生活クライスを伴って存在している。そして、これらの広狭の諸団体にある政治的な有機体的組織が対応する限りで、この組織は、一方では国家に対する関係では、ある一定の独立性を保有することができ、他方では、国家がそうであるように、その自然的な相関概念から自らを概念的に遠ざけることができる。さらに、それから、非常にさまざまの諸段階において、道徳的＝社会的な、宗教的な、芸術家的および文学的な、経済的な〔各〕共同生活は、全体として、国家に対する関係で固有の存在を有するところの、その特別の諸有機体を〈それらがいまや自然に成長したにせよ、あるいは、意図的に設立されたにせよ〉、〈それらが形式的に諸統一体として刻印されたにせよ、あるいは、ただ潜在的な諸力として有効であるにせよ〉、〈それらが教会のように永続的であるにせよ、あるいは、多くの諸フェライン〔社団〕のように一過性のものであるにせよ〉、自らのために創造している。ところでしかし、そのように豊かな非国家的共同生活に対する関係では、国家は、端的に人間的一般性であるという要求を断念しなければならないとしても、国家は、それでもしかし、その実現が国家の本質をなすところの共同諸関係のためには、事実、端的に一般性である。それゆえ、共同体〔ゲマインハイト〕的な「権力諸関係」が問題となる限りでは、全てのその他の団体諸存在は、それらがそれらのクライスのためにもまた固有の権力領域をもつ政治的共同団体である場合には、国家に対する関係では、〈その政治的な権力が最終段階においては、国家的な権力領域に組み込まれそして従属させられるところの〉特別諸団体であるに過ぎない。そして、そのようにして、事実、全てのその他のゲマインハイト的な諸存在と個人的な諸存在の「政治的」な生活要素は、その最終の目的決定と確定的な境界設定を〈社会的権力の主権的な有機体として、全ての諸有機体のもとで唯一、権力を制限する共同団体を自己の上にもはや持たないところの〉、〈政治的全体として端的に唯一、必ずしも同時に他の政治的全体の一部ではないところの〉国家において見いだすのである。ところで、もちろん、これによって国家的生活領域が何処まで及ぶかは、最終的には確定されるべきではなく、時代と諸事情をとおして条件づけられる〈その他の社会的な生活諸機能に対する〉政治的な生活諸機能の実定的な境界設定にかかっている。何らかの方法で、しかし、政治的な権力の諸課題と諸権限は、絶えず人間的な共同団体の「全て」の諸分枝へと突出するであろう。なぜなら、一般的には、政治的な領域の境界設定のためには、絶えず、〈どこまで一般利益がその実現のために一般意思の権力的な遂行を必要とするか〉の考慮が決定的であろうからである。一定の点に至るまでは、しかし、全ての時代にそして全ての文化諸関係のもとで、全部的な社会的諸機能は、自らを完全にそして妨げられることなしに展開するために、抵抗する諸意思を外的に克服するための能力のある権力の側からの保護と世話に指示されているであろう。そしてそれゆえ、国家は、その概念的に本質的な内容を共同生活のただ一定の側面のみが構成するにもかかわらず、それでもしかし、その生活目的上、特定の個別諸目的のために設立づけられた社団〔フェライン〕ではなく、その諸課題は、〈それらの実現のために最高の権力が存続しなければならないゆえに、そして、その限りで〉人類の文化諸課題と一致するのである。——

我々が、ところで、しかし、このような国家解釈のうえへと国家「法」を基礎づけることを欲するときは、我々は、とりわけさらに、「法」の本質、および、国家概念に対する法概念の関係を記さなければならない。なぜなら、国家法は、国家のただ特定の側面のみと、すなわち、従来注目の外に置かれてきたまさにその「法的」側面と、関係しなければならないからである。

法の「本質」は、それが「外的な意思支配を人間的ゲマインシャフト〔共同体〕の内部で肯定しそして限界づける」ことに基づく。諸意思の多数が実現を求めて努力するや否や、それはこのような法秩序を必要とする。なるほど、意思を規律しそして省みることなき行使を妨げる、別の社会的機能が存在する。それは「道徳 die Moral」である。しかしながら道徳は、意思を純粋に「内的」に決定しようとする。道徳は、個々人の良心に向けられ、そして、良心に「当為 Sollen」の観念を植えつける。道徳は、人間の固有の精神的性質との、意思の調和を目的としている。社会的生活は、しかしながら、「外的」にもまた、共同して作用する諸意思が制限する規範をもつことなしには、存続することはできない。道徳的当為の観念と並んで、社会的諸関係において外的な「許容 Dürfen」と外的な「強制〔必要〕Müssen」が存在するという観念が生み出される。すなわち、意思の意思そのものとの調和のみならず、全ての意思の互い〔の意思〕との調和を必要とするのである。そして、そのように「法」の概念は、——その場合、もちろん〈あるものが倫理的秩序であるのか、それとも、法的秩序であるのか〉の最終のクリテリウムは、ただ〈それによって一般意思が当該の意思規律に関して支配されるところの〉解釈において存する。その現象上、これによれば、法は、客観的関係においては「諸規範」の総体として、主観的関係においては「諸権限と諸義務」の総体として、宣言される。規範としては、法は、法によって見いだされた諸意思のための外的な支配秩序である。主観的権利としては、法は、〈同時に諸権限をとおして活動の領域がそれに開かれ、そして、諸義務をとおして被拘束性の領域が課されるところの〉意思自由の外的実現である。

「法の国家に対する関係」は、それが、一方では、人間的な共同生活の特別かつ独特の側面であり、他方では、国家が法なくしては完全であることができないように、〔法が〕国家なくしては完全であることができないことをとおして、決定される。それは、ここでは〈それらのそれぞれが固有の根と固有の本質〔存在〕を有し、そして、それらのそれぞれがしかしすべての他のものをとおして何らかに条件づけられそして決定され、それゆえにそれらはすべてがその総体においてはじめて完全な人間的種類存在のために補充されるところの〉人間的共同生活の全ての諸機能について一般にそうであるような関係にある。ただ、まさに国家と法の間には、特別に近いかつ内的な性質の相互作用の諸関係が存在しているだけである。

すでに法と国家の「成立」に関して、この関係は白日に現れる。法は国家と同等である。法は、国家が法によって生み出されるのではないように、国家によって生み出されるものではない。しかしながら両者は、独立の諸根からではあるがそれでもしかし〈「相互をとおして」はじめて自らを完成させるために〉「互いに一緒に」成長してきている。国家理念と同様に、法理念は、そもそも人間と共に誕生している。実定法は、しかし、何らかの共同精神とりわけ民族精神が、このもともとの理念に付与するところの形態形成である。この場合、ところでむろん展開された民族精神は、国家の卓越した程度において形成的機関として用いられる。しかしながらそれをとおして国家は、法の最終的源泉ともならず、法の唯一の形成機関ともならない。全ての法の最終的な源泉は、むしろ何らかの社会的存在の「共同意識 Gemeinbewußtsein」に留まるのである。何かが法であるという共同体〔ゲマインハイト〕の確信は、もちろんその場合、〈法規として外的存在へと到達するためには〉共同体的言明をとおしての具体化を必要とする。しかしながらこの言明は、さまざまな種類の仕方において行われうる。それは、しばしばむろん国家をとおして行われる。民族の法意識を法律へと刻印することは、文化国家の主要課題でさえあり、そして、いくつかの諸時代には、ほとんどすべてのその他の法源は、国家をとおして押しやられる。それと並んで、しかしながら、まず第一に、類似のそして時おりきわめて包括的な方法において、諸教会、諸家族、諸ゲマインデなどのような、その他の形式的に刻印された社会の諸有機体もまた、法の形態形成諸機関として働いている。そして、それから、法律および自律的な定款とならんで、絶えず慣習法をとおしての元々徹底して支配的な無方式の法形成が有効にとどまっており、その場合、当該ゲマインシャフト〔共同体〕クライスの直接の生活活動をとおしての共同の法確信が法生活において言明へと到達し、そして、それによって法規としての外的存在へと到達する。まさにこの場合に生ずる過程によって、しかし、二つのことが明らかとなる。第一に、事実、国家と法を出現させるのは人間性の二つの異なる諸精神力であることが、明らかとなる。なぜなら、国家は、一般「意思」の沈殿（Niederschlag des allgemeinen Willens）であるが、法はしかし一般「意識」の流出（Ausfluß des allgemeinen Bewußtseins）であるからである。間接的にはむろん、無意識の意思衝動が意識的な意思決定によって押しやられれば押しやられるほど、国家の形成においてもまた反省的な意識が共に作用する。そして、逆に、法の形成においても、暗い法感情が明らかな法確信に譲れば譲るほど、形式化された共同意思が媒介者の役割を引き受ける。しかしながら本来の実体は、それにもかかわらず、そこ〔国家〕では具体化された意思に留まり、そして、ここ〔法〕では具体化された確信にとどまるのである。第二に、しかし、これによれば、主観的な関係においては、さまざまな種類のゲマインシャフト諸クライスが法的および政治的生活の担い手でありうることが、説明される。それゆえ、国家的に分裂した民族は、それにもかかわらず法生活の統一性を維持することができ、ひとつの民族の内部では、多数の政治的編成とは必ずしも必然的に一致しない特別の法の生活諸クライスが存在しうるのである。そして文化諸民族の国際的なゲマインシャフトは、それが国家的な紐帯を巻きつけないにもかかわらず、国際法〔諸民族の法 Vörkerrecht〕を生じうるのである。

国家と法の同一の関係は、我々に、その分離されたそしてそれでもなお共に部分として全体に属している「生活活動」において出会う。国家生活と法生活は、共同生活の二つの独立したそして特殊的に異なる側面である。国家生活は、意欲された共同諸目的の権力的遂行において宣言され、そして、政治的「行為」において頂点に達する。法生活は、法によって拘束された諸意思のための行動諸領域の境界設定において明らかにされ、そして、法的な〔認識 Erkennen〕（〃法として認識すること〃 für Recht erkennen）において頂点をなす。「権力」が国家にとって概念的な前提条件であり、それゆえ全ての権力手段を持たない国家は国家ではないのに対して、法の概念にとっては、法のために外的な権力手段が意のままになるかどうかは、それ自体いずれでも良く、そして、無力な法または暴力で実行される法もいつでもなお「法」に留まるのである。しかしながら、国家と法がそのように異なる種類の社会的諸機能であるとしても、それらは、それにもかかわらず相互に向けて指示されており、そして、相互をとおしてはじめてそれらの実際の生活実現を見いだすことができる。国家は、その文化使命の遂行のための内的な力を獲得するためには、法思想の支持を必要とする。国家がたんに〈それ〔権力〕が物理的な権力を有するゆえに、合目的とみなされたあらゆる意思行為において、服従のみを要求しそして見いだすところの〉行動する権力としてのみ感じられるときは、全ての政治的生活は独裁主義〔デスポティスムス〕の中に硬直せざるを得ないであろう。そして、それゆえ、健康な国家は、その権力を同時に法の上へと基礎づけることを求めるのであり、そしてそれゆえに民族意識全体によって、一定の支配秩序の事実が、同時に法規として感じられ、それによってその場合、自ずから国家的な諸権限の枠とそれに対応する国家の法的諸義務もまた、現れるのである。法は、逆に、人間の秩序づけられた共同生活のその目標を達成するためには、国家の返報的な援助を必要とする。法は、国際法の例が示すように、国家権力の保護なしには、その課題を完全には達成することはできず、むしろ不完全な完成されない法に留まる。そしてそのようにして、法は、法に国家がその権力を自由にさせ、諸裁判所を法の明確化のために設置し、そして、法に反抗するあらゆる個別意思を強制的に規範に対する服従へと帰着させる場合にはじめて、その終結を見いだすのである。

それゆえ、国家と法が人間生活の中で解決しなければならない「諸課題」もまた、決して同一ではない。なぜなら、国家の諸課題は法的保護において汲み尽くされるわけではなく、法の諸課題は国家生活の秩序づけにおいて汲み尽くされるわけではないからである。そして、国家が全ての社会的諸領域において人間的ゲマインシャフトの目的を積極的に促進すべきである一方では、法は、それらの内部ですべての存在する諸意思をとおしての個人的ならびにゲマインシャフト的な諸目的の自由な追求が行われて良いところの、諸限界のみを設定しなければならない。しかしながらそれにもかかわらず、国家的な諸課題の本質的な部分は、法の中にあり、そして、法的な諸課題の本質的部分は、国家の中にある。なぜなら、一方では、法の創出と法の保護は、国家の必然的な諸機能であり、そして、他方では、内的な国家生活をもまた秩序づけそして貫徹することは、法の不可欠のそして概念的に要求される課題であるからである。歴史は、むろん国家と法の間のこの通常の関係のさまざまの諸推移を示さなければならない。ゲルマン的中世においては、国家は、たんなる法的営造物へと縮減され、法のたんなる産物または手段として現れ、法的な諸権限の総計へと解消されていた。そして、我々には、〈法が国家には届かず、そして、国家諸目的のための有用性の制度へと低下されていたところの〉諸事情は、さらに自明のことである。しかしながらそのような諸一面性は、近代の生活によって原則的に克服され、そして、いかなる新たな理論的基礎づけの試みをとおしても再び復活させられることはできない。我々には、貫徹を欠いているかも知れないとしても、概念的には、互いの関係における国家思想と法思想の「独立性」が確立している。現代の国家は、我々には、〈それが法の保護に制限されず、「すべて」の側面に向けての人間的ゲマインシャフトの完全化が求められるゆえに〉「文化国家」である。しかし、それは、我々には、同時に〈それ〔国家〕が自らを法の外にではなく法の「中」へと置き、そして、《国家がそこにおいて国家と同等の思想の流出物を見るところの》法秩序を、自由意思でその主権的意思〔を含めて〕の規範および枠として認めるゆえに〉法治「国家」なのである。

我々の学問にとって基礎的な二つの諸概念のそのように確固として保持されるべき独立性は、我々を我々の出発点へと立ち返らせる。なぜなら、法概念を国家概念から導こうとし、あるいは、国家概念を法概念から導こうとすることの一面性は、我々に、すでに上述のところで、人間的共同生活の〈普遍主義的な側面に向けての、あるいはしかし、個人主義的な側面に向けての〉一面的な総体理解の帰結として出会ったからである。それだけ一層決定的に、我々に、〈このような一面性からその出発をする〉あらゆる学問的理論は、一見しての単純性と魅惑的な定式化の正しさにもかかわらず、その基盤を現在においてではなく、一面的な発展の克服された諸時期に有する誤りとして現れている。実際の進歩を、しかし、我々は、ただ《《その観方がその他の点において微妙な差異を持つかもしれないとしても》、全体ならびに個人の独立の権利から出発し、そして、法と国家の諸概念を相互から独立に人間的存在におけるそれらの独立の諸根から導くところの》観方の基礎のうえにのみ期待するであろう。我々は、それゆえ、この基本解釈を、〈それが事実、しばしば隠されそしてぼんやりとさせられてはいるが、通説の国家法理論の基礎に存しているように〉、全ての新たなそして最新の諸構成を物ともせず、揺るがし難く堅持しなければならないであろう。

それによれば、いまや「国家法」は、その対象が国家的な存在へと結合された諸意思の規範化であるところの法秩序の部分である。国家法理論は、〈それが国家の本質的な側面を取り扱うが、しかし《国家の法的性質のほかにその物理的、倫理的、経済的、政治的な性質が、合法性のほかに政治的な行動の合目的性が、学問的な詳論の対象でありうるゆえに》国家理論を汲み尽さないことによって〉、「国家理論」（Staatslehre〔国家学〕）の一部である。国家法理論は、さらに「法理論」の一部である。なぜなら、それは真のそして本来の法以外の何ものも扱わないからである。それは、しかし、法理論を汲み尽さない。なぜなら、法は、国家の存在と直接には関係しなければならないわけではない諸関係をもまた規制しなければならないからである。

国家法は、我々には、より詳細な考察の際には、〈その対立物が「私法」であるところの〉「公法」の最も重要でそして大部分特徴的な部分として明らかにされる。

「公」法と「私」法への全ての法の二分割は、我々には、基礎的なそして余すところなき分類として自ずから従来のものから結果する。なぜなら法は意思の諸領域の規範化である場合に、しかし人間的意思は我々に初めから個人意思と共同意思としての二重の刻印と具体化において互いに登場するので、法もまた、〈それが、私法として個人意思の自由を限界づけるか、それとも公法としてゲマインシャフト的な意思領域を規制するか、に従って〉特殊的に異なる性格をもまた担わなければならないからである。

法の二つの諸部分の最終的な基本的諸概念は、まさに両者は法であるゆえに、もちろん共通でなければならない。それらは同一の源泉から流出し、それらは同一の目標に向かって努力し、それらは〈諸意思の上位に秩序づけられる〉規範と、〈それらの諸意思に諸権限と諸義務において割り当てられる〉支配＝および統治の諸領域という同一の手段を用いるのである。公法においては、さらに私法におけるように、主観的権利の中心点を構成するのは、〈ペルゾンがまさに法によって主体として認められた統一的な意思領域の担い手であることによって〉

法の二つの諸部分は、両者においては意思の自己自身との関係、他の諸意思との関係そして意思なき諸対象に対する関係という三重の関係が登場するであろう限りで一致するであろう。

しかしながら法の二つの諸部分のさらなる構成は、極めて異なる種類のものであり、そして、特殊的に異なる法の諸概念へと導くであろう。なぜなら、両者は、人格をその本質の対立する側面から観察しているからである。「私法」は、ペルゾンからただ〈「個人 Individuum」すなわち、自己において完結したそして自己自身をとおして決定された個別存在であるという〉特性のみを抽象する。この特性を、私法は、とりわけ個々の人間たちにおいて見出している。私法は、しかし、全ての種類の共同諸存在および国家そのものにおいてもまた、それらがそれらの諸一般性としての意味と並んで個人の諸個別性の意味を有することを見いだしている。それゆえ、私法は諸個人を個人的な意思の諸領域の諸中心点としておき、そして、彼らに諸ゲマインハイトを〈これらが私法的に秩序づけられた諸関係のクライスへと登場する限りでは〉諸個人として平等に置いている。全てのこれらの諸個人は、ところで、私法にとっては、並列された、いかなるより高い統一体へとも結合されていない諸ペルゾンである。私法においてもまた、もちろん諸個人は、完全に無関係なものとして、孤立したアトムとして、それ自体権利と義務のない意思の担い手としては、観念されていない。しかしながら、相互のそれらの諸関係は、絶えずただ完結した生命諸統一体の間の機械的な個別諸関連としてのみ考えられており、それらのもしかするとあるかも知れない法律的な諸権限と諸債務は、ひとつの全体への諸属性の流出物としてではなく、それらの個人領域の諸ニュアンス、諸拡張および諸制限として、現れるのであり、そして、私法の核心を構成するのは、事実、〈そこにおいて個人が固有の自由な意思行為をとおしてはじめて法律諸関係を基礎づけそして形成するところの〉自由な活動領域の創出である。それゆえ、私法の基礎は、主観的な「自由」である。それゆえここでは、「主観的」な法〔権利〕の概念が先頭に立つ一方、客観的な規範は、しばしばただ未必的、補充的または媒介的に場所をつかむのである。それゆえ自由な取引法の「可動性」が支配する。それゆえ、最後に、「権限」は、そこから義務がはじめて結果するところの私法的な第一概念である。

「公法」は、ペルゾンから「共同生活」に向けられる側面を抽象する。公法にとっては、それゆえ、諸ペルゾンとして認められた諸団体は、個別の諸人間と同格におかれた諸個人ではなく、諸個別人の上の諸一般性であり、個別の諸人間は、しかし、公法にとっては、自らのために立つ諸存在ではなく、諸一般性の諸構成員である。公法は、結合されない諸個別存在を知らず、ただ諸団体と団体諸構成員だけを知っているに過ぎない。並列されたそして自己において完結した意思の諸統一体の世界の代わりに、公法は、ゲマインハイト〔共同体〕的生存の世界を確立する。そこ〔ゲマインハイト的生存の世界〕においては、意思は、はじめから他の諸意思との有機体的関係をとおして決定されており、そこにおいては、全体の構成された統一体は個別諸意思の多数体に向けて、そして、諸個人の多数体は総体意思の統一体に向けて指示しており、そこにおいては、全体のゲマインハイト的な人格と諸個人の構成員たる人格の同時的な承認をとおして、直ちに法の存在の質的な段階、すなわち、意思の二重の生活秩序が置かれているのである。公法もまた、自由な意思に活動領域を与え、その内部では、意思は法律諸関係の形成に影響しうるが、しかし公法が意思をこの場合に〈意思が最終的に公的秩序の力を受け容れる〉有機体的な地位の枠内へと閉じ込めるのであり、そして、その内部では意思の本来的な核心は、〈ゲマインハイト的な意思有機体を構成する〉確固とした規範接合において存するのである。公法においては、それゆえ、「必然性 Notwendigkeit」の原則が支配し、主観的な法〔権利〕は「客観的」な法の前に後退し、「恒常性 Stetigkeit」が可動性（Beweglichkeit）の代わりに支配し、「義務」が権限の基礎として現れる。

私法と公法の間の原則的な境界は、いまやもちろん生活において曖昧となり、そして、それゆえ、どこかで裁断しなければならない実定法によって異なって固定されてありうる。なぜなら、個人に開かれたままである支配領域は、ゲマインシャフトのより緩いまたはより厳格な接合に従って極めて不揃いに設定されてありうるからである。その場合、前述したところによれば、個別諸関係をとおして関連づけられる諸個人の総計と社会的な有機体との間にはいかなる自然の裂け目も存しないので、いかなる諸団体が法律的に独自の存在をもつ諸ゲマインハイトとみなされるべきであるのか、そして、いかなる他の諸団体が法律的に機械的な個別諸関係の複合体へと解消されるべきであるのか、という問いに対しては、極めてさまざまな回答が与えられうる。それゆえ家族は、それに内在する公的な存在秩序をもつゲマインハイトとして構成されうるが、しかしまた家族の自然的および倫理的統一体の存続にもかかわらず、その法律的な存在は、互いに対する個々の諸権限と諸義務をもつ諸個人の総計へと解消され、そして、そのようにして家族法は、徹頭徹尾、私法的に形成されることができるのである。同様に、組合法（Gesellschaftsrecht〔会社法〕）の大部分は多数者間の債務法的契約諸関係の意味における一つの法〔私法〕によって私法的に把握されうる一方では、他の法〔公法〕はゲマインハイト的なモメントをその点において法律的にもまた、団体的な生活秩序のために刻印する。そして、最後に、とりわけ公法の概念は、そのクライスのためにゲマインハイトとして認められている団体がそのクライスを超えては法によって、ただ個人としてのみ取り扱われうる限りでは、「相対的」な概念であって、それによってしかしその場合、「団体のための」公法もまた、その内的な生活領域の外部では、端的にただ私法の意味だけを有するにすぎない。それゆえ、〈法がそれらに諸構成員とは異なる人格を承認するにもかかわらず、それでもしかし外部に向かっては、法がたんに個人人格のみを付与するところの〉全てのいわゆる私法的諸ケルパーシャフトにおいても、同様の関係にある。そのようなケルパーシャフトの内的な生活秩序は、徹底して公法の意味において建設されており、そして、ただこの個別のケルパーシャフトの法的存在が問題となる限りでは、特別の公法のクライスである。しかしながらそれらの外に横たわっている法生活全体にとっては、このケルパーシャフトは、個別の人間たちと平等におかれた法的存在以外の何ものでもなく、そして、それゆえにその内部ゲマインハイト法〔共同体内部法〕もまた、〈その体系にとってただ個人人格の創出の手段としてのみ考察されるところの〉一般の法体系の中では、その場所を私法の内部に見出すのである。ここでもまた、境界は流動的であること、例えば、諸教会のような同一の諸有機体が、あるときは、対外的にもまた公的な諸一般性として考察され、またあるときは、ただ私法的なケルパーとしてのみ考察されうることが、容易に理解される。

しかし、全ての諸事情のもとで、そして、全ての時代に、端的に、絶対的にそしてすべての人々にとって「公的」な法、したがって、公法の本来的な典型であり、そして、私法の正反対の対立物であるところの、ひとつの法領域が存在する。この法領域は「国家法」である。なぜなら、国家法は、国家を一般性として、全ての諸個人と全てのその他の諸団体を国家の諸構成員として、捉える法であるからである。この法は、〈それにとって国家がたんに特別性であろうところの〉法的に組織された一般性〔すなわち、国家をその一部分とするより大きな存在――訳者注〕は存在しないので、いかなる立場からも個人法とはみなされえない。国家法は、それゆえ、全てのその他の公的団体法から、国家自身がその他の共同諸存在（Gemeinexistenzen）から区別されるのと類似の方法において、区別されるのである。国家法は、主権的な共同団体としての国家の性質が考察される限りで、全ての諸概念と諸制度の特別の刻印を示さなければならない。しかし国家がいつでも人間的共同団体の間での唯一最高の共同団体であり、そして、社会的有機体の一般的諸メルクマールとの関連においてそれらと同種類のものに留まっているように、国家法もまた、その場所を、公的団体諸法の総体家屋のなるほど頂点に、しかしその内部において、有するのである。それゆえ、全ての国家法的な基本諸概念は、対応する団体的な諸概念の上昇とみなされるのであり、そして、国家法の内的構造はその時々のケルパーシャフト法のそれと類似している。そしてそれゆえに、公法全体にとっては、〈有機体的結合の最下級の諸段階から上に向かっては国家に至るまで、なるほど極めて不揃いの豊かさと意味において繰り返されるが、しかし、私法的な思想体系に対しては完結した全体として向き合うところの〉特殊の思想体系は、固有のものである。

公法の諸概念の体系は、〈私法が諸ペルゾンの「外的」生活とだけ関係しなければならないのに対して、国家法は、あらゆるケルパーシャフト法と同様に、総体人格の「内的」生活を規律するゆえに〉、「それゆえに」すでにその基礎において私法の諸概念の体系から分離されなければならない。私法は、完成しそして具体化された諸意思の総計を前提とし、それらの諸意思を諸ペルゾンとして導入し、そして、それらの外的な支配諸領域を規律する。ここでは、これとは反対に、意思そのものの形成と具体化が法規制の対象であり、そして、意思の諸関係が、構成された意思領域の内部で法的に規律される。決してなるほど国家またはあるその他の有機体の内部生活「全体」が、法によって把握されるわけではないが、多数体の統一体への結合と多数体の統一体の中での存続を規律するのも、「もっぱら」法〔だけ〕であるわけではない。しかしながら、意思の支配と意思の被拘束性が問題となる限りでは、むろん共同団体の内的な生存秩序は「法」の秩序である。そして、団体の自然的、倫理的、歴史的、経済的および社会的な統一体が「法的」な統一体として、すなわち、「ペルゾン」としてもまたみなされるべきであり、そして、それらの諸部分の特別性の存続が、自然的、倫理的および社会的な意味のみならず、「法的」な意味をもまた持つべきである限りでは、統一体と多数体の関係をひとつの有機体的な全体において規律するところのものは、諸「法」規である。

そうであるとすれば、明らかに公法においては、私法には全く知られていない内的生存秩序の諸関係とともに、私法においていかなるアナロギーも見いだされない全く新たな一連の法の諸概念もまた、始まるのである。〈それらの刻印と専門語のためにはただケルパー的な有機体の像だけが素材を与えることができ、そして、長い間伝承されてきているところの〉これらの法諸概念は、「特殊」の諸概念として認められなければならない。

とりわけ、公法における「人格」という中心概念は、私法におけるとは別の思想内容を受け取っている。権利主体であるという一般的メルクマールのみが、至るところでペルゾン概念において繰り返されている。それを超えて、しかし、私法は、ペルゾン概念においてまさに〈公法が無視しているところの〉諸メルクマールを刻印している。なぜなら、私法は、個人人格の概念において、あらゆる意思の担い手を〈自己のために完結しそして外部に向かって徹底して自己自身に基づく〉支配領域の中心点として設定するからであり、そして、それがある共同存在と国家さえをもそのクライスへと引き込む限りで、それらにもまた、法人および国庫の概念においてこの種の個人人格を付与するからである。公法は、これとは反対に、国庫として諸個人と同列に立つという国家の特質について、個人として諸権利を有するという個人の特性についてと同様に、完全に無視し、そして、それゆえに「公法」の人格概念のために、ただ一般性と特別性相互の関係から生ずるメルクマールのみを残している。国家法はそれゆえ国家人格において、ケルパーシャフト法はケルパーシャフト人格において、国家またはケルパーシャフトの本質から〈それらの人格を総体人格となすところの〉諸特性を取り出している。あるペルゾン総体に内在する統一体として、独立の個別諸存在から構成される総体存在として、ある多数体において生きている全体として、国家は公法的ペルゾンであり、ケルパーシャフトは公法的ペルゾンである。逆に、諸個人について、あるいは総体団体に対する関係における部分諸団体については、公法は、その人格を総体人格（Gesammtpersönlichkeit）の中での「構成員人格 Gliedpersönlichkeit」へと作るところの諸特性を強調している。公法は、それらの諸特性に、それゆえ、全体の生ける諸構成員として、総体へと結合された部分存在として、なるほど固有の、しかし一般性への所属性をとおして条件づけられそして決定された、ひとつの人格を与えるのである。それゆえ、ここでは、ペルゾンの本質として、対自存在（Fürsichstehen）の代わりに関係（Relation）が、並列の代わりに上位秩序と下位秩序が、人格の原則的な平等性の代わりに人格のゲマインハイト的な存在と構成員的な存在のその二重の現象形態における原則的な差異性が、現れる。そして、そのようにして、〈私法的思考には、ペルゾン概念のその解釈からは完全に捉え難いものであるに違いないことであり、そして、それとともにそれでもしかし、国家法の可能性が存在しそして終了するのであるが〉、全体とその諸部分が相互の関係において諸ペルゾンとして諸権利と諸義務を有することが、可能となるのである。

国家またはその他の団体が法的に秩序づけられた総体存在（Gesammtexistenz）であるときは、そのような存在を「基礎づけ」、「変更し」または「止揚する」ところの諸経過もまた、それらのその他の意味と並んで、「法的諸経過」の性質をもたなければならない。それらの諸経過にとってもまた、私法は、アナロギーを提供しないであろう。むしろそれらのためには、〈その本質が私法の諸行為によって求められた意思の「形成」の代わりに、意思の「組織」であるところの〉「構成的〔設権的〕な」法経過（ein konstitutiver Rechtsvorgang）という新たなそして独特の概念を必要とする。そのような構成的経過は、自然の成長と経過が問題となる限りでは、法律的に構成的慣習（eine konstitutive Gewohnheit）として現れるであろう。しかし、それが意図された意思行為において存する限りでは、それは、〈その場合、再び、あるときは総体行為、あるときは個別行為でありうるが、両者の場合においてしかし契約または処分という私法の対応する諸経過とは、内的には何ものをも共通に有しないところの〉構成的意思行為として理解されなければならないであろう。

類似の方法において、私法に疎遠な法経過が、〈それをとおして、あるペルゾンがゲマインハイト的な有機体の構成員ペルゾンとなるか、または、そのようなものから解き離されるところの〉一方的または双方的な意思行為において存在するであろう。構成員の任意であれ強制であれ、加入または脱退は、〈人格の一片を他の人格に編入し、あるいは、個人的な特別性に返還されることによって〉この構成員そのものにとって義務的な種類ものではなく、人格そのものの変更である。総体人格のためには、しかし、構成員の採用または除名は、〈それをとおして総体人格がその固有の法的存在の拡張または制限に関する処分に出会うところの〉ゲマインハイトの意思行為である。

公法秩序は、さらに一連の独特の法の諸概念を、それらがそれらの構成において共同団体のケルパーを形成する「諸要素」を確定しそして限界づけなければならない限りで、必要とするであろう。公法秩序は、ここでは、総体人格の自己自身との同一性のために「本質的な」諸要素としての「実体 Substrat」の概念へと到達し、そして、それとは〈それらの交替、増加および減少が全体の法的本質にとって重要ではない〉個別の諸部分を区別するであろう。

一連の諸団体においては、一定の「物的な実体」の存在が概念的に要求されるであろう。とくに国家法は、今日の国家が一定の土地（Land）と解き難く結合した共同団体であるゆえに、「領土 Gebiet」を国家の存在実体として設定するであろう。法は、それから、一方では、領土、その境界設定、そして編成という外的な概念を、規律しなければならないであろう。法は、しかし、他方では、領土の概念を、土地（Grund und Boden）についての一定の法律的特性としてその内容に従ってもまた固定し、そして、境界を確定し、そして、ここから領土支配および領土帰属性という法の諸概念へと到達しなければならないであろう。この場合、法は、とりわけ〈大地 Boden の領土特性と《私法的な所有権の客体であるという》その同時的な特性との間の、そして、ここから結論づけられる、同一の有体的な対象についての二種類の人間的支配諸関係との間の〉法的な境界設定を必要とする。

いつでもしかし、共同団体の本来的に生きている実体は、「ペルゾン多数体」であるであろう。そして、それゆえ公法にとっては、〈この総体への人的所属性がそもそもあるのかそしてどこまであるのかを規律するという〉さらなる課題が成長する。とくに国家法は、国家の国民（Volk）という法律的概念を設定するであろう。国家法は、その場合、第一に、外的な関係において、国民への所属性を固定しそして境界づけるであろう。第二に、しかし、国家法は、国家所属性をとおして国家的有機体に編入される人格の断片と、個人法のためであれ生活活動のためであれ他の諸団体の構成部分として自由に留まっている人格の断片との間の、境界を引かなければならない。ここに、その場合、〈個人とその他の諸団体に一定の領域を国家団体によっては触れられない法領域を保証するのみならず、国家のためにもまた端的に不可侵の法領域を保証するところの〉個人的なそして団体的な基本的諸権利または自由諸権利の観念が根ざしている。

「国家所属性 Staatsangehörigkeit」そのものは、あらゆるケルパーシャフトの構成員地位と同様に、この基礎の上に、独特の種類の、法的に取得されるべきそして失われるべき人的な「権利」として、性格づけられる。この権利の一般的な内容は、国家の総体人格の内部での構成員たる地位である。いかなる個々の諸権利と諸義務がしかしこの概念内容によって与えられているかは、実定法によってさまざまに規定されている。国家所属性の概念において国家全体への「消極的」な関与のみが本質的に含まれているという解釈が支配するとすれば、「臣民Unterthanenschaft」の概念が成立する。反対に、国家ケルパーにおける「積極的」構成員地位が国家所属性の概念の中に見出されるときは、それは「国家市民権Staatsbürgerschaft」へと高められる。国家所属性から流出するような、一般的な国家市民の諸義務と諸権利は、国家構築の基本諸要素として、はじめから原則的な固定化と境界設定を必要とする。その場合、国家生活への一定の系列の参加権があらゆる国家所属員に不可侵のものとして保証されるべきであるという観念が主張されるときは、いわゆる政治的または国家市民的な基本的諸権利の概念が成立する。

諸ペルゾンの総体は、いまやしかし国家ケルパーを、相互間で平等な諸アトムの総計としてではなく、それは、国家ケルパーを、このことが大部分の諸ケルパーシャフトにおいて繰り返されているように、一定の国家法的な「編成」において構成している。この編成は、いかなる国家においても全く欠けておらず、しかし極めてさまざまに形成されている。

臣民の概念が展開されている場所では、国家所属員たちは、「支配者」と「被支配者」という厳しく分離された諸クラスへと分れている。その場合、ところで支配者が個人または民衆でありうるとしても、支配者だけが国家生活の担い手として考えられ、被支配者たちは、これとは反対に、だいたい領土と同様に、国家ケルパーの死んだそしてたんに客体的な実体として観念されている。国家市民概念の発展とは、それゆえこのような分離は調和し難い。なぜなら、国家の生活があらゆるその構成部分において脈打つとき、ただ支配するだけの国家構成員も存在しないし、端的にただ支配されるだけの国家構成員も存在しないからである。

これに対して、全民族において生きる有機体としての国家の解釈とは、〈公法秩序が、すべての国家構成員たちのもとで一人にであれまたは多数者にであれ、国家ケルパーにおけるひとつの極めて「圧倒的」な地位を割り当てること〉は、極めて十分に調和しうる。とくに一人のペルゾンが全ての他の国家構成員に対する関係で、国家ケルパーのための特殊のそして独特の意味を有することは、君主制の本質において存する。君主は、ただ憲法をとおして国家生活の主要な機関へと任命されるにすぎない通常の国家構成員として現れるのではなく、国家ケルパーの「ハウプト」として、すなわち、初めからとくに資格を与えられた、端的に本質的な、その内的な性質をとおして全体のための卓越した活動のために召喚された構成員として現れる。公法がこの君主の地位を制定しそして限界づけることによって、君主に、国家についての〈自らを国家人格の内部でのきわめて高く上昇された構成員人格として資格づける〉固有の権利を付与する。ひとが君主のこの権利を歴史的用法に従ってフュルスト的「主権」と呼ぶ場合、ひとが、ただ〈この主権性が（それがそもそもただ国家主権性のたんに代表者ではない限りで）国家にも法にも基礎づけられず、ただその他の国家構成員に対する関係でのみ基礎づけられること〉に固執するときは、それに反対しては何ものも想起されるべきではない。王冠の権利は、例えば自由国家における最高の官職の権利のような官職権（Amtsrecht）ではなく、例えば国家市民権または階級的権利のような「固有」の権利であって、国家法的な体系においてもまた、国家ケルパーの基本諸要素のもとで取り扱われなければならず、そして、例えば、国家の組織の理論の中へと指示されてはならないのである。

国家構成員たちの下でのこの徹底した諸差異を別とすれば、構成員地位のいくつかの種類のその他の「諸段階」が存在しうる。性、年齢、出自、宗教、精神的能力、職業、地位、財産、そして、いくつかの種類のその他の諸要素が、〈それらの各々において国家所属性が独特の内容を受け取り、多様な種類の諸上昇、諸弱化および諸ニュアンスを経験するところの〉国家法的な諸クラスまたは諸グループの形成のための基礎を与えることができる。このこともまた、国家ケルパーの根本的構成の諸修正である。

最後に、とりわけ重要であるのは、国家ケルパーの〈そこから再び一連の独特のそして私法には疎遠な法律諸関係が生ずるところの〉「団体的」編成（korporative Gliederung）の関係である。なるほどケルパーシャフトがそもそもまたは一定の諸関係のために国家に対する関係でただ特別存在としてのみ考察される限りで、国家の中でのその公法的地位もまた、個々の市民の地位に等しいかまたはそれでもしかし類似のものであろう。独特の法律諸関係は、しかし、ケルパーシャフトが国家に対する関係でより狭い共同団体として、すなわち、国家全体と個々の国家市民の間の中間有機体として、考察される限りで、登場する。なぜなら、ここでは、まず最初に、自己のための共同団体であることとの特性と国家の構成部分であることとの特性という、二つの諸特性の間の境界の線引きを必要とするからである。それゆえ、そのような団体については、人格の私法的および公法的側面のみならず、公法の領域の内部でも、この人格そのもののゲマインハイト的な意味とその国家のための構成員たる意味とが区別されなければならない。ところで、しかし、より狭い団体の構成員たる地位が及ぶ限りでは、多かれ少なかれ拡張される法は、国家に挿入される有機体の外的生活のみならず、「内的」生活についてもまた、国家に帰属するであろう。構成員地位、組織および生活活動一般の成立と変更、構成、取得、内容と範囲は、より狭い共同団体にとっては、彼の唯一の意思をとおして決定されるのではなく、ある程度まで国家的意思支配の領域を形成するであろう。そして、類似の方法において編成された諸ケルパーシャフトにおいてもまた再び見いだされるところの、これらの法律諸関係は、事実、私法には全く疎遠なものである。なぜなら、私法においては、自明のことながら、あるペルゾンの内部に法〔権利〕を与えることはできないからである。国家法においては、しかし、まさにこれらの法律諸関係は、法的な国家ハウスの根本的な諸基礎に属しており、そして、それらの等しからざる刻印は、国家の性格における本質的な諸モメントを決定するのである。それは、ただ次のことが想起されることのみを必要とする。すなわち、この団体的な編成は、さまざまな生活諸目的のために分かれうるのみならず、同一の諸目的のためにもまた、幾重にも重なり合って層をなしうること、〔そして〕、統一体国家においては、諸ゲマインデ、より上位秩序またはより下位秩序の地方自治体的および地方的な諸団体の総体権は、国家の根本的な構成にとって決定的なこれらの諸基礎の下へと属すること、〔そして〕、最後に、ひとつの総体国家への個別諸国家の連邦国家的な挿入（bundesstaatliche Zusammenfügung）もまた、同一の思想の上昇としてのみ現われ、そして、それゆえ、編成された統一体国家に対するその概念的な境界設定も、国際法的な国家同盟（völkerrechtlicher Staatenbund）に対するその概念的な境界設定も、〔いずれをも〕唯一、総体人格の等しからざる種類の編成の視点の下にのみ知ることができること、〔である〕。

ところで、しかし、国家法がそのように〈それらから国家ケルパーが構成され、それらの構成員的な意味と地位において確定されそして限界づけられるところの〉諸要素をもつとしても、それは、内部的な国家存在の秩序に関する任務を、ようやく半分だけ解決してきている〔に過ぎない〕。なぜなら、国家法は、それによっては、ただ、独特の資格を与えられた、国家ケルパーの諸権利と諸義務を備えた諸構成部分の「多数体」の概念に至るまで、到達してきている〔にすぎない〕からである。これらの部分諸存在は、しかし、国家ケルパーにおいては、〈いかなる整理においてひとがこれらの総計を行うかはどちらでもよいような〉たんなる総計へと結合されているのではなく、《我々が「組織 Organisation」と名づけている》整理秩序の全く特定のそして独特の種類をとおしてそれら全てを貫いており、そして、それでもしかし、それらの総計された多数体とは異なっている〉生ける「統一体」の諸担い手となるのである。我々が「組織体制〔憲法〕Verfassung」または「憲法 Konstitution」と呼ぶ諸規範の総括をとおしてこの組織を、それが意思秩序である限りで、法「秩序」として刻印することは、国家法のさらなる課題である。

「法的組織 rechtliche Organisation」の概念、そしてしたがって組織体制法（Verfassungsrecht 憲法）の概念は、ふたたび国家法にとっては、あらゆるケルパーシャフト法と共通であるが、これに対して私法においては、あらゆる類似物を欠いている。私法は、〈個人における意思統一体の成立を秩序づけること〉そして〈同じ個人の個々の意思諸行為において多数体からの統一体的な結果の秩序に従う形成を諸ファクターによって検査すること〉の必要性も可能性も有しない。公法は、これに対して、ゲマインハイト的な諸統一体の諸要素が、法的に承認されたそして外的に目立った意思の諸具体化でさえあるゆえに、全体の統一体的な存在（einheitliche Wesenheit）を構成する内的な生活秩序そのものを、その諸定款の領域へと導かなければならない。公法は、部分諸存在のあらゆる衝突の場合に、意思と行為の統一体へと導く有機体的過程を法的に規律しなければならない。公法は、〈それらの存在のゆえに、ゲマインハイト的な生活に由来する何らかの意思行為を「法律的」にもまた意思とみなし、そのような意思によって産出されるそのような行為を「法律的」にもまた総体人格の行為とみなすところの〉一連の外的に確立されるべき諸条件を確定しなければならない。それゆえ個人において内的な「決」心（Entschluß）として法から取り出されるところのものが、ここでは「決」定（Beschluß）として法の下に帰し、個人においては考慮、衝突そして決定として純粋に内的に遂行されるところのものが、ここでは、法的に秩序づけられた審議、論争そして表決へと至る。そこ〔個人〕では、身体的および心理的な諸法則をとおして個人性の行為として確立されることがらが、ここでは、ゲマインハイトの一定諸部分によって行われた、〈その行為に関しては、《その場合に全体がその諸部分をとおして行為するのか、それともこれらの諸部分が同時にそれとして現れる特別の諸存在の行為が存在するのか〉を法の法則（Rechtsgesetz）が決定する》ところの〉行為へと形成される。総体生活におけるあらゆる法的に重要な生活過程のために、これによれば、それがそもそも法律的に総体人格そのものの生活過程そのものとしての意味をもつためには、「組織体制〔憲法〕適合性〔合憲性〕Verfassungsmäßigkeit」という要件が結果する。

　あらゆる有機体においては、ところで、しかし、生活の統一体は、〈全体の特定諸部分または部分諸複合体が、全体の「諸機関」として、特定の「諸機能」を引き受けることをとおして〉活動する。有機体が高度に発達すればするほど、それだけ一層決定的に、これらの諸機関は形成と活動に従って相違し、それだけ一層より多く労働分配が成長し、それだけ一層独立にそれらの生活領域における諸機関は機能する。しかしながら、そもそも有機体が存在する限りで、全てのこれらの諸機関において、〈偏在しかつ全てを決定する統一体として、ある機関のあらゆる行為において現在しそして有効であるところの〉、〈そのためにそしてそれをとおしてあらゆる機関が存在しそして機能するところの〉、そして、〈その存在が諸機関の一時的な争いをとおして震撼させられ、その確定的な不調和をとおしてしかし破壊されるところの〉ただひとつの生活個人性が宣言される。自然的な有機体においては、このこと全ては、法的に無作用である。社会的な有機体においては、諸機関の形成と有効性は、極めて非常にそれがたとえここで同時に自然的および歴史的経過であるとしても、一定の範囲においては「法」の対象である。そして、そのようにして、ここでは再び、総体人格の〈共同生活の特定の生活機能のために組織体制的に使命を与えられた〉構成部分としての「機関 Organ」という、私法には完全に疎遠な「法概念」が成立する。任意代理人 Stellvertreter、後見人 Vormund、被授権者 Bevormächtigter など、要するに他人のために行為するペルゾンの私法的概念とは、ゲマインハイト的な機関のこの概念は、内的には何ものも共通には有しない。なぜなら、機関は、他のペルゾンのために意欲しかつ行為するのではなく、総体人格が、その機関をとおして意欲しかつ行為するのである。組織体制的にそのための使命を与えられた機関が組織体制的に機能するや否や、生命体として法において活動するのは、全体そのものの統一体であり、不可分のゲマインハイト的なペルゾンであるからである。

個別においては、国家法は、まず最初に、国家の諸機関を国家ケルパーにおける「客観的な諸制度」として数、種類および作用領域に従って規律し、それらの諸権限を相互の関係で境界設定し、個々の国家諸構成員に対するそれらの地位を確定しなければならないであろう。ここから、〈その内容が、絶えず、一方では、国家的な意思支配の行使のための権限であり、そして、他方では、いずれにせよ現象へと到達する国家意思の下への服従であるところの〉独特の国家的な法律諸関係の見過ごしえない豊かさが結果する。多様な諸機関は、その任務に従って法的に極めて不揃いに形成されるのみならず、国家におけるその地位もまた、徹底して不揃いの種類のものであるであろう。法は、それらの上位秩序と下位秩序を確定するであろう。法は、それらの諸機関が国家のために本質的であるかそれとも非本質的であるかを区別するであろう。法は、永久的なそして必要的な機関諸形成と並んで、一時的および随意的な機関諸形成を規制しまたは可能にするであろう。とくに、しかし、主要諸機関の下位諸機関への解体と個別諸機関の総体諸機関への総括が行われ、間接的および直接的な諸地位、独立的および従属的な諸地位が明らかにされるであろう。そして、有機体全体は、頂点から基盤へと至るまで、最も多種多様なより広いそしてより狭い機関諸複合体へと自らを編成するであろう。それゆえ、例えば、立憲君主制においては、直接的および完全に独立した国家の基本諸機関としては、ただ王位、選挙人諸集会、国民代表および諸裁判所だけが認められ、全てのその他の諸官庁、諸役人、諸同僚および諸委員会は、法的にこれらの基本諸機関の下位諸機関として置かれるであろう。下に向かっては、それから最後に、さらに、国家機関の制度と〈国家生活において登場する国家と個別諸ペルゾンの間の代理権、雇用契約などの〉法律諸関係との間の実際上不明瞭な限界の法律的な固定化を必要とする。

国家法は、それから「主体的」な関係においては、諸機関地位を行使する〈それらの構成がまさに交代しうるものであるところの〉個々の国家構成諸部分の召喚と配置を規律しなければばらない。召喚に関しては、直ちに差異が生ずる。一部分、すなわち、一定の構成員たちは「そのもの」として組織体制〔憲法〕自体によって有機体的な諸機能のために任務を与えられる。例えば、絶えず立憲君主制においては、〈ケルパーのハウプトとして同時に最も重要な国家機関である〉王も、〈選挙諸機能について完全な権利を有する諸構成員として召喚される〉決定能力ある市民も、そうである。階級的および貴族制的な組織体制的諸要素の場合には、全ての政治的に特権を有する人々〔諸ペルゾン〕は、そうである。団体的に編成された国家においては、〈国家の名において国家生活のある諸機能をそのようなものとして履行しなければならない〉全てのより狭い諸団体は、そうである。他方では、しかし、組織体制〔憲法〕は、「特別の意思行為」をとおして特定の国家の諸構成部分を一時的または永久に有機体的な国家の地位へと召喚することを、制定された国家機関に譲渡する。それに属するのは、〈王位、選挙人集会、ケルパーシャフト、あるいは、何らかの官庁の、組織体制上の行為として、いつでも国家そのものの行為として現れるところの〉（諸同僚団の自己補充を含む）あらゆる任命または選挙である。任命されまたは選挙されたペルゾンの側からは、ここでは、あるいは自由な意思におかれた有機体的地位の承諾を、あるいは強制可能な有機体的地位の承諾を、必要とする。契約は、この二面的な意思行為においては、それが両方の側に完全に自由であるところでもまた、構成員の採用と加入におけると同様に、存在しない。むしろ国家は、ゲマインハイト的な意思行為をとおして機関を自らに制定し、個々人は、しかし、一定の有機体的地位の客観的に規制された領域の中へと歩み入る。それゆえ、例えば、国民代表（Volksvertreter）の選挙や委任の承諾においては、官吏の任命および官職の引受けにおけると、全く同様の関係にある。しかしながら、いつでも国家機関としての地位は、人格のただ一部分だけを把握するに過ぎず、その他の点では、人格は触れられないままであるので、この関係においては、規範的な限界づけと確定を必要とする。そして、その場合、総体人格としての国家とその機関としての官職の担い手との間の関係には、一方では国家と他方では官吏の自由な人格との間の諸関係もまた、関連する限りでは、むろん、それとの関連において契約の概念もまた許されるところの個人的な法律諸関係が、存在する。——有機体的地位の取得に関する諸規定には、もちろん、その地位の自由意思によるまたは非自由意思による喪失が対応しなければならないであろう。国家機関としての地位を通して生み出される人的な法律諸関係、諸権限ならびに諸義務は、少なからず規律を必要とするであろう。最後に、ある機関が一人のペルゾンによってではなく、同僚団によって構成される限りでは、このペルゾン総体の内的生活は、法秩序をとおして〈そのような機関が統一体的な意思力として働くことができる〉ように、規律されていなければならないであろう。ここからは、指揮、審議そして表決に関する、召集、決議能力および多数に関する、同僚団的諸集会一般の業務規定に関する、〈再び国家法には、ケルパーシャフト法と共通であるが、私法にはしかし内的に疎遠であるところの〉

公法的諸規範の豊かさ全体が現れる。

国家法がそのように国家人格の法的な制定を完成し、それらの諸要素を法的に固定し、そして、その有機的組織を秩序づけた後には、国家には、最後に、「国家的な生活活動の内容」と〈これが法によって把握される限りで〉取り組むという任務が残っている。国家法は、国家のさまざまな生活領域を相互に境界設定するであろう。国家法は、あらゆるこれらの諸領域で、国家活動の諸機関、対象そして法的な諸形式を決定するであろう。国家法は、〈様々の国家の諸構成部分の間の、あるいは、国家とその構成部分との間の、この活動の産物として生ずる〉公法の諸関係を規律し、そして、個々の諸権限と諸義務へと分解するであろう。

個別においては、この場合、国家法は、国家的な生活諸機能の先にすでに主張された「三分類」から出発し、そして、これらの領域の各々に国家的な意思支配を実現しそして限界づけなければならないであろう。「立法」に関しては、国家法の課題であるのは、一方では、立法の諸機関、諸対象および諸形式を、それらの様々な諸分枝、とくに本来の立法、命令およびたんなる規則において固定し、そして、相互に限界づけることであり、他方では、立法権力の非国家的な法創出に対する関係を確定することである。

類似の、しかし極めて多くより広範な課題が国家法に生ずるのは、「裁判 Rechtsprechung」に関してである。裁判組織の理論においてはそれらの諸機関が、裁判官の権限の理論においてはそれらの諸領域が、裁判手続きの理論においてはそれらの諸形式が、規律されなければならない。至るところで、ここでは、全てのその他の国家的な諸機能に対する関係で、ここでは国家的活動の積極的内容を構成するところのものがまさに「法」であるゆえに、法律的な関係における諸特別性をめぐって登場する。国家的な支配意思は、この領域では、〈特定の諸機関によって特定の諸関係において特定の諸形式の遵守のもとに法〔権利〕が語られる〉「こと」というただ形式的な内容のみを有するにすぎない。これとは反対に、裁判官の活動の実質的な内容である、判決の「何であるか」は、全く排他的に〈国家的意思ならびにあらゆるその他の意思に独立に向き合う〉法をとおして決定されている。諸裁判所は、それゆえ、「国家」諸機関であるのみならず、同時に直接的な「法」の諸機関でもある。それらは、形式的な関係においては、〈それらをとおして法の保護という国家の課題を達成する〉国家の諸機関である。それらは、しかし、実質的な関係においては、〈それらをとおして個別の生活諸関係への法の具体的適用において法が宣言されるところの〉法の直接的な諸機関である。それゆえ、公法の特別の分枝としての「訴訟法」が国家法から解放されていることは、たんに外的諸理由にのみならず、内的諸理由にもまた基づくのである。ただ、将来においては、これまでただ私法と刑法の諸領域のみに遂行されているところのものが、公法全体に関する裁判に関してもまた、実現されなければならないであろう。

最後に、国家法は、〈それらの諸活動をとおして国家が諸法律の基礎の上にそして必要の場合には裁判官によって確定されるべき法の諸枠の内部で、その積極的な生活諸目的を対内的および対外的に追求するところの〉「自由な諸活動」の領域のための諸規範の豊かさを設定しなければならない。「広義における行政」あるいは「執行」と呼ばれるこの活動は、非常に様々の諸視点に従って、個別諸機能へと分解される。それに属するのは、外国の諸強国との交際における平和時および戦時の活動全体、国家的な財政経済、治安制度・健康制度・救貧制度・交通制度および風紀制度の下位諸部門を伴ういわゆる国内的な行政または警察、学校、科学、文化および宗教のための配慮を含む文化保護、ならびに、最後に法の領域において強制執行と刑罰の執行である。全てのこれらの諸領域では、国家的な諸高権が固定されそして限界づけられ、それらの行使のための諸機関が確定され、手続きの諸形式が規定され、そして、その場合に登場する公法の諸関係をとおして国家または国家諸構成員のために基礎づけられるところの諸権利と諸義務とが規律されなければならない。この提出された素材の一部が「行政法 Verwaltungsrecht」として国家法から切り離されるときは、このことはただ外的な諸理由に基づくに過ぎないのである。——

この概観から、事実、先に指摘されたように、国家法の概念体系は、私法の概念体系から「特殊的」に異なっており、これとは反対に、団体的（コルポラティフ）な諸概念の体系においては、縮小化された尺度における相似体が見いだされることが明らかとなる。それゆえ、このことをザイデル（Seydel）が試みたように、国家法の体系をパンデクテン体系の型紙への寄る辺なき依存においてその対象に従う公的諸権限の区別の上へと基礎づけることを欲すること以上に誤りであるものはありえない！　あらゆる健全な体系論は、むしろ、ここでは、固有の、私法においては全く存在しない思想から、個別存在からの共同存在の法的構築から、出発しなければならないであろう。この場合、公的な諸権利と諸義務の個々の諸種類がどのように分類されるかは、詳論されないままに置くことができよう。いずれにせよ、体系的な編入に際しては、それらにおいて表現される主体＝または客体関係の形式的性格が問題になるのではなく、ただ、国家的な有機体の全体構造に対するその地位だけが問題となるにすぎないであろう。——

我々がしかし遡ってまなざしを向けるときは、以下のことが明らかとなるであろう。すなわち、支配的な国家法理論は、国家と法の基本解釈との関連において、および、国家的な個別諸概念の刻印と体系論との関連において、健全な、発展能力のあるそして近代的な意識に適切である思想を包含している。より新しいそして最近の国家法諸理論は、これらの思想を動揺させてもいないし、より良いものをとおして補充してもいない。それらの理論は、しかし、有機体的な国家観の諸深部から湧き出る諸理念の発酵しているカオスから、柔軟で透徹した明瞭な法律的諸概念の諸建築物を、結晶させるためには、この困難なそして錯綜した領域におけるひとつのそして力強い精神作業がさらに要求されることを、警告しているのである。

【本文終わり。本論文に注はない。】

3．新旧のドイツ帝国（一八七四年）

オットー・ギールケ『新旧のドイツ帝国』（一八七三年一二月七日ブレスラウで行われた講演）（Das alte und das neue deutsche Reich. Vortrag, gehalten zu Breslau am 7. December 1873. von Otto Gierke, Professor der Rechte.Berlin 1874. C.G. Lüderitz'sche Verlagsbuchhandlung. Carl Habel. S.3-35.）

I

一八七一年一月、ブルボン家の人々の征服された王座から、ドイツ皇帝が、ドイツ民族に〈それが世界史の厳粛な時間においてのみ聴き取られるような〉言語において、帝位の引き受けを告知したとき、そこでは、彼は、ドイツ帝国の「再」設立について語ったのである。公然たる反響を、しかし、この皇帝の言葉は、ドイツ民族の心の中に見出した！　かつて占められていたものが、ドイツ民族の心にもまた「再び」獲得されて、すでに一度生きていたところのものが「再び」よみがえり、〈長い間、墓場に運ばれてしまっており、そして、それでもしかし、民族の魂の中で永遠に死んでしまってはいなかったところのもの〉が、「再び」燦然たる壮麗さにおいて生まれたように、思われた。しかり、外国においてもまた、種々に、この新たな帝国が長い間過ぎ去った時代の影を呪文を唱えて呼び出すかのような観念が、働いたのである。まさに、「この」観念が、諸隣国の嫉妬と猜疑によって大いに利用された。文化敵対的な復活というレッテルのもとに、ひとは、とりわけフランスからは、新国家を文明化された世界のもとで中傷し、そして、もしかすると我々固有の民族のある部分を嫌がらせようと求めた。そして、しばらくの間、そのような信念の上に、ローマ教会すら、中世的な諸伝統の実り豊かな復興の希望を基礎づけたのである。

そして、それにもかかわらず！　より少なくない決然性をもって、それは言われてきており、最も明瞭な意識をもって、それは統治者たちによっておよび民族によって個別の諸部分へとまで確保されてきている。すなわち、この帝国は、「新」帝国である、と。それは、より古い国家建造物の継続では「なく」、過ぎ去った時期の修復では「なく」、〈我々すべての人々にとってはまだ「現在」であるところの〉偉大な、世界を震撼させる年々の溌剌とした子供である。「新」建築は、我々生きている人々が最も固有の力から遂行するところのものである。世代から世代へと相続されたのではなく、〃「我々と共に」生まれている〃のが、その法である。最も完全な言葉の意味における「新たな」設立が妥当するという確信をもって、ひとは、すべての諸側面から作業に赴き、そして、しばしば十分に、すでに、その存在の短い時間の中で「新」帝国は、精力的にあたかも「旧」帝国の相続人であるかのような誤りを退けなければならなかったのである。

この矛盾は、どのように解決されるか？　我々は、ここそこで人を欺く思い違いと戦わなければならないのか？　あるいは、もしかすると、一方の解釈が、他方の解釈のように、その意味において正当であるのか？

我々は、事実、正当に理解されるならば、それら「両者」が正当である！　ように思われる。

「一方では」、旧帝国と新帝国の外的、形式的、「法律的」な連続性が存在し「ない」ことは、疑いがない。そのような連続性のあらゆる可能性そのものが、〈一千年の神聖〔ローマ〕帝国の静かな埋葬〉と〈新帝国の千の大砲の砲口によって歓迎される誕生〉との間に流れたところの、出来事の多い六十年間以上の時間をとおして、排除されている。一度だけではなく、少なくとも三度、この中間の時代において、国民は、既存の政治秩序が瓦解するのを見、そして、新構築を実行し、または、試みたのである。なぜなら、我々ドイツ人たちには、既存の帝国の安んじた継続的発展において、諸対立の融和のもとで、我々の国家へと到達することは、許されなかったからである。我々のもとでは、しばしばかつての生命力ある諸形式が、〈それらが《自らを新時代の諸理念をもって満たし、そして新たな諸状態に適合させる》能力を完全に失うまでに〉あまりにも強靭にかつ頑固にそれらの精神的内容を生き延びさせたのであり、そして、いまや、さらに、ただそれらの諸形式の革命的な破壊から、そして、諸断片の徹底的な組み合わせからのみ、救助が復活することができたのである！　そして、〈流血の闘争と暴力的な強制なしに自らを全体の調和に結合させるために〉、余りにも一面的にかつ険しく、しばしば諸対立が展開された！　それゆえ、旧帝国もまた、その生存の終わりには、掴みうるカリカチュア、放浪する死体となっており、そして、若々しい青春の民族のいまだ極めて力強く活動する生命は、それに新たな生命の息吹を吹き込むことができなかった。旧帝国が、哀悼されずにそして半ば忘れられて、革命の諸疾風に斃れたとき、旧帝国は、永久に死んでおり、そして、過ぎ去っていた。そして、かつてそれ以来ドイツの統一の表現のために計画されそして実行されたところのものが、個別諸国家の生き延びている諸形成物に、そして、国民の拘束されない諸力に、自ら結びついたのである。しかし、新帝国が旧帝国とのあらゆる外的な関連を欠くときは、新帝国は、例えば、旧帝国の「相続人」としてもまた、みなされてはならない。我々は、外的には、諸権利も諸義務も旧帝国から承継しておらず、そして、最も完全な自由において、我々は、〈ひとが我々に、我々自身の時代の諸需要と諸理想との矛盾において、過去の遺産として、無理に押しつけることを試みることが出来るかもしれないところの〉すべてのものを拒絶することができる。直前の諸世紀の悲惨のみならず、旧帝国の最も壮麗な時代における中世の諸理想もまた、新帝国には疎遠であり、そして、新帝国には、永遠に疎遠なものにとどまるべきである！

「他方」では、しかし、あらゆる直接の関連のこの欠缺が最も弱視の目にも明らかであるとしても、少なからず取り消しがたく、より高くそしてより広く眺めるまなざしには、旧帝国と新帝国の間の内的、実質的、「観念的」な連続性が、顕現されている。一千年の歴史が比類なき魔力をもって飾ってきている諸名称、すなわち、〃「皇帝および帝国 Kaiser und Reich」〃という諸名称が、「我々」の新構築に栄冠を授けていることは、偶然ではない。なぜなら、その最も内的な核心によれば、〈「ここでもそこでも」そして旧帝国の歴史のすべての諸段階において、絶えずただ異なる外的な「特徴」のみを知ってきていること〉は、「同一の」〈国民的な意識の諸深部において否定しがたく基礎づけられた〉思想であるからである。我々が〃皇帝と帝国〃の再生について夢み、そして、つかみ、そして、最後に財産と血とをそのために投入したとき、我々は、それらが世紀の転換期頃にまだ哀れむべき影の生命を延ばしていたような〃皇帝と帝国〃を、理解することを知ろうと欲したのではなかった！ホーエンシュタウフェンの帝国、あるいは、ハプスブルクのルドルフの帝国でもなく、そもそもどこかの具体的な世紀の帝国でもない。そうではなくて、〃皇帝と帝国〃が、〈その理念が我々の光栄ある過去の「全体考察」から「変化の中で永続しているもの」として明らかとなったごとき〉不死の理念の姿において、〈個々の世紀のすべての偶然の諸出来事によって純化され、そして、老年の悲惨によって精錬され、しかしどのようにしてかその歴史的現実の最も不透明な諸奇形をとおしてもまた輝きを発しつつ〉我々の前に漂っていたのである。——我々が、しかし、ことがらを「そのように」捉えるときは、旧帝国と新帝国の間に、観念的な関連が「存在している」のである！　その場合、我々は、〈まさにたんに一時的な性質のみではなかった極めて多くの伝統が、我々に、旧帝国によって、我々の幸福（Heil）のために与えられてきていること〉を認めることが許される！　その場合、我々は、二つの国家建造物の「内的」な親近性の理解のための正しい鍵をもつのである！　その場合、我々は、極めて多くの「外的」な類似性をも、より古い諸制度の新たな諸制度への極めて多くの「積極的」な影響をも、諸名称と諸形式の極めて多くの一致をも、正当に評価することができるであろう！

これらの諸事情のもとでは、〈一度は、諸特徴に関する取り急ぎの概観において、新ドイツ帝国と旧ドイツ帝国を並置し、そして、対立と類似性とを同時に問うこと〉が、おそらく許されてよいであろう。しかし、法律家である私には、あなた方は、〈この並行を「国家法」の、すなわち、二つの国家ケルパー〔国家団体〕の「法的」現象形式の視点のもとに引き込むこと〉を、許さなければならないであろう。

II

まず最初に、そして、とりわけ、我々が問うのは、旧時代と新時代のドイツ帝国の「基本理念」であろう。そこでは、すべての時代にドイツ人が〝ドイツ帝国〟の概念と語において表現を与えたところのものは、その最も内的な核心において、「同一」の思想であったことが、直ちに示される。それは、「君主政体の形式におけるドイツ民族の総体国家」という思想であった！　この思想は、不変的に確証されたのであり、この思想は、ドイツ帝国の名から切り離しがたいものであったし、〔現在もまた〕切り離しがたいものである。変化したのは、しかし、その実現の種類と程度である。

「我々の民族の総体国家 Gesammtstaat unseres Volkes」は、それゆえ、まず第一に、ひとがドイツ帝国について語る場所で、要求されたし、要求されている。〝民族 Volk〟と〝国家 Staat〟の概念は、決して一致しない。「民族」は、〈言語、法、風俗、信仰、経済、学問および芸術において、国家的な顧慮なしにもまた、生き生きとした生存を有するところの〉自然的および歴史的統一体である。「国家」は、主権的な、〈そこにおいて、ただ人間のゲマインシャフト生活のひとつの個別側面だけが、そして、この側面が、おそらくただ、民族の断片のためのみに、おそらくはまた、諸民族の総括された多数体のためのみに、姿かたちを獲得するところの〉最高の権力内実を与えられた政治的な有機体である。しかしながら、根絶しがたく、あらゆる生命力ある民族の心の中に、〈彼の特別のそして統一的な生存を、特別のそして統一的な「国家」においてもまた、具体化されて見る〉という衝動が生きている。そして、公然とかつ明瞭に、歴史は、〈国家は、まさに「民族」ゲマインシャフト〔共同体〕の上へとその構築を基礎づけるべきであるという〉要求を国家へと設定する。国家において、そして、ただ国家においてのみ、民族はペルゾン〔ひと〕となるのである！　国家においては、その理想的な生存が、統一的な共同団体の現実（Realität eines einheitlichen Gemeinwesens）となる。そして、その〔共同団体の〕統一体は、なるほど感覚をもっては知覚可能ではないが、しかしそれゆえに、我々によるあらゆる個々の人間の統一体よりも少なからず現実的（wirklich）である。そして、その〔共同団体の〕統一体の有機的構築は、ただ〈それ〔共同団体〕が独立の個別人たち（Einzelmenschen）から結合されること〉および〈それゆえに、その「内的」生活はまた、個々人をただ「外的」にのみ把握する法秩序の中へと帰すること〉においてのみ、個別有機体の構築から、区別されるのである。国家においては、国土と住民（Land und Leute）が社会的なケルパー〔団体〕へと結合している。「ハウプト」と「構成員」とは、法的な規約に従って秩序づけられる。「諸機関」は、組織体制〔憲法〕的に、民族意思と民族意識の形式的および二義的ではない表現として整えられる。そして、一つの魂をもった国家ケルパーの無数の「諸機能」が、様々な諸機関の間に法をとおして分配される。ところで、しかし、ただ国家をとおしてのみ、民族は、〈意欲しそして行動する存在として登場し、その内的な努力を力に満ちた行為へと変化させ、そして、最高の地上的な人格として、対外的ならびにその構成員たちに向かって、政治的な生活を展開すること〉の能力を与えられているとすれば、いかにして、民族は、それが民族である限り、「国家」となることを、それゆえに放棄すべきであろうか？　ドイツ民族は、放棄し「なかった」！　むしろいつでもドイツ民族は、〈ドイツ国家が存在する、あるいは、そうでないとしても存在しなければならないこと〉を意識しており、そして、いつでもこの国家を、ドイツ帝国の名の下にそして形式において考えたのである。ドイツの国民性Nationalität が特別の民族性としてゲルマン的世界の核心から作り出された時代から一八〇六年に至るまで、「旧」帝国は存在した。そして、この時代全体において、帝国は、その諸基礎の完全な改変にもかかわらず、いつでも理念においては、ドイツ的国家思想の表現であるにとどまったのである！〈農民戦争以来積み重なっているすべての新たな憲法諸草案が、一度も帝国の転覆を計画せず、帝国の「改革」のみを計画したこと〉、〈国家法の残余が《その中へとけっきょく帝国が移行したところの》ゆるい連邦（Konföderation）にもまた留まったこと〉、そして、〈より多く、さらに民族の目においては、消え去った壮麗の悲しむべき諸廃墟をもまた、国家的な尊厳の微光が照らしたこと〉は、それだけいっそうそうであった。帝国がそれにもかかわらず瓦解した後は、もちろん長い空位期間が続き、そして、そこにおいては、ドイツ国家の外観もまた、脱落した。なぜなら、ドイツ同盟（der Deutsche Bund）は、なるほど――そしてこのこともまた功績がないわけではなかったが――政治的な統一Einigungの細い糸を紡ぎだしたが、しかし、それは国際法的な「同盟」であって、国家ではなかった。それだけいっそうより多く、しかしながら、〈我々の民族が、既存のドイツ同盟に、一度も「帝国」の名を承諾せず、一度も帝国の「萌芽」のみさえもまたそこに認めなかったこと〉は、現在、特徴的である。いつでも繰り返し繰り返し、むしろいまや、ドイツ国家を求めるドイツ民族の消しがたい力強く膨張する要求は、失われた「帝国」への憧れの形式へと衣をまとったのである。「同盟」の構築からは、われわれの民族は、何ものも知ろうとしなかった。同盟は、我々の民族には、ほとんど正当な程度を超えて、軽蔑と嘲笑の的であった。「同盟」は、没落すべきであり、「帝国」は、設立されるべきであった。――そして、そのようにして、帝国は生じているのである！

ところで、しかし、ドイツ帝国は「ドイツ国家」であったし、そして、「ドイツ国家」であるときは、それでもしかし、ここでも、すべての地上的な事柄においても、現実は、決して完全には、理念には対応していない。新帝国においても旧帝国においても、「全」ドイツ民族が、そして、「ただ」ドイツ民族「だけ」が合一されているわけではない。しかしながら、まさにこの点において、新帝国は旧帝国よりも、その理念の実現にはるかに近づいているのである。

新帝国においては、まず最初には、〈我々がすでに長い間歴史の経過をとおして切り離されたスイスおよびオランダのドイツ人たち、および、一度も帝国には所属していなかった東方の民族諸破片を別とすれば〉、旧帝国のドイツ人の構成員たちを「欠いている」。魂の大きな苦痛なしに、我々は、主権的なリヒテンシュタインがないことに気づくし、必然のものとして、我々は、ルクセンブルクの喪失を受け入れるが、しかし、我々は、いつでも、その困難が政治と歴史の拒絶しがたい要求を通しては軽減されていないところの苦痛な犠牲として、ドイツ総体国家からのドイツ＝オーストリアの分離を感じるであろう。ただ、後者〔総体国家〕は、すでに数世紀以来、内的には達成されていたのである。そして、それだけいっそう、我々は、代償を、〈旧帝国にもドイツ同盟にも属さなかった〉ドイツの北東諸マルク、すなわちプロイセンとポーゼンの諸地方の加入において、〈ただ一時的にのみ旧帝国との緩い関係に立っていた〉北部マルクのシュレスヴィッヒの獲得において、そして、とりわけ〈侵略的な隣国によるその喪失が、旧帝国の脆弱さが我々の名に積み重ねてきていたすべての恥辱によって、最も不名誉なものとして我々の心を燃やしたところの〉ライン河のかなたのあの西部諸マルクの再奪取において、見出すのである。

　それから、新帝国においては、そしてそれも旧帝国におけるよりも多く、「非ドイツ人」の民族諸破片――ポーランドの国民、デンマークの国民、フランスの国民が含まれている。しかしながら、ただ、我々の諸境界の保護、彼らと混在して居住するドイツ人たちの正当な諸利益、あるいは、歴史的な発展が、このことを拒絶しがたく要求する限りでのみである！　そのためには、しかしながら、新帝国においては、〈とりわけ旧帝国の力を萎えさせ、そして、ドイツ同盟において自らを継続させた〉あの非常に不幸な関係、――〈帝国の最も重要な構成員たちが立っていたところの〉あの雑種関係Zwitterverhältnisは、中絶している。「プロイセン」と「オーストリア」は旧帝国の諸境界のかなたを支配し、「デンマーク」と「オランダ」は、旧帝国に所属し、あるいは、そうでないとしても、同盟に個別の諸地方をもって所属し、それ以前には、「シュヴェーデン」もまた、帝国議会（Reichstag）における議席と発言権を有し、「ハノーファー」と「イングランド」の諸王位を同一のハウプトが担っていた。それは今日、いかに違っていることか！　新帝国のいかなる構成員も、帝国の土地ではない国土の関税を有せず、そして、ドイツ帝国領域のいかなる税関についても、外国の権力は支配していない。

ところでしかし、すでにこれによって、新帝国は、争いなく旧帝国よりも「ドイツ的」であるとすれば、このために、さらにより大きな強調をもって、「ひとつ」の重要な事情が考察される。新帝国が、すべてのその諸目的および諸目標において、もっぱらドイツのために存在しているのに対して、旧帝国とは〈ドイツの諸境界を越えてのみならず、ドイツの諸利益をもまたはるかに越えて及ぼした〉政治的権力領域が結びつけられていた。私は、〈それによって、イタリアとの結合が両国を巡っての言うに言われぬ宿命をもたらしたが、その場合、しかしながらドイツ帝国とその付随諸帝国の概念的および国家法的な特別性は、たえず維持されたままであったところの〉旧帝国の、一部は一時的な、一部は永続的な、ロンバルダイおよびイタリアの諸王国、ブルグンドおよび他の付随諸国との結びつきには、ただ軽く言及するのみにしよう。しかしながら、私は、特別の強調をもって〈それにより旧「ドイツ」帝国と解きがたくかつ内的に神聖「ローマ」帝国が結びついていたところの〉独特の関係を指摘しなければならない。

おそらく、それは、高貴な大胆な理念、すなわち、「神聖ローマ帝国」の中世的理念であった！　その理念は、起源と名称を〈まず最初に、ゲルマン的戦士の諸軍隊が、驚く眼と熟考する精神をもって、没落においてもまた、《彼らに永遠に与えられ、そして、せいぜいその占有者を交代させることが出来るだけであるように見えたところの》ローマの世界国家のまだ畏敬の念を起こさせる芸術作品を眺めた〉諸時代にまでさかのぼらせたのである。その理念は、ゲルマン人たち自身が、ローマの大地の主人たちとなったとき、引き続き深化されそして改鋳されて、詩によって魔術的な輝きとともに織り直されて、想像力によってメルヘン的な高権を与えられて、ゲルマン的心情から心の問題へとされていたのである。そして、そのようにして、その理念は、〈永遠の神的な命令に従って、キリスト教によって人類が一つの信仰と一つの教会に合一されるべきであるのと同じ方法において、最上位の世界帝国もまた、キリスト教徒の諸民族を平和と法のゲマインシャフト的な紐帯によって抱擁させるという使命が与えられている〉という偉大な思想として、最終的に完成して存在していた。「二つの剣」（Zwei Schwerter）を――と、詩人たちおよび公法学者たちによってほとんど文字通り絶えず繰り返され、ダンテによって詩的に栄光を授けられ、そして、ドイツのザクセンシュピーゲルによって報告された象徴的な理論は言う――、「二つの剣」を、神は、地上における全キリスト教徒の避難所として後に残した。神は、「精神的」な剣〔つるぎ〕を法王に与えたので、法王は信仰と教会の権利を保持する。神は「世俗的」な剣を皇帝に与えたので、皇帝は〈教会が世俗的な腕を必要とする所では〉教会の庇護主人であり、〈諸民族と諸王の上に置かれる〉世俗の最高の裁判官である。信仰箇条がこの二つの剣理論を中世に確立したように、そして、皇帝と法王との間の大闘争においては、当事者たちは、ただ〈皇帝側の当事者が言ったように、神はあらゆる剣を直接にその担い手に付与していたのか〉、それとも、〈法王側の当事者が教えたように、二つの剣をローマの司教〔ビショッフ〕に与え、その後にこの司教が彼の側から世俗的な剣をローマ皇帝にレーンとして与えたのか〉に関してのみ、争ったのである。この世俗的な剣は、ところで、これをローマ帝国の権力だけが意味し、そして、そのハウプトとしての皇帝によって行使された。二つのことが、しかし、これによれば、ローマ帝国権力の中に含まれていた。その点において、第一に、全キリスト教徒に対する最上位の支配者の職務、すなわち、〈それによって皇帝が、なるほど遠く古代の方法において、世界国家のハウプトと観念されてではないが、おそらくしかし、諸君主の中の筆頭者として、すべての支配者権力の源泉として、および、諸民族のすべての諸争訟における最上位の裁判官として、考えられたところの〉世界帝国（das Imperium mundi）が、存在した。そして、そこには、さらに、キリスト教会の庇護の権限と義務、すなわち、〈それによって皇帝は、もともとは真の庇護「主人」として、やがて後には、同権的な誓約ゲノッセ（Schwurgenosse）として、時おりは、もちろんまた、誠実への債務を負わされた法王の臣下として、現れたところの〉「アドヴォカーチオ・エクレシアエ〔教会の弁護士職〕」が存在したのである。

そのような内容を、神ご自身によって設立された、そして、それゆえに〝神聖なる〟ローマ帝国は、有した。そして、この帝国は、それをオットー大帝（Otto der Große）がドイツ国民へともたらして以来、永続的にかつ必然的にドイツ帝国と結びつけられていた。ドイツ王のために選択を与えたのは、法王をとおしての認可と戴冠に対する不可侵の権利であり、ローマ皇帝の地位の「実質的」な諸権利は、決してこの祝祭的な行為には依存しておらず、すでにローマ人の特徴に先立って、選ばれた王に帰属していたのである。

ドイツ国民は、この帝国の相続人であるというその特徴を誇らかに意識していた。より一般的な信仰が、この帝国に不滅性を付与した。アッシリア人たちのもとで、世界支配が始まった。彼らから、世界支配は、メディア人とペルシャ人に来た。アレクサンダーは、それをギリシャ人たちにもたらした。ギリシャ人たちから世界支配はローマ人たちに到達し、彼らのもとで、それはキリストをとおしてその神聖化を見出した。カール〔大帝〕が最終的に世界支配をドイツ人たちにもたらしたのである。すでに預言者ダニエルはローマ帝国を、使途ペトルスは、しかし、そのいつの日にかのドイツ人たちへの移行を、予言していたといわれる。ドイツ人たちのもとに、しかし、ローマ帝国は、いまや世界の終わりまで、すなわち、〈最期の日に最期の皇帝がイェルサレムに進軍し、そして、その金の冠を聖なる十字架の上に置き、帝国が、至高の天上の主人に、ふたたび引き渡されるであろうまで〉、留まるべきであろう。太陽によってすべてのものがその輝きを受け取るように、神聖帝国からすべての高貴とすべての品位はその起源を受け取るのである。そして、太陽が星々の間にあるように、皇帝の尊厳は、王たちとフュルストたちの間に存在している。

おそらく地上の民族は、決して一度も、余りにも大胆な思想を、ドイツ民族が神聖帝国の夢を償ったほど、重く償ってはきていない。ローマの皇帝の帝位においては、〈我々の帝国を、結局、自身から近代の国家思想を生み出す能力がなくなったほどにひどくドイツの諸課題から疎外したところの〉ドイツ外の諸利益とのドイツ国家制度の連鎖が、根を下ろしていた。それら〔ドイツの諸課題〕のために、我々は、もちろんすべての他の諸民族の祝福のために、我々の力をヒエラルヒーとの力づくの闘争において汲みつくさなければならなかった。ローマの王冠は、ドイツ王をして、イギリスおよびフランスの諸王と同様に強い統一性を基礎づけること、そして、我々の民族の独立の諸領国への瓦解を勝利のうちに防衛することを、妨げしめた。そして、ここにはとりわけ、なぜ我々が、はじめて、ヨーロッパの文化諸民族の中の最後の民族として、国民国家（Nationalstaat）を獲得することが出来たのかの、諸理由の一つが存在するのである。しかし、それにもかかわらず！　いまや、我々は国民国家を獲得した。誰が、現在、さらに我々の歴史においてあのファンタスティッシュな理想主義がないことを嘆くことを望むであろうか？　誰が、現在、さらに精神と性格についての〈ドイツ民族が少しもその国家の夢の偉大な普遍性に負っていないところの〉諸獲得物を放棄したいであろうか？　だれが〈我々が先頭に立って戦う者として我々に所有させた〉世界市民的な信念を放棄したいであろうか？

そのようにして、神聖ローマ帝国の思想は、その時代には正当なものであった。あるいは、その思想が我々の民族の誤りであったとしても、それでもしかし、その誤りは、〈美しいそして結局はまた、分別ある思慮よりもより実りあるものであった〉あの諸誤りのひとつであった。しかし、もちろん——すでに中世の終わりの前に、そして、さらにより多く、新時代の開始以来、その思想は、その内容を失い、そして、一部は、空虚な幻想となり、一部は、中味のない僭称となった。一度も正当な現実であったことのない「世界支配」は、〈ヨーロッパ諸国民の個別性と政治的独立性が形成され、そして、古い合意の諸紐帯の代わりに近代国際法が登場してきて以来〉、理念においてもまた不合理なものとなったのである。おそらく公法学者たちは、従来どおり古い理論を提出したが、しかし、すでに十七世紀において、ある著者は、〈原則は、この場合に諸例外をとおして、ひとが〝帆柱から爪楊枝を創る〟ほどに、非常に制限される〉、と指摘した。そして、〈ドイツ民族のより大きな部分が新理論に向かい、そして、《皇帝が法王に異端者たちの根絶の債務を負った一方では》皇帝がドイツにおいて同権性を守るべきであって以来〉、「教会フォークト職 Kirchenvogtei」は、完全な内的矛盾となったのである。すでに最後の数世紀において、それゆえ、神聖ローマ帝国は単なる名称に、非常に古い王冠は飾りとかわいい玩具に、その帝位は外観と幻影に、なっていた。民族は、古い内容から、もはや何ものもそのもとに思い浮かべなかった。まさにそれゆえに、しかし、ひとは、いまや、皇帝の名を「ドイツ」に関連させるのに習熟した。ひとは、ドイツ王そしてローマ皇帝についてではなく、端的に「ドイツ皇帝 der deutsche Kaiser」について語った。そして、旧帝国が崩壊し、そして、再びドイツ人たちに国家が夢となったとき、ひとは、〈なるほど厳格に形式的に受けとめれば決して一度も実在したことがなかったが、しかしながら民族の魂の中で、そして、一般的な用語法の中で、長い間、現実であってきていたところの〉「ドイツ」皇帝のそして「ドイツ」皇帝帝国の栄光を夢見たのである。

それゆえ、それだけいっそう多く、新たに設立された帝国もまた「皇帝」帝国〔カイザーライヒ〕としてよみがえることが出来たしよみがえらなければならなかったのであり、そして、そのハウプトは、「皇帝」〔カイザー〕の名を飾りとすることができたし飾りとしなければならなかったのである。なぜなら、〈神聖ローマ帝国のあらゆる名残りがそこでは長い間消滅していた一方では〉、ただ「この」名称のみが、ドイツ国民の諸追憶と憧れに完全に満足を与えたからである。

そして、そのようにして、この関係においてもまた、新帝国は、純粋に「ドイツ」帝国であり、そして、旧帝国以上にドイツ的である。それはドイツ民族に最も固有の福祉を目指しており、他の言語の諸民族に対する上級支配をそれは要求せず、そして、ローマ教会とはそれは、あらゆる他の国家と異なる立場には立っていない。しかしながら、それにもかかわらずドイツ帝国に、諸民族の間の指導者の役割と将来のための精神的自由を求める闘争の中での指導者の役割が、与えられているように見えるときは、その役割は、ドイツ帝国に、もはや何らかの書面化された諸権利から帰するのではなく、ドイツ帝国には、ただたんにドイツ精神の普遍性によってのみ帰するのである。

ドイツ民族国家の理念は、それゆえ、ドイツ帝国の概念と名称における最も内的な核心を構成するのである。しかし、その中でこの理念が実現されるべき特別の「国家形式」に関してもまた主たる諸点において、我々が〝帝国 Reich〟について語るや否や、すでに決定されている。なぜなら、我々には、帝国の名称とは、皇帝の存在、したがって「君主国」の形式は不可分であり、何ゆえに我々にとり〔ドイツ〕同盟（Bund）が帝国ではなかったかの新たな理由は、不可分であるからである。さらに、我々には、それと「連邦国家的」構造物の観念が不可分に組み合わされているからである。第三に、不可分であるのは、その中で最上位の権力もまた組織体制〔憲法〕的に制限されているところの「憲法国家 Verfassungsstaat」の観念であるからである。最後に、不可分であるのは、その中では全体と諸部分のすべての諸関係が法の秩序へと高められているところの「法治国家 Rechtsstaat」の思想であるからである。

このことは、しかし、我々を、さらに旧時代と新時代における帝国の「法的性質」の問題へと導くのである。

III

その「法的性質」によれば、新帝国は、「立憲君主的連邦国家 ein konstitutionell monarchischer Bundesstaat」として、地上の生存する諸国間にはそれと同様のものを有しない。すべてのその他の立憲君主諸国は、統一体諸国家であり、すべてのその他の連邦諸国家は、共和国である。それでもしかし、何らかの相似体をあげうるがために、ひとは、すでに極東へとまで手を伸ばし、そして、日本人たちの帝国をその帝〔みかど Mikado〕とその大名たち Daimios と比較してきている。すべての尊敬にもかかわらず、しかしながら、この注目に値する民族とその最も最近の国家転覆〔明治維新〕を前に、我々は、まず最初に〈我々の国家の本質を日本国家に合わせて解釈すること〉には、おそらくいささか消極的に留まるであろう。過去の諸国家の下でもまた、ドイツ帝国は、彼の類似のものをもっていない。いずれにせよ、しかしながら、ドイツ帝国には、ここで、すべての消え去っていった国家諸形成物の間では、〈主たる諸点の比較が示すであろうように〉外的ならびに内的に、はるかに最も近く「旧」ドイツ帝国が立っている。そして、この点に、我々がそれ〔ドイツ帝国〕を我々の民族精神の全く固有の産物と関係させなければならないことのための、新たな証明が存在するのである。

新帝国は、何よりもまず「君主国」であり、旧帝国も君主国であった。今日、ドイツ皇帝は、そのような者として、君主国の上の君主であり、単なる連邦大統領でも、同権的なフェルストたちの間での第一人者でもないことは、帝国組織体制〔帝国憲法〕ならびに生活への一瞥が教えている。旧帝国もまた、しかし、その最期の息を引き取るまで、君主国の形式を維持した！　おそらく、結局、この形式は、空虚な形式であったし、皇帝は、真実には、ただ貴族制的なフェルスト社団のハウプトにすぎなかった。しかしながら、名称と形式は、それでもしかし、〈そこにおいて原始ゲルマンの起源と刻印をもつ現実のおよび真正の王制が、ドイツの国家構築に王冠を冠せしめたところの〉より良き前時代の伝統を伝播させるために、十分であった。

新帝国はさらに「連邦国家 Bundesstaat」であり、旧帝国も連邦国家であった。なぜなら、連邦国家は、〈そこにおいて、全体を意味する総体国家と諸構成員を形成する個別諸国家の間の国家領域が「分け」られており、それゆえ、二つの諸要素の有機的な組み合わせがはじめて「完全な」国家制度を生み出すところの〉構成された政治的有機体であるからである。「諸構成員」が国家ではなく、たとえまだ極めて独立しているにせよ諸地方、諸ゲマインデあるいは諸ケルパーシャフトであるときは、連邦国家（Bundesstaat）は存在せず、自己行政諸団体を持つ「統一体国家 Einheitsstaat」が存在する。これに対して、「全体 das Ganze」が、国家ではなく、ただ〈中心領域の内部で「支配する」代わりに、たんに補充施設として個別諸国家に「奉仕する」ところの〉国際法的な統一体にすぎないときは、再び連邦国家ではなくたんなる「諸国家同盟 Staatenbund」が存在するにすぎない。ところで、疑いもなく「新」帝国は、現実の連邦国家である。なぜなら、新帝国においては、個別諸国家は、一方では、その国家性を放棄しており、そして、他方では、それでもしかし、自由な決定により〝永遠の〟諸時間に対して総体国家をより高次の国家存在――〈独立にそして強く自己自身に基づき、ただ自らにとり自らだけが目的であり、そして、国家的な権力内実をもって、それに結合された個別諸国家のみならず、直接にあらゆる個々のドイツ人たちをもまた支配するところの〉総体国家――として自らの上に基礎づけているからである。しかし、「旧」帝国もまた、その本質が極めて多様に変化したが、いつでも我々の民族の連邦国家的秩序を表現してきている。レーン制度の諸最盛期においては、もちろん旧帝国は統一体国家に近い存在であったが、しかし、ドイツ精神の古い特徴に従ったのは、それでもしかし、まずはじめはそれらのヘルツォークたちのもとに合一された諸部族、および、やがて細分化後は諸侯国（Fürstenthümer）、都市的共同団体、および、〈極めて独立した政治的生活を譲渡されたので、今日の見解によればそれらに「国家的」な意味が付与されなければならなかったであろうところの〉無数の自ら選択された諸ゲノッセンシャフトであった。逆に、その老年の無力においては、帝国は、なるほど事実的には、〈ただそれらに諸領国をとおして、そして、諸領国のためにのみ存在した〉ゆるい諸国家同盟に似ていたが、しかしながら、その理念ならびにその古来の諸形式によれば、それは、最後まで、すべての種類の封建的な付加物をともなう連邦国家として現れた。それゆえ、ドイツ同盟においてもまた、旧「形式」そのものが破壊されてしまったときにはじめて、我々の民族は、驚愕をもって、〈我々の民族がその国民国家を長い間失ってきていたこと、そして、外国および外交官たちの見解によれば、一つのゆるい諸国家「同盟」（Staatenbund）におけるその国民的な統一体の刻印をもって自らを満足させるべきであったこと〉を明確に意識したのである。

新帝国は、「組織体制国家〔憲法国家〕Verfassungsstaat」であり、そして、旧帝国も組織体制国家であった。代表制的民族代表を伴う憲法的原則は、もちろん、大陸においてはようやく我々の世紀の獲得物であり、そして、それゆえ、〈それが新帝国組織体制の基礎を構成する一方では〉旧帝国には疎遠なものでなければならなかった。そして、その後、三十年戦争以来、個別諸国家において絶対君主制が古い桎梏となった諸制限を取り払ったとき、〈帝国権力がそれを絶えずより狭く拘束する組織体制をとおして制限されて留まったこと、そして、ドイツ民族の帝国生活への参加については、ところで全く問題にならなかったこと〉は、帝国権力の功績よりもより多く弱さであった。しかしながら、いずれにせよ、いまだ極めて絢爛たる帝国組織体制の中で、それでもしかし、少なくとも、国家団体の組織体制的な秩序の思想が、〈さらに、ただ、いまだランデスヘルの無制限の権力権限について、および、臣民たちの無制限の服従義務について、聞いたところの〉ある世代において生き生きと保持されたことは、重要であった。

新帝国は、最後に、「法治国家 Rechtsstaat」であり、そして、旧帝国も法治国家であった。なぜなら、ただドイツ的本質そのものとともにのみ、〈ギリシャ的およびローマ的古代理念、ならびに、近代フランスの理念には理解しがたい〉高貴で真正なゲルマン的理念、——すなわち、〈最高の地上的権力もまた、法を超えては存在しない〉、〈最大の国家的な諸問題においてもまた、法が権力に優先する〉、〈私法と同様に、公法もまた、真の、完全な、裁判上保護されるべき権利である！〉、という理念——は、消滅するであろうからである。旧帝国においては、この理念は、その簡潔な表現を〈帝国の諸裁判所は、私のものとあなたのものの〔所有権をめぐる〕諸問題についてと全く同様に、公法のあらゆる問題に関しても判決することができ、そして、法律上当然に、あらゆるランデスヘルを、ランデスヘルの権力の濫用により釈明のために招致することができたこと〉の中に見出した。しかし、さらに、より独特には、この高貴な思想は、それを例えばザクセンシュピーゲルが提出しているように、〈地上の最高の主人である皇帝自身に関しては、ラインのプファルツ伯爵（Pfalzgraf bei Rhein）の議長のもとに裁判所が保持されうる〉という、中世の国家法の命題において、表明されている。それらの中世的な「形式」においては、これらの諸命題は古くなっているが、しかし、それらの諸命題の中に刻印された「諸理念」は、現代のドイツ国家法において新たな姿を求めて格闘している。君主のペルゾン〔身体、人格〕は、あらゆる法的責任から遠ざけられているが、しかしその代わり、君主を近代国家法は、責任を負う大臣に結びつけている。そして、それゆえ新帝国においてもまた、皇帝の側に立つ帝国首相（Reichskanzler）の責任が、少なくとも文言上、表明されている。さらに、しかし、〈すべてのドイツの国家秩序は、徹底して法秩序をとおして、そして、公法のあらゆる侵害に関して、たとえその侵害が最高権力自身の側から出発したとしても、裁判官の判決が許されなければならない〉という思想は、日々、より多く公的精神を自らに獲得している。しかし、もちろん、私は、〈この思想の実現のための積極的な諸制度の構築が、従来、新帝国には、完全といってよいほど欠けていること〉を、沈黙していてはならず、さらに後に強調しなければならないであろう。個別諸国家におけるよりもさらにより多く、従来、帝国においては、法治国家の理念は、それを肉と血が始めて獲得すべきであるところの単なる理念である。——

ところでしかし、すべてのこれまで述べられた諸点において、新帝国が旧帝国と何らかの内的な類似性をもつとしても、一つの点においては、その最も決定的な対立がある。新帝国は法治国家であるのみならず、それは同時に「文化国家 Kulturstaat」であろうとしている。なぜなら、その組織体制〔憲法 Verfassung〕の序文（Eingangsworte）によれば、新帝国は、〃〔ドイツ民族の〕権利の保護のため zum Schutz des Rechts〃のみならず、〃ドイツ民族の「福祉」の配慮のため zur Pflege der Wohlfahrt des deutschen Volks〃にもまた、創設されているからである。新帝国は、それゆえ、真に近代国家であり、道徳的な文化権力であろうとしている。新帝国は、その力を、対外的および対内的な安全性と秩序のためにのみならず、総体民族の肉体的および精神的な、道徳的および社会的な福祉のためにもまた、〈結合された個別の力も、個別国家の力も、人類種族の諸課題の解決のために及ばない「場所の」至るところで〉投入しようとしている。まさにこのことが、しかし、旧帝国に完全に欠けていたところのものであった。なぜなら、旧帝国においては、〈それによれば、当時すべての道徳的および精神的文化諸課題が「教会」に帰していたゆえに、「国家」は平和と法の取り扱いに制限されていたところの〉中世的観方がミイラのように保存されていたからである。帝国は、変化した諸事情のもとでもまた、権利保護というこの国家目的を超えては及ば「なかった」ので、帝国は、生存不能となり、そして、結局は死滅した。帝国は、近代の時代の意味における国家生活の形成を、もっぱら諸領国に委ねなければならなかった。そして、諸領国は、いまやもちろんまず第一に逆の一面性において自らを純粋の「警察諸国家 Polizeistaaten」へと形成し、そして、国家的な文化保護は、ただすべてのものを後見しそしてすべてのものを規制する警察の形式において観念されることが出来たが、いずれにせよしかし、それでもなお、帝国がそれを解決することが妥当したところの課題は意識され、そして、精力的に把握されたのである。

Ⅳ

我々が、いまや帝国の建築に「個別において」向かうときは、我々の興味を引くのは、まず最初に、民族が帝国に所属する「編成 Gliederung」である。

国家的に編成された民族の法的な「ハウプト Haupt」として現れるのは、新帝国においても旧帝国においても、〈主権性（Souveränität）のすべての人的な諸特徴、尊厳（Majestät）と不可侵性（Unverletztheit）とをドイツ民族全体のために備えた〉一人の「皇帝 Kaiser」である。この場合、しかし、〈旧帝位は「選挙」をとおして与えられたが、新帝位は、ホーエンツォルレルン家の中で相続される〉という、直ちに重要な区別が浮かび上がってくる。そのようにして、かつてザクセン＝、フランケン＝、そして、ホーエンシュタウフェン王朝が空しく努力したところのものが、ドイツの幸福（Heil）のためについに達成されたのである。新皇帝の帝国は、〈旧帝国の上へと――極めて多くの市民戦争の原因であり、無礼な王位販売者の機会であり、皇帝権力の〈国民の侮辱であることにあらかじめ確定された選挙協約（Wahlkapitulation）をとおしてたえずより狭くなるそしてより品位の下がっていく〉諸拘束のてこであったところの――選挙原則（Wahlprinzip）がもたらした〉名状しがたい諸苦悩から保証されている。そして、さらなる差異は、内的にそれと関連している。旧帝位は、それ自体自らが弱くなればなるほど、それだけいっそう皇帝は、〈結局、無力の王冠へと沈んだ王冠が、事実上ドイツにおいてよりも外国に住所を持つハプスブルクの家権力の付属物となるまでに〉、帝国を犠牲にして「家の権力」を求めて格闘しなければならなかったのである。「新」帝国の帝位は違っている！　それは、実際上のみならず、法律上もまた、他の王位、すなわち、プロイセンの王位と解きがたく結合されている。しかし、プロイセンの王位は、〈すべてのフュルストたちの諸家族から唯一国家のない時代において「国家」信念をそして非ドイツ的な時代において「ドイツ的な」思想を高く保ったところの〉〔そして〕〈沈んでしまった国民の平和と戦争のたゆまない勤労においてはじめて、生命に満ちた「国家」の像を再び眼前に打ち立て、そして、その後絶え間なく《この驚嘆すべく獲得された国家を「ドイツ」国家へと拡大するという》高い目標に向かって格闘したところの〉ホーエンツォルレルン家の人々の高められた家の相続財産である。そして、プロイセン「国家」は、新帝国においては、最小部分としてもまた、ドイツ総体国家の対立物ではなく、プロイセン国家は、総体国家の魂と核心であり、それは、それに自らを編入させる有機体の中心的生活原則である。しかし、プロイセンの王位とドイツ人たちの帝位との間の、プロイセン国家とドイツ帝国の間の、この有機的な関係は、外的な規約がそれを完全には表現することが出来ない場所でもまた、〈それが歴史の論理的な産物として自然の権力の力によって働くゆえに〉生き生きとしており、そして、破壊しがたいものである。

皇帝の下に、帝国の諸構成員として「ドイツの個別諸国家」が現れる。なぜなら、これら個別諸国家は、その内的な諸案件のために特別国家的な権力領域の内部では、自己において完結された共同団体であり、同時にしかし、帝国国家領域の重要な諸関係のためには、連邦国家的総体有機体の諸構成員と諸担い手を構成するという、二重の地位を有するからである。後者の関係においては、個別諸国家は、それらの最上位の国家権力の担い手たちをとおして、諸君主国は、それゆえそれらのフュルストたちをとおして、自由諸都市は、それらの市参事会をとおして、代表される一方、帝国に対する関係でのこれらの諸権力の組織体制的な制限は、個別諸国家の内部国家法の問題として現れる。それは、その諸構成員が諸領国の所有者として「帝国諸等族 Reichsstände」であったところの、旧帝国においても、類似の関係にあった。しかしながら、深く及ぶ諸変化は、国家的編成の形態形成において、〈旧帝国において革命の諸嵐に至るまで存在したヨーロッパの嘲笑と侮蔑を挑発する耐え難い状態に対する関係で〉、遂行されてきている。なぜなら、第一に、すでに言及された〈力強く強化された、権力と範囲についてすべてのその他の諸国の総計をはるかに凌駕する〉「プロイセン」国家の独特の地位は、多数国家対小国家制（Viel=und Kleinstaaterei）の諸危険を調整しているからである。それに対して、かつてドイツ同盟にもまた譲渡された二つのドイツの強国の二元主義は、この危険を公然たる創傷に至るまでに高めたのであったが。それから、しかし、〈旧帝国が、無数の内部的には死滅した国家の諸廃墟の上に自らを支えたのに対して〉、諸国有化、諸陪臣化および諸併合の後も、まだなおも「生存能力のある」個別諸国家が残されて留まっている。もちろん我々もまた、我々のリッペ（Lippe）とロイス（Reuß）を有している。しかし、旧帝国においては、いかなる様子であったか！　何と悲惨な諸奇形物と諸小人が、そこには、帝国等族身分とランデスヘルの権力をもつ三〇〇以上の諸領国のもとに、存在したことか！　いかに多くの死滅しつつある国家諸存在が、ここでは僅かな生ける国家諸構造物と並んで、〈公的生活の雰囲気を窒息させる腐敗臭をもって充たしつつ〉外観的生命を引きずっていったことか！　そこでは、多数の「聖職者たる」諸侯国（Fürstenthümer）と高位聖職者領（Prälaturen）が存在し、それらのもとに〈その中世的な諸根は長い間干からびてしまっており、そして、いまや不安定にローマの諸利益とドイツの諸利益の間を動揺したところの〉三つの聖職者たる選帝侯国が帝国の頂点に置かれていた。そして、その一方で、ラントは、よりよい将来の希望すら圧殺する信じがたい失政のもとに、息苦しく抱卵していた。そこには、〈それらの諸領域が、大土地所有者の地位においてルイ十四世の模範を模倣することを、空しく求めて努力したところの〉大量の小さな諸侯国と諸伯爵領が存在したのである。それらすべては、たとえその他の諸大国が〈一つの城と若干の荘園と水車場、十二人の貧しい臣民と一人のユダヤ人を包含した〉ライネック城砦伯爵（Burggrafenthum Rheineck）よりも大きかったとしても、国家のカリカチュアにすぎなかった。このユダヤ人が今日ロイス＝シュライツ（Reuß=Schleiz）に脚を踏み入れるならば、いかなる強国へと、彼が移し置かれたのかと思うであろう！ そこには、五十一の帝国諸都市が存在したが、それらのうちの大部分は、長い間ラント諸都市をとおして凌駕されて、少なからず朽ちた諸状態において、植物のように生きていた。そして、すべてのこれらの帝国諸等族と並んで、さらに、帝国等族身分なしに、しかし、独立の帝国構成員として、〈それらの独特の発育不全国家的な諸権利が、偉大な前時代の諸追憶をとおしてより耐え難いものとなっていたところの〉無数の帝国騎士たちのコルポラチオンが存在したのである！

最後に、そして、とりわけ、新帝国には、ドイツ民族がその国家的な編成において属するのみではなく、新帝国には、ドイツ民族が、直接に、すべてのその「個々の民族ゲノッセン」の中に、「唯一の総体民族」として、所属している。あらゆるドイツ人を帝国によって公布された帝国法律が拘束し、直接にあらゆるドイツ人を帝国が外国においてその保護を保証し、直接の諸義務をあらゆるドイツ人が帝国に対して有し、そして、直接にあらゆる独立のドイツ人がその選挙権をとおして帝国生活に参加する。〈それによってあらゆる帝国ゲノッセが、ドイツ領域のあらゆる部分においては、市民的および政治的諸権利の内実をとおして、そのより狭い故郷におけるように国家という家にあり、他国においてはしかし強力な総体国家の完全な権利を持つ構成員であるところの〉「帝国市民権 Reichsbürgerrecht」が存在するのである。「旧」帝国においてもまた、その解消に至るまで、すべての個々人に対する直接の権力の国家的理念は、必ずしも没落してはいなかった。なぜならすべての人々を拘束すべき立法、すべての人々を保護すべき裁判権が存在したからである。しかしながら、個々人の政治的諸権利は存在しなかった。ランデスヘルたち、帝国諸都市および帝国諸騎士のほかには、ただ八つの「村々」だけが帝国「直属 reichsunmittelbar」に留まっていた一方では、すべてのその他のドイツ人たちを帝国「間接性 Reichsmittelbarkeit」が帝国生活へのあらゆる実際に生きた参加から完全に切断していた。容易な労苦をもって、それゆえ、ここでもまた、ドイツ同盟は、古い形式の最期の残滓を廃棄することができたのである。フュルストたちと多くの種類の主人たち、帝国諸都市および帝国騎士たちは、直属しないものとされた。直属しないものとされたのは、とりわけ、そして、そのことは確かにあの外観的諸独立性の破壊よりも多くを意味しようとするものであろうが、直属しないとされたのは、ドイツ同盟においては、ドイツ民族であったのである！

V

我々は、いまやさらに、一瞥を〈それらをとおしてそのように編成された民族がその国家的意思を形成し、そして、その国家的な生活を遂行し、それゆえに我々をここでもまた、新帝国と旧帝国の親近性と対立とが多種多様に出迎えるところの〉「諸機関 Organe」へと投げることにする。

帝国の最上位の機関は、そのハウプト、「皇帝 Kaiser」である。彼は、新帝国においては、憲法的な君主国の、必ずしもすべてのではないが本質的な諸機能を履行する。とりわけ、彼は、対外的には、国際法的な取引において帝国を代表する。彼は、陸軍と海軍を統帥する。彼は、連邦参議院（Bundesrath）と帝国議会（Reichstag）を召集し、終結する。彼は、帝国首相（Reichskanzler）およびその他の帝国諸官吏を任命しそして宣誓させる。彼は諸法律の執行を監督し、不服従の帝国構成員に対する決議された執行を実行する。それでもしかし、皇帝は、立法の場合には、ただ一定の諸場合においてのみ、拒否権（Veto）を有し、なるほど防衛戦争を宣言することができるが、しかし、攻撃戦争を、連邦参議院の同意なしに、宣戦布告することは出来ず、そして、そのほかにもまた、極めて重要な諸点において、真実の政府の諸行為の際には、連邦参議院およびその諸委員会との協働へと指示されている。極めて類似する諸権利を、もともと旧帝国における皇帝は有していた。しかしながら、帝位の諸権利（Majestätsrechte）、〔そして〕、〈彼にさらに後に公法学者たちが付与しているところの〉能力の完全性〔全能〕（plenitudo potestatis）の豊かさは、結局は逆に、〈皇帝には、ただその他の諸階級〔等族 Stände〕に対する諸特権のみが、すなわち、いわゆる「皇帝の留保諸権利 kaiserliche Reservatrechte」のみが、帰属するであろう〉という命題が妥当するに至るまで、次々にもぎ取られていた。かつて、皇帝には、彼が与えなかったすべての国家の権力の豊かさが帰されていたが、最後には、ただいまなお一定の個々の諸権利だけが、キリスト教徒のハウプトに〝留保〟されているように見えたのである！

新帝国の第二の機関は、「連邦参議院 Bundesrath」である。〈憲法をとおして決定された不平等の議決権数をそこにおいて行使するところの〉二十五カ国の全権委員をとおして構成されて、連邦参議院は、同時に帝国の執行権力にそして立法権力に参加する。すべての帝国諸制度の間で、最も独特のそして最も大胆な創造物である、連邦参議院は、すでに、幾人かの国家法教師の絶望を惹起してきている。なぜなら、伝来の諸型紙のいかなるものにも、それはぴったり合おうとしないからである！　若干のものを連邦参議院は、我々がそれをスイス等族評議会（Ständerath）においておよびアメリカの上院（Senate）においてみるように、それ自体国家議会（Staatenhaus）から若干のものを有し、そして、疑いもなく、まさにそれは、これらの諸ケルパーシャフトと同様に、連邦的なモメントの維持のために決定されている。言い換えれば、それは、〈ドイツのフュルストたちが彼らの代理人をとおして現れるところの〉貴族制的な上級議会（Oberhaus）に等しい。その場合、連邦参議院は、ふたたび一種の皇帝の国家評議会として現われ、そして、それでもしかし、同時に、最も重要な諸点においては、決して皇帝の下に立つのではなく、独立に皇帝と「並んで」立つ。その構成員たちは、議会（Haus）から諸訓令を受け取り、そして、彼らの投票に対して議会に対して責任を負うが、しかしながら、集会自体においては、彼らは自由に投票しそして責任を問われず、そして、たとえ彼らがどのように投票するにせよ、規定に従って行われた決議は、取り消されえない。伝来の型紙には、連邦参議院は、それゆえ適合「しない」！　しかし、連邦参議院は生きており、そして、生存能力ある帝国機関として維持されてきている。しかし、徹底して類似のものを求める者は、ここでもまた、すでにモール（Mohl）が指摘しているように、〈その〝帝国議会Reichstag〟がいくつかの比較点を提供するところの〉旧帝国へと遡られる。旧帝国議会もまた、それがかつて国民の高位貴族を人的に集合させるのを見てきた一方では、一六六三年以来レーゲンスブルクにおいて開かれた帝国諸等族の代理公使たちの会議となっていた。それは、〈別々に多数決によって決議し、そして、その一致する諸投票が帝国決議（Reichsschluß）を構成したところの〉三つの同僚団――、すなわち、選定侯団（Kurfürstenkolleg）、〈聖職者席と世俗者席、そして、最も極端に複雑な男子＝および集団投票（Viril＝und Kuriatstimmen）の分配を伴う〉帝国諸フュルスト評議会（Reichsfürstenrath）、および、帝国諸都市団（Kollegium der Reichsstädte）――に分かれていた。そして、この帝国議会は、選挙諸協約と宗教諸平和以来、皇帝に留保されていなかったすべての事がらにおいて形式的な共同統治権（Mitregierungsrecht）を獲得し、そして、帝国主権に参加したのである。しかしながら、すべての他の事がらを別とすれば、〈帝国諸代議員が自らにもって来るべき訓令を引き合いに出すことができた〉ことに、連邦参議院に対する本質的な差異が存在した。しかし、それとともに、暗澹として麻痺した諸遷延だけではなく、帝国議会の原則もまた、統一的な帝国機関の原則としてではなく、明らかに帝国等族の貴族制の連邦的機関の原則として、表現されたのである。そして、それから、旧帝国議会は、おそらく帝国における共同統治権を有した。しかし、遺憾ながら、帝国にとっては、ほとんど統治することが存在しなかったので、帝国議会は、結局、とりわけもっとも悲惨な順位の争いと時代遅れとなった儀式の保存で退屈を紛らすことに慣れたのである。連邦参議院の諸会議は、公開ではないが、それでもしかし、おそらく内情に通じていない者であっても〈極めて多く仕事に充ちた時間をそれに要求するところのものが、優先権と挨拶の諸形式の諸問題ではないことを〉正当に推測することが許されるであろう。

新帝国の「第三」の機関は、一般の、直接の、秘密の投票権をとおして選挙されたドイツ民族〔国民〕全体の代表である、〈豊かな程度において《憲法的な国家法が民族代表（Volksvertretung 国民代表）に割り当てている》すべてのあの諸機能を備えた〉「ドイツ帝国議会 der deutsche Reichstag」である。ここでは、旧帝国は、もはや類似物を提供しない。そして、ここでは、とりわけ、それゆえ、われわれの国家は、完全にそして十分に〈我々の時代の子供であるところの〉新建築として自らを宣言している。従来、ただ一度だけ、フランクフルト・アン・マインのパウルス教会（Paulskirche zu Frankfurt a. M.）において、ドイツ民族は、その最高の希望をもったし、ドイツの議会（Parlament）が実現されるのを見たことがあった。議会は混沌とした時代の嵐をとおして紛糾したものとなった。しかし、決して一度も、そのときから、それが何であり、そして、それが何を活動したか、についての追憶は、色あせることはなかった！　近視眼的な時局政治家には、空しく会議を開いたように見えたが、歴史が決定したところのものは、最初のドイツ議会には、昼間が朝に続くように、決して再び挫折することができない第二の議会が続かなければならない、ということであった。

新帝国の「第四」の独立した機関としては、最後に、「帝国諸裁判所 Reichsgerichte」、帝国高等商事裁判所（Reichsoberhandelsgericht）、ならびに、一定の範囲においてリューベックの上級控訴裁判所（Oberappelationsgericht）が現れる。ただ、従来、それらの権限は制限されている。そして、とりわけ、公法に関する帝国裁判所が欠けている。――〈最高のそして最終の組織体制〔憲法〕問題に関してもまた〉、〈帝国と個別諸国家の間のあらゆる権限の争いに関して〉、〈帝国権力そのものをとおしてもまた犯されたあらゆる法違反に関して、判決を下さなければならなかったであろう〉アメリカの模範に従う裁判所法廷が欠けている。まさにここでは、理念において旧帝国が〈帝国諸裁判所（Reichsgerichte）、とりわけ皇帝の帝国宮廷顧問会議（Reichshofrath）、および、同時に皇帝および等族の帝室裁判所〔ライヒスカンマーゲリヒト Reichskammergericht〕が、「あらゆる」公的および私的な法律問題において、究極的な判決を下さなければならなかったことによって〉より完全に狙いとされていたのである。しかし、もちろん、結局は、まさになお理念においてのみである。すべての種類の諸特権をとおして、次第しだいにまさにより強力な諸領国は、ほとんどまったく帝国諸裁判所の下への服従から身を引き離したのであり、そして、いくつかの判決は実施されないままにとどまった。諸裁判所そのものは、しかし、結局、帝国におけるすべてのように、腐朽しそして錆びたのである。ライヒスカンマーゲリヒトにおける五十人の陪席裁判官席のうち、半数以上は空席であり、一七六九年でさえも八人だけが任命されていたにすぎない。しばしばこれらのわずかな陪席裁判官たちのためにもまた給料が支払われないままであり、そして、それだけいっそう僅かにしか、裁判官たちは、買収可能性から自由に身を保たなかった。ことわざ式には、裁判所がヴェッツラール（Wetzlar）に居住して以来、遅鈍なそして悪しき司法となった。未処理の訴訟の数は、一七七二年においては六万一二三三件に上った。そして、それでもしかし、ドイツ民族の中に法と裁判所への信頼が極めて強く根を下ろしていたので、ひとは、この裁判所をもまた、さらに〝ドイツの自由の守護神〟と命名しそして評価したのである。

VI

次には、最後に、我々は、さらに一瞥を、これらの諸機関をとおして帝国が履行しなければならない「国家的な諸機能」へと向けることにする。

とりわけ「立法 Gesetzgebung」は、そもそも帝国権限に服するすべての諸案件において、今日、「帝国 Reich」の問題である。帝国諸機関――連邦参議院と帝国議会――は、帝国法律をそれらの決議を通して成立へともたらす。ある帝国機関――皇帝――は、法律を帝国の名において公布する。そして、帝国諸機関――諸場合の差異に従って、皇帝、連邦参議院、または、帝国首相――は、諸法律の施行のために必要な諸命令を発する。公布された帝国法律は、しかし、各ラント〔州〕法に優先し、そして、直接にあらゆる個々人ならびにあらゆる国家を〈非常時においては帝国権力が執行を通して反乱的な連邦構成部分を強制しうるところの〉服従へと義務づける。それは、法によれば、旧帝国においても異なるものではなかった。しかしながら、実際には、旧帝国の立法は、諸等族によってほとんどただ利己的な関心においてのみ取り扱われたので、そして、それゆえ、それは、諸領国の内部における法状態へのあらゆる深く浸透する影響力を持たずにとどまった。諸領国に、立法は、すべての現実の立法的進歩をゆだね、我々の祖国における慰める余地のない法の分裂の克服のために道を開くためには、ほとんどすべてのことを怠った。立法が一般法として確定した僅かなもののうち、大部分は、ラント法律にそれが欠けている場合に、ただ補充的にのみ妥当した。そして、そのほかにおいてもまた、まさにより大きな諸領国は、救世主的な諸条項、公布および変更の諸留保、諸施行令などをとおして、帝国法律のあらゆるたとえば不都合な強制から、自らを遠ざけたのである。しかし、それが妥当した場所で、帝国諸法律の命令または禁止が、実際にそれにもかかわらず従われなかったときは、その場合には、帝国の執行は、せいぜいより小さな諸等族に対する関係でのみ、拒絶された服従を強制するために十分であった。ここでもまた、ドイツ同盟は、〈それが、形式的にもまた、あらゆる統一的および直接的な立法を放棄し、そして、同盟において共通に決議されたことを自らにおいてラント法律（Landesgesetz）として公布することを、個別諸国家に委ねた場合に〉、ただ結果だけを導いたのである。民族においては、しかし、それだけより多く〈統一的な立法をとおして、諸法の克服された地方特別法主義の代わりに、ドイツ人たちの法意識が一致しておりそして不可分である至る所で、ドイツ全体のためにひとつの同じそして共通の法をもまた創ることができるであろうところの〉ひとつの現実のドイツ国家に対する憧れが成長したのである。

新帝国は、さらに、〈それによって新帝国が生ける、力強いそして独立の国家存在として、積極的な生活活動を対外的および対内的に展開するところの〉包括的な「行政 Verwaltung」の機能を行使する。「内部」行政を、新帝国は、なるほどまず第一に、個別諸国家に委ねている。しかし、諸事がらの性質をとおして具体化された総体国民の統一的な行為が要求される至るところで、帝国は、法と権力を個別諸国家の上へと、個別諸国家にも「かかわらず」個別諸国家に「反して」も、固有の裁量に従ってそして固有の諸手段をもって、登場しなければならない。しかし、まさにこのことが、「旧」帝国には、ほとんど全く欠けていた。旧帝国は、すべてのその諸行為において、諸領国の協力に指示されており、そして、それゆえ、諸領国が〈必ずしも偶然にではなく諸領国の意思でもなかったところの〉帝国意思を実行することには傾斜していなかったゆえに、行為する権力として、まさに同盟的に結合した多数体に統一体〔単一体〕国家よりも限りなくはるかに近く立っていた。

帝国案件は、従って、今日とりわけ「外国」に対する国土（Land）と民族（Volk）の保護と主張である。なるほど、帝国諸大使（Reichsgesandtschaften）と帝国諸領事（Reichskonsulaten）と並んで、個別諸国家の大使権（Gesandtschaftsrecht）が存在したままである、という矛盾が存在する。しかしながら、旧帝国におけるように、自己の手で対外的政治を行うことは、それをとおしては、これらの諸国家には、許されておらず、可能にされてもいないのである。

帝国案件は、さらに、「戦争および海軍事項」（Kriegs=und Marinewesen）である。ドイツの艦隊は、ドイツ国旗のもとに海上を航行し――軍艦隊は、これを我々の民族はハンザの日々以来占有していなかった――、そして、それは、あらゆる統一国家におけるように、統一的に有機的に組織されている。強力な、名誉の王冠を戴いた帝国軍隊は、ドイツ皇帝の最高司令に服する。なるほど、それは、さまざまな出兵分担数（Kontingenten）から構成され、そして、その統一性は、より小さな諸国家に対する関係で、軍事諸協定（Militärconventionen）をとおしてさらにより多く固められて、ザクセン、ヴュルテンベルクおよびとくにバイエルンの特別の諸権利をとおして、著しく現れ出ている。しかしながら、すべての本質的な点において、ドイツ軍隊の統一性が実現されている。そして、ほとんど、ひとは、〈それと並んで、ただ同一の名前をもってのみであっても、旧帝国の対応する制度を――、すなわち、かつて極めて勝利に満ちたレーン軍隊（Lehnsheer）の代わりに登場した、あの諸等族の帝国台帳による出兵分担数から構成される《結局〝逃亡陸軍 Reißausarmee〟というあだ名に極めて正直に値したところの》帝国陸軍（Reichsarmee）を――名づけることを〉躊躇するかも知れない。大小のフュルストたちは、彼らの出兵分担数をしぶしぶ送ったので、記載された十二万の兵士の代わりに、しばしば辛うじて二万人の兵士が集まったのみであったのである。しかし、やってきた者は、それがより小さい諸等族から送られていた限りでは、すべての種類の賤民から、しばしば出獄させられた懲役囚から、なっていた。それらの者において、ひとは、募集手付金を節約したのである。諸武器、諸糧秣および将校たちは、さまざまなランデスヘルたちの同じ連隊の中で多彩に入り乱れて配置された。〝くそ、悪魔ども〟と、かつてある連隊長は、彼の連隊を最初に一瞥した際に叫んだ、〝そこには、まさにただ、カリカチュアを完成させるためには、さらに二三ダースの道化たちと煙突掃除夫たちが欠けているだけだ〟、と。軽蔑をもって、有能なプロイセンおよびオーストリアおよびその他のより大きな分担出兵たちは、そのような兵隊たちを見下げた。彼らは、そのような兵士たちの中に仲間たちを認めようとせず、そして、彼らを、ただ強いられた同盟者たちとしてしか見なかった。ケール（Kehl）とフィリップスブルク（Philippsburg）という二つの帝国要塞（Reichsfestungen）は、結局、一七八二年に皇帝の十五人の兵隊がフィリップスブルクから撤退したときは、番人のいない状態であった。おそらくモーザー（Moser）は、それゆえに、自己の安全のためにドイツ帝国に永遠の諸時代に向かって、帝国の戦争を遂行することを禁止するという提案をすることができたのである！

帝国案件は、さらに帝国の「内的」安全のための配慮、それゆえ、〈それがとくに戒厳状態（Belagerungszustand）を個々の領域諸部分に布告する皇帝の権利において顕れ、たとえば、イエズス会士たちの追放においてもまたとられたごとき〉最上級の「帝国警察 Reichspolizei」である。「旧」帝国は、自らをせいぜい警察的「立法」に至るまで、そして、そしてまた、ただ奢侈、決闘および手工業の濫用禁止の立法に至るまでのみ、高めることができたに過ぎなかった。

帝国案件は、今日では、少なからず――そして、それについては、旧帝国は何も知らなかったが――ドイツ民族の福祉厚生事業（Wohlfahrtspflege）である。郵便＝電信制度は、帝国のものである。鉄道制度は、帝国の上級監視に服している。営業制度全体は、これを帝国が規制している。公的な保健配慮も、帝国の権力に服している。銀行＝および保険制度は、帝国の権限に属している。尺度、重量および貨幣を、帝国は統一的に規定してきている。そして、「経済」生活の多くの他の諸領域に、帝国は、精力的な活動のために召喚されている。しかし、国民の「道徳的」および「精神的」な諸利益、「学問」および「芸術」をもまた、力強い帝国からその促進を期待している。おそらく、ここでは、帝国は、とりわけ危険な中央集権化を避けるべきであろう。しかし、ただ最高のそして最も包括的な一般性のみが国民の最高の諸善を永続的に保障することができる領域は、ここにもまた存在する。大きなそして困難な諸課題が、ここでは帝国を待ち焦がれている。なぜなら、現代の最も暗いそして最も紛糾した諸問題、すなわち、「社会的」および「教会的」問題についての立場を、帝国がとることを迫られるであろうからである。しかし、どこかの国家から期待するとすれば、それゆえ我々はドイツ総体国家から、それをとおしてのみ諸階級と教会的諸党派の闘争は、文化の諸目標についての平和的な協働へと導かれうるところの〈考量する正義と自覚した力の〉あの結集を期待することが許されるであろう。

「物質的」諸手段もまた、新帝国には欠けていないことについては、秩序づけられたそして個別諸国家に対して実質的に独立におかれた「帝国財政制度 Reichsfinanzwesen」が配慮している。ドイツ各連邦諸国の国費分担額（Matrkularbeiträge）を、新帝国も旧帝国も知っている。しかし、今日、旧帝国におけるように、帝国歳入は「全く」そのようなものをあてにしてはおらず、旧帝国には原則的に起きたことであったが、〈最も適切な租税の諸賦課もまたほとんど半分までしか生じなかったこと〉も、今日、考えられえないであろう。それでもしかし、一七三一年に司法省の建物の建築のために賦課された悲惨な五万八千フロリンのいわゆる〝ローマ月 Römermonat〟に向けて、三十四年後、選帝侯たちからさえようやく二人（トリーア選帝侯とブラウンシュヴァイク選帝侯）が彼らの小額の賦課金を支払っていたにすぎない！　そして、その場合、かつての非常に強力な帝国の財産は、帝国領、レガーリエン、そして、有益な諸権利についても、悲しむべき残余までに浪費され、贈与され、そして、受け戻し不能的に抵当に入れられていたのである。それゆえ、嘲笑と損害が、そのためにひとが金銭を必要とした帝国のあらゆる企図の終わりであった。

国家の第三の大きな機能である法の保護（Rechtsschutz）は、新帝国によって、大部分、警察的および政治的諸形式においてのみ、行使されている。ただ商法および若干のその他の私法的および刑法的な諸素材のためにのみ、帝国裁判所〔ライヒスゲリヒト〕によって、帝国の名において、最上級審において現実の「裁判」が行われる。さらに、個別諸国家における裁判は、私法または刑法あるいはまたそれらの内部公法が問題となる限りで、休止する。しかし、「帝国における公法」に関しては、裁判はそもそも欠けている。連邦参議院のもとにする訴願（Beschwerde）と行政的救済は、帝国と個別国家の間の権限の争いにおける、帝国権力の側の権利侵害における、故郷国をとおしての帝国市民の権利制限における、唯一の開かれた道である。必ずしもしばしばそして徹底的に十分にではないが、我々の帝国建築におけるこの裂けている間隙が強調されうる！　帝国は、これまでは最高の連邦裁判所なしに、帝国国家裁判所なしに、なんとかやってきているかもしれないとしても、将来は、そのような制度なしにはうまく行かないであろう。そして、将来それなしでやって行こうとすれば、将来は、この〈実に近代の諸利益の諸闘争をとおしてまさに十分に危険ならしめられるところの〉ものを、ただ最も高貴な精神的諸財産のひとつ——すなわち、正義と法に対する感覚を犠牲にしてのみ、可能であろう。「法」の感覚は、しかし、「国家」の感覚の守護神でありそして保証人である。しかり、我々は、強い国家、毅然とした国家を欲する。しかし、最強の地上的強国もまた、法よりも強くあるべきではないのである！——

我々は、ここで、我々の新帝国における耐え難い間隙を確認しなければならず、そして、そのほかにもまた、我々が通り過ぎなければならなかったところのいくつかのものは、不完全に、矛盾に満ちてそしてその点において二義的であるとしても、ひとつの事情がそれに関して慰めることができ、そして、それを私は最後に主張しようと思う。それは、「新帝国の組織体制〔憲法〕的に保障された発展能力」である。帝国は、すなわち、しばしば言及される七十八条によれば、帝国法律をとおしてその「組織体制〔憲法〕を変更」しうる。ただ連邦参議院における十四票の反対のみが、そのような法律の成立を妨げることができる。そして、特別に保障された個別国家の固有権（Sonderrecht）が問題になるところでは、この国家の同意が必要とされる。〈帝国の固有の有機的組織を継続的に形成する〉完全に合法的で、そして、必ずしもあまりにもひどく困難とはされない方法が、それゆえ帝国には開かれているのである。また、この方法で、〈しばしばそれに関して生じた疑いにもかかわらず行われたように〉、帝国の権限を拡大し、国家的諸課題を個別国家領域から帝国領域へと導くことができる。この可能性をとおして初めて、帝国は、契約当事者たちの意思によって結ばれた契約建築物の上に自らを上昇させ、それをとおして初めて、帝国は、真の、自由な、全くただ自己自身においてのみ基づく国家となるのである。いまや初めて、帝国は、いかなる諸事情のもとでも、もはや構成員たちの新たな合意を求めることを必要とせず、全将来のために十分な合意を自己の中に担っている。いまや初めて、帝国は、それは「自らにとり自らが十分 sich selbst genug」である！　という、完全な国家の最後のメルクマールを満たしている。個別諸国家に対する関係での強力な権力が、帝国の手へと与えられている。そして、あらゆる権力のように、それは濫用されうる。しかしながら、ドイツ民族の天才を信用しないと言うのならば、ひとは、濫用を前提とすることを欲するであろう！　願わくは、強力な手をもって、統一が唯一幸福（Heil）である至るところで、ドイツ帝国が、その内的な法を、国家的な活動に、たえず形式的な組織体制法（Verfassuungsrecht 憲法）のために、刻印せんことを。しかし、願わくは、帝国は、権限の拡大を求める形式的な法の使用が内的な不法となる至るところで、誠実な正義とともに、諸構成員の独立した生活を評価せんことを。願わくは、〈内的に既存の法の破壊として現れる〉連邦国家の本質へのあらゆる攻撃に対して、帝国は、注意深く警戒されんことを。願わくは、帝国は、〈中央集権化がドイツ精神の最も内的な本質と一致せず、そして、結局国民的な死へと導くような〉、中央集権化の神経質な統一化衝動においては、決して舵を取らないことを！　願わくは、帝国が、当座の諸利益のために、ドイツにおける公法の状態のほとんど獲得されていない諸基礎を、決して、再び問題とはしないことを！　我々に帝国がもたらしたものは、貴重な諸財産であり、そして、ほとんど今なお、我々は、長い間もっていなかったもの、苦しみつつ戦いとられたものを占有して、有頂天の中に陶酔している。貴重な諸財産とは、「統一 Einheit」と「権力 Macht」である。しかし、我々は、〈我々ドイツ人たちが、その教育のために、まさに我々の長く継続する国家的な分裂をとおして、他の大陸の諸国民より以上に能力が与えられているところの〉あの他の少なからず貴重な諸財産――すなわち、「自由 Freiheit」と「法 Recht」という諸財産――のことを、決して忘れようとは思わない。権力は対外的な標語であり、正義は対内的な標語である。そして、統一と自由との調和的な結合は、我々の国家の署名である！　その場合、新帝国は、国民の〈旧帝国が空しくも完全な真実性へと高めることに努力したところの〉千年の夢を、明るい日の光の現実の中で完全に実現するであろう！　その場合、新帝国は、旧帝国が理念においても、そして、現実においては、それでもしかし、決して一度も「完全」ではなかったところのもの、すなわち、「ドイツ民族のドイツ国家」！　になるであろう。

【以上、本文、終わり。本論文に注はない。】

4．上級貴族の家の法人格——防衛と足固め（一八七八年）

オットー・ギールケ「上級貴族の家の法人格。防衛と足固め」（一八七八年）。現代私法および公法雑誌〔ウィーン大学法学部の恒常的な協力のもとグリューンフート編〕第五巻五五七頁ないし五九九頁所収。

Die juristische Persönlichkeit des hochadeligen Hauses. Abwehr und Befestigung. von Dr. Otto Gierke, Professor d. R. zu Breslau. in : Zeitschrift für das Privat- und öffentliche Recht der Gegenwart. Unter ständiger Mitwirkung der Mitglieder der Wiener juristischen Fakultät herausgegeben von Dr. C. S. Grünhut, ord. Professor an der Universität Wien. Fünfter Band. Mit Register zu Band I–V. Wien, 1878. Alfred Hölder, K. K. Hof- und Universitäts-Buchhändler, S. 557–S. 599.

I

この雑誌の直前号を開始しているのは、O・マイヤー（O. Mejer）の論文〝上級貴族の氏族ゲノッセンシャフトの理論について〟（Zur Lehre von der Geschlechtsgenossenschaft des hohen Adels）である。この論文は、自らを、〝一検討〟（eine Revision）と表示している。署名者〔私〕がこの表題を読んだとき、彼〔私〕は、〈ベーゼラー（Beseler）の先駆者的な取り扱い以来、本質的に同一の点に立ちとどまってきているところの〉問題とされている理論の積極的な促進と裨益に出会うことのより確実な期待をもって読書を開始した。〝検討〟は、この理論にとり、多くの他のゲルマニスト的な理論と同様に、ただ望まれてのみありうるのである。その場合、同時に、一方では歴史的研究を深化させ、他方では法律的な装置を強化することのもとに、建築物をより確かに基礎づけ、その諸形式をより明確に形成し、そして、建築物についてまだ未完成のものを様式に適って完成させることが、問題となるであろう。明敏で有能な著者が〝検討〟にそのような課題を自らに設定してきている希望は、決して大胆すぎるものとは思われなかった。

その希望は、それにもかかわらず、欺かれた！　立ち入った読書は、ひとが、この場合における〝検討〟のもとに、ただ、詳細な〈しかしどこにも自己の研究に至るまで突き進み、そして、どこでも表面を突き破る〉批判を理解しなければならないことのないことのみを、明らかにした。いまだ利用されていない資料の引用をとおしての歴史的基礎の拡張については、いかなる痕跡も見られない。同様に、しかし、——唯一の例外を別として——何らかの新たな積極的視点は、生じていない。そもそもいかなる構築も問題にならず、ただ破壊だけが問題となっている。純粋に批判的な方法で、〈ベーゼラーによって設定されたそして見たところ彼の他には、ただいまだレーヴィス（Lewis）と署名者〔私〕によってのみ固く支持されている、上級貴族の家のコルポラティフ〔団体的〕な性質の理論は、〝基礎づけられない。〟〉という結論が獲得されている。そして、それゆえ、そもそも、上級貴族の家族の法人格に関する論文の結論で、無慈悲にも死刑判決が宣告されているのである！

この行論の執筆者〔私〕は、マイヤーの保証に従えばこの法人よりも唯一長生きしている三人の喪中の人々の一人として、もちろん、あの死刑判決に付与された判決諸理由を再検討に服させるべく唆されたのである。この調査の結果を、執筆者は、これをもって専門家仲間たちに、〈彼らがマイヤーの判決の提案に〝結論〟を許させる前に〉それについて洞察を得ることのお願いとともに、提出する。それでもしかし、執筆者は、〈執筆者が《この機会に、防御と、攻撃された理論のひとつまたは他の点の積極的な促進をもまた結合することができることを》希望することは許されないであろう場合に〉、この雑誌の読者たちの忍耐を、この際、かなり厳格な試験でためすことは敢えてしないであろう。

【以上、Ⅰの本文、終わり。注はない。】

Ⅱ

マイヤー（Mejer）の論文全体をとおして、相互に完全に独立した二つの問題の、すなわち、「所有権者」の問題と家財産の「範囲」の問題との、重大な概念的混合が貫いている。

彼は、彼の〃検討〃の機会を、〈そこではただ家のコルポラティフな性質の理論のみに基づいて、〃疑いもなく自由所有地の諸財産（allodiale Güter）〃に関するある家族構成員の遺言による処分が否認されたところの〉実務的な事案が与えた、と語っている（S. 230）。事案に関するそれ以上のことは報告されていないので、我々は、ひとがそのように恥知らずの否認の試みを企図したことを信じざるを得ない。彼は、事実、恥知らずであろう。なぜなら、彼は、〈占有者がラントゲマインデの構成員であり、そして、これ〔ラントゲマインデ〕が法人（juristische Person）であるゆえに〉、例えば農民財産の遺言による処分の否認よりも良くは、何ものも理由づけられないであろうからである。どのように、一体全体、しかし、そのような諸事柄について、〈ここではラントゲマインデに、あるいは、そこでは上級貴族の家に、法人格を請求するところの〉人々が責任ありとされることができるのか？　彼らは、一体、〈上級貴族の家における構成員地位が、ある僧団における構成員地位と同様に、個人の権利能力と財産能力を吸収し、または、制限する〉と主張してきているのであるか？　ある団体の法人格から、例えば、共産主義が結果するのか？

ほとんど、あたかもマイヤーは、〈事実、家族をコルポラチオンと説明する者は、それによって必然的に、家族構成員たちからすべての特別財産を奪うこと〉を認めているかのように、思われる。いったい何が、彼をしてさもなければ、《ベーゼラー、レーヴィス、および、署名者〔私〕に、たんに〈彼らが家財産を家そのものに帰属させるゆえ〉のみに、この財産の範囲に関する明らかに支持しがたい見解の罪を着せること〉へと、正当づけるのか？　そして、さもなければ、《《彼〔ヘフター〕の特別諸権利〔諸固有権〕の§. 40の中で、ベーゼラーと署名者〔私〕の援用のもとに、上級貴族の家族を〝法〔権利〕ゲノッセンシャフト Rechtsgenossenschaft〟および〝総体人 Gesammtperson〟として構成している》ヘフター（Heffter）が、それにもかかわらず、マイヤーによって、〈彼〔ヘフター〕が、これとは〝必ずしも当然には「個々人」の「すべて」の諸財産 Besitzungen についての総体所有権または共同所有権が結合されているわけではない〟、と付け加えている〉ことのゆえに、〝明らかに〝家の法人格の見解に敵対的なものと称されていること〉（S. 262）は、どのようにして、明らかであるのか？(1)ヘフターは、それにもかかわらず、この自明の命題のために、§. 40のその他の全内容のためと正確に同様に、上掲の二人の保証人たちを引用しており、そして、このことを当然のこととしてなしえたのである。

なぜなら、家のコルポラティフ〔団体的〕な性質の理論のすべての信奉者たちは、以前から、家財産と並んで、個々の構成員たちの手中にある特別財産のすべての可能な諸形態が考えられうることに関して、一致してきているからである。相続財産（Erbgut 世襲地）ならびに獲得された財産、レーンならびに自由所有地（Allod）、それどころか通常の家族信託遺贈〔世襲財産〕（Familienfideikommiss）は、あらゆる家族構成員によって、家ゲノッセンシャフト的な関連から完全に自由に占有されることができる。ただその限りでのみ、家が財産能力を有すること、および、家財産が存在する限りでこれがコルポラティフな所有権の諸規則のもとに立つことが、主張されているのである。

個々の家族において家財産に属するものは、それゆえ、当然に事実的な確定を必要とする。この点においては、ひとが、所有権を家族に帰するか、その時々の所持人に帰するかは、全くいかなる差異もなさない。いつでも、譲渡し得ない家族財産は、〈この固有財産がある拠出行為（Stiftungsact）をとおして、または大昔に、あるいは特殊の法規範により、それらに帰属するところの〉諸財産のみを包含するであろう。上に言及された否認の試みは、それゆえ、ただ、〈その財産が諸理由から、彼にではなく、家に属するにもかかわらず〉某氏が財産Xを処分したことが主張されている場合にのみ、実証されているであろう。まさにそのように、農民の遺言もまた、〈彼が例えば《彼にただ終身の特別利用のために割り当てられていたにすぎない》ゲマインデの諸地所を遺贈したとする場合には〉否認されえたであろう。

それでもしかし、マイヤー自身は、彼が彼の敵対者たちに、氏族ゲノッセンシャフトの理論の帰結として負わせるところの不合理性を、一見して、少なくとも、〈敵対者たちが、ただすべての〝家族において相続（Erbgang）において承継した諸財産〟のみが、祖母の諸財産（bona aviatica）または系図上の諸財産（stemmatica）として〝当然に〟家の所有権に帰させるべきである（S. 229, 241, 252, 253, 254, 263, 269）こと〉へと、緩和している。ただ残念ながら、ベーゼラーも、レーヴィスも、そして署名者〔私〕も、相続財産と獲得された財産の区別を、ただの一度たりとも、家財産の理論の中で用いたことはないのである！　マイヤーは、しかし、ここでは――そして、これが彼の混同の源泉であるように見えるのであるが――、彼によって争われた見解の信奉者たちとして、十八世紀の若干の帝国法律家たちを引用することができる。

前世紀〔十八世紀〕においては、ひとは、周知のように、最古のゲルマン的相続法を、親族同意権（Beispruchsrecht）と並んで、かつて相続へと承継したすべての諸財産を把握している家族のもともとの〝総体所有権〔総有権〕（Gesammteigenthum）〟から説明した。これによって、ひとは、貴族の既存の財産権（Güterrecht）を「歴史的」に関連の中へともたらしたのである。しかし、その法規の「実際的」な継続的妥当に関しては、争いがあった。支配的見解は、〈その法規は、至るところでそうであるように、貴族のもとでもまた、その一般的妥当を失ってきており、それゆえ、財産を譲渡し得ない家族財産となすためには、原則として《これがいまや遺言、契約、法律またはObservanz〔慣習法〕であれ》特別の権原を必要とする〉、と主張した。(2)　これに対して、別の見解は、〈上級貴族のもとでは、階級の慣例（Standesherkommen）が古代ゲルマンの命題を一般に維持してきており〉そして〈それゆえ、疑いある場合には、新たに取得された諸財産は、第一取得者がそれらの諸財産を別の方法で処分することを中止するや否や、家族財産の中へと入ること〉へと、赴いた。(3)

後者の見解は、それにもかかわらず、何か不確かなものおよび動揺するものを保持していた。(4) いずれにせよ、個々の家族におけるその主張者たちは、明白に異なる慣習法に自由な活動の余地を許したが、それに対し他方では、敵対者たちは、〈この内容の家族慣習法が明白である至るところで、事実、相続財産が直ちに譲渡し得ない家族財産となること〉を喜んで承認した。(5) 基本的には、それゆえ、争いは、ただ、このような家族慣習法が推定されなければならないか否か、のみを巡るものであった。(6)

どこまで広くまたはどこまで狭く、ひとは、しかし、その原則を把握したにせよ、至るところで、その原則は、周知のように、その当時、すべての人々の頭を支配したところの、無方式合意と祖先の先慮に基づく承継（successio ex pacto et providentia majorum）という理念との、非常に緊密な連結へともたらされた。その原則は、それゆえ、絶えず〈第一取得者は、それ自体、生存者間でのおよび死亡による最も自由な処分を有するが、しかし、そのような処分の中止をとおして、その財産を〝黙示的〟に世襲財産（Stammgut）のひとつの構成部分と宣言する〉(7) という表現において見出されるのである。

ところで、無方式合意と祖先の先慮に基づく承継（successio ex pacto et providentia majorum）という概念を、上級貴族の法から追い出し、この定理の技巧性を明らかにし、そして、それに家族ゲノッセンシャフト（Familiengenossenschaft）とその自律性（Autonomie）とをその基礎として置き換えたのは、まさにベーゼラー Beseler であった（Erbv.『相続契約の理論』III, S. 60-65）。まさにベーゼラーは、さらに、家財産を、原始家族の擬制的な総体所有権からまたは古い親族同意権から導出することを、可能な限り鋭く否認し、後者に関しては、さらに、彼のもの〔ゲノッセンシャフト理論〕を、相続財産と獲得された財産のもともとの不揃いな取り扱いに関するより古い諸錯誤の反駁のために与えている。そして、それ以上に、ベーゼラー（Erbv. III, S. 54 ff.）は、個々の諸家族における譲渡禁止の理由づけにおいて支配する諸差異を指摘したのみならず、〈あるいは〝ただ一定の財産の塊りのみが〟、あるいは目下存在するすべての（少なくとも不動産的）財産が、あるいはこの関係またはあの関係において家族への将来の取得もまた、拘束された！こと〉を明示的に指摘した。それゆえ、いかにして、マイヤーは、まさに彼［ベーゼラー］によって除去された諸錯誤を不当にも彼に帰することができるということが、可能だったのであろうか？

ゲノッセンシャフト理論は、それゆえ、家財産の範囲に関するマイヤー理論が何らかのことを発言しているようには、それ自体ほとんど発言していない。ゲノッセンシャフト理論は、家の所有権として、ただ家によって証明可能的に取得されている財産のみを宣言している。一般に、ゲノッセンシャフト理論は、それゆえ、〈ただ消滅時効をとおしてのみ補充されるところの〉特殊な寄付＝献呈行為（Stiftungs- oder Widmungsact）の証明を要求する。反対に、ゲノッセンシャフト理論は、もちろん家財産の中への〝黙示的な編入〟を、家法律（Hausgesetz）または家族慣習法（Familienobservanz）がそのようなものを規定する場合に、十分に承認している。事実、〈明示的に《それに関して、第一取得者が生存者のもとでも死亡によっても処分しなかった》すべての新たに取得された財産を、直ちに譲渡しえない家財産に帰属させているところの〉より古いおよびより新しい諸家法が存在している。(8) 極めてしばしば、少なくとも、統治する主人の取得との関連においては、〈その他の家族諸構成員のためには、普通法定相続人法（das gemeine Intestaterbrecht）が妥当する一方では〉(9)、そのような規定がなされている。そのような諸規定は、それにもかかわらず、マイヤーにもまた、知られないままではなかったであろうし、彼は、その妥当性を争わないであろう。それらの諸規定は、それにもかかわらず、ただ家財産の所有権者の問題とだけは、最も僅かな関係ももたないのである！

それゆえ、そもそも、マイヤーは、大部分、風車に向かって戦いを挑んでいる。彼は、〈彼自らがその理論のせいにした〉不合理な諸帰結のゆえに、家のコルポラティフ〔団体的〕な性質についての理論を争い、そして、その理論によって〃その当時まで疑われなかったあらゆる個々の等族構成員の諸権利〃を脅かす〈ただ彼固有のファンタジーによって呼び出されたお化けであるに過ぎない〉〃危険〃（S. 254）に反対しているのである。

赤い糸のように、この奇妙な錯誤が、その論文を貫いている。我々は、それにもかかわらず、この錯誤を解決し、そして、遅れたままになっている論証を検討することを試みることにする。

【以上、IIの本文、終わり】

【IIの注】

（1）マイヤーによるヘフターの諸語の再現は、不正確である。

（2）代表者たちとしては、マイヤーによって、とくにクライトマイヤー（Kreittmayr）、モーザー（Moser）およびルンデ（Runde）が、正当に列挙されている（S. 252-254）。

（3）ピュッター（Pütter）、ポッセ（Posse）およびヘーバーリン（Haeberlin）がそうである（vgl. Mejer S. 250-251）。

（4）マイヤー（Mejer S. 251）は、〈三人の前の注にあげられた人々は、統治家（Regierhaus）における相続諸財産の非不可能性を〃特別の家族の慣例（Familienherkommen）または規約（Statut）〃なしに認める〃ように思われる〃〉と言っている。ピュッターPütterにおいては、事実、彼が実定法について語っているのか、家諸法律（Hausgesetze）の単なる傾向について語っているのか、明瞭ではない。ポッセPosseは、これに対して（Ueber die Sonderung reichsständischer Staats- und Privatverlass.「帝国等族の国家相続財産と私的相続財産の分離に関して」§.16 u. 18）、帝国等族の諸家族におけるこの内容の一般的な〃慣例（Herkommen）〃について確かに語っている。より疑わしく表現しているのは、再びヘーバーリンHaeberlin, Staatsr. III, S. 499 ff. u. 525-526である。彼は、〈反対の見解はより多く信奉者を数えており、そして、それゆえに、明示的な規約をとおして予め用意しておくことが得策であろう〉と、明示的に付加しているからである。――マイヤーが、上述の人々が彼らの命題を〃決して上級貴族階級の一般的な慣例から〃演繹するのではなく、〃相続諸財産一般についての諸家族の総体所有権の前提から〃演繹している、と言うことは、理解しがたい。彼らは、「明示的」に、この総体所有権は、その諸結果とともに、一般的には廃れてしまっているが、しかし、「上級貴族」によって〃階級の慣例〃をとおして保存されている！、と言っているのである。

（5） 至るところでこの側の主たる闘士とみなされているモーザー J.J.Moser von der Reichsstände Landen S. 219 ff. は、そうである。

（6） そのように、コーラー Kohler, Handb. des deut. Privatfürstenrechts（Sulzb. 1832）S. 235 ff. は、問題を把握している。彼自身は、〝本質的〟な世襲財産と〝偶然的〟な世襲財産（Stammgut）を区別している。前者の世襲財産は、法的必然性をもって団体の中へと入る。すべての他の財産は、最初の取得者の自由な処分に服する。〝彼がしかし何も説明しないときは、そのときは、「最大の家族諸法律によれば」、財産は、彼の死後、彼の階級の相続承継の中へと入り、すなわち、財産は世襲財産の特質を受け取るのである。すなわち、「家族諸法律が沈黙する」ときは、そのような自由所有地（Allodien）のために共通の権利（das gemeine Recht）が成長する（S. 240）。〟と。

（7） すべての上述の人々はそうである。とくにさらにコーラー Kohler, a.a.O. もまた。

（8） 例えば、Solmser Erb- u. Brüder-Vereinigung v. 1578 は、そうである。ヘフター Heffter, S. 406 Anm. における問題のある、一部分争いのある箇所を、参照せよ。さらに、ナッサウの一七八三年の、総体家（Gesammthaus）の相続契約（Heffter, S. 279）。シュルツェ Schulze, Hausges. I, S. 286 u. 291. におけるクールバイエルンとクールプファルツの間の相続合意もまた〔参照せよ〕。

（9） シュルツェ Schulze, S. 505. における Hannov. Hausges. v. 1836, c. 11, §. 1 u. 5. はそうである。Sachsen-Gotha. Hausges. v. 1855（G.S.S. 289）a. 81. K. Sächs. V. U. v. 1831, §. 21. Vgl. Pr. L. R.〔プロイセン一般ラント法〕II, 14, §.13-15. の類似の諸規定、並びに、Revis. monit. Jahrb. Bd. 52, S. 54, におけるスアレス Suarez の諸注解、並びに、Bair. V. U. v. 1818, Tit. III, §. 1. もまた。

【以上、IIの注、終わり】

Ⅲ

多くの諸箇所で、マイヤー Mejer は、ベーゼラー Beseler によって与えられた上級貴族におけるコルポラティフ〔団体的〕な家族統一体の歴史的形成の叙述に対して、〝内的な不明瞭性〟という非難を提起している。同じ非難は、〃自律性 Autonomie〃 が同時にコルポラティーフな存在の源泉としておよび流出として設定されている（S. 245 u. 254）ことへと及んでいる。この点には、〃周知の論理的諸原則〃に対する違反が存する、と。

それに対しては、二様に反駁されなければならない。

今日、主権的な連邦国家（Bundesstaat）が設立され、あるいは、何らかの他の法人が、既存のより高次の意思力の協働なしに、生命へと呼び出されるときは、設立行為（Errichtungsact）は、それには諸契約が先行するのではあるが、それ自体、契約ではない。[10] なぜなら、設立行為は、一致する個人の意思諸表示の総計ではなく、総体の統一的な意思行為であるからである。そのような〃構成的行為（constituirender Act）〃の真の性質を、ひとは、〈ひとがその行為をそこにおいて成立に至るペルゾン［人格 Person］の自己設定（Selbstsetzung）として理解しないときは〉、正当に評価することが困難であろう。ひとがこれに決心するときは、そのような法人の最初の生命表出として、自己の生存の肯定が現れ、そして、コルポラティーフな〃自律（Autonomie）〃は、事実、同時にコルポラティーフな存在の源泉でありかつ流出である。しかしながら、このような〃自ら産みだすこと（自己生産 Selbstzeugung）〃は、大部分の人々には、論理的な怪物として現れるであろう、そして、ここは、この問題の解決の場所ではない。[11] 設立行為（Gründungsact）を〈自らこれによってある程度彼らの権利主体性の一部を、彼らによって構成される新たな権利主体のために放棄するところの〉個々人の意思行為としてのみみなす者もまた、それでもしかし、〈このような法的行為は、個人的な自由の領域において登場するすべてのその他の諸行為から内的に異なっており、そして、私的な「処分することの能力と契約することの能力」（facultas disponendi et contrahendi）に対する関係で意思力の増加を表現していること〉を承認するであろう。ひとは、それゆえ、その行為を、この視点からもまた、〃自律的〃な行為と称し、そして、コルポラティーフな自律と並んで、より適切な名称の発見に至るまでは、「コルポラチオンを設立する自律」（Corporationsgründende Autonomie）を認めることができるであろう。いずれにせよ、しかし、上級貴族の諸家族の明示的な意思の諸一致が彼らの諸組織体制を基礎づけてきている限りでは、〝自律〟という語のもしかするとあるかもしれない二重の意味に基づくベーゼラーの叙述に対する実質的な異論は、導かれないのである。

中世の諸コルポラチオンの成立の場合においては、ところで、しかし、もちろん諸事柄は、極めて単純であることは稀である。なぜなら、大部分は、この過程は、漸次的な成長であったからである。諸都市、ラント諸等族および多数の諸同盟（Bünde）と同様に、上級貴族の諸家もまた、ゆっくりとした歴史的生成の中で、コルポラティフな諸団体へと発展させられてきている。極めてしばしば、〈それらの設立の時点と方法を正確に指示すること、または、《一定の結合行為が例えば設立行為であるか、それとも、設立行為を準備する契約であるか、それとも、既存のコルポラチオンのすでに自律的な行為であるか》を、恣意なしに決定すること〉は、不可能である。しかしながら、そのような諸過程の法律的分析の困難は、ひとたび存在するに至った法人の生存能力に反対する何ものをも証明するものではない。また、たとえ〝成長（Wachsen）〟と〝生成（Werden）〟という諸語が多くの法律家たちにとって〝非論理的〟な添え味を有するとしても、生命は、それをほとんど気にすることはない。加えるに、しかり、これらの諸概念そのものは、正統的な学派によって、今日まで、慣習法の概念において受容されてきている。ここでは、それゆえ、〈《ベーゼラーが〝自律〟を創造的原則と称してきている場合》、いずれにせよ「当該諸クライスの内部での慣習法」の形成が、そのもとに合わせて理解されるべきであろうこと〉の指摘で十分であろう。それゆえ、異議は、再び、事柄に対してのそれではなく、語に対してのそれに帰着するであろう。

【以上、Ⅲの本文、終わり】

【Ⅲの注】

（10） Vgl. とくにヘーネル Hänel, Studien zum deut. Staatsr. I, S. 31 ff. u. bes. S. 36-37.

(11) ラーバント Laband, das Staatsr. des deut. Reichs I, S. 33, は、それは〝円の四角化（die Quadratur des Cirkels〔不可能問題〕）〟に等しい、とさえ考えている。彼自身の解決は、それにもかかわらず確かに不十分である。

【以上、Ⅲの注、終わり】

Ⅳ

マイヤーの攻撃の核心を構成するのは、ところで、しかし、〈上級貴族の諸家族をコルポラティフな諸ゲノッセンシャフトへと形成する慣習法が証明されてきておらず、そして、証明することができない〉という主張である。なぜなら、ここで考察される二つの諸要素――等族ゲノッセンと法律家たち――について、何びともこのような解釈を展開してきていないからである、と。

我々が、我々をまず最初に貴族階級そのものにとどめるときは、〈いかなる家法律（Hausgesetz）においても、〝法人（juristische Person）〟または対応する技術的な法表現は、見出されないこと〉が、最も喜んで同意されなければならない。それは、しかし、それでもやはり、真面目には決定することができない。むしろ、〈統一的な〔単一的な〕権利主体としての家族の理解が、家族構成員たちの諸表示および諸行為において宣言されており、そして、家族法（Familienrecht）の事実的形成に決定的に影響を与えてきていること〉の証明が問題となるに過ぎない。

この証明は、しかし、〈その完全化のためには、さらに多くのことが挽回されなければならないであろうにもかかわらず〉、事実、もたらされてきている。次のこと、すなわち、〈すでに十四世紀以来、《諸家族のいつでもより緊密な結合と、家族統一体のいつでもより精力的な刻印に向かう》現在に至るまで進展する運動が、上級貴族を捉えて来ていること〉、〔そして〕〈その場合、諸家族は、すべての個々の諸メルクマールと諸形式において、いつでもより明瞭に、コルポラティフな諸団体の形態を受け取ってきていること〉、〔そして〕〈同時に、個々の家族構成員たちの上に突き出た家族人格（Familienpersönlichkeit）の存在についての法的確信が、たえずより明らかにそしてより決定的に展開されてきていること〉は、説得的に証明されてきているのである。[12]

とりわけ、家族諸ゲノッセンシャフトの構成は、すでに中世においてそれらの「自律性（Autonomie）」の発展と活動において現れている。マイヤーは、自律性を承認するが、しかし、コルポラティフな団体をとおしてのその制約を争っているので、我々は、この点に、以下において立ち戻らなければならない。ここでは、ただ、〈等族ゲノッセン自身が疑いなく、《家には、個々人と彼らの相続人たちを結合させる法律諸関係の複合体のみならず、客観的な諸規範の総体、すなわち、すべての家族構成員たちそのものを拘束する家法（Hausrecht）もまた、対応する》という意識によって条件づけられていたこと〉のみが、指摘されるであろう。それにもかかわらず、長い間、自律的な諸規約と遺言によるかまたは契約による諸処分が、実質的にも概念的にも鋭く区別されなかったことは、精通した人々には不思議とは受け取られないであろう。家族法の形成の両側面の区別の諸開始が、いかに深く中世へと遡るものであるか、そして、いかに恒常的に、その場合、明らかなそして意図的な自己立法への歩みであったかは、K・マウラー（K. Maurer）[13]の卓越した叙述の後には、再度の証明を必要としない。すでに外的には、この発展は、〈近世において〝家法律（Hausgesetz）〟という名称がその技術的意味を獲得するまでに〉[14]、たえず頻繁となる〝規約（Statut）〟、〝随意決定（Beliebung）〟、〝法律（Gesetz）〟、〝規則（Ordnung）〟などのような諸表現の使用において登場している。

その後、家の法人格という思想は、マイヤーによって一度も言及の価値ありとはみなされなかったそれに特有の「組織体制」の形成において、宣言されている。〝部族と氏名〟への制限をとおして、家団体の男系親族的完結（agnatische Abschliessung）が結果するとき、この団体の〝ハウプト（Haupt）〟（〝頭（Chefs）〟、〝支配人（Directors）〟など）および〝構成員たち（Glieder）〟の諸概念が発展されるとき、そのハウプトをとおしての家の代表と統治に関する確たる諸原則が、そして、氏族諸会議の招集、指揮、および、決議に関する諸原則が成立するとき、すでに早期に特別の家族諸裁判所または諸調停が設置されるとき、一体すべてのこれらの知られた諸過程の中で、コルポラティフな有機的組織以外の何が存在しているであろうか？　この視界においてもまた、現代に至るまで前進する発展が、確かめられる。多数決原則と代表制的な家族評議会（Familienrath）を導入してきているところの最新の家組織諸体制（Hausverfassungen）が存在する。そのように組織された諸家族もまた、自らが、まだ諸コルポラチオンとして〝現れる〟ことがないであろうか？

さらに——そして、ここでもまたマイヤーは沈黙しているのであるが——家族統一体の意識は、〈家族権力のもとへの個々人の全部的な服従と家族法のための個人的な諸権利の制限とを内容として有するところの〉家法（Hausrecht）の多数の実体的な諸規定において明らかとなっている。とりわけ、これらの諸規定は、〈その点に、ベーゼラー（Beseler Erbr. III, S. 55 ff.）が正当にも家組織諸体制の締結を認めているところの〉特別の承継諸規定の、そしてそれも最終的には至るところで個人承継の基礎づけにおいて、頂点をなしている。その場合、しかし、〈この家組織体制的な承継は、はじめから、たんに一定の財産諸権利への参加のみならず、同時に、家代表者たる地位（Hausvorsteherschaft）およびそれと結びつけられた「家族実力行使権」（Familiengewaltrechte）の承継者たること（Nachfolgerschaft）を意味すること！〉が、注目されなければならない。

さらに——そして、再びマイヤーは沈黙しているのであるが——すでに中世において、上級貴族の家は、対外的な法的取引において、統一的な主体として自己を宣言している。最も決定的な証拠を、〈最初から多数の〝諸家族〟そのものの間の諸契約として理解されたところの〉〔王家間の〕相続に関する相互諸契約（Erbverbrüderungen）が提供している（以下、Anm. 52. を見よ。）。

ところで、最後に、〈そのようにすべての諸関係においてゲノッセンシャフトとして刻印された家族が、等族ゲノッセンに、《家組織体制的な諸命令と家族の諸合意により、永続的に保持され、そして、家族の利益において統一的に占有されそして支配されるべきであるところの》財産の所有権者としてもまた、現れたこと〉は、驚くべきことであろうか？　むろん、所有権の問題に関する理論的な諸詳論を、それら〔家組織体制的な諸命令と家族の諸合意〕は提供しなかった。通常、それらは、法律諸関係を実質的に規制すること、その時々の占有者の諸権利を確定すること、彼らの諸義務と彼らの権利の諸制限を固定することで、自らを満足させている。そしてまた、それらは、もちろん〈生ける家族構成員たちを、法人のために《近代法律学がそれ〔法人〕に付与したところの》影のような特徴によって収容すること〉から、遠く離れることなく考えていたのである。しかしながら、同様に、〈家財産の法律諸関係を結合されない個人の諸権限の総計へと解消すること〉は、それらには、思い浮かばなかった。むしろ個々人の一時的なおよび制限された占有権に関するそれらの観念に代わって、〈諸世代の交代の中で持続的な統一体として理解されたが、しかし、その時々に完全な権利を与えられた諸構成員の総体として現れたところの〉家族の永続的および完全な要求権が立ったのである。そして、家族のこの権利は、まさに、その永続と豊かさのゆえに、実体についての所有権として現れたのであり、その一方では、所持人の権利がこれとは反対に使用と用益の諸権限のみを包含したのである。あるいは、むしろ、〈それらはローマの所有権概念とその質的な不可分性については、まだ何も知らなかったゆえに〉、所有権の諸権限が、全体としての家族とその構成員たちの間へと、極めて多くの他のドイツ法的な諸ゲノッセンシャフトの模範に従って、分けられてしまっているように、それらには思われたのである。

この思想に、家諸法律は、実質的に至るところで表現を与えているのみではない。この思想は、一連の繰り返される諸言い回しにおいてもまた、表明されている。それゆえ、すでに中世以来、極めてしばしば〈諸財産は、〝部族と氏名（Stamm und Namen）〟に、〝男系部族（Mannsstamm）〟に、〝氏族（Geschlecht）〟に属したし、そして、永遠にとどまるべきである〉、[15]と言われている。十七世紀以来、その後、しばしば〝家（Haus）〟または〝総体たる家（das gesammte Haus）〟が、最終的に、権利〔を与えられる〕主体と名づけられている。このためにベーゼラーによって引用された諸例[16]は、容易に増加される。それゆえ、十七世紀以来、メクレンブルクにおける部族‐または家財産は、技術的に〝メクレンブルク・フュルスト家の所属物かつ従物〟と呼ばれており[17]、そして、同じ時代に、アンハルトにおいては、〝アンハルトのフュルスト家全体（das gesambte Fürstliche Haus Anhalt）〟が、徹底してしばしば個々の構成員たちに独立の権利主体として向き合わされている[18]。同様に、幾重にも、オェッティンゲンにおいては、Präliminar-Hauptvergleich von 1781〔一七八一年の仮の主要協定〕において、家の二つの諸系統の〝総体所有権 Gsammteigenthum〔総有権〕〟が問題となっている[19]。とくに、しかし、我々の世紀においては、官房財産（Kammergut）の法律諸関係の組織体制的規制において、および、家諸法律の新たな編集において、旧来の家族法のための詳しい法律的な表現が求められたとき、ほとんど至るところであらゆる疑いなしに、そして、徹底して技術的な方法において、〝家族〟に、あるいは、〝統治する家〟に、当該財産複合体の実体についての所有権が付与されてきている。その場合、国家財産と家財産の間の境界規制が、至るところで等しからざる方法において実現されたとき[20]、〈至るところで切り離して置かれるべき権利諸主体、すなわち、一方では〝国家〟が、他方では〝家〟が、現れたこと〉は、まさに特徴的である。ひとは、〈Badische V. U. v. 1818,〔一八一八年のバーデン組織体制〔憲法〕証書〕§.59（ツァハリエ Zachariae, S. 338）において、大公（Großherzog）が、諸領地（Domänen）を〝支配者「および」その家族の争われない世襲財産（Patrimonialgut）〟と宣言し、そして、それらを〝家族のハウプトとして〟この特性において確認する場合、あるいは、Nassauisches Patent v. J. 1814〔一八一四年のナッサウの特許状〕（ib. S. 749）において、諸領地が〝家族財産（Faniliengut）〟と表示される場合〉は、さらに二義的と見ることができるであろう。これに対して、ヴュルテンベルクにおいて、一八一九年の組織体制〔憲法〕証書が、一〇二条と一〇八条（ib. S. 309 u. 310）において〝宮廷諸領地‐官房財産（Hofdomänen-Kammergut）〟という場合、それは〝その管理と利用が王に帰属するところの王の家族の私的所有権である〟[21]。少なからず決定的に、一八二〇年のヘッセン大公国の組織体制〔憲法〕証書七条（ib. S. 402）は、諸領地の三分の二を〝大公の家の譲渡し得ない家族所有権（Familieneigenthum）〃と称している。一八三一年のザクセン王国の組織体制〔憲法〕証書一六条、二〇条および二一条によれば、家の信託遺贈〔世襲財産〕（Hausfideicommiss）は、その〝占有〟が国家の継承規定に向けられるところの〝王家の所有権〟である（ib. S. 163 ff.）。一八二九年のザクセン－マイニンゲンの組織体制〔憲法〕証書三八条（ib. S. 543）は、領地財産は、〝ヘルツォーク家の所有権〟と宣言している。一八三一年のザクセン－アルテンブルクの組織体制〔憲法〕証書一八条（ib. S. 577）は、諸領地は〝ヘルツォーク家の所有物〟である、と言い、二〇条と二一条では、しかし、その上に〈《彼〔支配者〕が〝用益享受者として〝ただ諸収入を君主の私有地（Schatullgut）のためにのみ吸収することができるゆえに(22)》その〝その時々の用益享受者（Nutzniesser）〃が支配者（Regent）であるところの〉〝ヘルツォーク家は——私的所有権として信託遺贈〔世襲財産〕諸資本〃を占有している。その他のザクセン－テューリンゲンの諸ラントにおいても、類似の関係にある。(23)最も詳細に、これらの諸関係に関して、ザクセン－コーブルク－ゴータの立法は、述べている。ここでは、そもそも、国家の諸法律（例えば、Ges. v. 1846 a.1, ib. S. 684：〝ヘルツォーク家の家族所有権〃；Ges. v. 1855, §.1 ib. S. 686）との一致においてもまた、一八五五年三月一日の家法律（Hausgesetz, G. S. Bd. IX., Nr. 497）は、コルポラティフな所有権の思想を、〝家財産（vom Hausvermögen）〃（a. 20-78）の中で、至るところに浸透させており、そして、この章の導入のところで、この財産の諸構成部分の列挙後ただちに〝領地財産（Domänengut）は、ヘルツォークのザクセン－ゴータの総体家〔Gesammthaus〕の所有権であり、Nr. 2-6のもとに引用された財産諸部分は、ヘルツォークのザクセン－コーブルク－ゴータの特殊の家の所有権である(24)〃という条項を置いている。シュヴァルツブルクのフュルスト諸国(25)、クールヘッセン(26)、ヴァルデック(27)、ホーエンツォルレルン－ジグマーリンゲン(28)、オルデンブルク(29)、メクレンブルク(30)などにおいても、異なる関係にはない。しかし、明示的な規定が欠けているところでもまた、すべての当事者の理解は、明らかに異なるものではない(31)。とくにプロイセンにおいては、〝王位の信託遺贈〔世襲財産〕（Kronenfideikommiss）〃についての所有権は、（その利益のために国家の所有権と宣言された諸領地に課される定期金（Rente）と並んで）、つねに王の家族そのものに帰属させられてきている。さらに最近、王位のシンジケート（Kronsyndikat）によってシュウェッター訴訟（Schwedter Rechtsstreit）において提出された鑑定書[32]は、この解釈を唯一適切なものと称し（S. 12）、そして、〈いかに〝王が彼のペルゾンのためではなく、その総体における彼の家族が、コルポラティフな統一体として、この家財産の所有者として〟現れているか〉、〈いかに問題の訴訟において対立している両当事者が〝その信託遺贈〔世襲財産〕的な家占有（fidekommissarischer Hausbesitz）における〟〝国家〟と〝王の家族〟であるか〉、そして、〈いかにして、これら両権利主体が、〝同一の肉体的なペルゾン〟であるにもかかわらず、その〝代表者〟として登場し、〝二つの異なる、法的に自己のために存在する諸ペルゾンと〟みなされなければならないであろうか〉を、詳細に説明してきている。

これらの諸例がマイヤーにとって、等族意識の証明のためにいつでもまだ十分に〝多数〟ではないであろうかどうかは、待つべくとどまっている。さらに、ひとは、〈彼が、より古い諸例に反対して、ベーゼラーによって引用された諸箇所に対して提起された《〝家〟は、そこではただ、〝家族構成員たち〟のみを意味し、〝家の諸財産〟はただ〝家族のさまざまな構成員たちに属するさまざまな財産の塊り〟のみを意味する》という異議を繰返すこと〉、〈彼は、その反対に、《彼が、ベーゼラーによって選び出されたザクセン組織体制〔憲法〕証書を撥ね付けてきているように（S. 248-249）》、より最近の諸例を撥ね付けていること〉が、把握されなければならない。

最後の点において、まず最初に、三つの諸問題が許されるであろう。より最近の時代の上に報告された「すべて」の諸規定における〝家の所有権〟という表現は、家の諸法律においてもまた、国家財産は存在しないという、〝明白に否定のみ〟を表現すべきであるのか？　マイヤー Mejer は、〈彼にそれでもしかし推測するに知られていた〉すべてのあの組織体制〔憲法〕諸規定を、〝誤った理論をとおして条件づけられたもの〟として、黙示的に退けてきているのであろうか？　そして、彼には、今日の法に関する解釈学的詳論においては、一八〇〇年以後の諸表明の「あらゆる」援用は、〃貧困証明〃であるのか？

さらに、しかり、しかし、それでもなお、あらゆる捉われない人々にとっては、〈我々の世紀における当該諸規定が、家財産の家族法的側面との関連において、新たな法を創造しようとせず、古法を固定しようとしたこと〉は、直ちに明らかであり、そして、諸法律の無数の諸表明をとおしてそれ自体確証されている。その限りで、それゆえ、いずれにせよ統治する諸家自身が、長い間以来、〈彼ら〔諸家〕が、今日と同様に、マイヤーによって〃決定的〔とされる〕時期〃の内部においてもまた、コルポラティフな所有権の諸主体であってきている！こと〉を認めていることは、確かである。

我々が、時代において遠く遡れば遡るほど、それだけいっそう僅かにしか、むろん、法人としての家と個々の家族構成員たちの総計との間は、区別されず、それだけいっそう疑いなく、同時に、総体としての家に男系部族（Mannesstamm）に捉えられた諸財産についての所有権が、そして、その時々の所持人たちに彼らの生存期間に向けて占有される諸財産または諸持分についての所有権が、付与されており、それだけ一層明瞭に、ゲノッセンシャフト（Genossenschaft）と総体所有権（Gesammteigenthum）(33)という、まだ解明されていないより古い諸観念が主張されるのである。しかしながら、それは、まだその独立性においては認識されておらず、そして、分離されていないゆえに、それゆえ、コルポラティフな要素が少なからず存在しているのである！　そして、等族意識には、家の権利主体性は、学校教育の法人の商号のもとでは必ずしも明瞭とされてきていなかったゆえに、それゆえ、家の権利主体性は、等族意識には、それでもしかし、生き生きとしたそして有効な存在であった！　どこかある場所にあるとすれば、ここでは、最初の萌芽から完全な展開に至るまでの法的確信の発展が、〈意図的に生きた歴史的生成に対して自らを閉ざすことのない〉あらゆる眼前に、明らかに存在しているのである！

マイヤーは、それにもかかわらず、〈上級貴族の諸家族は、自らが、〃いわゆる家財産が、その時々の所持人に独特に帰属していること〃を認めている〉という積極的な反対主張を設定している。彼は、このための固有の証明を導くことを試みておらず、むしろ、ただドゥンカー（Duncker）によって、総体所有権に関する彼の知られた論文の中で提出された不十分な諸事実のみを援用している。[34]

ところで、これらの諸家族が、現代においてそのような〝仮定〟に、徹底して傾いていないことは、〈それらの諸証言によれば、その時々の所持人が明示的に、単なる〝占有者（Besitzer）〟、〝管理者（Verwalter）〟あるいは〝用益享受者（Nutzniesser）〟と称され、そして、実体についての所有権（Eigenthum）が彼には拒まれているところの〉上述のところで提出された諸証言から、十分に明らかである。

同様に、しかし、家統一体（Hauseinheit）の最初の基礎づけの際において、そのような〝仮定〟が問題となりえなかったことは、はじめから明らかである。

周知のように、不可分性、非譲渡性および個別承継を通して保証された厳格な家統一体の導入に先行したのは、原則として、家財産の総括のより不完全な諸形態であり、そして、それらは、それからその後もまた、たえず繰り返し現れたのである。[35] すべてのこれらの諸形態は、ゲマインシャフトという一般的な概念のもとに、ゲザムト・ハント〔合有〕に帰している。いつでも〝行為分割（Tatheilung）〟の代わりに、たんなる〝ムートシールング（Mutschierung）〟が登場するところでは、なるほど、諸個々人には、特有の諸持分が、独立の占有と享受のために委託されたが、しかしながら、実体についてのゲマインシャフトの理念は、生き生きととどまり、そして、〈諸譲渡における、相互的な承継の規定における、および、多くの種類の共通の諸制度における〉相互的な同意あるいはそうでないとしてもネーエルレヒト〔物権的取得権、優先権〕の留保において、実際的な諸効果を現わした。[36] 進歩する統一体傾向のゆえに、その後、現実の分割（Theilung）が〈一般にあるいはそうでないとしても一定の世襲諸財産に関して〉中止され、そして、〈実体に制限されたゲマインシャフトの代わりに〉収益についての単なる特別諸持分をもつ完全な用益ゲマインシャフト（Nutzungsgemeinschaft）が設定された。[37] いまや類似の諸関係が、自由意思による耕地整理（Zusammenlegungen）をとおしてもまた、成立した。[38] 同時にしかし、すべての諸場合において、家族統一体の〈ゲマインシャフト的に留まったかまたはゲマインシャフト的となった〉法の範囲のために、外的にもまた統一的な有機的組織（Organisation）を付与する努力が主張された(39)。この関係において、再び、一定の監視‐および代表諸権限に制限された最年長者または最年長者の系統の圧倒的な地位から、最年長の家族構成員の形式的な代表者制（Vorsteherschaft）または幹部団（Directorium）に至るまでの(40)、非常にさまざまな諸段階が展開されているのが見出されるのである。

ところで、この種のゲザムト・ハント諸関係が及ぶ限りでは、しばしば、〈そのように結合された多数者の所有権ゲマインシャフトの理念が、すでにコルポラティフ〔団体的〕な統一体の所有権の理念をとおして克服されているのかどうか〉という疑いが成立しうる。しかし、いずれにせよ、〈その点に所持人の単独所有権（Alleineigenthum）の否定が存すること〉は疑いがない。しばしば、〈総体諸権利の組織体制的に任命された担い手が、家族ゲマインシャフトの代表者であるにすぎないこと〉が、明示的にもまた強調されている(41)。

しかし、そのようにして、家財産の歴史の入り口にドゥンカー‐マイヤーの命題ではなく、その否定が立っているとするならば、その命題へのその後の方向転換は、はじめから蓋然性がないのである。なぜなら、家財産のより確固とした結合は、徹底してゲザムト・ハントの中で与えられた諸萌芽の有機的な発展において生じたからである。しばしば、近代的な家財産は、直接、〈このことを、例えば、最近、メクレンブルクについて、ベーラウ（Böhlau）の基礎的研究が明らかにしてきているように(42)〉、ゲザムト・ハントから成長してきている。いつでも、しかし、〈それらに基づいて、一方的な諸命令ならびに家族諸契約が家組織体制の統一的な先鋭化を実現する〉諸思想は、ゲマインシャフト諸関係を駆り立ててきている同一の諸思想の上昇にすぎない。差異は、ただ、家人格のより鋭い刻印において、および、その〔家人格の〕代表の統一性のより精力的な形態形成においてのみ、存するにすぎない。

それゆえ、そもそも、事実、非譲渡性の混入のゆえに、すでに中世以来、〈その場合、彼の上に立つ家の権利をとおしての所持人の諸権利の制限が問題となる〉という観念が存在している。[43] 同様に、〝家全体の用益のための〝不可分性の確定が結果し、そして、その場合、〈家のハウプトは、ただ彼の手中にある諸財産を総体の代表者としてのみ結合すべきであること〉[44]が、明らかに宣言される。とくに、しかし、個別承継、およびとくに、長子相続権（Primogenitur）規定の基礎づけにおいては、ほとんどいつでも、二義的にではなく、〈最初に生まれた者が、個人として排他的な所有権を受け取るのではなく、氏族のハウプトとして家財産を占有しそして享受すべきであること〉が、言明されている。それゆえ、多くの諸場合においてもまた、最年長者から導かれたゲザムト・ハントから真の長子相続権（Erstgeburtsrecht）への移行は、気づかれずに遂行されうる。[45] しかり、まず最初に、共有物（Gemeinen）についての現実の用益諸持分から、男系親族たち（Agnaten）のパラギーエン（Paragien）が、その後にしかし、たんなる観念的な収益諸持分から王族の諸采地（Apanagen）が、出現することによって、新たな財産組織体制の内部でもまた、ゲマインシャフトの理念が、中断されずに維持され続けるのである。そして、それゆえ、通常もまた、なるほど、〈最年長者だけが〝支配し〟または〝統治し〟、そして、それゆえ土地支配と結合された諸財産を〝占有し〟、〝所有し〟、〝使用し〟、〝用益し〟、〝管理〟すべきである〉とは言われるが、――しかし、〈彼に単独の〝所有権〟が帰属する〉とは、決して一度も言われていないのである。[46]

これに対しては、ドゥンカー Duncker の諸詳論（S. 131-136）は、完全に無意味である。〈より慎重な取り扱いのもとでならば、マイヤーが自らを納得させることができたかもしれないような〉彼〔ドゥンカー〕によって報告された諸箇所の中のただひとつの箇所も、最初に生まれた者（Primogenitus）に〝単独所有権〟を帰属させていない。[47] むしろ、ドゥンカーは、ただたんに、一方では〈最初に生まれた者を〝包括相続人 Universalerbe〟に据えるところの〉遺言を、他方では〈より若い人々が最年長者のために彼らの相続持分を放棄するところの〉諸契約だけを援用しているにすぎない。ここでは、自律的な諸規約ではなく、個々の諸法律行為が問題となっている。しかし、財産の実体が家族そのものに属することが、すでに確立していたとすれば、あの諸表現は、ただ、何かそれと完全に一致しうるものだけを表現しているにすぎないのである。なぜなら、遺言者（Testator）は、自らが家財産の単独所有権者ではなかった限りでは、〝すべての彼の諸権利への加入〟もまた、所有権の取得を意味しないからである！ そして、放棄者たちが個々人として共同所有者ではなく、ただ管理と用益（Nießbrauch）についての持分についてのみ使命を与えられていたとすれば、すべての彼らの諸権利の放棄もまた、最年長者への単独所有権の譲渡を意味するものではない！ 彼らが、しかしながら、家の構成員たちとしての彼らに帰属する諸権利を放棄しようと欲しなかったことは、問題の契約諸証書へのあらゆる瞥見が教えている。

ところで、しかし、そのように、あらゆる時々の所持人の単独所有権というドゥンカー‐マイヤーの命題が、近代の形成された家組織体制にも、それらのオリジナルな生成の諸時代にも、疎遠であるとすれば、その命題にとっては、ただいまなお中間時においてのみ、いかがわしい諸場所が残るにすぎないであろう。その命題は、十七世紀と十八世紀におけるロマニスト的法律学によって、上級貴族の等族意識に押し付けられているに違いない。そして、このことを、マイヤーは、事実、主張しているように思われる（S. 246-247）。

家族信託遺贈〔世襲財産〕（Familienfideikommiss）についての民事法学理論〔civilistische Lehre ローマ法理論〕が、ある一定の間、上級貴族の法へと、混乱させる影響を与えるべく脅かしたことは、正当である。しかしながら、この理論の、家法（Hausrecht）の現実の形成にとっての意義は、マイヤーによって、まさに不可解な方法において過大評価されている。事実、〈上級貴族の家法は、〝信託遺贈〔世襲財産〕Fideicommis〟という「語」がその家諸法律の中への入場を見出す以前に、すべての本質的な点において完成していたこと！〉を、いかにして彼が見過ごすことができるのかは、不可解である。いかにして彼が、〈大部分の諸場合において、最初に〝すべての形式における信託遺贈〔世襲財産〕の諸財団〟が家財産を基礎づけ、そして、とくにその非譲渡性を導入してきている！〉と主張しうるのかは、不可解である。しかし、最も不可解であるのは、彼が、彼のベーゼラーの立証についての厳しい批判の後に、この新しいと同様に思い切った命題を、若干の漠然とした、間違った、それどころか謎のような〝Aperçus 諸洞察〟をとおして証明することができたと信ずることができるのか！ である。[48]

彼が、しかし、証明したとするならば、何が、いったい、〈そこにおいてすべての可能な等しくない性質の諸関係が共通の避難所を見出したところの〉その当時の信託遺贈〔世襲財産〕概念の不確定性に関するマイヤーの固有の諸詳論によれば、信託遺贈〔世襲財産〕の語と形式の適用から、上級貴族の家財産の真の性質のために、そして、等族の理解のために、結論されうるのか？ それでもしかし、決定的であるのは、ただ、当該設立証書（Stiftungsurkunden）の実際の内容のみでありうる！ 我々が、マイヤーのように立証責任を引き受けることによって、上級貴族の実際に信託遺贈〔世襲財産〕の諸設立の形式において装われた若干の家諸法律において、振り返るとき、我々は、その点において、規則に従って決して、一方では個人的な意思の処分、そして、他方ではその時々の信託遺贈〔世襲財産〕の占有者、という理念に出会わないのである！ むしろ、しばしば明示的に、設立は、家法律的な行為と宣言され、同時にしかし、多かれ少なかれはっきりと、〈所持 Innehabung は、家のハウプトそのものに帰属すべきであること〉が宣言されているのである。[49]

【以上、Ⅳの本文、終わり】

【Ⅳの注】

（12） マイヤー Mejer S. 244, 246 u. sonst が、貴族法の発展の時代に関して述べていることは、一連の誤解に基づいている。発展は、まだ今日〝終結して〟はいない。しかし、上級貴族の諸家族は、〈一方では、理念の事実的な実現が、および、他方では理念の明瞭な認識が、欠けていたかもしれない限りで〉、すでに、ローマ法継受前に、〝諸ゲノッセンシャフト〟へと発展していた。マイヤーは、真面目に〝大部分の〟家諸法律の〝諸資料〟に基づいて〈十七世紀において、上級貴族の法律諸関係と下級貴族のそれらが、全く同じ状態にあったこと〉を主張しようとするのであろうか？ それとも、ひとは、いかにして、さもなければ、彼の S. 216 の諸叙述を解釈すべきであるのか？

（13） Krit. Ueberschau II, S. 247 ff. における。この卓越した論文を、マイヤーは、徹底して無視している。

（14） すでにBad. Erb‐u. Einig. Vertr. v. 1380（シュルツェ Schulze I, S. 172）は、ひとは〝諸法律と諸規則を〟結合してきている、と言う。一三九五年のプファルツの家法律（リューニッヒ Lünig V, S. 585）：〝永遠の規則（ewige Ordnung）〟。Nassau 1491：〝規則（Ordnung）〟。Landgräfl. hess. Erbein. 1568：〝規約と規則（Satzung u. Ordnung）〟。クリューバー Klüber §.75, N.a und §.339、コーラー Kohler S. 335 ff.、ヘフター Heffter S. 229 ff. における異なる諸表現のための諸例。――自律（Autonomie）の概念の形成のために特筆すべきことは、〈あらゆる成年となった家族構成員は、それら〔家契約〕に宣誓すべきである〉という多くの家契約の規定である。so Nassau 1491；Oettingen 1435（彼の持分の喪失の際における）；Solms 1548。

（15） シュルツェ Schulze I, S. 268 における Bair. Theilbrief v. 1392：〝それゆえ我々のすべての土地と人々が、常にバイエルンの名とフュルスト領のもとにとどまるために（also daz unser aller land u. leute alzeit bey dem Namen u. Fürstenthumb zu Bayrn beleiben.）〟。リューニッヒ Lünig R. A. XI, S. 342 における、Erbverbrüd. der Truchsessen v. Waldburg v. 1463：〝それによって諸財産がトゥルクセッセン・フォン・Wの名と部族にそしてそのもとにとどまるために（damit die Güter an u. bei dem Namen u. Stamm der Truchsessen von W. bleiben.）〟。Erbein. des Hauses Fürstenberg v. 1576：我々は、〝我々のおよびすべての我々の相続人たちとF.Eur. …の名と部族の後裔たちの永続的な保持と支持のために、享受と安寧を、受入れをもまた、〟〝それが永遠に…我々の名と部族の所有と諸財産を有し、…保持されるべきであるように〟、合意してきている（wir haben uns “zu bestendiger Erhaltung u Fürderung unser u. all unserer Erben u. Nachkommen des Namens u. Stammes der…zu F. Eur, Nutz u. Wolfahrt auch Aufnemmen” vereint, “wie es in ewig Zeit…unseres Namens u. Stamms Haab u. Güter halben…gehalten werden solle.”）。リューニッヒ Lünig, Spic. sec. I, 645. における Nassau. Erbein. v. 1491。ベック Beck, hess. Staatsr. II, S. 92 における Landgräfl. Hess. Erbein. v. 1568（ゲノッセンシャフト的な所有権の理念の特別に明瞭な刻印をもって）。Solmser Erbein. v. 1578：〝それによって…我々のグラーフシャフトとヘルシャフトが…ゾルムスの氏族にとどまることができるために（damit…unser Graf- u. Herrschaft…am Solm'schen Geschlecht bleiben möge.）〟。シュルツェ Schulze, S. 47‒59 における Anhalt. Senioratsrecess v. 1669：いまや、分割されたそして個々人に相続によって分けられた諸財産もまた、すべての時代のために〝フュルストの男系部族に編入されて〟とどまる。コーラー Kohler, §.69. およびバウアー Bauer, S.118‒134. における、その他の諸例。

（16） ベーゼラー Beseler, P. R. §. 172, Note 11（Hessen‐Darmstadt 1606；Oesterreich 1621；Schwarzburg 1713）.

（17） ベーラウ Böhlau, Fiscus. landesherrl. u. Landesvermögen etc., Rost. 1877, S. 55, N. 161. における、Vertr. v. 1611 u. 1621。

(18) Vgl. 例えば、シュルツェ Schulze, S. 35 における Erbein. v. 1635. および、とくに Senioratsrecess v. 1669 ib. S. 47 ff., そこでは、ほとんどあらゆる条項において、家が、所有権の主体として、個々人と対向して登場し、彼らと契約を結び、彼らへと売却し、そして、彼らから支払いを受け取り、そして、分配されない総体財産と並んで、切り離されて諸持分についての諸要求権を維持している（Vgl. z. B. S. 55 a. 5）。

(19) ロイス Reuss, deut. Staatskanzlei（1783）II. S. 34. において。

(20) これらの諸差異は、もちろん我々の問題にとっては重要ではない。

(21) ここでは、至るところでそうであるように、すでに長い間合法的であったところのものだけが明示的に定式化されている。ひとは、ただ、〈類似の表現をしているところの〉Eberhards III. Codicill v. 1674, §. 8. Carl Alexanders Testament §. 3 u. 4 u. den Familienvergleich v. 1780（ライシャー Reyscher I, Nr. 94）を、参照せよ。

(22) Vgl. auch Ges. v. 1854 a. a. O. S. 633-640.

(23) Vgl. noch Sachsen-Hildburgh. Haus- u. Grundges. v. 1820, §.1 ; Coburg-Saalfeld. V. U. v. 1821, §.76 u. 119 ; Sachsen-Waimar. Ges. v. 17. April 1821 u. v. 4. Mai 1854（ツァハリエ Zachariae, S. 533）. Vgl. auch ハイムバッハ Heimbach, P. R. §. 177.

(24) これらの財産諸部分は、しかし、三つのいわゆる〝信託遺贈〔世襲財産〕Fideikommisse〟（a. 33-68）、〝家の固有財産 Hausallodium〟（a.69-71）および〝年長相続の寄付行為 Senioratsstiftung〟（a. 72 bis 73）である。これらの財産の諸塊りの「すべて」に関して、その時々の占有者が、ただ〝用益を享受する nutzniessen〟権利をもつ〝所持人 Inhaber〟と説明されている（a. 74）。それに対して、対立物は：〝ヘルツォークの私的財産 Privatvermögen des Herzogs〟である（a. 79-81）。

(25) Schwarzb.-Sondersh. V. U. v. 1849, §.60 b. ツァハリエ Zachar. S. 992 u. Schwarzb.-Rudolst. V. U. v. 1854 §.9 ib. S. 1018（〝フュルスト家の信託遺贈〔世襲財産〕的所有権〟）。

(26) V. U. v. 1831 §.140 ; Ges. v. 27 Feb. 1831 ; V. U. v. 1852 §.108 ff. ; ヘフター Heffter S.252 und 254-255. ランデスヘルは、〝用益享受者 Nutzniesser〟である。

(27) V. U. v. 1852 §.83 b. ツァハリエ Zachar. S. 1104.

(28) V. U. v. 1833 §.72.

(29) Vereinb. v. 1848 §.2 b. ツァハリエ Zachar. S. 939.

(30) 一八四九年の失敗した試み、並びに、〝〈大公家の財産、および、現在統治する大公とその他の構成員たちの両私的財産〉からの国家財産の分離〟、その場合、いつでも〝家の所有権（Eigenthum des Hauses）〟〔という表現がみられることを〕、ベーラウ Böhlau a.a.O. S. 162–165. において、参照せよ。ベーラウ自身は、〝家の所有権〟について語っており（S. 86, 122, 155, 162）、別の場所では、もちろん〝家のハウプトとしてのランデスヘルの肉体的ペルゾンの所有権〟について語っている（S. 127 und 157）。

（31） バイエルンにおいては、〝国家と家の信託遺贈〔世襲財産〕〟に関して、ここではそもそも国家の諸権利が家族の所有権のために余地を与えている限りで、そうである。vgl. Fideicommiss-Pragmatik v. 20. Oct. 1804 §.2 ; V. U. v. 1808 Tit. 2. §.11 u. 1818 Tit. 3 ; Familienges. v. 1810 a. 55, 1816 a. 58 1819 Tit. 8 §.1 b. シュルツェ Schulze S. 318. 331 u. 344。同様に、〝家族‐および家の信託遺贈〔世襲財産〕〟に関する Hannov. Hausges. v. 1836 c. 11 §.2 u. c. 12 §.1–3 （ib. S. 505–506）によれば、その〝実体〟は〝王の私的財産に数えられる〟べきではないことが、それによって少なくとも消極的に言われている。

（32） Drucksachen des Hauses der Abgeordneten, 1876, Session III., Nr. 349 Anlage A. そのもとに、とりわけヘフター Heffter とシュルツェ Schulze の名が〔見られる〕！

（33） Vgl. Gierke, deut. Genossenschaftsrecht, Th. II.

（34） S. 248. 彼は、ただ、〝私の諸研究は、同じ結論を明らかにしている、〟とだけ確証している。「ドゥンカー Duncker に反対して」ベーゼラー Beseler P. R. §.172 N. 10 が言っていることは、反駁されないままである。

（35） とくに、モーザー A Moser, Fam.-Staatsr. I. S. 583–654、コーラー Kohler §.76 n. 92–93、シュルツェ Schulze, Erstgeburt S. 251–309 u. 323 ff. を参照せよ。

（36） Vgl. z. B. バーデンにおける諸分割 die Theilungen in Baden 1380 u. 1453 b. シュルツェ Schulze I. S. 172 u. 174 ; Baiern 1329 u. 1392 ib. 260 u. 265 : Braunschweig 1636 ib. 458 ; Meissen 1379, 1387 u. 1410 b. リューニッヒ Lünig VIII. S. 191, 193 u. 200 ; Pfalz 1444 ; Oldenburg 1463 ib. X. S. 20a. ; Giech 1480 Spic. sec. I. S. 193, Cronberg 1568 Spic. sec. II. S. 1654 ; Rittberg 1576 ib. 964 （〝ゲザムト・ハント gesammte Hand〟）; Hessen 1568 b. ベック Beck II. S. 92 ; Nassau 1607 リューニッヒ Lünig XI. S. 13 c. （とくに刻印される）; Wied 1613 Spic. sec. II. S. 1496 ; Schwarzburg. Sanctio Pragmatica v. 1713.

（37） Vgl. Hess. Testam. v. 1562 b. ベック Beck II. S. 52 ; Sächs. Ver. v. 1499 b. リューニッヒ Lünig V. S. 24 b. ; Isenburg 1488 ib. XI. S. 606 ; Braunschweig 1592 ib. IX. S. 314 a. ; Nassau 1597. ib. Spic. sec. II. p. 654 ; Sachsen-Gotha 1654 u. 1672 ib. 464 u. 596 b. マイセン家と都市（Haus und Stadt Meissen）および都市とフライベルク鉱山（Stadt u. Bergwerk Freiberg）に関してマイセン Meissen 1410 a.a.O. もまた。

（38） Vgl. z. B. Meissen 1403 b. リューニッヒ Lünig VIII. S. 196 ; Württemb. Mynsinger Vertrag v. 1482 ; Solms 1578 b. リュー

ニッヒ Lünig XI. S.312：Hanau 1610 ib. Spic. sec. II. S. 236.

（39）ヴュルテンベルクにおいては、すでに一三二一年およびとくに一四八二年にそうである（シュルツェ Schulze, Erstg. S. 285 ff.）。一四五九年の Hausges. v. Solms u. Epstein（Spic. sec. II. S. 1365）および一四九五年の Oettingen によれば、最年長者は、それでもしかし〝それらの他の人々とともに享受と用益のために（denen andern mit zu Gude u. Nutze）〟あるいは〝彼の名とすべての他の人々の名において（in seinem und Aller Anderen Namen）〟レーンを付与すべきである。一五七八年のゾルムスの家法律（Das Solmser Hausges.）（リューニッヒ Lünig XI. S. 312）は、最年長者たち（Aeltesten）に、総体家の召集の権利（das Recht zur Convocation des Gesammthauses）を与えている。Königsegg 1588 u. Nassau 1597（Spic. sec. I. 353 u. 654）においては、最年長者が、レーン把持者と規定されている。ブランデンブルクのラント諸分割（Gerauer Vertr. v. 1603, Testam. des gr. Kurf. v. 1664）の場合には、最年長者が〝家のハウプト Haupt des Hauses〟に留まっている。Testam. v. Johann Georg I. v. Kursachsen v. 1652 に従っても、同様である。Vgl. Mecklenb. Vertr. v. 1573 リューニッヒ Lünig IX. S. 502a.

（40）ひとは、アンハルト家における年長相続 Urk.. v. 1635, 1666 u. 1669 を参照せよ。右年長相続は〝支配 Dominat〟を基礎づけるべきではないが、しかし、すべての〝総体的なことがら gesammte Sachen〟に関する〝幹部団 Directorium〟を保証するものである。Vert. v. 1629, 1641 u. 1657（モーザー Moser a. a. O. II. S. 960）による、エルネスティン血統のザクセン家 Haus Sachsen Ernestinischer Linie における〝ゲザムト・ハント〟の幹部団を伴う年長相続も、類似する。Vgl. Gotha. Testam. v. 1654（〝最年長者の幹部団〟のもとの〝コムニオンとゲマインシャフト〟）、および、Regim.-O. v. 1672（〝ゲザムトシャフト〟、すなわち、最年長者は、指揮するが、しかし、重要な事柄において他の人々を関与させるべきである。）。周知のように、交替する諸政府もまた登場した（例えば、ヘッセンにおいて）。

（41）二つの前注〔注（39）と（40）〕を参照せよ。

（42）ベーラウ Böhlau a. a. O. S. 21-22 u. 51-58。一方では〝ゲザムト・ハント gesammte Hand〟、〝家の従物 Partinenzstück des Hauses〟、および〝家財産 Hausgut〟が、他方では〝特別財産 Sondergut〟、〝相続財産 Erbstück〟および〝王侯の私的財産 Schatullgut〟、という諸概念は、ここでは、完全に一致する。

（43）Vgl. 例えば、Baden 1356, Württemb. 1361 u. 1617, Sayn 1351, 1357 u. 1437, Nassau 1491, Oettingen 1495, Hanau 1659 における譲渡禁止（譲渡しないことについての家族の合意 Pactum familiae de non alienando）。

（44）Vgl. z. B. Braunschweig 1374 b. シュルツェ Schulze I. S. 425：最年長の兄弟は、すべての人々の用益のために支配の権力にあるべきであり、彼は、それゆえ、他の人々〔の同意〕なしには何ものも売却してはならない。さらに、1394 ib. S. 428. Baden 1380 ib. 173（類似）。リューニッヒ Lünig V. S. 585 における Pfälz. Hausges. v. 1395。Württemb. 1361, 1472, 1482 u. 1492 u. それについて、ライシャー Reyscher Einl. I. S. 40（至るところで、家全体の利益における確定が結果している。）。

(45) そのような諸移行を示すのは、例えば、die Ver. des Herz. Albrecht zu Sachsen v. 1499〔ザクセンのアルブレヒト公の諸契約〕である（リューニッヒ Lünig Bd. V. S. 24b）：最年長者は、他の人々のために統治すべきである。；Sayn-Wittgenstein 1593（ib. Spic. sec. II. S. 964）：すべての人々は、すべてのことへと、正当の相続人として投入されるが、しかし、最年長者は〝家族の尊厳 familiae dignitatem を代表する〟ことによって、統治すべきである。；Waldeck 1575（ib. XI. S. 371b）：最年長者には、あらかじめ当然に統治が帰し、諸用益は平等に分割される。；Braunschweig 1592（ib. IX. S. 314a.）；Rittberg 1576（ib. Spic. sec. II. S. 964）；Anhalt 1676（ib. X, S. 260b.）.

(46) 人は、例えば、Bair. Vertr. v. 1506 をシュルツェ Schulze Hausges. I. S. 271（：〝しかしながら統治し、占有し、所持し、そして、管理する。〟）において参照せよ。auch 1535 u. 1578 b. モーザー Moser St. R. XII. S. 430 und 431；Baden 1615 b. シュルツェ Schulze a.a.O. S. 195；Braunschweig 1535 ib. S. 428 ff.；Württemb. 1495 u. 1617 b. ライシャー Reyscher a.a.O.（：占有され、統治され、享受されそして用いられる。）；Brandenburg 1473 u. 1598 b. シュルツェ Schulze Erstgeb. S. 403；Gotha 1685, Meiningen 1721, Hildburghausen 1702 ib. S. 409, 411, 413；Hessen 1627 u. 1606 ib. S. 425 u. 427；Mecklenburg 1573 ib. S. 428；Schwarzburg 1713 ib. S. 442 ff.：Holstein 1608 b. モーザー Moser XIII. S. 171；Lippe 1593 u. 1597 b. リューニッヒ Lünig XI. S. 94（〝統治、所持および使用 Regierung, Innehabung u. Gebrauch〟）；Waldeck 1685 u. 1687 ib. Spic. sec. II. S. 1893（重要な諸事柄における父方親族の一種の共同統治さえも）；Wolfstein 1698 ib. S. 1586；Isenburg 1710 ib. S. 1647. 同一の結論を、積極的な点においても、消極的な点においても、シュルツェ Schulze Erstg. S. 347-354 u. 400-455 において報告されたすべての諸箇所が示している。

(47) ドゥンカー Duncker によって引用された二つの場合――unechtes Priv. f. Oesterr.v. 1156 および、金員憲章 Aurea Bulla c. 25 §.3――における〝所有権 dominium〟という語を、ひとは、〈ドゥンカー自身が〝所有権 dominium〟を、その点において〝支配 Herrschaft〟と翻訳しているだけに〉、それだけ僅かにしか真面目にはこのために引用することができないであろう。

(48) マイヤー Mejer が、我々に S. 246 で提出しているすべての謎を解くことは、困難である！ 本当に、シュルツェ Schulze と（「現行」の家諸法律の概観を与えている）ヘフター Heffter によって引用された、〈上級貴族のその階級法に関する〝ヴァイステューマー〟は、〝それらの広範により大きな数において〟一六〇〇年よりもより若い日付を担っている〉という、概略的でかつさらにその上正当でない主張は、〈家財産の概念が一六〇〇年よりも若い〔新しい〕こと〉の証明を提出することになるのか？「唯一」の例として原典の報告なしに提出されている〈〝一六九二年と一七〇三年のアンハルト‐ベルンブルクのより若い系統のため、一七〇九年の総体ベルンブルク家のため〟家財産の非譲渡性が〝信託遺贈〔世襲財産〕的にはじめて規定されている〟〉という覚書——すなわち、シュルツェ Schulze Hausges. S. 1-142によって《付加された序文と並んで》公表された原典の研究の中で、あるいは、ヘフター Heffter S. 229-237における概観の中で、諸支持のいかなる痕跡も見出さないところの覚書——は、どこから由来しているのか？ マイヤーは、多くの諸領国における「繰り返された」譲渡禁止および分割禁止の登場についてはほとんど教示されておらず、それゆえ、彼には、〈あらゆる譲渡禁止からは、前もって存在している譲渡自由が結論されなければならない〉という命題の設定のゆえに、全くいかなる疑いも生じなかったのか？ 彼は、例えば、〈信託遺贈〔世襲財産〕の形式において、既存の譲渡不能の家族財産に新たな家財産の塊りが付加されるという〉全く我々の時代に至るまでしばしば登場している諸場合を、誤って当該諸家族の家財産の最初の諸基礎づけと、一般に受け取ってしまっているのではないか？

(49) Vgl. 例えば、リューニッヒ Lünig XI. S. 410におけるSayn v. 1607におけるVereinbarung über das Fideicommissum perpetuum〔永遠の信託遺贈〔世襲財産〕に関する合意〕; Testam. u. Vertrag v. 1677をとおしてのザルツにおける信託遺贈〔世襲財産〕の設立。それらの後者は、〝pactum reale et statutum in vim legis〔法律の効力への物的合意と規約〕〟として妥当すべきである。; Königsegg v. 1681 ib. Spic. sec. I. S. 378における遺言による信託遺贈〔世襲財産〕財団。そこでは〈その名においてあるひとが〝統治する主人〔君主〕〟であるべきであるところの〉〝家族〟の理念が貫いている。; das Testam. Georgs v. Lüneburg v. 1641 b. シュルツェ Schulze I. S. 471 §.27 それは、〝in vim perpetuo in nostra familia duraturae legis sive constitutionis et statuti, fideicommissi gentilitii, universalis et perpetui.〔我々の永久の家族における、永続するであろう法律、あるいは、勅法および規約、同家族の人々の包括的かつ永久の信託遺贈〔世襲財産〕の力に向けて〕〟永遠に存続しようとしている。; リューニッヒ Lünig Spic. sec. II. S. 1893におけるdes Waldeck'schen Hauses v. 1682の〝Statutum mutuum et reciprocum〔相互的かつ互恵的規約〕〟のことを〔参照せよ〕。それによれば、すべての男系親族（Agnaten）の合意によって長子相続権（Primogenitur）が、〈家族財産の〝管理 Administration〟は一人のもとにあるべきであるゆえに〉導入される。

【以上、Ⅳの注、終わり】

V

ゲノッセンシャフト的な所有権を伴う上級貴族の家族のこの実際的な形態形成に関して、そして、それと徹底して相関的な関係等族の法的確信に関しては、どのように法律家たちが問題を観念してきたか、あるいは、観念しているかは、基本的にどうでもよいのである。なぜなら、〈例えば、〃法曹法 Juristenrecht〃が上級貴族の氏族ゲノッセンシャフトを創造してきていること〉は、マイヤーの敵対者たちによって、一度も主張されたことはないからである。敵対者たちは、反対に、明示的に〈この法形成がロマニスト的な教義とのしばしばの対立において自らを保持しそして完成させてきていることを〉強調してきている。しかし、積極的慣習法が彼らから生じてきていない限りでは、過去または現在の理論的な諸錯誤は、まさに諸錯誤の意味以外の意味はない！〈ただ明瞭に存在する事実〔構成要件〕の法律構成のみが問題となるにすぎない〉我々の問題のような問題においては、学説史（Dogmengeschichte）は、我々を、獲得されたよりよい学問的認識の実際的な利用について、最も僅かにしか妨げることはできないのである！

さらに、しかし、より詳細な検討の際には、この説の学説史もまた、マイヤーのスケッチとは徹底的に異なる像を与えている。なぜなら、学説史は、ローマ法の諸概念に起因するすべての諸障害にもかかわらず、ドイツの法律家たちが〃familia illustris 上流家族〃を絶えずコルポラティフなゲノッセンシャフトとみなしてきたことを教えているからである。そして、学説史は、第二に、〈たとえ始めは法律諸関係の構成のための家族コルポラチオンの概念の一定の利用は、家財産に留まっていたとしても〉、それでもしかし、この関係においてもまた、ゲノッセンシャフトの理念は、理論において次第に道を切り開き、そして、異なる諸解釈に対する勝利を獲得してきたことを、教えているからである。

第一の点においては、マイヤーによって触れられなかった〈十六世紀以来、常識（communis opinio）の構成諸部分を構成した〉二つの公理を指摘することで足りる。

これらの公理のひとつは、上級貴族の家族には制定法（jus statuendi）が当然に帰すべきである、という命題であった。この命題を中世のイタリアの法律家たち[50]の先行の後に、すでにツァージウス（Zasius）とフィッヒャルト（Fichard）は、力を込めて発言したのであり、そして、その命題は、決して再び教義から消えることはなかった。その場合、ひとは、しかし、自律性の主体として、絶えず〝familia illustris 上流家族〟そのものを、〝parentela optimatum 貴族たちの親族〟、〝progenies 血統〟、〝stirps 家系〟、〝domus 邸宅〟と称し、そして、それらを、ひとは、明示的に〝universitates 諸ウニヴェルシタス〟のもとに編入した。[51]

もうひとつの公理は、〈相続相互諸契約（Erbverbrüderungen）においておよび相続諸合意（Erbeinigungen）において（それゆえ、一部は私法的な、一部は公法的な内容の諸契約において）契約諸当事者が、諸家族が、そのものとして、それゆえ〝corpora 諸団体〟として、存在すること〉の承認であった。[52]

そのようにウニヴェルシタスとして取り扱われる家族には、ところで、十六世紀と初期十七世紀の法律家たちは、しばしば〈法規または慣習 statutum vel consuetudo をとおして男系における永続的な保持へと指定された〉財産をもまた、家族財産として帰属させた。しかしながら、彼らは、このことを不確定のそして非技術的な方法において行ったのであり、そして、いずれにせよ、一度も〝家 Haus〟または〝世襲財産 Stammgut〟についての所有権の諸関係の原則的な法律的構成の試みを企てなかった。それゆえ、クニップシルト（Knipschildt）の知られた書物〝高貴な諸家族の諸信託遺贈〔世襲財産〕について、世襲諸財産について、あるいは、高貴な諸家族の保存のために構成された諸財産について de fideicommissis familiarum nobilium, vom Stammgütern, sive de bonis quae pro familiarum mobilium conservatione constituuntur.〟とともに、ロマニスト的に基礎づけられたドイツの家族信託遺贈〔世襲財産〕の理論が誕生したとき、その説は、困窮における援助者として喜んで受け入れられた。生活においては、もちろんこの新たな教義は、〈それが下級貴族には重要なそして実際的な法律制度をもたらしたのに対して〉、上級貴族の長い間出来上がっている家法（Hausrecht）には、若干の新たな諸語と諸形式以外の何ものも提供しなかった。理論は、しかし、一たびなされた苦境の逃げ路のもとに立ちどまり、そして、家財産を家族信託遺贈〔世襲財産〕の概念のもとに合わせて包含した。

その場合、しかしながら、〝家族信託遺贈〔世襲財産〕Familienfideicommiss〟あるいは〝世襲財産（Stammgut）〟の概念が、〈非常にさまざまな法の諸形成物がそれらの特異性を犠牲にすることなくその概念と調和的に留まった〉限りで、そして、不正確に把握された。ただ、はじめから、一定の場合だけが、信託遺贈〔世襲財産〕概念の本来のそしてまたは正常な適用諸場合として現れた一方では、その他の適用諸場合は、非本来的なものとして特徴づけられたのである。家族信託遺贈〔世襲財産〕というより狭い概念は、〈個別の意思が、死因の処分または生存者間で決定された法的な諸特性をとおして、それらに付与されているところの〉諸財産へと固定された。これとは反対に、同一または類似の諸特性が、財産に、客観的な法規により帰属するところでは、ただ非本来的な意味においてのみ、信託遺贈〔世襲財産〕が問題となりえたのである。

しかし、ただ苦境においてのみ信託遺贈〔世襲財産〕概念のもとに服するそのような諸財産の二つの諸クラスが存在したのである。ひとつのクラスを形成したのは、〈それらのためにかつてのドイツ法が自らを全くまたは残余財産において保持してきていたところの〉〈一般的な法原則（法律または慣習）により、非譲渡性と特別の相続を備えた〉諸土地である。これらの諸財産を、ひとは、すでに前世紀において〝より狭い意味における世襲諸財産〟として、信託遺贈〔世襲財産〕からふたたび区別し始めた。[53] もうひとつのクラスを構成したのは、〈自律性を付与された家族の特別の法原則（規約 Statut または慣習 Observanz）をとおして類似の内容をもつ独特の法がそれらのために創造されているところの〉諸財産である。そして、これがまさに我々の〝家諸財産（Hausgüter）〟である。それらについてもまた、より古い法律教師たちは、特別のものが存在することを、なるほど意識していた。このことは、すでに、〈彼らが、正常な基礎づけの諸種類と並んで、規約および慣習をもまた、信託遺贈

〔世襲財産〕の寄付諸行為の源泉として詳論していること〉から現れている。[54] しかしながら、信託遺贈〔世襲財産〕の教義からのこれらの諸財産の分離（Ausscheidung）は、すでにボェーマー J. H. Böhmer によって準備されたにもかかわらず、ベーゼラー Beseler によって始めて完成されたのである。[55]

この分離は、世襲諸財産（Stammgüter）の分離と正確に同様に正当づけられ、そして、必然的である。分離を否定することは、ひとが、ゲルバー Gerber とともに、自律性の概念全部を否定し、そして、すべての家諸法律を単なる法律諸行為へと解消する場合にのみ、可能である。いかにして、しかし、〈自律性の概念を固く支持し、そして、それゆえ、それでもしかし、いずれにせよ規約においても慣習においても、主観的ではない客観的な法の源泉を認める〉マイヤーが、それにもかかわらず、第一の区分を重要な進歩として祝し、第二の区分を誤りとして非難しうるのかは、理解することが困難である。[56]

家財産が独立の法制度として認識されるときは、それは、その独自の存在と原則に従ってもまた、解釈学的に構成されなければならない。それゆえ、家財産においては家に、そして、それにもかかわらず家族信託遺贈〔世襲財産〕においてはその時々の所持人に、所有権を帰属させることは、徹底して許される。[57] ひとが家財産を家族信託遺贈〔世襲財産〕の概念に包摂する限り、事柄は違って存在していた。そこでは、ひとは、良くも悪くも、その解釈学的な構成をもまた同一にしなければならなかったのである。

家族信託遺贈〔世襲財産〕は、すでにクニップシルト Knipschildt によって、その時々の所持人の制限された所有権として理解された。[58] 制度の普通法的な形態形成にとって唯一適切なこの解釈は、それが我々の世紀において支配へと到達するまでに、決して一度も全く支持者なしには留まらなかった。[59] しかしながら、最初から、それに対しては、〈所持人に単なる用益権 usufructus のみを、そして、後には準所有権 dominium utile を帰属させるところの〉別の解釈が、対立した。[60] 所有権あるいは上級所有権を、この見解の大部分の主張者たちは、家族に付与したが、彼らの思想の明瞭な定式化へとは、ただ徐々にのみ戦いとおしたにすぎない。この思想の最初の徹底して不器用な表現は、相続人たち（Successoren）の真の所有権者たちへの上昇において存した。[61] その後、この思想は、その当時可能と認められていた〝全体に向けてのより多数の共有 condominium plurium in solidum〟という意味における、家族の〝総体所有権〔総有権〕Gesammteigenthum〟の承認において、刻印された。[62] 同時にしかし、これと、次第に多く、当時この種の総体所有権とは決して調和しないものとみなされた[63]〈所有権あるいは上級所有権は、〝道徳人 moralische Person〔慣習上のひと〕〟としての家族に帰属するという〉[64]定式化が、結合された。最後に、総体所有権の概念が採用を見出さず、あるいは、ふたたび没落させられた限りでは、家族にその統一体において帰属させられた権利という、純粋にコルポラティフな解釈が現れた。[65]

前世紀〔十八世紀〕の後半においては、信託遺贈と世襲財産についての家族所有権（Familienegenthum）の承認は、極めて一般的な妥当へと到達していたので、その承認は、大規模な立法諸作品の中へと採用を見出した。[66] 確かに、この成果の主要な背景は、まさに、〈ひとが、絶えず《家の組織体制をとおして、それらに関してはそのような構成が自明なものとして正当づけられたところの》家の諸財産（Hausgüter）を、合わせて考察に引き入れなければならなかったこと〉の中に存した。ひとが、これに対して、我々の世紀において、真の家族信託遺贈〔世襲財産〕を詳細に眼中に捉え、そして、〈家族信託遺贈〔世襲財産〕に関しては、普通法において、家族人格の承認のためのあらゆる十分な基礎が欠けていること〉に気づいたとき、ひとは、次第しだいに〈ここでは、その時々の占有者の所有権の承認以外の構成は不可能である〉ことを確信した。いまや、〈ロマニスト的な教義によってその本質において触れられずにとどまった、上級貴族の家諸財産をふたたび分離すること、そして、さらに事柄の状態のゆえに不可避的なロマニスト的な反動を、それら〔家諸財産〕には合わせて及ぼさないこと〉は、それだけ一層より必然的であった。

事実、そもそも、職務上、家財産について取り扱わなければならなかった著者たちもまた、家族所有権の理念を決して放棄しなかった。しかしながら、とくにほとんどすべての国家法教師たちのような、大部分の人々は、最近の時代まで〈彼らによって制定された家の所有権を何とかして民事法的に構成すること〉を怠ったのである。[67]他の人々は、この種の構成の試みの場合に、より古い諸錯誤の束縛のもとで、不明瞭性と混乱へと陥った。[68]

ベーゼラーが、はじめて諸信託遺贈〔世襲財産〕からの家諸財産の原則的な区分によって、そして、家諸財産の歴史的発展原則の暴露によって、同時に、家族所有権の詳細な定式化と解釈学的な分析を完成させたのである。彼は、〈ここには、ドイツのゲノッセンシャフトの原則に従って構築されたケルパーシャフトの所有権が存在すること〉、そして、〈それゆえに、その財産は、その実体上、法人としての家族に属し、これに対して、用益については、コルポラチオンのハウプトと構成員たちの間で個人的な固有権へと分配されること〉、そして、〈最後に、個々人たちの諸固有権をもつその他のドイツ法的な諸ゲノッセンシャフトからの差異は、とりわけ、ただハウプトの圧倒的な地位においてのみ存在すること〉[69]を証明した。

ベーゼラーのこの解釈は、ところで、もちろん、多面的な異論を見出した。ドゥンカー Duncker（1843）、ゲルバー Gerber（はじめて1844）、トェール Thöl（1846）、ロート Roth およびその他ゲルバーの方向によって影響を受けた一群のゲルマニストたちは、この解釈を否認し、[70]そして、国家法の教師たちからは、ツァハリエ Zachariae が、その解釈に反対を表明している。[71]実際の反駁については、それにもかかわらず問題とはならなかった。すなわち、ひとは、単純な否定に自らを制限し、そして、せいぜい、〈いかにして当該の法律諸関係がもしかしたら家の法人格の承認がないとしてもまた構成されるか〉を明らかにすることを試みたにすぎない。それにもかかわらず、マイヤーには、〈とくに彼自身がほとんど新たなそしていずれにせよより良い論拠を提出することなく〉、彼が極めて重要な先行者たちを〔証拠として〕援用する場合に、そのことが疑われることはできないのである。

反対に、彼〔マイヤー〕が、〈ベーゼラーの見解がそもそも〝最近の法律学によって誤った見解として退けられている（S. 269）〟こと〉の証明のために、その他の法教師たちの同意する諸表明を世界から追放することを求めている種類と方法は、承認されるべきではない。

それゆえ、アルブレヒト Albrecht は、〈彼が〔ベーゼラーに対する〕彼の同意を直ちに暖かい諸語において発表したとき〉、〃ゲヴェーレの彼の説明におけると類似して、徹底して正当である以上に才知溢れる思想に臣事した（S. 255-261）〃とのことである。ところで！　アルブレヒトのゲヴェーレ概念の何が不滅のものにとどまるであろうかに関する最後の言葉は、まだ語られていないのである！　ルノー Renaud は、彼が、諸ゲノッセンシャフト理論を後に放棄したゆえに、〃脱落している〃とされる（S. 264）。何ゆえに、彼〔ルノー〕は、ここでは、株式会社（Actiengesllschaften）におけるように〃universitas ウニヴェルシタス〃の概念を代用していない、とされるのか？　ペーツル Pözl は、彼が別の諸家族をもまた法人とみなすゆえに、考察しない、とのことである。しかし、何時から、正当であるものが、不正がそれと並んで存在するゆえに、不正となるのか？　ヨリー Jolly は、彼が上級貴族の家を、それが自らを実際にそのようなものとして構成している場合にのみ、コルポラチオンと説明しているゆえに、信奉者というよりも反対者である、とされる（S. 264 bis 265）。しかし、この実際的な構成は、至るところで行われているのである！　ツェプフル Zöpfl およびその他の人々は、〈彼らが家族を所有権者と宣言しているにもかかわらず、それでもしかし、《彼らが折りに触れて、世襲諸財産と信託遺贈諸財産に関する諸原則は、上級貴族においてもまた根を下ろしている、という一般的な記述をしているゆえに》、彼らが言っているのとは何か異なることを考えている〉、とのことである。ヘフター Heffter は、まさに彼の同意の表示を〈彼が、ここそこで、より不確定の語り口を保持しており、とくに、しかし、マイヤーによってベーゼラーの中に読み込まれた諸不合理性を自らのものとしていないゆえに〉そのようなものとして理解されたいとは欲していない!!　とのことである。[72]　そして、最後に、シュルツェ H.Schulze は、彼の明示的に表明されたベーゼラーとの一致さえも、〈彼のプロイセン国家法の中では、上級貴族の家族コルポラチオンについて取り扱っていないゆえに〉単なる沈黙をとおして再び放棄した、というのである。あたかも彼によって始めて一貫して遂行された〈かつての家族法の国家法となった構成諸部分を、その残されて留まった家族法的な構成諸部分から〉切り離したことが、〈この本においてコルポラチオンとしての家の法律関係に立ち入ること〉を、彼にまさに禁止しなかったかのように！　さらに彼は、しばしば明示的に国家財産に〝「統治者とその家族」〟の私的財産を対立させ、そして、上に言及された王位協会鑑定書（Kronsyndicatsgutachten）（S. 12）の著者として、これらの諸語を確実に示されている意味において解釈してきている。マイヤーは、それゆえ、彼が私的フュルスト法（Privatfürsten-recht）の実務と歴史の第一級の生きている識者たちの一人にこの意味の変更の責めを帰したときに、強度の性急さの責任を自らに負ったのである。(73)

最終的には、しかし、まさに、表決は問題にならない！　我々がさらに、〈ベルリン大学法学部の多数の法律鑑定において、ベーゼラー Beseler の見解が一致して承認されていること〉(74)に言及するとすれば、このことは、この場合、それでもしかし、ただたんにベーゼラーの〝教え子たち Schüler〟だけが協力してきているわけではないゆえに、そのように生じているのである。なぜなら、レーヴィス Lewis と署名者〔私 Gierke〕を、マイヤーは、彼らの外見上の孤立のためのみならず、ベーゼラーの〝教え子たち〟としてもまた、疑わしい証人たちとみなしているように見えるからである。

その上、マイヤーは、最後に挙げた人々〔レーヴィスと私〕のもとで、新たな諸理由の提出のないことを嘆いている。そのような諸理由を、ひとたび十分に基礎づけられた見解は、必要としない。ひとは、ひとが確証された指導者に従う場所でもまた、〝独立に研究する〟ことができるのであり、そして、そのようにして見出された同一の結論の表明は、それにもかかわらず、〝独立の主張〟にとどまるのである。署名者〔私 Gierke〕が私のゲノッセンシャフト法（Genossenschaftsrecht）の第一巻（Erster Band）（S. 418, N. 31）〔庄子訳『ドイツ団体法論第一巻』第二分冊一八三頁、一九五頁、平成二十六年、信山社〕において与えた〈上級貴族の家族の法人格の発展を詳しく詳論するという〉約束をこれまで履行してきていないことは、確かである。一部分、この論文は、その履行のための寄与を含むことが許されるであろう。

【以上、Ｖの本文終わり】

【Ｖの注】

（50） 例えば、アルベリークス・デ・ロスキアーテ Albericus de Rosciate zu 1. 1D. 3. 4. Nr. 3；アンドレアエ Johannes Andreae add. e ad Spec. Dur.II, 2 de instrum. ed. §.12 Nr. 15；ジェイソン Jason 1. 9 D. l. 1 lect. II, Nr. 42, I.32 §.3 D. de leg. I. Nr. 4. Consil. I. 46, II. 211, III. 60. IV. 173, Nr. 3-4；グローチウス Grotius Cons. II. 174 Nr. 21。同様に、後には、メノキウス Menochius Cons. 2, Nr. 283 ほか。

（51） Vgl. ツァージウス Zasius ad l. 32 §.3 D. de leg. I. Nr. 5 u. Cons. II c. 1. フィッヒャルト Fichard Cons.（ed. Francof. 1590）I, c. 2：〝その間に法律学者たちのもとでは（ほとんど例外なく）共通に、〈氏族は特別に極めて高度な政府〔官憲〕を有し、自己自身のもとに規約と規則を部族（一族 Stamm）の利益のために、そして、それによって部族は、堂々たる名誉ある財産において留まること〉が結論されているので、諸財産を一族のもとに保持することができ、他の諸氏族に使用されえず、創設しそして作ることができる。〟Cons. 3, Nr. 6-10. insbes. Nr. 7：家族は、「あたかも都市のよう」であるので（quum familia sit tanquam civitas）；cons. 7, Nr. 11：家族そのものが著名であり、真正のそして混合した権力を有するときは、その家族は、任意に普通法に反してさえも、規約を制定し、そして、秩序を作ることができる。しかし、家族もまた、裁判〔管轄〕権なしには規約を制定することができず、ただ商人たちおよび職人たちの諸団体のような、より制限された権限をもってのみ〔制定しうる〕。（wenn ipsa familia insignis est et habet merum et mixtum imperium, tunc potest condere statuta et facere ordinationes pro libitu etiam contra jus commune：aber auch eine familia ohne jurisdictio kann statute errichten, nur mit beschränkterer Competenz, wie collegia mercatorum et opificum.）；II, c. 45, Nr. 8. ウェーゼンベック Wesenbeck Consilia et Responsa 諸助言と諸回答（1601-1619）Cons. 105, Nr. 28；Cons. 186, Nr. 15；Cons. 193. Nr. 21；Cons. 220, Nr. 15：（〈「その同一の家族によって」義務づけ、そして、尊重されるべきものに向けて硬く縛りつけるところの〉高貴な家族の「すべての」諸規約と諸秩序“nobilis familiae statuta et consuetudines omnes qui sunt de eadem obligant et ad observandum devinciant.”）。ブルニングス Bruningus Brem. de variis universitatum specichus（1609）th. 51（裁判管轄権をもつ諸家族 familiae mit jurisdictio）。シュルフ Schurff Cons. 92. ピストリス Mod. Pistoris Cons. 31：〝貴族の氏族もまた特別の諸慣例を導入し、特別の規約をもまた作ることができること〟は、疑いない。ベトシウス Betsius de statutis famil.〔家族の諸規約について〕c. 1-4・クニップシルト Knipschildt de fideic. fam.「家族の信託遺贈について」c. 6。ブラウトラハト Brautlacht Epitome juris publici〔公法概説〕（ed. Jen. 1671）lib. 7, c. 4,（諸ウニヴェルシタスと諸コレーギウムのもとに unter universitates und collegia）。ミュラー Müller add. ad. ストゥルヴィーイ Struvi Syntagma exerc. 2 th. 41 Nr. 5：〝高貴なそして貴顕の諸家族 nobiles et amplae familiae.〟。

（52） Vgl. z. B. ベトシウス Betsius l. c. p. 77（上流の諸家族の間で inter illustres familias）. シュパイアマン Speirmann de justitia confraternitatis publicae〔相互兄弟契約の公法について〕, Arg. 1678, §.13：（〝諸家族間の相互兄弟 confractus inter familias〟）；§.30：（家族は、包括的な親類関係の共通の法によって保存されるところの団体として契約する。familia contrahiert als "corpus quod commni universae cognationis jure continetur."）；§.31：〝集合的な collective〟。ストリーク Stryck de succ. ab. int. VII. c.7. §.7. ティダエウス Tidaeus de confraternitatibus illustrium familiarum. Hal. 1737, S. 33.（bes. ad 2：〝「諸家族」が確かに上流であるという「条件のもとで」a subjecto, quod sunt familiae et quidem illustres〟）。キントおよびマントイッフェル Kind et Manteuffel de unionibus hereditariis〔結合された諸遺産について〕, Lips. 1785（〝結合した諸氏族 gentes unitae〟）。ハーゼルベルク Haselberg de paciis confraternitatis〔相互相続契約の諸合意について〕, Gott. 1787.

（53） この点において、マイヤー Mejer S. 234-235 は、了解している。

（54） クニップシルト Knipschildt c. 6；ハルププレヒト Harpprecht de fideic. conventionali（diss. II. disp. 52）；ストリーク Stryck de succ. ab. int. diss. VII；マイヤー Mejer S. 252-254 によって引用された諸箇所におけるクライトマイヤー Kreitmayr, モーザー J.J. Moser およびルンデ Runde, ツィンメルレ Zimmerle, Stammgutssystem S. 378；それどころか目立った方法でさらにマイヤー自身 Mejer S. 250. が。

（55） ベーゼラー Beseler Erbv. III. S. 82 ff. レーヴィス Lewis, das Recht des Familienfideicommisses S. 30 ff.

（56） Vgl. S. 246, 251, 254 u. 268. それとも、彼（S. 251）は、およそここでもまた、〈我々の世紀においては、法律学にこの種の進歩は、もはや前世紀のようには許されていない〉と考えるのか？

（57） マイヤー Mejer の S. 247 での諸吐露は、決して〝正当づけの外観〟を有しない。

（58） クニップシルト Knipschildt l. c. cap. 10, N. 10-17.（何ゆえにマイヤー S.235 は "noch" というのか？）

（59） Vgl. レーヴィス Lewis, §.13, N. 40-41. における諸引用。さらに実際にこの見解の決定的な信奉者たちは、前世紀において十分に僅少である。

（60） レーヴィス Lewis, §.13, N. 1, 10, 11, 17, 19, 21-28. における諸引用を参照せよ。

（61） Vgl. レーヴィス Lewis S. 180 ff. 家族所有権の理念がここでは不明瞭に共に演じていることは、少なくともありそうなことである。

(62) Vgl. ビュンカーショック Bynkerschock (1710) をもって始まるドゥンカー Duncker §.13 S. 116-119 における諸引用、および、レーヴィス Lewis §.13 S. 116-119.

(63) より詳細に述べることはここはその場所ではないが、このことは、その当時、団体の法人格の本質的に「集合的 collective」解釈の上に存した。

(64) すでにビュンカーショック Bynkerschock は(ドゥンカー Duncker a.a.O. によれば) そうである。Vgl. ヘルフェルト Hellfeld de fideic. nob. p. 54 ff. クライトマイヤー Kreittmayr Anm. zu Bair. L. R. III, 10. §.13, N.1 : ("bey der ganzen Familie in corpore, soweit solche eine personam compositam, fictam vel mysticam" vorstellt. 〔団体における家族全体のもとに、そのような家族が構成された・擬制されたあるいは神秘的な人格を観念する限りで〕)。Vgl. Bair. Ed. v. 26. Mai 1818, §.42 ff. ; Oesterr. G. B. §.629 ; Grossh. Hess. Ges. v. 13. Sept. 1858, a. 15.

(65) この解釈は、とくにプロイセンにおいて、すでに A.L.R.II, 4, §.72-73 によって基礎に置かれ、とくに、しかし、その後、家族諸決議 (Familienschlüsse) に関する立法をとおして完全な形成へともたらされている。

(66) 署名者〔私〕は、プロイセン信託遺贈〔世襲財産〕法の形成の立法論について (de lege ferenda) その普通法的な刻印に対する特権を与える地位に立っていない。なぜなら、あらゆる信託遺贈〔世襲財産〕を占有する家族のコルポラティフな有機的組織 (Organisation) は、〈歴史的に、その他の点においてさえぎられた発展の正当な終結のように〉、実際的に、制度全体の継続に反対して提起された諸異議の除去のための、最も適切な手段であるからである。〈レーヴィス Lewis と署名者〔私〕は、ベーゼラーらの見解のこの〝地方特別法的な潮流〟をとおして導かれている (S. 265)〉というマイヤー Mejer の推定は、それにもかかわらず、大胆というより以上である。なぜなら、両者は、普通法のための解釈論として (de lege lata)、最も特定の場合に向けて、上級でない貴族の家族の法人格を否定してきているのであり、上級貴族の家に関しては、しかし、ふたたびプロイセンラント法は、いかなる語も失っていない! からである。署名者〔私〕は、法人 (juristische Person) を、組織体制 (Verfassung) が存在する場所で「のみ」認める。そのような法人は、「普通法的」には、なるほど上級貴族の家族においては存在するが、しかし、「あらゆる」信託遺贈〔世襲財産〕を占有する家族において存在するわけではない!

(67) Vgl. z. B. クリューバー Klüber, Oeff. R. §.333 u. 335 ; ヴァイス Weiss, System des deut. Staatsr. (Regensb. 1843) §.265, S. 553-558 ; ツェプフル Zöpfl, Grunds. des deut. Staatsr. §.263 a. E. ——彼らすべては、〝家の所有権〟を、ただたんに(マイヤー S.268 が、ツェプフルによって主張するように) 国家の所有権に対してのみならず、支配者の私的財産に対してもまた、対立さ

せている。

(68) とりわけコーラー Kohler, Handb. des deut. Privatfürstenrechts, §.66-82. 93. 98-112. はそうである。彼は、正当に〝道徳人としての家族 Familie als moralische Person〟を所有権者と説明している。しかし、彼は、この道徳人をその構成員たちの総計と同一視し、そして、これのために、condominium in solidum「全体に向けての共有」という古い意味における総体所有権を維持している。しかり、彼は、〈彼が、家族が将来の諸世代をもまた包含することを、正当に指摘することによって〉、まだ生まれていない将来の子孫たちを含めてすべての子孫たちに、そのような連帯的な共同所有権を帰属させている（S. 200）！ そのように、彼を、より古い見解のそれ自体正当な諸訂正が、冒険的な結果へと導いている！

(69) Erbv.〔相続契約法の理論〕III. §.15-17 im Jahre 1840. においてはじめてである。同様に、deut. Priv. R. §.170。彼は、彼の見解を、さらに最も最近、〝上級貴族の家族法についてのドイツ民法典の立場に関する〟覚書（Denkschrift Berlin 1877. §.3. S.14 ff.）の中で、手短かに総括している。

(70) 後者のカテゴリーには、シュトッベ Stobbe もまた、彼のマイヤー Mejer, S. 283. によって引用された〈単純な否定を超えては及ばない〉諸変更を伴って属する。

(71)（§.206, 207 u. 209 における外観上異なる諸言い回しにもかかわらず）Note 2 zu §.208 der 3. Aufl.（1865）において、そうである。マイヤー Mejer., S. 268-269 によって引用された諸語は、このことをまだ明らかにしないであろう。

(72) S.265-267. ベーゼラーに反対する S.267 での指摘は、それを一語々Ｉに向けての上述の諸詳論と比較する者にとっては、その著者〔マイヤー〕の鋭い自己有罪判決へと形成される。

(73) 彼がこのことに疑いを持つとすれば、署名者〔私〕は、個人的な授権に基づいて、〈署名者〔私〕の極めて高く尊敬する同僚のシュルツェ H. Schulze ご自身がそのような意味変更については何も知らず、そして、依然としてベーゼラーおよび署名者〔私〕と完全に一致していること〉を表明することができる。

(74) Beseler in der angef. Denkschrift, S. 21.〔引用された覚書におけるベーゼラー〕。――ダーン Dahn, deut. Rechtsbuch, S. 154-156. もまた、本質において一致している。

【以上、Vの注、終わり】

VI

マイヤーは、上級貴族の家族のコルポラティフな性質を極端に争っているにもかかわらず、その家族に「自律性 Autonomie」を救おうと欲して、悪意ある矛盾を犯している（S. 255-261）。

彼が一貫してとどまろうと欲するならば、彼には、二つの道が開かれていた。

彼は、まず第一に、自律性を維持することができた。その場合、彼は、家族を少なくとも公法の領域において法人（Rechtsperson）と説明しなければならなかった。彼にとっては、それにもかかわらず、このペルゾンに財産能力を否認すること、または、少なくともそれが実際に家財産の主体とはなってきていないことを主張することが、可能である。この可能性については、彼は、考えてきていないようにみえる。(75)

彼は、第二に、家族の人格を端的に否定することができた。その場合、彼は、自律性の概念を放棄し、そして、ゲルバー Gerber とともに、その代わりに諸法律行為の企図への単なる拡張された能力をおかなければならなかった。

なぜなら、自律性があるところでは、コルポラティフな主体もまたあり、そして、コルポラティフな主体があるところでは、自律性もあるからである。(76)

これに関しては、法解釈学は、〈それがそもそも jus statuta condendi「構成されるべき規約法」の概念を設定して以来〉、そして〈すでに注解に“jus statuta condendi「構成されるべき規約法」”の概念と“universitas「ウニヴェルシタス」”の概念が、相関概念として妥当して以来〉、一致していた。むろん、そもそもそしてどこまで、規約制定者の jurisdictio「裁判権」または imperium「命令権」が必要であるか、という古い論争は存在したが、しかしながら、争いは、この場合、ただ自律性（Autonomie）の範囲と confirmatio Superioris「より上位者の確認」のみを巡るものであった。その一方では、ひとは、一般的に〈何らかの jus statuendi「制定されるべき法」が（少なくとも inter se「相互間で」および quoad rerum suarum administrationem「彼らの諸財産の管理に関する限りで」〉すでにウニヴェルシタスの概念から結果すること〉を認めた。(77) むろん、さらに、ひとは、一方的に規約を制定するという個々人たちの権利についてもまた語った。しかしながら、ひとは、この権限を、決して諸個人としての彼らにではなく、いつでもただ諸団体のハウプトたちまたは代表者たちとしての彼らに、彼らのヘルシャフト的な地位あるいは官職上の地位により、帰属させた。(78) そして、この確立している枠に基づいて、貴族の諸家族の自律性もまた、決して生じなかったのである。(79)

今日もまた、自律性の概念を一般に固持するすべての人々によって、その概念のコルポラチオン概念との共属性が承認されてきている。あらゆるコルポラチオンに、すでにその概念上何らかの種類の自律性が帰属していることは、もちろん多くの人々によって争われている。このことは、しかし、我々にとっては、それ以上に考察の対象とはならない。これとは反対に、自律性の主体は、いずれにせよ、ただコルポラチオンでのみありうることは、概念を実際に法律的に構成する著作者たちの何びとによっても疑われなかった命題である。まさに、上級貴族の家族との関連において、マウラー K. Maurer は、この命題の必然性を、反駁しがたい方法において明らかにしてきている。(80) そして、まさに、上級貴族の家族との関連において、最近、ヘーネル Hänel(81) とダーン F. Dahn(82) が、同じ意味において発言してきている。

自律性（Autonomie）は、すでに語義上、〝自己立法（Selbstgesetzgebung）〟である。それは、それゆえ、反対の意味なしに、ただ構成された人（ペルゾン）にのみ帰属されることができ、決して個人に、あるいは、個々の人々の多数者に帰属されることはできない。個々人、または、〈個人としてもしくは諸個人の総計としての〉多数者が行動する場合は、決して〝立法〟ではなく、いつでも、ただ法律行為のみが問題となるに過ぎない。結果は、結合された人格へと登場する相続人たちの結合を含む自己拘束である。他の人々が拘束されるときは、〈規範設定がある一者から出発し、ただその限りでのみ〝自己立法〟として現れる場所で、ある一者が、その場合にコルポラティフな団体の機関（Organ）と考えられるところの〉〝立法〞が存在する。

マイヤーは、もちろんこの二者択一を回避する新たな構成を企図してきている。しかしながら、彼の論文のこの唯一の積極的な部分は、根本的に失敗している。彼によれば、家族の自律性の立法的なモメントは、家族のハウプトたちの諸命令をとおして「子孫たちがそのようなものとして」彼らの相続人資格への顧慮なしに拘束されるところの、特異性において存する。しかしながら、一体全体どのように、ひとは、自らにこのことを観念すべきか――ひとは、そもそもその点において〈彼らは〝家族構成員たち〞として拘束される〉というマイヤーによって争われた〔＝主張された〕命題のためには、別の表現のみを見出さざるを得ないのではないか？　家族の子孫たる性質は、彼ら〔家族構成員たち〕を、それでもしかし、せいぜい道徳的に義務づけることはできるが、法律的に義務づけることができない。そしてまた、しかり、子孫性の非重要性は、二義的にではなく、〈娘たちの後裔たちは、彼らは子孫たちではあるが、拘束され「ない」！　こと〉において、露わになるのである。子孫たちは、それゆえ（彼らの相続人となる者たちを別とすれば）、ただ彼らが〝血統と姓 Stamm und Namen〞に制限された氏族ゲノッセンシャフトの構成員たちである場合にのみ、そして、まさにその限りで義務を負わされ、そして、その家法（Hausrecht）に服させられる！　そして、さらに、自律が合意の形式において登場する場合、マイヤーによれば、〈その立法的なモメントが再びただ《個々の Paciscenten〔契約締結者たち〕が彼らの子孫性を義務づける》という点においてのみ存するところの〉契約が存在するというのである。いったい、しかし、生活における統一的な行為のそのような引き裂きは、かつて話題となったであろうか？　そもそも統治する家の〝諸家族のハウプトたち〞全体は、その場合、拘束されない諸個人として、組織体制なしに集合するのか？　いったいマイヤーは、〈上級貴族の家族と通常の家族の間に、まさに《後者〔通常の家族〕のもとでは、むろん個々の家の地位の上により上位の統一体はもはや存在しないが、しかし、前者〔上級貴族〕のもとでは、個々の家ゲマインシャフトたちの上にひとつの氏族ゲマインシャフト（Geschlechtsgemeinschaft）が存在し、そして、家の諸代表（Hausvorstände）の意味における〝家族のハウプトたち〟の上には、氏族のハウプトの意味におけるひとりの〝家族ハウプト〟（Familienhaupt）が立つ》という点において存する〉差異を、本当に見ようとしないのか？彼にとっては、〈統治する主人〔君主〕がその他の〝家族ハウプトたち〟の上へもまた占有するところの〉包括的な家族権力（Familiengewalt）は、「家族法的」な特別性ではなく、例えば「国家法的」な制度でもなく、あるいは、おそらくそもそも法律概念でもないのか？

それでもしかし、さらに詳しくマイヤーの自律性の理論（S. 254-261）の細部に立ち入ることは、ほとんど必要でないように思われる。マイヤーの理論は、賛同を得ることは困難であろう。そして、マイヤーには、ただ、彼をゲルバー Gerber から引き離すさらに一歩へとまた決心することだけが、勧められるべきである。

【以上、Ⅵの本文終わり】

【Ⅵの注】

(75) その可能性は、マウラー K. Maurer a.a.O. S. 258, Note 1. によって暗示されている。

(76) 彼は循環論の中で動いているというレーヴィス Lewis に対するマイヤー Mejer（S.231）の非難は、それゆえ、理由がない。

(77) 〈それについてマイヤーには、彼のこれに関して事柄には適していない S.256-257 での諸指摘によれば、詳しくは知られていないように見える〉自律性の学説史は、ここには属さない。（署名者〔私〕は、ここでは、ドイツ団体法に関する彼〔私〕の本の続巻へと指示しなければならない。）。上に言われたことは、しかし、すでにレギステン〔法律家〕たち（例えば、オドフレードゥス Odofredus, Alber. Rosc., バルトルス Bart., バルドゥス Bald., ヤーゾン Jason, Castr., 後にはフォエト Voet, ブルンネマン Brunnemann など）の1.9 D.1,1. についての、並びに、1.1 C. 1,1. u. l. ult. C.3,13 についての、諸注釈への；c.6 X 1,2 についてのカノニストたちの諸注釈への；実務家たちの諸著作（例えば、ガイル Gail Obs. II, o.19, N.4-5；カルプッ Carpz Respons〔応答〕.I.r.48, Decis. 285 u. 298）への；Alber. Rosc. de statutis〔諸規約について〕, ロサエウス Losaeus de jure universitatum〔諸ウニヴェルシタスの権利について〕, Venet. 1601, lib.III, c. 15, ブルーニング Bruning de variis universitatum specibus〔諸ウニヴェルシタスのさまざまの諸種類について〕, 1609, th. 51 への、一瞥が確証している。ベルタキーヌス Bertachinus Rep. juris

v. "statutum."〔規約〕をもまた、参照せよ。

（78）Vgl. Z.B. Gl. Ord. zu 1.1 D.2.2 v. "jus novum"〔新法についての標準注解〕；バルトルス Bart. I. 5 D.d.V.O.；バルドゥス Bald. §.1 J. 1,2, N. 8-9, 1.1 pr. D. 2.1, N. 5-6, c.6 XI,2, N.30；ヤーゾン Jason 1.9 cit. lect, 2, N. 43；Angel. §.1 J.1,2.N.5-7；プラテア Platea J.1.2.N.13 sq.；ロサエウス Losaeus l.c. N. 30-31；など。

（79）上述注（50）－（51）に引用されたすべての諸箇所を参照せよ。裁判権 jurisdictio または命令権 imperium を持つ諸家族 familiae のみが、ほとんどの人々に自律性 autonom として妥当することは、"contra jus commune venientia 普通法に反対して来るもの"としての家族規約の性格によって基礎づけられる。さらに、ひとは、裁判権と命令権をもまた、その当時（マイヤー Mejer S. 256-257 にもかかわらず）統治する家そのものに帰属させた。

（80）A.a.O. S. 256.

（81）ヘーネル Hänel, Studien I, S. 37, N. 37：〝すべての諸事情のもとで帝国等族の諸家族の〈それらの家族‐および財産諸関係に関する〉法的な諸規定に、それらが法人として承認されている場合にのみ、諸規約（Statuten）の性格が帰属する。〟

（82）ダーン F. Dahn, deut. Rechtsbuch S. 56：〝一定の諸法人の権限――なぜなら自然人たちは、ただ外観上のみ、真実においては諸コルポラチオンの代理人としてのみこの権利を有するからである〟（例として、その場合、家族）。――〈その Lehrb. des deut. P. R.（1854）の中で〝個人的な〟自律権について語った（§.8）〉ゲングラー Gengler もまた、彼の3. Aufl. seiner "Grundzüge des deut. P. R."（1876）においては、正当性を有している（§.10 ad 1 u. §.11）。

【以上、Ⅵの注、終わり】

Ⅶ

多くの箇所で、マイヤーは、上級貴族の家族のコルポラチオンの特性がいずれにせよ〝普通法的 gemeinrechtlich〟ではないことを強調している。その〔上級貴族の家族の〕自律性の普通法的承認は、我々を回答から免除する。さらに、他の人々は、上級貴族の一致する慣習法は、〝普通 gemeines〟法であるか、それとも〝一般 allgemeines〟法であるかについて、争うかもしれない。

最後に、マイヤーは、〃ゲノッセンシャフト理論〃に関する争いを〈彼が現在の問題にとってその争いが重要でないことを自ら承認するように見える（S.239）にもかかわらず〉引き込むこと、および、ロート Roth の書物〃ゲノッセンシャフト理論について（zur Lehre von der Genossenschaft）〃からの特別のゲノッセンシャフト概念の敵対者たちの目録を再現することを、拒むことができない（S.262）。正当な思想のより古い論理的でない諸表現とそのより新たな刻印を分離することについては、その場合、問題とはなっていない。マイヤー（S. 263）が〈ひとは〃ゲノッセンシャフトの制度とともに、そもそも自明的に上級貴族の家の「コルポラチオン」の思想をもまた〃投げ捨てる〉と説明する場合に、それは、ほとんどただペンの罪（lapsus calami〔書き損い〕）にのみ基づくように思われる。それは、あたかもひとが〈両性具有体の出現を争う医師は、研究のためにおかれた個体を男子と説明することができない〉と言うかのごとくに、まさに論理的である。

上級貴族の家族は、それが統一的な権利主体性を持つ団体であるゆえに、コルポラチオンである。それは、しかし、〈組織体制上、法人の諸権利が、その時々の構成員たちの確定した個人諸権利をとおして制限されているところの〉ローマ法には知られていないドイツ法的な諸コルポラチオンに属している。そこでは〈マルク諸ゲノッセンシャフト、諸労働組合、諸株式会社などにおけるように〉、〈実体についての諸権利が、統一的な構成における総体人格に帰属し、そして、用益と使用が、個々人の奪うことのできない諸固有権を構成することによって〉コルポラチオン財産についての権利の独特の分配が行われている。それゆえに、多くのゲルマニステンおよび彼らの中で署名者〔私〕が、コルポラチオンを「ゲノッセンシャフト」と呼び、その財産についての権利関係を「総体所有権〔総有権〕」と呼んでいるところの、諸場合のひとつが存在するのである。[83] このことが承認に値するかどうかは、一部分、言葉の争いである。それでもしかし、その背後には、〈そのような諸場合においては、ドイツ法の独立の原則が認められなければならず、そして、それに従ってコルポラチオン概念のローマ的刻印を無視する構成が設定されなければならないのかどうか〉、あるいは、〈むしろ、〈諸ウニヴェルシタス（universitates）に関する、および、ウニヴェルシタスの〔相続〕財産（patrimonium universitatis）に関する〉ローマの諸原則が、例えばその上に存在する各人（singuli）の他人の物における諸権利（jura in re aliena）とともに、適用を見出さなければならないのかどうか〉という、実質的な問題が隠れている。しかしながら、〈後者の見解に忠誠を誓い、そして、それゆえゲノッセンシャフト概念を斥ける者もまた〉、今日では、ドイツ法および近代法が多くの諸ケルパーシャフトにおいて、「実際上」、〝ウニヴェルシタス〟の枠内において独特の諸形成物をもたらし、そして、とくに多種多様な諸形式の〝jura singulorum in universitate ウニヴェルシタスにおける諸個人の諸権利〟を刻印してきていることを認めるのが常である。ゲノッセンシャフト理論のそのような敵対者には、それゆえ、上級貴族の家のコルポラチオンの承認は、マルクゲマインデあるいは株式社団のコルポラティフな性質の承認よりも大きな諸困難を用意しえない。そして、そのように、そもそもゲノッセンシャフト概念をめぐる争いは、ここでは放置することができる。なぜなら、ゲノッセンシャフト概念は、マイヤーによって提起された問題にとっては、重要ではないからである。その一方で、家の法律関係のより精密な法律的分析は、この論文の目的からは、離れて存在するのである。

【以上、Ⅶの本文終わり】

【Ⅶの注】

（83）ベーゼラーも署名者〔私〕も、これらの諸表現をケルパーシャフトとゲゼルシャフトの中間段階、あるいは、全体に向けての共有（condominium in solidum）という、古い非論理的意味においては用いていないことを、それでもしかし、マイヤーが知らなかったことはありえない。

【以上、Ⅶの注、終わり】

マイヤーの〝検討〟が、それにもかかわらず同意を見出すであろうかどうかは、期待すべくとどまっている。彼にとって見込みは、決して全く不利には存していない。その検討の基礎づけの種類は、なるほど、彼によって企図された破壊作業にほとんど利益とはならないであろう。しかしながら、それは、それが破壊作業であるゆえに、すでにそのゆえに、ある成果への見込みを有している。なぜなら、そのようなものとして、その作業は、ゲルマニスト的な解釈学の領域において極めて力強い時代の潮流を喜んで出迎えているからである。

かなり長い時間以来、事実、この領域では、建設するより以上に多く取り壊されている。ドイツ法の解釈学および歴史から、本来的にゲルマニスト的な諸法律観を〝粛清する〟という、ある競争心が成立している。しかし、ほとんど、この種のまだ極めて表面的に〔ではあるが〕基礎づけられた否定は現れていないので、検討そのものが、卓越した専門家たちによって救済的な行為として祝賀されるのが常である。マイヤーの〝検討〟は、その結果に関しては、徹底して、共感的な諸給付の特筆される潮流の検討へと属する。さらに、検討によって踏み入られた領域は、大部分の法律家たちにはかなり遠くに存在することが、加わる。そして、有名な〝ゲルマニスト的諸法律観の墓堀人〟は、ここでは、長い間すらすでに〝彼の職務を支配〟し、そして、上級貴族の氏族ゲノッセンシャフトをすでにマイヤーの絶滅の試みの前に、〝手馴れた優雅さをもって納棺〟(84)してきている。

ひとが主張してきているように、すべての歴史的な運動が振り子運動の法則に従う場合、支配的な圧倒的に否定的な潮流は、その青春時代における開花しつつあるゲルマニスト的な法律学の大胆に建設する解釈学に対する反動として、把握される。だれが、〈熱烈な創造の最初の喜びの中で、いくつかの不完全な産物が成熟した芸術作品のために交付されそして受け取られること〉、〈駆動する諸理念の天才的な構想が、しばしば実際的に有用な法の諸概念の確固とした形成と混同されること〉、〈新たに発見されたゲルマン的法思想の定式化の際に、対応するドイツの諸制度とローマの諸制度の共通の概念的な諸根が、時とすると余りにも僅かにしか注目されなかったこと〉を、否定しようとするであろうか？　そのような諸現象に対しては、批判的な反対の諸潮流が、それらの法において存在したし、そして存在している。

しかしながら、すでに、このただたんに否定するだけの方向は、斧〔おの〕を木の瘤にのみならず、若木の健康な諸枝にもまた振り下ろすべく、脅かしている。従来のゲルマニスト的解釈学の事実しばしば未完成でかつ動揺する諸形成物に、〈ひとが、それらの真正な核心を摘出しそしてさらに発展させていく、という試みをまた企図することなしに〉、一方的に解体的批判を加えることは、流行となっている。その場合に通例の手続きは、単純で平坦なものである。ひとは、ロマニスト的な思想の束縛において捉われた極めて鋭利な弁証法の適用のもとに、〈しかる後に残っている素材的な諸断片を、パンデクテン諸教科書の信心深く受け入れられた概念体系において包含させんがために〉、見出されたゲルマニスト的観方を無へと帰せしめている。そして、そこを見よ！　驚くべきことが、完成されている。いまや、〝不明瞭 unklar〟、〝非論理的 unlogisch〟、〝非法律的 unjuristisch〟であったものは、消え去り、そして、すべては、誤りのない、真に〝法律的〟な構成に従っている。それでもしかし、ただ一人であっても、けしからぬ異端者は、さらに、コルプス・ユリスの書かれた理性 ratio scripta から生まれたパンデクテン論理学が語ってきている場所で、問うことあるいは疑うことを敢えてするであろう。しかし、そのように技巧豊かに詳論された操作のゆえに、生ける法形成物が破壊されそして切断されたことを、正しい〝法律家〟は、ただ彼の記述の勝利としてのみ感じているのである！

反動は、ここでもまた、おそらく新たな活動を結果するであろう。ひとは、ふたたび、――そして、今日もまた、精神に満ちた諸作業は欠けてはいないが[85]、――ゲルマニスト的な解釈学の課題を〈ゲルマン的および近代的な法素材に内在する思想内容を解き放し、そして、完全に重要な概念貨幣に鋳造すること〉の中に設定するであろう。〈異なるそしてより貧しい素材から抽象された〉長い間狭いものとなった概念体系の中へと、生活を技巧的に押し込めることの代わりに、ひとは、ふたたび生活から諸概念を創造する手続きを選ぶであろう。その場合、ひとは、〈ドイツ法をその固有の思想的な諸手段をもって構成する〉というより古い試みをもまた、〈それらの不完全性へのすべての洞察にもかかわらず〉再び積極的な諸開始として評価し、そして、〈必要な歴史的および解釈学的な作業のすべての労苦にもかかわらず〉真面目さと力をもって、構築するであろう。おそらく、しかし、ひとは、その場合、〈我々の時代において、まさに多くのゲルマニステンのもとで、あらゆる独特にゲルマニスト的な法思想が、克服しがたい誤解に突き当たることがありえたこと〉を、理解しがたいものとして見出すであろう。そして、ひとが、いかに繰り返し、ゲザムト・ハントが〝独特の〟個別の諸差異をもつ〝condominium 共有〟に帰着され、レアルラステン〔物的負担〕から物権性（Dinglichkeit）が否認され、有価証券が証拠証券と説明され、あるいは、著作権が、新たな不法行為の設定をとおして創造された営業上の〝独占〟に還元されるべきであるか、を聞く場合に、ひとは、おそらく、これらのおよび類似の諸現象を、我々の法律的思考のある病気の諸症状として、引用するであろう。そのような諸症状の一連の長い系列の中で、その場合、おそらくは、学説史の一人または他の識者もまた、マイヤーの〝検討〟を引用するのである。

【以上、Ⅷの本文終わり。以下、Ⅷの注。】

【Ⅷの注】

（84）ブルンナー Brunner が書物：“Das anglo-normanische Erbfolgesystem〔アングロ－ノルマン的相続システム〕”, Leipz. 1869, の中で、ゲルバー Gerber について用いている諸語。

（85）ひとは、ただ、例えば、債務負担原因としての約束（Versprechen als Verpflichtungsgrund）に関するジーゲル Siegel の書物について、あるいは、ブルンナー Brunner の“Zeitschr. für das ges. Handelsrecht”の中で開始された、有価証券の歴史と解釈学のための諸寄稿について、考えればよい。

【以上、Ⅷの注、終わり】

5．法の青春と老年に関して（一八七九年）

オットー・ギールケ『法の青春と老年に関して』

Ueber Jugend und Altern des Rechts, von Prof. Dr. Otto Gierke in Breslau., in: Deutsche Rundschau, herausg. von Julius Rodenberg, Jahrg. V. H. 5. Februar 1879, S.205-232.

I

〈過ぎ去った数世紀が、その中に半ば偶然の遊戯を、そして、半ば詭弁を弄する恣意の作品をみたところの〉法の歴史的変化を「法則的な発展」として把握することは、サヴィニー（Savigny）、アイヒホルン（Eichhorn）およびヤコブ・グリム（Jacob Grimm）のような人々によって率いられた歴史法学派の不滅の功績であった。法史学の学問は、これによって〈その特別の諸課題の遂行においておよび遂行によって、同時に、我々の惑星における精神生活の生成をそもそも決定している隠された諸法則の探求に共働するという〉高い使命を受け取った。この使命に、法史学は、自らを喜んで捧げたのである！　そして、法史学に、姉妹諸学問と同様に、我々にここで至るところでと同様に諸事柄の「本質」を隠しているヴェールを持ち上げることが、ほとんど成功しなかったとしても、それでもしかしその努力は、人間の認識の進歩にとって決して成果のないものではなかった。浅薄なひとのみが、法史学が古い諸問題に見出した諸回答の価値を、それらの回答から直ちに新たなそしてより大きな謎が問いつつ提起されたことのゆえに、疑うにすぎないであろう。

そのような謎を解決するのみならず、より多くさらに謎を設定する〈それにもかかわらず諸道を拓き、そして、光を広める作用を果たしてきている〉言葉は、歴史学派の著名な、〈法は「民族精神」の所産である〉（das Recht sei ein Produkt des Volksgeistes.）、という箴言である。この定式にどのような欠点が付着しているかは、まさに最も最近の時代において、精力的にそれに対して提出されてきている。ひとは、諸民族のみではなく、〈諸部族、諸階級そして最大の尺度において教会のごとき諸コルポラチオンのような〉すべてのより狭いおよびより広い人間的諸ゲマインシャフトもまた、法を生み出してきたしそして生み出していることから、目を転ずることができよう。なぜなら、国民的ゲマインシャフトは、法ならびに国家の焦点にとどまっているからである。ひとは、〈諸民族が、我々に結局において統一的な人類の諸構成員として妥当し、そして、それゆえ、それらの実定諸法の多様性においてもまた、ゲマインシャフト的な基本諸思想を、そして、それらの連鎖においてひとつの連続的な発展を、明らかにすることを〉自明の補充として、付加して考察することができよう。なぜなら、その他の諸領域でもまた、我々に人類の歴史は、その前提とされた統一体〔単一体〕の国民的な諸分散（nationaler Brechungen）においてのみ、学問的に近づきうるからである。ひとは、〈精神的な諸モメントのみならず、とりわけ外的な、素材的な、経済的な諸モメントもまた、あらゆる時期の法を、強行的な力をもって刻印している〉という考慮をもまた、傍らにおくことができよう。なぜなら、すべてのこれらの諸モメントは、それらが法の形成に向けて働くことができる以前に、何らかの仕方で民族の精神生活に入り込み、民族精神の表象内容となっていなければならないからである。しかしながら、あの定式は、それが〝民族精神 Volksgeist〟について語ることによって、その説明の中に説明されないものを、その解決の中へと新たな謎を導入していることは、争い難いものにとどまっている。いったい民族精神とは何か？　民族精神を誰が見、あるいは、誰がつかんできているか？　誰が民族精神を、個別の諸精神の交代する総計から区別しうるのか？　誰がそれを定義するのか？　そして、そのように神秘的な何ものかを、冷静な学問から――そして、法律学は無味乾燥に至るまでにまさに特別の冷静さを誇っているのであるが――罵りと誹謗をもって追い出したい人々は、正当ではないのか？

残念ながら、精神一般の概念に関しては、事情は、ただ遥かによい状態というわけではない！　自然科学および心理学にもかかわらず、個人という精神的単一体もまた、我々にとって、何びとも見てきておらず何びとも説明してきていない神秘的な何ものかである。我々は、ただ調和的な諸効果の複合から、ある統一的な原因の存在を推論し、これを人間の人格の実体と説明し、そして、人格の諸特性の個々のものをその活動の種類から探求することを求めている。ひとは、それゆえに、まじめに、精神諸科学から精神を追放しようと欲するであろうか？

さて！　まさに個人精神とちょうど同じだけ、我々を取り巻いている生活諸事実の豊かさから解明しうるのは、一般精神（der allgemeine Geist）である！　いつでもひとが〈人間を人間となしそしてそれゆえ人間の概念に端的に内在する〉共同生活の現象を自らに正しく解釈することができるように、必然性をもって、ひとは、最終的には、何らかの形式において〈多数体の調和的な諸運動の中で自らを明らかにする共同生活の原因でありそして担い手であるところの〉精神的統一体の承認へと到達するのである。一歩ごとに、歴史と固有の経験が、我々を［次の結論へと、すなわち］、〈個人の精神の諸力の単なる総計からではなく、それらの結合から新たなそして独特の機能する力の諸統一体へと帰結する精神的諸力が働くこと〉、〈これらの力の諸統一体の諸主体が、《それらにとって諸個人はそれらの体系的な整理と結合の中で全体を構成する諸部分の意味を有するに過ぎないところの》社会的な全体であること〉、〈あらゆるこのような全体には、それが全体として精神的な諸効果を表すゆえに、《ここでもまた人格が、ただまさに、個別人格の代わりに、総体人格（Gesammtpersönlichkeit）のみが構成するところの》統一的な精神的実在が内在しているに違いないこと〉の結論へと強いるのである。〈統一体と多数体の関係に関してここで存在するところの〉思考の諸可能性のさらなる分解は、哲学の最も困難な諸問題へと導くであろう。歴史的な考察にとっては、精神的な総体諸人格の存在、および、とりわけ民族諸精神の存在が、人類の生活における事実的諸経過のあらゆる学問的な説明の拒みがたい結果であり、そして、それゆえに同時に必然的な条件であることで足りる。歴史は、歴史が〈その本来的な本質が未解決のそしてその諸手段によっては解決しがたい問題にとどまっていること〉をたとえ決して両眼から放してはならないとしても、これらの偉大なことを顧慮しうるのみならず、顧慮しなければ「ならない」のである。法の歴史もまた、それゆえ、民族精神の概念を導入することが妥当であったのであり、そして、法史にこの未知のエックス（X）の顧慮がもたらして来ているすでに保証された獲得物は、無限に豊かなものであった。

ところでもし、何らかの何かが、民族諸精神の状態に関して、若干の確実性をもって言明されうるとすれば、「この何か」は、民族諸精神が進歩する「発展過程」に服しているということである。人間の生活との諸民族の生活の比較は、非常に古い。諸民族は、諸個々人のように成立し、成長しそして消えうせる、と我々は見ており、そして、諸民族にも諸個々人にと同様に、我々は、それゆえ青春と老年を帰している。あらゆる類推と同様に、これもまた、――思慮深い使用の際には促進的に、最も軽微な濫用の場合においては、判断の明瞭性を曇らせつつそして諸結果の安定性を危うくする――理解の補助手段であるに過ぎない。いずれにせよ、この出発点は、我々にすでに言語が、民族精神の順次に続く発展諸段階のために、別の諸語を自由にさせていないゆえに、欠くことができないのである。そしてまた、事実、〈我々すべての者に諸個人の観察から知られている〉様々な年齢の諸段階の一連の諸メルクマールが、諸民族の生活の中に極めて正確に繰り返して、見出されるのである。ただ、もちろん、まさに、〈それをとおして個別精神が端的に単純なものおよび不可分なもの、すなわち、まさに〝個人〟となり、あるいは、ライプニッツ（Leibniz）とともに言うとすれば、〝モナド（Monade 単子）〟となるところの〉ものは、民族精神へと譲渡し得ない。それに対して、他方では、民族精神においては、〈諸個人の領域におけるいかなる類似もそれに対応しないところの〉発展の諸モメントの豊かさが、新たに登場するのである。

我々が、ところで、この留保をもって、民族生活の「年齢諸段階」を区別するときは、もし実際に民族精神がひとつの統一体であるとすれば、その民族精神のすべてのその時々の諸表出の中に、当該の年齢諸段階の諸特性が一様に反映するであろう。そして、さらに言えば、実際にこの諸表出の中に、法もまた属するとすれば、その諸変化もまた、それゆえ法史もまた、あの諸特性について知識を与えるに違いない。ここから、より詳しい詳論なしにも、〈法の青春におけるおよび法の老年における法の区別的な性格的諸特徴の研究を要求しうるところの〉より一般的な利益が明らかになる。

私が、そのような研究の諸結果をここで手短にスケッチすることを試みるとき、私は、その場合、〈我々の前に明らかに存在しているほとんど二千年のその経過の中で、この種の考察のためにとくに有利な諸条件を提供しているところの〉「我々の固有の民族」の法史に、私を制限したい。いかなる他の偉大な文化民族によっても、我々に、我々のゲルマンの父祖たちが歴史への彼らの登場の際にあったと同じ範囲において、極めて早期の発展段階の法は、知られていない。その最古の我々に伝承された姿において、それゆえ、ゲルマン法は、高い天分を与えられたが、しかし文化によってほとんど触れられていない自然民族の精神の所産として、いまだ青春のすべての諸メルクマールを自らに担っている。我々の眼前で、やがてこの法は、広汎にそして完全に、しかし、極度にゆっくりとそして不均一に成熟する。まさに、〈まず最初はいつでもただ文化運動の潮流の中へと引き込まれた国民の一定の諸部分のみを把握するが、他の階級的または場所的に別除された諸クライスをほとんど触れずにおくところの〉この発展の不均一性が、階級的および地方的な分裂へと、そして、それによって結局、我々の法の病気へと導く。しかしながら、研究にとっては、そこから、〈それ〔研究〕がまだ後の時代において、より成熟した諸形成物と並んで、青春時代の諸類型が、実現されているのを見出し、そして、それが、感謝すべく《その、たとえば孤立した森の谷々の農民の諸ヴァイストゥームから我々の時代の境界に至るまでの、非常に古い法の諸観方が、もしさもなければ失われてしまっている法律用語の中で絶えず響きあっていること》を、利用するという〉利益が生ずるのである。

このゆっくりとそして不均一に成熟する法生活へと、ところで、しかし、二度、外国民族の暴力的な接触とともに、〈土着の法に対する最も鋭い対比において、年老いた、まさに白髪の民族の魂のすべての諸特徴を自らにおいて反映している〉成熟しきった法が介入する。なぜなら、それは、「ローマ」法であるが、しかし、青春の力強い共和国の生成中の法ではなく、もはや第一帝政時代の完成された〝古典的〟な法ではなく、〈そこにおいてそしてそれとともに、古代諸民族のそれ〔ローマ文化〕によって吸い上げられた文化生活全体がその終わりに近づいているところの〉墓場へと急ぐローマ文化の硬直的となった法であるからである。

「第一回目」は、諸民族の移動とキリスト教の受容とともに、この偉大な思想建築が、驚嘆するゲルマン人たちの法世界へと入り込む。ところで、しかし、いかに古代世界の若い相続人たちが、なるほど他国法の諸エレメントの豊かさを採用するが、これらをしかしながら固有の精神的な発展段階に類似させ、そしてはじめて、固有の法構築におけるそのようにして遂行された若返りに用いているかは、特徴的である。誰が、ここで、直ちに、皇帝制という非常に立派な例について考えないであろうか？ 中世は、それを直接、ローマ世界から借用した。そして、それでもしかし！ 〈神がキリスト教世界の庇護のために地上に許した〉空想に富み、宗教的に、それどころか神話的に色彩を帯びた世俗的な剣と、ローマ帝国という乾燥した、明瞭に理解しうる、図式的な概念との間に、何と深い内的な差異があることであろうか！ しかし、それは、〈官吏制度、レーン制度、土地地代、営業法などの歴史に影響を与えた〉後期ローマの諸制度と全く異なるものではない関係にあり、教会の概念、および、その伝承された法の全装置とさえも、異なるものではない関係にある。

「第二回目」として、ローマ法が、ドイツの法発展の歩みへと介入するときは、違っている。いまや、もはや、たんに個々の外国の諸要素を我が物とすることが問題であるのみではなく、中世の終わりに、〈国民法が絶えずより重い病気にかかる一方で〉、ローマ法が、完結した全体として、その体系的な関連において、その法典編纂された姿において、それどころかそのラテン語の衣装において、勝利に満ちて、我々のもとに入り込むのである。

しかし、いかにして？　いったい、このひとつの注目に値する事実は、法生活の民族精神に対する関係に関して言われたすべてのことを打ち倒すのではないか？　決して、そのようなことはない！　なぜなら、まず最初に、ローマ法の継受（Reception des römischen Rechtes）は、〈古典古代のすべての面での新たな復活において存在したところの、そして、芸術史におけるルネッサンスであり、諸学問と諸風俗の歴史において人文主義（Humanismus）と呼ばれるところの〉あのヨーロッパの文化運動の連鎖におけるひとつの構成部分にすぎないからである。ここでは、精神生活の他の諸領域においてと同様に、近代の諸民族は、そのために彼らの成熟の時代が到来するや否や、まさにそれらの最も内的な本質をとおして、〈古代精神のその世界史的使命の履行において、不滅の部分を固有の精神の中へと採用しそしてこれと融合させることに〉駆り立てられたのである。それから、現在もまた、ローマ法は、決して、例えば、〈それがユスチニアヌスの下で生きていた〉ようには、死者たちの中から復活したのではなく、初めから〈それが中世イタリアにおけるその学問的および実際的な再生から生じてきていた〉ような、変化しそして若返らせられた姿において、ドイツへと侵入し、そして、〈ここで直ちに自らを土着法と結合させること、および、心ならずも土着法の精神においてさらに改造すること〉を始めた。最後に、しかし、まさにドイツにおいて、ローマ法の継受は、それが実現されたように、事実、異常な経過であった。そして、異常な諸経過が、諸民族の生活において、ならびに、諸個人の生活において「存在して」いる。なぜなら、生活があるところ、病気、障害、早すぎる廃疾、暴力的な死もまた、脅かすからである！　継受は、すでに〈それが《我々の分散された、混乱した、結局停滞する国民的な法生活に、統一性と新たな運動を導かなければならなかったところの》外部から介入する治療手段であった〉ゆえに、異常なものであった。継受は、しかし、そのさらなる経過の中で、次第により多く、〈それが需要を超え、そして、我々の民族に我々の民族の精神に端的に疎遠なものおよび我々の民族の発展段階に不調和なものを押し付けるゆえに、そして、その限りで〉、病気の原因とさえなったのである。

そうして、ローマ法という外国支配と、それによって惹起された《次第しだいに全能となっていく法律家階級のロマニスト的に教育を受けた思考》と《絶えずより狭いクライスに追いやられる民族文化的（volksthümlich）な法意識》との間の、分裂の結果において、最終的に〈そこにおいて我々の法生活全体が「早すぎる老年」（verfrühtes Greisenthum）の姿を示すように見えたところの〉諸時代が近づいてくることができたのである。しかし、決してドイツ民族の「全」精神生活は、三十年戦争以来、救いがたく消耗へと荒廃したようには見えなかったのではないか？　それは、事実、重い病であった。しかし、我々の民族の男らしい力は、その核心において損なわれることなくとどまっていたのであり、そして、ゆっくりとした治癒の全面的なプロセスから新たに出現したのである！　先の百年の経過の中で、自己自身に立ち返ったドイツの民族精神の飛躍によって捉えられなかったであろう国民的生存の領域は存在しない。それゆえ、そもそも一体、強力な法史的運動もまた、中断することはできなかったのである！　さらに、我々は、法史的運動の膨れ上がる上げ潮の真っ只中に立っており、そして、必ずしもいつでも大波の闘いの中で、我々に遠い諸目標が見うるべくとどまるわけではない。しかしながら、冷静な眺望は、我々に、〈我々が向かって舵を取るのは再び真に「国民的」な法（ein wahrhaft nationals Recht）であるという〉確信を与えるのである。国民法、それは、すなわち、〈そこにおいて新たに甦らされた土着法と精神的に完全に同化された外国法とが統一体へと結合しているところの〉国民法であり、〈そこにおいて学問的な完全な形成と真正の民族文化とが、もはや敵対的な諸対立ではないところの〉国民法であり、〈歴史的な連続性を犠牲にすることなしに、完全にそして全く生き生きとした現在の諸需要と諸観方に表現を与えるところの〉国民法である。この新たなドイツ法は、男らしい成熟のすべての諸特徴を担う法のみでありうる。しかし、男らしい成熟は、青春時代の新鮮さの保持を排除するものではない。そして、それゆえに、まさに近代ドイツ法が、そのようにして幾つかのすでに失われたと信じられた青春の特徴を新たに現わす場合に、それを、我々は、継続する青春の民族の力のしるしとして、喜んで歓迎するのである。

II

年齢の諸段階の最初の徹底的な区別は、諸民族においても諸個人においても、「無意識」の精神活動が優位であるか、それとも、「完全に意識的」な精神活動が優位であるかに、存している。そこから起因するのが、すべての諸民族の法史において、「慣習法 Gewohnheitsrecht」の支配から「法律 Gesetz」の支配への漸次的な移行である。

民族移動に至るまでは、ゲルマン人たちは、口頭で伝承された「慣習法」以外の法を知らなかった。慣習法は、しかし、「無意識に」生み出された法である。なぜなら、其の精神的な核心を形成する共通の法的確信（Rechtsüberzeugung）は、それに向けられた熟考なしに成立し、そして、それがその中で具体化される生き生きとした慣用は、法の創造に向けられた目的意識的な意思の媒介なしに生ずるからである。力強い創造力を、自然民族は、ここでも、その言語、詩、宗教および風俗におけるように展開する。しかしこの力は、まだ〈種子から森の柏をその諸枝、諸葉および諸果実とともに出現させる〉無意識の自然力を想起させる。この外見上技巧的かつ計画的な法は、真実においては、〝自然発生的〟である。すなわち、それは成りそして成長する、それは作られるのではない。諸総体も諸個人も、それを〝見出し〟、〝指示し〟、〝汲み取る〟こと以外の何ものもしてはならず、それを確定し、確保しそして保護しなければならない。さらに、父祖たちから相続して得られた慣例の正義または合目的性についての疑いは、考えられえないように思われる。その熟考された変更を、ひとは、犯罪として受け止める。それにもかかわらず、絶えず諸変化が行われることは、何人によっても気づかれないのである。そして、諸民族の移動後に、種族諸法（Stammesrechte）の最初の諸記録が生じたとき、それゆえ、これらの最古のいわゆる諸法典（〝leges barbarorum〟蛮民法）もまた、まず最初は、非常に古い慣習法に関する、民族集会によって是認された諸ヴァイストゥーム〔裁判例〕以外の何ものでもないのである。

しかしながら、それらは、「書かれた」法であり、そして、文書は、ここでは、至るところでそうであるように、「意識された」存在の上昇の源泉である。筆記によって不動となった法は、もはや気づかれずに生活の変化とともに変化することはできない。諸空白と諸矛盾は感じられる。意識的に補充し、変更し、新たに規定することの需要と可能性が成立する。ひとは、何が規範として妥当すべきかを熟考しそして選択する。そして、〝恣意Willkür〟、〝随意規定 Beliebung〟、〝規約 Satzung〟が現れる。同時に、王の権力が、とりわけそれがフランク帝国において分離された諸部族を統一的な国家的存在へと結合して以来、〈それらの諸領域で、王の権力が上から命令と禁止を発し、そして、そのように計画的に規制する立法のための理由を置くところの〉〈絶えずより大きくなる民族法から自由に放置された〉諸領域に対する支配を、自らに獲得した。

いずれにせよ、慣習法には、中世の間、ドイツ帝国においてその国家権力の脆弱さのゆえに、新たにすら、自らを高める優位がとどまっている。さらに、〈その尊敬すべき老年が神聖にする〉法規は、あらゆる新たな法律よりも、いつでもより神聖に思われるのであり、そして、皇帝と帝国議会は、それを決議するであろう！　九四一年において、オットー大帝（Otto der Große）が、〈先に死んだ息子たちの息子たちを、生存する息子たちのために、祖父の遺産から排除したところの〉非常に古い厳格な相続法の原則の変更を計画したとき、貴族と民族は、〈人間の判断がそれについて決定すること〉を、品位にふさわしくないと見なしたのである。ひとは、それゆえ、一方の法見解と他方の法見解のための、それぞれ七人の騎士の擁護者たちの間に決闘を開催し、そして、神の判決（Gottesurtheil 神明裁判）の彼らに有利な結果が〔生じて〕はじめて、孫たちに相続権を与えたのである。このような解釈は、その後もちろん次第しだいに消失した。しかしながら、地方的な諸法源の中では、我々の時代に至るまで、恣意的な〝改革〟に対する恐れと、ただそれが古いというだけの理由で古い法を遵守することとが、我々に出会うのである。

まず教会が、すなわち、この点において極めて多くの事がらにおけるように国家の先駆者〔である教会〕が、それから都市的共同団体が、最後に近代の平地国家（Flächenstaat）が、その関係を逆転させてきている。それらの計画的な、個別の点に立ち入る可動的な立法を前に、慣習法は、控えめな役割へと後退した。このことは、事実、〈そこにおいて一般精神が、自らにそれ自身において完全に意識されており、そして、強い国家権力において諸目的に従って行為する意思機関を所有するところの〉成熟した民族生活に対応している。

しかしながら、我々の国民の深い没落の時代において、〈自由に理性から法を〝見出す〟ことができ、諸法律を衣服のようにそのようにまたは別のように〝作る〟ことができ、そして、それらの命令をとおしてそれらの合目的と思われるあらゆる命題を生きた〝法〟へと刻印することができる〉と立法が信じたとすれば、このことは、それが老年となる諸民族の合理主義的な精神に対応するような、観方であった。もちろんこの立法もまた、それが個別においては極めて恣意的に支配したとしても、全体としては、〈その内容をそれ〔立法〕が悪意の自己欺瞞において、自由な理性の考慮の流出と受け取ったところの〉歴史的に成ってきている法意識の強制的な影響のもとに、立っていたのである。しかしながら、長い病疾の中で曇らされた我々の民族の創造力は、〈立法が、その自由もまた恣意ではなく、その力も全能ではなく、その洞察も絶対的な理性ではないことを把握して以来〉、ようやく再び出現することができた。立法者もまた、法を法となすところのものを、無からのその命令をとおして創ることができるものではなく、それを、秘密に満ちて生きそして活動する民族精神の深いそして尽きることのない泉から、密かに聴き取らなければならないのである。しかり、立法者は、結局、決して〝私がそれを欲するゆえに、これが法である〟、というべきではなく、〝それが法であるゆえに、私はこれを欲する〟、というべきである。願わくは、我々の時代の性急な闘争立法と利益立法の中で、この真理が、決して再び失われることのないことを！

同様に、〈我々のもとで、長い時間をとおして慣習法が、熱心にそれどころか憎悪をもって、争われ、すべての民族文化的な伝承が〝不合理なもの〟として廃棄され、あらゆる慣習法的な新形成に盲目的な力が争われたこと〉は、諸民族の白髪の老齢を警告する諸特徴であった。主権的な立法者と書物で学んだ法律家たちは、民族法〔民衆法 Volksrecht〕を、例えば〈それをもって、浅薄な啓蒙家たちが民族信仰を眺め、あるいは、詩人たちがゴットシェード（Gottsched〔Johann Christoph, 1700-1766〕）のような人の打ち込み〔観方〕から民謡を眺めたのと〉同一の上品な過小評価をもって見下げた。しかし、我々の民族の失われていない青春の力は、まさに〈慣習法が、理論と立法に反抗して、沈黙のうちに生き続け、そして、さらに堂々たる新たな諸創造をさえも（例えば、商法（Handelsrecht）において）完成させた〉ことにおいて、再び明らかにされたのである。今日もまた、慣習法は、〈その意義が、表面的な観察者には、ただ《それがしばしば、すでに短い自由な経過後には、近代立法の止めがたい潮流の国家的に規制された寝台へと達する》というだけのゆえに、容易に誤解されうるところの〉法の新鮮に湧き出る泉である。

Ⅲ

年齢の諸段階のさらなる特徴的な差異は、諸民族においても、諸個人においても、〈精神的諸能力のもとで、もともとは「ファンタジー」〔想像力〕が優位を主張し、その優位をファンタジーが後には次第しだいに理解力へと与えた〉という点にある。法史においては（言語、信仰、国家の歴史におけるように）、この差異は、全重量的に、より多く「感覚的」な解釈と形態形成からより多く「抽象的」な解釈と形態形成への漸次的な移行において、刻印される。

我々の父祖たちの青春時代の法においては、抽象は、まだ不完全で、重苦しく、鈍重である。そのため、しかし、〔その時代の〕法においては、感覚的な観方と柔軟な形態形成能力の、後の諸世代には理解困難な力と充実が展開されている。そのようにして、この法は、〈我々には今日、詩の優先権を構成するように見える〉一連の諸特徴を受け取るのである。それは、事実、青春時代の法におけるポエジーである。そして、まにドイツ法においては、この現象が極めて強力であるので、ヤコブ・グリム（Jacob Grimm）は、彼の最も美しい諸論文のひとつを〝法におけるポエジー（Poesie im Recht）〟に関して書くことができたのである。詩的な要素が形成される種類と方法は、その後再び、あらゆる民族の独特の精神によって、独特に決定される。特筆すべきであるのは、我々の古法においては、ゲルマン的なフモールが、あるいは、茶目っ気のある、心情豊かな、気の利いた方法において小さなことを描き、あるいは、粗野な、上機嫌な、愉快な農民の機知において遊びつつ、あるいは、しかし、古い神話の重い憤怒の調子においてもまた嘲笑しつつ、広範に支配していることである。そのような諸特徴の若干を、私は、私自身、かつて〝ドイツ法におけるフモール（Humor im deutschen Recht）〟に関する小著の中で、収集してきている。ただゆっくりと、数世紀の経過の中で、我々のゆっくりと成熟する法は、抽象の高みへと格闘しつつ自らを上昇させたのである。しかし、我々の法は上昇した。そして、今日、我々の法においては、〈このことがあらゆる形成された法において必然的に問題となるに違いないように〉、抽象的な理解力、論理的思考が、支配している。次第に多く、それと並んで、感覚的な豊かさは消失した。このこともまた、あらゆる民族の必然的な発展過程に対応している。ただそれは、ここでもまた、〈その逸脱の場合に、精神的諸力の均衡が我慢する〉限界を与えるように見える。そして、このことは、〈法の感覚的要素が完全に枯渇しているところで〉、すべての論理的完成を、白髪の老齢の非生産性から保護するものではないように思われる。

　個別の点においては、すでに、我々の古い法が民族に語った「言語」は、今日の法律＝、裁判所＝および取引用語に、その感覚的、映像的、詩的な表現方法をとおして、根本から異なっている。最古の諸記録のラテン語の衣装を貫いてさえ、〈その後のドイツ語で書かれた諸原典において、すでに弱められてはいるが、しかし、まだ十分に力強く示されているところの〉古い法律用語のこの性格は、きらきらと輝いている。もともとは、明らかに諸法規は、あらゆる個別の法行為に伴う典型的な諸方式のように、確固たる儀式ばった表現において、それゆえ、伝説および歴史のように韻文において、世代から世代へと口頭で伝承された。それゆえ、まだ長い間、中世を超えて、少なくとも民族文化的な諸原典の法律用語においては、古い国民的な頭韻法（Alliteration）が支配している。すなわち、〝手とわら Hand und Halm〟をもって〝家と屋敷 Haus und Hof〟を引き渡す。〝遺産と所有地 Erb und Eigen〟、〝切り株と石 Stock und Stein〟を、ひとは、グルントヘルに指示し、〝水、〔家畜の〕歓喜および牧草地 Wasser, Wonne und Weide〟を、ゲマインデに〝享受し用益すること Nießen und Nutzen〟のために割り当てる。〝相続によりそして永遠に erblich und ewiglich〟ひとは〝土地と人々 Land und Leute〟に対する〝保護と庇護 Schutz und Schirm〟を約束する。犯罪者を、ひとは、〝皮髪 Haut und Haar〟刑〔ひはつけい〕に処する、など。それと並んで、より若い萌芽もまた（〝裁判集会にそして格闘に zu Dinge und zu Ringe〟、〝道と小道 Weg und Steg〟、〝土地と砂 Land und Sand〟のような諸語において）入ってきている。〈それ〔保守的な性格〕が法律用語においては、美しい文学におけるようには勝利を獲得することができなかったこと〉は、しかし、法律用語の保守的な性格のために特徴的である。最も広範な豊かさにおいて、〈例えば、諸同義語が積み重ねられ（例えば〝無効 kraftlos, nichtig, unbündig〟）〉、あるいは、肯定に否定が続く（宣誓は〝真正なものであるべきであり、そして、私のもので〟あるべきではない、Der Eid soll sein 〝rein und nicht mein〟）ことによって〉、対句法という古い詩的な諸形式が維持されている。青春時代の民族精神の本質に、さらに深く根ざしているのは、古い法律用語の〈判りやすく言う、具象的な、比喩に類する〉表現への傾向である。五世紀のフランク帝国の裁判所用語においては、我々にマールベルクの注解（Malbergische Glosse）が教えるように、山羊 Ziege は山羊ではなく〝韮を食うもの die Lauch Fressende〟または〝葦を食うもの die Schilf Fressende〟といい、犬は〝鎖に慣らされたもの der an die Kette Gewöhnte〟、船は〝泡立てる動物 das schäumende Thier〟、〔そして〕、右手の人差し指は〝矢を射るもの Pfeilsender〟といわれるのである。流刑者〔Geächteten 法の保護を奪われた者〕を、すべてのドイツの諸部族は、かつて、〈彼が猛獣のように罰されることなく殺されうるゆえに〉〝絞め殺されるべき狼 würgender Wolf〟あるいは

〝オオカミあたま〔の持ち主〕Wolfshauptträger〟と名づけ、あるいは、〈彼が平和に森においてさまようことのないゆえに〉〝森の通行者 Waldgänger〟と名づけた。類似の言い回しは、民族文化的な裁判所諸集会において、広く中世を超えて保持されたのである。しばしば、その場合、ひとが言うことをはばかることが、ちょうど絞首刑の宣告を受けた者が、〝乾燥した木に騎乗する den dürren Baum zu reiten〟あるいは〝自分の上の空気を一緒に打たせる die Luft über sich zusammenschlagen〟というように、婉曲に言い換えられている。しばしば意図的に逆説的な響きが、ちょうど〈二人の男たちと一人の少年が〝二人半のひと dritthalb Mann〟、二頭の馬と一頭のらばが〝二頭半の馬 dritthalb Pferde〟と呼ばれ、あるいは、〝鉄の家畜 eisern Vieh〟および〝遍歴する財産 walzende Güter〟あるいは〝飛翔する財産 fliegende Güter〟という、今日もなお慣用的な法律用語が形成されている〉ように、求められている。緊密で徹底した形式において、古い法律用語の感覚的要素は、とくに、〈かつてはきわめて広く伝播されたゆえに、最新の集成がそれらの三六九八個をドイツの諸原典から拾い取ることができたところの〉判決諸語（Rechtssprüchwörter）の中に濃縮されている。それらにおいては、比喩が、時おり、〈解釈がただ苦労しなければうまく行かない〉ことが、優勢であるので、〈〝雌鶏は城壁を越えて飛ばない es fliegt keine Henne über die Mauer〟という命題を《それによれば都市においてはすべての不自由が消えるところの》〝空気は自由にする die Luft macht frei〟という命題と認識させるためには〉、ひとは、まず、〈雌鶏が、非自由人のしばしば用いられたシンボルであることを知らなければならない。〝最後の者が戸を閉める der Letzte macht die Thür zu〟という諸語が、残存配偶者への合有財産〔夫婦財産 Gesammtgut〕の帰属を意味し、〝娘が母を食う die Tochter frißt die Mutter〟という諸語が遅滞した地代の増大をとおしての農民財産の喪失を意味することは、直ちに推測することは困難である。逆に、すべての感覚的＝詩的な諸要素が、最も広範な豊かさで、《裁判所の開廷と垣囲い、法の判告、訴えの提起、宣誓の実行、和解の締結（Abschluß der Sühne）、判決の言い渡しのような》すべてのより重要な法の諸行為の際に、参集した民族の前で、規則的な反復において鳴り響いているところの〉儀式的な諸方式において、展開されている。そこでは、主要語は、叙事詩におけるように、その修飾的な形容詞を保存しており、そして、我々は、明るい日光、暗い夜、老いた暗黒の森、塩辛い海に、出会う。そこでは、地代は支払うべきであり、あるいは、ゲマインデレヒトは、煙を山に向けるあらゆるかまどの火を持つべきである。風が吹き、そして、ニワトリが時を告げる限り、そして、太陽が昇りそして沈み、空が青く、そして、雨が降る限りで、そこでは、何かが妥当すべきである。そこでは、恐ろしい諸語において、法の保護の外に置かれた者は、裁判所から非裁判所へ、恩恵から非恩恵へ、ラント平和から非平和へと置かれ、彼の夫人は寡婦、彼の子供たちは孤児と宣言され、彼のレーエンは主人に帰属すると認められ、彼の遺産と固有財産は正当な相続人たちに、彼の身体と肉とは諸森林における獣たちに、空の鳥たちに、大波の中の魚たちに、彼の魂は全能者である神に、帰属すると認められる。——それでもしかし、我々は〔これに〕とどめておこう！ そのような感覚的な色合いに、〈その主たる諸要件として、我々に抽象的な明瞭性と荒涼たる冷静性が妥当しているところの〉我々の今日の法律用語がいかに隔たっているかは、指摘を必要としない。今日、法律をその民族文化性のために、韻文でもたらし、あるいは、詩的な諸描写によって貫くことを提案する者は、精神病院を前にして、安全であることは困難であろう。ただ、我々は、むろん、長い間を通じて支配的な、外国の諸語をもって重荷を負わされた、無力な法律家用語とは反対に、法においてもまた、再び民族文化的な、生き生きとした、雄渾な表現を求めて努力するのである。

言語と同様、「諸概念」もそうである。すでに最古のドイツ法は、〈それらの精神化についてすでに無数の消息不明となった諸氏族が働いてきていたところの〉抽象的な法の諸概念を有している。しかし、至るところで、〈諸観念の世界から思想の世界へと導いてきている〉架け橋は、まだ壊されていない。この架け橋は、イメージ（das Bild）である。〝平和〟について語る者は、まだ外的な垣囲いまたは障壁というイメージを禁止することはできない。〝法 Recht〟あるいは〝復讐 Rache〟と名づける者は、彼の精神の眼前に、破られた平和をふたたび立て直す裁判官または復讐者を、見る。さらに、ひとは、物占有に入ることを〝ゲヴェーレ〟、すなわち、財産の取得者の被衣として、ペルゾンに対する権力を〝ムント〔ゲルマン古法上の家父長権〕〟、すなわち、支配しそして保護する手として、感じる。今日、ただ言語研究者だけが〈かつて概念を生活の中へと呼び出したところの〉忘れられたイメージを発見するところでは、このイメージは、青春の民族精神に生き生きとそして現に存在している。それは、民族精神にとりある程度たんに衣装であるのみならず、概念の不可欠の身体を意味している。それ〔イメージ〕は、抽象において、強い感覚的な観念内容を確保する。その他の我々に周知の諸概念は、古法においては、そもそも未だ素材的な内容から解放されていない。それゆえ、有名な学者たちは、〈古いドイツ法には、占有（Besitz）とは異なる所有権（Eigenthum）の概念は全く欠けてきている〉、と主張することができたのである。真実においては、所有権の概念は存在した。しかしながら、それは、支配された物ケルパー（Sachkörper 物実体）の観念とさらに緊密に織り合わされていたので、ひとは一度も、〈権利としての所有権の指称のために、特別のそしてすべての物の諸種類において等しい〉語を持たず、物と権利を同じ名称で（不動産における Eigen〔固有財産〕および Erbe〔遺産〕、動産における Habe〔所有財産〕のように）名づけたのである。同様に、〝物権 dingliches Recht〟、〝ペルゾン〔ヒト〕Person〟、〝国家 Staat〟のような、一般化は欠けていた。ここでもまた、〈その中に、一般化しそして分割する精神労働によって世紀ごとに増加された、抽象的な法諸概念の財宝が、完成して存在している〉我々の成熟した法、そして、《すでにそれらの中に隠れている力強い文化作業をただ予感することさえなしに初心者が苦労せずに自己に取り込んでいるところの》我々の法に対する、何たる対立であろうか！　しかり、これらの諸抽象は、それらの側から生活を指導することを、長い間始めてきている。私は、〈法がそこにおいて抽象により生活を失う危険を冒した〉諸時代が存在したことを、付け加える必要があるであろうか？　ひとが同様に、〈《ひとが幾何学 mathematische Größen のように、僅かな単純な諸概念から演繹した》抽象的な諸概念から、そのようなそして他ではありえない組織体制〔憲法〕体系および法体系を建設する〉という、誤りであると同じほど大胆な試みを企図するとき、そこでは、直ちに、〈法にとっては、それがまさに論理的な精神の放射ではなく、歴史的な精神の放射であるゆえに、抽象的概念の単独支配は、死と同一であろうこと〉が示されたのである！　そして、いまや、我々は、再び、成熟した法もまた、生ける力を、その諸概念の中に具体的な歴史的生命が脈打っている場合にのみ保持していることを意識している。その国家がもはや空虚な空間の中に漂う抽象以外の何物も意味せず、あるいは、婚姻の中にもはや抽象的な契約概念の適用以外の何ものも認めないところの、民族に災いあれ！　そして、〈世襲王制によって国家概念に付与された具体的、感覚的、それどころか詩的な内容においてでないとすれば〉、どこに、これに対する反対において、純粋に論理的には証明することが困難なゲルマン的世襲王制の驚嘆に値する青春の力が、存するであろうか？

諸概念と同様に、我々の青春時代の法の「諸規定 Satzungen」は、具体的、感覚的、詩的、時おりはフモール的に形成されていた。多彩な生活の生き生きと観念された個別諸場合についての法の諸規則が、ただ不完全にのみ解き放たれることによって、まず最初は、〈個々の諸指の各節に至るまでの各四肢の傷害に関する特別の諸規定に、それどころかサリカ法（lex Salica）においては、豚の窃盗だけでも二十の異なる種類に、もたらしている〉最古の諸法書（Rechtsbücher）の、我々には奇妙に思われるあのカズイスティーク〔決疑論〕が成立する。しかし、さらに、状態または経過の最重要のではなく、最も目立つ、最も印象的な諸モメントが強調され、そして、決定的なものとして固定されることによって、諸法規は、個人的な、感覚的＝詩的な生命を受け取るのである。これについて、裸の数に従う諸権限と諸義務の測定に対する古法の嫌悪以上に特筆すべきものはなく、その代わりに、古法は、感覚的な、すべての一見しての正確性にもかかわらず、開いた、個人の生活に活動の余地を保証する諸基準を好むのである。それゆえ、より多くの民族諸法は、傷害の重さを、血のしたたりが大地を赤く染めるかどうか、傷つけられた目蓋がまだ涙を支えるかどうか、萎えた足が草の露を払うかどうか、に従って測定する。そして、フリースラントからロンバルダイに至るまで、〈骨片が切り出される場合に、それが道を越えて盾の中へと投げられて聞こえるように響く場合に、特別の罰金が威嚇する〉“鳴り響く骨 klingender Knochen”

の規約が繰り返されている。キロメートルによる代わりに、諸ヴァイストゥームは、法的に重要な諸距離を、〈ひとが、どこまで遠く、赤い盾、白い馬、門のカンヌキが輝くのをみるか、鐘の響きまたは犬のほえ声がするのを聞くか〉、に従って決定している。あるいは、道は、その上に棺架の両側に一人の夫人が彼女の白衣を汚すことなしに行くことができるほど、広くあるべきである。あるいは、土地占有は、最小限、三脚椅子がその上に立ち、そして、少女が幼児のゆりかごの隣でその上に座ることのできるほど、大きくあるべきである。極めてしばしば、権利者は、〈例えば、諸マルクにおいて、ゲマインラント〔共有地〕についての一定の特別利用の諸権利が、《固有財産の境界から右手で左脚の下をとおして投げられたハンマーが飛ぶ》限りで及ぶというように〉、彼の権限の限界を、ハンマー、斧、刈り鎌あるいは鋤の刃による投擲をとおして、弓の射撃、騎乗または走りをとおして、自ら固定することができる。空間が極めて小さい結果になるときは、奇妙に加重する諸条件が設定されている。多くの農民諸ヴァイストゥームによれば、例えば、雌鶏が隣地に行くことが許される限界を確定するために、〈先端でつかまれ、左手で後ろから、右耳をつかむ右腕の下を通って投げられ、屋根の棟から、そしてしばしばしかも、主人による代わりに主婦によって、そのように疑わしい姿勢において、投げられなければならないところの〉刈り鎌による投擲が行われるべきである。ここでは、明らかに、法におけるフモールが告知されている！　少なからず誤認の余地のないことは、〈義務または権利の強さを、それらの最も極端な諸帰結をとおして徹底的に表現するところの〉多くの法〔権利〕の諸誇張におけるフモールである。エルザスの諸ヴァイストゥームが、保護フォークト〔保護主人〕が農奴（Grundholden）に負う急を要する法律上の援助を、〈保護フォークトが、農奴の投獄の最初の知らせに対して、裸足でまたは長靴を手にもって鞍を置いていない馬に乗って駆けつけるべきである〉というように描き出す場合、あるいは、〈一フーデル〔馬車一台〕の木材が、《直立した耳をもつカササギがその中を飛び抜けることができ、あるいはまた、七匹の犬がウサギを追ってその中を通り抜けることができるほどに》、ゆるく積載されてよい〉という場合のように。同様に、フモール的なそして感覚的＝詩的な古い諸特徴が、〈それをとおして、古法が、無味乾燥な権利の否定から自らを奪い取ることを《それでもしかし真実においては、無よりもより良いものを保証することなしに》好むところの〉外観的権利〔法〕（Scheinrecht）の広く行き渡った承認において、結びついている。それに属するのは、例えば、しばしば自由なゲマインデ森（Gemeindewald）において、ランデスヘルに、〈それによってそれでもしかし《彼〔ランデスヘル〕がそれ〔森〕について何の権利も有しないこと》が直接には言われないがために〉、騎乗して通り抜ける際に掲げられた盾に落ちる――あるいは、彼が帽子の回りに巻きつけるかもしれない花輪（Kranz）である〈彼が折るかもしれない〉〈が、しかし、森を離れる際には後ろに向かって投げ、そして、それに対して彼は森に感謝すべきであるところの〉しなやかな乗馬用鞭の上に〔落ちる〕――柏の実やどんぐりの実に対する権利が与えられる場合である。類似の方法において、その者の飼養義務が終了するところの者について、彼は、今から家畜に水を穴だらけのざるに、そして、石を桶の中に入れて、提供することができる、といわれる。あるいは、囚人を長く保管する必要のないゲマインデについては、ゲマインデは彼を共同所有地（Gemarkung）の境界に絹糸で木に縛るべきである〔、といわれる〕。しかし、最も流布しているのは、外観的諸罰金（Scheinbußen）である。それらは、殺害が正当とされる場合に、〈例えば、家の平和の防衛において打ち殺された侵入者が彼の人命金〔殺人賠償金 Wergeld〕を受け取ってきているように〉、雄鶏の頭または全く僅かな貨幣が死体の上に置かれる場合に、支払われるのである。それらは、しかしまた、――そして、ここでは、それら〔外観的諸罰金〕は、〈完全な権利と完全な名誉の被害者が窮乏するときは、例えば、さらにザクセンシュピーゲルが、吟遊詩人たちには（彼らが復讐したいと思う）男子の影を、賃金を争う人々に太陽に対する盾のきらめきを、盗人たちと群盗たちには二つの箒と一つの鋏（懲罰のシンボル）を、罰として言い渡す場合のように〉、より厳しい嘲笑へと変じて――支払われる。

最も深く古い諸法規の内容へと、死者の蘇りへの、非人格的なものの擬人化への、青春の民族魂の詩的な傾向が介入している。ここに、〈より古いドイツ法においては、人間のみではなく、「諸物 Sachen」もまた、《それにより諸物がそれらについて存在する権利〔法〕およびそれらと結合される権利〔法〕に独特の色彩を与えるところの》それらの個性を有している〉という現象が根を下ろしている。とりわけ、あらゆる土地が、その特別の性質、その自由とその平和、その諸権限と諸負担を受け取る。それは、時代の経過の中で、神聖なもの、貴族的なもの、自由なもの、隷属するもの、支配的なものおよび奉仕的なもの、とさえみなされるのである。ひとは、例えば、庇護権（Asylrecht）において頂点をなす、諸教会、領主の諸館（Herrenhöfe）および極めて多くの避難所（Freistätte）の平和（Friede）について、とくに、しかし、《侵入者、追跡する官吏、それどころか雨どいの下で立ち聞きする者でさえも、罰されることなく撲殺されうる》ほどに極めて強力であり、《自殺者または家の中で殺された犯罪者は、敷居を冒涜しないために、敷居の下に空けられた穴をとおして外に出されるべきである》ほどに極めて神聖であるところの〉古い法秩序の礎柱として打ち建てられた家の平和（Hausfriede）について、考えるだけでよいであろう。しかし、刀剣（Schwert）および糸巻き竿（Kunkel）、軍隊の器材（Heergeräte）、婦人の家具や装飾品（Gerade）のような動産もまた、その固有権を受け取るのである。最も深く原始時代へと及ぶのは、〈そこにおいてひとが思わず知らずに動物伝説が想起されるところの〉おそらく「諸動物」の法的な擬人化（rechtliche Personificirung der Thiere）である。諸ヴァイストゥームにおいては、村の雄馬、雄牛あるいはイノシシのような特権を与えられた動物たち、時おりはまた、〈例えば、担保にとられてはならず、ただ、その年のハシバミの若枝をもってまたは上着の右すそをもって、やさしい呼び声のもとに追い払われてよい〉特筆される色彩の動物たちが、我々に出会うのである。しかしまた、《《他の動物たちが担保の家畜小屋へと移動する場所で》〝平和を持たず〟、〝彼らの権利を背中に担っており〟、そして、〝法の保護外に置かれたものとして〟殺されてよいか、あるいは、そうでないとしても、しばしば独特の形式において無害にされてよいところの〉ガチョウ、ニワトリおよびカモのように、法的に軽視された動物たちも存在する。無権限で殺された動物たちのためには、かつては、人命金（Wergeld 殺人賠償金）が要求された。そして、さらにザクセンシュピーゲルにおいては、死んだ体に赤麦をもって（mit rothem Weizen）振り掛けるという規定の中に、〈殺された者の死体は純金でもって（mit rothem Golde）覆われるべきであるという〉非常に古い、半ば神話的な観念が響き渡っている。証人としてすら、動物たちは登場する。それゆえ、例えば、一人で住む、家の中で襲われた男は、告訴の証明の際に、屋根の三本の藁［わら］の提出のもとに、彼の犬、彼の猫、あるいは、彼の雄鶏を、裁判所の前に立たせるべきである。そして、最後に、動物たちは、〈例えば、孤独な婦人に対して犯された凶行の際に、家の中に居り、そして、悲鳴をとおして彼女の助けに来なかった動物たちは、死をもって償うというように〉、形式的に処罰される。

そのように、我々の青春時代の法の諸規約は、鳴り響いたのである。読者は、我々の今日の法の反対の種類を評価せんがために、我々の刑法典（Strafgesetzbuch）あるいは商法典（Handelsgesetzbuch）の諸条項を提示することに固執することは困難であろう。正義の本質についての我々の観念は、すべてのあの色彩の輝く諸規約における、等しくないもの、多彩なもの、偶然なものに、逆らう。我々は、真直ぐな諸線、均一でかつ確実に当てはまる諸原則を要求する。ただ、ここでもまた、法は、〈法が、いかなる原則によっても汲みつくされるべきではない現実の生活の豊かさに、その抽象的な諸規範の形式と内容に向けての、絶えざる、拡大しかつ深化し、形成しかつ改良する影響力を維持しないならば〉、再び、老年の非生産性と結局は死の硬直に、陥るのである。

明らかであるように、青春時代の諸民族の法意識に全く遠くあるのは、「体系［システム］」に対する個々の諸命題のつながりである。もちろん、法の中に体系はある。しかし、法体系（Rechtssystem）は存在しない。法の諸部分を全体のために秩序づけるあの驚くべき調和的な構造は、まだ潜在的である。それゆえ、言語もまた、文法なしに文法的である。すべての古いドイツ的な法の諸記録と諸法典は、すでにそれらの配置において意識的な体系論の欠如を示している。成熟した学問がはじめて、〈いまや彼の側で意識的な、独立した、生活へと遡って作用する力となる、それどころか最終的にその意味の誤解においては、法生活を暴君的にその諸拘束の中へと強いることを求めるところの〉体系を発見するのである。

Ⅳ

青春時代の民族の精神が、至るところでそしてそれゆえ法においてもまた、「被拘束性」のメルクマールを明らかにする一方、成熟した精神が自らを次第しだいに「自由」へと飛躍させることは、以上に言われたことと密接に関連している。

それゆえ、青春時代の法は、「外的な現象」において捉われており、そして、諸事件の内的な本質内容の把握のための能力を有しない。それは外面的で、現実的で、不平等であり、我々の感情にとっては、しばしば不公平で、不合理で、盲目的である。ゲルマン的な原始時代においては、刑法（Strafrecht）は、まだほとんどただ行為の外的な結果だけを見ており、主観的な故意過失（Verschulden）を見ていない。契約法（Vertragsrecht）は、文言を合意の意味の上へと立てている。証拠法（Beweisrecht）は、自由な裁判官の証拠評価のための活動の余地なしに、証拠としての許可、ならびに、証拠方法の順位と効力を配列している。人命金（Wergeld）と諸罰金（Bußen）ならびに公的な諸刑罰（Strafen）は、百もの外的な諸事情に従って決定されている。すなわち、両当事者の階級と性、行為の場所と時、打たれた身体部分あるいは奪い取られた物の状態が、決定的に影響を及ぼす。行為と刑罰の類似性が追求される。外的な報復と外的な賠償が、圧倒する。一部分、個々の物の諸種類のそれぞれ自然の諸特性に従う物権（Sachenrecht）の多彩な多種多様性、出生、階級および性による人権（Personenrecht）の分裂もまた、ここに根ざしている。武装能力が完全な権利能力の前提であり、不平等の権利能力がふたたび不平等な名誉の基礎であるときは、この場合、さらにより深く存在する諸理由がともに作用している。これとは反対に、我々のより以前の法の外的な特徴は、全く純粋に、〈――全く今日の精神病のような――一時的な身体の病気さえも、完全自由人たる男子をして有効な処分を妨げる〉という一般原則において登場する。自己の力試し（Kraftprobe）は、それゆえ、〈例えば、ザクセンシュピーゲルによれば、騎士身分の男子は、エレの高さの石から（尺骨から親指の終わりまで測られたエレ〔55-85cm〕）完全な武装において、鐙〔あぶみ〕以外の補助なしに、馬上に飛び上がらなければならないように〉、処分の前に行われた。しかし、この制限の理由が〈肉体的な力と法的な力を区別しない〉観方において存することは、まさに、〈それによればひとが病床から《ひとがベットの境界を越えて及ぶことができることを》約束することができるところの〉しばしば作られた例外が証明している。また、小皇帝法（kleines Kaiserrecht）の分別ある起草者は、全部の理論を〈ひとは彼の財産を、肉体をもってではなく、精神（"mut" 勇気）をもって許す〉という論拠をもって否認した。

同一の精神的束縛に根ざしているのは、あらゆる青春時代の法に独特の非常に厳格な「形式主義」という特徴である。至るところで、あらゆる法的な経過が多彩な形式の衣装の中へとまとわれているのみならず、法的効果もまた明白な形式へと関連づけられている。なぜなら、民族は、まさに〈純粋に物的に表現することができるか、あるいは、民族が解明することがまだできないところの〉もっと徹底的に確固とした外的なしるしを、内的な法的内容のために必要とするからである。それゆえ、我々の祖先もまた、法生活全体を形式によって支配されている。祝祭的な諸語、正確に配列された弁論と反対弁論、古来の確固とした諸形式は、至るところで見られ、そして、とくに訴訟にドラマティックな生命を付与している。服装、態度および挙動さえも、このドラマにおける共演者たちに正確に規定されている。例えば、強姦された処女は、引き裂かれた衣服と乱れた髪をもって訴えを提起すべきである、というように。あるいは、ゾーストの裁判所条例（Soester Gerichtsordnung）によれば、裁判官は、彼の椅子に座り、右脚を左脚の上に乗せ、そして、白髪憤怒のライオンのように注視すべきである、というように。とりわけ、しかし、言葉を伴わなければならない諸行為は――なぜなら、手と口は、ほとんどいつでも一緒に働くからである——、最も細部に至るまで、規律されている。
　これらの諸行為の形式は、いまや、ほとんど至るところで「シンボル」である。シンボルは、青春時代の法にとっては、まさしく全てのものを包括する広がりを有している。これらの法の諸感覚像の豊かな形成の中に、同時に、再び、民族精神の感覚的で柔軟な力が現れている。なぜなら、全てのシンボルは、形象またはしるしをとおして不在のものを現在させ、あるいは、非肉体的なものを肉体化することの、必要と能力において根ざしているからである。それゆえ、不在の土地は、裁判所の前に、土塊をとおして、木は枝をとおして、森は枝々を差した土塊をとおして、家は屋根のわらをとおして、提示される。王が王の平和（Königsfriede）を彼の手袋の送付をとおして付与するとき、手袋は不在の手を代理し、手はふたたび保護という非感覚的な概念を代理する。杖、王笏あるいは旗、帽子、花輪あるいは王冠、盾あるいは剣は、王または裁判官の目に見えない権力を、全ての集められた人々のために、目に見えるものとし、それどころか有体的なものと同様に把握可能とし、そして、付与と引渡しの能力を与えるのである。主人に家臣として身を捧げる者は、それによって〈組み合わされた両手を主人の包み込む両手の中へと置くことによって〉彼の人格の部分的な献身を表現するのである。〈ゲマインシャフトの中へと求めそして赴く〉いく人かの人々は、この際に彼の両手を組み合わせ、そして、そのようにして〝ゲザムトハント（合手）zur gesammten Hand〟の法律関係を基礎づける。それでもしかし、このような象徴的表現は、しかりそれ自体我々にもまた、ほとんど異国風とは思われない。我々に異国風と思わせるのは、その法律的＝技術的意味である。遥かに我々が後退すればするほど、それだけ決定的に〈そこにおいて我々が、一定の法律諸効果の発生のための不可欠の前提として、極めて容易にただ随伴する装飾のみを見るところの〉シンボルが妥当する。取り消された証書は、裁判所の前で穴をうがたれ「なければならず」、占有離脱しそして第三者の下で見出された物は、〈証書非難（Urkundenschelte）またはアネファング（握取行為）訴訟（Anefangsklage）が成功すべきときは〉、裁判所の前に力ずくで掴まえて提出され「なければならない」。わら投げ（Halmwurf）は、〈どの瞬間において投げる者の権利が放棄され、受け止める者によって取得されるか〉について決定するところのものである。婚姻契約（Verlobung）は、〈それをもって花婿が花嫁に対する後見を父または最も近い父方親戚（Schwertmagen 剣親）から買い取る〉売買代金の代わりに、外観的代金（Scheinpreis）が、指輪の形式において与えられないときは、無効（kraftlos）である。Wadium〔?・〕をもって結ばれた契約（"Wettvertrag" 賭事契約）に基づく債権を主張する者は、真実のしるし（Wahrzeichen）として与えられた、それ自体無価値な質物を（今日もなお、罰金遊びにおいて続いているように）受戻しのために呈示しなければならない。自由人の処女が、非自由人と結婚したときは、岸部フランケンの法律によれば、王は、彼女に剣と糸巻き棒を与える。彼女が剣をつかむときは、彼女は、自らが下僕の殺害をとおして自らを自由にしなければならず、彼女が糸巻き棒をつかむときは、彼女は彼に下僕たることに向けて従うのである。解放の際に用いられる様々な諸シンボルのそれぞれに従って、解放奴隷（Freigelassene）の等しからざる法的地位が成立する。髪を切ること、箒とハサミを担ぐこと、犬担ぎなどのような、象徴的諸刑罰は、一見して恥ずかしがらせることのみならず、自由または名誉を破壊し、または、減少させるのである。そして、いかなる役割を、さらに皇帝と法王の間のとくに司教叙任権争いにおいて、国家法的諸シンボルが演じたことであろうか！

実質的な核心の自由な把握との関連において、我々の法が提示する進歩は、無限である。古法の精神的束縛は突破されており、そして、内的、精神的に諸事物の本質に向けられているのは、我々の私法的および国家法的諸制度、我々の裁判手続き、我々の法的取引である。しかし、生き生きとした諸形式は磨き損なわれており、多彩な感覚像は色あせている。〈手打ち（Fandschlag）、婚約指輪（Verlobungsring）、王権および官位の印璽〔いんじ〕（Insignien 権標）のような〉まだ古い象徴的意義の諸断片が維持されてきているところでは、それらは、法によりも、より多く風俗に属している。そのことは、いまやもちろんすべての進歩において、重い損失である。しかし、それは、取り返しのつかない損失である！　我々の言語に何びとも、古ドイツ語のより豊かな変化の諸形式を連れ戻すことができないように、我々の法の古い形式の豊かさの技術的な再創出は、考えられないのである。それにもかかわらず、ここでもまた、〈我々の法が、どこか他の国民よりもより多く（ひとは、イギリスにおける公法と私法の形式主義について考えるだけでよいであろう）、《一方では民族の心情への、そして、他方ではその安全性への》その生き生きとした効果を奪ってしまっていたところの〉形式のあの軽視に対する反動が、登場してきている。ただ、口頭および公的な裁判手続きの〈そのために理由なしにではなく、裁判官の法服すら要求されている〉より儀式ばった諸形式、あるいは、議会生活の諸形式、あるいは、手形法の形式厳正（Formstrenge des Wechselrechts）、裁判上のアウフラッスング〔Auflassung 土地所有権譲渡の物権的合意〕、いくつかの種類の登記システムのみが、想起されるであろう。ただ、すべての我々の近代の諸形式は、必然的に何か事務的なもの、分別あるもの、無味乾燥なものをもっており、そして、それらの諸形式は、その目的を、〈生き生きと感覚化された内的な法的内容よりも、それらの形式によってより多く、しるし（Zeichen）をとおして暗示された内容に向けての〉精神のある緊張した方向との関連においてのみ、達成するのである。

V

民族生活における年齢の諸段階におけるこれまでに言及された諸差異のために、我々に、個別生活の諸過程が、多かれ少なかれ適切な類似性を提供したとすれば、我々がいまや民族精神の発展過程を〈「構成された全体」であるという〉それに特有のメルクマールに対する顧慮をもって眼中に捉えるとき、我々は、この補助手段を完全に放棄しなければならない。

ここで我々は、まず最初に、民族の歴史においては、通例、「個人的」精神と「一般的」精神の分離された独立性への緊密な相互的束縛の進歩が示されることに気づく。民族が若ければ若いほど、それだけいっそう内的に一般と個人とは、相互にそして相互を通して拘束され、それだけほとんど自由な対自存在への能力をもたない。〈精神的にも肉体的にもゲノッセンの類型からほとんど遠ざかっていない〉個人は、〈彼がその中へと生み出された〉ゲマインシャフトから、まだ〈世界が自らのために存在するという〉請求権をもたずに歩み出てくる。しかし、総体もまた、その側では、ある程度まだ諸個人と彼らの自然的諸グループおよび諸団体において付着したままにとどまっており、そして、まだ〈一般意思がそこにおいて純粋にそして排他的に具体化されるであろう〉独立の存在形式を自らに入手していない。そこから、個人的存在ならびに国家的存在の厳格な束縛、それどころか不自由性が生ずる。しかし、民族文化的な共同生活の、我々にはほとんどまだ理解できない直接性と強度が生ずる。自然民族の分割されない魂のみが、〈諸言語、諸神話、民族諸伝説を創った〉あの驚くべき力をかくまっている。ゲルマン人たちにとっては、民族移動とキリスト教の受容がはじめて、そのような原始的な生活状態との断絶をもたらした。それ以来、生活内容の限りない利得が、同時に諸観方および諸努力の分裂を、対外的および対内的に成長する民族ゲマインシャフトの中へと持ち込んだのである。その高さならびに深さにおいて、民族生活は、力ずくの諸対立によって動かされた。すなわち、古い宗教と新しい宗教、精神的権力と世俗的権力、この世とあの世、普遍性と国民性、帝国の統一性と部族の独立性、騎士と農民の生活方法、ゲノッセンシャフトとヘルシャフト、レーン法とラント法、田舎経済と都市経済、そして、百ものその他の二元主義的諸形成は、闘争と最終的な和解を要求している。それによって、古い民族文化的な共同生活の進歩する分離が与えられた。しかしながら、中世の終わりころまでは、〈諸対立の担い手として互いに格闘するのは〉、一般と個人ではなく、閉じられた社会的なケルパー［団体］である。しかり、〈民族生活がその中へと自らを壊すのみならず、民族の諸限界を超えて同種類の諸要素を結合するところの〉これらの諸コルポラチオンの、統一的な、集中された、厳格に拘束された共同生活を前に、国家的な存在ならびに個人的な存在は、ほとんど完全に後退している。ただ、出生と職業の諸階級から自然に成った諸結合体から自由に選択された諸結合体への進歩において、すべてを包括する諸団体から目的の限定された諸団体への進歩において、精神生活の解放が準備されるのである。一方ではルネッサンスと人文主義を、他方では宗教改革を、導いたところの諸運動とともに、それから個人は、彼の解放闘争を開始し、そして、その闘争を勝利豊かに遂行する。同時にしかし、近代国家は、自己自身に基づく目的意識的な権力に満ちた存在として、社会の紐帯から自らを解き放ち、そして、一般意思の独立した担い手かつ執行者へと上昇する。それによってはじめて、我々の民族生活は、成熟の段階に入るのである。再び、しかし、ほとんど、あたかも成熟には速やかに爛熟が、すべての生ける民族力の解消が、続くべきであるかのように、思われた。なぜなら、個人が次第しだいに自己自身へと退き、国家が社会的なケルパー〔団体〕に外的な強制メカニズムとして向き合ったことによって、民族生活における〈個人主義と国家絶対主義、アトム化と中央集権、個別存在の平均化と共同存在の図式化が、そこにおいて、すべての有機的生活を食い尽くすのがつねであるところの〉あの最後の時期が近づくように思われたからである。現代は、この危機の諸痕跡をまだ克服してきていない。しかし、個人は、ふたたび国家的に、国家はふたたび民族文化的（volkstüimlich）になってきており、そして、媒介する諸団体の豊かな内実において、新たに〈個人存在ならびに一般存在を同時に結びつけそして強化する〉社会生活が脈打っている。

法の歴史は、他の諸民族におけると類似の方法において、とくに我々の民族においては、スケッチされた発展過程を明瞭に反映している。青春時代の法は、個人主義的でも、国家的でもない。それは「社会的」（social）である。古代ゲルマン法においては、個人と一般の関連が社会的な刻印を与えないような、いかなる制度も存在しない。この法は、しばしば不可解な方法で主張されるように、個人主義的ではない。なぜなら、個人は、すべての諸点において、家（Haus）、ジッペ〔血族 Sippe〕、ゲマインデ、部族＝および民族ゲノッセンシャフトをとおして、あらゆる種類のヘルシャフト諸関係（従士制度 Gefolgschaftswesen、後にはレーン団体、賦役＝および荘園団体）をとおして、あるときはまた教会的団体をとおして、法的に拘束され、ならびに、〔法的に〕拡大されているからである。ひとは、〔次のことを〕考慮するだけでよいであろう。すなわち、いかに、我々の家族法が〈その非独立的な諸構成部分はもともと家長（Hausherr）の人格において法的に出現したところの〉家の非常に緊密な統一体によって支配されたか。いかに、ジッペゲノッセン〔血族仲間 Sippegenossen〕がフェーデ（Fehde）とブルートラッヘ〔血讐 Blutrache〕において、すべてが一人のためにそして一人がすべてのために（Alle für Einen und Einer für Alle）立ったのみならず、人命金をもまた殺された仲間のために受けとり、そして、ゲノッセンによって惹起された人命金のために共同責任を負ったか。いかに、訴訟において、宣誓補助（Eideshilfe）の制度が、あらゆる者を、ゲノッセンの保証する共同誓約（Mitschwur）をとおしての彼の宣誓の信用性の強化に向けて指図したか。いかに、ラントゲマインデが我々の共産主義者たちの諸理想に近づく土地の総体所有権〔総有権 Gesammteigenthum〕に基づいたか、そして、ラントゲマインデにおいては私的所有権がすべての面で拘束され、そして、制限されて留まったか。いかに、いかなる遺言も血による相続順位（Erbfolge）を変更することができず、動産も、しかし、生存者間の取引すら、相続人たちの意思に反して奪うことができなかったか。いかに、動的な取引諸債権債務の代わりに、階級的な支配＝従属諸関係に基づく継続的な賦役＝および公課諸義務が、そして、その後、次第しだいに不動の諸土地の永遠の負担が、生活を満たしたか。他方では、しかしながら、この青春時代の法は、全く国家的なものではないのである！　なぜなら、まだ、公法は、私法からどこでも解放されていないからであり、まだ、公的な諸刑罰は、被害者とそのジッペへの賠償と償いを前に後退しているからであり、まだ、裁判官の呼びかけの代わりに、フェーデと自力での差し押えによる自力救済（Selbsthilfe）が広い範囲において許されたままであり、それどころか法過程自体が、多数の諸場合においては、一方当事者の〝闘争的な挨拶〟に、すなわち、〈法律の諸規則へと制限されたフェーデ過程以外の何ものでもないところの〉裁判上の決闘へと移行するからであり、まだ、そもそも訴訟においては、裁判官は、その後の訴訟指揮の代わりに、至る所で〈それらの者の諸行為が手続きの過程にとって決定的であるところの〉両当事者の活動への原動力を受け止めなければならないからである。

いかに高い程度において、その後もまた、フランク帝国において取られた国家的な助走が失敗してしまった後に、中世のドイツ帝国が社会的に留まったのかは、ほとんど指摘を必要としない。それでもしかし、今日、コルポラチオン法は、すべてのその他の法を覆い隠した。いずれにせよ、少なくとも、個々のゲゼルシャフト的な諸団体の内部では、個々人の権利と全体の権利が、より鋭く分けられることが始まった。そして、とりわけ諸都市においては、すでに現在、古いラント法の全面的な変化が、一方では私法の自由と可動性の意味において、他方では公法の独立性と国家性の意味において、実現されたのである。しかし、外国法の採用以来、その最終的な諸帰結を現代が始めて引き出したところのこの運動は、ドイツ法において止めがたく突き進んだ。個人の解放は、すべての社会法的な諸形成物の、すべての階級的、ツンフト的、ヘルシャフト的、農業ゲノッセンシャフト的、それどころか家族法的な束縛の、進歩的な解消のもとに、私法の純粋に個人主義的な形態形成へと駆り立てた。国家の解放は、しかし、より狭い諸団体のすべての競争する権力の除去のもとに、公法の〈それが、官憲的警察国家および官僚国家の知られた諸制度を、組織体制法〔憲法〕、行政法、刑法および訴訟法において、十分に示しているように〉純粋に国家絶対主義的な形態形成へと導いた。この発展のより詳細な叙述は、一冊の本を要求するであろうが、しかし、ほとんど矛盾に突き当たる危険にはないであろう。反対に、〈あの分離する方向が一面的に支配している所で、法は、実りのない老年期へと歩んでいること〉、〈我々の現代においては、我々の法の、国家絶対主義的な公法と個人主義的な私法への分裂に対する力強い反動がその翼をもたげていること〉、そして、〈事実、我々の法の健康な青春の力にあふれた継続的形成のすべての希望が、我々の法の「社会的」な諸要素の甦りと気力回復に基づいていること〉の証明を企てる者は、その場合、〈彼が、それでもしかし、一般的な賛成に確信を持つことが困難であるような〉より重い課題を解決しなければならないであろう。そして、それでもしかし、それはそうであるとしても！　ここでは、〈いかに、我々がすでに〈公権〔公的権利〕と私権〔私的権利〕

のすべての鋭い分離の際に、対立の上により高次の統一性を認識しそして実現すること〉を再び始めているか〉、〈いかに、我々の公権がゲゼルシャフトの中への国家的な諸機能の撤退によって、我々の私権が〝自由〟と〝所有権〟という諸概念のゲゼルシャフト的な束縛の再承認によって、新たにより社会的な諸特徴を示しているか〉、〈いかに、最後に、我々のゲゼルシャフト法、ゲノッセンシャフト法およびフェライン〔社団〕法の、再生されたかまたは新たに調達された、ほとんど見過ごしえない装置において、個人と国家の間の有機的な中間諸構成物の提出へのゲルマン的衝動が、若返らせられた力において、活動しているか〉を、暗示することで足りるであろう。

Ⅵ

たった今言及されたことに関連するのは、〈民族総体が、原始的な段階においてはさまざまな生活諸機能を「直接的に自ら」履行し、高められた文化の場合には、特別的な職業諸階級において独立の「諸機関」をそのためにみずから形成する〉という、至る所で繰り返される現象である。前進する精神的な労働区分なしには、文化の発展は、そもそも考えられないであろう。ただ、民族ゲルパー〔団体〕の職業による編成とその諸部分の成長する区別は、〈同時に狭く限界づけられた部族結合から大きな国民の生活ゲマインシャフトへと上昇し〉そして〈自然民族の単純な諸状態から文化民族の豊かなそして複雑な生活諸形態を生み出す〉可能性を保証している。世界の画期の生活内容が偉大に展開されればされるほど、それだけ一層、決定的かつ多様に、職業階級的な諸機関の分離が遂行されるであろう。しかしながらこの発展は、それが民族有機体の生ける統一体を引き裂かない場合にそしてその限りでのみ、健康にとどまる。区分が分離となり、民族生活の個々の諸側面の諸担い手として決定された諸クラスの全体生活との関連が中止するときは、硬直と死とが脅かすのである。究極的に彼の宗教を僧侶に、彼の言語を学校教師に、彼の文化感覚を営業的な作家連中と芸術家階級に、国家を役人たちに、彼の法を法律家たちに委ねて失ってしまった民族は、もはや民族ではないであろう！

そのように精神生活の発展史においてそもそも明らかになるものが、法史において、とくに明らかに現れる。あらゆる青春時代の民族の法が、「民族法 Volksrecht」である。我々の最古のゲルマン法もまた、我々にとってほとんどまだ観念しがたい程度において、民族文化的であった。それ〔最古のゲルマン法〕は、まだ〈民族信仰、民族言語、民族歌謡、民族風俗、あるいは、政治的な民族の決定と〉同じ直接性とゲマインシャフト性において、民族の魂から流出した。総体を前に、そして、総体をとおして、民族集会においては、すべての法が判告され、あらゆる訴訟が解決され、それどころかあらゆるより重要な法的行為が行われ、そして、確認される。ただ、指揮は、これを王または裁判官が有し、ただ提案のみは、これをたぶん特別に法に精通した人物が有した。それゆえ、そもそも、集会が散り散りになるときも、この法があらゆる民族ゲノッセンに、神々の伝説あるいは吟遊詩人の詩歌のように、生き生きとかつ現在して留まっていることもまた、可能なのである。

引き続く時代において、〈法の民族文化的な基礎が捨てられることなしに〉審判人制度（Schöffeninstitut）をとおして法律専門家たちの職業階級が形成されることが始まる。しかしながら次第しだいに民族文化的な法の創造と法の宣言〔Rechtsprechung 裁判〕の継続は、国民的な法の統一性の喪失をもって贖われる。そうすると、短い開花の後に、国民的な法律学の諸開始は、成長が止まるのである。はじめて外国法が、我々に〈それらが文化民族の成熟した老年に対応するような〉発展された法解釈学（Jurisprudenz）と精通した法律家階級とをもたらす。しかしながら、いまや次第しだいに〝素人〟に貶められた民族の法意識とあらゆる民族文化的な基礎から疎外された「法曹法 Juristenrecht」との間に割れている裂け目が開いていく。すべての自律、すべての民族文化的な司法、すべての自己管理は、中止する。裁判手続きの過程は、秘密的かつ書面的になる。ただ外的にそして疎遠なものに、諸事務室と羊皮紙つづりの諸書籍のこの法は、それを支配する民族にとって留まるのである。我々の日々において、ここでもまた、我々の法生活が自らを新たに若返らせるまで！ いまや、法は、ふたたびすべての民族を前に、たとえもはやかつてのように自由な空の下のようにではないとしても、公開のそして口頭の諸形式において、広くそして判りやすく展開されることを求めている。しかり、法は、代理〔代表〕諸ケルパー〔団体〕（Vertretungskörper）においては、陪審員諸座席または審判人諸座席を呼び出し、そして、自己管理の諸官職においては、法律家たちと並んで、素人たちを新たに、立法、司法および行政への自発的な共働のために呼び出す。いまや、法律学もまた、ふたたび法史および民族生活との生き生きとした結合を求めて努力している。そして、法律家階級は、彼を、彼の任務が、ただ彼の中に生きるだけの法の担い手としてではなく、国民の法機関として、任命していることを感じ始めているのである！

Ⅶ

すべてのこれまでのことによれば、最終的に、〈「民族生活のさまざまな諸機能」の緊密な結合から鋭い分離への〉すべての諸民族のもとで行われる発展が、明らかにされる。

青春時代の諸民族においては、まだ鋭い隔壁が、個々の生活諸領域を相互に切り離していない。すでに外部的には、〈神に犠牲を供し、社交的な風俗を保護し、吟遊詩人の歌謡を知覚し、法を判告し、出征を決議し、諸田畑を籤〔くじ〕で分配する〉のは、もともとより狭いまたはより広い集会である。すべてのこれらの諸機能は、しかしまた、内部的にも、まだその完全な非同質性〔＝異質性〕においては感じられず、そして、それゆえ、直接に相互に影響を与え、互いにもつれ合い、それどころか境界線では互いに混ざり合うことができる。これに対して民族が成長すると、より豊かな編成と職業的な分業とともに、個々の生活諸活動の進歩する外的および内的分離、それらの成長する区別、それらの相互に対してのより確かな遮断が、発展する。あらゆる機能は、いまやその特別の有機的組織（Organisation）とその固有の生存法則（Daseinsgesetz）を受け取る。さまざまな諸機能は、それゆえ、独立に互いに対抗する。それらの諸機能は、もちろん絶えずあらゆる機能が他の機能に影響を及ぼすが、しかし、ある機能は、もはや他の機能に「おいて」ではなく、あらゆる機能は、ただ外部からのみ、他の機能を養い、動かし、そして、規律するのを助けるのである。それゆえ、いまや、同一民族のさまざまな生活諸表明の間の諸摩擦と諸闘争の可能性もまた、成立する。より成熟した老年が、初めて信仰と知識の間の、国家と社会の間の、法と道徳の間の衝突を知るのである。まさに内的な諸摩擦と諸闘争から、あらゆる文化の進歩が生み出される。しかし、もちろん！　力と健康を民族生活が維持するのは、ただ、すべての諸対立の上に統一性が維持され続ける場合のみである。有機的生命の統一性がそれに基づくところの諸機能の、永遠に活発な相互作用が、民族ケルパーにおいて中止するとき、区別が分離へと、閉鎖が隔離へと、対立が究極的な疎外へとなるとき、そのときは、必然的に国民的な有機体に解消と死とが近寄るのである。

この種の発展の多くを飲み込んだ連鎖の中において、いまや「法生活」もまた、本質的な構成部分を構成する。我々は、それゆえ、事実、青春時代の法は、無数の諸点でその他の生活諸領域と編みあわされている一方では、〈それが後には自らをいつでもより決定的に同一の生活諸領域に向かって限界づけ、そして、閉鎖する〉のを見出すのである。

すでに他の関連において、いかに強力に我々の最古の法の形態形成に我々の「言語精神 Sprachgeist」が、〈至るところで言葉が概念を決定することを助けたことによって〉、影響を与えたかは、我々にとって明らかである。これに対して、成熟した法は、〈あらゆる外的または偶然的な付随物を、表現されるべき純粋に法律的な思想内容から、遠ざけて保つことを求める〉固有の技術的言語を自らに創造する。

同様に、我々は、いかに「詩的」な民族能力が、我々の古法においては、まさに共同形成的な要素として働いていたのかを、見てきている。その一方では、我々には、今日、芸術衝動（Kunsttrieb）と法衝動（Rechtstrieb）

が何らかの他の生活衝動よりも広く離れて存在しているように思われる。

いかに緊密にもともと法が「宗教」と結合されていたかは、ほとんどより詳細に叙述されることを必要としない。それでもしかし、そもそも宗教的諸命令と法的諸命令の区別へと到達していない諸民族は存在するのか！しかし、古代ゲルマン法においてもまた、古い神々の信仰が形成的な意味を有した。それゆえ、死刑は、それが最古の法に知られていたわずかな諸場合において、侮辱された神々に対する責務を負わされた生け贄の理念から生じていたように思われる。古い異教的な根から、〈その理念が、裁判上の決闘をもまた、そして、民族戦争をすら捉えたところの〉広く流布された神の諸判決〔神明裁判〕が由来している。かつては至るところで頻繁であった籤による決定が類似の起源のものであるのは、〈法的な決定を、卵の転がりに、太鼓のばちの回転に、あるいは、秘密に満ちた自然の諸力のその他の遊びに従属させる〉多種多様な諸規定である。一定の諸場所、動物たちまたは諸目的物の特別の宗教的神聖化（Weihe）を、あるいは、古い民族信仰の神話的な諸観念を、さらに遅れて、個々の諸ヴァイストゥームが想起させている。キリスト教自身は、多くの異教的な法の諸制度（例えば、神の諸判決 Gottesurtheile、避難者保護権 Asylrecht、宣誓権 Eidesrecht）を変化された形式において保存したのみならず、その側から新たな宗教的な諸要素の豊かさを法の中へと運び込んだ。それどころか、〈教会法として、自明のことながら、至る所で宗教的視点から出発したところの〉カノン法が、たえずより拡大された支配を、国家的および私法的な諸関係の上に占めたことによって、宗教と法とは、ほとんど収拾しがたく相互に入り混じって流れた。宗教改革以来はじめて、少しずつ、〈まさに今日もまた、一部分は最近になってようやく完成され（例えば婚姻法において）、一部分はまだ活発に争われているところの〉境界の規制が実現されたのである。

青春時代の法においては、「倫理的」な要素は、宗教的な諸関係から不可分である。まさにより古いドイツ法は、道徳的な民族の諸観方に、特別に深いそして直接の影響を許してきている。いかに精巧に、古いドイツ法は、例えば、誠実（Treue）という道徳的概念を従士関係（Gefolgschaft）の制度の中へと織り込み、そして、すべてのその後のヘルシャフト＝および夫役関係（Herschafts= und Dienstverhältnisse）を〈すべてを包括するレーン法の錯綜した構成に至るまで〉、少なからず、しかし、ゲノッセンシャフト法、家族法、契約法、市民的名誉法の中へと、織り込んできていることか！　いかに深く、〈光を嫌う嘘が、そこでは、公然たるさらに極めて粗野な暴行よりも憎まれるところの〉ゲルマンの道徳概念において、〝不名誉な〟犯罪よりもひそかな諸犯行の特記、強奪よりも窃盗のより鋭い処罰が根ざしていることか！　いかに誤認の余地なく、道徳的な諸観方が、〈防衛力のない人々に対する王の保護（Königsschutz）、外人法〔賓客法 Gastrecht〕、夫人たち、寡婦たちおよび孤児たちの多様な諸特権、証明された犯罪人に与えられる最終的な救済諸手段〉の形態形成の際に、共働してきていることか！　さらに特筆されるのは、おそらく荘園諸ヴァイストゥームの〈いかに地代を支払いそして夫役を果たす人々の重い諸負担が、友好的なもてなしと多様な小さな反対諸給付をとおして緩和されるべきかを、詳しく規定している〉多数の諸規約である。後には、そこから飲み代（Trinkgelder）が生じたのである！〈フォークトは地代を〝それゆえ、彼が、ゆりかごの中の子供を目覚めさせず、安全な場所にいる鶏を驚かさないように、優しく取り立てる〟べきである、といわれる場合〉、〈地代として納める鶏の徴収人は、彼が家の中に産婦を見出すときは、鶏の頭だけをもぎ取り、鶏を後ろ向きに家の中へと投げるべきである場合〉、〈宿泊させる義務のある封臣（Lehnmann）のもとに宿泊所をとる裁判所主人は、夫人を驚かさないために、剣と拍車を扉の前におくべきである場合〉、我々の近代立法は、租税執行人に類似する顧慮も、宿営させることに類似する顧慮も規定していない。また、我々には、ゲマインデ財産は、もはや、以前のように、そこから婚礼の贈り物（Hochzeitsgeschenke）を与え、男児または女児の誕生の際に正確に測定された贈り物（Gaben）を渡し、子供たちまたは従者のために諸饗宴（Feste）を催すために、決定されてはいないように見える。そして、我々には、グルントヘルに〈自らの手をもって合法的に移住する農民の重く荷物を積んだ荷車を助けて進ませることを〉義務づける規定は、〈彼はその場合に片足を鐙〔あぶみ〕に止めつつ、それゆえ実際に助けるより以上に、彼の意向を表明すべきであること〉が、付け加えられる場合に、ただそれだけ一層奇妙に思われる。このような状態においては、法は、道徳と、時代の意識にとってはまだどこでも矛盾しないのである。それどころか、衝突がありうると感じられる所では、法は、自らが、衝突を解決する努力をする。それでもしかし、我々のドイツ法は、何らかの許しうる殺害者には、逃走のための一定の諸手段をさえも与えるほどに及んでいる。特徴的なものとして、ここでは、渡し守の諸義務に関するいくつかのライン地方のヴァイステューマーの諸規定が引用される。逃走する犯人が渡し守に〃見張りさん、向こう岸にやってくれ〃と呼びかけるときは、彼は、犯人を流れを越えて運ぶであろう、と。追跡者が背後から、そして、同じ呼びかけをするときは、渡し守は、彼がすでに岸から突いた場合は、もはや引き返すべきではない。渡し守が、しかし、まだ突いてしまっていないときは、彼は、逃走者を船の前に、追跡者を船の後ろに置き、そして、自らを自らが両者の開いた背に立たせるべきである。向う岸では、彼は、まず最初に逃走者を上陸させ、ボートの向きを変え、そして、その後初めて追跡者を上陸させるべきである。〃そうして彼は犯罪から自由にとどまる。〃――この種の道徳と法の混合の裏面は、〈たんに不道徳なもの、あるいは、不道徳とみなされたものもまた、罰されること〉および〈時代または階級のすべての道徳的な諸偏見が、諸法律において、ある程度まで石化している（versteinern）こと〉において存する。この危険に、とりわけ〈道徳と法の一体性の思想を、何らかの他の法よりも深く把握し、そして、偉大な方法において実行したところの〉カノン法は、屈服した。なるほど一部分は、まさにこの点に、〈教会法が《より高い道徳性に向かって初めて向上に努力する》結合された諸民族に対する関係で確証したところの〉教育力は、基づいていた。しかし、この使命が履行されたとき、この同じカノン法は、〈その中へと、法として硬直された倫理が、必然的に自由な道徳的感情との間に置かれざるをえない〉分裂という全くの恐ろしさを明らかにした。――我々の時代は、それゆえ、逆に、強行法の諸領域と自由な道徳の諸領域の正確な境界設定と確かな分離を求めて努力している。我々は、〈それをすでにギリシャの詩人が、その最も美しい悲劇の基礎に置いたところの〉法と道徳の間のあの悲劇的な衝突が、絶えず新たに繰り返されることを、知っている。しかし、まさに、鋭い分離は、我々には、〈そのような衝突を緩和し、あるいは、そうでないとしても総体のために無害なものにする〉手段であるように思われる。ただ、もちろん対立の上のより高次の統一は、ここでもまた、失われてはならない。なぜなら、法がいつか〈それが道徳とひとつの源泉から流出すること〉を忘れるとき、法が民族と時代の道徳的諸理想との接触を永続的に失うとき、法がおそらく全くむき出しのエゴイズムの戦場として感じられるとき、そのときは、法秩序の祝福が呪詛に逆転する時〔の鐘〕が打っているのである！

道徳（Sittlichkeit）のように、たんなる「風俗 Sitte」もまた、青春時代の法においては決定的な役割を演ずる。しかり、慣習（Gewohnheit）が唯一のまたはもっとも高貴な法源である限りでは、法と風俗の差異は、ほとんど意識へともたらされない。それゆえ、かつては、我々に今日、自由な風俗と思われる無限に多くのものが、拘束的な法規範として妥当した。このために特徴的であるのは、例えば、より古いドイツ法における社交の規則である。〈かつてあらゆる裁判集会が宴会をもって終わり、あらゆる法的行為（Rechtsact）に酒宴が続き、あらゆるゲマインデまたはゲノッセンシャフトに規則的に繰り返される諸祝祭、諸饗宴、諸ダンスおよび諸行列が、重要な諸制度として妥当したこと〉は、今日のドイツ人たちには、必ずしもそれほど異国風には、感じられない。しかしながら、我々に奇異の念を抱かせるのは、公的な諸罰金が飲食に費やすことのために決定されている場合、一定のご馳走を整えることの義務が、正確に規定されているのみならず、（例えば、営業経営に対する）重要な諸権利の基礎とされている場合、〈裁判官にふさわしい初杯の権利、机の下の犬の場所に至るまでの食卓規則、カルタ遊戯の場合における第三者のカルタ配りの義務、それどころかもてなしに属する〝友好的な顔つき〟〉が、完全な真剣さをもって、オルト法（Ortsrecht 場所法）の一部として規定される場合、至るところで作法の規則と節度のなさの禁止がみられる〈が、その場合、もちろん《審判人たちに〝礼儀正しい〟飲酒へと警告する》ヴァイストゥームが、彼らにいずれにせよ、彼らが屋根の上の鳩をカラスからもはや区別することができなくなるまで、〔酒を〕注ぐことを命じている〉場合、である。諸マルクおよび諸ドルフ〔村〕において、諸ギルド、諸ツンフトおよび職人諸団体においては、中世を超えて、最も細部に至るまで確定された、もちろんますます盛り沢山のそして飾り立てられた社交法（Geselligkeitsrecht）が保存された。いまやしかし、帝国＝およびラント諸法律は、〝贅沢で無用な焼肉および饗宴〟、〝馬鹿らしい諸儀式〟、〝笑うべきそして冒険的な誹謗劇〟に対する形式的な闘争を開始した。それにもかかわらず保存されたものは、自由な風俗の領域へと退いた。やむを得ず、それはかつて流布された風俗諸裁判所（Sittengerichte）に、〈善良の風俗に違反して犯された諸違反の〉さまざまな種類のまじめなまたは冗談の諸処罰に、赴いたのである。自分の夫を殴る夫人は、今日、もはや〈彼女が、かつてのヘッセンにおけるように、ロバの上に後ろ向きにその尻尾をもってその場所を通って騎乗しなければならないこと〉を恐れる必要はない。そして、殴られた夫は、もはや〈彼が、そのような荷を積んだロバを自ら指揮することから免れるために、後ろから殴られたこと〉を証明する必要はない。風俗と法は、我々にとっては、鋭く切り離されている。ただ、むろん、ふたたび成熟した法もまた、それが生き生きと留まろうとする場合には、至るところで、生き生きとした民族の風俗に関連しなければならず、そして、我々のもとで法律的な外国支配の諸時代において起きたように、民族の風俗にどうでもよくあるいは全く敵対的に立ち向かってはならないのである。

我々が、いかに「経済」と法との間に、もともと同様に、成熟した文化諸時期におけるよりも、きわめて多くより直接的な一体性が存在しているか、を示そうとするならば、それは、あまりにも遠くに導くであろう。青春時代の法は、まだ無抵抗に既存の経済的諸関係に自らを適合させ、そして、気づかれずにそれらとともに自らを変化させる。〈しばしば十分に硬直した法律として、国民経済の流動的発展に対して、鋭い矛盾の中へと登場し、あるいはまた、逆に、正義感情に鼓吹されたその諸命題をもって、経済的形成に先駆けるところの〉独立に成長した法は、異なる。いまや、民族には、意識的計画的な格闘、すなわち、民族を震撼させる闘争と消耗させる勤労が、〈法と経済の間に不可欠の調和を維持し、または、再び創出するために、そして、一方では、その諸法律を経済的需要に適合させ、他方では、正義の理念に外的な諸財貨の分配においてその諸場所を保証するために〉、省かれることはないのである。

我々が、「国家」と法との間の〔そして〕これら〔国家と法〕に最も内的に向き合って所属する民族生活の諸側面の間の、関係の発展を描くことを企てるとき、我々は、少なからず困難な諸問題に関わらざるをえない。ここでもまた、もともとのものは、完全な不分離性であり、その結果において、もちろん、ある時は〔ギリシャ人たちにおけるように〕より多く法に、ある時は〔ゲルマン人たちにおけるように〕より多く国家に、独特のそして独立の生存が組み合されてありうるのである。ここでもまた、文化の進歩は、政治と厚生福祉事業における自由な国家活動の領域と、国家そのものにとって不可侵の法秩序の領域とを、分離することにある。ここでもまた、しかし、健全な民族の存在の前提は、〈国家が、すべてのその行動において、法を制限としてのみならず、国家権力の諸根のひとつとして承認し、法が、それに対して、自由な国家権力の展開に、公共の福祉がそれを要求するところで、開かれた道を調達することによって〉、対立の上により高次の統一を維持することである。

結局、まだ、民族生活のさまざまな諸機能相互の関係に関して言われているすべてのことは、同程度において、同一の生活機能のさまざまな諸分枝の関係について妥当することが、指摘されるであろう。それゆえ、「法そのものの内部で」時代の経過の中で始めて、もともとの不分離性と同質の取り扱いから、個々の法の諸部分の差別化、境界設定および独特の形成が、展開される。ひとは、ただ、公法と私法の、刑事訴訟と民事訴訟の、司法と行政の、漸次的な分離の歴史を考えるだけでよいであろう。ここでもまた、しかし、より高次の統一性の顧慮をもたない諸対立の分離、技術を促進する有機的な労働結合をもたない一面的な分業が生活を破壊することは、歴史から容易に証明されるであろう。

Ⅷ

我々は、我々のスケッチの終わりに立っている。我々は、しかし、我々が、我々によってただ、ここそこで軽く言及されたに過ぎない〈我々に法の「実質的進歩」をその歴史の進行の中で意味するところの〉発展の諸モメントを示そうとするならば、ようやく開始に立っているであろう。この進歩は、たんに法律学の成長する深化において存するのみではない。それは、法の技術の限りなき完全化と精密化において尽くされるのではない。その進歩は、そのつねにより錯綜したものになる生活＝および文化諸関係を表現する内容を、絶えず豊かにすることに制限されない。法の発展は、むしろ、とりわけ、「正義そのものの理念」が、自らをより高いそしてより純粋な存在へと高め、そして、実定法を次第しだいに純化された理想像に従って形作ることの中に、明らかにされるのである。かつては、非自由あるいは隷属身分を多数の籤〔くじ〕が形成したこと、諸階級と諸氏族の差異が権利の不平等を条件づけたこと、外人は無権利者で、犯罪者は平和喪失者であったこと、職業的手工業は、名誉を低下させるものであったことは、法に適うのみならず、正義にもまた適うものであった。実定法がそのような諸命題を放棄したずっと以前に、それらの諸命題は、進歩する時代の精神に姿を現した正義の理想に対する矛盾において、登場した。最後まで、いまや正当であったところのものが、法ともまたなり、そして、あらゆる人間の自由と平等価値の思想が、犯罪者においてもまた人間を尊重する博愛の思想が、そして、労働の名誉の思想が、生活を自らに獲得したのである！　それでもしかし、法の進歩は、文化の進歩と同一物であり、そして、文化の進歩の歴史は、法史そのものであろう。

もちろん！　発展が「進歩」であることは、結局、ただ人間性への信仰からのみ結果する。それがしかし「必然的」であることは、その概念から結果する。多くの貴重な財貨がその経過の中で失われることが、それゆえたとえ真実であるとしても、そのような喪失をめぐる嘆きは、ただ消え失せた青春をめぐる男子の嘆きと同一の、詩的な情調の価値しかもたないのである。ヤコブ・グリムの古いドイツ法の死滅した民族文化と感性をめぐる嘆きは、有名である。それらの嘆きには、まれならず厳しい、それどころか現代の法に関する不公平な諸判断が混和されている。〝死刑の廃止に至るまでは、〟――と、そう彼はこれらの諸吐露の最も暖かなものを結んでいる。すなわち、――〝すべての我々の教育は、まだ自らを上昇させることができてきていない。ほとんどただ臆病と窃盗のためにのみ、これらの犯罪が公的に憎まれていたゆえに、死刑を野蛮な古代は知っていた。我々は、古代の身体的な罰の代わりに無慈悲な諸刑罰を、古代の多彩な諸シンボルの代わりに諸法令の堆積を、青空の下での古代の裁判所の代わりにもうもうと煙る事務室を持っており、地代用の鶏および謝肉祭の卵の代わりに、無名の諸公課をあらゆる季節に搾り取る執行吏が来る。娘たちは息子たちと平等に相続し、婦人たちは古い後見には立たないが、しかし、強制的な寡婦金庫（Wittwencassen）が困窮者たちを配慮し、そして、〈働いて得られてきているものではない〉諸年金（Pensionen）を支払う。単調な無気力に道を譲っているのが、個人の人格であり、古法の力強い家権力（Hausgewalt）である。〟と。これらのまさに五十年前に書かれた言葉に生気を与えているのは、ロマン主義者の情調である。冷静な、厳格に歴史的な考察の前には、それらの言葉は、持ちこたえることができない。

それにもかかわらず、そのようなそして類似する諸請求権は、それらの詩的な権利と並んで、〈それを《我々の進歩を喜ぶ、自己確信をもつ、しばしば自惚れた》現代が、ただ余りにも容易に忘れているところの〉現実の諸真実をもまた包含しているのである。

〈彼らが彼らの成熟の諸時代のために青春時代の力と新鮮さを保っていない場合に〉、諸民族をも個々人をも、早すぎる老年期が脅かすことは、真実である。健全な進歩は、首を伸ばした疾駆において性急に道を最後まで走りとおすところのものではなく、あらゆる点で既存の生活力の全面的でかつ調和的な展開を実現するところのものである。おそらく自らを自らが意識するものとなった民族は、成熟した男子と同様に、前方にも後方にもまなざしを向ける。彼の活動する労働は、しかし、全くそして完全に現代に属している。今日の我々のドイツ民族が、男性的成熟とともに、さらに汲み尽くされることのない青春の力を結合していること、それについては、我々に、最近の法史は、多くの慰めとなる徴候を提供した。

しかし、地上におけるすべての進歩は、そしてそれが最も健全な種類であるとしても、同時に、墓への途上の歩みであることもまた、真実である。諸民族もまた、それらが生きているゆえに、死すべきものである。何ものも、我々固有の民族あるいは我々を真ん中にして取り囲む誇り高い諸国民に、永遠の存在を保証しない。個人によりも長く、民族には、〈その中で民族がその魂に移植された諸萌芽を展開することができる〉時間が割り当てられている。しかし、時の大洋の中で、数千年が何であるか？　民族もまた、歴史がかつて民族について〈民族は《そのために民族が力を自己の中に担ったところの》生命を真に生きてきている〉と言うべき場合に、彼の時代を助言のために保持しなければならない。

個人と同様に、しかし、民族もまた、たんに自らのために生きるのみならず、人類のために〔もまた〕生きる。単純な手工業労働者が彼の民族に遺産として残すものと、偉大な詩人あるいは政治家が彼の民族に遺産として残すものは、同じではない。それらの名をいかなる証書も報告していない失踪した遊牧諸民族〔が残すもの〕と人類の古代ギリシャまたはローマとなったところのものもまた、同じではない。研究が、文化史という織物のすべてのもつれた諸糸を遡って解くことができるとすれば、研究は、我々に確かに、〈その存在が何らかの形で今日もまた活動を続けていないところのいかなる民族も生きてきていないこと〉を、教えるであろう。しかし、過去の偉大な英雄諸民族から今日まだ生きているところのものなしには、我々は、我々の固有の存在をほとんど考えることができないであろう。我々の時代において、諸民族の生活ゲマインシャフトは、以前よりもとくに内的であり、それらのもとで支配する相互作用は、より活発であり、〈それが結局ただ唯一のケルパー〔団体〕諸構成部分であるにすぎない〉という感覚は、より明瞭である。

それゆえ、まさに近代の諸民族は、それらの格闘と労苦において、彼らに絶えず明らかになっていく〈それらの諸民族が、同時に人類の将来のために、生きそして働く〉という意識によって担われているのである。

この喜ばしい意識を、流行哲学の病的なペシミズムも抹消しないであろうし、その意識から、最も最近自然科学によって特に好んで描かれる〈我々の惑星が、そこでは硬直しそして死滅して、次第に冷えていく太陽の周りを回るであろうところの〉遠い未来の時代の予言的な描写も、その価値を奪うことはできない。ひとは、我々に、いずれにせよ人類の命数が定まっていることを証明するであろう。しかし、ひとは、我々に、ただこれによって〈すべての生の目的が無への帰還であること〉あるいは〈諸個々人、諸民族、人類の生存が、そもそも無目的に演じられること〉の証明をもたらしてきていることのみを、納得させようとは欲しないであろう。学問的認識は、ここでは、その境界に達している。それゆえ、何処へ（Wohin）の問いならびに何処から（Woher）の問いに向けての最終的回答が、人間の思考力の領域の外にあることは、確かであり、それゆえ、純粋に学問的な証明は世界における目的に賛成にも反対にも導かれるべきではないこともまた、確かである。しかし、〈彼の権利の保証を認識衝動と正確に同様に自己自身の中に担っているところの〉人類の胸の根絶できない衝動が、我々を前方に押しやり、そして、積極的な生存目的の肯定へと強いるとき、我々は、すでに知の帝国から歩み出て、信仰の玄関へと歩み入るのである。

【以上、「法の青春と老年に関して」終わり。本論文に注はない。】

6. 自然法とドイツ法（一八八二年）

『自然法とドイツ法』（一八八二年一〇月一五日にオットー・ギールケ法律学教授によって行われたブレスラウ大学学長就任講演）

Naturrecht und Deutsches Recht, Rede zum Antritt des Rektorats der Universität Breslau am 15. Oktober 1882 gehalten von Otto Gierke Professor der Rechte, Frankfurt a/M.Literalische Anstalt Rütten & Loening. 1883. S.3-S.32.

その委嘱をとおして尊敬される同僚たちの信頼が、私をこの大学の頂点へと始まりつつある学年のために任命した官職の就任に際して、古い大学の慣習が、私をこの高く声望のある集会へと、学問的な挨拶のために、召喚している。そのような機会において、専門科学は、その姉妹たちの全体を前に登場すべきであるとすれば、その挨拶にとっては、同時にあらゆる思索する人々に問題となるその「基本諸問題」のひとつに立ち返るべきことは、明らかである。しかし、基本諸問題は、〈長いそして疲労させる専門領域をとおしての彷徨の目標として始めて、それへとひとつの回答が手招きするところの〉「最終諸問題」でもある。そして、人間的な知の性質上、その場合にもまた、それらの最終諸問題にとっては、ただ相対的なそして一時的な諸解決のみが期待されなければならない。――〔それは、すなわち、〕〈まさにそれゆえに、諸方向と諸時代によって、諸学派と諸体系によって、それどころか結局個々人によってははるかに相違する〉諸解決なのである。私は、法科学の基礎的諸問題を、ここで、〈私が、それらの諸問題の一定の判断を、あなたがたに、法学的諸抽象の諸領域をとおしての批判的過程の中で、明らかにすることを企図する〉「という」意味において、詳論する試みを敢えてしようとは思わない。私は、本日、ひとつの、あるいはむしろ、「唯一の」法科学の基本問題を、〈それと《それに付与された諸回答の、本質的には過去に属しそしてそれゆえに完結して存在している体系が、演じるために援用されてきていた》世界史的役割に関する諸考察を結びつけるために〉、あなたがたにその輪郭において提示することに甘んじたいと思う。さらに言えば、しかし、私は、〈それらに私が私に特殊な世話を託されている「ドイツ」法の運命に対する特別の意味をそれらに帰さなければならないと信じているところの〉この歴史的なプロセスの諸要素をたどりたいと思う。

法科学の入口に、そして、出口に、わかりやすい方法で、《法とは何か Was ist das Recht ?》という問いが立っている。法科学には、それは、その大部分の姉妹たちよりもうまくいかないし、より悪くもいかない。すなわち、幾百年の努力においても、法科学には、この問いにむけての〈その解決に、それでもしかし法科学にとって法科学そのものの理解がかかっているところの〉究極のそして異論のない回答を見出すことは、成功していない。一度も、〈その助けをもって、人間的な共同生活の他の諸領域に対する法の領域の確実な境界設定が形式的な諸メルクマールに従って可能であるような〉一般に承認される外的「定義」のために、法科学は、それをもたらしてきていない。ひとは、流布された理論、したがって法規範は規範であるという理論によって、〈その場合に首尾一貫して国際法（Völkerrecht）全体をテミス神〔法と正義の女神〕の帝国から追放せんがために〉、そして、〈あらゆる強制から遠ざけられた君主の高められた諸義務の指示をとおして、国家法から道徳の領域の中へと王位を抜き取らんがために〉、法規範の国家的な強制可能性を要求すべきであるのか？　あるいは、規範の法たる性格のためには、むしろ〈《そこにおいて自らを単に内的な自己決定にのみ向ける道徳律とは反対に、それ自体外的な強制が適切なものと感じられ、そして、可能である限りで要求されるところの》規範が自由意思の外的な拘束性を設定すること〉で十分ではないのか？　さらに、しばしば主張されるように、ただ国家法のみが存在するのか、それとも、〈そのようなものがまさに実際に強力な範囲において、キリスト教会からもたらされているような〉国家から独立したゲノッセンシャフト法もまた、存在するのか？　法の概念が法律の概念において汲み尽くされ、それゆえ、慣習法は、ただ立法者の黙示的な裁可によってのみ妥当するのか、それとも、慣習法は、法律法と同等の法ケルパー〔法団体〕の構成部分であるのか？　形式法と並んで実体法が存在し、それゆえ、ひとが立法者の不法についてもまた語り、そして、立法者によって人格の最も内的な神聖性において侵害された個人に、抵抗の権利を返還請求することができるのか、それとも、ここでは、至るところでただ、法と道徳の間のコンフリクトだけが問題となるのか？　そして、それでもしかし！　そのようなそして類似の諸問いに対する諸回答が極めてさまざまになるとしても、〈いかに多くのものが、その場合、結局は、学問的な用語法をめぐる単なる争いに帰するかが、考慮されさえするときは〉、いつでも、必ずしも全く理解への見込みが欠けているわけではない。しかし、法とは何かという問いが、もはやたんに法の外的な諸メルクマールの決定のみを目指すのではなく、――その問いが、法の「起源」、法の「本質」、法の「目標」への問いへと深化されるときは、我々に諸回答の比較にならないほど多声的な合唱が鳴り響いてくるのみならず、〈ここでは、結局、諸世界観そのものの分裂の中に、証明しがたいそして反駁しがたい諸前提の差異の中に、根ざしているところの〉諸対立の和解のあらゆる希望もまた消えうせるのである。すべての法の源泉は、どこに求められなければならないか、神の中にか、それとも、自然の中にか、それとも、人間精神の中にか？　いかなる諸力が法を出現させるのか、それは、思慮深さから自らを自らが制限するエゴイズムか、それは、宗教的衝動か、あるいは、道徳的衝動か、あるいは、社会的衝動か、それとも、それは、たとえば、人間の本質において基礎づけられた〈外的に拘束する意思の諸制限の承認へと急き立てるところの〉特殊の法衝動（Rechtstrieb）であるのか？　誰が法を形成するのか、それは、発明の才のある個人たちか、それとも、一致する多数者たちか、それとも、それは、有機的に合一した諸総体か、それとも、それは、その全体性における人類であるのか？　法の継続的発展は、どのようにして実現されるのか、法は木のように成長するのか、それとも、法は芸術作品のように作られるのか、法は、それがあるように必然的にそうなるのか、それとも、法は、その最良のものを自由な行為に負っているのか？　いかなる諸手段をもって、法は、自らを実現するのか、すなわち、法は、〈法を貴重な道具として扱い、そして、不承不承の集団に強制する〉支配者たちの権力をとおしてのみ勝利するのか、それとも、法そのものの中に、納得の方法において諸精神を服従させる理想的な力が宿っているのか？　法は、その実体（Substanz）上、何であるか、すなわち、法は、特別の諸意思を制御する非常に強大な総体意思（Gesammtwille）であるのか、それとも、法は、むしろ意欲にそもそも制限を設定する理性の洞察であるのか？　法の本質的な核心はどこにあるか、すなわち、その流出しがたいそして強制力を備えた命令においてあるのか、それとも、その実際的な便益においてあるのか、それとも、その内的な理性内容においてあるのか？　法の概念における第一次的なものは何か、すなわち、秩序か、それとも、自由か、——〈すべての諸権利がその諸反映にすぎないところの〉客観的な法律であるのか、それとも、〈法律がただ垣で囲みそして保証するところの〉主観的な権利諸領域であるのか？　そして、何が法の最終の目的であるか、すなわち、法は、道徳の単なる下僕であるのか、それとも、法は、とりわけ諸利益、すなわち、社会ならびに個人の諸利益を保護すべきであるのか、それとも、法は、もしかすると《〈芸術が美の理念を、そして、学問が真理の理念を具体化しなければならないのと〉同様に、正義という特殊の理念を主権的な仕方において具体化しなければならない限りで〉、自らにとって自らが目的であるのか？

原理的な諸問いに対する矛盾する諸回答のそのように容易に増加されるべきカタログは、まさに、法学者たちおよび哲学者たちの最も近代的な法の諸構成からもまた、総括される。現代の生き生きとした法哲学的運動は、それ自体、きわめて喜ばしいものである。それにはいくらか未熟なもの、手探りのもの、カオス的なものが、付着している。ただ、余りにもしばしば、今日、長い間消息不明となっていた諸命題が、近代的な衣装において、真新しい知恵として告知され、機知に富んだ諸着想が、高くそびえる諸建築の礎柱として用いられ、自らを補充する諸視点のほとんど楽しいものではない考慮の効果的な諸一面性が引き出されている。そして、この活動が、決してただ本来の法科学の入り口ホールにおいて演じられるのみならず、すでに深くその最も内的な帝国へと入り込み、そして、ここで、最近まで知られていない程度において混乱、不安定さおよび分裂を作ってきていることは、否定されるべきではない。

それにもかかわらず、我々の実定的法科学は、〈そのような襲撃によって動揺されておらず、そして、動揺させられえない〉原理的な基礎の上に立っている。それは、歴史学派によって教えられた法の「歴史的」解釈である。十九世紀のドイツの学問が、サヴィニー（Savigny）、アイヒホルン（Eichhorn）およびグリム（Grimm）のような人々に率いられて、法の歴史的な本質を明らかにしたとき、ドイツの学問は、世界に思弁的な体系を提供したのではなく、それは、世界にひとつの真理を明らかにしたのである。法哲学の最後の諸問題を解決することを、歴史学派は企図してきていない。歴史学派は、これらの諸問題をどちらでもよいと言ってきてはいないが、しかし、それらの諸問題を一時的に傍らにおいてきている。その代わり、歴史学派は、一定の諸限界の中で、〈実定法の学問がその新建築をその基盤の上に基礎づけることができたのみではなく、いかなる将来の法哲学もまた、それを罰されることなく捨て去ることは許されないところの〉確固たる基盤を作ってきている。ひとは、歴史学派を超えていくことはできるが、歴史学派の背後に戻ることはできないのである。

歴史的な解釈によれば、法は、人間そのものとともに与えられた「共同生活」の本質的構成部分である。法は、それゆえ、諸個人を結びつけ、そして、生き続ける社会的存在のように――言語、宗教、道徳、風俗、経済、芸術、学問、そして、外的な団体組織のように――、その設計上、原初的に人間的な性質のものであり、その発展上、歴史的な産物である。法は、人間の意思の諸活動の外的な規律として、特殊のそして独立した社会的機能であるので、法は、その形成過程において、一定のそれに内在する諸法則の支配下に立っている。しかし、他方では、共同生活が、〈そこにおいて全部の諸機能が解きがたい関連と中断されない相互作用が支配するところの〉

有機的な統一体であるので、法の形成は、同時に社会的生存のすべてのその他の諸側面の形成をとおして条件づけられ、そして、決定されている。それゆえ、必然的に、法は、時間の中で変化し、そして、法は、必然的に空間の中で個別化されるのである！　むろん、法の理念は、人類の共有財産であり、それは、言語、神の理念、道徳的な善の理念と同様に、我々の種族の内的統一性のための証言である。しかしながら、一般にそうであるように、人類の統一性は、外的な生存形式において刻印されず、特別の部分諸有機体の豊かさにおいて現象するので、法理念もまた、抽象的な世界法においてではなく、ただ歴史の潮流の中で浮き沈みする人間の諸ゲノッセンシャフトという具体的な法の諸形成物においてのみ実現されるのである。そして、これらの諸ゲノッセンシャフトの下で、文化プロセス全体の担い手たちとしてならびに、とりわけ法の形成者たちとして召喚されているところのものは、ふたたび諸国民である。おそらく、その他のより狭いそしてより広い諸ゲマインシャフト（諸部族、諸等族、世界的宗教諸団体、国際的諸ゲマインシャフト）もまた、独特の法生活を展開している。しかしながら、歴史学派が時おりこのことを見過ごしたとしても、歴史学派は、それでもしかし、はじめから〈まず「第一」にすべての存在する法は「国民的 national」な色彩を帯びており、そして、その特別性において、法が支配する国民の、一部は内的性格を、一部は外的な生活運命を、忠実に反映していること〉を正当に見てきている。この意味において、歴史学派は、適切にも、「民族精神 Volksgeist」を法の創造者と宣言したのである。歴史学派は、しかし、多く援用される諸語によって、さらに別の思想をもまた表現した。歴史学派は、それによって〈法が僅かのあるいはまた多くの諸個人によって、理解しうる考慮に従って、あるいは、全く恣意に従ってもたらされるかのごとき〉観念を拒否しようと欲したのである。歴史学派は、むしろすべての法の起源を、統一的な共通意識、すなわち、〈すべての個別諸精神を通り過ぎていくモメントとして含む〉諸世代をとおして働き続ける国民的総体精神へと、置き換えることを欲した。歴史学派は、それゆえ、偏愛をもって、〈諸民族の青春時代において圧倒的であり、そして、決して全く消え去ることのない〉法創造の形式、すなわち、〈民族精神が、言語、諸神話、諸風俗、英雄諸叙事詩と同様に、直接そして無反省的に流出させるところの〉慣習法を、指示した。歴史学派は、しかし、また、いかにして、なるほど文化の進歩の中で——国家権力がその法使命（Recchtsmission）を思い出す場合、立法が大小の事がらを規定する場合、法の学問が成立し、固有の法律家階級が分離される場合に——、法形成のための意識的な考慮と自由な意思行為の意義が成長するのか、しかしながら、いかにして、最終的には、最も偉大な立法者的な天才および最も鋭い法律家的な頭であっても、真に生存能力のある法を発明することはできず、ただ見出すだけであるのか、いかにして、彼は、法を法とするところのものを、決して合理的に明瞭な反省の明るい高みへと考え出すことはできず、ただ、一般の法意識の暗い深みからのみ、汲み取ることができるのか、をもまた示したのである。それゆえ、歴史学派は、〈歴史学派が法を、少なくともその概念上、法理念のその都度の適切な表現として、把握したことによって〉現在および過去のすべての実定法により高い尊厳を付与した。そのために、しかし、歴史学派は、端的に「実定法」「以外の法」を認めて「いない」。おそらく、歴史学派の解釈に従ってもまた、法理念の諸要請との現行法の矛盾の可能性は、存在する。かつて適切な法は生き延びてありうるし、法律がはじめから民族の確信の真の内容を逸することがありうるし、それどころか支配的権力が濫用的に不正なもの（Ungerechtes）を法として鋳造してきていることもありうる。法意識は、法に対して、創造的にのみならず、批判的にもまた、振舞う。すなわち、法意識は、既存の法を目的に合致しないとして退け、そして、その変更を望み、法意識は、現行の諸規約をさえも不当として呪詛し、そして、その破棄を要求する。法に対する関係での法感情のこの自律性なしには、法の歴史の進歩は存在しないであろう。しかしながら、さらにそのように基礎づけられそしてさらにそのように一致したあらゆる要請は、それが法律または慣習においてその実体「ケルパー」を獲得する場合にはじめて、法となるのである。そして、不当な法もまた、それが形式的に除去されるまでは、法にとどまる。もちろん〈既存の法秩序がそれに矛盾する法確信に、不当の防止または正当の実現のためのあらゆる合法的な道を遮断する〉諸場合が生ずるし、そして、歴史は、ただそのような諸場合に余りにも豊富である。不従順、抵抗、革命は、その場合、法に対する正義の最終的な武器として現われる。しかし、これらの諸武器の適用が諸事情の下で「道徳的」に許容され、それどころか「道徳的」に要求されうる場合であっても、「法領域」では、そのためにいかなる権原も存在しない。おそらく、諸民族ならびに諸個人の生命を震撼させる悲劇的な諸対立の中で、法は、犠牲とされなければならないことがありうる。なぜなら、法は、高い財産であるが、しかし、法は最高の財産ではないからである。しかしながら、法破壊の法〔権利〕（ein Recht des Rechtsbruchs）は考えられない。そして、いつでも、法における破壊は、〈その諸痕跡をいかなる立法技術も完全には再び抹消しないところの〉重い不幸にとどまるのである。無思慮に自らを打撲してそのような諸傷を負わせる国民の諸悲鳴よ！

歴史学派の思想体系を、学問においておよびより多くさらに大衆的な観念方法において、公然とまたはひそかに攻撃しているのは、〈相互に対立する、そして、それにもかかわらずしばしば互いに近く接している〉二つの諸方向である。

一方において、いつでも繰り返し浮かび上がるのは、その最終的な帰結が法理念の消失であるところの不毛な「実証主義」（ein kahler Positivismus）である。我々の精神的本質の近づき得ない究極の基盤に根ざすこの何ものかに代えて、実証主義は、形式的側面から、命令しそして強制する力という明白な事実を、そして、実質的な側面から、目的とされそして達成される便益という共通に理解される観念を、おいている。そのようにして、実証主義は、〈まさにもちろん核心の増大のために不可欠であるところの〉秤皿から、核心そのものを出させ、そして、〈我々がまさにもちろん果実から要求するところの〉養分内容の中に、実証主義は、その有機的な構造の推進的原理を見出している！　多様に色彩を変える姿において、まさに今日、学問において、〈多かれ少なかれ、決定的に、法思想のそのような空洞化へと傾斜する〉諸理論が、頭をもたげている。しかし、生活においてもまた、類似の諸観念が、それらの危険な遊戯を追いかけており、そして、ただ余りにも安易にその時々に支配的な諸多数者において、〈法律の形式において命令されるすべてのものを、それをとおして生ける法へと変化させよ〉そして〈実際的な有用性のあらゆる任意の需要を最も短絡的方法で満足させるために、罰せられることなく法律の尊厳を運動へと置かしめよ〉という思想を産み出している。否定しがたいことに、〈自らを自らは現実主義的に名づけることを好むが、しかし、真実には、唯物主義（Materialismus）と髪一重に等しい〉そのような諸観方に対して、近代世界における極めて多くのものが、促進的に出迎えている。それらの諸観方との闘争を将来においてもまた、勝利豊かに克服するためには、〈歴史学派の諸洞察を哲学的に純粋化し、深化しそして補充することによって、この直感的に看取された実定法における理想的なモメントを十分な証拠として提出するところの〉真剣なそして厳格な思想の作業を必要とする。それにもかかわらず、この闘争の個々の諸段階がたどりうるように、永久には、勝利は、法からその理想的な内容を奪ういかなる方向にも帰することはできない。ここでは、至るところでそうであるように、唯物主義は、その固有の不毛性のゆえに挫折しなければならない。ここでは至るところでそうであるように、唯物主義は、〈その最も内的な性質上、なるほどいつでも繰り返し、その従来の理想を不十分なものと認識し、そして、情け容赦なく破壊するが、しかしまた繰り返し、理想的な世界像の新建築を、より広いそしてより確かな基盤の上に、そして、より豊かな諸手段と高められた力をもって企図するところの〉人間精神の自己展開のドラマにおけるたんなる間奏曲を意味するに過ぎないのである。

そのように実証主義（Positivismus）に対する関係で、「法理念」の擁護が妥当するとすれば、第二の敵対的な陣営に対する関係では、「実定法 Positives Recht」の保護が問題となる。歴史的な法解釈が「そこでは」誤った現実主義と戦わなければならないとすれば、歴史的法解釈は、「ここでは」誤った理想主義に、それが振るう諸刃の剣の鋭さを向けなければならない。なぜなら、別の側面から、歴史的法解釈に向かっては、〈それには、多くの形態をとる歴史的な法は、ただ多かれ少なかれいい加減な不手際な作品としてのみ現れるにすぎないのに対して、《唯一、真実の法として、直接理性から引き出されるべき、永遠に変化し得ない、そして、至るところで自らに自らが同一である人類の法（Menschheitsrecht）がその上に漂っている》ところの〉自然法（Naturrecht）の思想世界が突進してくるからである。自然法的な諸観方は、現代においてもまた、そう見えるように、より拡散しておりそしてより強力となっている。学問においては、法哲学の諸体系は、学問の損害になることであるが、今なおいつでもアプリオリに構成された理性法の諸残滓から自らを解放することができないのである。生活において、類似の内容の漠然としたそして不明瞭な諸観念が、出没し、そして、とくに、すべての急進的および革命的な諸政党の勢力要素を形成している。その場合、しばしば、この方向の代表者たちは、彼らが彼らの理論を実定法のために所有し、そして、その根絶〔実定法を根こそぎにすること〕の有効な梃子として用いることによって、対立する極端の主張者たちと一緒にかなりの距離を手に手をとって進む。その一方で、逆に、しばしば十分に、我々の時代の超実証主義者たちは、彼らの諸体系の耐え難い荒廃を実りあるものとするために、自然法の泉から密かに汲み取るのである。それにもかかわらず、自然法に反対する闘争は、過去の主要事に属している。自然法のうち歴史学派の諸斬撃を生き延びてきているものは、今なおそのかつての誇り高い力の影であるに過ぎない。自然法の最上位の諸原理は、真剣な学問のために、および、思慮深い実務のために、永遠に反駁されてきている。同型的な世界法の夢は、今日、もはやほとんど、世界言語の発明をめぐる諸努力以上の信頼を惹起していない。端的にそして排他的に理性的である法を構成する悟性の能力についての信頼は、今日ほとんど〈ファンタジーが美の究極的な具体化を絶対的および唯一の芸術作品において見出すことができる〉という見解よりも、少なからず馬鹿げているように思われる。〈生ける現実の法はその剣を、それが無防備の自然法の反対する抽象的な命題に突き当たるや否や、鞘の中に収めるべきである〉という要求は、今日、もはや、〈国家は人間社会のために廃止されてよい〉という要求以上には、傾聴をもたないのである。

かつては、そうではなかった！　今日では何びとも主張しないことを、何びともほとんど疑わなかった諸時代が存在したのである。そもそも人間精神の歴史の中で、錯誤が、真理よりも少なからず偉大なことを働いてきているように、自然法的な観方は、世界史的な強国と等しく、近代の諸民族の生活の中へも、我々の民族の生活の中へも、介入してきている。我々の文化の最も輝かしい諸側面と最も暗い諸側面、我々の公的生活の最も高貴なそして最も疑わしい諸獲得物は、自然法的思想の勝利の行路と関連している。非常に古い諸束縛を自然法思想は爆破し、解放的な諸改革と基礎を揺り動かす諸革命をそれは産み出し、一千年の法形成物をわらくずのように大地から吹き払い、決して以前には聞かれたことのない新たな諸形成物を、自然法思想は、存在へと呼び出したのである。

しかし、自然法学派そのものが、成果の熱狂の中で、それらの諸原理の真実性を行為をとおして確保して来ていると信じた一方で、自然法学派は、より深いまなざしにとっては「歴史的」法解釈の議論の余地のない正当性のための証明のみを提供している。なぜなら、この体系全体は、まさにそれでもしかし、〈歴史的諸前提をとおして条件づけられそして決定されたところの、そして、歴史的諸限界に従って成長し、成熟しそして崩壊したところの、――歴史的な素材にその内容を提供し、そして、歴史的諸力がその形式を付与したところの〉たんに歴史的な産物にすぎないものでもあったからである。ひとが、純粋理性の助力をもって、空間も時間もない世界を無から創造することを妄想するところで、ひとは、真実においては、きわめて具体的な色合いを帯びた諸観念と諸傾向の魅力のもとに与えられた諸要素を、〈その生存能力が文化運動の限界づけられた時期の大地と空気に結びつけられていたところの〉ひとつのつかみうる形成物へと結びつけた。ひとは、最後に、法意識から以外の源泉から諸法規を創造することはできなかった。そして、ひとは、このためには、理解しうるように、すべてのその被条件性と偏見を伴う固有の法意識以外の法意識を、処分のために有していなかったのである。それゆえ、そもそも原動力となる自然法的諸理念の諸萌芽は、自らを徹底して、自然法の諸像を取り囲んだ実定法の中において証明させている。そして、この実定法は、主たる事柄において、古代‐ローマ法の体系と中世‐ゲルマン法の体系において汲み尽くされたので、抽象的な人類法（Menschheitsrecht）とされるものの実質的な構成諸部分がそれらに由来するところのものは、結局、これら両者の偉大な歴史的な法の諸形成物である。両者は、しかし、疑いなく、それらの核心において、国民的な諸創造物である。なぜなら、ローマ法は、むろん〈ユスチニアヌスの諸集成が後世に伝えた〉姿を、多くのもともとは外国の諸要素をとおしてはじめて、および、古代の文化プロセス全体の一定の諸結果の関連をとおしてはじめて、獲得してきていたからである。しかしながら、驚異的な力をもってあらゆる新たな礎石をその国民的な思想建築に挿入することを理解したところのものは、徹底してローマ法の精神の表現であった。そして、〈それが中世において、まず最初に、純粋にゲルマン的な諸部族と同様に、ゲルマン的な血をとおして若返ったローマ諸民族を支配したごとき〉ゲルマン法は、すでに長いそして複雑な歴史的プロセスにおいて、そのもともとの諸核心を独特に発展させてきていたのみならず、そのプロセスには、キリスト的宗教の普遍的な諸理念とともにもまた、無限の生産可能性の全く新たな萌芽が移植されていた。しかしながら、その創造者は、〈その最も内的な諸設備の展開において、それと精神的に同等のそしてそれによってその深み全体において把握されたキリスト教徒全体の思想を、法の世界においてもまた具体化することを求めて努力したところの〉ゲルマン法の精神であったし、そして、ゲルマン法の精神にとどまった。そして、その一方では、沈み行く古代世界の中で、国家と法は、勝利に満ちた世界宗教によってほとんど表面的には変化されなかったのであり、そして、基本的に異教徒的な原型を最後まで決して一度も否定しなかったのである。そのようにして、〈そこにおいて同時に、古典古代全体の法史の最も重要な諸結果が隠されていたところの〉古代‐ローマ法において、そして、〈同時に、キリスト宗教の諸理念とともにする法生活の浸透を意味したところの〉中世‐ゲルマン法において、自然法的な思想体系の諸源泉が証明されるとしても、それゆえに、もちろんこの体系の革命的意義は、より僅かなものではなかった。なぜなら、後者の諸要素の選択において、および、前者の諸要素の否認において、多くの目立たない諸萌芽の一面的な展開において、および、多くの完全に展開された諸開花の容赦ない根絶において、遠く別々に生まれた諸思想の独特の結合と整理において、それ〔自然法的な思想体系〕は、その特殊の精神を表わし、そして、それは、その世界改造力を働かせたからである。しかしながら、その基礎的構成諸要素のもともとの国民的性格を、それは、消失することができなかった。そして、それは、そのようにして、結局、無意識にかつ意思に反して、法の「国民的」形成というそれによって軽視された原理の実現に奉仕したのである。

我々が、とくに我々の「ドイツ」の法生活の歴史にとっての自然法の意義を眼中に捉えるときは、我々は、もちろんまさに述べられたことに対する外観上の矛盾をもって始めなければならない。なぜなら、自然法の概念と内容は、我々のもとでは、〈中世の終わり以来、我々の古い民族的な法が次第に多くそれに屈服したところの〉教授された外国法の一部として輸入されてきているからである。しかしながら、まず最初には、今日、ドイツにおけるローマ法の継受の本質と諸理由に関するすべての見解の対立にもかかわらず、それでもしかし、〈この注目に値する経過が、文化、風俗または学問的思考の歴史におけるパラレルな諸事件同様に、我々の国民の性格と諸運命の必然的な産物であったこと〉、〈その経過が《それによって我々の民族が、再生された古代の文化諸要素の高められた所有をとおして、その中世を克服し、その本質を補充し、そして、その成熟を完成させたところの》あの偉大な歴史的運動の本質的なモメントであったこと〉「のためには」、ほとんど証明を必要としない。それから、しかし、まさに、継受された法体系の自然法的構成部分は、〈継受された法体系がその中世的‐ゲルマン的な諸特徴と、それらの特徴による唯一《しかしながらその核心において結局古代趣味にもならず、ローマ化もされなかった》民族生活における真の実現の可能性とを、それに負っていたところの〉最も有効な諸要素のひとつであった。そして、最後に、引き続く時代において、自然法が、ドイツの大地において、〈外国法の国民化、我々にとって有用でない外国法の諸部分の再排除、そして、まどろんでいる土着法の諸理念の再覚醒という〉もちろん今日まだ終結していないプロセスの中で、重要な役割を演じたのである。

それ「継受された法体系の自然法的構成部分」が、まず最初に我々のもとにその姿において侵入しそして有効となったところの姿を、自然法的思想は、「中世」のスコラ哲学と学者法律学の合一した作業をとおして受け取った。おそらくその諸要素は、古代世界から由来した。しかしながら、〈はじめて自然の正義（das φυσει δικαιον フューセイ・ディカイオン）を人間的な規約に基づく法に対立させた〉ギリシャ人たちは、その場合、さらに、いかなる方法においても、法的な領域と倫理的な領域を区別しなかった。それゆえ、例えば、古代ギリシャ人には、決して、言語上、〈ソフォクレスのアンティゴネーにおいて、実定法と自然法の衝突、あるいは、法と道徳の衝突が問題となっているのかどうか〉という問いが理解されることはなかったであろう。そして、ローマ人たちは、哲学においてはギリシャの諸観方の非独立的な借用のもとにとどまったが、その一方で、彼らは、彼らの最も固有の天才に由来する法律学においては、自然法（jus naturale）の概念を、ほとんど、彼らの国民法の内的構造に触れさせなかつたところの、単なる外的な装飾としてのみ用いた。そして、それと並んで、真実においては、彼らの実定法の内部で決定された市民法（jus civile）と万民法（jus gentium）の対立を、設定された法と自然の法の哲学的区別とともに、二義的な結合へともたらした。中世的な教説が、はじめて、〈その間に教会の諸理論をとおして改変されそして補充されていた〉伝承された諸要素から、〈法と道徳の間の境界設定は極めて欠陥のあるものにとどまったが、それでもしかし、精力的な方法において、《自然法は「現実」の法である（das Naturrecht wirkliches Recht sei）という原理がそこにおいて突然出現したところの》形式的な自然法的体系を発展させたのである。それによって、自然法に、従来聞かれたことのない優勢な地位が法律学の真只中に、そして、実際的な法生活の真只中において認められていた。法全体は、いまや二元的に構成された。それは、束の間の人間諸規約と、変化しえない自然法的諸規範とに、別々に分かれたのである。これら二つの構成諸部分のうち、しかし、後者〔自然法〕は、前者〔人間諸規約〕の源泉および制限として現れた。ひとは、実定法には、ただ〈自然法の永遠の諸原理を展開し、そして、この場合、時代的および場所的な諸事情に適合させる〉、という課題のみを割り当て、そして、ひとは、実定法には、なるほど自然の諸法規の諸補充と諸変更を許したが、しかしながら、すべての形式において、それらを完全に廃止することの諸権限を否認した。その場合、それにもかかわらず、これらの諸視点の実際的な遂行は、〈自然法的な領域を比較しがたい不可侵性を持つさまざまな諸属州へと引き裂いたところの〉スコラ学的な諸区別の豊かさをとおして可能とされたのである。そこでは、ひとは、自然の理性をとおして照らし出す法と並んでそしてその上に、〈その堕落の状態における人類がそれを固有の力からは明らかにすることができなかったであろうところの〉超自然的な方法で明らかにされた神の法（jus divinum）を置いた。そこでは、ひとは、さらに、直接に人間性（menschliche Natur）をもって設定されたjus naturale〔自然法〕と、〈人間の文化発展の結果において、および、もともとの純粋性からのその廃棄物の結果において、初めてそこから導出された〉共通人類的法（das gemeinmenschliche Recht）（万民法jus gentium）とを区別した。そこでは、ひとは、これらの各領域において、再び、第一次的な諸規範と第二次的な諸規範、無条件の諸規範と仮定的な諸規範、絶対的な諸規範と相対的な諸規範を区分した。そのようにして、ひとは、〈ひとが、個々の法の諸制度と諸法規を、必要に応じて、このカテゴリーまたはあのカテゴリーに服させ、そして、これに従ってそれらの具体的な形成可能性と従順可能性の程度を決定したことによって〉、最も危険な諸原則から最も鋭い諸先端を摘み取り、そして、実定法の広範な諸塊りを救うことができた。ひとは、それでもしかし、純粋の自然法を、それが無垢の状態を前提とするゆえに、アダムとイヴの堕落以来は適用されえないものと説明した。そして、そのことは、極めて賢明であった！　なぜなら、ひとは《《純粋な》または《厳格な》自然法によって、一般的な自由、平等および財産共有（Gütergemeinschaft）が要求されるであろうこと、そして、それゆえ国家的な支配と私的所有権の存在の中に、自然法の破壊が存在すること〉に、かなり一致していたからである。

ところで、そのように実定法が、自然法的な理想に従って測られたとき、このことは、まず最初に、「カノン」法〔教会法〕をとおしてのその補充を包含する「ローマ」法の役に立ったに違いなかった。すでにローマ法は、すべての特別な法の諸形成物に対する関係で、人類全体のために決定された普通法（das gemeine Recht）として現れたゆえに、ローマ‐カノン法は、個々の諸民族および諸部族の混雑した諸法律および諸慣習よりも、自然の法および神の法に比較にならないほど近くに立っているように見えた。しかし、その内容に従ってもまた、ローマ法は、しばしば自然法的な諸要求に、〈それ〔ローマ法〕がその背後に隠れた近代的な諸需要および諸努力を歓迎したゆえに〉、適っていた。より新しい諸民族のもとで古い土着法に対する関係で、〈かつて万民法が市民法に対する関係で果たしたのと類似の機能を果たすことを〉使命として与えられて、それ〔ローマ法〕は、少なくとも標準となる諸クライスに、より自由な、より精神的な、そして、それゆえより合理的な法として、伝来の法の複雑な諸形成物を平準化する将来の法として、自らを現わしたのである。その限りで、おそらく、このことが最も最近に機知に富んだ方法において、むろん鋭すぎる〈それでもしかしただ一部分のみ適切であるにすぎない〉パラレルの指摘をもって実行されてきているように、それ〔ローマ法〕は、古い《厳格》法（jus strictum）に反対する、近代の《衡平》法（jus aequum）としてもまた感じられたのである。いずれにせよ、ドイツならびにその他の諸国におけるその継受に道を開いたのは、とりわけ、理性法的な諸公理とのその本質的な一致に対する信仰であった。――すなわち、それは、〈従来の土着法が野蛮時代の諸過誤の果実以外の何ものでもない一方〉、古典古代の盲目的な尊敬が〈ひとがコルプス・ユリス〔ローマ法大全〕の中にラーチオ・スクリプタ ratio scripta、すなわち、書かれた理性そのものを有する〉という妄想にまで高まった信仰であった。

しかしながら、それにもかかわらず自然法的思想は、最高の地上的諸権威に由来する実定法に「反対」してもまた、その主権性を主張した。そして、そのようにして自然法思想は、他方において、〈老いた東ローマ帝国によって遺された法を、新たな生命へと能力を与えた〉あらゆる諸強国と、〈それら諸強国が、その法を、失い得ないゲルマン的諸理念と不可欠の中世的な諸観方の豊かさをもって浸透させ、そして、実らせたことによって〉同盟していた。ひとが、一部分、無意識にそして恣意的にではなく、これらの諸要素を、諸誤解という形式において諸原典の中へともちこんだとき、ひとは、他の部分は、〈それらをもってひとが、実定法の中のそしてその背後の諸空白を満たし、そして、それらによって、ひとが、自ら明示的な実定法的な諸規定を、衝突の場合において打ち砕かせ、あるいは、そうでないとしても効力を失わせるところの〉自然法的な諸命題の体系の内部でそれらの諸要素を妥当へともたらした。しかし、この混合法、〔すなわち〕〈それがその諸原典とのしばしば鋭い不調和において、イタリアの教義によって教えられ、そして、イタリアの実務によって用いられたような〉混合法（Mischrecht）が、〔すなわち〕諸原典の法ではないものが、ドイツへと継受されたのである。そして、継受されたのは、同時に、〈ドイツの大地での外国の素材の更なる改変の際に、類似の役割を果たさんがために〉自然法をとおしての実定法の補充と訂正に関するその理論であった。

自然法と実定法がある程度均衡を保った二元的体系は、多くの諸動揺と諸推移にもかかわらず、数百年の間、その基礎において、無傷にとどまった。しかし、静かさの中で、「単独支配」を求める両者の結局和解しがたい諸力の闘争が、準備された。その古い結合は、次第に解かれたのである。実定法は、その原典に従う内容に自らを自覚し、そして、不可欠の諸離反のために、現代的慣用（usus modernus）の概念をとおして、その固有の枠内において〔活動の〕余地を作ったのである。自然法は、中世的ドグマとスコラ学的方法の桎梏から解放され、そして、法哲学的諸思索の中断されない連鎖をとおして、絶えずより完結された姿、絶えずより抽象的な内容、および、絶えずより根本的な傾向を受け取った。鋭いそして意図的な対立が形成された。そして、いまや、実定法の領域の内部で、発展の生ける流れが滞る一方では、自然法の増大する潮流がすべての諸ダムを掻き乱し、そして、その同時に荒廃させそして実らせる諸奔流を、従来それには閉じられていた諸広野へと注いだのである。

自然法の概念が存在して以来、自然法をとおしてのすべての歴史的法の代替に対する呼び声もまた、ばらばらに声高となってきていた。すでに後期中世の革命的な諸痙攣から、その呼び声が我々に向かって響いている。基礎的な力をもって、その呼び声は、ドイツにおいて、宗教改革時代の諸暴風の中で噴出した。氾濫する農民たちと熱狂的な信徒たちは、〈すべての人間的な規約がそれに屈しなければならず、そして、死体と瓦礫を超えて、ひとは、すでに、聖書自体から演繹される《自由と平等、政府の廃止、および、諸財産の共有において頂点をなした》《純粋な》自然法の実現をさえも求めたところの〉永遠の神的および自然的な法を援用した。それでもしかし、世俗的な革命は敗れた。そして、勝利に満ちた教会の革命もまた、それがはじめは従来の教会法への関連なしに建設することを計画していたところの新建築においても、カノン法へと立ち返った。大陸で大衆的な諸運動のすべての力が消えて、諸民族が、諸思想を学者たちに、諸行為をフュルストたちに委ねた時代が来たのである。そうして、なぜなら、真っ先に、理性法を求める呼び声が、諸市場や諸路地で急に沈黙したからである。しかしながら、それだけ一層力を込めて、学問においては、四方八方につかみかかる自然法理論は、歴史的な法の前進的な危殆化に即して作業した。自然法理論が、十七世紀においてその内的な建築を完成し、そして、反対者の諸地位の諸基礎を動揺させてしまっていた後に、それは、十八世紀においては、完全に攻撃に移行し、そして、法律学の結局ほとんどすべての諸部門をその王笏のもとに置いた。自然法理論は、最も完全に、公法（öffentliches Recht）において、国家法（Staatsrecht）において、教会法（Kirchenrecht）において、刑法（Strafrecht）において、それ〔自然法理論〕によってほとんどはじめて創られた国際法（Völkerrecht）において、勝利した。しかし、私法（Privatrecht）の堅固な城もまた降服し、そして、勝利者の恩恵によってのみ、その独立性の一部を返還されて受領したのである。そして、いまや、勝利に満ちた理論が、新たに生活へと出現し、そして、現実世界の征服を求める闘争を開始した。自然法理論は、最も重要なフュルストたちおよびその助言者たちを捉え、そして、いわゆる啓蒙的絶対主義の改革立法において一連のその諸要請を実験した。しかし、それは、大衆の中へもまた突進し、そして、絶えずより広範な諸階層において、その合理主義的な理想の完全なそして向こう見ずの実現を求める性急な要求を目覚めさせた。大衆的な諸形式へと注がれて、自然法的思想は、それが、その不毛な諸抽象を〈ルソー（Rousseau）の社会契約論（Contrat social）という諸民族を感激させる本の中でそれが燃えているごとき〉あの情熱の火をとおして、鼓舞すればするほど、それだけ力強く作用した。詩作すら、その諸定式に光栄を授け、そして、歴史的法に対する自然法思想の攻撃を賛美した。シラー（Schiller）の初期の戯曲においては、群盗（Räuber）において、ドン・カルロス（Don Carlos）において、自然法的諸理念は荒々しく発酵しているが、それは、ウィルヘルム・テル（Wilhelm Tell）においては、その最も純粋の内容へと帰着させられ、そして、リュトリーでのシュタウフファッヒェル（Stauffacher auf dem Rütli）の諸演説においては、真正の歴史的法の思想と関連づけられ、そして、和解されるまでに至っている。ファウスト（Faust）の中で、遺伝した法（das ererbte Recht）と「我々とともに」生まれた法（das mit uns geborne Recht）を、一度だけ、ほとんど無愛想に対立させているところの諸語は、あまねく知られている。――それらの諸語は、もちろん、絶えず否定するゲーテ（Goethe）が、精神の口へと置いているものである。そして、考えられ、そして、創作されたものは、行為へと変化されたのである。一撃で、フランス革命は、教義によって語られた〈いかなる自然法的資格証書を提示することもできなかったところの〉すべての歴史的法についての死刑判決を執行し、そして、一千年の秩序の諸瓦礫の上に、純粋に理性法的と称される新建築を建設したのである。ドイツにおいては、しかし、西欧から侵入する運動は、なるほどただ部分的にのみ、同様に根本的な方法において、伝承した法秩序と関係を絶ったに過ぎない。しかしながら、至るところで、それ〔フランス革命〕は、自然法の精神において前進する改革立法に新たな刺激を与え、そして、それにより高いそしてより大胆な諸目標を付着させた。ここで、すでに、最初の偉大な近代の法典編纂であるプロイセンラント法（das preussische Landrecht）は、同時に、自然法的諸観方の豊かさをもたらしてきていたとすれば、現在の世紀〔十九世紀〕においては、引き続き、古い自然法的な諸要請が、我々のもとにおいてもまた、ほとんど完全に実現されたのである。

まさにドイツにおいて、もちろん、〈それを前にして自然法的な理論がその勝利の真只中で根拠を失って崩壊したところの〉若い学問が復活した。そして、歴史的法解釈という新たに昇り行く星が、決して単に研究の諸小径を照らしたのみならず、生活にもまた、新たな諸道を指示したのである。なぜなら、その新たな星に、古い法を取り壊す諸改革のより思慮深いそしてより思いやりのある遂行を負っており、その星に、過去の多くの価値ある制度の維持を負っており、その星に、とりわけ〈真正に歴史的な精神において、我々の国民的な法発展の具体的な諸特徴に結びつけ、そして、それらの注ぎ損なったが、しかし窒息させられてはいない有機的な諸形成物を、あらたな自由な生活展開のために若返らせるところの〉創造的な新形成の見込みのある諸開始をもまた、負っているからである。しかしながら、新たな方向は、たんに抽象的学派によって惹起された諸改変を解消することができなかったのみならず、それは、一定の自然法的な諸原理の進歩的な実現をもまた防ぐことができなかったし、それどころかそれは、しばしば、克服された対立者によって開始された仕事を自己の手で完成させることを、自らに強いられるのをみた。そうして、自然法は、その形式的な力の瓦解後もさらに長い間、実質的な諸勝利を戦いとったのである。そして、まさにこの現象が自然法の歴史的正当化のために「証言」を与えているように、その現象は、自然法の諸要素の前もって強調された歴史的由来から、そして、それをとおして条件づけられる自然法の原動力となる諸理念の国民的性格から、「明らかにされる」のである。

事実、我々のもとでは、自然法的な侵入は、なるほど、多くその当時まで外国法からまだ保護されてきた中世的なゲルマン法を、しかし、同時に、限りなく多く継受された、あるいはそうでないとしても、継受されたと信じられたローマ法を除去してきている。そして、それが補充としてもたらしたもの、それは、まさに、ゲルマン的な肉と血からのその最も実りある核心においてであった。我々の自然法の教師たちが抽象的理性から構成したところで、彼らは、無意識のうちに、民族意識の中で死滅していないゲルマン的な法の諸理念を妥当へともたらした。しばしば、しかし、彼らは、完全な意識をもってすら、興隆するゲルマニスト的法科学の側に立って、ドイツ法のために、そして、ローマ法に反対して、戦ったのである。稀ならず、彼らは、〈我々の先祖たちの法は、すでにタキトゥス（Tacitus）がそれを描いたように、変質したローマ世界の技巧を尽くしすぎた法よりも、自然法にはるかに近くに立ってきていること〉および〈いまや、聖職者および法律家ツンフトによって利己的な諸動機から我々に課された束縛を脱し、そして、ドイツ法の健全な諸基礎に立ち返るべき時であること〉を認めている。特別の精力をもって、トマージウス（Thomasius）は、多くの諸著作の中で、この意味において語っており、それらのひとつの中で、彼は、法定相続順のもともとのドイツ的な排他性のために、自然法に反するローマの遺言の再廃止を要求している。類似のドイツ法的な諸傾向に、我々は、ボェーマー（J. H. Boehmer）、ヴォルフ（Wolff）およびその他の人々のもとで、出会う。そして、〈どれほど、まさにこれによって、十八世紀のドイツの自然法の教義が、本質的な諸点において、諸隣国の同時代の教義とは異なる姿を受け取ったのか〉が、明白に認知されるのである。

ところで、最後に、私に許されているならば、自然法の若干の基本諸思想の中に、ゲルマン的要素を内容的にもまた示すことにしたい。

「国家に対する法の関係」を問う根本問題（Kardinalfrage）に、自然法の教義は、一度も完全には、〈それにとって国家は、ただ法の非独立的な従者にすぎなかったところの〉もともとのゲルマン的な観方の意味において は、回答することができなかった。なぜなら、まさに古代の国家概念の助力をもって成し遂げられた中世的な諸桎梏からの国家の解放において、その〔自然法の教義の〕諸偉業のひとつが存在したからである。しかし、それがそれにもかかわらず法思想の独立性を維持したこともまた、その諸偉業のひとつであった。自然法の教義は、この二重の目標を、〈自然法の教義が、実定法を、主権的権力のために自由に処分できる手段として、公共の福祉の諸目的のために犠牲にし、自然法を逆にすべての国家権力の前にそして上に置いたことによって〉、もちろん、ただ法のその外的な分析をとおしてのみ、達成したのである。しかしながら、我々が今日この分裂を否認し、そして、むしろ国家と法を、徹底して相互に混合し、そして、一緒に考えるとき、そして、我々が、もはや立法者を形式的に拘束する自然法、すなわち、〈それに違反する場合には、命令は、裁判官および臣民たちのために拘束しないであろうところの〉自然法を知らず、その代わりにしかし、実定法を、〈国家によってはじめて作られた、そして、国家のためにもまた拘束的な〉法思想の表現として、ただその形式的側面に従ってのみ、主権的意思に服させるとき、我々は、〈国家理念と同等な法理念というゲルマン的な遺産を、自らを全能であると妄想する絶対主義的な立法の数世紀において救ってきたのは、ただ、自然法の概念のみであったこと〉を忘れてはならないのである。

さらに、〈自然法的な教義が、まず最初に、平和と法の取り扱いに対する古代ゲルマン的「国家活動の制限」を克服し、そして、国家の文化諸課題を発見するのを助けた一方では〉、それでもしかし、引き続く時代において、すべてを配慮する教育国家および福祉国家の古代の模範に従って試みられた形成に、精力的に反対したのは、自然法的な教義であった。その自然法的な教義が、いまや、新たな国民経済学の諸理論の影響の下にすら、ドイツにおいてもイギリスにおいても、最古のゲルマン的解釈の一面性へと帰着したとき、近代国家は、自身から、もちろんその文化使命を再び除いては論じさせてきていない。しかしながら、ゲルマン的な自由と男らしさとは調和しない警察－および後見国家の防止を、我々は、〈それらを我々のもとで、とりわけカント（Kant）が、険しくしかし雄渾に定式化したごとき〉あの自然法的な諸プロテストには、多大に感謝している。

ゲルマン法にもともと疎遠であった「私法からの公法の」鋭い「区別」という偉大な進歩を促進したのは、ただそのローマ的な思想諸要素のみをとおしての自然法的理論であった。しかしながら、〈対立の上の統一性が失われなかったこと〉、〈公法もまた全く完全な法にとどまったこと〉、〈《全体のその諸部分に対する諸関係もまた、その中で、法的に秩序づけられ、そして、裁判上保護されているところの》法治国家のゲルマン的核心思想が、多くの曖昧化の後に、今日ふたたび力強く、光を求めて格闘していること〉は、再び、自然法理論の働きであった。ここには、〈《その上で公法全体をすべての方向で拘束する契約関係の意味において構成するために》、国家のない自然状態を、そして、市民社会の基礎づけと支配「ヘルシャフト」の設定に関する一または多数の諸契約を、創作したところの〉すべてのあの極めて特異な、我々の心を惹きつける諸幻想の、不滅の功績が存在するのである。

限りなく多様に、さまざまな自然法的な諸体系が、「一般性（Allgemeinheit）と個人（Individuum）の間の関係」の決定において、分かれている。しかし、自然法的諸体系は、〈国家的高権の領域と個人の自由の領域とは、侵すべからざる法の諸境界をとおして分けられた二つの領域として、自然法的に与えられている〉という基本思想において、一致している。そして、ふたたび「国家」の高権的諸権利（Hoheitsrechte）が、主として「古代」の思想世界から借用された諸手段によって闘いとられたとき、キリスト教世界（Christenthum）によって実らされそして深められた「ゲルマン的」思想世界は、諸要素を、「個人 Individuum」の〈譲渡し得ない、そして、主権的総体意思にとってすらも不可侵の〉諸権利の体系へと提供したのである。自然法のすべての諸理論のうち、生まれながらの諸人権の理論が、最も多く燃え上がった。〈たとえ、しかし、これらの《国家諸契約の立ち入りの際に留保され、そして、それゆえにすべての立法の前にそして上に存在しているとされる》生来的な諸権利の概念が、どのように理論的に判断されうるにせよ〉、〈たとえ諸既得権に対するそれらの境界設定が、どのように理論的に判断されうるにせよ〉、そして、〈たとえ《それらの保護のために与えられた消極的または積極的な》抵抗権（Widerstandsrecht）が、どのように理論的に判断されうるにせよ〉、この教義の「諸効果」を、ひとは、〈それらについてキリスト教的なもの、および、それについてゲルマン的なものを、同時に除いて考えることなしには〉、我々の法秩序から除いて考えることはできないであろう。なぜなら、ひとが同時に除いて考えなければならないであろうのは、あらゆる人的な不自由の絶対的な否定、信仰および良心の自由、いわゆる基本的諸権利およびそれらの憲法上の諸保証の装置全体、である。しかし、その場合には、ひとは、ふたたび、〈そこにおいて人間が、市民において登場したが、すべての政治的自由の真只中において、個人の自由のために余地がなかったところの〉古代異教徒国家において、立つことになるであろうからである。

すべての独特のゲルマン的な諸形成物のもとで、「国家と個人の間を媒介する諸団体」を、自然法教義の致命的な矢が当たったのである。主権的な国家と主権的な個人は、コルポラチオンに反対して同盟した。古いゲゼルシャフトの等族的、ゲノッセンシャフト的およびヘルシャフト的な編成は、崩壊し、ゲマインデはその独立性を奪われ、教会そのものが国家の営造物へと貶められた。〈ルソーがそれを定式化し、そして、フランス革命がそれをほぼ実現したごとき〉正統的な理論の最終目標は、社会的なケルパー（Körper 団体）を、全能の中央集権化されたひとつの国家機械と、自由でかつ平等な諸個人のアトム化されかつ平均化されたひとつの集団とに、解消することであった。それにもかかわらず、〈我々の世紀において、ゲルマン的コルポラチオン思想の非常に古い基礎が、我々の下で再び枝々や花々を成長させる場合に〉、まさにドイツにおいて強く流布された方向が、自然法学派の内部で、準備的にそのために働いてきていることは、見過ごされてはならない。それは、個人の譲渡しえない自由諸権利のもとに、自由な団体形成（Association）の権利を取り上げ、そして、その実現とまじめに取り組んだところの方向である。なぜなら、この基礎のうえに、ひとは、〈国家を創造したとされるのと〉類似する社会諸契約の助力をもって、新たな姿におけるコルポラティフな構築を、諸廃墟から蘇らせることができたからである。教会に関しては、そのようにして領邦主義（Territorialismus）に対立して合議制システム（Kollegialsystem）が登場し、そして、教会に、ふたたび固有の権利と内的独立性を戦い取った。しかし、諸ゲマインデおよびすべてのその他の諸ケルパーシャフトもまた、再び原則的に変化した地位を受け取った。しかり、アルトゥジウス（Althusius）および後のネッテルブラット（Nettelbladt）のような多くの自然法の教師たちは、国家そのものを、より狭いゲゼルシャフト的なケルパーの、下から上に向かって前進する関連から、はじめて成長させたのである。しかもなお、プロイセンラント法の体系においてすら、この思想は鳴り響いている。

大陸諸国の「憲法」（Verfassungsrecht 組織体制法）の改築の際に、自然法的解釈が、絶対的に最善の国家形態を求めるその迷走によって、その教義的な杓子定規と機械的な諸構成によって、［そして］、極端なフュルスト主権と極端な民族主権の間を千鳥足で動揺することによって、ゲルマン由来の有機体的な生命の諸萌芽について破壊してきているところのものは、真に軽いものではない。しかし、それでもしかし、結局ドイツにおいて、王制と民族自由の有機的結合というゲルマン的国家思想が勝利を主張したとき、自然法理論は、少なくとも自らに、〈中世以来形成され、そして、ドイツにおいても決して消滅していない憲法上の教義において、《絶対主義の裂け目を通して生活の中で区別された等族的〔階級的〕憲法国家と代表制的憲法国家という諸形成物の間に》架け橋を作ったという〉功績を帰することができるのである。

「私法」においては、自然法の攻撃は、ローマ法によって始められた、旧来の階級的特別法の解消を完成させたのみならず、ここでもまた、至るところでそうであるように、ローマ的な平等の理念の意味において、自然的または社会的諸関係に基づく法的な諸差異の可能な限りの平準化を求めて、急き立てた。特別の性質を有する職業‐または専門諸領域のゲルマン的な諸特殊法が、まだ今日、一部分有力な生活を展開していること、および、我々が我々に次第しだいに〈真の平等は同型性（Gleichförmigkeit 形式的平等性）ではなく、《同じものを同じに、同じでないものを同じでなく規律する》一様性（Gleichmäßigkeit 実質的平等性）であること〉を再び想起することは、自然法に感謝されるべきことではない。自然法は、さらに、〈ゲルマン法を、豊かな充実において、私法の領域においてもまた、個人の諸権限の諸紐帯と諸制限として形成したところの〉有機的および社会的な諸要素の破壊のために、ローマ法と同盟した。しかしながら、この点において、まず最初に、「家族法」（Familienrecht）においては、自然法的諸理論は、〈極めて基本的に、それらが組合概念からの家族のそれらの構成の際に、それらの有機的な本質を否認したのであるが〉、それでもしかし、まさにこれによって、少なくとも、有機的な統一体の機械的な代用物を作り出し、そして、この庇護のもとに一連のゲルマン的な諸制度をローマ法に対して成果豊かに防衛しまたは回復してきている。そして、類似のものは、「所有権秩序」の領域において出会うのである。なぜなら、もちろん自然法は、まず第一には、〈所有権の古いゲルマン的拘束性に反対して〉、〈ドイツの自然法教師たちの杓子定規が、自然的なレーン法の構成さえも純粋理性から完成させたことが、ほとんど役立たなかったところの、封建システム全体に反対して〉、〈土地所有権の譲渡性と分割可能性の諸制限に反対して〉、〈古くから伝承された階級的ゲマインシャフト関係に反対して〉、〈奉仕する諸財産の継続的諸負担と支配的な諸財産の諸特権に反対して〉、戦った。しかし、自然法は、それでもしかし、また、〈ローマ法に対する関係で、国家の卓越した支配（dominium eminens）の理論ともともとの財産共有の根絶しがたい諸残滓の理論との発展をとおして、所有権の公法的な側面と社会的な側面を妥当へともたらし、そして、そのようにして異国風の覆いのもとに《最も完全な法もまた、内在する諸制限なしには、そして、相関的な諸義務なしには、考えることができなかった》我々の父祖たちの所有権概念を保存したところの〉ものでもあったからである。――他の方向において、「取引法」（Verkehrsrecht）においては、自然法的教義は、たとえ極めて破壊的に、それがここでもまた、古代ゲルマン的な形式に対して自らを関係させたにせよ、ゲルマン法において早期に内部から発展させられた多くの諸傾向と連合したのである。形式的な契約カテゴリーの代わりに実質的な契約内容の強調において、債務負担原因としての約束の取り扱いにおいて、自由な任意代理の許容において、第三者のための諸契約の承認において、債権債務の実体を給付対象へと置き換えることにおいて、および、身体からの諸債権と諸債務のそのように可能とされた切り離し可能性において、そうである。

それでもしかし、私は、さらなる諸個別性へと立ち入ることを止めにしたい。すでに与えられた諸例で、自然法におけるゲルマン的諸要素の意義を明白にするためには、十分であろう。ゲルマン的であるのは、しかし、とりわけ、その普遍主義的で理想主義的な根本性質である。それゆえ、我々に、その歴史への瞥見は〈克服された諸錯誤を我々の民族文化の最も深い本質に矛盾する、新たな諸錯誤と混同しないこと〉、〈便益と権力の理念をとおして法理念の分解に反対する闘争において、法理念の旗を高く掲げること〉、〈諸党派と諸利益の錯綜した争いの中で、法の理由と目標が「正義」（Gerechtigkeit）であるという思想を誠実に維持すること〉を、警告しうるのである。それは、すなわち、自然法が、偉大なカントの口をとおしてそれについて、かつて言ったところの、正義である。《もし正義が滅亡するときは、人間たちが地上に生きる価値は、もはやない》と。

【以上、本論文、終わり。本論文に注はない。】

7．ラーバントの国家法とドイツ法科学（一八八三年）

オットー・フォン・ギールケ『ラーバントの国家法とドイツ法律学』（一八八三年）
Labands Staatsrecht und die deutsche Rechtswissenschaft. 1883.
Unveränderter photomechanischer Nachdruck. Erstmal erschienen im Jahrbuch für Gesetzgebung, Verwaltung und Volkswirtschaft im Deutschen Reich, Neue Folge, 7. Jahrgang, Heft 4, S. 1097-1195, hrsg. von Gustav Schmoller.
2., unveränderte Aufl. 1961 Druck: fotokop GmbH.Darmstadt.Einband: Dingeldein, Darmstadt-Arheilgen, Printed in Germany. S.1-S.99.

I

今や第三巻の第二部[1]の出現によって、ラーバントの『ドイツ帝国の国家法』に関する偉大な作品は、比較的短期間においてその完成を見いだしてきているので、我々の法科学のためのこの書物の意義に関して二三の言葉を発することは、不必要ではないであろう。なぜなら、同書にこのような「より一般的」な意味がそもそも付与されなければならないかどうかという前提問題は、それ自体として公刊された個々の諸部分の諸作用を注目しつつ追跡してきている何びともこれを否定しないであろうからである。日常文献における同意しあるいは異論を述べる諸表明の騒音がこのために決定的な標準を与えるのではもちろんなく、「そして」、〝新たな方法〟の一つの側面から払われた賞賛の過度性、および、別の側面からこれとは反対に向けられた論争の激しさが、このために決定的な標準を与えるのでももちろんない。おそらく、しかし、書物の実際の意味のためには、〈その書物が即座に公法におけるおよびそれを超えての諸領域における学問的な運動に向けて獲得してきている〉持続的な影響が証言している。ラーバントによって適用された方法は、しばしばすでに他の人々によって唯一の〝法律的な〟取り扱い方法として模倣され、そして、彼の諸結論の一部は、議論の余地のない真理として受け止められてきている。ラーバントの思想は、最近の数年間における法律文献へのあらゆる一瞥が示すように、実りある大地を見いだし、そして、外国の思想作業の方向と内容に向けてのそれらの決定的な影響において、生産的な力を確保してきている。本来的な国家法の部門においては、ひとは、ほとんどすでにラーバント〝学派〟について語ることができるであろう。この運動が、いまや、書物が完結して存在しているので、さらに成長するであろうことは、預言者の天分がなくても予見されるのである。それでもしかし、その場合、本質的には、国家法の学問は、ただ〈それによって長い間以来ドイツ法科学全体が把握されていることを示すところの〉そして〈その氾濫する大波がいずれにせよその限りで《その潮流がどのようにであれ現代の諸需要と諸直観に対応していること》は疑いの外にあるところの〉潮流にのみ従わなければならない。しかし、ラーバントの国家法の体系における新たなるものおよびその他の人々の精神的に類似した諸努力に反対して、すでに多くの声で声高となってきている異論もまた、沈黙してはいないであろう。そして、そのようにして、その作品には、確かに、将来もまた〈法科学の最上位の諸原則をめぐって、すなわち、法科学の諸基礎と諸目標をめぐって今日、数十年以来より以上に生き生きと燃え盛り、最も最近の将来において和らげられることが困難であろうところの〉闘争における卓越した役割が付与されるであろう。——

学問においても生活においても、進歩は、それ自体としては正当な思想の一面的な誇張なしには、実現されないのがつねである。作用と反作用の交替の法則は、ここでもまた、支配するように思われる。それとは、進歩が同時に退歩となるという危険が結合されている。なぜなら、ただ余りにも容易に、従来の発展の本質的な諸獲得物が、利那的に特別に熱く熱望されるがそれでもしかしたぶん最終的にはほとんど価値のない財産のために、犠牲に供されるからである。まさにところで、ある程度に至るまでは、〈《一定の公準の方向において決定的な成果が達成されるべきである場合には》他のまだそのように基礎づけられている諸要求が一時的に休息しなければならないこと〉は、もちろん不可避である。勝利しようと欲する者は、鋭い諸武器を必要とする。そして、その者はそれらを省みることなきエネルギーをもって用いなければならない。その者には、一点への諸力の集中がそれをとおして可能とされる自己制限は、〈それによって初めから限定されたそして一時的な獲得物の保証のために設定された問題のあらゆる面でのそして究極の解決が放棄される〉場合にさえ利益となるであろう。しかしながらそれだけ一層差し迫って、学問においても生活においても、〈それを逸脱する場合には、そのような手続きの相対的な正当性が絶対的な不法へと転換するところの〉制限を維持することが要求される。このことは、道が目標と取り違えられ、個々の項目の獲得のための手段として許される一面性が確定的なものへと捺印されるや否や、問題となる。なぜなら、直ちに調和的な発展が、一時的に妨げられるのみならず、その諸基礎において脅かされるからである。過去の諸世代によって勤労して得られてきた精神的諸財産の永久的そして回復不可能的な損傷の危険が成長する。この危険がたんなる空想〔キメラ〕でないことは、歴史がこれを教えている。最も僅かにしか、ドイツの精神は、新たな道の追求の際における危険な諸誤謬から空理空論主義というその典型的な特徴のゆえに、保証されていない。あらゆる新たな思想を直ちに体系へと紡ぎだす傾向は、我々を、ただ余りにも容易に極端から極端へと駆り立てる。ほとんど支配的なドグマが狭すぎるものと認識されないのに、新たなドグマが固定されそして完成されて存在する。ドグマ的な桎梏の爆破のために奉仕した手段が、直ちにそれ自体がドグマ的な桎梏となる。そのようにして学派が学派に次ぎ、暴君制が暴君制に次ぐのである！　精神的な運動は、〈外国がしばしば驚異なしにではなくそれらを傍観する〉グロテスクな諸動揺と諸跳躍に帰着する。主権的な軽蔑をもって、その時々の最もモダンな知恵が、それによって〝克服された〟方向の諸達成を蔑視し、そして、それによって発見された真理の小粒を、〈数世紀の経過の中で形成されてきた思想体系の真理の内容を摘出しそして敬虔に充ちて保持すること〉より以上に、〈いずれにせよしかし結局死すべき者には閉ざされている〉「全」真理の外観をもってヴェールで覆うことに努力する。だいたいにおいて学問の歩みをそのような態度は変更しないであろう。おそらくしかしそのような態度は、民族または時代の精神的内容に向けて荒廃的にそして妨害的に影響することができる。まさにドイツにおいては、我々は、それゆえ〈我々の精神的な財産を増加させることが、精神についての損害にはならないように〉、絶えず見張っているべきことの全ての原因を有するのである。そして、どこかの地域でこのような現象のたとえ最初の兆候にすぎないとしても気づくものと信じるあらゆる人にとって、語りそして警告すべきことの神聖な義務が生ずるのである。ひとが輝かしい成果と向き合い、そして、その成果をとおして切り開かれた意味に充ちた進歩に共感をもって挨拶する場合、〈この学問的な行為の承認に表現を与えること〉は、むろん〈いまや同時にまた再びそれについての諸瑕疵と諸一面性の暴露をとおしてあら捜しをすることより以上に〉より感謝の念をもった行為である。しかしながらことがらが要求することは、行われずにあることとは許されない。ただそのような場合においては、容易に可能な誤解を予防することのみが妥当する。一定の方向において道を切り開いて先行してきた人の個人的な功績がそれによって縮小されるかのような解釈を拒絶することが妥当する。個々人は、一面性の「権利」を有する。真面目でそして堅実な仕事における彼の独特の諸施設と諸力の程度に従って、学問をその諸項目の何かひとつの項目の前進をとおして促進する者は、十分に行ったのである！　この彼から彼がいまや他の諸点に向けても運動をさらに進めることを要求し、あるいは、全く彼に〈彼が意識的な自己制限において彼に生来的な課題を自らに設定し、そして、彼に達成可能な目標を挿入したことに基づく〉非難をすることより以上の誤りは、何もないであろう。学問が本質的な諸成果を高められた作業部門に負うという命題は、様々な諸方向の追求および異質の諸方法の適用に関してもまた、妥当する。そうでなくとも、とにかく〝学派〟は、巨匠の諸過失を無節度に誇張し、そして、それを新たな唯我独尊のドグマの本質的な諸構成部分へと高めるのが、つねである。そうして、それゆえ、学問的達成そのものの価値の判断と学問的な運動におけるひとつのモメントとしてその意味の確定との間を分離することが必要である。——

一体、しかし、この種の諸考察は、ここで問題とされるべき書物との関連を有するか？ 私には思われるように、むろん！ である。なぜなら、ラーバントの作品は、決定的な学問的進歩を意味しているからである。そして、それでもしかし、〈公法の学問において永久的にそして一般にここで適用された方法の内在的な諸限界についての意識、そして、その方法をもって達成された諸帰結の一面的かつ一時的な性格についての意識が失われていくとする場合には〉、この進歩は退歩ともならざるをえないであろうことが、基礎づけられるからである。それゆえ、著者の堅牢な仕事が正当な果実を担うべきであるとすれば、この独特の関係は捉われずに、そして、純粋に実質的に評価されなければならない。

【以上、Iの本文終り】

【以下、Iの注】

（1） パウル・ラーバント『ドイツ帝国の国家法』第三巻第二部、全巻を包含する事項索引つき、一八八二年刊。Paul Laband, Das Staatsrecht des Deutschen Reiches. Dritter Band. Zweite Abtheilung. Nebst einem das ganze Werk umfassenden Sachregister. Freiburg i. B. und Tübingen 1882. Akademische Verlagsbuchhandlung von J.C.B. Mohr（Paul Siebeck）. 440 S. ——第1巻は一八七六年、第二巻は一八七八年、第三巻第一部は一八八〇年に出版されている。

【以上、Iの注、終り】

II

その書物をとおして達成されている「学問的進歩」は、その核心において、ラーバントが、彼のドイツ帝国国家法の叙述の際に、彼以前の他の人々より以上に、大きなスタイルにおいて、および、より厳格な首尾一貫性をもって、〈国家法は「法」であり、そして、「法以外の何もの」でもない（daß das Staatsrecht Recht und nichts als Recht ist.）〉という思想を実行してきていることに、基づいている。

もちろんこの思想を非難する者は、その構築においてもまた進歩を認めることは許されず、そして、それによって作品全体の拒絶へと強いられるであろう。しかしながら幸いなことに、まだドイツの民族精神の中にそしてドイツの学問の中には、国家法が実際にその名が言うところのものであるという確信が揺るぎなく生きている。まだ我々は、〈法の理念を公的生活の領域にもまた完全にそして全部的に実現し、そして、そのようにして法治国家の目標に少しずつ近づいていく〉という、文化諸民族とりわけゲルマン的世界の任務を信じている。まだ我々には、それゆえ学問においてもまた、国家法は法でありそして法以外の何ものでもない、という命題のあらゆる勝利に充ちた確保が、疑いなく良きことがらの勝利として妥当している。十分に我々は、全ての諸時代に、法思想は、ただ労苦に満ちて自らを、闘争する諸権力と諸利益のカオスから光に向かって格闘し、そして、諸民族の歴史の暴力的な諸カタストロフの中でいつでも新たに再び獲得されなければならないこと、［そして］公的生活のまさに近代的形成は、〈その複雑な諸需要、その峻厳な諸対立、そして、法治国家の形成のその矛盾に充ちた諸理想〉とともに成長する諸困難を、眼前に聳え立たせること、［そして］、最も僅かにしか、現代においては、〈公然とまたは密かに公法の理念の分解へと及ぼす〉影響力ある諸傾向は欠けていないことを、知っている。しかしながら、それだけ一層価値に充ちてのみ、そのような格闘の中で法思想を強める全てのことが、我々に現れるのである！　それゆえ、今日、より真剣な学問的な争いがめぐっているのは、国家法が法でありそして法に留まるべきであるかどうか、の問いをめぐってではない。争われているのは、法そのものの本質である。そして、この点において、事実、ドイツの法律学が新たにしばしば自らを〈法思想を内部から分解しそして空にすべく脅かすところの〉諸理論に向ける場合に、それでもしかし、その場合、国家法のその他の法との同質性は問題とはされず、そして、少なくとも法の「旗」は、国家法のためにもまた振られ続けるのである。まさに公法にとっては、法理念のこのような危殆化は、その法たる性質のあからさまな否定より以上に危険であることは、もちろん確かである。しかしながら、いずれにせよ、まず最初に端的に〈国家法を公然と法では「ない」ものと説明する方向のためには、成果に対する見込みは存在しないこと〉は、特筆すべきである。多頭制的なドイツの学者共和国において、「この」単純なそして美しいプログラムのために、たとえ一人の戦士も立ち上がらないとすれば、驚くべきことにならざるを得ないであろう。それでもしかし、〈一連の数年以来、その諸力を、高められた装飾において王位についている権力の女神の勤務において浪費する〉勇気ある著者は、望まれた従軍をこれまで見出して来ていない。むしろ、〈国家においてただ人種的な抑圧に基づく〝他の多数体に対する有機的に組織された多数体の支配〟のみを、いわゆる〝国家法〟においてたんなる一面的な〝国家規範〟を、〝法治国家〟において実質のない幻影のみを、認めるにすぎないところの〉真に〝現実主義的〟な理論は、いまだいつでもただ驚かされて頭を振ること〔疑惑または否認の身振り——訳者注〕に出会うのである。それゆえいまや早すぎるにせよ遅すぎるにせよこの暗殺計画のまじめな防御については、目下のところ、〈なるほど時おり機知に富んではいるがしかしながら哲学的、歴史的および法律的な点においてまさしく平凡に基礎づけられたしばしば素人的なグンプロヴィッツ（Gumplowicz）の諸推論にそれが固有のものであるよりも、もっと鈍くない〔鋭い〕諸武器をもって試みられるとした〉場合ですら、必要性は存在しないであろうように、グンプロヴィッツがラーバントの作品の基礎傾向に対する彼の立場からの首尾一貫した批判(1)において向けている特殊の攻撃もまた、ここでは放置したままでありうる。ある点においては、もちろん、この独特の批判は、個々の諸瑕疵の適切な指摘のゆえにのみならず、とりわけ〈それが驚くべき明瞭さにおいて、《いかに極めてラーバントの方法の一面性が、法理念の敵対者たちのラディカルな諸努力に対してその諸手へと働くか》を示すゆえに〉注目に値する。しかしながら、我々をここでまず最初に取り組ませる原則的な問題において、我々は、しなやかな否定という険しい試みをとおして落ち着いて議事日程へと移行して行くことができる。さらなることがらに至るまでは、〈国家法は「法」であり、そして、その学問は「法科学」である〉ということが、まさに公理にとどまるであろう。そして、この信念が維持される限りでは、〈国家法の学問的作業において、国家法の「法たる性格」が従来よりもより鋭く妥当へともたらされるならば、そのこと〉は、「進歩」として現れるであろう。

このような成果の達成のための手段を、ラーバントは、「法律的方法」（juristische Methode）の可能な限り厳格で排他的な適用において見いだしてきている。国家法が実際に法であるならば、事実、国家法に適当な取り扱い方法が、端的に、ただ法律的な方法においてのみ存在することができ、そして、国家法の法内容のより純粋の鋳造へのあらゆる歩みは、この方法で行われなければならない。なぜなら、〝法律的方法〟はしかりまさに、この素材が〝法〟であるや否や、素材の特別の諸特質をとおして条件づけられる学問的手続きの形式以外の何ものでもないからである。それゆえ、〈ドイツ帝国の国家法を徹底して「法律的」に取り扱うという〉意識的かつ精力的なラーバントの努力は、無制限に承認されなければならない。彼が誤ったことは、それ自体、取り消し難いこの傾向の責めに帰するものではない。むしろ、遂行のもしかするとあるかも知れない諸不完全性を別とすれば、主たる誤りは、それがそもそも存在する場合には、ただ、ラーバントが法律的な方法の本質を不正に、または、余りにも狭く決定したことにのみ付着してありうるのである。

この点において、ところで、ラーバントは、まず最初に、いずれにせよ、全ての法律的な取り扱い方法の基本的諸条件のひとつを〈彼が国家生活の法的側面としての国家法を国家生活のその他の内容から概念的に切り離し、そして、それによってここでもまた、法をその「独立性」において示すことを試みてきている〉限りで、認識しそして実現してきている。法的諸現象は、〈それらが社会的な生活諸現象の総体から取り出され、そして、相互に体系へと結びつけられる場合にのみ〉、それらの特質において把握されうる。この手続きは、もちろん〈一定の至るところで一様に作用する機能的な諸要素を理想的な統一体へと総括するために〉《社会的なケルパーを全てのその諸部分において浸透する》現実の生活統一体から目を逸らすところの〉抽象のうえに基づいている。しかしながら、そのような精神的なプロセスとともに、意識的なそしてそれによって人間的な共同生活は、そもそもはじめて始まるのである。そのような手続きなしには、とくに法は、全く存在しないであろう。なぜなら、法は、その本来的な実質によれば、諸事実の総括ではなく、諸観念の総括であるからである。法の特別の存在は、〈その結果において、社会的な存在のそれによって理念的に分離された部分内容に関する独特の観念系列が構成されるところの〉ただ人間的な意識の諸過程の作品であるにすぎない。法意識の外部には、法は存在しない。法科学の課題は、それゆえ、初めから、〈その原則的な内容とその内的な関連を探求するために、それをそのようなものとして孤立させることが妥当する〉〈現実の世界から抽象されて観念された〉世界を研究することである。しかし、〈より多く、対応する諸観念が、隣接する諸観念に対する関係で独立的および特殊的に形成されればされるほど、法は、経験上、それだけ一層より完全に展開され、そして、それだけ一層精力的に有効となるように〉、法科学もまた、〈より純粋にそしてより鋭くそれが本来的な〝法律的〟な諸思想を、大衆的な観念においてそれらの諸思想を今なお巻きつけている付属物から摘出し、そして、言明へともたらせばもたらすほど〉、それだけ一層よりよくその課題を解決するであろう。まさにこれをとおして、本質的な部分で、法律学の法生活への実りある遡及効果が条件づけられるのである。そのような諸行路において実際、事実においてもまた、私法の学問は、ローマ法学者たちの諸時代以来、成長する成果をもって動いてきている。ゆっくりとそして不完全に、これに対して、公法の学問は、類似の諸道を歩んできている。とりわけ、国家法学〔国法学〕は、後になってはじめて、古代においてそれに付着された〈そのためにこの領域において法思想の独立性が国家生活の現実的統一体の前に後退したところの〉考察方法から免れてきている。より最近の時代まで、国家法は、一般国家理論〔一般国家学〕(allgemeine Staatslehre)（Politik 政治学）において国家生活のその他の内容とともに合流したのである。しかしながら、先立つ数世紀の経過においてこの立場が理論的に克服され、そして、″一般″国家法にも″特殊″国家法にも、独立の法律的諸部門の性格が確保されてきていた後にもまた、伝統的な方法で、ここでは、法素材に極めて多くの異質の要素が混合されたままであった。しかり、今日もなお、国家法的な諸仕事は、稀ならずある程度、既得の特権として、〈法律的詳論と政治的、倫理的または経済的な諸詳論との間の諸限界が不明瞭に溶解する〉あの曖昧とした雰囲気の中に自らを保持することを、要求している。そのような根深い諸傾向に対する関係では、とりわけゲルバー（Gerber）によって最も最近のドイツ国家法理論へと導入された〈民事法学〔ローマ法学〕の確保された模範に従ってここでもまた法律的思考の純粋の喜びを求めて努力する〉運動は、その核心において徹底して正当である。ラーバントは、それゆえ、〈彼がこの方向において指導者の役割を引受け、そして、目標への接近のためにしばしば新たな諸道を切り開いたことをとおして〉重要な功績を自らに獲得してきている。[2]なぜなら、彼〔ラーバント〕は、〈国家法はそれ自身がただ法の諸概念をもってのみ作業しなければならず、そして、ただ法律問題だけを解決しなければならないこと〉に、彼以前の誰よりも首尾一貫して固執しているからである。より確かなまなざしをもって、彼は、しばしば深く挿入された住み慣れた国家法的な諸観念の非法律的な諸構成部分を発見し、そして、国家生活の大小の論争諸問題をその法律的な内容へと還元することを知っている。向こう見ずのエネルギーをもって、彼は、彼が法領域に属さないものと認めたすべてのものを切り離している。ひとは、〈国家法の叙述と以前同様にその完全な理解のために不可欠な隣接する国家理論の諸部分を外部的に結合することが、合目的ではないかどうか〉を疑ってよい。全くラーバントもまた、彼がその場合、可能な限り窮屈な程度に制限されているにもかかわらず、政治的、倫理的、経済的および技術的な諸考察をとおして裸の諸法規を説明することを斥けることができていないのである。まさに、第三巻は、そのことのために、とくに軍事法（Militärrecht）においておよび財政法（Finanzrecht）においていくつかの例証を提供している。しかしながら、いずれにせよ、法でないものは、法のためにもまた与えられてはならない。そして、この点において、素材の法的側面の概念的孤立は、行過ぎてはならない。とりわけ政治学からの法のより清潔な分離は、真正の国家法理論の最も重要な諸課題のひとつである。ラーバントが前書き（Vorwort）の中で彼自身によって記された理想を徹底して実現してきていることを、何びとも期待しないであろう。全面的に非政治的な国家法は、おそらくかつて、有名な純粋に客観的な歴史作品が書かれていないように、書かれないであろう。ラーバントの諸叙述もまた、著者の一定の政治的な立場を微光のように漏れさせているのみならず、明らかに稀ならず、全く具体的な政治的考慮にその方向とその最終結論を負っている。時おり、ひとは、原則的な問題の詳論の際に、あたかも、外見上ただ法律的な諸理由のみが相互に考量される一方では、それでもしかし、結局、〈真実においては決定のために第一撃を与えたところの〉政治的な動機はただ秘密にされているかのような、印象をもつのである。しかしながら、一般に、理想は、その達成不可能性をとおしてはその価値について何ものも損なわれないように、公法の独立化を求める著者の真剣な努力もまた、〈成果が人間的な諸事柄の性質上、いつでもただ部分的なものでしかありえないことのゆえに〉、より僅かにしか模範とすべき価値がないものでは決してないのである。

著者は、国家法的な取り扱いの対象の固定化においてひとつの進歩を成就したとすれば、彼はまた、これによって設定された純粋に〃法律的〃な課題の解決においてもまた、ある方向において、〃法律的な方法〃によって要求される諸手段を、彼のいかなる先行者たちよりも評価しそして適用してきている。なぜなら、彼は、至るところでより多く意識的なそして徹底した方法において〈そのために彼が鋭い理解と幸福な才能を有する〉「法律的思考の独特の諸形式」を取り扱っているからである。〈特殊の方法において法律的な精神活動をあらゆるその他の精神活動から区別する〉このような諸形式が存在することは、容易には、誰かがこれを否定することはないであろう。それでもしかし、良き〃法律的頭脳〃に〈いかなるその他の能力とも完全には一致しない〉独特の設備が属することを、経験が教えている。より困難であるのは、特殊的に法律的な思考方法の本質を決定することである。けっきょく全ての法科学の建物を担う諸支柱は、ただ哲学と歴史というふたつの大きな仕事場からのみ由来することができるとしても、それでもしかし、疑いなく法律的な構築そのものは、哲学的な精神作業と歴史的な精神作業のたんなる結合の作品ではない。さもなければ、悪しき歴史家でありそしてもっと悪しき哲学者であったローマ法学者たちが、それにもかかわらず極めて良き法律家たちではありえなかったことであろう。法律的思考においては、むしろ、それにその特別の典型を付与する何か新たなものが付け加わるのである。この新たなものは、もしかすると形式論理（formale Logik）と実際的な拍子（praktischer Takt）という両者の基本的諸構成部分に帰着される精神的諸要素の独特の混合から結果するのである。それをとおして法律学（Jurisprudenz法解釈学）は、一方では数学と、そして、他方では芸術と、ある親近性を示すことが、説明される。数学と同様に、ひとは、法律学をすでにしばしば〝諸概念をもってする計算〟と名づけてきている。事実、全ての法律的な思考作業の重要な部分は、「諸概念から諸概念を論理的に導出すること」の中にある。しかしながら、材料を構成するのは、ここでは、不変の数学的な量の諸概念ではなく、多かれ少なかれ自由に形成された〈選ばれた立場に従って、そのようにまたは異なって流動的な生活諸関係の限りなき豊かさから切り取られうるところの〉、――〈全ての諸場合において素材的な関係を自己の中へと取り入れなければならないところの〉、――〈最後に相互間でもまた異なる整理を許容するところの〉関係の諸概念である。たんなる形式論理は、それゆえ、ここでは、至るところでそうであるように、端的に実質的な基本諸概念を生み出す能力がないのみならず、それは、概念構成と概念発展の適切性をコントロールするために、決して十分でもない。純粋に論理的な手続きの最も熱心な信奉者もまた、〈法律的概念系列の内的な的確性は、法意識と法生活の諸要求との一致のためにいかなる種類の危険も提供しないこと〉を争うことはできないであろう。論理は、この領域ではその強制力を、いつでもただ可変的な諸条件の枠内においてのみ展開するので、それらの間で論理的な諸視点以外の諸視点に従う選択が行われなければならないところの〈法律構成の論理的には等しく可能な〉様々な諸方法が存在する。この場所では、ところで、まず最初に、〈それを利用することが、すでにローマ人たちに法律学を〝技術 ars〟として現れさせていた〉あの「法律的な拍子感覚 juristisches Taktgefühl」が援助的に登場しなければならない。〈一般的な法感情の洗練された残留感覚から、そして、実際的な法生活の感覚的に生き生きとした観方から〉成長して、多種多様に論理的に可能なもののもとにそれ〔拍子感覚〕を見いだすことを教えるところのものが、とりわけ直接的な感覚において適切なものと有用なもののために、自らを現わすのである。それを超えて、しかし、それ〔拍子感覚〕は、法律的な思考形成物の造形的な形成と調和的な完成への衝動を生み出す。まさに合目的性と美しさのそのように熱望された結合において、その場合、事実、芸術的要素が展開される。我々は、以下に、〈今日の法科学のためには、法律的な本能の素朴に創造する活動をとおして論理的手続きを補充することは、決して十分ではないことを〉見るであろう。しかしながら、法律家は、いかなる時代にも、〈その技術をかつて達成されなかった巧妙さにおいてローマの法律家が形成してきているような〉技術の利用を持たずに済ますことはできなかったのである。ところで、ラーバントが実際に法律的思考の特殊の諸形式を〈あらゆる捉われない者が法律家的精神の風を彼の作品の中に感じるような〉輝かしい方法において取り扱ってきているとすれば、彼においてもまた、この成果は、独特に法律的な手続きの暗示された二つの基本的構成諸部分の結合に基づくのである。むろんその場合、形式論理的な概念の展開に向けての方向が決定的に優位を占めている。国家法全体を諸前提の可能な限り僅かな数から演繹することが彼の努力であるように、論理的要素の完全な展開が主たる功績であり、そして、論理的要素の過大評価が作品のアキレスの踵〔かかと〕である。しかしながら、ひとは、もしひとが彼の書物の諸特徴をもっぱら論理的導出の力と鋭さへと置くならば、著者に対して正当ではないであろう。そして、ひとは、ひとが彼に全く〈存在する素材から、形式論理という唯一の助けをもって国家法的な大系を組み立てることの〉特別の開始を託するときは、彼に対する直接的な不正義を犯すものである。ラーバントは、むしろ高い程度において、真正の法律家たちには飾りとなるところの実務的な拍子と造形的な感覚をもまた有している。彼は、〈論理的な諸遊戯と空虚な諸抽象の中に自らを失うためには〉、国家生活の現実の諸関係に対する健全すぎるまなざしと、法の諸観念の必要とされる明瞭性に対する深すぎる理解とを、有している。時おり、彼においてさえ、適切さに対する感覚が、論理的な首尾一貫性を破壊している。それゆえ、彼は、〈このことを類似の諸条件に基づいて近代学派のその他の諸信奉者たちが、一貫性のために、軽い気持ちで行っているように〉帝国からまたは個別諸国家から〝国家〟の特性を剥奪することに自らを決心させることができないのである。しかし、彼が純粋に論理的に手続きを進めるところでもまた、彼は、それでもしかし、原則として、出発諸点の選択において、そして、諸結論の形成において、彼を現実の基盤に固定させる正当の感情をとおして導かれている。稀に、ただ、〈それらをとおして、彼が、帝国市民のクライスを二十五の法人に制限し、そして、全ての個々のドイツ人たちを帝国間接所属者へと降格させるところの（I §8 und 13）、あるいは、折に触れて著作権（Urheberrecht）を、〝独占 Monopol〟という標題のもとに、営業自由を制限する刑罰の威嚇のたんなる反射として、切り縮めるところの（II S.469）、あるいは、分担数を含むひとつの統一的な全体としての帝国軍隊の法律的存在を否定するところの（III S.6 ff.）〉主権者の絶対的諸命令におけるように、彼を、その正当な感情が、いわゆる論理的な首尾一貫性に対する関係で、完全に見捨てるのみである。

それゆえ、彼が国家法を政治学から可能な限り切り離し、そして、法律的思考の独特の諸形式に服させる点において、ラーバントは、自らを真に〝法律的な方法〟の諸要求との調和において見いだしている。その限りで、彼は、彼が遂行において諸誤謬を避けてきていないにもかかわらず、原則的に正当な思想に道を開いてきている。そのような手続きの純化力に、彼は、個別の点において獲得された永続的成果を負っている。これらの諸成果は、個々の行政諸部門のために妥当する法の諸規範の錯綜したそしておびただしい細部が叙述される至るところで、以前の諸巻におけるように(3)、最終巻においても、最も争いがたく白日に現れている。第三巻の第一部全体を充たす帝国軍隊法と第二部の後半を受け取る帝国財政法においては、一部分は、しかし、その間に論じられる帝国の裁判制度の理論においてもまた、著者は、しばしば新たに〈厳格に法律的な思考の光をいくつかの辺鄙な領域において始めて持ち込む〉機会を見出している。むろんここでは、以前よりも多く、そして、最も多く、戦争制度（Kriegswesen）に関する章の中で、加工しにくい素材が、著者をして、重要な範囲において実定的諸法律および諸命令の列挙と内容的な再現をもって満足すべく強いている。疑いなく、将来においてもまた、この強力な規範諸複合の法律的遂行のためにさらに多くのことが、なすべく留まっている。しかしながら、全てのさらなることのような作業は、ラーバントによってなされた開始に関連しなければならないであろう。素材の精査において、法的な諸要素の取出しにおいて、法的な諸要素を支配的な法律的思想の下へと従属させることにおいて、ゲマインシャフト的なより高度の諸原則の発見において、そのように形作られた法律諸制度の編成と形成において、および、それらの最終的な概念的構成において、彼は、基礎的なるものを成し遂げている。いくつかの個別のものが修正を必要とするとしても、それでもしかし、全体においては、《《そこへと著者が彼の法律的な照明具の明るい光線を投げてきている》至るところで古い暗闇から強く浮かび上がる》鋭い諸線と諸輪郭とは、ふたたび消し去られることはできない。しかし、この行政法的詳細を枠に入れそして貫いていく憲法的基本諸思想をもまた、ラーバントは、とりわけ、〈我々のドイツの国家制度の特別の構造の諸流出物をめぐって、そして、それによって特殊的に帝国と個別諸国家の間の関係をめぐって、問題となる限りで〉、大部分、幸いにも探求され、そして、しばしば適切に定式化してきている。それを超えて、彼は、一般的な国家法的諸概念を、とくに〈多くの諸箇所でそれらの整序力と確保力を保証する〉一定の形式的な諸カテゴリーの設定と一貫した適用とをとおして、多種多様に解明しそして促進してきている。そこへと、私が数えたいのは、例えばフォン・マルティッツ（v. Martitz）によって提起された異論にもかかわらず、実質的意味における諸法律と形式的意味における諸法律の区別、ならびに、諸命令と諸処分の様々の諸種類の区別、［そして］、憲法的諸規範と行政法的諸規範の間の境界決定と、行政法的諸規範のそれらの可能な内容に従う分類、〔そして〕、行政が行動して登場するところの諸形式の分離、〔そして〕、国家にある一定の領域において留保される諸権利のそれらの高権的および王権的な諸構成部分への分解、などである。さらなる争い得ない功績を、ラーバントは、〈彼が刑法と訴訟法の諸法典編纂において表現を見出した国家法的な諸原則を注意深く探求しそして利用することを試み、そして、これをとおしてしばしば国家法的な地平線を拡張していることをとおして〉獲得してきている。そして、最後に、彼は、〈彼が実体的な基本諸概念を《彼がそれらをもって操作する前に》絶えず基礎的な検討に引き入れることによって〉国家法学の最上位の諸問題の詳論のためもまた、いずれにせよいくつかの新たなそして実りある刺激を与えてきている。

しかしながら、ここは、同時に、彼の手続きの給付能力の諸限界が明瞭に登場する点である。その他の点においてはただ個々の諸誤謬と不完全性がみられるにすぎないのに対して、国家法の基本的諸問題が直接に表明され、あるいは、間接的に介入するところでは、方法の原則的な欠点が、至るところで明らかになる。唯一とされる〝法律的〟な方法が役に立たないのである。おそらくこれらの諸領域においてもまた、著者にはいくつかの計画が成功している。しかしながら適用された諸手段の新たなものおよび諸独特性のゆえというより以上に、それにもかかわらずである！　そして、重要な範囲において、むしろ〈まさに法理念の保護のためおよび法科学の利益において決定的なプロテストを要求する〉意味における基本的諸概念の検討が脱落してしまっている。それゆえ、それでもしかし、ラーバントが理解するような〝法律的方法〟は、それが法の本質に適うごとき完全なそして全部の〝法律的方法〟ではないに違いないのである。

【以上、Ⅱの本文終り】

【以下、Ⅱの注】

（1）Ludwig Gumplowicz, Rechtsstaat und Sozialismus, Innsbruck 1881, S.542–548.

（2） もちろんこのことは、それをグンプロヴィッツが主張するような解釈のためには、ただ大きな誤りの頂点のみを意味している。目標は、その場合、むしろ〝政治学〟の一部への国家法の再解消において存在している。

（3） Grünhuts Zeitschrift für das Privatrecht und öffentliche Recht der Gegenwart, Bd. VI S. 221-235 における第二巻の紹介批評の際に、私は、この点において最初の諸巻が達成してきていることを、すでに指摘している。

【以上、Ⅱの注、終り】

Ⅲ

自ら学派に属していないすべての人々の間では、おそらく〈この作品とそれによって代表される全方向の諸欠点と諸一面性とは、すでに暗示された「形式論理の給付能力の過大評価」とより近いまたはより遠い関連に立っていること〉についての一致が、支配しているであろう。ここに、事実、ラーバントの方法の原則的な瑕疵が根ざしている。

ラーバントは、論理に〈それ〔論理〕には必然的に欠けているところの〉生産力〔があること〕を信じている。論理法則そのものは、〈純粋に論理的な方法では永遠にただいつでも再び論理的な諸カテゴリーのみが見出されうるという〉認識へと導く。ラーバントは、これとは反対に、論理を〈自ら現実性の概念を発展させる〉能力があるものとみなすところの古い誤りと、決して関係を絶っていない。彼は、〈その定義から諸事物に合致する思想系列を汲み取るためには、ひとがただ正当に見つけることだけを必要とするところの〉現実の定義の可能性を信じている。彼にとっては、そもそも定義（Definition）と現実概念（realer Begriff）との間の差異は存在していない。彼においては、論理的決定は内容的な把握と、論理的導出は原因的な説明と、論理的な整理は思想的な総合命題と、一致している。形式的な諸正当性から、彼は、実体的な諸真理を引き出すことができると考え、そして、外的に完結された諸論議の中に、彼は、究極的な実質的諸決定の十分な基礎を見ている。思想的な形式は思想的な内容を開くべきであり、現象の形は、その諸線と諸関係においてことがらの最も内的な本質を究極的に明らかにすべきである。そのようにしてラーバントは、自らを、彼が端的に論理的に手続きすると空想することによって、けっきょく論理そのものと矛盾させている。

むろん、まさに法科学（Rechtswissenschaft）においては、論理的手続きは「特殊の価値」を有する。形式論理は、ここでは、至るところでそうであるように、あらゆる思考操作の欠くことのできない同伴者であるのみならず、重大な範囲において独立の役割を演じなければならない。ここでは、あらゆる論理的な瑕疵はきびしく自らに復讐するのみならず、成果は、本質的に積極的な論理的エネルギーに依存するのである。しかしながらつねに、それでもしかし、ここでもまた、論理は、ただ対象の論理的側面だけに近づくことができる。法は、しかし、決してその論理的要素においては汲み尽くされない。絶えずそして至るところで自らに自らが等しい抽象的な理性法の古い自然法的な幻想が克服されてきて以来、法は、言語と同様に、純粋に論理的な産物ではないことを、誰もが知っている。論理的な産物の中に必然的かつ恒常的な思想の諸要素について見出されるものは、ただ、その精神的内容の対自的に唯一生活不能的な構成部分のみである。多様性と交替とは、全ての有機体的および歴史的な形成のように、法の本質に属するのであり、法は、具体的な精神的能力の創造的活動をとおしてはじめて、生活と個性を受け取る。それゆえ、学問もまた、たんに論理的諸手段のみをもっては、法の全体的内容を把握することはできない。事実、しかり、今日、〈ア・プリオリな方法において何らかの人間的理性の外見上一般に妥当する言明から模範法（Musterrecht）を論理的に演繹すること、および、その模範法に照らして実定法を測定することを、企図したところの〉合理主義の諸ドグマに向けては、何びとも、もはや信を置かないのである。しかしながら法律学（Jurisprudenz〔法解釈学〕）は、実定法の与えられた素材を歴史的な現実として受け止めそして評価することを学んできているのであるが、法律学は、それでもしかし、この素材の思想的な形成において、合理主義的な諸幻像を決して完全には克服してきてはおらず、そして、まさにラーバントによってとられた道で、新たに深くその中に巻き込まれるべく脅かされている。なぜならつねに繰り返し形式論理の一面的な過大評価は、論理的な諸カテゴリーの意味における法の諸概念の取り扱いへと、誤り導くからである。つねに繰り返し、法の諸概念がむしろ〈考える法律家は、なるほど法の諸概念に内在する諸理念から理解し、展開しそして形作るべきであるが、しかし、外部から持ち込まれた図式に従って解釈し、引き裂きそして改造すべきではないところの〉生ける歴史的な精神形成物であることが、忘却へと陥るのである。つねに繰り返し、法律学は、《生命の尽きることなき若返りの泉において古い諸概念を説明し、そして、新たな諸概念を創造することの代わりに》、死せる概念的な諸項目の哀れむべき装置をもって生命を支配しようとする主権的な理性のうぬぼれた越権へと逆戻りする。その場合、例として、文法書においてもまた長い間十分に支配してきている同一の自己欺瞞が存在している。文法もまた、かつては例えば格（Kasus）をその論理的な要素のために論理的な諸カテゴリーと取り違え、そして、〈格を《歴史的に展開されそしてあらゆる言語の精神において独特に形成された》言語思想として把握する代わりに〉、それを、言語の確固として決定された数と意味における諸カテゴリーとして強制した。ただ近代の言語学においては、そのような諸錯誤へと陥った格理論は、ほとんど可能ではないであろう(1)。法科学においては、これとは反対に、〝国家〟、〝ゲマインデ〟、〝主権〟、〝所有権〟、〝物的権利〟、〝債権債務〟などのような諸概念をもって操作することは、〈あたかも、それらが不可欠の思考諸カテゴリーであり、そして、〝時間〟、〝空間〟、〝数〟、〝範囲〟、〝三角〟などのような諸概念と同じ段階に立っているかのように〉、徹底して近代的である。そして、それでもなお、そのような最上位の法の諸概念においてもまた、ただ〈それらの第一に置かれた内容とその他の組み入れられた諸内容・上位におかれた諸内容あるいは並列された諸内容との間の〉形式的な関係のみが、「論理的」に条件づけられるにすぎない。その一方で、それらの思想的な実質は、歴史的に獲得されたものであり、そして、ただ〈諸民族と諸時代のあるいはたぶん全人類種族すらの、外的な生活諸関係と精神的諸刺激における実体的な一致が、このことを惹起する限りでのみ〉、「歴史的」な合法則性によって、多かれ少なかれ一般的な典型を明らかにするのである。

ラーバントが、論理的な領域の諸境界のこのような原則的な誤認にもかかわらず、必ずしも徹底して失敗しているわけではないことを、彼は、すでに上記において指摘されたように、包括的な実際的諸知識、豊かな生活経験および現実に対する力強い感情によって担われた彼の法律的な拍子に負っている。彼が、しかしそれにもかかわらず、本質的な基本的諸問題の回答において自らを誤ったとすれば、まさに彼の例が〈多かれ少なかれ本能的なそして自然主義的な要素をとおしての論理的操作のこの指揮が、《原則的な方法的諸瑕疵を調整するために》必ずしも遠くまでは及んでいないこと〉を示している。我々の法科学は、しかり、それでもなお、徹底して「学問」であることを欲し、そして、「学問」であるべきである。法科学は、それゆえその対象の実質的な側面をもまた、「学問的」な方法でわが物としなければならない。ローマの法律家たちは《この方向において我々の自由になる学問的な補助手段なしに》偉大さを成し遂げたという異論によって、この要求を斥けることは、問題とはならない。あらゆる時代は、その時代に固有の諸課題をもつ。我々は、いくつかの点においてたぶんあの古典的な模範を、まさに〈我々の批判的精神からは古い法律家たちの素朴な構想力が回復不能的に失われてしまっているゆえに〉達成しないであろうとしても、我々には、それだけ一層決定的なそしてより意識的な〈我々の豊かにされそして深化された学問的洞察が拓いて来ている〉諸道の追求が、課されているのである。そうでなくとも、我々は、〈ローマ人たちにはいつでも疎遠なものに留まっており、そして、それらが彼らに知られていたとした場合には、彼らの法律的な技術に挑戦したであろうところの〉諸問題を提出しそして諸課題を設定することを全く避けることはできない。このことは、例えば、〈それらをめぐってまさにラーバントの作品もまた、極めて多種多様に骨を負っている〉〝法的性質〟の問題について、および、〝法律構成〟の課題について妥当する。我々は、それゆえ、事実、真正のそして完全な〝法律構成〟としては、今日ただ〈学問的な方法で、形式と並んで、法の諸思想の内的な実質を把握する可能性を確保するところの〉手続きだけを承認することが許されるであろう。

このために、ところで、明らかに第一の条件は、〈「法」と「社会生活のその他の諸宣言」との間に存在する〉「因果性の関係」(Kausalitätsverhältnis)の絶えざる尊重である。我々は、上記において、国家生活の法的側面を国家生活のその他の内容から概念的に分離することに向かうラーバントの努力を、端的に承認してきている。しかしながらラーバントは、この正当な思想を、法の「発生的」な隔離(genetische Isolirung)という誤った思想の中へと向けている。ところで、なるほど法律的な日常作業の大部分は、法の領域への視界の制限のもとになめらかに経過しうる。しかし、法律諸制度の本質と内容のための完全な理解は、それがそれでもしかし〈原則的な諸問題が解決され、あるいは、基本的諸概念が改変されるべきである場所で〉不可欠であるようには、獲得されることができない。なぜなら、学問的に概念されるべきであるものは、とりわけ発生的に説明されなければならないからである。法は、しかし、ただ自分からのみ、成るのでも成長するのでもない。おそらく法は、独特のそしてただ自己自身にのみ等しい精神的な能力であり、そして、その能力は、独立の領域へのその作用領域の形成においてはじめて、その諸力を完全に展開するのである。しかしながら、同時に、法は、個々の社会的な機能であり、そして、〈全てのその諸機能の内的な関連と中断されない相互作用をとおして統一体へと関連づけられるところの〉共同生活の一部を形成する。それゆえ、法の生成は、同時に、一歩一歩、総体の外的な生活諸関係と内的な諸観方全体の生成をとおして条件づけられ、そして、決定されてきている。法の有効性の種類と力は、本質的に〈一方では諸法規と他方では当該隣接諸領域の対応する実体的諸形成と理念的な諸形成の間に支配するところの〉調和と不調和の多様な諸関係に依存している。それゆえ、法律学(Jurisprudenz)は、法をその純粋性において鋳造するという目標をもまた追求するとしても、法律学は、それでもしかし、この目標への途上で、絶えず〈法をその生成と作用において条件づけそして決定するところの〉別の種類の諸要素を眼中に捉えなければならない。国家法学は、地平線のそのような広がりをほとんど欠くことができない。国家法学は、法を、鋭く政治から分離すべきである。しかし、国家法を理解するためには、国家法学は、〈それらの影響の下で国家法的な諸規範と諸概念が生成してきており、そして、それらに対する関係で国家法学がその独立の有効性を行使するところの〉政治的な諸状態と諸思想を引き寄せなければならない。それと並んで、〈この関連の解明なしには、法の形成物の内的内容の学問的把握が考えられないほどに、国家生活の一定の諸点において極めて強力に法形成へと介入するところのもの〉は、一方では宗教的および倫理的な諸観方であり、他方では経済的および社会的な諸関係である。ラーバントもまた、自明のことながら、国家法のためのこの種の諸モメントの意義を見過ごしてはおらず、そして、しばしばそのことを予期している。しかしながら彼は、国家法と国家生活との間の関連の研究を、彼の学問的な手続きの中へと取り入れていない。彼においてそのような諸関連によって出会われるものは、非方法的にそして偶然のように本来的な演繹と並んで、遅れてやってくるのである。〝方法〟の内部で、ラーバントは、そのための諸場所をもっていない。ここでは、法は、ただたんに自己自身からのみ展開されている。法の諸概念は、論理的な諸展開から生まれ、そして、それらが唯一そしてただそれ自身のためにのみ世界において存在するや否や直ちに、主権的な完全性において支配するのである。そうして、それらの諸概念が諸ことがらの真の本質の適切な表現を形成し、そして、適用において自ら実際に有用なものとして保持するという、あらゆる保証は、欠けているのである。〝法律的方法〟が、誤解によって、〈そ〔の技術〕の形成的作業の際に、法を超えて及ぶまなざしを投げることができないところの〉一面的に法律的な技術に狭められることによって、その方法は、まさに、法的な諸形式において含まれる法的な実質の学問的認識への道を塞いでいるのである。

ところで、しかし、法が、社会的な生活の諸現象の総体とのその発生的な関連において考察されうるにせよ、あるいは、法が、まず最初に、それ自身のために観察されうるにせよ、法の内的本質への全てのより深い洞察は、「歴史的」研究に依存する。歴史的な産物として、法は、ただ歴史からのみ把握されうる。〝法律的な方法〟は、〈もしそれが真の学問の諸要求に満足を与えるべきであるとすれば〉、同時に、徹底して〝歴史的方法〟でなければならない。このことに関しては、まさに歴史法学派の諸勝利以来、ほとんど争いは支配していない。しかしながら、法史的研究そのものの全ての諸進歩にもかかわらず、我々の日々においては、それでもしかし、しばしば新たに、解釈学的法律学のための歴史的基礎づけの真の意味が、誤解されている。論理的な要素の過大評価とともに、現行法とその発展過程の間の関係の一定の浅薄化が、手を携えて進行する。ひとは、個々の諸法規と法律諸制度の存在を説明するために、歴史を引き合いに出す。ひとは、それらの概念的構成においてもまた、おそらく歴史的な諸類推を利用する。しかしながら、ひとは、〈法の思想的内容を法律的な方法において現わしてきているところの〉内的経過の深部へと突き進むことはない。ひとは、歴史を〈その精神から諸概念が形成されるために、それをその生成において探求することが妥当するところの〉我々の法意識の生ける諸作業所としてではなく、〈このまたはあの恣意的に考え出された概念的な結合を擁護するために、多種多様な種類の諸武器がそこから取って来ることのできる〉ただ大きな兵器庫としてのみ考察する。それゆえ、ひとは、歴史的な外的機構の全ての世話においては、結局、核心において非歴史的な理解へと逆戻りするのである！　ところで、なるほど、この点においてもまた、法律学は、その日々の解釈学的作業の大部分を、歴史的に深化することなしに、幸いにも完了することができる。しかしながら解釈学的な新構築が問題となるときは、歴史的基礎づけにおけるあらゆる瑕疵は、自らに復讐する。まさに、ラーバントが自らに解釈学において挿入してきている高い諸目標のゆえに、彼の作業の成果は、本質的に〈彼の方法が歴史的基礎づけの完全な力を欠いていること〉をとおして害されてきているのである。ラーバントが、まず最初に現行の帝国国家法の叙述の際に、ただその直接的な発生史を一八六六年をもって始めている最近のドイツの発展においてのみ追求するとき、それに対しては、形式的には、何ものも異論を提起されるべきではない。類似の手続きは、従来、一般に、この素材の作業の際にとられてきている。明白なこととして、国家法的な教義は、大きな政治的転覆をとおしてその成長した諸課題の切迫の中で、直近のものを克服するために、一時的に遠くに存在するものを放棄しなければならなかった状態にある。しかしながら、それでもしかし、〈このような取り扱い方法において我々の帝国国家法学の究極の形式が見出されうることが不可能であること〉は、力を込めて指摘されなければならない。確かに、積極的な素材の広範な塊りの実際的な理解のためには、そのような取り扱い方法は、もしかすると十分であるかも知れない。しかし、学問的な内容と性格については、若き帝国国家法は、〈それが永久にそのような平坦な基礎の上へと置かれたままであるならば〉従来の普通ドイツ国家法および特別ドイツ国家法のはるか背後に、後退するであろう。たとえ我々の国家法的な新構築がドイツ民族の政治的全体存在のより以前の諸形式との法律的連続性をもたないで済ますとしても、それでもしかし、それは、そのゆえに歴史のない開始であるわけではない！ 国家法的な新構築のために使用された材料のみならず、その構造における本質的なものもまた、ドイツの過去から由来している。その中に具体化されている独特の国民的な法の諸思想を、我々の民族は、長い法の歴史の中で勤労により得てきている。重要な範囲において、帝国は、これらの諸思想を、完全に完成された姿において個別諸国家とくにプロイセンの国家法から承継してきているので、ここでは、実質的に帝国国家法は、かつて領土的に分離されていたドイツ国家法の統一体的な継続としてのみ現れるのである。そして、外的な形成がはじめて帝国において成功した場所でもまた、〈はるかに過去にさかのぼる発展過程の所産として現れる〉思想的実体が問題となる。これらの内的な諸関連を、帝国国家法理論は、もしそれが〈我々の公法の中に生きそして作用している独特の国民的な法の諸思想を学問的な方法で完全な理解のためにもたらす〉という高い任務を解決しようとするときは、無視してはならないのである。あるいは、この点において、〈我々のより古い国家法的文献および歴史的深化に向けてその労苦に満ちた格闘と親しんできている〉あらゆる読者を、ラーバントの作品の研究の際には、真剣な疑念が忍び寄るのではないであろうか？ より高く建築するためにより深く掘ることは、いまや突然に、もはや必要ではなくなるべきなのであろうか？ 例えば、我々の裁判制度の国家法的諸原則に関する最後の言葉が、〈機会的な諸所見におけるとは別に〉一八六六年以前のドイツの法史における決定的な基本諸思想の生成と成長について語ることなしに、語られうるべきなのであろうか？ 我々の戦争組織体制（Kriegsverfassung）の法的制度は、究極的に〈なるほど技術的な詳細の最も細かい脈管へと突き進むが、しかし一般の兵役義務の思想の起源と諸変遷のためには、決して一度も通例の諸示唆を残していないところの〉叙述から明らかになるべきであろうか？　一八六三年九月一五日の覚書（Denkschrift）以前のドイツ統一思想の歴史は、〈帝国の性質と帝国の個別諸国家に対する関係の性質が問題となる場合に〉無意味なものとして傍らに打ち捨てられてよいものであろうか？　確かに！　ドイツ帝国国家法は、歴史的に生成しなければならないであろう、さもなければ、それは、すでにその青春時代において硬化し、そして、硬直化するであろう！　ひとは、まさに十分に、将来、ドイツ法史をもまた駆り立て、そして、その点において我々の公法の現行諸形式の精神的内容を我々の原初の民族生活の諸深部から創造するであろう。しかしながら歴史的法律学の最も高貴な果実は、〈それと解釈学的な国家法理論の間の結合が引き裂かれるときは〉、〔そして〕、〈解釈学的国家法理論において、もっぱら法律的形式のみの崇拝が大切にされ、そして、ただ我々の時代の一連の諸法律と諸命令におけるその外的な成立のみが明らかにされるときは〉、枯死せざるをえない。それゆえ、事実、ドイツ帝国国家法に捧げられている大規模な最初の作品が、この点においてより良い模範を建設してきていないことは、問題の利益においで遺憾とされなければならない。いずれにせよ、ラーバントは、そのような諸配置に対する関係では、彼の書物の施設全体を、そして、彼の書物の実際的目的を援用することができる。この援用は、これに対して、彼が実定的な帝国国家法の叙述の機会に、同時に国家法の一般諸理論の理論的な新たな基礎づけを企てている限りで、排除されている。このことは、しかし、ほとんど至るところで問題となる。彼の書物は、具体的な素材への全ての集中にもかかわらず、それでもしかし同時に、〃一般国家法〃の草案を含んでいる。そして、ここでは、いまや一層多く疑わしい方法において、歴史的な基礎づけの不十分さが主張される。おそらく、著者自身は、支配的な基本諸概念を改変するという彼の試みのゆえに、時おり、たんなる論理的な演繹ではそのために十分ではないという感情によって、打ち負かされてしまっているように思われる。彼は、その場合、論理的演繹の補充のために感謝に値する歴史的諸付論を組み込んでいる。しかしながら、そのように価値あるものを、その諸付論は個別において含んでいるとしても、それらは、それでもしかし、全体において、機会的なものおよび偶然的なものの捺印をそれ自体に担っている。それらの諸付論は、ほとんどただ、せいぜい、〈ひとは主要な問題において何かがないのを嘆くことなしに、それを欠くこともまたできるかもしれない〉装飾的な飾りとしてのみ現れている。あるときは、その場合、一般に、〈例えば、国家官吏たちの法律関係の説明のためにファッサルレンのコンメンダチオン〔家士の授手托身行為〕を引き寄せる場合のように〉、ただ類推を獲得することだけが問題となっている（I S.386 ff.）。あるときは、概念は、〈より古い国家体制の異なる諸仕組みとの帝国諸制度のよりしばしばの比較における、あるいは、裁判官の諸機能の今日の分配とかつての分配の対比におけるように〉その対立物をとおして光の中へとおかれるべきである（III 2. S.27 Nr.1）。あるときは、あるいは、むしろただ一度、――法律の諸要件の言及の際に（II §56）――実際に、一般に妥当する国家法的な諸思想の探求のための始動が、それらの歴史的な宣言から取られている。それでもしかし、この場合においてもまた、いずれにせよただ断片的に持ち出された歴史的資料は、真実には、諸概念の発見のためにも諸概念の確認のためにも使用されていない。それゆえ、実際、事実においてもまた、歴史的基盤の拡張にもかかわらず、至るところでそして必然的に立法の過程において概念的に分離されるべき、法規の創造、裁可、告知および公布という四つのモメントについての新理論は、支持しがたいものとして現れている。[2] その上、ラーバントは、一度も、彼の概念諸構成を歴史的に基礎づける試みを行ってきていない。そして、それゆえ、それらの概念諸構成には、論理的な英知がそれを補充するところのより確実な基盤が欠けているのである。

〝法律的方法〟は、しかし、それが法科学の最高の諸課題に成長してあろうと欲する限りでは、「哲学的」な考察方法をもまた、必要とする。これまでは、まさに国家法理論は、この点について、最もほとんど疑いを抱いてきていない。国家法理論は、〈それが、一方では、思弁の給付能力を過大評価し、そして、他方では、哲学的な諸一般化を諸現実性と取り違えることによって〉、たぶん良きことさえも、多すぎるほど行ってきている。しかしながら、極めて精力的に、国家哲学と法哲学の諸逸脱に対する関係では、〈あらゆる国家は生きた個性であること〉、〈歴史的な法と実定法以外の法は存在しないこと〉、〈ただ具体的なものから、そして、具体的なものに即してのみ、一般的なものが認識されうること〉が強調されなければならない。そして、それでもしかし、永遠に、学問的な国家法は、哲学的な基礎づけなしには考えられないであろう。〝特別国家法〟は、その今日の姿においては、〝一般国家法〟なしには、全く存在しないであろう。それ〔特別国家法〕は、一歩一歩、〈それが一般国家法から取り出し、そして、その素材からしかしながら一度も取り出して作業することができてこなかったであろうところの〉諸概念をもって操作する。より包括的な思想体系の諸標準を個別国家の諸制度へと置くことを、最後まで聞こうとする場合、たんなる国家法案内へと沈没せざるを得ないであろう。〝一般国家法〟は、しかし、たんに偶然的にのみギリシャ哲学の子供なのではない！　一般国家法には、歴史的に与えられた国家法像を確定しそして比較することが不可欠であるのと全く同様に、国家と法に関する哲学的思考が不可欠である。国家的諸制度とその発展系列における一致するものと異なるもののたんなる統計学からは、ただ死んだ諸項目と図式的な諸抽象だけが獲得されるに過ぎない。生きたそして価値に充ちた一般諸概念を与えることができるのは、具体的な諸現象の比較的分析が、〈そこに表現されている〉普遍的な人類的諸理念の視点の下に遂行される場合にのみである。内的な必然性により、一般国家法理論は、以前からそれらの論理的諸操作を、〈国家と法の《根拠、本質および目的》という諸問題の中に隠れている〉形而上的および倫理的な諸問題との関連の中に置いてきている。これらの諸問題から全く目を逸らす〝現実主義 Realismus〟は、すでに〈人間精神によってそれらの諸問題の回答の諸試みから発展させられた諸理念が、極めて現実的な世界史的諸勢力として作用し、そして、積極的な法の諸形成をしばしば決定してきている〉ゆえに、極めて非現実主義的である。学問は、しかし、〈学問が永遠の世界関連の中への束の間の諸現象の挿入を放棄した場合には、学問は、思考する精神の性質と諸需要との矛盾に陥るであろうゆえに〉そのような諸問題に対してその側で立場を取らないわけには行かないのである。学問が実際とそれによって自己自身の背後にある真理に対する追求を放棄しようとしないならば、学問は、理想主義的な背景を欠くことはできない。事実、〈国家法の一般諸理論を、哲学的な原則の諸闘争に関与〔一方に加担〕することなく、純粋に実定法律学的基礎の上に確立する〉全ての諸労苦もまた、自己欺瞞に帰するのである。なぜなら、何びとも、〈国家と法に関する哲学的思考を、特殊法律的な領域への全ての立入りに先立って働かせる〉諸対象についての一定の理念を持ち来ることなしには、そのような企図に歩みよることはないからである。それゆえ、彼は、例えば、〈個人と一般性の間の関係についての〉、〈社会的な諸関連と諸組織の本質についての〉、〈社会的生存秩序の内部での、そして、個人的な生存秩序に対する関係での、人間的諸団体の様々な諸種類の地位についての〉、〈最高の地上的権力の諸課題と諸制限についての〉、〈正義、権力および合目的性などの間の諸関係についての〉この理念またはあの理念を自己の中に抱くであろう。この種の諸理念は、しかし、〈外見上まだ極めてけわしく自らに向けて設定された〉法律的思想形成に避けがたく範例を与えている。さもなければ、いかなる内容を、例えば、諸基本権の理論、国家の法主体性の理論、国家におけるコルポラチオンの法律関係の理論、高権的諸権利の理論、立法、行政および裁判の諸機能の理論などが受け取るか？　は、例えば、それらの諸理念のあれこれには依存しないであろう。哲学的な前提諸問題を拒絶することは、それゆえ、ただ《《哲学的思考をとおして、なるほどたぶん同様に学問的な証拠としては提出されないが、少なくともしかしそれらの内容の学問的に教育された提示と試験へと強制されるであろうところの》》何らかの世界観が、不規則でそして断片的な方法において妥当へと到達すること〉のみを意味するに過ぎない。それゆえラーバントもまた、国家と法の根拠、本質および目的についての諸問題を、ただ外見上完全に、その視界から放逐することができているに過ぎない。真実には、それらの諸問題は至るところで背景において浮上し、そして、少なくとも間接的には一定の方向において回答されている。折に触れて著者さえも、彼の計画を忘れ、そして、例えば、明示的に〝国家の諸課題〟について語っている。いずれにせよ、彼〔ラーバント〕の法律体系の概念的構築全体は、〈あの諸問題の解決の或るまたは別の試みと共に立ちそして帰するところの〉一連の諸前提の上に基づいている。しかしながら、まさに〈ラーバント自身がこの関係を誤解し、そして、むしろこの種の諸前提から独立した国家法を建設すると信じること〉において、彼の方法の宿命的な欠点が存在する。なぜなら、この方法が〈それでもしかし一般的な基本的諸問題に関する潜在的な先決諸決定の決定的な影響を切断しうることなしに〉純粋に法律的な諸視点をもって始まりそして終わることによって、全ての諸構成の本来的な基礎は、学問的な領域から思うことと考えることの領域へと置き換えられるからである。なるほどラーバントは、意識的および意図的に斥けられた哲学的な基礎づけをもって、同時に、〈国家と法に関する全ての哲学的諸理論に付着し、そして、つねに繰り返し仮説的な諸要素の中に諸議論によっては単純化しえない諸世界観の対立が反映しているところの〉仮説的な諸要素は脱却されていると信じている。しかしながら、事実、彼は、哲学的な諸公準を、ただ〈それ〔恣意的な諸推測〕が、健全な人間理解のいわゆる自明な諸言明として、あらゆる証明とあらゆるコントロールから遠ざけられることをとおして、いまだいかなる客観的な学問的価値も獲得しないところの〉はるかにより恣意的な諸推測（Annahmen）をもって置き換えている。彼は、法律学を外的に哲学から解放することによって、法律学を、〈それが《外観に付着する、そして、その立場を必要に応じて交換する》自然主義的な考察方法から発芽するように〉、基礎のないそして自己において矛盾に充ちた諸見解の網の中へと陥らせている。全ての彼の批判的な洞察力をもって、彼は、彼の論理的な諸帰結のこれらの非常に疑わしい諸前提の前に停止する。そして、そのようにして、彼は、国家法から、〈法律学に、最終的にはそれでもしかしただ擬制的に過ぎない主権性をこの領域で獲得するために〉、〈国家法に、哲学的な土台が、従来それを保証し、そして、将来においてもまた唯一それを保証することができるところの〉基礎的な深化と固定化を奪い取っているのである。

ところで、しかし、ラーバントが〝法律的方法〟という彼の狭すぎる解釈をとおして〈法の諸思想の実質的内容をその諸源泉と諸関連の学問的研究をとおして探求するという〉可能性を喪失するとき、彼は、どこから、いったいこの欠損の補償のための手段を引き出すのであろうか？　どのようにして彼は、たんなる論理的な手続きの絶対的な不毛性を克服するのであろうか？　どこから彼は、〈彼によってまさにそれでもしかし極めて多種多様に設定された〉独特の諸概念に内容と色彩を付与するところのものを、創造するのであろうか？

重要な範囲において、すでに指摘されたように、この書物の思想の諸形成物がそれらの積極的な構成部分をそれに負うところのものは、方法の「外」に立っている直観である。しかしながら、もっぱら、それでもしかし著者は、そのように不確かな基盤の上へと自らを立てることはできなかった。少なくとも、ある方向においては、彼は、それゆえ「彼の方法そのもの」に、〈彼を体系的なかつ学問的にコントロール可能な方法において割れている裂け目を補充する地位に置くところの〉形式論理の相関概念を挿入してきている。彼は、自ら、作品全体の前書きの中で、彼によって徹底して適用されているこの方法的な補助手段を指示してきている。その補助手段は、「私法学」によって私法のために形成された法の諸概念を、「公」法の構成に包括的に使用することにおいて存する。ひとは、まさに〈彼の手続きのこの部分が、《それが見出された諸結論の顕著な諸特別性を条件づけているように》、そもそも選択された方法の実現をはじめて可能にしてきていること〉を主張しなければならないであろう。なぜなら、それによって、むろん、生の素材と論理的な演繹との間へと、学問的由来の生産的要素が挿入されているからである。著者は、私法の諸概念を受け容れることによって、彼はたんに論理的な諸カテゴリーのみならず、〈その具体的な内容を長いそして集中した学問的作業が確定しそして最も繊細なものに至るまで形成してきているところの〉生きた法の諸思想をもまた獲得している。彼は、生殖力を十分に有する強力な思想材料を、移植の後にもまた創造的な機能を果たすために、引き受ける。ところで、彼は、彼の側で、ある程度に至るまで、たんなる論理的操作をもって済ますことができる。なぜなら、彼は、まさに完全に挿入された民事法的な概念体系をもって、同時に、そのなかに包含される前もって行われた学問的作業を自らに所有するからである。それゆえ、彼自身にとってそして他の人々にとっては、論理的形式主義の不毛性は一部分隠されている。しかし、もちろん！　彼の方法の原則的な誤りは、それによって除かれてはおらず、増大されている。なぜなら、その方法の中へと導入された方策は、最も疑わしい種類のものであり、そして、まず第一に、著者が実質的な点において犯した根本的な諸誤解の責任を負うものであるからである。全ての抵抗にもかかわらず、彼は、この方法で、異質のそしてその内的本質とは調和し難い諸思想をとおしての公法の制圧へと駆り立てられてきている。十分に彼は、〈民事法的な諸概念を譲渡する際に国家法と私法の差異に考慮を払うことに〉努力してきている。しかしながら、〈別の種類の素材から発展された、そして、外部から彼独自の素材へともたらされた〉〔私法の〕思想体系を、この新たな素材の内的生活と調和させるという課題に即しては、全ての彼の技術は、失敗している。これらの諸概念のいずれもがその私法的な由来の諸痕跡を払拭してきておらず、いずれもが新たな故郷の諸関係への全ての適合にもかかわらず自らを新たな故郷の真正の子供へと改変しておらず、いずれもが〈国家法に生気を与えそして凝集させる〉精神を自らの中に取り上げてきていない。そして、そのようにして、事実、〈それによって著者がたんに論理的手続きの学問的空白を外的にカバーしている〉方法的な代用物は、書物に対して、あの空白そのものより以上に破滅のもとになるものとなってしまっている。

国家法学が「私法的な法律学との親密な結合」から多種多様な促進を経験しうることは、全く否定されるべきではない。国家法学は、年長の姉妹から、法律学的な思考の学習のために限りなく多くのものを学ぶことができる。国家法学は、諸便益をもって私法的な諸類推を、〈諸類推が公法的な対応物をただ明証するだけで説明しないことを国家法学が忘れずに留まる限りで〉引き寄せることができる。国家法学は、とりわけ、決して二つの法領域の〈その対立物の上に存在するより高い統一性がそこに宣言されているところの〉生ける関連を無視することは許されないであろう。しかしながら、それらの「基本的諸概念」を、国家法学は、自らに自らが勤労して獲得しなければならず、そして、それらを決して民事法学（Zivilistik）の贈り物として受けとることはできない。むろん、ラーバントが、すなわち、〝国家法の領域では〈その学問的な確定と完成をなるほど私法の領域において見出したが、しかし、その本質上私法の諸概念ではなく、法の一般的な諸概念であるところの〉多数の諸概念が繰り返される〃、という諸言葉をもって言明していることは、深いそしてまだ十分には評価されていない真理である。法の諸分枝への法の全ての分離の前に存在する一般法理論は、まさに古い由来に従って、従来とりわけ私法の諸部門の〃総論 allgemeiner Theil〃において展開へと至っている。しかしながらラーバントは、〈彼がいまや国家法にかの諸概念を私法から借用することを指示し、そして、この場合に、ただ《その諸概念が前もって〃特殊私法的な諸メルクマールによって「純化」されている〃》という条件のみを立てる場合に〉、正当な思想から直ちに不正な結論を導いている。なぜなら、〃純化 Reinigung〃は、もちろんすでにそれらの中にない何ものもそれらの中に持ち込むことができないからである。民事法的な諸概念は、しかし、〈私法学は、その〃学問的な確定と完成〃をただ自己の必要のためにのみ、そして、その一般的な射程に対する顧慮なしに実行してきているゆえに〉、決してすでに全面的および完全な法思想を含んでいない！　むしろほとんど徹底して、それらにおいては、ただ法思想の断片のみが、極めて一面的な表現を見出してきているに過ぎない。その断片は、それら〔民事法的な諸概念〕に支配的な教育信条によって与えられた内容が決定的とみなされればみなされるほど、それだけいっそう峻厳に登場する。なぜなら、今日まで、それらの諸概念は、それらの長い間続いてきた表現においては、本質的にただローマの諸法源からのみ創造されてきているからである。それらの諸概念は、それゆえ、〈閉じられた個人諸意思の一方的なそしてただ外部からのみ制限された権力権限から汲み尽くされ、そして、諸意思の相互的な従属性と法的な結合については何も知っていない〉ローマ私法の精神において起草されたものである。それらの概念は、〈私法と公法の内的統一性というゲルマン的思想がまだ全く現れておらず、基本的には、ただ個人的な関係だけが真の法律関係として、あらゆるゲマインハイト的な関係がたんなる秩序関係として現れるところの〉解釈を反映している。それらの概念が、それゆえ、公法をも包含する法理念によって測られるときは、それらは、まさに直ちに甚だしく狭すぎるものとして、それどころか大部分形を損じられそして不具にされたものとして自らを現わすのである。それゆえ、それらの概念は、まだ極めて注意深い〝純化〟の後もまた国家法のためには用いることができない。それらの概念は、むしろより一般的な諸視点のもとで、それらの核心にまで調査されなければならず、それらの諸制限は克服されそしてそれらの諸桎梏は爆破されなければならず、それらの内容は、公法から拡張されそして深化されなければならず、そして、そのようにして真にそれらの新たな創造が企図されなければならない。国家法学が自らをこの作業のもとに引き入れることによってのみ、国家法学は、その独自の建造物のために把持能力のある概念的基礎を置くことができる。同時にしかし、国家法学は、そのような自由な創造的活動をとおして、〈国家法学が私法学に、純粋に民事法的な用法のためにもまた長い間もはや十分ではなくなっている学習諸概念の訂正を助けることによって〉国家法学に負わされた感謝を次第に支払うことができるのである。国家法的考察方法と私法的考察方法の結合から発芽しうる全ての祝福は、まず第一に、公法の学問が民事法〔ローマ法〕的な教義に対する関係で自らに完全な独立性を確保することに掛かっている。ラーバントにとっては、しかし、事実、この不可欠の要求の軽視は、非常に疑わしい誤謬の源泉となってしまっている。彼は、彼の概念的構築全体を国内で行われている私法的な思想体系へと依存させてきており、それゆえ、しばしば彼に向かって提起された、公法のために適切でない〝私法的方法〟の適用をとおしての公法の衰弱という非難は、決して理由づけを欠いているわけではない(3)。あらゆる疑いなしに、彼は、パンデクテン体系の総論の伝統的な諸理論を、あたかもそれらが〈さらなる検討を必要としない〉覆す余地のないそして一般に妥当する諸真理であるかのように、受け入れている。ロマニスト的法律学のドグマの前に、彼のその他の点では極めて鋭い批判、彼のしばしば分析的な弁証法は、停止している。黙示録に基づくかのように、彼は、この源泉から〝法の一般的諸概念〟を創造する。彼は、〈いかに労苦に充ちて、これらの伝承されてきた解釈学的諸定式が、それらの固有の故郷においては、ただなおそれらに設定された課題のみを一時しのぎ的に履行しているか〉、〈いかに強く、それらの諸定式が、私法の内部での近代の学問のより自由なそしてより深い思想作業をとおして、ロマニステンの間ですらそしてしかもロマニステンの間でもまた、動揺させられてきているか〉、〔そして〕〈いかに憧れをもって、一部分、諸図式としては空虚にされた《彼が国家法的な基本的諸概念の新たな形成をそれらに要求するところの》諸思想は、まさに公法から《それら〔諸思想〕を新たな生活をもっておよび新鮮な力をもって充たすべき》救出行為を期待しているか〉については、いかなる注目も払っていない。

それゆえ、けっきょく、最終的に、著者の「実質的な基本解釈」における諸瑕疵は、彼の形式主義的方法の必然的な帰結であるのみならず、同時に、彼の形式主義的方法の取り除いては考えられるべきでない前提でもある。彼によって取られた道では、彼は、国家と法の本質についての一面的かつ外面的な解釈へとのみ、到達することができたにすぎない。しかしながら、彼は、また、〈この道をそもそも通行しうべく見出しそして彼の行路から圧迫されないためには〉、はじめから、国家と法の本質を一定の形式的な狭さの中で観念せざるをえなかった。適用された諸手段の状態とそれらの有効性のために要求される作業される材料の状態との間のこの内的な相互関係から、〈著者の思想体系から導かれる、そして、それに全てのその諸部分において完結されたそして統一的な性格を付与する〉共通の基本的特徴が説明される。同時に、しかし、これをとおして、〈国家と法についての原則的な解釈に関して、ラーバントの作品と《最初の一瞥ではそれと方法以外の何ものも共通に有するようには思われない》近代国家法的諸作品の多くの数との間に存在する〉内的な一致が理解しうるものとなる。まさにこの方法が受け容れられるや否や、思想的内容のためにもまた、〈その内部ではもちろん最も峻厳な諸対立が可能に留まるが、つねにしかし、一定の基本的諸観念が繰り返されるところの〉確固とした枠が与えられるのである。それゆえ、ここでは、さらに〈いまや「内容的」には「国家思想」が一方で、そして、「法思想」が他方では、ラーバントの手続きのもとで、どのように形成されているか〉を諸輪郭において確認することが、許されるであろう。

【以上、Ⅲの本文終り】

【以下、Ⅲの注】

（1） ひとは、例えば、ツィーマー Ziemer in Zeitschrift für Völkerpsychologie u. Sprachwissenschaft, Bd. XIV 1883, S.203-214, bes. S.207. の諸所見を参照せよ。

（2） 第二巻 a.a.O. S. 229-230. の私の紹介批評における証明を参照せよ。

（3） この点において個々の適切な諸所見を行っているのは、グンプロヴィッツ Gumplowicz a.a.O. である。彼は、しかし、一方では、完全に誤った方法で国家法の〝私法的〟な誤った取り扱いを、〈〝法律的〟と〝民事法的〟との間には差異がないゆえに〉国家法のあらゆる〝法律的〟取り扱いの避けがたい結果とみなしており（S. 523 ff.）、他方では、彼の側のためには、〈彼が、例えば《法人は、同時に組合（sozietät）であることができ、そして、あらゆる組合は、私法的なまなざしにおいては、法人である（S. 539 ff.）》、と主張することによって〉、民事法的な教義についての信じ難い無知を白日にさらしている。

【以上、Ⅲの注、終り】

Ⅳ

国家の考察の際に、ラーバントは、徹底して、〈国家法のためには、すべての法律的な構成の中心点を、「客観的」な制度としての国家ではなく、諸権利と諸義務の「主体」としての国家が、構成する〉という正当な考慮から出発している。国家法における法思想の完全な実現の可能性は、事実、〈国家秩序を作り出す法の諸規範の総体を、同時に、残らず法的に制限された主観的意思の諸領域へ分解することの〉可能性と共に存在し、そして、脱落する。それゆえ、ラーバントが国家法的な諸概念の中心へと国家「人格」（Persönlichkeit des Staates）の概念を移していることは、徹底して承認されなければならない。

しかしながら、すでに冒頭で、彼は、自らに、これによって開かれるように見えたところの自由なそして広い行路を置き違えている。なぜなら、彼の不十分な方法は、彼を、国家人格の「本質」に関して、直ちに、それによって国家思想の空虚化と不具化とが避けがたく与えられている解釈へと導くからである。完全に正当にも、彼は、国家人格の概念において、団体人格という一般概念のただ最高の上昇のみを認識している。彼は、国家に、神秘的な方法において、法的な全体と関連づけられたあらゆる人間的な総体に帰属するのとは異なる種類の存在を与えるためには、余りに明瞭かつ冷静に考える。そして、彼は、〈彼がコルポラチオンという一般的なタイプを国家的な権利主体性の構成のために利用することによって〉この洞察力の首尾一貫性を引き出すことをためらわない。しかしながら、いまやそのように獲得された立場から、団体人格の概念を独立の研究に引き入れる代りに、彼は、むしろ直ちに、民事法的なコルポラチオン理論から発展された法人の概念を、一般に妥当する基本概念として、引き受けるのである。"特殊私法的な諸メルクマールの純化"は、この場合、ただたんに、擬制された主体に財産諸権利の代わりに支配諸権利が帰属させられる、という点にあるに過ぎない。そのようにして、実際、私法において生きることも死ぬこともできない、あの化け物のような影の存在が、国家法の中へともまた、〔堂々と〕やってくるのである。ここではしかし、それ〔影の存在〕は、〈それに民事法的な理論によって、個別諸人間と並んで割り当てられる〉控えめな役割で満足せず、自らのために第一のそして最上位の地位を要求している。それは、主権を求める請求権を提起し、そして、自己のために生ける人間たちの生命と死に関する権利を熱望している！

ところで、私法においてすら、ラーバントによって取られた団体人格のための思考形態は、基本的には、ただ、今なお〈その団体人格をほとんどもっぱらその団体人格のためにもたらされるべき代償に関する見解の諸相違に負うところの〉許容された存在のみを続けているにすぎない。いずれにせよ、団体人格は、ここでは、歴史的に成長してきたように、一定の諸条件のもとで実現可能である。国家そのものへの団体人格の譲渡は、しかし、歴史的かつ論理的にまさに不合理である。なぜなら、法人についての民事法的ドグマは、それがローマ法の精神において形成されてきているように、〈私法には公法と共通する団体概念がそのためにはそもそも存在し得ないところの〉解釈とともに成立しそして脱落するからである。〈ウニヴェルシタスが、それによってあたかもそれが個人であるかのごとくに取り扱われるところの〉この擬制は、起源と目的に従えば、もっぱら〝諸個人の利用を目指す法（jus quod ad singulorum utilitatem spectat）〟の及ぶ領域に属している。この擬制が私法の峻厳な個人主義的構造の表現であるように、この擬制は、同時に、中央集権的な国家法に対する私法の完全な隔離を前提とする。この隔離は、財産法における個々の諸人間との一定の諸団体の同列化が純粋にそれ自身のためとみなされ、そして、この現象の〈公法的なゲマインシャフト秩序の諸構成部分との〉関連が外面的および偶然的事情として取り扱われる限りでのみ、可能である。公法（jus publicum）の権利主体性へと、人工的な個人というこの概念は及ばないのみならず、この概念は、不可欠の相関概念として、〈このような法人に対する完全な対立において、諸個人から本質的に異なる一般性の思想を表現する〉国家の概念を要求する。それゆえ、民事法的な擬制説において団体人格の問題の究極的な解決を認める者は、国家法の構成のためのこの類概念の使用を放棄しなければならないのである。これとは反対に、法人を国家法の中心へと置く者は、最初に法人の概念を基本から新たに形成しなければならない。事実、まさにそれゆえに、そのような新たな形成のためのいくつかの準備作業がすでに行われてきている。それによって作品が成功するためには、民事法律学と公法法律学の共同作業を必要とする。国家法は、しかし、国家法に私法から純化されたケルパーシャフト理論が贈与されるまで、無意味に待っていてはならない。自己自身から、国家法は、創造力において、〈最高の地上的権力を引受けそして確保するための道具を有する〉団体人格の概念を創出することを求めなければならない。

すでにしばしば、私は、私の確信に、〈法人の概念は、国家法にとっては、そもそも《それがその現実の存在との一致において「総体人格（Gesammtpersönlichkeit）」の概念として把握されそして形成される場合》にのみ有用である〉、という表現を与えてきている。それによっては、既存の構成要件の定式化以外の何ものも要求されない。総体（Gesammtheit）は、それがありそして生きるままに、権利主体として認められることが、要求される。総体は、主体として法の中へと登場するためには、擬制によって「個別存在」として改変され、そして、そのようにして、それが現実には存在し「ない」あるものとして考えられるべきではない。総体は、むしろここでもまた、それが自らを現実世界において示すところの「共同団体（Gemeinwesen）」として把握されるべきである。その上に、まさに〈《私法が、それらの内的生活においては私法に到達し難い個別諸存在の「外的」諸関係のみを規律するのに対して》、公法は共同団体の「内的」生活のための諸規範を設定する〉という、私法からの公法の特徴的な差異が基づいている。それゆえ、公法が人格の概念をそもそも実現しようとするならば、その場合、ゲゼルシャフト〔社会〕的な全体と個人の統一体との間の特殊の差異を無視することは不可能である。むしろ、完全にそして全面的に〈共同団体には《法的に規律された方法において構成員諸人格から構成されるところの》より高次の秩序の人格が適している〉という思想を表現へともたらさなければならない。ケルパーシャフト的な団体を自己のために存在する人工的なおよび自然的な個人諸人格へと分解することの代わりに、公法は、それ「ケルパーシャフト的団体」を、〈そこにおいては、一方では、自然的有機体におけるように、諸部分の交替する総体に《諸部分を包含する》全体の内在的な統一体が向き合い、他方では、しかし、自然的な有機体においては考えられない法律的な関係が、ゲマインハイト的な存在と構成部分的な存在の間に生ずるところの〉社会的な生命体（soziales Lebewesen）として把握しなければならない。公法は、それゆえ、同時に、団体全体をその現実の統一体において総体人格（Gesammtpersönlichkeit）として把握し、そして、団体の諸部分に、全体に対するその地位において構成員人格（Gliedpersönlichkeit）を保証しなければならない。それゆえ、〈私法的思考には捉えられないに違いないもの〉であり、そして、〈それとともにそれでもしかし公法の可能性が存在しそして脱落するところのもの〉である、全体とその諸部分が、この場合にこのそれらの共同秩序から歩み出ることなしに、相互に権利を有しそして義務を負う諸主体として現れることが可能となる。ここから、その場合、直ちに〈公法においては、純粋の私法には完全に知られていない内的生存秩序の諸関係によって、《個人諸関係の領域においてはいかなる類推も見出さない》全く新たな一連の法の諸概念もまた、開始すること〉が明らかとなる。公法の特殊のこれらの諸概念は、それらの完成を国家法において受け取るが、しかし、国家法には必ずしももっぱら所属するのではなく、すでに多かれ少なかれ完全な程度において、あらゆるケルパーシャフトの組織体制法〔憲法〕と行政法において含まれている。むろん、それゆえ、コルポラチオン法からとられた諸類推は、それらをラーバントが極めて豊かに用いているように、国家法にとっては測り知れない価値を有するものである。しかしながら、それら諸類推は、それらの機能を、〈前もってコルポラチオンそのものにおいて《どこに国家とのその本質的類似性が基づいているか》が認識されそして表現されている場合〉にのみ、十分な方法において果たすことができ、そして、その場合にのみ、国家法を私法的な奇形から守ることができるのである。

ラーバントが直接に対立する方法をとり、そして、至るところで国家人格を虚構的な個別人格という私法的な形象へと還元することによって、彼は、必然的に、最終的な根拠においては、国家の、純粋に「個人主義的」な、すなわち、まさに私法的な構成へと到達している。全ての公法的な法律諸関係は、彼においては、完結された意思諸領域のそれ自体孤立した担い手たちの間の外的および機械的な諸関連へと解消されている。国家の法人格は、その場合、その外観上は中心的な意義にもかかわらず、真実には、ただ、技術的な補助装置の機能のみを行使しなければならない。国家の法人格は、国家権力において含まれる〈さもなければただ客観的な点においてのみ、固定的な統一体へと総括されることができ、そして、主観的な点においては、交替と分裂にすら服させられなければならないであろうところの〉諸権利と諸義務のための永続的かつ統一的な連結点を保証する。この形式的な業績をもって、彼の能力は汲み尽くされている。なぜなら、全てのそれ〔国家の法人格〕に帰された権力の充実にもかかわらず、それは、それでもしかし、たんに考えられたに過ぎない存在として、永遠の無力の憂き目を見ているからである。国家人格は、あらゆる法人と同様に〝それ自体として意思無能力でありそして行為無能力〟である（I S. 87）。国家人格は、それゆえ、その諸権利を行使することができず、そして、その諸義務を履行することができない。そのためには、国家人格は、〝即自的および対自的に意思能力および行為能力を有する〟人々、すなわち、諸個人をとおしてまたは諸個人の諸複合体をとおしての代理行為（Vertretung）を必要とする。ラーバントは、これらの自然人たちを法人の〃諸機関〃と呼ぶが、しかしながらその関係を徹底してペルゾンの他のペルゾンのための私的〔任意〕代理行為（Stellvertretung）の意味において理解している。同時に、当然のこととして、抽象的な定式が国家生活の具体的な諸問題について試されるや否や、法人は、実際的な結果上、完全にその唯一生きている代理人たちのために消え失せなければならないのである。そのようにして、私法におけるように国家法における決定的な箇所で、諸個人が、唯一現実の諸力として現れ、そして、〃有機体的な共同団体〃（I S. 86）は、国家権力の主体へのその上昇にもかかわらず空虚な冗語（ein leerer Wortschwall）にとどまっている。ひとは、このような国家人格は全く消えるのがより良いのではないかどうかを、ほとんど疑うことさえできるであろう。新たな人々が、長い諸世紀において獲得された国家的な権利主体性という思想を再び除去することの試みを敢えて行ってきているとき、それによっては、少なくとも、意思無能力のそして行為無能力の虚構の存在（Scheinwesen）が最高の権力主体として説明される、という不条理は、脱落する。擬制の靄は追い散らされ、国家がこれらの諸個人のあれらの諸個人に対する支配諸関係の総体以外の何ものでもない、という明白な現実が、覆われることなく明らかにされる。いまや国家法は、頭のてっぺんから足のつま先まで、真に〃現実主義的に〃構成されうる！　結果は、もちろん近代の意識にとっては、受け容れ難いものである。（1）しかしながら、それは、ただ〈擬人化という人工的装置をとおして克服されるよりもより多く覆われるところの〉アトム的＝機械的な理解の最後の言葉であるに過ぎない。

この真に「公法的」な人格概念の欠如をとおして条件づけられた基本的特徴は、ラーバントをとおして実現された「国家そのもの」（Der Staat überhaupt）の構築をも、彼の対象をとおしてとりわけ要求されたとくに「連邦国家」（Bundesstaat）の構成をも、特徴づけている。至るところで、国家人格の思想の一貫した利用をとおして明白な正当性を有する法律的な諸定式が目標とされているが、その一方で、現実の共同団体の生活内容をもってすることの定式化の履行は、民事法的な法人の空虚な幻影へと国家人格が逃亡することによって難破するのである。

【以上、Ⅳの本文終り】

【以下、Ⅳの注】

（1） この点に属するザイデル（M. Seydel）の理論について、私は、Zeitschrift für die gesammte Staatswissenschaft, Band 30 S. 170 ff. において批判してきている〔本書本巻第2論文として収録、一〇一頁以下参照〕。彼の〝現実主義〟を、その間にグンプロヴィッツ（Gumplowicz）は、彼がザイデルのように形式的に権利を有する支配者をではなく、事実的に支配するクラスの不特定多数を、国家権力の主体となすことによって、優っている。ひとは、そのことをただ首尾一貫するものとだけ見出し得るに過ぎないであろう。

【以上、Ⅳの注、終り】

Ⅴ

まず第一に、「国家そのもの」に関して言えば、ラーバントは、共同団体の客観的秩序がその時々に実現する「主観的な基本的諸関係」の法的性質を、彼がそれらを「ペルゾンについての法律諸関係」というカテゴリーの中へと立てる限りで、立派に定式化してきている。彼は、〈国家とその所属員たち、その官吏たち、その諸コルポラチオンなどとの間に存する法的紐帯は、債権債務法的な関連においては汲み尽くされず、人格そのものを把握すること〉を、説得的に証明する。そしてまた、彼は、当然のこととして、この点に、〈諸公法が今日の私法の家族諸法およびかつての私法の階級的支配〔ヘルシャフト〕諸法とともに共通に有するところの〉メルクマールが含まれていることを主張している。しかしながら、この類推の上に、彼は、私法のペルゾン法的諸関係からの公法のペルゾン法的な諸関係の本質的な差異を見過ごしている。彼の法人理解は、彼から〈法人においてケルパーシャフト諸関係によって始まる《総体ペルゾンがその構成員ペルゾンについて、そして、構成員ペルゾンがその総体ペルゾンについて、有するところの》諸権利の新たなそして独特のタイプを認識する〉可能性を切断している。彼は、そのような諸権利をもまた、ただある個別ペルゾンについてのある個別ペルゾンの諸権限という図式に従ってのみ観念することができる。そのようにして彼は、なるほど組合の意味における国家の取り扱いを克服するが、しかしながらその代わりに、少なからず個人法的なコルポラティフ〔団体的〕な型紙を手に入れる。そして、彼は、なるほど上位秩序と下位秩序という国家において存在する関係のための思考形式を獲得するが、しかしながら、同時に、〈全体への諸部分の集合秩序によって国家を貫く〉ゲマインシャフト関係という思想を失うのである。

国家がその本質上「ヘルシャフト〔支配〕」であることを、著者〔ラーバント〕は、正当に認識し、そして、個別に至るまで固く保持してきている。しかし国家がその本質上「ゲノッセンシャフト」でもまたあること、それについては、彼に理解が欠けている。鋭い感覚をもって、彼は、国家の様々な生活諸表出の中にヘルシャフトのモメントを明らかにし、そして、ここから国家的な諸高権の分析と総合のために輝かしい成果を達成してきている。しかしながら、ヘルシャフトと服従の諸関係において、彼には、そもそも国家法的意思の諸決定は、汲み尽くされている。ただ〝命令と服従〟という定式へと入り込むものだけが、彼にとっては国家法的な諸権限と諸債務の真正かつ特殊の素材である。社会的なゲマインシャフトの何らかの関係のためには、この体系は、余地を提供しない。国家思想の峻厳な一面性において、その内的な核心は奪われている。サヴィニー（Savigny）(1)が〝精神的な民族共同体の肉体的な形態〟（leibliche Gestalt der geistigen Volksgemeinschaft）をその中に認めたところの共同団体（Gemeinwesen）は、国家法的な考察のためには、たんなる外部的な強制装置へと変更されている。

そのような理解の下においては、「国家と民族を引き離すこと」（Auseinanderreißung von Staat und Volk）は避けがたい。国家は、民族の外にかつ民族を超えて登場する。民族は、しかし、領土のように、国家の支配諸権利のたんなる「客体」として現われる。類似に構成された国家人格というより古い理論は、特別の民族人格を、民族諸権利の担い手として対立させたのであるが、ラーバントは、根本的に階級的国家の二元的組織体制のこの余韻を一掃している。彼は、しかし、有機的に組織された総体への統一体的国家人格の置き換えをとおして、民族にその償いをすることを逸してしまっている。むろん彼は、民族を国家の〝基礎〟（Substrat）として説明している。しかしながら、この場合においてもまた、彼は、〝土地と人々〟（Land und Leute）を完全に同列に置き、そして、それによって両者が国家の〝本質的前提〟であること（I S. 184）より以上の何ものも表現しようとはしない。事実、まさに、彼によって受け容れられた理論の意味における法人は、そのいわゆる〝基礎〟とは疎遠にそして外的に対立している。国家人格は、それゆえ思考された厳密な統一体として、民族の上に漂うのである。民族は、しかし、国家法的には、そもそもいかなる主体的な統一体でも、いかなる総体でも、いかなるゲマインシャフトでもなく、たんに個々人の交替する多数体であるに過ぎない。それゆえ、国家と民族の関係は、〈国家権力の擬制された主体のために個々の国家所属員たちについて基礎づけられるところの〉〝権力諸関係〟の総計において汲み尽くされる。そして、体系は、〈いくつかの厳格に受け取られた場合に一貫しない伝統的な憲法の教義への承認をとおしてのみ緩和されるところの〉見紛うことなき絶対主義的な特徴を受け取るのである。

極めて独特の方法において、このような国家思想の諸特徴と諸瑕疵は、直ちに「国家所属性（Staatsangehörigkeit〔国籍〕）の法律関係」の際に主張される。この場合、ラーバントは、〈彼が国家と個々の国家構成員たちとの間の関係を《両者の側に諸権利と諸義務を基礎づける》「相互的」関係とみなすことによって〉、明らかに断固として純粋絶対主義的な理論から自らを切り離している。明らかに、〈彼の眼前には、家族法的な権力諸関係の類推を彼が引き寄せる場合に、ローマのポテスタス（potestas 家父権）ではなく、ゲルマン的なムンディウム（mundium 家長権）が浮かんでいることが、彼の役に立っている！　彼は、国家に、その支配権においておよび支配権をもって、たんに支配される人々の福祉のために支配権を行使するという一般的義務を帰属させるのみならず、あらゆる臣下たちに対する一定の法的諸義務を帰属させている。そして、彼は、国家所属員たちに、〈その内容を彼が服従（Gehorsam）と誠実（Treue）という両視点の下に適切に叙述しているところの〉臣下義務の相関概念として、国家の法律諸制度および福祉諸制度の保護と共同享受を求める国家市民的請求権を、ならびに、立憲国家においてはその上国家の意思活動への憲法上の関与を求める〈もちろんもっとさらなる諸前提をとおして条件づけられた〉権利を、要求している。しかしながら、共同団体における構成員地位としての、すなわち、総体人格における構成員人格の法律関係として特徴づけられる状態としての、国家所属性の独特の本質を、彼は、表現へともたらしていない。それゆえに、彼は、基本的に国家市民的諸権利を諸請求権の図式に従って〈それら〔請求権〕が営造物の受益者に対してもまた営造物によって提供される諸利益の享受を求め、そして、たぶん行政への参加をもまた求めることができるように〉〈営造物的な類型を破棄することなしに〉構成している。それゆえに、彼は、さらに、国家市民的諸権利と個人諸権利の間の原理的な区別を消滅させている。それゆえに、彼は、最後に、彼によって設定された諸カテゴリーの外に、国家に対する関係で基礎づけられた国家市民たちの主観的権利を認めることができず、そして、〝国籍〟（Indigenat）の法的性質のみならず、全体的な〝基本的諸権利〟（Grundrechte）の存在をもまた、争っている。ところで、しかし、それでもなお、国籍は、国家所属員の〈彼の国家から構成員として扱われ、外国人として扱われるのではないという〉請求権以外の何ものでもなく、――すなわち、〈連邦国家における〝共通の国籍〟への拡大をとおしては、なるほど総体国家のあらゆる所属員であるという権利の新たなメルクマールを、あらゆる構成員国家に対する関係で自らにおいて含むが、しかし、それをとおしては権利の性質を失わないところの〉請求権以外の何ものでもない。そして、「基本的諸権利〔基本権〕」（Grundrechte）に関して言えば、組織体制〔憲法〕諸証書と諸教科書におけるこの項目のもとへと〈いかなる種類の権限もそれらに対応せず、そして、そもそも国家法には属さないところの〉いくつかの一般的諸命題が入り込んでいることは、疑いない。しかしながら真正の基本的諸権利は、国家法的内容をもつ実際の諸権利である。なぜなら、基本的諸権利は、客観的な点においては、〈国家の諸領域を最終的に諸個人〈あるいはまたより狭い諸団体〉の諸領域に対して限界づける〉諸規範として自らを示すからである。そこから、しかし、主観的な点においては、国家のためにはこれらの諸制限を守る義務が、そして、諸個人（あるいはより狭い諸団体）のためにはこれらの諸制限を守ることを求める権利が、流出する。個々の国家市民は、基本的諸権利〔諸基本権〕において、〈彼を彼の国家が一定の諸関係において自由な個人として扱い、そして、構成員として扱うのではないこと〉を求める組織体制〔憲法〕上の請求権を受け取る。基本的諸権利は、〈人間が市民において尽きるのではなく、国家団体は人格の一部だけを吸収するに過ぎず、最高の一般性のためにもまた個人の自由という不可侵の領域が存在する〉という偉大な思想の具体的で実定法的な形成を含んでいる。しかし、共同団体における一定の地位を果たすことが〔主観的権利の内容と〕十分に〔考えられうる〕ように、団体から自由な個別存在の一定程度の保証が、〈構成員人格に総体人格に関して帰属する〉主観的権利の内容として考えられうる。この権利は、国家に対する関係で否定的な内容をもつ。しかしながら、いつ以来、拒絶諸権利（Untersagungsrechte）は、諸権利に属さないのか？　ラーバントは、ただ個々人の〝自然的な行為の自由〟のみが一定の範囲において保証されるにすぎないゆえに、権利の存在のために不可欠の〝客体〟を見失っている（I S. 149）。彼は、その場合、〈たとえひとが無雑作に信仰および良心の自由、出版の自由、集会の自由などについて語るとしても〉、それによって、それでもしかし、一定の諸行為の計画を求める権利は、決して〝基本権〟と称されるべきではないことを看過している。〝基本権〟は、むしろ、国家における構成員地位と同時に置かれた、〈国家から《個人の活動という非国家的領域としての》諸行為の問題となる範囲の承認を、そして従ってゲマインハイト的な関連から奪いとられるこの自由の領域への妨害的介入の不作為を、要求する〉権利において付着している。極めて重要でないのは、〈基本的諸権利の任意の分裂および増加という論理的可能性から創造されるところの、そして、《何ゆえに、ひとは一般的手形能力の基本権、あるいは全く散歩の、飲酒の、そして、妨げられない睡眠の基本権をもまた制定しないのか》という嘲笑的な問いへと走り出すのがつねであるところの〉諸異論である。事実、〈そもそもそしていかにして、個別人格の生活領域の顧慮を求める「ある」基本権が、国家をとおして個々の特別に限界づけられそして保証される基本的諸権利へと分割されそして形成されるのか〉は、ただたんに歴史的発展と実際の諸需要にかかっている。最後に、基本的諸権利の概念は、〈それらがあらゆる瞬間においてこの世界から国家の立法行為をとおして創造されうること〉の考慮をとおしてもまた、除去されることはできない。なぜなら、このことは、同じ方法において、全ての主観的諸権利について妥当するからである。永遠のそして至るところで等しい人類の諸権利という自然法的観念は、もちろんこの冷静な考察を前に、融けてなくなるのである。基本的諸権利もまた、〈実質的にはその時々の法意識をとおして決定され、そして、形式的に国家の主権的処分に服するところの〉積極的〔実定的〕な諸権利である。しかしながら、基本的諸権利が存在する限りでは、国家そのものが〈それらの基本的諸権利が国家の意思領域に国家を法的に拘束する枠を設定すること〉を法意識の言明として承認する。私法における類似物を、むろん諸基本権はもっていない。それらは、決して何らかの公的なケルパーシャフトの権利における模範をもっていない。なぜなら、国家以外のいかなる団体も、人間の人格を〈その団体が《その構成員たちにゲマインシャフトにとって不可侵の特別権〔固有権〕領域の享受をはじめてさらに特別に保証することの》動機あるいはまた権限を有する〉というようには把握しないからである。コルポラチオン権力に対する個人の自由の保証について必要とするものは、国家的な法秩序をとおして、そして、ただそれのみをとおして保証される。まさにそれゆえに、しかし、基本的諸権利は、〈ラーバントの国家法の体系におけるそれらの誤認をとおして、同様に特徴的でかつ耐えがたい欠陥が成立しているところの〉特殊「国家法的」な意味を有している。ただ〈諸基本権の教義的な定式化が組織体制〔憲法〕証書において欠けているところの〉帝国国家法の叙述だけが問題となっているという事情は、この点において何ものも変更するものではない。なぜなら帝国は、それによって基本的諸権利の存在を否定しないのみならず、その積極的な立法をとおしてもまた、一部は、基本的諸権利の豊かさを制定しそして構築し、一部は、基本的諸権利に関するラントの諸組織体制〔諸憲法〕の諸規定を修正しそして補充してきているからである。この分散された素材から、個人の一般に対する関係との関連において帝国国家法の基礎に存する諸原則を見出すことは、学問の課題である。ラーバントはこの課題から自らを遠ざけることによって、彼は、帝国思想の内容と射程を不完全に表現へともたらしている。ただ部分的にのみ、彼は、折に触れて、帝国によって実現された〝諸自由〟に言及し、それらをしかし、ただ個別の帝国行政諸部門のための指導的諸規範の視点の下に服せしめ、そして、それらの根本的な国家法的意味を評価せずに放置している。それゆえ彼は、とりわけ不十分な方法で、〈ドイツ帝国における人的な移動の自由と経済的な自由を保証しそして限界づけるところの〉立法について取り扱っている。その他の帝国立法的に規律された諸自由権を、彼は、完全に無視している。裁判制度の国家法的な側面の叙述の際に、彼は、なるほど証人強制（Zeugenzwang）の理論の全詳細のために余地を有しているが、しかしながら、〈それをとおして人と住居の不可侵の原則が同時に承認されそして制限されるところの〉帝国刑事訴訟条例（Reichsstrafprozeßordnung）の諸規定を、ただたんに訴訟法へと指示しているだけである（III 2 S.17）。そして、帝国出版法（Reichspreßgesetz）を、彼は、ただ一度だけ、戦争状態の諸時期における出版の自由の諸制限の言及の際に引用しているだけである（III 1 S. 46）。加えるに、彼は、国家法における出版の自由については、手に負えないことを知っている。確かにそれは、〈そこからその帰結が導出される概念的諸前提に対して、最も深刻な疑念を呼び覚ますのに適するところの〉帰結である！

〝民族と国土〟（Volk und Land）における〝帝国の自然的諸基礎〟の理論で、ラーバントにおいては、直ちに〝帝国権力の組織〟（Organisation der Reichsgewalt）の理論は終結する。一般国家法的な図式として考えられるならば、この整理は、もちろんより最近の教義においてもたらされた体系的な構築の欠点を暗示している。なぜなら個別のペルゾンたちは、国家ケルパー〔国家団体〕を、相互に等しいアトムの総計として形成するのではなく、〈それにより個別の諸ペルゾンが、全体にとって等しくない法的価値と全体の根本的な構成にとって標準となるグループ化とを受け取るところの〉一定の国家法的な「編成」（Gliederung）において形成するからである。それゆえ、共同団体が法律的に構成されるべきであるときは、構成員地位の内容と範囲の確定には、そもそもまず最初に、民族総体の内部での国家法的に重要な「諸区別」の叙述が関連しなければならない。この課題は、その場合、〈一方では、個人的な諸特性（出生、性、年齢、職業、教育、位階、財産など）に従う国家市民権の諸区別が、そして、他方では、個々人と国家の間を媒介するケルパーシャフト的諸団体が、顧慮を要求することによって〉ふたたび二つの諸部分に分かれる。帝国国家法は、いまや、なるほどこれらの諸材料を主要問題において、ラント国家法に委ねることができるし、そして、委ねなければならない。しかしながら、二つの点において、民族〔国民〕編成（Volksgliederung）という法概念の欠陥が、ラーバントの諸詳論に不利益に影響を与えてきている。第一に、彼は、統一国家〔単一国家 Einheitsstaat〕の団体的編成に関する十分な理論の欠如のゆえに、連邦国家の構成においてもまた、総体国家の個別諸国家への編成の関係を歪んで解釈してきている。この点には、我々は、以下において〔改めて〕立ち返ることにする。それから〔第二に〕、しかし、彼は、とくに資格づけられた構成員地位の概念を、〈その限りでは彼がその概念をある国家市民的な諸権利の行使のための諸前提の概念において埋没させてはいないが〉、国家的機関の概念と混同してきている。この理由から、彼は、とくに君主制の本質を不十分な方法において決定してきている（I S. 87）。君主は、たんに国家の最上位の機関であるのみならず、彼は、民族の国家法的なハウプトでもある。君主には、公法をとおして初めから、国家ケルパーにおける端的に唯一の地位、全体のための特殊かつ独特の意味、比較できない人的価値が、付与されている。君主は、〈組織体制〔憲法〕的に国家の高権的諸権利の行使の使命を与えられている〉国家の諸構成員のひとりであるのみならず、彼は、その他の国家の諸構成員から、彼の構成員地位の種類をとおして区別される。あらゆる国家市民が、構成員たる存在に向けての国家に対する固有の権利を有するように、君主は、ハウプトの地位に向けての国家に対する固有の権利を有する。増強された国家市民権として観念されるこの権利は、国家権力の最高の機関への彼の任命の基礎である。しかしながら、概念的には、この権利は、その基礎から区別されなければならない。すなわち、その権利は、その諸効果においては（例えばペルゾンのいわゆる神聖性と不可侵性を求める請求権に関して）それを超えて及ぶ。〔そして〕、彼と結びつけられた諸支配権の事実的行使から独立に（例えば摂政職（Regentschaft）の場合において）存続する。〔そして〕、その権利は、その強度においては、決して、君主の権力内実のより大きなまたはより僅かな範囲をとおして決定されない。この関係の考慮は、ドイツ皇帝の尊厳の法的性質の問題が解決されるべきである場合に、特別の意義を有する。極めて正当にも、ラーバント（I S. 210 ff.）は、帝国の機関としての皇帝は君主の諸権利を有しないこと、しかしそれにもかかわらず彼の地位はたんなる職務権に基づくものではないことを、説明している。しかしながら彼は、積極的な点においては、〈彼が皇帝制を、一方では、独立のそして直接の帝国機関性、そして、他方では、プロイセン国家とその王に帰属するこの機関性に向けての〝特別権〟（Sonderrecht）という、二つのモメントに帰着させる場合に〉、皇帝制の概念を汲み尽していない。〈彼がこの〝特権を与えられた構成員権〟（dieses bevorrechtete Mitgliedschaftsrecht）をそれに服させるところの〉〝一人ひとりの諸権利〟（jura singulorum）というカテゴリーは、帝国におけるそして帝国に対する諸国家の関係のためのただその〔構成員権の〕意義のみを表現しているに過ぎない。真実においては、しかし、皇帝そのものには、同時に、帝国総体の内部での卓越した地位、増強された帝国市民権、手短かに言えば「ドイツ民族〔国民〕の国家法的なハウプト」の人的特性が、付与されている。彼は、それゆえ帝国にとってもまた、たんに機関であるのみならず、その種類において唯一のそして最高の構成員人格でもある。この点において、全ての反対の諸推論にもかかわらず、それでもしかし、絶えず繰り返し法意識に迫ってくる皇帝の尊厳の「君主的」性質が存する。帝国の機関として、皇帝は、〈彼がただある君主的な諸権利のみを、そして、これらの諸権利をもまた、ドイツの主権者たち（Souveräne）の総体の代理行為においてのみ、行使することによって〉君主の権力内実をもたないで済ます。しかしながら、一部分君主的な内容をもつこれらの非君主的な任務を適切に履行しうるために、彼〔皇帝〕は、君主的な権原に基づいて、そして、君主の人的地位において、帝国の頂点へと使命を与えられる。ただそれと並んでのみ、〈個別諸国家の諸君主そのものもまた、（もちろん上級貴族の諸特権への彼らの参加を全く別として）、帝国国家法的には《帝国の総体人格の内部での、たんなる諸構成員としてではなく、まさに構成員諸複合体のハウプトたちとして評価されるが》《この高められた帝国市民の諸権利と何らかの独立かつ直接の帝国機関性が結びつけられることのない》帝国所属員たちの独特のクラスを形成すること〉が指摘されうる。明示的に、しかし、〈ラーバント自身が、他の領域で、変態的な構成員人格と機関への任命との間の概念的差異を、成功した成果をもって利用してきていること〉は強調されるであろう。この領域は、公務員法（Beamtenrecht）である（I S. 382 ff.）。なぜなら、著者をとおしてのこの理論の原則的な促進は、〈″公務員″の概念と″職務″の概念は、決して一致しないこと〉、〈むしろ公務員関係の本質は、職務の委託から独立した特別なペルゾン法的〔＝人法的〕紐帯において、一種の職務隷属への国家所属員性の上昇において、そして、それをとおして惹起された国家市民的人格の変容において、存すること〉という基本思想の遂行に基づくからである。非難されなければならないのは、ただ、ここでもまた、再び、国家と公務員の間に基礎づけられたペルゾンについての相互的な権利の構成が、ファッサルレン〔家士〕的なコンメンダチオン〔授手托身行為〕の私法的な模範に従って完成され、そして、それゆえに純粋に個人主義的な結果となっていることだけである。[2]

国家の「組織」（Organisation 有機的組織）の取り扱いの際に、ラーバントは、″機関″（Organ）の概念の正確な決定を見失っている。ただその限りでのみ、上述の指摘に従って、〈彼がその〔機関の〕もとに《組織体制〔憲法〕上、意思無能力および行為無能力の法人のための代理行為のために使命を与えられるところの》意思能力または行為能力あるペルゾンまたはペルゾン多数体を理解していること〉は明らかである。それゆえ、機関という彼の概念において、まさに、この語をとおして具象的に暗示されたケルパーシャフト的な関係は、法的な表現へとは到達しない。なぜなら、共同団体の思想が真面目に考えられるならば、むしろ機関は、〈その意欲と行為において組織体制〔憲法〕的に総体ペルゾンの不可視的な生活統一体が自らを表明する〉構成員ペルゾンとして現れるからである。そのような法概念は、純粋な私法には疎遠なものでなければならない。なぜなら、この私法は閉じられた個人的な意思諸統一体の外的な生存秩序に過ぎず、そして、意思具体化の内的な構造をもっては作るべき何ものももたないからである。そのような〔機関の〕法概念は、これとは反対に、必然的にケルパーシャフト法において、〈ケルパーシャフト法が共同団体の内的な生存秩序として理解され、そして、それによって、特別意思から構成されるひとつの共同意思における統一体〔単一体〕と多数体の関係にもまた関連づけられるや否や〉出現する。なぜなら、全体とその諸部分とが諸ペルゾンとして向き合うところでは、〝組織〟と呼ばれる全体に対する諸部分の独特の全体秩序が、〈それが意思の秩序である限りで〉、法の諸規範と法律諸関係の対象を形成しなければならないからである。公法は、〝組織体制法〟（Verfassungsrecht 憲法）として、〈その諸構成員の諸運動において自らを明らかにし、意欲しそして行為する〉統一的な生命体の観念に起因するところの諸概念を、法の諸概念へと刻印しなければならない。公法は、〈それらのもとでゲマインハイト的に条件づけられそして決定された人間的意思活動が、法律的にもまた、関係諸個人にその対自存在において〔彼個人のために〕帰属させられるのではなく、共同団体の生活表出として承認されるところの〉諸条件を確定しなければならない。すなわち、公法は、共同生活の内部での個々の諸構成員と構成員諸複合の意思諸領域を法律的にもまた、定式化しそして限界づけなければならない。すなわち、公法は、〈共同団体の複雑な有機体の中で、同じ総体統一体の道具として機能するところの〉〈形成と活動上、一様ではない〉部分諸統一体を、法律的にもまた表現へともたらさなければならない。そのようにして〝機関〟の概念が法概念となるのである。私法の個人主義的な意味における〝代理〟（Stellvertretung）のカテゴリーのもとには、この関係は、その核心を破壊することなしには包摂されえない。〝代理〟（Vertretung）は、ここでは、ただその部分をとおしての全体の代表（Repräsentation）の意味において存在するのであって、ある別の全体の代わりにする全体の活動（Aktion）の意味において存在するのではない。構成員ペルゾンは、その組織体制的機能の内部での機関として、総体ペルゾンを法律的に〈目が見ることにおいて、手が書くことにおいて、人間を代理〔代表〕するように〉代理〔代表〕する。[3] 組織体制的に意欲しそして行為する機関をとおして、共同団体は意欲しそして行動するので、これによって固定された範囲において、可視的なケルパーシャフト構成員の意欲と行動が、法律的に端的に、不可視的なケルパーシャフト人格の意欲と行動と一致するのである。したがって、この関係の外的側面のためにもまた、〝任意代理権〟（Vollmacht）という個人法的な概念は使用できず、そして、その内的側面のために〝委任〟（Auftrag）という個人法的概念は使用できない。むしろ、ここでは、任意代理権の概念のために組織体制的な〝権限〟（Kompetenz）というゲマインハイト的概念が、そして、〔法律的または法律行為的〕委任の概念のためには、〔直接的なまたは意思行為をとおして媒介された〕組織体制的な〝任命〟（Berufung）というゲマインハイト的な概念が登場する。さらにその場合、〈複合した諸機関の内的構造に関係するところの〉さらなる独特の法の諸概念が加わる。機関諸部分から機関へのゲノッセンシャフト的な全体秩序から、〈そこにおいて合議的な総体統一体、合議的な構成員地位、合議的な編成および合議的な組織という諸概念が、対応する団体的な諸概念の諸模写として、変更された意味において繰り返されるところの〉〝コレーギウム〔合議制〕〟（Kollegium）という概念が結果する。そして、類似の方法において機関諸部分のヘルシャフト的な関連から、〝長とされる者〟（Vorgesetzter）の概念が〝従とされる者〟（Untergebene）の概念とともに結果する。その場合、勤務的な団体の範囲において、ハウプトにおいて集中された統一体、上位秩序と下位秩序、命令権力と服従義務という諸概念が、ヘルシャフト団体の典型を繰り返し表わしている。全てのこれらの諸概念は、まず第一に、〈永続的諸制度としての諸機関の存在、権限、形成および内部制度に関して決定するところの〉客観的な法の諸概念である。なぜなら、機関または機関部分としての地位は、構成員としての地位と全く同様に、総体人格における部分人格の状態であるからである。それゆえ様々な強度の諸程度において、このような地位を求める義務または権利が発展されうるのである。その場合、ペルゾンまたはペルゾン総体のために法的に基礎づけられた機関機能の把持者性は、〈その関係によって、共同団体はその部分存在に対して一定の課題の履行を求める権利を有し、そして、部分存在は共同存在に対してそれによって設定された活動領域の委任を求める権利を有するところの〉公法的な関係として現れる。最後に、〈機関が、その権限により、他の諸機関に対して、その機関諸部分に対しておよび個々の国家の構成諸部分に対して、行使しそして知覚しなければならないところの〉諸権利と諸義務は、なるほど共同団体の諸権利と諸義務である。しかしながら、この方向においてもまた、問題の諸権利の行使を求める主観的権利と問題の諸義務の履行のための主観的義務が、機関人格そのもののために、存在するのである。

それゆえ、共同団体の原則から、〈それらの助力によって、複雑でかつ多様に異なる「国家法の組織諸関係」が、それらの特殊の内容の破壊なしに法律的に構成されうるところの〉真に公法的な概念諸カテゴリーが現れる。その一方で、ラーバントは、この理論の全ての促進にもかかわらず、それでもしかし、結局、その個人的な基本原則を通して誤りへと導かれ、そして、とくに一連の諸関係において、規則に対応する主観的権利関係を見出すことができない。全ての個別的なものに立ち入ることなしに、我々は、〈国家的な諸機関の間に三つの方向において明らかになる〉諸差異との関連において若干の特別に重要な諸点を指摘したい。

第一の差異は、機関の地位が、あるときは、共同団体における一定の「構成員地位」と直接に結びつけられ、あるときは、特別の国家的な「任命行為」をとおして媒介されることから、結果する。前者の方法においては、ハウプトとしての君主に同時に最高の権力の行使（あるいは皇帝に皇帝権力の行使）が、完全な権利を有する諸構成員としての選挙権能力のある市民たちに選挙行為への参加が、帰属する。また、ここに属するのは、国家的諸機能を求める階級的諸権利、ならびに、統一体国家〔単一国家〕の諸機関への諸コルポラチオンの、および、連邦国家の諸機関への個別諸国家の、組織体制〔憲法〕的な任命である。ここでは、至るところで、不可分の構成部分としての機関地位を求める主観的権利が、対応する構成員地位権の中に含まれている(4)。機関たることそのものは、それゆえ、ただ構成員地位と共にのみ、取得されそして喪失される。その一方で、それによって割り当てられる国家的機能の事実的行使の権限は、特別の諸理由から一時的に休止しうる。[5] その他の諸場合においては、これとは反対に、機関地位への任命は、〈国家の意思諸行為として《そのための権限のある、そしてそれゆえに、その側で諸指名権または諸選挙権を備えた》諸機関をとおして実行されるところの〉指名（Ernennung）または選挙（Wahl）をとおして行われる。その場合、ラーバントによって至るところでその原則的な意味において評価された徹底した諸差異が、〈機能の引受けが自由な意思へと任されているか、それとも国家所属員たちに臣民義務として課されているかに従って〉、成立する。この種の任命を求める主観的権利は、原則として存在せず、そして、とくに機能に対する〝能力〟の承認においては含まれていない。行われた任命によって、しかし、むろん機関たること（Organschaft）を求める主観的権利が基礎づけられる。ただその権利は、内容と範囲によってと同様に、確固さと存続期間に従って、徹底して不揃いに形成されてありうる。それゆえ帝国議会構成員地位（Reichstagsmitgliedschaft）は、帝国議会の独立の共同決定を求める奪うことのできない権利である一方、連邦参議院構成員地位（Bundesratmitgliedschaft）は、ただ〈国家の議決機関として連邦参議院の意思の形成の際に共働すべき〉[6] 任意に撤回しうる権利であるにすぎない。同様に官職（Amt）は、〈この官職が最も明瞭に、裁判官職において刻印されているように〉それ〔官職〕によって委託された国家的機能の独立した行使を求める確固とした請求権を基礎づけるか、あるいは、ただ、〈一定の諸前提のもとであれ、完全に自由であれ〉国家的諸高権の管理のための撤回可能な権限のみを貸与することができる。いつでももしかし、官職の担い手は、彼に機関地位が秩序に従わずに再び奪われ、または、行使に関して停止される限りでは、意思と行為の一定の領域における国家人格の表現を求める主観的権利を有する。[7]

　国家諸機関の間の第二の差異は、相互のその関係から成立する。ひとは、この点において、「直接的」国家諸機関と「間接的」国家諸機関を、〈ある機関がいかなる他の機関にも従属していないか、それとも、他の機関に従属しているかに従って〉区別することができる。ドイツ帝国の直接的諸機関は、皇帝、連邦参議院、帝国議会、そして、選挙人団である。なぜなら、これらの諸機関のどれも、国家的な意思と行為というその組織体制〔憲法〕的領域において、他の機関に隷属しそして責任を負うことはないからである。[8] 間接的な国家諸機関に属するのは、連邦参議院諸委員会、帝国議会諸委員会、そして、とりわけ〈それらの中でそれにもかかわらず諸裁判所は、それらが裁判の機能を行使する限りで、厳格に受け取られるときは、直接の国家諸機関とみなされなければならないところの〉諸官庁である。間接的な諸機関は、直接機関の下位諸機関として現れるが、しかし、相互間で、ふたたび総括と編入という非常に多種多様な諸関係において立っている。それら〔諸機関〕の従属性の程度とそれらの有責性の種類は、極めて不揃いに規範化されてありうる。〈それらをとおして、一方では並行秩序の、そして、他方では上位秩序と下位秩序の、全てのこれらの諸事情が規律されるところの〉客観的な諸法規には、ここでもまた、主観的な諸権利と諸義務が対応する。あらゆる機関は、そのようなものとして〈その国家的な機能の《法律的な内容のまたはより上位の機関の法律的命令をとおして媒介された内容の》基準に従って行為し、そして、その権限の諸踰越を中止すべき〉国家法的な義務を有する。機関は、しかし、同時に、〈機関に委託された国家的諸権利を行使し、そして、無権限の諸機関の諸介入をその権限においてその機関の自由になる諸手段によって拒絶することの〉国家法的な権限を有する。その場合、もちろん〝固有の〟諸権利が問題となるのではない。なぜなら全ての機関権限は、ただ国家の統一的な権力領域の一構成部分であるにすぎないからである。しかしながら、そこからは、ただ〈これらの諸権利が階級的国家の意味において私法的に構成されてはならないこと〉だけが結果する。機関そのものは、それが〝法人〟ではなく、自己のために存在する権利主体でもないゆえに[9]、固有の諸権利についての能力を全くもたない。しかしながら、機関には、個人およびコルポラティフな団体の完全人格が欠けているとしても、機関は、それによって、まだ決して権利主体性一般を持たないわけではない。機関には、むしろ、共同団体における主体的な部分統一体の意味が、そして、それによって、総体人格における機関人格が帰されなければならない。それゆえ機関そのものは、むろん公法的な諸権利と諸義務の適切な主体である。直接の国家諸機関が、とくに帝国において皇帝そのもの、連邦参議院、および帝国議会が、一定の領域における国家人格の表現を求める〝権利〟を有することを、ラーバントは、争わないように見える。これとは反対に、彼は、間接的な国家諸機関およびとくに諸官庁には、そのような権利を拒絶している（I S. 294 ff.）。そして、それでもしかし、ここには、ただ段階的な差異が存するに過ぎない！　ラーバントが異論を唱えていることは、文言上、連邦参議院と帝国議会のために同様に当てはまり、そして、端的にただ、〈官庁は、世襲権力またはコルポラチオン権力の種類による官職権限を求める個人権をもたないこと〉のみを証明しているにすぎない。官庁は、民族代理〔Volksvertretung 国民代表〕と同様に、法律的な完全法人ではないが、しかし、民族代理と同様に、機関ペルゾンである。[10] 官庁は、連邦参議院（Bundesrath）と同様に、ただ国家の諸高権（Hoheitsrechte）のみを行使するが、しかし、連邦参議院と同様に、そのような諸権利の行使を求める義務とともに権利を有する。組織体制〔憲法〕諸訴訟のように（I S. 271）、権限の諸訴訟もまた、同一国家の諸機関が当事者として対立する真の法律諸訴訟である。国家は、もちろんその裁量に従って、国家が諸官庁を形成し、改編しそして廃止しうるように、諸権限を変更しそして譲渡することができる。国家は、しかし、同様に、その基本諸機関を改編し、そして、それらの権力諸領域を移動することができる。このために〈官庁が異議権を持たない一方で、関係機関が共働しなければならないところの〉組織体制〔憲法〕の変更を必要とすることは、ただ剥奪に対する権利の保障における差異のみを基礎づけるにすぎない。国家をとおしての客観的法の変更とともに、そもそも対応する主観的諸権利は、それらがそのゆえにより僅かにしか主観的諸権利の性質をもたないということなしに、脱落する。国家的組織（Organisation）のあらゆる変更は、しかし、客観的な法の変更である。さらにただ、組織が法律的に確定されている限りでのみ、立法という形式的方法が必要とされるのであるが、それでもしかし、〈それをとおして法律的にその権限のある機関がそれに従属する諸機関の制度または権限について何かを変更するところの〉法の諸命令もまた、行政諸命令（Verwaltungsverordnungen）ではなく、実質的に法の諸規範を創造するところの法の諸命令（Rechtsverordnungen）である。(11) ある官庁のその作用クライスにおけるより大きなまたはより小さな独立性は、なるほどその機関機能の中に含まれる諸権利と諸義務の範囲と内容にとって決定的な意味を有するが、しかしながら、権利の概念を機能に向けて関係させるものでないことは、自明である。

国家諸機関の第三の差異は、〈国家人格の統一体は、不可避的に一つの統一的な中央機関へと集中するゆえに〉、それらの中のひとつの機関が「最高」の機関でなければならないことから結果する。ラーバントは、正当にも、ドイツ帝国におけるこの〝主権的〟機関は、ただ構成員諸国家の主権的諸機関の統一的な総体の中にのみ見出されうる、と述べている（I S. 87 ff.）。帝国のこの中央機関は、もちろんその統一体の中で決して可視的とも活動的ともならない。その機能は、〈その諸構成員の分離された諸行為をとおして連邦参議院の形成と意思決定を惹起し、そして、その上、その最も高貴な構成員において、皇帝を立てること〉の中に汲み尽くされる。しかしながら、近代の共和国においてもまた、主権的な機関は、〈《かつて実際に集合することなしに》統一体としてのみ観念されるところの、そして、ただその構成員たちの分離された意思諸行為においてのみ実際上機能するところの〉総体である。そのような中央機関は、もちろん〈その名において最高の国家的な権力諸権利を実際に行使するところの〉代表制的な諸機関を必要とし、そして、それらを帝国の組織体制に従って、皇帝と連邦参議院において見出す。最上位の機関の統一体は維持されて留まるので、代表制的な行使機能のいくつかの諸機関のもとへのこの分配には、〈まさに再び近代の共和国においてもまた、同じ関係に出会うように〉、何ものも妨げとはならない。皇帝と連邦参議院は、それゆえ、なるほど共同しても、それ自体としても、帝国の〝主権者〟ではないが、しかし、それらは共同で完全に、そして、自身として部分的に帝国の〝主権者〟の諸権利を行使しなければならない。その一方では、〝連邦的に結合された諸フュルストと諸都市の総体〟の短縮されないそして分割されない主権性は、従来どおり、〈皇帝の尊厳がこの総体における圧倒的な構成員地位と不可分に結合されており、そして、連邦参議院がその全構成員たちによってその組織体制〔憲法〕上の等しくない構成員地位の基準に従って構成されそして継続的に指揮されること〉の中に示されている。この解釈と、ラーバントもまた、一致しているように思われる（I S. 251）。しかしながら、彼は、この解釈を〈彼が皇帝と連邦参議院を株式会社（Aktiengesellschaft）の〝取締役会〟（Vorstand）と〝株主総会〟（Generalversammlung）と比較することによって〉再び放棄している（I S. 225 u. 252）。この比較は、遠からずといえども当たっている。なぜなら、株主総会は、〈その背後にもはやいかなる機関も存在せず、そして、それと並んで取締役会が最高のコルポラチオン権力を行使しなければならないわけではないところの〉まさにそれ自身コルポラティフな中央機関であるからである。皇帝と連邦参議院は、しかし、相互とともにそして相互と並んで、主権的な機能をそれら両者の背後に存する〈その側で〝一般諸総会〟（Generalversammlungen）を防げないところの〉中央機関の代わりに、行使するのである。ラーバントは、皇帝の地位を、彼が皇帝を〝帝国の業務執行者〟（I S. 228 u. 298）へと引き下げることによって、移動させている。しかし彼は、もっと奇妙なことに、連邦参議院の姿を〈彼がそれを帝国の〝構成員集会〟（Mitgliederversammlung）へと高め、そして、いまやその下に辛うじて個々の諸構成員の特別の地位のためだけの余地を保持することによって〉書き誤っている（I S. 251）。そうして彼は、〈同時に、それらの構成員諸権利の行使のための個別諸国家の機関であり、そして、統一的なペルゾンとしての帝国の機関であるという〉連邦参議院の〝二重の性質〟という誤った承認に到達する（I S.232 ff.）。真実においては、連邦参議院は、徹底してただ帝国の機関であるにすぎないのである。〝二重の地位〟（Doppelstellung）を有するのは、〈彼が同時に、彼の国家の従属的な投票機関であり、そして、そのような投票諸機関から構成される合議制的帝国機関の独立した機関部分であることによって〉ただ個々の連邦参議院代議員（Bundesrathsbevollmächtigte）のみである。〈帝国議会の構造において実現された統一的な民族代理〔国民代表〕という逆の原則が、帝国議会の機関地位にとって標準とはならないように〉、これをとおして連邦参議院の構造において妥当へともたらされた〝連邦的原則〟（das föderative Prinzip）は、その国家法的な機関地位のために標準とはならない。連邦参議院は、正確にはただ帝国議会が〝民族機関〟

であるのと同一の〝歴史的＝政治的〟意味において〝諸国家の機関〟(Staatenorgan) であるにすぎない。〝連邦参議院における諸国家の諸権利〟(I S. 234 ff.) は、ただ〈連邦的な思想をとおして独特に決定された帝国機関としてのその編成の〉統合的な構成諸部分であるにすぎない。

ところで、しかし、「国家における主権的機関の地位および他の諸機関とのその〔主権的機関の〕関係」という重要な問いに関しては、ラーバントは、この点においてもまた、〈国家人格の彼の理解が彼を直ちに別の諸通路へと押しやるゆえに〉、正当な基本思想を不完全に遂行している。彼は、〝国家主権〟(Staatssouveränität) の原則から出発し、そして、もっぱら国家そのものを本来の〝国家権力の主体〟(I S. 85) と説明する。しかしながら彼がそれによって〝主権者〟(Souverän) においてもまた、〈この主権者がところで君主 (Monarch) であれ、民族〔国民〕(Volk) であれ、あるいは、その他誰であれ〉、ただオリジナルな権利に基づいて主権的である国家人格の機関のみを認めるにもかかわらず、彼は、それでもしかし、結果において、国家を行動する存在として、徹底してその主権的な機関と同一視している。なぜなら、気づかれないままに、彼は、最高の機関という概念に〝国家権力の担い手〟という概念を代理させているからである (I S. 87)。これによってしかし、一方では、国家人格の全ての現実存在は、〈あたかも帝国への関連においてもまた、帝国人格の《フュルストたちおよび自由な市民諸団体の統一体として考えられた》総体からの区別が、そこから先は完全に放棄されているかのように〉この〝担い手〟へと移される。そして、他方では、〝国家権力〟においては、全ての国家的な権利は、そもそも概念的に〈〝分割されないそして不可分の国家権力の唯一の担い手として〟(II S.6)、第二の機関の同様にオリジナルで独立した権利のための余地を残していないところの〉主権的な機関のもとに集中されている。ラーバントは、正当にも、諸権力の分割の理論を争っている (II S.7 ff.)。しかしながら、彼は、不当にも、〈本来的な〝国家権力〟の共同行使のための非主権的な諸機関のあらゆる任命において、権力の分割が存在すること〉を認めている。真実においては、共同団体の統一性と、〈いくつかの《直接かつ独立に国家人格の表現のために任命される》諸機関の間への〉国家権力の中に含まれる諸機能の分配とは、徹底して調和する。この統一性と調和し難いのは、独立の〝諸権力〟として分離された諸機関へと指図されたいくつかの権力諸領域へと国家的諸機能を機械的に分裂させることのみである。それゆえ、むろん、〝中央機関〟の地位において、あらゆる国家的機能に本質的かつ指導的に関与させられるところの最高機関が必要とされるのである。しかしながら、この〝主権的〟機関が一定の諸方向へと、ある非主権的な機関とともにただゲマインシャフト的にのみ〝分割されないそして不可分の国家権力〟を行使しなければならないことは、決して排除されない。まさにこの点において、むしろ立憲国家の本質が存在するのであり、立憲国家においては、それゆえに、事実、主権者は、国家権力の〝唯一〟の担い手なのではなく、国家権力の〝共同担い手〟を認めるのである。ラーバントは反対のことを主張することによって、彼は、虚偽の立憲主義と一緒に、同時に真の立憲主義（Konstitutionalismus）を戸口から追い出している！ ただ、彼は、再び首尾一貫していない。なぜなら、明らかに、彼は、彼の諸前提に基づいて、あらゆる非主権的機関には、ただ主権的機関から導出された権限のみを、国家的諸権利の行使のために帰属させざるをえないであろうからである。けだし、まさに、主権的機関は、すでに全国家権力を有し、そして、国家の諸権利は、国家権力の外には存在しないからである。[12] ラーバントは、これとは反対に、帝国議会とその選挙人たちにもまた、オリジナルのそして独立の国家的権限を、すなわち、国家の意思活動についてのそして高権的諸権利の行使についての直接に国家から由来する持分を、付与するように思われる（I S. 505）。それにもかかわらず、どこから彼が民族代表あるいは民族総体のそのような位置のための余地を取っているのかは、明らかでない。なぜなら、彼は、すでに連邦参議院において帝国の〝総会〟（Generalversammlung）を見出してきているので、帝国議会は、まさに空白へと帰するからである。そして、そこでは、彼は、すでに国家権力全部を与えてしまっているので、民族代表の並行する国家的権限のための素材は欠けるのである。それゆえ、一体、事実、〈帝国議会の帝国機関性〉と〈帝国権力のそれに先立ってその装置全体とともに完成されている把持者性〔担い手たること〕〉との間の関係の一般的な定式化は、不明確かつ不確実に帰してしまっている。基本的には、しかし、最終的に、〈もちろん極めて恣意的な方法において、国家の概念が必要のいかんに応じて狭められることによって〉、徹底して帝国議会にその場所が、〝国家〟における以上に国家と並んで指示されている。ひとが核心に目を注ぐならば、ラーバントにとっては、結局、積極的な法主体としての〝国家〟は〝政府〟と一致する一方、民族代表は、ある程度まで〈その同意に、この〝国家〟が重要な意思諸決定の場合に法律的に拘束され、そのコントロールに国家が服しているところの〉国家の利害関係者たちの外部から招致された委員会としてのみ現れるのである。ラーバントが株式会社（Aktiengesellschaft）との比較をさらに詳論していたとすれば、彼は、たぶん帝国議会を、定款に従って〈一定の諸委員会の追認のために、そして、経営管理（Verwaltung）のコントロールのために〉招集される優先社債権者たちの集会（Versammlung von Prioritätsobligationären）と比較しなければならなかったであろう！　この意味において、その場合、徹底して、あらゆる国家的行為の本来的に〝国家的〟なモメントは、もっぱら〝命令〟へと置き換えられ、そして、この命令についての帝国議会のあらゆる関与は、〈たとえ国家の行為の準備の際の、または、その行為の合法性と合目的性の事後的な検査の際の、共働の権利が争われえないとしても〉証明されない。そうして、とりわけ立法の際に、そして、類似して国家諸条約の締結の際に、帝国議会の機能は、同時に理論的に脱国家化され、そして、実際上侵害される。[13] 少なからず厳しく、しかし、〝政府〟との〝国家〟の同一視は、彼が現在もまた全ての諸論難に対する関係で維持しているところの〝予算法律のない諸収入と諸支出の管理〟に関するラーバントの理論において登場している（III 2 S. 367-376）。この理論全体は、ひとがその理論から〈国家の諸権利と諸義務は最高の国家機関の諸権利と諸義務と一致する〉という暗黙の前提を遠ざけるや否や、崩壊するのである。むろん予算なき状態においても、法律的に国家に帰属する諸収入を求める国家の権利と、法律的に国家に課される諸支出についての国家の義務とは、存在し続ける。そして、むろん、〈国家経済が停滞しておらず、そして、必要が少なくとも収入と支出において生ずる〉という避けがたい需要は存在する。しかしながらそれによっては、決して〈組織体制〔憲法〕上ただ法律の形式において確定されたいくつかの諸機関の意思の合意に基づいてのみ行われるべき経済操縦は、いまやそのような授権の基礎なしにもまた、関係諸機関のひとつに法律上当然に帰属する〉ということは、言われていない。国家自身は、国家が語るべきであった場所で沈黙してきている。すなわち、国家の法有機体（Rechtsorganismus）は、結果において国家の諸機関の怠慢または不和については、拒絶している。そこからは、国家生活における法的空白が、不可避的に生ずる。〈そのもとで財務行政の機能だけが組織体制的に操縦されうるところの〉前提条件は、実現されていない。その実現に至るまでは、それゆえ、この領域においては、最上位の機関もまた、その主権的地位にもかかわらず、組織体制上、機能することはできない。いまや何が起こりうるか、そして、起こるべきかは、政治的な問題である。確かに、国家の財政管理は、実際上、停止されえないし、そして、停止されないであろう。国家法の破産は、国家生活の継続を妨げることはない。なぜなら、国家は、たんなる法の有機体ではなく、自然的および精神的＝道徳的な社会的有機体であり、その生存秩序は、なるほど必然的に同時に法秩序ではあるが、決してしかしながらこの点において、尽きるものではないからである。むろん、それゆえ、国家にとっては、組織体制〔憲法〕生活におけるあらゆる破綻は、〈組織体制によって統一的な意思のために任命された諸機関の永続的な〝対立〟の場合において、けっきょくは存在全体を危殆化しうるところの〉疾病を意味する。しかしながら、あらゆる有機体と同様に、国家は、生活諸過程の正常な経過における重大な諸障害にもかかわらず生活維持の能力と傾向を占有し、そして、それによってその法秩序の困難な諸危機をもまた克服し、そして、調停することができる。それゆえ、実際、予算法律の欠缺もまた、それが国家経済の合法的なさらなる遂行を不可能にするにもかかわらず、そのさらなる遂行をそもそも切断しないのである。むしろ国家は、従来どおり、〈そのために欠缺する組織体制に従う授権にもかかわらず、事実上能力を与えられているところの〉何らかの機関をとおして金銭を収入しそして支出するであろう。ただ、予算なき状態の間のこの国家的機能の行使を決定するのは、法ではなく、権力である。現在の経済遂行のそもそもそしていかにということは、さらに極めて必然的でそして自然的な方法において、共同団体の有機体的な諸関係から現れるかもしれないとしても、それでもしかし、それをとおしては、もはや決して、いまやひとたび組織体制〔憲法〕に従って法「ではない」ところのものは、法においては使用されないのである。[14] このような事実状態のもとでは、特殊的に、最上位の機関に対して責任を負わされた政府は、〈その辞任をとおして法律の根拠なき行為の必要性から自らを取り除くか、それとも、国家の経済を法的権原なしに継続的に遂行するか〉の選択の前に置かれる。政府が政治的かつ倫理的に〈組織体制〔憲法〕違反の財務行政のための責任の引受けを決心する〉権利を与えられあるいは全く義務を負わされているということは、可能である。しかし、その政府の行為は「組織体制〔憲法〕違反」に留まり、そして、「法律的」責任を、政府は、それによって自らに引き受ける。このためには、〈政府の態度の政治的および倫理的評価のためにもそのことが問題になるかもしれない限りでは、そもそもそして誰に緊急状態を招いたことについての主観的な責任が帰するかということ〉もまた、完全にどちらでもよいのである。同様に、緊急状態そのものは、政府にとって法律的な免責状態ではない。なぜなら、いずれにせよ〈まさにこの政府が経済を操縦し、そのための決定がむしろ法的に自由な選択から発するという〉いかなる種類の法的必然性も存在しないからである。[15] それゆえ〝刑事免責法律〟(Indemnitätsgesetz) 以外に、そのような国家法的債務からの政府の免除の方法は存在しない。ひとは、しかしながらこの場合に〈〝刑事免責〟の付与をとおして解放された責任と並んで、《その〝免除〟(Decharge) の付与をとおしてその除去が結果するところの》さらなる責任が存在し続けること〉を見過ごしてはならない。前者の刑事免責では財務行政の「そのもの (Daß)」が、後者の免除では財務行政の「如何 (Wie)」が、問題となる。政府は、〈政府がそもそも予算法律 (Etatgesetz) なしに経済運営をすること〉をとおして、組織体制〔憲法〕に違反するときは、これによっては、まだ、個々の諸収入と諸支出に対し、法と不法の基準は適用不可能とはなっていない。そしてこの関係において、予算法律なき諸収入と諸支出の行政に関するラーバントの諸詳論は、その理論的および実際的な価値を保持している。法律的義務または国家的な必要性に基づいて国家のために無権限の政府によってまたは無権限の政府へと支払われているものは、法律的に有効に支払われているのみではない。政府は、むしろそのような諸収入と諸支出に関してもまた、あらゆる財務的な責任から自由である一方、政府は予算法律をとおして政府に与えられる形式的な補償を欠いている。政府にそれゆえ刑事免責が承認されるときは、政府は、同時に、〈その合法律性または必要性を政府が証明することができるところの〉政府の諸支出と諸収入に関する免責の付与を求める権利を有するが、しかし、極めて十分に、それにもかかわらず国家の諸手段の恣意的な使用と支払いのゆえに、負担を負わされた状態に留まりうるのである。

国家的組織のこの解釈との緊密な関連において、国家の「諸機能」についてのラーバントの構成は立っている。書物全体をとおして、〈全ての国家的活動において本来的に国家的なモメントが、ただたんに強制執行をとおして確保される支配者の臣下たちに対する「命令」において付着する〉という思想が、貫いている。事実、なるほどゲマインハイト的な意思力そのものの展開の中にではなく、十分にしかし、最高のそしてあらゆる特別の個別意思または共同意思に課された意思力の行使の中に、〈国家をその他の諸団体から区別する〉特殊のメルクマールが存在する。しかしながら、それゆえに、ひとは、それでもしかし、全ての国家活動の〝法律的に本質的なもの〟を、ただそれ〔国家活動〕において独特の方法において高められたこの形式の中へとのみ置き換えてはならない。その内容から解放された命令は、まさに本質のない抽象である。ひとが国家を任意の内容をもって充たされうる空虚な命令装置として考えるときは、ひとは、国家概念を全ての現実性なしに受け取るのである。国家の本質的な人間的機能は、至るところで、そして、あらゆる時代に、国家が命令する「こと（daß）」において明らかになるのみならず、国家が命令するところの「もの（was）」においてもまた、明らかになる。むろんア・プリオリに至るところでそしてあらゆる時に一様に実現される国家活動の内容は、探求されない。しかしながら国家的な作用領域のあらゆる実定法的な確定と形成の基礎には、国家の概念とともに一定の実質的な機能内容を所与のものとして設定するところの特定の法意識がある。特定の法意識国家の基礎の上にのみ、しかし、そもそも国家の国家法的に用いることのできる概念が発展されうる。我々にとって意味を持とうとする国家法は、〈この場合に《何をいつかあるとき民族がその専制君主の合法的な作用クライスとしてみてきているか、あるいは、何をどこかある場所で、緩く結合された部族がその国家権力に拒むか》の考慮をとおして混乱させられることなしに〉国家の本質についての「我々」の諸観念を顧慮するものでなければならない。「我々」にとっては、しかし、国家の「概念」は、〈国家が《対外的な保護と利益代表、および、対内的な法と文化の実現と世話という》諸課題を一定の範囲において引き受けそして解決すること〉、〈国家は、それゆえ、最高のそして最も包括的な共同団体として、人間的なゲマインシャフトの目的のいかなる側面をもその有効性から原則的に排除しないこと〉、〈国家は、しかしながら、諸個人と諸コルポラチオンにそれらの固有の生活諸領域を妨げず、そして、その限りでただ補充的にのみ活動へと登場すること〉を要求する。そこから、国家的な諸機能の決定と限界づけに関して、〈その場合、国家法的内容の具体的な諸法規の豊かさへと展開され、そして、細目の秩序においてはじめて多かれ少なかれ技術的に条件づけられた諸規則になるところの〉第一級の国家法的な諸原則が結果する。これに対して、ラーバントは、なるほど、決して、国家活動の範囲と内容という問いの政治的および歴史的意味を見誤ってはいない。しかしながら、ラーバントは、国家法的な立場から、何か純粋に事実的なものおよび偶然的なものは、〈そもそもそして何処まで国家が、このまたはあの国民的な生活課題の実現を目的として自らに設定するか〉という点において見出さなければならないと信じている。特殊国家法的な利益は、彼にとっては、〈国家が国家によって把握される何らかの目的の遂行のために国家の支配を運動へと置き、そして、それによって命令と強制の諸形式を手段として適用するや否や〉初めて始まるのである。それによって、国家思想は、たとえそれに政治的および歴史的な考察のためにはその豊かさが確保されてとどまっているとしても、法律的な理解のためには、たんなる定式化へと縮んでいる。もちろんラーバントは、帝国権力の諸機能の叙述の際に国家活動の内容を特徴づけることを避けることはできていない。しかしながら彼は、彼が国家法的な構造の重点を、至るところで国家生活の実質的な内容からその形式へと置き換えることによって、徹底して現実において支配する関係の諸線を移動させている。我々は、〈ラーバントの体系において《国家の「文化任務」が国家の法律的な概念から消去されること》をとおして成立しているところの〉諸空白と諸一面性を示すことを、ここでは放棄しなければならない。いかなる方法において、これに対して国家「法の任務」の純粋に形式的な解釈が、法の本質についての基本観に破壊的に作用してきているかを、我々は、以下に認識するであろう。

最後に、国家そのものに関係する諸理論のもとには、さらに国家法的な状態諸関係の「設立と終了」の理論が、〈ラーバントが彼の作品の様々な諸部分において彼の不十分な国家思想をとおして誤った諸構成へと誤り導かれてきている〉領域として指摘されなければならない。国家が共同団体として理解されるときは、まず最初に、国家の「存在」を創造しそして破壊するあらゆる経過は、〈その法律的な内容が総体人格の設定または廃棄において存在するところの〉生活経過である。そのような経過は、明らかに個別人間の誕生と死と同様に、法律行為（Rechtsgeschäft）として構成されることはできない。そのような経過は、むしろただたんに、〈それへと客観的な法が法の効果を結びつける〉構成要件の実現として性格づけられる。その限りで、それゆえ、国家は、ドイツ帝国と同様に、意思行為（Willensakt）をとおして成立するので、この構成的行為は、決して契約締結のカテゴリーのもとに帰することはできない。むろん共同団体の設立には、〈それをとおしてその共同団体の将来の構成員たちが互いに必要な設立諸行為の企画のために義務を負い、そして、同時に将来の共同団体の生活諸条件を確定するところの〉諸契約が先行しうる。しかしながら、設立そのものは、これをとおしては、ただ準備されそして決定されるだけであって、完成されるわけではない。このようにして、ラーバントもまた、北ドイツ連邦の設立の際における契約のモメントを正当に理解している（I S.17 ff.）。しかし、設立行為そのものの性質の積極的規定に関しては、彼は、中途で立ち留まっている。彼は、完全に適切に、連邦組織体制〔連邦憲法〕施行に関する諸法律を、〈それによって連邦の設立行為を完成させてきている〉個別諸国家の〈法律の形式において言明された〉意思諸表示として性格づけている（I S. 30-33）。しかしながら、彼は、これらの個別国家的諸行為をただたんに〈それらをとおしてあらゆる国家が自らのためにその連邦への加入を宣言してきているところの〉個別諸行為の総計として構成するのみであり、そして、それゆえ〈どのようにしてそこから新たな統一的な法主体が出現することができたのかを〉端的に理解しうるものとすることができない。連邦が国家法的なペルゾンとして存在するためには、連邦をそのようなものと宣言した客観的な法規を必要とした。そのような法規は、しかし、従来の法から流出することは不可能であったし、そして、同様に、従来の法の基盤の上に、個別国家的立法をとおして創造されることも不可能であった。真実においては、ひとは、個別諸国家の意思の諸行為（Willenshandlungen）において、二重のモメントを区別しなければならない。個別諸国家は、その点において〈彼らが自らをより高次の共同団体の構成員として設定したことによって〉自己自身を自由に処理してきている。個別諸国家は、しかし、その点において同時に、〈彼らがその共同団体の諸構成員としてそれぞれその部分について全体を設定することによって〉この共同団体を処理してきている。彼ら〔個別諸国家〕が自らを諸構成員と表明した瞬間において、彼らは、またすでに諸構成員として行為したのである。同時に、あらゆる国家が自己のために行わなければならなかった意思の表明によって、ただ諸国家総体（Staatengesammtheit）をとおしてのみ可能であったところの意思の制定（Willenskonstituirung）が結果したのである。諸国家は〈その中で彼らが個別諸国家として彼らの人格の一部を放棄したところの〉行為において、新たな総体国家（Gesammtstaat）の最初の機関として、総体人格の自己設定を完成したのである。ここでは、諸構成員の意思行為をとおしてのあらゆるケルパーシャフト的な制定（Konstituirung）におけるように、それゆえ、個別諸意思の総計の最終的に団体から自由な活動は、新たな統一的な共同意思の最初の表明と符合する。ラーバントが〈連邦組織体制〔連邦憲法〕に関する諸国家の諸表示とこの組織体制〔憲法〕を我が物とすることに関する連邦の表示の分離をもってする〉ヘーネル（Hänel）の構成に向かって、必ずしも不当にではなく提起しているところの（I S.29）〃曖昧な発生〃（generatio aequivoca）という非難は、ひとが〈遡る方向では、それによってその分離性を放棄する諸個人の総計の多数体的な行為として、そして、前進する方向では、それによってその結合性を設定する総体の統一体的行為として、現れるところの〉創造的行為の二つの側面が問題になっているに過ぎないことに固執するや否や、当てはまらないのである。その場合、しかしながら、国家の設立は、国家の中におけるケルパーシャフトの設立から〈後者の場合には、新たな団体統一体の法主体としての承認を決定する客観的な法規が既存の法秩序においてすでに与えられているのに対して、新たな国家の設立の場合には、対応する法規は、総体人格の誕生とともにはじめて成立する〉という本質的な点において区別される。なぜなら、国家は、その国家法の基礎命題を、国家の外に置かれた法秩序から受け取ることはできないからである。[16] 国家は、むしろ不可避的に独自の権力完全性からその存在を法的存在として設定し、そして、それによって自己自身を最高の総体ペルゾンとして宣言しなければならない。[17] それゆえに、事実、北ドイツ連邦は、なるほどその組織体制〔憲法〕の内容を〃一緒に世界へともたらし〃たが、しかしそれ〔組織体制＝憲法〕には法律たる効力を連邦の側からはじめて付与してきている。北ドイツ連邦は、他の諸要因によってその創出の段階の間に仕上げられた〈その生存の〉諸条件を、この生存の肯定と同時に、その独自の意思決定をとおして受け入れ、そして、それによって、自らに自らがその成立の瞬間においてその国家法の諸基礎を創造したのである。この関係は、連邦による組織体制〔憲法〕の再度の公布（Publikation）において、その適切な表現を見出してきている。ラーバントは、正当にも、〈《もしそもそも連邦国家法が存在するものとすれば、それ〔認可〕はすでに存在したのであり、そして、全く欠くことができなかったような》、この「公布」は「認可」（Sanktion）ではないが、しかしながらそれは「連邦そのものによって〔すでに〕実行された認可の告示」であること〉を指摘している。――類似の方法において、共同団体の設立または廃止のように、共同団体のあらゆる「本質変化」が理解されなければならない。その場合、〈その法律的な内容が総体人格の置き換え（Anderssetzzung〉であるところの〉生活経過が問題となる。この経過もまた、法律行為ではなく、そして、とくに意思行為をとおしての実現の場合においては、〈それが諸契約をとおして可能とされそして決定されうるにもかかわらず〉、契約ではない。この関係の正当な評価において、ラーバントは、北ドイツ連邦のドイツ帝国への拡大の場合に（I S. 37 ff.）、および、エルザス＝ロートリンゲンの編入の場合に（I S. 52 ff.）、変化と制定的な変更行為との契約的諸基礎を、鋭くすら相互に分離してきている。ただ、彼は、帝国の成立の際に、再び南ドイツの諸国家の加入諸表示と北ドイツ連邦の採用宣言を、〈その点において、同時にその新たな諸構成員の共働のもとに自らを異なって設定する総体人格の統一的な総体行為を、拡大された連邦の帝国への自己改編を見出すことの代わりに〉、たんに一致する個別諸行為として取り扱っているにすぎない。――最後に、共同団体の存在における全ての「内的な諸変更」は、ただ類似の諸視点のもとにのみ、法律的に構成されうる。このことは、とくに、〈国家の構成、編成または組織において交替を惹起するところの〉絶えざる人的諸変更について妥当する。国家所属員のあらゆる加入または脱退、独特の構成員地位のあらゆる取得または喪失、ある機関たることへのまたはある機関たることからのあらゆる任命または解任は、〈その法律的な内容が、総体人格における部分人格の何らかの状態の基礎づけまたは廃止において存するところの〉内的な生活経過である。その限りで、それゆえ、意思の諸行為は役割を演ずるので、再び〈それ独自の活動をとおして何らかの点において自らのために自らが建築しまたは解体する〉共同団体の統一体的制定諸行為（Konstitutivakte）が問題となる。ここでもまた、国家とその将来または現在の構成員の間に締結される契約は、もちろん可能である。そして、その契約は、対応するケルパーシャフト的な行為の着手の債務ならびにこの行為のもとへの服従の債務を惹起し、そして、同時に国家法によって自由に任される活動の余地の内部では、導出されるべき状態関係をより詳細に決定することができるのである。しかしながら、契約が〈直接に変更的に国家の構成、編成または組織へと介入する〉力をもつことは、不可能でありうる。契約概念は、個人法の観念クライスに属し、そして、それゆえただ個々人または諸団体がゲマインシャフト的な意思内容に関する分離された意思諸領域の担い手として理解される限りでのみ及ぶのである。それ〔契約概念〕は、これに対して、団体法という特殊の諸観念が開始し、そして、それによって意思の関係が統一体的な共同意思領域の内部で問題となるところでは、適用可能性を失う。彼が契約原則のこれらの諸限界を誤解し、そして、とくに市民採用と官吏性の付与を〈一方では、養子縁組（Adoption）（I S. 166 Note 2）という、そして、他方では、ファッサルレン的なコンメンダチオン（授手托身行為Kommendation）（I S.386 ff.）という私法的な諸模範に従って把握されるべきであるところの〉〃国家法的諸契約〃と構成することは、それゆえ、ふたたびラーバントの国家の内部構造の個人法的な基本解釈と関連している。その場合、さらにその上、彼は必ずしも首尾一貫していない。なぜなら、国家的な生活活動のこの種の行為を契約として捺印するために意思の一致という要件で十分であるべきであるならば、承諾（Akzeptqtion）を必要とする帝国議会代議員のための選挙、または、当事者の同意に拘束される裁判官たる官吏の転任もまた、国家法的な契約の概念に服させられなければならないであろうからである。[18]

【以上、Ⅴの本文終り】

【以下、Ⅴの注】

（1） System des römischen Rechtes, Bd. I S.22.

（2） 共同団体における特別の構成員地位による国家市民権の区別という視点の下へと、さらにまた、将校たちなどの人的勤務関係（III 1 S.209 ff.）および軍人たちの一般の特別権（III 1 S.252 ff.）のみならず、同様に、民族代表〔国民代表〕の構成員たちの高められた保護（I S.570 ff.）もまた、帰する。正当にも、それゆえ、ここで、ラーバントは、なるほど〃特定の「諸個人」の「特権」をとおして基礎づけられた主観的諸権利〃の存在を否定する。彼は、しかし、彼〔ラーバント〕がそもそも主観的権利をその場合に認めようとする場合に、行き過ぎている。帝国議会構成員地位そのものが、特別に取得されそして失われる公法的な地位権（Zustandsrecht）であるように、国家権力の一定の介入に対するそれと不可分に結合された保証は、このペルゾンの構成員特性においてペルゾンに保証される公法的な請求権の性格を有するのである。一方では、この請求権の純粋に公法的な性質から、そして、他方では、帝国議会の構成員地位へのこの請求権の所属性から、ラーバントによって主張された独立の私的諸権利の諸差異は、十分に説明される。もちろんこれらの諸権利は、自らのために取得されそして喪失されえず、有効に放棄されまたは譲渡されえず、訴えをとおして主張されえない。法律は、これらの諸権利を損害賠償なしに無効としうる。それらの諸権利は、それらの諸主体にそれら固有の福祉のために帰属するのではなく、公的な福祉のために帰属する。しかし、このことすべては、まさに極めて多くの公的諸権利に関して当てはまるのである！

（3） Vgl. すでに H. Grotius, De jure belli ac pacis〔グローチウス『戦争と平和の法について』〕, I c. 3 §7.

（4） このことをラーバントもまた、ドイツ帝国における皇帝権、連邦参議院における諸国家の諸権利、および、帝国議会のための諸選挙権に関して認めている。

（5） 選挙権に関して、ラーバントは、権利の休止と権利の永久的または一時的な欠缺との間の差異を正当に貫徹している（I S. 525 ff.）。ただ、〈婦人たちと未成年者たちのみならず、被後見人、経済的非独立者たち、および、名誉喪失者たちは、この状態の継続する間、選挙権と同時に、完全な市民権が欠けること〉だけが、付け加えられなければならない。

（6） 帝国議会構成員地位の本質を、ラーバントは、正当に指摘し、〝委任〟（Mandat）と〝代理〟（Vertretung）の概念を、その場合、幸いにも除去している（IS.525 ff.）。連邦参議院構成員地位に関しては、これとは反対に、彼は、〈そこにおいて〝委任〟（Auftrag）と〝任意代理権〟（Vollmacht）が互いに帰するところの〉〝代理〟（Vertretung）の概念をもって操作している（I S.236 ff. u. 244 ff.）。真実においては、連邦参議院代議員（Bundesrathsbevormächtigte）は、〈彼が、一方では、投票のための彼の国家の端的に従属的な機関であるに過ぎず、他方では、この地位に基づいてかつその地位の存続の間、帝国の機関の形式的に独立した構成員として、職務を行うことによって〉、二重の機関地位にある。連邦参議院議員（Abgeordnete）は、〈ひとが命令的、責任負担的および撤回的な選挙委任（Wahlmandat）の極端な要求をその他の議会権（Parlamentsrecht）の変更なしに実現されたと考える場合には〉、ほぼ同様になるであろう。

（7） ラーバントは、官職機能を求める公務員のあらゆる権利を端的に争っている（I S. 293 ff. 460）。彼は、〈公務員は彼の諸権利を行使するのではなく、国家の官憲的な諸権利を操縦するのであり、それゆえ、それらの諸権利の主体ではなく、それによって国家がそれらの権利を行使する〝道具〟である〉と、適切に詳論している。しかしながら、まさにそのような道具であることを求める権利は存在する！　さもなければ、選挙権もまた、しかり君主の統治権（Regierungsrecht）も、権利ではないことになろう。同様に〈官職機能の執行はとりわけ義務である〉という異論は、決定的ではないことになろう。義務と権利は、ここでは、極めてしばしばそうであるように、公的諸関係において共属するのである。正当であるのは、国家に対する関係では、この権利は、たんなるプレカリウム（precarium 容仮占有）の性格を有し「うる」にすぎないことだけである。

（8） ある機関が他の機関をとおして形成されまたは解消され、活動におかれまたは活動外におかれることは、その機能的な独立性に対立しない。

（9） 合議体（Kollegium）、官庁（Behörde）、帝国議会（Reichstag）、連邦参議院（Bundesrath）は、そもそも法人ではない。しかし個別ペルゾンまたは総体ペルゾンが同時に機関であるところでは、それでもしかし、概念的には、機関把持者が、自己のために存在する人格から分離されなければならない。

（10） ラーバントは、官庁をまず〝観念的主体〟としてもまた説明し、後にはしかし国家との関係において、ただ〝機械の車あるいはねじ〟にすぎないものと説明している。スタチオーネス・フィスキ（stationes fisci）〔国庫の諸場所〕の私法的地位との諸官庁の公法的地位の彼による同列化は、とくに明瞭に、いかにして原則的な誤りが、ここでもまた、人工的な個人人格としての国家人格の取り扱いに根ざしているかを示している。比較は、国家法が共同団体の内的な生存秩序として理解されるや否や、彼がなすべきことからの反対のことを証明している。

（11） この実際的にきわめて重要な点において、もちろんラーバントは、異なる見解である（II S. 207 ff.）。しかしながら、彼は、〈彼がその他の場合には至るところで国家的諸行為の内的状態をただそれらの内容に従って決定しているのに対して〉、〈彼がここでは実質的に完全に同じ内容の国家的な意思諸行為をそれらの諸行為のために必要な形式に従って、あるときは〝規範設定〟と説明し、あるときは〝業務執行〟と説明する場合〉に、自己自身との矛盾に陥っている。官庁組織に関する諸法律もまた形式的意味における諸法律であるか、あるいは、この対象に関する諸命令が同様に諸法規を含んでいるか、である。コルポラチオンと株式社団をもってするラーバントの比較（I S. 208）は、不正確である。すなわち、新たな〝諸機関〟の創造は、ここ〔株式社団〕でもまた自律（Autonomie 自治）の行為であり、その一方では、〝任意代理権〟の付与も、〝雇用契約〟（Dienstmiete）の締結も、ここ〔株式社団〕では国家におけるように、〝業務執行〟に属する法律行為であるが、しかしながら、まさに組織については、何も変わらないのである。――独特の動機から、ライヒスゲリヒトもまた、官庁組織が法規範であると判決してきている、Entsch. v. 24. Sept. 1880, Z.=S. II Nr. 19 S. 65。

（12） この帰結をツォルン（Zorn）（Staatsrecht des Deutschen Reichs I S.138）は、彼が同一の思想系列（〝国家の擬制的人格〟の主権性、〝自然的な担い手〟の必要性、および、〝国家権力〟との〝主権性〟の同一性）に基づいて、君主制においては、〝民族〟に、実際にはただ、主権者によって〝許容された国家権力の行使についての共働〟のみを認め、それゆえ、あらゆる立憲的組織体制（ドイツ帝国のそれを含む）を〝許可されたもの〟（oktroyirt）と説明することによって、引用している。

（13） 私のGrünhut a.a.O. S. 229–231. における紹介批評を参照せよ。――さらに鋭くツォルン Zorn a.a.O. S. 111 ff. は、ラーバン

トの思想を定式化している。

(14) ラーバント (III 2 S. 368) は、誤って、あらゆる国家法的なコンフリクト〔衝突〕の解決のための〝法の諸規則〟が必然的に存在しなければならないことを認めている。しかしながらここでは、まさに〈立憲的な国家法が不十分と証明される〉場合が存在する。それゆえフォン・マルティッツ (v. Martitz) とツォルン (Zorn) は、彼らが〈法律学そのものがここでは《〝もはや法の領域に属さない諸問題が提起されている〟ゆえに》そのラテン語とともに終わりとなる〉と述べる場合に、〝恣意〟と〝贅言〟という非難には値していない。もちろん、そのような場合においては〝「国家」は深淵の縁に立っている〟という主張は、行き過ぎである。なぜなら「まず第一には」ただ「法」だけが脅かされているに過ぎず、それによっては、しかし、あるいは、それでもしかし全く、あるいは、必ずしも必然的に、国家がその存在において脅かされているのではないからである。

(15) このことをラーバントは、完全に見過ごしている。すなわち、彼は、正当にも、〈予算欠缺という実際的な状態は〝組織体制〔憲法〕違反〟であること (III 2 S. 368)〉を否定しているが、しかし〈そのような状態において国家のために諸支出と諸収入を行う者が自らに引き受ける〉〝組織体制〔憲法〕違反〟については沈黙している。立憲国家における政府の退任の可能性に、彼はそもそも言及していない。

(16) この場合、我々は、自明のことであるが、国家所属員たちのための国家存在の妥当性についてのみ語るのであり、その他の諸国家のためのその国際法的な妥当性については語っていない。

(17) このことが、イェリネックの諸詳論 (G. Jellinek, Die Lehre von den Staatenverbindungen, Wien 1882, S. 253–271.) における正当な核心である。

(18) より詳細なことは、v. Holtzendorff, Rechtslexikon (3. Aufl.) II S. 53–54 における私の論文〝ゲマインデ官吏〟(Gemeinde-beamte) において参照せよ。

【以上、Vの注、終り】

VI

ところで、我々がさらに一瞥をラーバントがドイツ帝国のためにそれを実現してきているような、「連邦国家の理論」に向けるときは、その理論がたとえ国家人格の概念を最初に設定することをとおして本質的に促進されているとしても、その結論はしかしこの概念の不十分な理解をとおして結局は損なわれてしまっている。

ラーバントは、〈彼が生活観と通常の用語法との一致において、その点において《一定の諸部分もそれらとは異なる全体も諸国家であるところの》構成された共同団体を認めることによって〉連邦国家の「概念」に固執している。決定的なクリテリウムを、彼は、正当にも、多層的な国家「人格」のこれによって条件づけられた関係の中に見出している。ここから、彼は、まず最初に、国家的な結合または編成のその他の諸形式に対する連邦国家の外的な境界設定を獲得することを求めている。しかしながら、すでにこの点で、彼は、″法人″（juristische Person）の思考形式への国家的な法主体性の押し込みをとおして妨げられている。なぜなら、実際に団体諸建造物の国家法的性質の決定にとっては、ただ「国家的」な人格の構造だけが問題となるのに対して、〈彼にとっては人工的な権利諸主体の内的な本質の差異は存在せず、そして、それらの権利主体の全ての差異は、それらの諸権利の種類と範囲に縮減されるところの〉ラーバントは、至るところでただ法人格「一般」の存在の問題のみを提起しているにすぎないからである。それゆえ、事実、連邦国家（Bundesstaat）は、諸国家同盟（Staatenbund）およびあらゆる他のたんなる諸国家の結合（Staatenverbindung）から、〈連邦国家ではつねに、全体は「国家的」人格を有するが、諸国家同盟および諸国家結合では決して、全体は「国家的」人格を有しないこと〉をとおして区別される。しかし、ラーバントがこの差異を端的にウニヴェルシタスとソキエタスの対立と同一視する場合（I S. 56）、これに対しては、反対に〈たんなる国際法的なゲマインシャフトもウニヴェルシタスの形象に従って組織されることができ、そして、その場合には、同様にペルゾンとして、すなわち、ただまさに国家的なペルゾンとしてではなく、国際法的な（そしてそれと並んでたぶん私法的な）ペルゾンとして現れること〉が、指摘されなければならない。(1) 逆に、連邦国家は、自己行政諸団体（Selbstverwaltungskörper〔自治団体〕）を伴う統一体国家（Einheitsstaat）から、〈連邦国家では、つねに「国家的」人格は部分諸団体（Theilverbände）から生ずるが、自己行政諸団体を伴う統一体国家では、決して「国家的」人格は部分諸団体からは生じないこと〉をとおして区別される。しかしながら、諸プロヴィンツ〔州〕も諸ゲマインデ〔市町村〕もまた、〝公法の諸法人〟である（I S. 57）。最後に、連邦国家の、構成された国家のその他の諸形態からの区別もまた、「国家的」法主体性の様々な種類の構造に基づいている。ただ連邦国家においてのみ、構成員諸国家の上に、それらすべてとは異なる総体国家（Gesammtstaat 全体国家）が立ち上がる。そして、その総体国家は、独立に組織された上位国家として、独自の国家的な人格を有する一方、〝付随諸国家とともにハウプト国家〟から形成される帝国においては、構成員諸国家のひとつが、同時に上位国家として、国家諸権力の上位に秩序づけられる帝国権力の主体であり、(2)〝レアルウニオン〟〔現実連合〕においては、しかし、そもそも上位国家ではなく、ただ一定範囲において国家法的なゲマインシャフトへと総括された国家の多数体だけが存在するに過ぎないのである。(3)

それゆえ、けっきょく連邦国家の概念に関するあらゆる研究は、「国家的」な団体人格のあらゆる「他」の団体人格からの差異という問題に投げ返される。そして、この国家形態の法律的構造は、〈そもそもそしていかにして、全体とその諸部分の同時的な国家的な資格決定（Qualification）が、国家概念と調和させられるか〉の問題に還元される。

ここでは、直ちに、連邦国家理論がそこから退出していく「ディレンマ」が登場する。教義の国家概念は、統一体国家について形成されてきており、そして、それゆえに〈国家的法主体性の複合的な人格への分裂を排除するところの〉本質の諸メルクマールを備えている。それゆえ、連邦国家の概念が放棄されるか、それとも、従来の教義的な国家概念が放棄されるかしなければならない。第三の選択肢は与えられていないのである（Tertium non datur）！

「第一の道」を、プーフェンドルフ（Pufendorf）の先行の後に、多数の近代の著者たちが新たに取ってきている。彼らは、完全な首尾一貫性において〈国家概念が、それが数世紀以来諸教科書において現れ、そして、連邦国家概念の信奉者たちによってすら、通常、最初に言及されたように〉、国際法的な諸国家同盟と自己行政団体へと編成された統一体国家との間の中間形成物のためには、その余地を残していないことを証明してきている。従って、彼らは、存在する連邦諸国家（Bundesstaaten）を、主権的な諸国家間でのたんなる契約〔条約〕諸関係へと解消してきているか、[4] それとも、〈その諸構成員がそれらを装っている国家の名称にもかかわらず、実質的には自律的な諸州以外の何ものでもないところの〉統一体として濃縮してきている。[5] 一方によっても他方によっても、あらゆる概念的困難は、消失する。しかしながら一方によっても他方によっても、生活は踏みにじられる。しかしながら我々が上に法律的方法について述べてきたことによれば、我々は、我々をして、ここでは、ドイツ帝国からまたはドイツの個別諸国家から国家の性質を奪うところの諸理論に反駁することをもっては留まっていてはならない必要がある。我々は、法律学に、そのような方法において、〈歴史を誤った方向に向け、組織体制〔憲法〕を解釈し直し、そして、国民の法意識を無視する〉という権利を争うのである。

それゆえ、ただ「第二の道」だけが残る。連邦国家は、諸国家から構成される国家として存在するのであるから、国家の概念は、〈それがそのような場合においてもまた適用可能に留まる〉ように把握されなければならない。そのような手続きには、論理的な障害は向き合わない。なぜなら、国家の概念は、歴史的概念であり、そして、そのようなものとして発展の能力があるからである。純粋に論理的な立場からは、〈それに反して、もちろんこの素材においてはしばしば十分に違反されてきているところの〉設定された概念が自己自身において無矛盾であり、そして、異論なく用いられるという、ただ一つのことだけが要求されなければならない。内容的には、しかし、二重の要求が満足されなければならないであろう。第一には、〈現実の生活関係を、一般的な法意識との最も可能な調和において、可能な限り完全に表現へともたらすこと〉が問題となるであろう。しかる後に、〔第二に〕、しかし、学問的な連続性の維持のためには、従来の教義的な国家概念との可能な限りの関連づけが探求されなければならない。両者は、最終的には一致する。なぜなら近代的な国家法的な教義そのものが、国家生活の一部分であるからである。

連邦国家の構成の新たな諸試みは、国家概念の不可避的な改編の際に、主として、二重の方向を追求してきている。ひとは、「国家権力」の伝統的な諸メルクマールから、「統一体性」を犠牲にするか、それとも「主権性」を犠牲にしてきている。第一の方向において動いているのは、〈それによれば連邦国家においては、国家権力は実体に従って「分割」されており、そして、それゆえ総体国家と個別諸国家は，その領域において「主権的」である共同団体として独立に並行して存在するという〉ヴァイツ（Waitz）によって基礎づけられた理論である。長い支配の後に、〈近代の国家概念の理論的な諸獲得物と完全に関係を絶っているのみならず、とりわけ現実の生活と冷酷に衝突する〉この解釈は、今日では、主たる問題において克服されてきている[6]。次第に多く、それゆえ、第二の方向が浸透している。ひとは、総体国家と個別諸国家を上位秩序と下位秩序の関係の中へとおき、そして、総体国家において統一的かつ不可分の「主権的」な国家権力を集中させる。その一方で、ひとは、個別諸国家に〈それ自体同種ではあるが、しかしながら「非主権的」な〉国家権力の返還を請求している。

その主たる主張者たちにラーバントが属しているところの、この最後に言及された構成の際に、ところでしかし、非主権的な構成員国家（Gliedstaat）の自律的な州またはゲマインデ〔市町村〕からの概念的区別の困難が成立する。国家が主権的なすなわち「法領域において最高の」共同団体であることが、もしもはや国家の概念に属さないときは、ここでは、あらゆる原則的な境界線は溶け去るように思われる。そして、実際に、この基礎の上に、国家的な国家諸構成員と地方自治体的な国家諸構成員との間の徹底した区別のメルクマールを見出すことは、これまで成功してきていないのである。

ひとは、このようなものを、まず第一に、「構成員地位」（Gliedstellung）の異質性において求めることができる。この道をラーバントは採ってきている。彼は、構成員国家の決定的な特徴を、とりわけ主権的な中央権力についてのその持分において認める。しかしながら、まさにこれをとおして、彼は、彼の書物における最も疑わしい部分に属しているところの諸承認へと誤り導かれてきている。むろん、構成員諸国家が総体国家の諸機関の形成に参加していることは、連邦国家の性質に対応する。このことは、しかしながら、たんに連邦国家概念の性質（Naturale）であるのみならず(7)、統一体国家においてもまた諸ゲマインデおよび諸州のために登場しうるのである。ラーバントは、それゆえ、全く正当にも、〈この場所に構成員国家のクリテリウムが存在すべきであるとすれば、さらに何かが加わらなければならないこと〉を感じてきている。彼は、そのようなプラスを二様に発見したと信じている。第一には、彼は、特別の重きを〈ドイツ帝国においては、個別諸国家の主権者たちは、彼らの総体においては、帝国権力の「主権的」機関を構成すること〉の中に置いている。しかしながらこのことは、連邦国家にそもそも固有の現象ではなく、君主国の基礎をとおして条件づけられた帝国の特別性である。そして、ラーバントが主権性へのこの〝持分〟からさえも、〈ランデスヘルたちのために主権者たちの、そして、構成員諸国家のために主権的諸国家の〉国際法的な諸名誉権の存続を説明しようとするとき（I S.94）、〈まさにそれでもしかしラーバントもまた、主権的な機関地位を、ただその観念上の統一体における総体のみに返還請求するので〉、同じく一貫するならば共和国のあらゆる議決権能力ある市民は、そのような諸名誉を要求することができるのである。その場合、しかしそしてとりわけ、ラーバントは、〈彼が構成された国家を、端的に《そこにおいて個々の市民たちが全体にただ彼らの国家という手段をとおしてのみ所属しそして服させられている（I S. 70 ff., 88 ff., 133 ff. u. ö.）ところの》ただひとつの国家コルポラチオンの形式においてのみ妥当させることによって〉、連邦国家における個別諸国家の構成員地位に「排他性」（Auschließlichkeit）というメルクマールを記載している。まさに、ここに、しかしながら彼の連邦国家理論（Bundesstaatstheorie）全体の最も困難なそして最も宿命的な瑕疵が付着している。正当にも、批判は、十分にそして異口同音にこの理論を非難してきている(8)。そして、ラーバント自身は、全く、真に作品全体をとおして〈あたかもドイツ民族が再びかつてと同様に〝帝国間接的〟（reichs-mittelbar）となっているかのごとき〉擬制を維持する状態にはない。事実、「近代」の連邦国家は、あらゆる個々の民族ゲノッセンに関する中央権力の直接の支配諸権利なしには、そして、構成員諸国家の全ての所属員たちの直接の総体国家の所属性なしには、考えられることができない。[9] むろん当然に、個々の市民たちは、彼らが構成員国家の団体によって把握される範囲において、総体国家に対して、間接性の関係へと歩まなければならない。しかしながら、正確に同様に、あらゆるゲマインデ所属員は、ゲマインデ諸案件においては国家間接的である。そして近代の分権化された統一体国家において〈それによって一方では、諸州、諸クライスおよび諸ゲマインデがそれらの団体内容全体をもつ閉じられた諸ケルパーシャフトとして、そして、それでもなお他方では、同時に市民たちが《そのようなケルパーシャフト権力によっては触れられない彼らの人格の断片をもつ》諸個々人として、国家の諸構成員であるところの〉複合的な編成が十分に存在するのと同様に、近代の連邦国家は、その諸要素の二重の国家的編成により、同時に諸国家からおよび諸個人から構成されている。ひとは、〈ひとがベルリン人として間接的な、そして、プロイセン人として直接的な、国家所属員であるように〉プロイセン人として間接的な、そして、ドイツ人として直接的な、帝国所属員たちである。

第二には、〈非主権的な構成員国家のゲマインデからの概念的差異が、「団体権力を求める」彼らの「権利」の一様ではない状態の中に見出されなければならないこと〉が考えうるであろう。ラーバントは、この点において、彼が構成員国家に、公法上の権利を求める〝固有〟の権利を付与するが、あらゆる自己行政団体には、これとは反対にそのようなものを拒否することを、暗示している（I S. 106）。他の人々は、この思想をより多く前面へと設定し、そして、イェリネック（Jellinek）は、そもそも公法的権力の〝固有の権利への〟帰属のメルクマールを、国家の唯一の存在メルクマールとしての主権性のメルクマールに代理させてきている（I S. 41 ff.）。構成員国家権力の法律上の権限を特別に資格づけるすべてのこの種の試みは、もちろんいまやまさに〝他人〟の権利をもって満足しなければならないところのコルポラチオンの犠牲において結果している。しかしながら、一体〝固有の権利〟とは何か？ そのために決定的でありうるのは、まず第一に、原始「取得」か、それとも承継「取得」か、ではありえない。なぜなら、権利の所有の種類にとっては、権利を以前には他人が有してきているか否かは、ただ歴史的な意味を有するにすぎないからである。[10] それゆえ、ラーバントが〈個別諸国家にそれらの権力領域が「帝国からは譲渡されていない」こと〉を指示するとき、一方では、統一体国家のもともとの権利から分枝された構成員国家の〝固有〟の権力もまた考えることができ、[11] 他方では、多数の今日の諸コルポラチオンの権利もまた、疑いなく決して国家から〝譲渡〟されていない。同様に、固有の権利の概念のためには、同権利の「剥奪」(Entziehung) の許容性または不許容性は決定的とはなりえない。なぜなら、権利の現在の所有状態にとっては、そもそもそしてどのようにこの所有が終了しうるのかは、いずれでもよいからである。事実、まさにドイツの個別諸国家の国家権力は、〈帝国はその他の近代の連邦諸国家と同様に、その権限の拡大への直轄権能を占有しているゆえに[12]〉帝国をとおしての合法的な剥奪の可能性にさらされている。その一方では、〈それらに対して国家が明示的に特定の生活領域をそれらの意思なしには奪い得ないものとして保証してきているところの〉諸コルポラチオンおよび諸州すら存在している。[13] したがって、そもそもラーバント (I S. 106) およびイェリネック (S. 41) もまた、〈所有権が公用徴収 (Expropriation) の可能性をとおしては失われないように、支配権力は、それを脅かす剥奪をとおしては、固有の権利の性格を失わないこと〉に一致している。それによって、固有権 (das eigne Recht) の概念は、徹底してただその「所持」(Innehabung) の種類にのみ依存しうる。ひとが通常の用語法をみるときは、ひとが権利を、その実質に従って所持するか、あるいは、ただ行使に従ってのみ所持するかが、問題となる。その場合、もちろん〈他人の権利の行使のための権利もまた〝固有〟の権利であること〉が注目されなければならない。あらゆる権利は、まさにそれが及ぶ限りで広く、その主体に固有である。しかしながら一定の客観的な権限領域との関連においては、〈それについての既存の固有権〉と〈それについての行使のために付与される他人の権利〉との間の区別が、その良き意味を有する。ところで、連邦国家における構成員諸国家は、〈もしそれらが一定の諸関係において、ただ中央権力の諸機関としてその諸権限を行使するときは、重要な範囲において公法的な権力を正確に《総体国家がその固有の権力を占有する》ように所持すること〉は疑いがない。全く同じことが、それにもかかわらず、あらゆる公法的ケルパーシャフトについて言われなければならない。もし理論と実務において、市町村的諸団体および教会を含む全てのその他の諸コルポラチオンすらが、しばしば〈あるとされた〝法人〟をもってなるほど〝固有の〟財産権はそれらに近づきうるものとされているが、しかしながら全ての諸関係との関連において、コルポラチオン権力によって、ただ国家の諸権利のみを国家の諸機関として他人の名において行使するところの〉たんなる国家的な諸企画（Veranstaltungen）として取り扱われるにすぎないときは、〈この解釈を今日国家概念の論理的な帰結として交付し、そして、それを生活の諸観方と諸需要との矛盾において現行法の罪に帰すること〉は、それでもしかし、無理な注文である。それにもかかわらず、国家のクリテリウムとしての〝固有の権力〟を救うためには、ほとんど別の逃げ道は残されていない。そもそもラーバントもまた〈彼は、他方では、個別諸国家の権力諸権限全体を、〝自己行政〟と〝自律〟の概念へと還元し、そして、それらをそれゆえ全く名称に従ってある推薦する価値のない方法においてコルポラチオン権力と同列においているにもかかわらず〉、この方向から離れていないように思われる（I S. 102 ff. u. 206）。完全な鋭さをもって、イェリネックは、ケルパーシャフト的な諸団体のこの種の価値低下を遂行してきている[14]。彼は、しかしながら、〈全てのケルパーシャフト的権力を、ケルパーシャフトにとりそれ自体国家という〝他人〟の権利として説明しうるがために〉、〈〝固有〟の権利はただその行使においては〝法的にコントロールできない〟権利である[15]〉という完全に恣意的な主張を取ることによって、彼は、〈言及された方法では求められた目標を達成することの〉不可能性のための証明だけを与えているにすぎないのである。

ひとは、最後に、第三に、非主権的な国家の、独立した市町村団体からの原則的差異をそれらの権力諸領域の非常に異なる種類の「内容」の中に求めることができるであろう。しかしながら〈構成員国家に本質的に存在し、そして、ケルパーシャフトにおいてもまた登場しえない[16]ところの〉個々の諸権限は、証明されない。同様に、それらの諸権限の総体が全体として観察されるときは、国家とゲマインデの間の必然的な差異は現れない。国家的諸団体と市町村的諸団体の共通の特徴であるのは、〈それらの諸団体がそれ自体人間的なゲマインシャフト目的に向けてその全体性において基礎づけられていること〉および〈それゆえいかなる社会的生活領域も原則的にそれらの諸団体に閉鎖されていないこと〉である。これらの全面性は、しかし、構成員国家のためにも、ゲマインデのためにも、〈両者の場合において、積極的実現の同様に大きな不完全性が対応しうるところの〉たんなる可能性である。それゆえ、近代の連邦国家においては、一方では個別諸国家が、そして、他方では市町村諸団体が、それらに割り当てられる諸課題とそれらの遂行のためにそれらに帰属する権力手段の豊かさに関して、きわめて強く実際に相違しているのが常であるとしても、それでもしかし、〈別の諸時代と別の諸ラントにおいて諸都市と諸州に委ねられる〉生活と法の諸領域を顧慮しても、概念的な境界決定は、ここからは獲得されえない[17]。

これによれば、それゆえ、ひとつの国家の国家的な諸構成部分と市町村的な諸構成部分との間の「概念的」差異を発見することは、空しい努力であるように思われる。そして、それにもかかわらず生活においては、〈学問が除いて議論してはならない〉そのような差異が認められるので、法律学は、〈それが《歴史的な発展をとおして条件づけられたそして法意識の言明と一致する》実定法に従って、一定の諸共同団体がまさに最終的に諸国家であり、そして、その他のものはそうではないことを確証する場合に〉、その課題に満足を与えるように思われる。事実、ここでは、至るところでそうであるように、実定法は、全ての法律的構成の動かしえない基礎である。また、ひとは、歴史の流れと生活の豊かさに対する関係で、法律的な概念の諸境界設定の価値を過大評価してはならない。それにもかかわらず、法律学は、そのような結論に甘んずることはできない。法律学に〈現実の諸事物が流動しそして動揺すること〉を説いて慰める者は、〈法科学が現実の諸事物とではなく、諸事物から引き出された観念世界と関係すること〉を許すのである。法意識の世界においては、しかし、〈この構造物は国家であり、そして、あの構造物は国家ではない〉という命題の基礎には、何らかの理解しうる思想がなければならない。

何らかのまだそのように解明されていない形式においては、〈種類の差異であってそしてたんなる程度の差異ではないところの〉差異の観念が支配していなければならない。法律学は、いつでも繰り返し、この思想を概念へと上昇させる試みを企図すべきであり、そして、企図するであろう。

このための正当な道をヘーネル（Hänel）が、彼が〈連邦国家においては、完全な国家は、総体国家においてでも、そして、構成員国家においてでもなく、ただそれらの「全体性」においてのみ、現象すること〉を明らかにすることによって、指示してきている（Studien I S. 63 ff.）。この理念の生産性を、ラーバントもまた完全に評価してきている（I S. 83 ff.）。そして、我々は、上述のところですでに、〈まさに帝国国家権力とラント〔領邦〕国家権力との間の相互的諸関係の叙述に関連して、ラーバントの作品においては、しばしば模範的なものが達成されてきていること〉を強調してきているが、このことは、本質的に〈著者が、至るところで個別的に両者の諸要素の共属性、それらの互いの相互的な従属性、それらの〝有機的な一緒性と計画的な共働〟を確固として眼中に保持してきていること〉に基づくのである。しかしながらラーバントは、この視点に〝客観的な制度〟としてのただ国家のためだけの意味を与えている。彼は、適切にも、〈ヘーネル（Hänel）が国家的な権利主体性の問いとの関連において空隙を残してきているが、その一方で、それでもしかし、《客観的なまなざしにおいては、統一体国家もまた、ただその自己行政諸団体とともにのみ完全な国家を形成するゆえに》、連邦国家の問題はまさにこの問いにおいて付着していること〉を強調している。ところでしかし、この空隙を客観的な統一体に対応する主観的な関連の追求を通して補充する代わりに、ラーバントは、この決定的な箇所で、被結合性の思想全体を脱落させている。彼は、上位国家と下位諸国家を端的にそれ自身のために存在する諸法人として構成する。そして、彼は、それらを異なってもまた構成することができない。なぜなら、彼には、彼の民事法的な人格概念が、あらゆる異なる可能性を切断しているからである。

実際には、ことがらは、それでもしかし、以下のように存する。近代の諸民族の長い精神作業の中で発展させられた法意識は、〈その法領域での最高の団体権力が、あらゆる独立の国民的生活クライスにおける全てのその他の団体諸権力の上に存在しなければならないということ〉によって、浸透されてきている。それ〔法意識〕は、この最高の権力に一定の諸課題と諸権限とを割り当てる。そのように構成された法領域に、法意識は、「国家的なもの」(das Staatliche) の性質を付与する。外的および内的な〝主権性〟のメルクマールから、この国家的な権力領域の、あらゆるその他の権力領域からの種類的差異が結果する。なぜなら、〈あらゆる他の権力領域は、それらから形式的に独立した法秩序に服させられているのに対して〉、国家的な権力領域は、ただそれに形式的に従属する法秩序をとおしてのみ制限されてありうるからである。それゆえ、ひとは、国家権力を、国家権力における特殊なるものを廃棄することなしには、主権性から剥奪することはできない。同様に、ひとは国家的な領域を「分割されたもの」として観念することはできない。なぜなら、これによっては、同一の法領域における複数の〝最高〟権力という矛盾が生ずるか、それとも、ふたたび非主権的国家が導入されるからである。ところで、それにもかかわらず、近代の法意識がいくつかの国家権力の諸主体を同一の共同団体において認める場合、ここにおいて、関係は、端的にただ〈諸権利と諸義務の一定の総体がひとつの最高のそして不可分の権力領域を構成するが、それにもかかわらず諸主体の多数体がそれらのゲマインシャフト的な所持のために使命を与えられる〉というようにのみ考えられうる。それゆえ、連邦国家においてもまた、「国家権力」そのものは、正確に統一体国家におけるような状態にある。差異は、ただ〈ここでは唯一の総体ペルゾンではなく、一定の方法において総体諸ペルゾンの整理された多数体であるところの〉国家権力の「主体」の独特の形成においてのみ存するのである。

それゆえ、どのように諸主体の多数体が連邦国家における国家的権力領域に構成されなければならないか、という問いが成立する。明らかに、その実態において分割されない国家権力の主体としては、ただ「それらの有機的な結合における、存在する国家諸ペルゾンの多数体」だけが理解されうるのである。それらの共属性における総体国家と個別諸国家とが、〈通常唯一の人格において存するところの〉主体を形成する。この有機的なゲマインシャフトは、その諸構成要素の上の新たな国家的「ペルゾン」ではない。なぜなら、それ〔有機的ゲマインシャフト〕には、特別の組織が欠けており、そして、固有の機関も欠けているからである。それは、しかし、同様に、それ自体として存立する国家的な諸ペルゾンのたんなる「総計」と考えられてはならない。なぜなら、ただ〈それらによってそれらが永続的に相互に関連づけられ、そして、互いに従属し合うところの〉一定の組織体制〔憲法〕的結合においてのみ、個々の国家的な諸ペルゾンは、それ〔組織体制〔憲法〕的結合〕へと参加するからである。組織体制的結合の有機体的性格は、とりわけ〈それが自己において編成されていること〉の中に現れる。参加者の地位は平等の地位ではなく、総体国家そのものがゲマインシャフトの「ハウプト」である。それゆえ、総体国家は、対外的には、同時に構成員諸国家の総体を代理し、そして、対内的にもまた、疑わしい場合においては、最終決定を有する。まさにこれをとおしてはじめて、多数体の必要な統一が配慮され、そして、多数の人格への国家的法主体性の分裂にもかかわらず、最終段階においては国家意思の統一性が保証されるのである。(18)

ところで、しかし、国家権力がその「実体」に従って〈しかじかに結合された多数体としての総体国家と構成員諸国家の〉分割されない共同占有の中に見出される場合、その国家権力は、「行使」上は、ゲマインシャフトの個々の共同把持者たちの間に固有権（特別権 Sonderrecht）として分配される。この目的のため、その中に含まれる権力諸権限の総体は、〈そのうち一者は、統一体的な総括において総体国家に割り当てられ、他者は、多数体的な区分において構成員諸国家に委ねられているところの〉二つの組織体制〔憲法〕的に境界づけられた諸領域へと分解されている。ここから、総体国家ペルゾンのためにも、構成員国家諸ペルゾン全体のためにも、それらが独立に自らのために有するところの固有の国家的権力権（Machtrecht）が生ずる。しかしながら、これらの国家的諸領域のどれもそれ自身だけでは国家権力ではない。それらのあらゆるものは、むしろ他の国家的諸領域をとおしての補充を必要とする。総体国家権力は、もちろんすでにそれ自体のみで最高権力であるが、しかしながらそれは、下に向かっては国家権力全体ではない。構成員国家権力は、少なくとも潜在的には、その領域のためには国家権力全体であるが、しかしながら、それは、それ自体として受け止められるならば、上に向かっては最高の権力ではない。総体国家ならびに構成員諸国家は、まさにそれらの分離状態においては、ただ〈それらにゲマインシャフト的に帰属する主権的および不可分的な国家権力において含まれている〉諸権限の一部のみを行使しなければならない。

これによれば、直ちに、何ゆえに連邦国家においては全体も諸部分も実際には「国家的」諸ペルゾンであるかということは明らかである。それらは、いかなるより高次のペルゾンにも編入されない、ただ行使のためにのみそれらの間に分配された統一的な国家領域の共同把持者として、そう〔国家的諸ペルゾン〕である！　構成員諸国家は、〈もしそれらが同時に組織体制〔憲法〕に従う整理において、総体国家とともに、主権国家の全体権力の実体への参加者として観念されないならば〉とくに、主権的な総体人格の内部での構成員権のゆえにも、それらの非主権的個別領域の内部での特別権のゆえにも、〝諸国家〟としては現れないであろう。この観念は、しかしながら〈ドイツの個別諸国家とそれらのランデスヘルたちが帝国の国家的完結性にもかかわらず、対外的には国際法的な諸主体として登場し、そして、主権性の名誉諸権利を享受する〉という可能性のための鍵を保証する。そして、それ〔可能性〕は、しかしながら、内部に向かっては構成員国家と市町村団体の間の〈我々の法意識にとってはいまやしかしながらひとたび存在する原則的な〉差異を説明する。なぜなら、それは、まさに後者〔市町村団体〕には譲渡されえないからである。

我々がこの種の法律関係のための私法的な類似物を求めるならば、まなざしは、ゲノッセンシャフト的な〝総体所有権〟〔総有権 Gesammteigenthum〕、あるいは、人がその他そう名づけようとするものに落ちるのである。ここでは、ケルパーシャフトの財産が問題となっている。この財産についての所有権において含まれる諸権限の総体は、二つの権限領域に分解される。それらにおいてひとつの領域は、法人そのものが支配し、そして、個々人はただ諸構成員としてのみ権利を与えられるのに対して、他の領域は、個々人としての諸構成員に分配され、そして、法人にとって不可侵の個人諸権利を構成する。ここでもまた、しかし、統一体的な総体権と多数体的な諸特別権とは互いに所属し合い、そして、コルポラティフな組織体制法（Verfassungsrecht 憲法）をとおして〈それらがただそれらの全体性においてのみ所有権概念から要求された支配権〔ヘルシャフト権〕を生ずる〉というように相互にそして相互をとおして拘束されている。我々は、強制的であることなしには、個々人の排除を伴って法人に、法人の排除を伴って個々人に、単独の所有権を帰することはできない。我々がそれゆえ所有権の実質的な不可分性に固執しようとするときは、我々は、ここでは、同様に、その実質を総体ペルゾンとゲマインシャフトにおける個別諸ペルゾンに付与しなければならない。このゲマインシャフト関係は、しかし、ここでもまた、関係諸主体の組織体制的全体秩序における主観的側面に反映する。〝総体所有権〟〔総有権〕という客観的概念は、〝ゲノッセンシャフト〟という主観的な概念においてその相関概念を見出すのである。そうしてまさにほかでもなく、我々は、例えば、〈我々が株式社団（Aktienverein）を組合（Sozietät）へと低下させることも、諸株主（Aktionäre）から彼らの法典そのものから認められる社団財産についての〝持分〟を奪うことも、欲しない場合に〉株式社団を構成しなければならない。ことがらが類似しているのは、農業諸ゲノッセンシャフト〔農業協同組合〕（Agrargenossenschaften）、諸鉱山組合（Gewerkschaften）などである。むろん民事法教義学は、頑固にそのような諸概念の導入に対して抵抗し、そして、いつでもさらに、構成員たちのたんなる〈他人の物における諸権利〉（jura in re aliena）を伴うローマのウニヴェルシタス、あるいは、諸個々人のたんなる債務法的な結合を伴うローマのソキエタス、という二者択一を設定する。しかしながら、けっきょくは、生活において存在するものは、それでもしかし法律学においてもまた、その権利（Recht 法）へと登場しなければならないであろう。国家法学は、しかし、いずれにせよ極めて僅かにしか、この問題においてならびに何らかの他の問題において、ロマニステンの教義とは結合されていないのである。

ここで提案された連邦国家的な諸国家団体の〝ゲノッセンシャフト的〟な構成は、個別における遂行において自らを至るところで実り豊かなものとして保持するであろう。ここでは、このことをより詳細に叙述する場所ではない。いくつかの点においては、ラーバントもまた、成功裡にゲノッセンシャフトの思想に由来する諸法概念を使用してきている。このことは、とくに個別諸国家の諸権利についての卓越して取り扱われた理論（I S.109 ff.）におけるコルポラティフな諸特別権の概念の利用について、〈ここで弁護された視点からは、これらの諸権利のラーバントによって区別された諸グループは、何か別の証明へと移動することになるであろうにもかかわらず〉[19]、妥当する。他の諸点については、それとは反対に、ゲノッセンシャフト思想の欠缺が、極めて手痛いものとなっている。それゆえ、それは、本質的に責任を〈ラーバントが《彼が以前には、いずれにせよ適切に〝国家経済と組合経済の混合〟（Mischung von Staats= und Sozietätswirthschaft）と称していた》帝国の財政経済を、いまや純粋の〝社会経済〟（Gesellschaftswirthschaft）として特徴づけなければならないと信じること（II 2 S.138 ff.）〉に負っているのである。事実、しかし、ひとは、なるほど政治的な立場からは、〈財政経済において連邦国家的原則の〝連邦的〟要素が他の諸領域におけるよりも多く、優勢を獲得してきていること〉を帝国組織体制の〝非一様性〟（Unebenheit）とみなすことができる。しかしながら〈いかにそれをとおして帝国団体がこの部分においてその〝連邦国家的〟本質を喪失し、そして、組合関係（Gesellschaftsverhältniß）へと没落することになるのか〉は、無視されるべきではない[20]。収入ゲマインシャフトと支出ゲマインシャフトからの留保諸権利に対応する諸除外は、留保諸権利そのものよりも大きな法律的射程をもたない。それら〔諸除外〕は、帝国経済の概念を、南ドイツの郵便諸行政が帝国郵便の概念を妨げないように、妨げないのである。しかし、国費分担額と剰余金分配のシステムに関して言えば、それでもしかし、疑いなくコルポラティフな諸ゲノッセンシャフトにおいては、〈それらが、〝自己〟の諸収入をとおしてはカバーされない需要をそれらの構成員たちの諸寄付をとおしてカバーし、そして、諸支出を超える諸収入の剰余を純利益または貯蓄としてそれらの諸構成員の間で分配すること〉は、何ら異常なことでも、あるいは、全く概念に反することでもないのである。

【以上、Ⅵの本文終り】

【以下、Ⅵの注】

(1) 確かにかつてのドイツ同盟はそうである。ひとは、イェリネック Jellinek a.a.O. S. 158 ff. における〝組織化された諸国家諸結合〟の叙述を参照されたい。イェリネックは、たとえ〝法人〟の(彼によって純粋に私法的に捉えられた)概念を適用不可能とみなしているとしても、正当にも、〝国際的行政諸社団〟において、および、〝諸国家の諸同盟〟において国際法的な法主体性を認めている。

(2) 〈イェリネックが、その代わりに、独立の植民地諸構成員を伴う統一体国家(S. 63 ff.)と国際法的な保護関係(S. 126 ff.)との間に〝非組織的〟な〝諸国家の国家〟(Staatenstaat)(S. 135 ff.)という概念を挿入しているのに対して〉、このカテゴリーをラーバントもまた、正当にも提示している(I S. 71 ff.)。しかし、不当にも、ラーバントは、その〔カテゴリーの〕下に〈そこにおいては、なるほど〝封建君主〟の下に〝ファッサルレン諸国家〟の下位秩序が見出される〉かつてのドイツ帝国を包摂しているが、後者〔封建君主〕は、しかし、この地位には、特定の領国の代表者としてではなく、構成員諸国家の総体の代表者として任命されているのである。同様に不適切であるのは、〈すでにその他のそこで掲げられている諸形成物との比較が示すように〉、イェリネック(S. 142 ff.)における〝諸国家の諸国家〟(Staatenstaaten)のもとへの旧帝国の提出である。むしろ、ひとが諸領国を諸国家と認める瞬間において、連邦国家という一般的概念もまた、旧帝国に完全に適用可能なのである。

(3) イェリネック(S. 197-253)は、もちろん現実連合(Realunion)を、ただ国際法的関係として、〝諸国家同盟の特殊の場合〟として説明している。彼は、彼の諸詳論の中で、〈一方では、国際法的な顧慮においては、二つの連合した諸国家から存在する〝総体権力〟もまた、ただその集合的統一体に過ぎず、それらとは異なる第三のペルゾンではないこと、他方では、しかし、二元性(Zweiheit)の部分的な一元設定(Einssetzung)という同じ関係が、ここでは同時に国家法的な顧慮において支配していること〉を見過ごしている。〈《そのゆえに特別に高次の共同団体が結合された諸国家から解き離されることなしに》それをとおしてある範囲において諸国家の権力諸領域が「ひとつ」の領域へと融合されるところの〉まさに国家法的なゲマインシャフトが存在する。〈ただ《それらのためにはソキエタス〔組合〕またはコムニオ〔共有、共同〕の原則が十分ではないこと》そして《それでもしかしケルパーシャフトは存在しないこと》が認識されるや否や〉そのための類似物を提供するのは、婚姻、合名商事組合およびその他のゲザムトハント〔合有〕のための権利諸ゲマインシャフトである。

(4) カルホウン（Calhoun）およびドイツ帝国についてはザイデル（Seydel）および最近ではフォン・ミュラー（v. Müller, kr. V. J. Schr., Bd. 25 S. 150 ff.）は、そうである。

(5) フォン・ヘルト（v. Held）、ツォルン（Zorn）および、最後に、ベイク『諸国家同盟と連邦国家に関する諸考察』（Bake, Beschouwingen over den Statenbond en den Bondsstaat, Amsterd. 1881.）は、そうである。

(6) 近頃、なるほど再びE・リューメリン（E. Rümelin）（Z.f.d. ges. Staatsw., Bd. 39 v. 1883, S. 195 ff.）は、ドイツ帝国における主権性の実際的な分割を主張している。しかしながら、〝その限りでは〟彼にとっては、帝国はまさに連邦国家「ではなく」、〝諸国家同盟〟（?-!）である。さらに帝国は、帝国が直接民族を支配する〝限りで〟、〝統一体国家〟である。最後に、帝国は、現実に〝連邦国家〟でもあるが、しかしただ〝その限りで〟、帝国は、構成員諸国家の独自の国家行政に関する監視のみを行う。それゆえ、再び〝私はかくも類似のものを示す！〟（monstro tantum simile !）のである。

(7) とくに（フォン・マルティッツ（v. Martitz）、G・マイヤー（G. Meyer）およびその他の人々とともに）現在では、イェリネック（Jellinek S. 284-289.）もまた、そうである。

(8) ラーバントの教義の信奉者としては、せいぜいE・リューメリン（Rümelin）が、〈彼が帝国における本来的に〝連邦国家的なもの〟を《実際に間接性がそこにおいて存在する》領域へと置き換える〉限りで、挙げられるであろう。a.a.O. S. 203 ff. u. 208 ff.

(9) 理由は、しかしながら、ただ、〈近代の観方にとっては、国家の概念は、最高の一般性とあらゆる個人との間の直接の接触を要求する〉という点にのみ存する。それゆえ、ラーバントの構成が適合するであろう連邦国家は、決して考えられない。まさにそのゆえに、近代の国家概念に対しては、国家をもっぱらコルポラティフな下位諸団体の上に基礎づけることが、反対するのである。その一方で、家長的、封建的および階級的な国家においては、個人は、家族、主人〔君主〕またはコルポラチオンをとおして、端的に陪臣化されうる。旧ドイツ帝国は、少なくとも事実上、ほとんどラーバントの図式による連邦国家であった。それゆえ、フォン・マルティッツ（v. Martitz, Z.f.d.ges. Staatsw., Bd.23 S.561 ff.）、ヘーネル（Hänel, Studien I S. 40 ff.）、G・マイヤー（G. Meyer S. 21）、イェリネック（Jellinek S. 278 ff.）は、民族に対する中央権力の直接の関係の中に、不当にも、連邦国家概念そのものの本質（ein Essentiale）を見出している。イェリネックが異なる性質の連邦国家をなるほど可能とみなすが、しかし〝諸国家の国家〟（Staatenstaat）として排除していることは、恣意的である。

（10）一致して、イェリネックJellinek S. 41.

（11）その諸領国をまさにラーバントもまた諸国家と認めている旧ドイツ帝国においてそうである。――イェリネックは、〈彼がツォルン（Zorn）とともに《連邦国家を設立する従来主権的である諸国家が、それらの自己全体を無条件に全体に譲渡し、そしてその後、全体から一部分を贈り物として受け戻すこと（S. 44 ff. u. 271 ff.）》を認めることによって〉、連邦国家における構成員諸国家の全ての国家的権利をさえも、譲渡された権利とみなしている。プロイセン、バイエルンなどのかつての諸国家は、消滅してしまっており、そして、現在これらの名称を用いる諸国家は、ただそれらの〝権利承継人たち〟にすぎない（S. 281）。このことは、しかし、上述において問題とされた法律的な人工的諸部分のカテゴリーに帰する。まさに、イェリネックもまた、この種の綱渡りから自らを自由に保ってはいないことは、公法の方法に関する彼の健全な諸指摘（§1-6）に対する関係で驚くべきことである。

（12）Vgl. Laband I S. 124. ただ、私は、必ずしもラーバントおよび大部分の新たな人々（フォン・モールv. Mohl、ヘーネルHänel、ツォルンZorn、リーベLiebe、イェリネックJellinekなど）とともに、〝権限対権限〟（Kompetenz=Kompetenz）の中に連邦国家概念の本質を認めることはできない。他の要因の組織体制〔憲法〕上の授権なしとすれば、むしろ真の連邦国家においてもまた、諸国家の全体性のみが、諸領域の移動のために権限を与えられていることになるであろう。正当にも、G・マイヤーG. Meyer, Staatsr. S. 23. N. 1.

（13）例えば、イェリネックJellinek S. 75. を参照せよ。

（14）彼〔イェリネック〕は、〝法人〟をたんに私法的な概念と説明し（S. 259-260）、コルポラチオンの全ての公法を〝国家法〟（staatliches Recht）と説明している（S. 42-43）。注目すべき方法で、しかしながら、書物のより詳細な研究は、〈構成員国家とコルポラチオンとの間の原則的な区別は、けっきょく《国家は責任能力がある（eines Verschuldens fähig）が、コルポラチオンは責任能力がない（S. 40 u. 310-311）！》というただ徹底して実際的な帰結のみを有すること〉を明らかにしている。連邦国家の真のクリテリウムは、それゆえ、個別国家そのものに向かっての連邦執行（Bundesexekution）の許容性である。ウニオン（Union）においては、もちろんそれについての組織体制〔憲法〕規定は欠けていたが、しかし、ことがらの性質は、みずからを貫徹した。それにもかかわらず、イギリスは、〈イェリネックによればたんなる植民地として（S. 64）罪を犯すことのできない〉カナダに対して、独立の試みの鎮圧の後に、推測するに、ウニオンがその叛乱する構成員たちに対してするのと極めて類似する手続きをとってきてはいないであろうか？　そして、どのようにして、ひとは、〈罪のない人々の処罰を制定することなしに〉〝刑罰としてのフェライン〔社団〕の廃止〟を〝諸個人〟に対する処分として考えるべき（S.311）であろうか？

(15) Jellinek S. 41 ff. ここで試みられた諸詳論に反対しては、一方では、〈ひとは、権利の行使において全てのコントロールにもかかわらず〃固有の意思の執行者〃に留まりうること〉が異論として提起されなければならず、他方では、〈「完全に」「いかなる」関係においても、構成員諸国家の活動に関してもまた総体国家のコントロールは欠けていないこと〉が強調されなければならない。厳格に取られるならば、この理論は、必然的に分割された主権性へと帰着する。

(16) G・マイヤー（G. Meyer, Staatsr. S. 3, 17 u. 23）は、国家の重要問題（Praecipuum）を〈それによって国家が一定の政治的な諸課題を独立にすなわち固有の諸法律に従って履行し、そして、その組織を独立に規定しなければならないところの〉二重の独立性の中に見出している。しかしながら、この種の独立性は、一方では、自律および憲法制定的な権力を与えられた地方（Landschaft）または都市にもまた帰属するし、そして、他方では、構成員国家のために（ならびに、スイスにおいて、および、ウニオン〔連合〕においては、共和国的組織体制の規定をとおして）もまた、多かれ少なかれ、制限されてありうる。――G・リーベ G. Liebe, Sind die zu einem Bundesstaat vereinigten Staaten souverän? Leipzig 1880. は、彼によれば非主権的国家のクリテリウムを形成する〃高権的諸権利〃（Hoheitsrechte）の、非国家的権力諸権利に対するあらゆる境界設定を、見失わせている。

(17) ひとは、とくに、〈実際上、今日もなお、国家としては承認されていないいくつかの州に、連邦国家における構成員諸国家よりも広範な独立性が帰属していること〉を指摘する、イェリネック Jellinek S. 64 ff. をもまた、参照せよ。

(18) ゲマインシャフトにおける「ハウプト」のこの地位の上昇は、ドイツ帝国におけるように、同一のゲマインシャフトにおけるハウプトと諸構成員の関係の変更すらもハウプトの自由になる場合において存在する。これとは反対に、（諸共和国におけるように）このために構成員諸国家そのものの多数の同意が必要であるときは、ただ、多数決原則の導入をとおしての「ゲマインシャフト」の上昇のみが問題となる。

(19) 諸国家の〃構成員地位諸権利〃（S. 109-113）と並んで認められたそれらの諸国家の国家的な諸権利は、我々の構成によれば「全体的に」「コルポラティフな」諸特別権（〃ウニヴェルシタスにおける諸単独権 jura singulorum in universitate〃）として特徴づけられる。なぜなら、ラーバントによって〃諸単独権〃（jura singulorum）として外見上諸国家の「自由」な個人権（Individualrecht）として説明された国家的な特別諸領域は、なるほど個人権ではあるが、しかし〈構成員地位と関連する、総体国家の領域を補充する、連邦国家的に条件づけられそして特定された〉個人権である。〃諸単独権〃として記載される諸特別権は、しかし（S. 113-121）、個人権へと高められた個々の諸国家の諸特別権である。これらの諸特権は、構成員地位と結びつけられた一般的な諸個人権からそれらに保証された剥奪不可能性をとおして区別される。それでもしかし、〈国家の諸特権はその国家の同意なくしては除去されてはならない〉という原則には、私の考えではラーバントによって正当にも確立された〈いかなる国家も自己の同意なしには、一般的な連邦国家的な諸権利と諸義務に関連して、その他の諸国家よりも不利益に取り扱われてはならない〉という原則が符合する。

(20) ラーバントの承認を、直ちにフォン・ミュラー(v. Müller)(kr. V.J.Schr. Bd. 25 S. 150–152)が受け入れ、そして、〈帝国は組合関係に過ぎず、法主体ではない〉という主張のために用いてきている。

【以上、VIの注、終り】

VII

我々が、ところで、「法思想」がラーバントの作品の中でどのように形成されているのか、を問うときは、我々は、すでにそれ〔法思想〕の主たる特徴として、〈著者は、原則において、法の思想にその「純粋性と独立性」を確保してきていること〉を指摘してきている。この点において、彼は、極めて流布した近代の諸潮流に対して、同様に鋭くそして喜ばしい対立において立っている。彼は、法の実体を合目的性においても権力においても解消せず、法理念の原初性に、その特殊の本質にそしてその固有の意義に固執する。それゆえ、彼は、とりわけ徹底して、国家思想に対する関係での法思想の独立性のために登場する。彼〔ラーバント〕は、まず第一に、決して、極めて多数の最近の人々とともに、法を国家のたんなる産出物とはみなさない。むしろ、彼は、法律(Gesetz)と並んで、慣習法(Gewohnheitsrecht)および自律(Autonomie)を法源として認めるのみならず、力を込めて〈どのように法律そのものが、その内容をしばしば立法者の決心からとは全く別の源泉から汲み取るかということ〉をもまた、指示している。その場合、彼は、法の中にただたんに国家目的のための手段のみを認めることから遠く離れて、むしろ法の目的を、何よりも先に、法そのものの中に求めている。最後に、彼は、国家を、〈彼が国家に法領域における形式的な全能を争わないにもかかわらず〉、それでもしかし、実質的には、法の上にではなく、完全にそして全く、法の中へと置いている。なぜなら、彼は、国家そのものが法的に拘束されていることから、出発しているからである。彼にとっては、それゆえ、法は〈法に組織化された強制が助けとならない場合〉にもまた、法に留まるのである。そして、法は、彼には、〈この権力の宣告が法をはじめて妥当性をもって装わせ、そして、いつでも妥当性から再び剥奪しうる場合〉にもまた、権力の制限として現れている。むろん、彼は、この種の解釈の可能性を必ずしもより詳細には基礎づけていないのみならず、たとえ不本意であるにせよ、読者の中に、〈これ〔この種の解釈〕が、どのようにして法にとっての〝強制〟と〝命令〟の意味に関する《後に言及されるべき》諸詳論と調和可能であるべきか〉という真面目な疑いを惹起させるのである。しかしながら、疑いなく、彼は、現実の法としての国際法の承認におけるように、とくに最上位の国家法的な諸関係の構成の際にこの基礎の上に立っている。さもなければ、彼は、まさにそもそも〈国家そのものによって規定されたそして国家に向かって強制することのできない〉国家についての関与を求める諸個人の諸請求権を諸権利として特徴づけることもできず、何らかの方法で、あらゆる命令と強制の権力から遠ざけられる主権者の国家法的な諸義務について語ることもできず、帝国議会にもまた〈そこにおいて形式的に全てのことがその独立した裁量へと置かれているところの〉諸領域において、一定の実質的な内容をもつ国家法的義務を課することもできないであろう。まさに、彼によって設立された建築物全体は、その礎柱がぐらつくであろうから、支えを失って瓦解せざるを得ないであろうからである！(1)

極めて精力的に、ところでしかし、著者は、法の何であるかを法に与えることに努力しているのであるが、彼は、それにもかかわらず、法の理念を〈その諸帰結が最終段階において法を実際に価値に満ちたすべての内容物の喪失をもって脅かすところの〉ここでもまた介入する彼の「形式主義」をとおして妨げている。

形式主義的な法の理解へと、ラーバントは、彼のすでに上に言及された〈全ての国家的活動における特殊国家的なモメントを、強制の威嚇をとおして保証された「命令」へと帰着させる〉傾向をとおして押しやられる。なぜなら国家の法機能をもまたこの図式に適合させるためには、彼は、自らを「法における内容と形式を引き裂くこと」へと強いられるのをみるからである。彼は、少なくとも、国家法的な取り扱いのために、〈ドイツ法律学において最近以来極めて愛好された〉〝命令〟（Imperative）説を採用し、そして、至るところで命令（Befehl）そのものに、法的な実体から独立した存在を付与しなければならない。彼が、それゆえ、たとえ幾人かの最近の人々のように、法の内容にあらゆる独立した法律的意義を否定しないとしても、それでもしかし、彼は、内容から切り離された形式に〈それへと直ちに当然に法秩序の本来的な重点が帰するところの〉固有の生命を付与している。

この意味において、彼は、〈彼が〝法律内容〟と〝法律命令〟を相互から切り離し、そして、〝立法〟の概念をもっぱら後者〔法律命令〕の発布（Erlaß）に集中させ、それとは反対に、前者〔法律内容〕の確定をただ立法の準備とみなすことによって〉とりわけ「法律」を構成している（II S. 4 ff.）。そのように法律命令を法律内容から形式主義的に引き裂くことは、明らかに許されない。それは、〈法律法（Gesetzesrecht）が《独特のそしてただ自己自身に等しい人類的理念の表現としての法の本質に何らかの部分を有するところの》現実の法として理解される限り〉そもそも不可能である。なぜなら、法理念の特殊性は、〈そこにおいて意思の自由を限定する命題に関して、その命題の合理性の観念とその外的な妥当性の熱望とが共に出合うところの〉まさに精神的感情の統一性の中に根ざしているからである。ひとは、人間的な必要（Dürfen）と当為（Sollen）に関する規範を、〈一方では純粋に道徳的な諸規範と、他方ではたんなる道徳の諸原則との区別のために〉、同時にそれ〔必要と当為に関する規範〕を外部的に拘束する権威と必要の場合には可能性に従って強制をとおして実行される実現とを要求することなしには[2]、法規範として承認することはできない。そして、ひとは、強制をとおして実現可能な命令を、法規範の制定としてのその他の強制的な権力諸命令から、〈前者において同時に人間の必要と当為に関する一般的な理性の言明の宣言の意図を前提とすることなしには〉区別することはできない。それによって国家が法の産出の機関としての立法をとおして職務を行う場合、国家は、立法者意思の形成においても言明においても、〈規範を法規範とする〉両モメント〔すなわち権威と強制〕をただ同時的および統一的にのみ産出することができる。国家は、法律内容とともに、法律命令をもまた、もたらす。なぜなら、国家は、必然的に、人間の態度に関する〈国家によって理性的と承認されそして確認された〉何らかの命題を法規として提示するためには、その命題を初めから命令として考えなければならないからである。国家は、〈国家が、どこからかいずれにせよ創造された規範を、国家において息づく法意識の表現として法として認識しそして宣言することによって〉、同時に〈国家がその最高の権力によって法に付与することができるところの〉外的な拘束力をもってこの規範を装備することを意欲しなければならない。逆に、国家は、法律命令の発布において、同時に法律内容の宣言を法規として実現する。なぜなら、ただ〈国家がその命令＝および強制権力を、国家によって法規範として確言された人間的態度の規則の外的な妥当性へと向けるゆえに、そして、その限りで〉のみ、国家は、立法者として現れるからである。国家は、法律の中でたんに〈国家が国家の熟慮した意思力の表現としての規範の遵守を《このことがいまやそのように国家の意思であるゆえに》要求するのみならず〉、国家は、その他の諸命令との差異として、法律命令において〈国家が臣下たちのために権威的な国家の洞察力によってこの命題を法とみなしたゆえに、国家はある命題の一般的な実現を欲すること〉を表明している。外的には、総体ペルゾンの意思表示としての立法の経過においては、ただ二つの原則的に異なる種類の法律的な諸段階のみが区別される。すなわち、適切な〔立憲君主国において必然的に君主の裁可（Sanktion）によって完結する〕「形成」（Bildung）と適切な〔形式に適った公布（Publikation）によって完成される〕立法者的意思の「言明」（Ausspruch）とである。内的には、しかし、全ての立法において、国家的活動は、立法と解き離しがたく関連づけられた別の種類の〈立法にはじめて「法」を与えることの性格を付与するところの〉国家的活動をとおして条件づけられそして決定されている。なぜなら国家は、国家が命題を法規へと高めることによって、同時にその内容を意思自由の理性に適う決定に関する法意識の言明として、そして、それによって「知的な」発見物として、宣言するからである。国家と法は互いに完全なものにし合う。〈法が国家の権力の設定を法的権力として可能にすることによって〉はじめて法が国家を完成させるように、〈国家が最高のそして反抗し難く強制する権力をとおして法に熱望された実現を保証することによって〉国家は法を完成させるのである。しかしながら国家と法の関係は、この「形式的」な補完関係において汲み尽くされるものではない。むしろ、法は「実質的」な国家機能であり、そして、国家は「実質的」な法機能である。それゆえ、そもそも国家の継続的形成において、法が、実質的に生産的な有効性のために使命を与えられているように、法の継続的形成においてもまた、国家が、実質的に生産的な有効性のために使命を与えられているのである。法が、その最も内的な本質に従って〈共同団体の絶え間なき建築と建造に働く〉諸概念と諸命題を駆り立てるように、国家は、その最も内的な本質をとおして〈法秩序の絶え間なき建築と建造のために形態付与的作業を給付すること〉に向けて指示されている。それゆえ、国家は、立法において、たんに意思機関としてのみならず、一般性の意識機関としてもまた、現れる。おそらくは、エネルギー、権力、権威が、しかしまず第一には、それでもしかし、洞察力、知恵、正義が、立法者において認められ、そして、期待される。民族の法理性（Rechtsvernunft）は、その国家において生きているのみならず、しかし、その国家は、法理性の最も卓越した受託者である。しかしそうであるとすれば、ラーバントの〈この関連全体を暴力的に引き裂く〉立法の概念をとおしては、必然的に国家も法も毀損されるのである。国家は、立法者として、その使命の最も高貴な部分を失う。法は、しかし、法律として、その特殊の内容と価値を喪失する。果実の生命は樹木の心から皿へと移され、そして、最後には、ただ空の皮だけが残される。法律が法律命令へと移行することによって、法律は、〈服従の強制のために十分な権力がその助けに立つところの〉あらゆる任意の命令の段階へと価値を低下する。同時に、しかしながら、法律は、他方では、その命令形式のために、必ずしも法律の形式を装わない全ての権力の上に高められる。なぜなら、国家的命令とは、国家がたんに命令として登場する限りでは、いかなる他の権力も同等ではないからである。ここから、〈ラーバントが、慣習法（Gewohnheitsrecht）に、彼がそれを《独立のそして国家的な授権によってはじめて拘束するのではない》法源として認めるにもかかわらず、法律と同じ効力を帰することができないこと〉が説明される（II S. 95-96）。彼は、慣習法に、通説との反対において〝原則として〟〔法令の〕一部改廃的効力（derogatorische Kraft）を否定している。むろん彼は、回り道において、慣習法の一部改廃的効力を減少された基準において、再び創出している。しかしながら、彼は、その一部改廃的効力を法律によって黙示的に前提とされた諸構成要件の完全な変化の場合において〝法律の解釈に〟、そして、それによって〝法律が〈法律自身が適用されようと「意思しない」〉ような諸場合には適用されるべきではない、という原則に〟還元している。実際には、むしろ、逆に、慣習法には〝原則として〟〈慣習法が権利行使をとおしての法意識の直接の言明であり、そして、結果として実質上法律から区別されないゆえに〉一部改廃的効力が内在している。法律の命令形式は、しかし、それ自体、不使用（desuetudo）に妨げを〈その不使用が、ただ法律の法的実質についておよび法律の法的実質とともに存在し、そして、その結果、この法的実質とともに存在しそして脱落するゆえに〉用意していない。法意識の言明としての法規の宣言が法律の本質的メルクマールであるとすれば、〈もし真正の方法において、現在の法意識の矛盾する言明が確定されている場合には〉、法律はその有効性を失わなければならない。ただ、もちろん、立法者が形式的に〈自らにのみ彼の法の宣言のために法意識を無効化する変化の真正な確定を留保する〉という権限を与えられていることは、否定されるべきではない。そして、近代の立法者がこのことを行うのがつねであることは、十分に知られている。

　立法の際に展開される図式に正確に従って、ラーバントは「国際諸条約」（Staatsverträge）をとおしての法の産出を構成している（II S. 152 ff.）。彼は、〈国際諸条約の国際法的および国家法的な諸効果を適切に区別し、そして、《対外的には条約締結である同一の行為が、いかにして対内的には立法でありうるのか》を、完全に明瞭に明らかにすることによって〉、彼は、後者〔立法〕の点において、徹底して、彼の形式主義的な法律概念を貫いている。ここでもまた、彼は、それゆえ、臣下に向けられた国家的命令を、国際法的に合意された諸規範の遵守のために、この諸規範の内容の確定から完全に引き離し、そして、国家的命令を排他的にかつ自己自身のためだけに権利を基礎づける経過へと上昇させるのである。特徴的であるのは、〈彼が、従来ドイツ帝国の国際諸条約において適用される公示形式のやはり技術的な諸瑕疵に、そして、とくに〝命令〟の明示的な言明の欠缺に、置いている（II S. 191–194）ところの〉重量である。結果は、ここでもまた、――その場合に共働する国家諸機関相互の関係の移動はまったく別として[3]――形式と内容の間の関連を無理に引き裂くこと、そして、その結果として、国家の法機能と法の内的本質とを同時に侵害することである。

しかし、同一の基本原則を国家的な「裁判」へと譲渡することは、非常に疑わしい諸結果を、法思想にとっても、国家思想にとっても、持ってきている。ラーバントは、彼の作品の最終巻における裁判制度の叙述において、〈訴訟諸部門は、圧倒的にその技術的法学的側面から考察されなければならず、裁判権において適用および行使へと到来する国家の「諸支配権」（Herrschaftsrechte）である限りで、国家法に属する（III S. 14 ff.）〉、という立場から出発している。すでにこの点に、原則的な誤りがある。それ自体として訴訟法全体（das ganze Prozeßrecht）は（行政法 Verwaltungsrecht と同様に）、国家法の一部である。なぜなら、それは、国家的機能の取り扱いに関する諸規範の総体であるからである。素材をとおしてこの機能に与えられる〝技術的〟な諸条件のより大きなあるいはより小さな影響は、個々の諸命題から、ほとんど、ここでは、例えば、軍法（Militärrecht）または財政法におけるように、その国家法的性格を奪わない。国家的な〝支配権〟は、この活動領域の全ての個別諸行為において表現へと到達する。それ〔国家的支配権〕は、しかしながらこの領域のいかなる点でも、自らのためにそれ自身のために用いられない。至るところで、むしろ、それは、ここでは、〈国家が国家において頂点をなす民族の法ゲマインシャフト〔法共同体〕の意味において法的に最高の共同団体として履行しなければならない〉実質的な課題の解決のためのただ形式的な手段であるに過ぎない。それゆえ、国家法的な諸要素と訴訟法的な諸要素の鋭い概念的な境界設定は、裁判手続きそのものに関する諸命題においては与えられていない。いかなる訴訟諸規範を、それらの原則的な意味のゆえに、あるいは、その他の国家法的な諸材料とのそれらの関連のゆえに、あるいは、例えば、国家法の体系における組織体制〔憲法〕証書におけるそれらの言及のゆえに、場所を見出すべきであるかは、ただ合目的性および伝統の問題であるに過ぎない。事実、ラーバント自身は、彼によって取り上げられた諸理論の選択の際に、彼の視点を確定することができていない。彼は、むしろ、その場合、〈帝国と個別諸国家の間の裁判上の諸機能のドイツ国家法に特有の分配の叙述における、正当にも求められた完全性を別とすれば〉、しばしば著しい恣意を支配させてきている。しかし、〈帝国司法諸法律における特殊〟国家法的なもの〟を概念に従って別除するという〉この主たる問題において破綻した試みを企てることができるためには、彼は、裁判の国家的機能を、耐え難い方法において破壊してきている。完全に正しく、彼は、〈裁判と行政とは、諸裁判所の諸業務と行政諸官庁の諸業務との対立とは一致しない（III2 S.18 ff.)〉、と述べている。しかしながら、強力な思想の飛躍によって、彼は、さらに〈裁判は、ただ国家の法的保護課題の〟偶然的構成部分〟であるに過ぎない〉、と結んでいる。裁判権（Gerichtsbarkeit）の〟本質〟を、彼は、むしろ、再びたんにそれと結合された形式的な支配活動の中に見出している。この点において、彼は、民事事件における裁判権と刑事事件における裁判権を区別している。〔ラーバントは、以下のように言う。すなわち〕市民的法律諸関係の領域では、国家の権利と義務とは、ただ法の諸救済の保証においてのみ存する。彼が諸個人の自由に委ねるところの私法の諸関係の内容的な形成について、国家は利益を有しない。それゆえ、国家は、法に適った諸私権の実現についての利益をも有しない。それゆえ、国家は、訴訟においてもまた、それら〔諸私権の実現〕を諸当事者の処分権に服させている。国家に実際に問題となるものは、ただ法的保護のみである。訴えは、法的扶助の確保を求める願いであり、判決（Urtheil）は、その保証または拒絶に関する決定である。むろん、このためには、諸事情によっては、〈その第一は、裁判所の援助を求める国家に向かっての原告の公法的請求権に関し、そして、第二は、被告に向かっての原告の私法的請求権に関するところの〉二つの前提問題の回答を必要とする。しかしながら、法と不法に関する実体判決は、〝訴訟の最終目標〟ではなく、〝〈原告に彼の請求権の実現のために国家の権力が貸与されなければならないか否か〉という主たる決定のためにただ準備的であるだけに〟過ぎない。裁判所の判決は、評決（Wahrspruch）ではなく、〈法律が抽象的権利（Recht in abstracto）の国家的裁可であるように〉具体的な権利の国家的な裁可（staatliche Sanktion des Rechtes in concreto）である。法律におけるとそして国際諸条約におけると全く同様に、判決においてもまた、特殊国家的機能が「命令」において付着している。この法律的に決定する過程もまた、実際上重要な「準備諸行為」の背後に退き、そして、判決の本文においていかなる表現も見出さないかも知れないとしても、それでもしかし、執行の表示、すなわち、国家的強制を避けることのゆえの給付の命令は、裁判所の判決の唯一本質的なモメントであり、そして、すべての国家的司法の核心である。刑法および一般に公法の領域では、事情は異なる。ここでは、裁判権は〝ただ国家的な諸支配権の実現のための形式〟であるに過ぎない。刑事訴訟における有罪判決は、とくに、ただ〝国家自身が自己の固有の権力の行使をそれへと結合してきているところの、条件の履行〟だけを意味するにすぎない（vgl. S. 21–28）。〔ラーバントは以上のように述べている。〕

ひとは、これらの諸詳論が、ラーバントの基本思想からの論理的な帰結を導いていることを否定し得ない。しかし、まさにここでは、結果は、最も明白に諸前提とは反対のことを物語っている。もしひとたび裁判において、もはや法が主たる問題であるべきではないならば、そのときは、国家と法との間の最終的な紐帯は、切断されているのである。法秩序の保護者としての国家は、執行人において登場し、そして、国家秩序の支柱としての法は、執行の業務規定へと収縮する！　明らかに、しかしながら、現代の国家意識および法意識においては、〈いかなる論理的形式主義も無視して論じることができず、そして、論じてはならない〉極めて異なる理解が生きている。我々には、〈国家が裁判所として法と不法に関して認識すること〉は、まさに本来的に、国家の本質において基礎づけられているように思われる。そして、〈法が法に与えられた国家の機能をその内容全体をもって履行しそして浸透させること〉は、法の本質に存するように我々には思われる。法史的考察もまた、〈この我々の解釈が、歴史的必然性をもって《萌芽においては以前から存在していたし、そして、それらには何らかの現実がつねに対応していたところの》諸観念の展開から成長してきていること〉を、我々に教えている。〈法律諸問題に関する〃諸評決〃が期待されずそして与えられなかった〉国家は、まだ発見されずに留まっている。ラーバントが、〈ローマの方式書訴訟（Formularprozeß）においても、中世の手続きにおいても、ただ裁判所の権力（命令権 imperium、罰令権 Bann）のみが〃国家の諸機関〃をとおして行使され、それとは反対に、権利請求権の確定（裁判 judicium、判決発見 Urtelsfindung）は、〃国家権力の担い手ではなかった〃人々に指図されてきている（S. 27 Note 1）とする限りで〉、それ〔法律問題の評決を与えない国家〕をローマ人たちとゲルマン人たちにおいて発見したと信じるとき、この誤りは、ただ官憲との国家の混同からのみ理解されるのである。ゲルマン的裁判制度は、ただそれについてここで語るだけのためであるが、もちろん、〈そのために国家的共同団体が、官憲においてのみならず、民族においてもまた生きていたところの〉直観方法に基づいていた。〈たんなる支配装置として、民族ゲノッセンシャフトに、疎遠にそして外的に対立する〉国家の絶対主義的概念は、当時は、まだ知られていなかった。しかしながら、少なくともその歴史的存在を、ひとは、それでもしかしゲルマン的国家思想にもまた認めなければならないであろう。この思想の意味においては、しかし、官憲とゲマインデから構成される全体としての裁判所は、国家の直接の現象形式であり、そして、国家によって裁判官の罰令権力と民族ゲノッセンシャフト的な裁判の共働において行使される司法は、統一的な国家的機能であった。ゲマインデまたは審判人たちもまた、それらが判決を見出したときは、〃国家的な諸機関〃として活動していた。(5) そして、まさにその特別の構成において、国家的司法の核心としての純粋のそして混じりけのない法発見が、現れるのである。それでもしかし、〈執行が当事者たちに委ねられて留まった一方では〉、もともと判決宣告とともにすら、ゲルマン的裁判所の任務は解放されていた。裁判機能の古い分配は、今日ではもはや存在しない。しかし、その内的な重点は、それによって移動させられていない。今日もまた、裁判〔判決および決定〕は、裁判所の第一のそして本来の任務である。国家は、今日もまた、法に対して、保護の債務を負っているのみならず、評決の債務をも負っている。〈至るところで法が法として、そして、不法が不法として、明かにされること〉を、適切な諸機関をとおして惹起することは、裁判所の〈最も卓越した、そして、裁判所の存在の基礎の破壊なしには取り除いて考えられるべきではない〉諸課題のひとつである。このことは、同程度に、私法の領域にも、公法の領域にも、妥当する。〈市民の法律諸関係に関しては、国家には、実質的に法が勝利するか不法が勝利するかは重大事ではない〉というラーバントの主張は、根本から誤りである。国家は、まさに、もちろん私的諸権利を重要な範囲において個人の諸意思の自由な活動に委ねている。しかしながら、ここから結果する諸当事者の〝処分権〟は、それでもしかし、〈ひとが彼の権利を行使する必要はなく、そして、それを自己の諸行為あるいは諸不作為をとおして失効させることができること〉だけを意味しているにすぎない。民事訴訟は、当事者たちに諸権利をおしつけるべきではなく、そして、失効した諸権利を諸権利として取り扱うことはできない。しかしながら、個人が彼の権利を熱望し、そして、それを適切に主張する限りで、彼は、真に存在する権利を証拠として提出しなければならない。民事訴訟のためには、〝意欲する者に不法は生じない〟(volenti non fit injuria) という個人法的原則が拘束的である。最小限、しかし、それによっては〈不法を《それがまさに当事者によって意欲されない彼の法領域への干渉として、法律的にそもそも不法である限りで》あばくという〉民事訴訟の任務は、制限されていない。それゆえ、法律問題の裁判は、たんに民事訴訟の〝偶然的〟および〝準備的〟な構成部分ではなく、その中心である(6)。しかし、刑事訴訟およびそもそも公法的法律諸関係に関するあらゆる訴訟に関して言えば、それらは、まさに、もちろん、ラーバントの意味においては、国家的な支配諸権利の実現のためのたんなる諸形式としてのみ理解されそして形成されうる。しかしながら、その場合、それらは、まさに〈多かれ少なかれ覆い隠す訴訟的な衣装における〉真実には行政的な諸措置として現れるのであり、そして、〟法治国家〟（Rechtsstaat）は、その場合、存在しない！それとは反対に、法治国家の思想が実現される限りでは、刑事司法および全ての公的司法もまた、その重点を真正のそして純粋の裁判において見出すのである。この領域での〈ラーバントが一筆をもって抹消している〉近代ドイツの発展全体は、支配諸権利の行政からの〈独立のそしてただ法をとおしてのみ決定された〉裁判の分離を目標としている。〟裁判権〟については、ここでは、至るところで、ただ〈国家がその諸高権さえをも裁判官の審理に服させ、そして、法律問題の裁判のために自らを当事者として、国家の固有の裁判所の前に委ねるのと〉同一の範囲においてのみ問題となりうる。我々の刑事訴訟の組織におけるおよび我々の行政裁判の基礎づけにおける法思想の全ての獲得物は、〈ひとが、支配者としての国家の当事者役割を、国家を前に、裁判官として否定するや否や〉脱落するのである。

それゆえ具体的な権利に関する評決（Wahrspruch）が、裁判官の機能の本質的な実体であるとすれば、その機能の本質を破壊することなしには、「執行命令」（Vollstreckungsbefehl）は、諸裁判所の〈唯一裁判するそして特殊国家的な〉行為へと高められえないのである。それら〔諸裁判所〕のそれ自体空虚なそして至るところで同形的な権力展開における命令と強制は、むしろここでもまた、ただ国家的な法機能の形式的な補充に過ぎない。一定の場合において、問題の権利を確定しそして言明する者は、その場合、理性的な方法で〈その裁判（Entscheidung）が実現されること〉の意思を有し、そして、そのことを表現しなければならない。しかしながらあらゆるその種の意思表示は、〈その内容をその意思表示をとおして宣言された法発見物の妥当を構成する〉ゆえに、〟判決命令〟（Urtheilsbefehl）であるにすぎない。それゆえ、ことがらは、全ての裁判（Rechtsprechung）のもとにある。むろん、直ちに、深く及ぶ諸差異が、裁判と関連づけられたその実現の願望または命令の射程に関して、現れる。判決（Urtheil）の背後には、その著作者（Urheber）が諸当事者の上に有した限りでのみ、権力が存在する。最高の権力は、それゆえ、〈まさに法によって熱望されたこの権力のために、必然的にそしてとりわけ、裁判のために使命を与えられているところの〉ただ国家だけが、これをその法の諸言明のために投入することができる。それゆえ、ただ国家的な評決（Wahrspruch）だけが端的に権威的であるので、それには、〈臣下たちのために無条件のそして抵抗できない強制をとおして保証された〉命令が内在しているのである。しかしながら、一方では、教会のようなコルポラティフな団体もまた、一定の範囲においてはその法的な諸裁判を命令と強制をとおして実現することができる。すなわち、国家の裁判権とコルポラチオンの裁判権は、ただ、主権的な団体権力と非主権的な団体権力、立法と自律、国家行政と自己行政、のようにのみ区別される。他方では、国家的な司法もまた、しばしば形式的に強制し得ないところの、評決と関連する。このことは、徹底して、〈判決（Urtheil）が、国家そのものに対して、あるいは、その主権的機関に対して、あるいはまた、何らかの裁判所から独立した国家機関に対してのみ、向けられている限りで〉問題となる。ここでは、至るところで、ラーバントの構成によれば、本来的に裁判官の裁判は否定され、そして、せいぜい〝仲裁判決〟（Schiedsspruch）が認められなければならないであろう。決して、国庫の敗訴判決（Verurtheilung）は、正当な敗訴判決ではないであろう。刑事裁判権全体は、ただ一面に従ってのみ、正当な有罪判決（Verurtheilung）に過ぎないであろう。行政裁判権は、付加されたものにおける矛盾（contradictio in adjecto）であろう。組織体制〔憲法〕訴訟の裁判のための〝裁判所法廷〟は、キメラ〔異物が合体した怪物〕であろう。何処までラーバントがそのような諸結論を導くのかは、明らかでない。彼を彼の解釈が巻き込む矛盾は、ひとつの点でのみ、明らかに登場している。彼は、原則的に、〝主権者とその家族に対する裁判権〟という国家法的可能性を、〈彼らが国家の支配と強制の諸手段に服していないゆえに（S. 40–42）〉、争っている。ランデスヘルの諸家族の諸構成員に関しては、すでにG・マイヤー（G. Meyer）は、この命題を訂正している。(7) しかし、ランデスヘルに関してもまた、〈彼がいかなる裁判所の命令およびいかなる裁判所の強制にも服しないこと〉だけが、正当であるにすぎない。これとは反対に、彼に不利益な裁判所の諸裁判は、〈それらの諸裁判が民族のハウプトとしての彼に保証された不可侵の人格領域へと介入しない限りで〉、十分に考えうる。彼の公的諸権利に関しては、裁判が組織体制〔憲法〕の諸問題において存在するところでは、裁判官の判決が現れうる。彼の財産諸権利は、しかし、原則として正規の諸裁判所の審理に服させられている。ラーバントがここで〈〝財産がペルゾンから分離して考えられ、そして、《国庫が国家に公法的な人格として対立させられるのと》類似の種類においてランデスヘルに対立させられる〟ことを〉擬制として把握している場合に、それは、訴えによる逃げ路である。その他の点では、国家に関して、そのほかには作品の中で出会うことがない権利主体のこの分裂は、ラーバント自身の言葉をもって語る（Zeitschr. f. das ges. Handelsr., Bd. VIII S. 647）とすれば、〝人格概念の完全性に対する暗殺計画（ein Attentat）〟である。

裁判活動の形式主義的構成と、〈ラーバントがそもそも「裁判」の国家的機能を、その「独立のそして独特の意味」において認識してきていないこと〉とは、内的に関連している。十分に立派に、彼は、〈いかに国家生活の極めて様々な諸点で様々な諸形式において、裁判が用いられているか〉を示している。彼は、この眼差しにおいてならびに立法と行政に関して、〈国家においては、諸権力の機械的な区分ではなく、諸機能の有機的な分配が存すること〉、〈国家的な基本諸活動のあらゆるものは、その履行を、いくつかの諸機関の共働において初めて見出すこと〉、〈それら〔国家的諸活動〕全ては、けっきょく中央の生活統一体から流出し、そして、それへと再び流れ込むこと〉を明らかにしている。しかしながら、彼は、裁判に〈その特殊の機能内容によって内在する〉〈国家生活の大きな有機体の中でのいかなる点でそれ〔裁判〕が登場するにせよ、それ〔裁判〕が明らかにしなければならないところの〉特別の本質の国家法的な重要性を過小評価している。そして、いかに、権力分立（Gewaltentrennung）、および、そこから導出される〈〝行政的〟権力のためと、〝裁判官的〟権力のためとに、二つに完全に分離された〉諸装置、というフランス的理念を克服することが、まさに〈いまや、《行政的活動と裁判的活動を「すべての」諸領域で区別し、そして、それら〔の活動〕のあらゆるものを「至るところで」その固有の原則に従って規律すること》が可能となる〉点においてその価値を有するかは、彼には見落とされている。彼の

(8)

根本解釈のこの欠点は、すでに作品全体の体系論において白日へと現れている。立法、行政および裁判という国家諸機能の三区分の代わりに、〈裁判がただ広義における行政の特別の形式として現れるに過ぎないところの〉二区分が遂行されている。たとえそれ自体ある図式または別の図式の選択には、過大な重要性は付与されるべきではないとしても、それでもしかし、全ての諸事情のもとにおいて行政と裁判の総括は、立法に対立させられたゲマインシャフト的な標題の下へは、〈どのようにしてか、具体的なものに向けられた両機能の特殊の差異を消去し、または、縮小するために〉用いられてはならない。ラーバントのもとでは、これとは反対に、広義における行政の個々の諸部門の内部では、行政的活動と司法的活動の分離は、ほとんどただ国家法的立場からの技術的な案件としてのみ現れている。とりわけ彼の裁判制度の叙述においては、「司法行政」（Justizverwaltung）と「司法」（Justiz）の関係、諸境界および特別性に向けての問題は、〈実際には、しかし、まさにその役割の中に《諸法律が、諸裁判所とそれらの補助の諸機関の組織と手続きに関して提供しているところの》国家法的な関心の本来の重点が存在するにもかかわらず〉、ただ従属的な役割のみを演じているにすぎない。なぜなら、ラーバントによって前面に押し出された諸事物におけるよりも比較にならないほど核心の多い国家法的内容が、〈いかにして国家的機能としての裁判が、同時にその外的な運動において国家生活の統一的な中心から神経を張り巡らされ、そして、その内的な決定においてもっぱら法によって充たされることができるのか〉という、実に大きな問題のここで実行された解決に付着しているからである。それでもしかし、この問題が、〈我々の市民的司法および刑事的司法におけるそれの原則的な成就が、長いそして波乱に充ちた歴史的形成作業の無限に貴重な獲得物を形成しているところの〉ものであるとすれば、その一方で、現在の公的司法にとっての類似の結果の達成は、見込み豊かな諸開始において道が開かれているのである。そして、それでもしかし、事実、〝法治国家〟の現実性は、次のことに掛かっている。すなわち、〈そもそもそしていかなる範囲において、国家は、その裁判において、法を、恒常的な行政活動をとおして条件づけられる権力的な活動の中へと置くこと、および、それでもしかし同時に、法を《全ての行政介入から自由なそして端的に客観的な》自己実現に導くことを、知っているか〉、〈そもそもそしてどこまで、国家は、《同時に純粋な国家諸機関でありそして純粋の法の諸機関であるところの》諸機関を形成することを理解しているか〉、〈そもそもそしてどこまで、それゆえ、最高の権力制度がその積極的な存在の《それに外部からは生じ得ない》持続的な法のコントロールを〉その固有の生活統一体の統合的な構成部分として生産することができるか〉〔に、掛かっているのである〕。この立場からは、従来の慣例は、当然のこととして、まず第一に、〈権力諸傾向と合目的性の諸考慮の、すべての影響に近づき難い、実質的に正当な全く唯一法によってのみ支配される裁判の基礎づけと確保を目指しているところの〉諸規範の総体を、国家法において注目しそして評価しなければならないと信じてきている。ここに、第一順位の国家法的な利益が根ざしている。そして、その利益を提供するのは、〈司法を行政から、そして、これらの諸領域のあらゆるものの内部で、裁判官の機能を行政的な機能から、原則的にそして少なくとも最高の段階において外的にもまた区別し、裁判官の活動を、行政的な活動に対する関係で、典型的な方法において区別し、そして、至るところで、裁判官の活動に混合される行政の要素を、唯一その実体を構成する裁判の目的のためのたんなる手段として形成するところの〉諸命題であり、〈〝独立〟の諸官庁としての諸裁判所、および、〝裁判官〟として資格を与えられた罷免されえない諸官吏としてのそれらの諸構成員の独特の地位をとおして、裁判の独立性を保証するところの〉諸命題であり、〈諸裁判所の構成をとおして（例えば、民族的諸要素の関与をとおしてもまた）およびそれらの内的な組織をとおして（例えば、合議制をとおして）裁判の公平中立性を保証するところの〉諸命題であり、最後に、〈《風と太陽の意味において平等に配置される、完全な公開性において演じられる、そして、可能な限り動かされない観客としての裁判所の前で遂行される》当事者訴訟の手続きの秩序をとおして、《全ての裁判において正義が支配し、そして、正義以外の何ものも支配しないこと》を惹起することを目指して努力するところの〉諸命題である。確かに、それゆえ、ラーバントのもとで、そのようなそして類似の諸ことがらが、一部は、国家法的な諸些事として影の中へと歩み、一部は、技術的な諸偶然として素材の塊りの中で自らを失うならば、そのことは、幸福な改革ではないのである。

〈裁判の特殊の本質を誤認することと関連する〉この書物のいくつかの種類の疑わしい諸陳列のもとで、ここでは、ただささらに〈「裁判官の調査権」の範囲に関する有名な訴訟問題においてなされた〉判決（II S. 43-52）が言及されるであろう。ラーバントは、適切に公布された諸法律の組織体制〔憲法〕的な成就の調査を、裁判官に、原則的に拒絶している。〈それをとおして彼が告知形式の形式的な言明への裁判官の拘束性を明らかにすることを試みる〉積極的な論証は、徹底して、彼によって恣意的に導入された特別の〔帝国においては皇帝の〕〝公布〟（Promulgation）の概念に基づいており、そして、この概念と共に倒壊する。彼は、しかし、同時に、敵対的な見解を〈彼がその見解を一定の外見上不可避の諸帰結を描写することをとおして不合理へと（ad absurdum）導くこと〉によって反駁しようとしている。そして、ここで彼は、直ちに、〈彼が《裁判官の調査権からは、全ての諸官庁とあらゆる個々人の同性質の調査権が結果することになるであろうこと》から出発する場合に〉裁判の独特の機能内容のための理解についての彼の欠如を現わしている。なぜなら、実際には、そのような推論は、〈法についての裁判所の地位が、その地位の端的に唯一のそして比較しがたい性質において、認識されるや否や〉排除されてしまっているからである。裁判所は、裁判の国家的機関として、法においてそしてただ法においてのみ、同時にその行動の対象と規範とを有するゆえに、裁判所は、〈国家的な法設定として現れるある規定が、真に国家的な法設定であるのか、それともただそのようなものの外観を担うにすぎないのかどうか〉を、独立にそして権威ある方法において、確証する義務と権限を与えられている。それゆえ、裁判所は、とりわけ、〈法規の確定が組織体制〔憲法〕的にそのための任務を与えられた機関をとおして行われてきているかどうか〉をもまた、〈正にこの場合にのみ国家そのものの法設定が存在するゆえに〉調査しなければならない。(9) これとは反対に、行政官庁は、同じ独立性を欠いている。行政官庁は、まず第一に合目的性の諸考慮に従って、〈それにとって、消極的な方向では、法によって引かれた枠をとおして基礎づけられ、そして、積極的な方向では、優越する諸機関の諸命令をとおして基礎づけられるところの〉二重の拘束性の内部で行為しなければならない。行政官庁は、しかしまた、それが直接に法律を執行しなければならない限りで、絶えず法律において、行政の中央機関をとおして媒介される〈その内容が法律の維持であるのみならず、国家的な生活行為であるところの〉積極的な行為への命令を受け取るのである。行政官庁は、それゆえ、なるほど諸法律と諸命令の有効性のあらゆる調査から決して免れてはいない。しかしながら、その調査権とその調査義務とは、その独立性と責任以上には及ばない。それゆえ、行政官庁は、むろん、〈それに対する関係でこのような命令の権限を有するより上位の機関のあらゆる形式的に正当な命令をとおしてと同様に〉、行政全体の指揮者の形式的に正当な〈何かを法律として引受けるべき〉命令をとおして、同時に拘束されそして庇護されている。個々人は、逆に、独立に法律の全ての諸要件を調査することができる。彼は、しかしながら、彼の状態があらゆる権威を欠いているので、自己の危険において調査するのである。彼が彼によって組織体制〔憲法〕違反とみなされた法律に服従を拒否するときは、彼が彼を庇護する裁判官の判決を惹起することができるかどうかが、問題となる。彼は、しかし、〈彼が、まさに裁判所と同様には、法秩序の守護者としては任命されていないゆえに〉、調査の法律的義務を有しない。そのような不安定性から結果する諸欠点は、否定し得ない。しかしながら、ラーバントは不安定性を指摘することによって、彼は、〈敵対者たちに対して彼によってなされた〝論拠は、虚偽の諸理由がいかに非常にしばしばであるかを多すぎるほど証明している〟という非難が、彼に撥ね返ること〉を見過ごしている。なぜなら、個々人は、彼が〈法律が適切に告知されているかどうか〉、あるいは、〈ラント法律が帝国法律に矛盾しないかどうか〉、あるいは、〈命令（Verordnung）が命令権限の内部に自らを留めているかどうか〉の問いの前に立たされる場合に、正確に同じ地位におかれるからである。全てのこれらの諸問題は、しかし、これをラーバントもまた、独立のそして権威的な裁判官の審理に服させているのである！ ラーバントが、さらに、〈告知形式の文言がそこにおいて言明されている過程の真実性と合法性とを基礎づける〉という彼の敵対者たちの全員一致の認容との関連において、この推定に反駁することが可能である諸場合を、そもそも実務的でないものとして、あるいは、裁判官の調査に徹底的に不適切なものとして、説明しようとするとき、彼は、二つの側面に向かって、誤っている。なぜなら、まず第一に、〈そのような同意を表現する通例の文句を伴う、民族〔国民〕代表の同意なしに発布される法律の告知の蓋然性は、実際上不可能なものとして、眼中に捉えられる必要はない〉ということは、極めて冒険的な主張であるからである。〝あつかましい公然たる嘘〟によるこの種の出来事が考えられないことは、喜んで認容される！しかし、極めて十分に、〈例えば、合わせて同意されなかった命題をテキストの中にもたらし、あるいは、表現における相違を生み出してしまっているところの〉「錯誤」は可能ではないか？〈例えば、今になって初めて裁可された以前の民族〔国民〕代表の決議の永続的な効力、あるいは、決議またはその撤回の最終決定性、あるいは、いくつかの諸合議体の決議における一定の順序の重大性が、議論の余地あるものとなることによって〉、同意が存在するかしないかどうかには、「意見の対立」もまた存在し得るのではないか？なぜなら、組織体制〔憲法〕的な同意のみが、法的意味における同意（Zustimmung）であるからである。他方では、しかし、〈論理的帰結は、《それでもしかしこのためにほとんど適切ではなく、そして一部分（連邦参議院 Bundesrath に関して）裁判官の精査にほとんど近づきうるものではないところの》内部議会的な諸過程への裁判官の調査の拡張へと導く〉ということは、真実ではない。むしろ〈裁判官の調査は、団体内部のことども（interna corporis）に関する議会的な諸合議体（Kollegien）の諸決定についてはその限界を有する〉という、グナイスト（Gneist）によって主張された見解が、徹底して基礎づけられる。なぜなら、いわゆる〝自律〟と並んで、議会的な諸合議体には、さらに広範な裁判官的な権限が、それらの内部生活の諸問題において、委託されているからである。ラーバント自身も、〈その諸構成員の資格（Legitimation）に関する民族代表〔国民代表議会 Volksvertretung〕の決定は、最終的な国家的裁判の性格を有すること〉を認めている（I S.553）。同じことは、しかし、〈その業務規定の諸問題に関する、固有の決定能力に関する、十分な多数性の存在に関する、などの〉議会的な合議体のあらゆる決定について妥当する。その限りで、それゆえ、〈裁判官にとってもまた取り消しえない形式的権利を創造するところの〉レス・ユディカーター（res judicata 判決された事柄）が存在する。最後に、さらに〈裁判官の調査権の肯定においては、ラーバントが認めるように見えるようには、立法者の形式的全能の否定は含まれていないこと〉が、言及されなければならない。それゆえ、立法機関がその権限においてより上位の立法機関をとおして制限されていない場所では、裁判官は、法律を、立法者の権限踰越のゆえに無効と取り扱うことはできない。それゆえ、ドイツの裁判官は、なるほどラント法律に関しては、管轄権の問題を調査することができるが、帝国法律に関しては、できない。そして、それゆえ、法律は、実質的な組織体制〔憲法〕違反により、裁判所によって、ただ〈通常の立法者とは異なる機関が組織体制〔憲法〕の諸変更のために存在する場合〉にのみ、無効と宣告されうるのである。(10)

そのようであるのが、それゆえ、〈その言明された傾向が、国家生活における法によるそして法以外の何ものにもよらない「支配」の実現であるところの〉〔ラーバントの〕作品における「法」の状態である！〈このような姿で形式化されそして法理念の核心から切り離された〉法が、彼に設定された課題から、成長しては現れないであろう、という恐れは、一目瞭然である。そして、ラーバントは、法に、法がそもそも給付することができる以上のものをすら、要求している。なぜなら、彼が至るところで前提しているように平坦にそして純粋には、残念ながら、国家生活は、法の諸経過においては出現しないからである。人間的な共同生活の高みにおいて法を拒む場所では、大きな歴史的裁判の諸時間が来る。〈そこにおいてしばしば十分に法が権力に敗れ、そして、ゆっくりと漸く新たな法の形成と法意識における法の定着が実現されるところの〉諸衝突もまた、〈権力と法の統一体を求める人間精神の消え難い需要が満足されるまで、ふたたび人間精神の消え難い需要が満足させられるまで〉、到来するのである。法は、法の領域における主権者であるが、しかし、その領域は、ゲゼルシャフト〔社会〕的な世界の全体ではない。〈全ての諸時代に、政治的な諸努力との、宗教的または倫理的な諸観方との、社会的または経済的な諸需要との対立闘争において法を保持するために〉そのようにその理想に対応したであろう法は、いまだ存在しなかった。我々を取り巻く法もまた、諸亀裂や諸飛躍に豊富であり、そして、古い負傷の苦労の治療について物語る傷跡については、もっと豊富である。しかし、ここで至るところでそうであるように、理想が達成し難いものであるとしても、それでもしかし、理想への接近に、人間社会の全ての幸福は、掛かっている。その理想に、しかし、〈それを決して拒まずそして決して破壊しない〉事情に、法は、〈それ〔法〕を徹底して確かに、非二義的に、透明にするところの〉形式的完成をとおして接近するのみではない。形式のそのような諸特徴が、法の日々の仕事にとって、たとえいかに価値に満ちて現れるにせよ。危険の瞬間においては、それらの諸特徴は決定打を与えない。その場合には、むしろ自己主張と自己展開のための法の能力に関する内容と内的な力とが決定する。法は、ただ実定法のみである。法理念にではなく、〈その中で法理念が歴史的な形式と色彩を獲得するところの〉ただ具体的な構造物にのみ、支配が当然に帰すべきである。しかし、法の支配の価値、力、持続性は、どこまで実定法が法理念のそのつど適切な表現として感じられ、意欲されそして把握されるかに依存している。なぜなら、不死的に、全ての権利にとって克服し難く、いかなる歴史をとおしても反駁されえずに、あらゆる混乱を照らし出しつつ、同時に道徳的な意識の諸要求とともに、政治的、社会的および経済的生活の諸需要との永遠の調和において、人間の胸の内部の神聖な場所においてのみ、「法理念」は、君臨するからである。

【以上、Ⅶの本文終り】

【以下、Ⅶの注】

（1） 主権性とともに法領域において法をとおしての拘束が共在しうるかの問題の解決は、イェリネック Jellinek, die rechtliche

Natur der Staatsverträge, Wien 1880 をとおして、本質的に促進されている。そのような拘束の、意思の自己拘束への彼の帰着化における誤りは、私の考えでは、ただ〈彼が法設定においてもっぱら意思活動のモメントだけを注視し、そして、そのようにして意思に《自ら意思自身の客観的規定を生産するという》不可能な成果を要求していること〉において存するに過ぎない。全ての諸困難は、〈ひとが、ただ《法規範の実体は、「意思」ですらなく、それに当然に属する外的な必要または当為をとおしての意思の被決定性に関する「理性」の言明であること》を考慮さえするや否や〉消失するのである。法の設定は意思表示であるが、〈意欲の外的な自由の諸制限に関する一定の言明が、理性の言明として受け取られ、そして、それゆえ一般的に従われるべきである〉という内容の意思表示である。何かが法であるべきであるという意思表示の背後には、それゆえ、必然的に、まさにこれをとおして表明された〈意欲されたことは法意識の言明により法である〉という確信が存している。もしかしそのように法を設定する意思〔法設定的意思〕が法規そのものを自ら創造するのではなく、法規を法の理性の産物として明るみに出しそして与える場合には、それ〔法設定的意思〕自身もまた、このそれにとって客観的な発見物をとおして〈それが例えば――そして「主権的」意思は形式的につねにそうする権限を有するのであるが――あの宣言を撤回するまでは〉拘束されてあるべきでありそして拘束されていなければならない。

（2）〈強制が不完全に組織されていること〉、〈強制が、たぶんそもそも強制権限が与えられた権力の欠缺において可能ではなく、あるいは、必要でもまたないこと〉は、法の概念を無効にはしない。しかしながら強制的実現がそれ自体正当でそして望む価値があるであろうという観念は、いかなる法規範においても欠けていない。それをとおして法は、〈内的な意思決定に向けられ、そしてそれゆえそれ自体あらゆる外的な強制を拒否するところの〉道徳から区別される。それをとおして、しかし、〈意思をなるほど外的に決定するが、いつでもしかしながら、ただそれ自体として自由な（事実上はたぶん暴君的に強制する）権威として観念されるところの〉慣習からも〔区別される〕。組織化された権力をとおしての実際の強制可能性は、それゆえ、なるほど法のメルクマールではないが、おそらくしかし、法の傾向ではある。

（3）グリューンフート Grünhut a.a.O. S. 231 f. および、ウンガー Unger ebenda S. 349 ff. における私の紹介批評を参照せよ。

（4）ここでは、ラーバントは全くデーゲンコルプ（Degenkolb）に関連しており、それゆえ、実体法から完全に切り離されたあらゆる人の公法的訴権を確立している。

（5）今日の宣誓官吏たち（Geschwornen）および審判人たち（Schöffen）をラーバントもまた国家公務員とみなし（S. 126 ff.）、そして、彼らに〝裁判官的職務〟の遂行を帰している（S. 138）。

（6）認諾（Anerkenntniß）または承認（Zugeständniß）の諸場合を、ひとはラーバント（S. 20）と共には、真面目に引用することはできない。なぜなら、従来形式的に取り消しえないものとは確認されていない権利を形式的に確認すること、従来問題とされることが「できた」関係を問題外とすることは、ここでもまた存在するからである。

（7） In Hirths Annalen Jahrg. 1882 S. 773.

（8） Vgl. フォン・シュテンゲル v. Stengel in diesem Bande des Jahrbuchs S. 59.

（9） 帝国の諸命令に関して、ラーバントは、この原則を、〈ここでもまた、彼によって主張された〝公布〟の中に含まれる確認（Konstatirung）の取消不可能性が対立しない限り〉ですら、貫徹させている。

（10） これによって、ラーバントの諸所見（Labands S. 48 in Text und Anm. 3）は、解決される。

【以上、Ⅶの注、終わり】

Ⅷ

ラーバントの作品において展開された、国家と法についての根本解釈の分析は、我々がその中において実現されている論理的形式主義的な方法の給付能力に関して言ってきているところのことを確証してきている。至るところで、我々には、それの重要な権力諸手段と並んで、それに内在する諸欠点と諸限界が明らかにされてきている。我々は、それの純化しそして明確化する影響を知覚してきているが、しかしまた、それの解体しそして浅薄化する諸効果をもまた認識してきている。それの援助をもって見出される諸結果は、自らを一部分価値あるものとして現わしてきている。しかしながら、原則的な諸問題に対する確定的な諸回答、実質的な諸問題の真の諸解決、我々の認識の進歩の全ての側面の諸促進を、我々は、見出された諸結果の中に見出すことはできなかった。

これによれば、どのようにドイツ法科学が、国家法理論の改良と継続的形成の〈この意味に充ちたそしていくつかの点において典型的な〉試みが立てられなければならないかは、自ずから明白である。

一方では、それ〔ドイツ法科学〕は、国家法の〝法律的〟な取り扱いのために働いて得られてきているところのものを完全にそして全部、自らのものとしなければならない。それは、法の諸概念の純粋かつ鋭い形成との関連において、後ろ向きにではなく、ただ前向きにのみ歩むことが許される。この方向においてさらになすべきことが、限りなく多く残されている。それゆえ、それ自体として喜ばしいことは、〈現代のドイツ法律学が、事実、この課題の克服へとその最善の諸力を投じることに傾いていること〉、〈それが、法領域全体において歴史学派によって怠られたことを取り戻すこと、そして、現行の解釈学を厳格な体系論、正確な境界設定および形式的な熟達の意味において学問的に独立させそして革新することに、努力していること〉、〈それが、とりわけ、それを包み込む霧の海からヴェールを取り払う法律的な概念世界の透明な空気の中へと引き上げることに骨を折っていること〉である。

他方では、しかしながら、ドイツ法科学は、〈もしそれが、ラーバントと極めて多数のその味方たちによって取られた道を一面的に追求し、論理的形式主義の不毛性を忘れ、そして、論理的形式主義によって白日へと促進された諸結果を実質的な諸真実として受け容れようとするならば〉、自己自身を放棄することになるであろう。ドイツ法科学は、〈もしそれが《「この」方法の中には真正のそして全き〝法律的〟方法は含まれておらず、そして、「これらの」諸構成の中には、国家と法の本質についての問いに向けての法律家の究極的な回答は含まれていないこと》を絶えず記憶にとどめるのでないならば〉、自己自身を放棄することになるであろう。

そのような警告は、しかし、ほとんど〈贅言としてあるいは時宜を得ずに〉語られた言葉であってはならないであろう。なぜなら、近代ドイツ法科学における極めて広範な潮流は、事実、〈しばしばすでに《ラーバントが中庸を得た慎重さと実務的理解の中でなお顧慮している》諸枠を盲目的に嵐のように破壊するところの〉実証主義的形式主義（ein positivistischer Formalismus）に駆り立てているからである。実証主義的な衣装において奇妙な方法で旧来の「自然法」（Naturrecht）がふたたび生き返っている。幽霊のように死者たちの中からそれ〔自然法〕は、全てのみすぼらしい貧弱さにおいて、しかしそのかつての偉大さなしに、甦っている。あるいは、それ

〔自然法〕は、例えば、〈至るところで最新の様式に従って裁断された仮装の背後で我々を睨み返しているところの〉克服されたと信じられた自然法の教義の諸図式ではないのか？　それは、同一の合理主義的特質、形式的抽象の同一の空虚さ、蔓延する論理的演繹の同一の枯死させる乾燥ではないのか？　それは、国家の、同一の機械的な、個人主義的な、私法的に基礎づけられた構成ではないのか？　それは、法の、同一の〈外面的な、法律を神と崇拝する、強制規則へと注ぐ〉解釈ではないのか？　それは、〈国家と法に深部において絡みつき、そして、最も内部において結合している〉同一の精神的紐帯の乱暴な破壊ではないのか？　ただ一つの物だけが欠けている。それは、かつての生き生きとした自然法の実りある核心、その歴史的行為の偉大な内容、自然法におけるる不死なるものを構成したもの[1]、すなわち、法理念への山をも移す信仰である！　この一つのものとともに、しかし、全てのものが欠けるのである。実証主義は、自然法的装置の再生とともに、かつてその中に住んだ魂をもまた新たに目覚めさせることができなかったことによって、実証主義は、それを至るところで、ただ生活の外観としてのみもたらしている。その背後に理念が目に見えない指導者として立つ形式主義の代わりに、もはや自らの背後に死せる材料以外の何ものももたない形式主義が登場するのである。

そのようにして、そもそも現代の実証主義的な法「形式主義」(Rechtsformalismus) は、極めてわかりやすい方法でその補充を、前進する実証主義的な法「唯物主義」(Rechtsmaterialismus) において見出している。法の内容は、それでもしかし存在するのであり、そして、明らかにされることを意欲している。法の内容が〈その本質的な諸構成部分においては〉もはや法思想そのものからは導出されえないとすれば、直ちに〈法秩序の形成についてのそれらの持分をあらゆる人が両手で掴むことができるところの〉生き残っている〝現実の〟諸要素が、それらの諸請求権を、粉砕された法理念の相続人たちとして申告している。いまや、再び、〈「権力」の事実からおよび「必要」の観念から、何らかの多かれ少なかれ意味豊かな結合において、全ての法の実体を現わすところの〉原始の諸理論が立ち上がるのである。いまや、法の神聖な権力は、ふたたび〈権力の不浄な法が賢い自己制限において、我々を欺くことを学んできているところの〉外観となる。いまや、法は、〈社会的または個人的諸利益の保証のための手段として、もっぱら、その利便性によって、法にとって外的な諸目的の実現のためのその有用性によって、その勤務によって、測られんがために〉、それ自身において決定されたあらゆる目的、および、それとともに全ての固有の価値および全ての独立の品位を喪失する。法における実在性（Das Wesenhafte）は、いまや、基本的には、もはや本来的な法科学の客体ではない。法科学は、それを安んじて〈その最後の言葉が統計学を語るところの〉社会理論に委ねてよい。法科学自身は、それが形式の分析に自らを制限し、そして、概念技術の完全化の中に失われたものの代償を求める場合に、まったく正しく行動することになるのである。

この関連においては、いかに法律学は、〈それが法をその純粋性と独立性において王座につけることを空想する一方で〉、一面的に論理的＝形式的手続きをとおして、実際にはその破滅に瀕して働いているか、が明らかとなる。なぜなら、法律学が法の理想的な内容を犠牲にすることによって、法律学は、政治的および教会的、社会的および経済的な諸権力と諸利益の襲撃に対するその抵抗力を弱めるからである。法は、しかし、いかなる時代にもそして最も僅かにしか、深部から動かされたそして諸紛争のおびただしい現代の公的生活において、〈その自己主張と自己展開と日々新たに格闘するための〉必要性から解放されていない。そして、ただ理想的な内容のみが、法に、永続的に〈法が勝利のためにそれを必要とするところの〉内的な強さを付与するのである。〟馬と騎士〟が法を最終段階において保証するのではない。その技術の技巧に充ちた装置が、法に、永久に支配を保証するのではない。十分に、法は、道具として持続的に断固たる鋭さと扱いやすい有用性を獲得する。しかしながら、歴史の諸経験によれば、それとともに〈今日はこの、明日はあの、諸権力および諸利益が、法をまさに、ただ、いまなおそれらの道具としてのみ使用し、そして、そのように法に強いる奉仕可能性によって、法を内的に破壊する〉という危険もまた、成長する。その場合、法は、いずれにせよ、いまだ旧い誇り高い名称を担うかもしれない。しかし、〈全ての必要と当為の確たる標準を決定し〉、〈意思を拘束し、そして、自由を創造し〉、〈全ての人間の文化の諸基礎をおくところの〉「法」(das Recht) は、もはや存在しない! 何ら小さくないものが、実際、我々にとってもまた、法の諸運命にかかっているのである。問題となっているのは、けっきょく、我々の文化の存続である。

法科学が現在において果たさなければならない使命は、それだけ一層より厳粛でそしてより高度なものである。そして、法科学は、その使命を〈それが形式の形成と同時に、本質への深化を求めて努力する場合〉、〔そして〕〈それが国家と法についての理想的な内容を証拠として提出する場合〉にのみ、達成することができる。あるいは、法科学は、真剣に、今後、〈折々、ほとんどその外観を呈しているように〉、真に生き生きとした国家理念の主張を政治学に、そして、真に生き生きとした法理念の主張を国民経済に、委ねようとするのであろうか? すでに、〈そのために、事実、法律学が、ただ今なお、法の形式についての理論の価値のみを有しており、そして、実体法に関しては、ただ政治学と経済理論においてのみ決定されるところの〉観方は、広く流布している。まさに学んでいる若者の中に、ひとは、稀ならずそのような観念方法に出会う。当然に、そこでは、全ての内的な共感と全ての精神的な飛躍は、〈死せる諸形式のみならず、《外的な外観の代わりに、国家秩序と法秩序の内的な本質を把握することを教える》生ける諸力をもまた提示するところの〉諸学問に向けられる。〈不可欠の職人の道具を職業生活のために提供し、そして、必要な使用指図を加えるところの〉専門知識としては、ただ、法律学は、その広範な帝国の確実な財産において留まっている。法律学は、実際に、この残存物の留保のもとに、その壮麗さを謝絶しようとしているのか? 法律学は、それを意欲しないであろうし、できないであろう! それゆえ、しかし、法律学は、「形式」の一面的な崇拝において進む代わりに、次第しだいにその最も固有の課題を、法秩序の生ける「内容」の認識へと置かなければならないであろう。歴史的および哲学的な研究の深部から汲み取りつつ、社会的な宇宙の統一的な関連を見開いた目をもって眺望しつつ、法科学は、同時に、我々の法の理解を深め、そして、法の価値の感情を高めることをその任務として与えられるであろう。そうして、そして、ただそのようにしてのみ、法科学は、〈それが学問的な需要を満足させることによって〉同時に、生活においては、法理念の実現についてのそれ〔法科学〕にふさわしい共同作業を〔次のことに向けて〕果たしていくであろう。すなわち、ドイツ国家が永遠に法治国家として、〈かつて選挙されたドイツ王が〝彼〔ドイツ国家〕は正義であれば強く、そして、不法ならば弱いこと〟（dat he recht sterke unde unrecht krenke.）を褒めたことを〉実現することに向けて。〈しかしドイツ法もまた、《生きた、内容のある、実体的な法の意味において》《政治的、社会的および経済的諸関係を次第しだいに正義をもって浸透させるところの法の意味において》《ドイツ国家の堂々たる建築のための堅く結合されそして担う能力のある基礎を構成するために、十分であるところの、法の意味において》主張され、展開されることであろうこと〉に向けて。

【以上、Ⅷの本文終り】

【以下、Ⅷの注】

（1）W・ディルタイ（W. Dilthey, Einleitung in die Geisteswissenschaften, Leipzig 1883, I S. 97 ff.）の正当な諸所見を参照せよ。

【事後的な覚え書】　本論文の起草の際には、私は、ここでⅤのもとで詳論された諸問題の一部とかかわる仕事をまだ利用することができなかった。それは、一八八三年のドイツ帝国年報（Anallen des Deutschen Reichs von 1883）からの別冊として公表されたハインリッヒ・ロジンの論文（Heinrich Rosin, Souveränität, Staat, Gemeinde, Selbstverwaltung; kritische Begriffsstudien; München und Leipzig, G. Hirth's Verlag 1883）である。この論文がすでに存在していたとすれば、〝固有の権利〟（eigenes Recht）（S. 67–69）の概念に関する上述の諸詳論〔本書本巻四五三－四五五頁〕は、本質的に、〈立ち入った基礎づけにおいて正確に同じ結論に到達している（S. 12 ff.）ところ

の〉ロジンへの指示をとおして代替されることができていたであろう。彼もまた、〈固有の権利は、あるペルゾンにとって、その主体がそのペルゾンであるところのあらゆる権利であること〉、〈固有権の反対を構成するのは、ただ、《ひとが他人の名において代理の方法で〝転付〟された権利を行使するところの》他人の権利であること〉、〈〝自己行政諸団体〟に連邦国家における構成員諸国家と同様に、〝固有〟の、そして、〝転付〟されただけではない諸権利が帰属すること〉を確立している。同様に、私は、私をいくつかの他の諸点において、〈例えば、いわゆる〝権限対権限〟の意味に関する問題におけるように（上述、S. 68 N. 1 mit Rosin S. 7-9）〔本書本巻四六五頁注(12)〕〉ロジンを援用することができたであろう。これに対して、〈非主権的国家の概念を支持しうるものと提示し、そして、ゲマインデの概念に向かって境界設定すること〉の諸試みのもとでは、上述S. 70〔本書本巻四五五―四五六頁〕で可能と暗示され、そして、手短かに拒絶された、国家的諸団体と市町村的諸団体の差異をそれらの「目的」の差異に遡らせることは、より詳細に反駁されていなければならなかったであろう。なぜなら、この道をロジンは採ってきているからである。〈共同団体の目的が法概念であり、そして、その具体的な規定がケルパーシャフト的な法人格の本質的な要素である（S. 25 ff.）〉という彼の諸詳論に、私は完全に賛成する。しかしながら、私は、国家とゲマインデの諸目的の原則的差異を証明することが彼に成功しているとは、思わない。なぜなら、〈彼は、私と共にゲマインデに、同様に、潜在的に全面的な生活目的を帰属させることによって〉、彼は、〈そのために前者と後者とで配慮されなければならないであろうところの〉〝国民的〟諸利益と〝場所的〟な諸利益の差異という不確定の形式に手を伸ばしているからである。ひとが〈国家概念のもとへはリューベックのような都市国家が、ゲマインデ概念のもとへは最大のそして最も独立的な地方が帰すること〉に疑念を抱くときは、この境界決定は流れ去るのである。それゆえ、私は、ロジンの連邦国家の構成の試みもまた、目下支配的な理論の意味においては、成功したものとはみなしえない。これとは反対に、私は、この機会に、明示的に〈ゲマインデ諸法の法的本質に関する、そして、〝自己行政〟の二重の概念に関する〉ロジンの〈それをとおしてこれらの諸理論が多様に解明されそして促進されるところの〉諸詳論との私の完全な一致を言明したい。

【以上、覚え書、終わり】【完】

〈著者略歴〉

オットー・フォン・ギールケ（Otto Friedrich von Gierke）

1841年1月11日シュテッティンに生まれ、1921年10月10日ベルリンで逝去したドイツの法学者。1867年ベルリン大学にて教授資格を取得し、1871年同大学員外教授、同年ブレスラウ大学正教授、1884年ハイデルベルク大学正教授を経て、1887年ベルリン大学正教授となる。ドイツ法制史、手形法、商法、民法、国家法など幅広い分野でゲルマン法思想の展開と確立に尽力。代表作は未完の大著『ドイツ団体法論』『ドイツ私法論』など多数。

〈訳者略歴〉

庄子良男（しょうじ・よしお）

昭和18年2月21日新潟市に生まれる。仙台市の小・中校を経て、宮城県仙台第一高等学校、卒業。昭和40年3月東北大学法学部、卒業。東北学院大学教授、千葉大学教授を経て、平成7年4月筑波大学大学院企業法学専攻教授（平成18年3月、定年退官）、平成18年4月早稲田大学大学院会計研究科教授（平成19年3月退職）、平成19年4月駿河台大学大学院法曹実務専攻教授（平成27年3月退職）。平成11年1月大隅健一郎賞、平成12年11月博士（法学）早稲田大学。現在、筑波大学名誉教授。

〈主要著作〉

『手形抗弁論』（信山社、平成10年）

『ドイツ手形法理論史』上・下巻（信山社、平成13年）

〔翻訳〕オットー・フォン・ギールケ『ドイツ団体法論　第1巻　ドイツゲノッセンシャフト法史』全四分冊（信山社、平成26、27年）

オットー・フォン・ギールケ
歴史法学論文集　第一巻

2019年（令和元年）9月25日　初版第1刷発行

訳者　庄子良男

発行者　今井貴
渡辺左近

発行所　信山社出版株式会社

〒113-0033 東京都文京区本郷6-2-9-102
Tel 03-3818-1019　Fax 03-3818-0344
henshu@shinzansha.co.jp
Printed in Japan

印刷・製本／松澤印刷・日進堂

ISBN978-4-7972-2788-8 C3332

【歴史法学論文集・第一巻・詳細目次・人名索引】

＊各論文ごとの詳細内容目次と人名索引（カッコ内は本巻頁）

【1．ドイツ法におけるフモール】詳細目次（内容記述順）

まえがき　　献呈の辞（1.）
第一章　問題提起（3-4.）
ヤコブ・グリム「法におけるポエジー」（1816年）とそれに対する異論。しかし、過去の時代の法意識を我々の法意識によって測るべきでない。法概念は同一だが、法の本質と形態・理念は、時代とともに変化しうる（3.）
第二章　民族の青春と老年における法の諸変化（4-8.）
法の諸変化と民族生活の諸変化の平行（4.）／青春の民族では法は民族の力から直接に生成し、肉体的・感覚的・個別的・具体的（5.）、成熟した民族では法律家階級が民族を法から押しのけ、形式的・抽象的・意識的・精神的・概念的特徴を示す（5-6.）／青春の民族では、同一の民族の魂の中で生活諸機能が併存、風俗・道徳・信仰・経済生活が法と未分化だが、後には、あらゆる機能が分離・対立し、法は独立して存在する（6-7.）
第三章　個別民族における生活諸段階の差異（8-9.）
ギリシャ・ローマでの速やかな移行がゲルマン民族の下では一千年を要した（8.）
第四章　ドイツ法における倫理的要素の強さと内面性（9-14.）
「誠実」概念の、レーン制度・支配奉仕関係・ゲノッセンシャフト法・婚姻法・契約法・市民的名誉法への浸透（9.）／寡婦や孤児配慮、小作料取り立ての際の配慮（10.）／地代と奉仕の免除例・逃亡者の取り扱いに対する道徳的義務の解決例など（11.）
第五章　ドイツ法における詩的な要素の豊富さと寿命（15-24.）
頭韻法やタウトロギーの諸形式・熟語・慣用句・法の諸シンボルの保持・不変の量と機械的な数を避ける詩的傾向（15.）／生き生きとした感覚的表現・法の決定を自然力の支配に委ねる例・神明裁判やくじの頻出・生命なきものに生命を、実在なきものに実在を与え、動物に法的個性や人格を認める傾向（15-16.）／法におけるフモールの存在（17.）
第六章　法におけるフモール（24-26.）
ドイツ法独特の国民的な概念で、ふざけたもの・気まぐれなもの・粗野なもの・機知に富むもの・嘲弄的なもの・滑稽なものを含む（24.）／とくにヴァイステューマー・古い都市法・ギルド諸規約・ザクセンシュピーゲルなどの諸法書や不文法に保存される（25.）／民族のフモールは、最初から規約またはその独特の表現の源

泉である。鳴る骨・転がる卵・動物の人命金などの例（25.）／必ずしも真面目には考えられなかった残酷な刑罰の威嚇と厳しい真剣さ（26.）／法におけるフモールの諸場合に、半ば伝説的な法を数えるが、純粋の法伝承は数えない（26.）

第七章　法におけるフモールの諸場合（27-29.）

空中に騎乗・枯れ木に騎乗など絞首や断頭の刑罰の言いかえ・平和喪失者のための狼頭や鳥の自由などの法律用語など（27.）

第八章　判決諸用語における法規則のフモール的表現（29-31.）

不自由人との結婚や都市の自由・その他の多くの諸場合（29-31.）

第九章　内容表現のフモール・法の誇張と外観的権利（32-39.）

権利義務の誇張による権利義務の強度の生き生きした表現・荘園財産の自由・家の平和やかまどの火の神聖性などの諸例（32-33.）／夜の平和・森の自由と伐採禁止・柏の木の保護・ゾーストの裁判所条例（34-35.）／ベストハウプトを求める主人の権利（36-37.）

第十章　権利の誇張の例（39-43.）

初夜権は、租税の命令の誇張にすぎず、最古の時代にも文言通りには考えられてきていない（39.41-42.）／相続・財産取得・出廷などの際の迅速性を求める権利義務の冗談的な誇張・感覚的に生き生きとした姿の諸例（40-41.42.43.）

第十一章　外観的権利と外観的債務（43-51.）

権利義務の否定を避けて外観的権利や債務を認める現象・法の厳格さの緩和と婉曲的表現（43.）／森林を通り抜けるフュルストや主人たちの外観的権利の諸例（44-45.）／裁判権の境界・豚の態度による十分の一税の支払いの例（44.）／禁制ワインの支払い（47.）／ラント権を奪われた犯人の平和喪失など（48.）

第十二章　外観的罰金〔外観的賠償〕（51-57.）

外観的賠償は、真の賠償も殺人賠償金も帰属しない権利喪失者に与えられる（51.）／雇われた勇者たちや犠牲者たちの報酬としての太陽に対する盾の輝きや人の影、あるいは、窃盗や強盗その他による権利の喪失者に与えられる皮髪刑執行の道具である箒と鋏など（51-52.）／その共通の理由は、権利喪失者は法も賠償も持たないが、彼らに対しても本来的に法は破られたと見られるため、単に賠償を拒絶せず、真実には全くまたは殆どない賠償を与えることである（52.）／不名誉な行動による権利喪失者に与えられる無いよりも悪い賠償（53.）／家の平和の破壊者に対する正当な殺人を償うための外観的罰金（53-54.）など／外観的権利の例（55.57.）

第十三章　債務の外観的履行（57-65.）

債務が通常の方法で消滅したのではないゆえに不法の外観に別の外観を対立させる（57.）／犯人の引渡（58-59.）／ベストハウプトの引渡・家畜の外観的飼養など（59.）／権利者の受領遅滞の場合の債務者の外観的諸行為・外観的封土授与（60.）／外観的権利に属する太陽レーン・退去者に対する援助（60-61.）／不可能なこと

や誇張された大きなことがなされるべきことをとおしての表現（61.）
第十四章　民族的フモールの遊戯的表現としての諸規約（66-71.）
傷の長さ深さ・水車による水のせき止め・木材の積荷などの諸測定の際の、体の一部・ミツバチやカササギ・ウサギ・虱などの登場（66-67.）／民族のフモールが弾力的で楽しい形象を作っている（67.）／鶏が隣地に入りうる空間の刈り鎌や鋤・ハンマーなどの投擲による測定に関する様々な規定（68-69.）／時間の測定に関する規定（69.）
第十五章　法のパロディー（72-76.）
法的行為・境界確定の儀式における面白いものへの転換（72.）／法のパロディーの例：動物たちの権利は人間の権利のパロディーとして表現される、鶏・ガチョウ・ヤギなどの例（72-73.）／半分の卵の支払義務（73.）
第十六章　フモール的な諸刑罰（76-84.）
残酷なフモール的刑罰の威嚇と容易な支払可能性の追加による二重のフモールの例：青タカや犬の盗人の処罰・犬による被殺者の相続人の人命金（76-77.）／境界犯罪とマルク犯罪・木から樹皮を剥がす者や車の楔の盗人に対する残酷な刑罰（77-78.）／夫を殴った婦人のための笑うべき罵りの付加に基づく刑罰（79.）
第十七章　社交的な集会の諸規則におけるフモール（84-87.）
食卓規定や酒宴・舞踏会などの愉快な諸規定（84-85.）／飲酒の際の節度に関する規定・ギルドや商人インヌング・学生や職人団体などの定款における愉快な諸慣習（85.）
第十八章　伝説法の伝統を伝えるもの（88-94.）
真の相続人を生産する能力のない夫に関するヴァイステューマー（88-89.）／伝説法とは異なる法伝説とくにグリムが収集したメルヘンにおけるフモールの諸例（90.）／法におけるフモールとフモールにおける法の区別・後者は法のカリカチュアだが時に法によって承認されたこと・ドイツやスイスにおけるばか者ゲゼルシャフト・阿呆ラート・少年ツンフトのメス豚裁判所などの諸例（90-91.）
第十九章　法におけるフモールの消失（94-97.）
法が民族生活から切り離され、学識ある法律家らの独占に帰して以来法におけるフモールは次第に消失し、すべての詩的なもの・感覚的なもの・若々しいものが消えた。人々の自律性の喪失とともに、民衆独自の法は理解し難いものとなり、最後には、上から直接命令した。馬鹿げた冗談や子供じみた道具とみなしたものを無用のものとして削除することを本質的と見た。十六・七世紀以降ドルフ法の合理主義的改変が、十七・八世紀にはツンフトや職人団体の愚かしい儀式等に対する反対が進行した（94-95.）／民族法の代わりに抽象的で無味乾燥な諸法律の登場・生き続ける法におけるポエジーやフモールは不文の農民法や手工業者法に逃げ込む。法律法の浸透と民族法の狭い領域への制限（95-96.）

第二十章　結語（98-99.）

今日の法には我々の青春時代の法の特徴は見出されない。失われたものを求めるヤコブ・グリムの嘆きは、民族と法の間の分裂に立ち向かう限りで正当性をもつ。成熟は青春の豊かさと力の保持に調和しうる。我々の法もまた、民族的なものにとどまるならば、老年期・文化期と調和しつつ、より生き生きと感覚的に、より詩的にも形成されるであろう（98-99.）／治療手段は、法律生活への民族の再参加、および、国民的法思想への沈潜による学識ある法の深化にある（99.）

【以上】

【1．ドイツ法におけるフモール】人名索引（ABC 順）

Arnold（アルノルト）------- 7.
Berlepsch（ベルレプシュ）------ 83.
Berner（ベルナー）------ 83.
Beseler（ベーゼラー）------- 8.
Bethmann=Hollweg（ベートマン＝ホルヴェーク）------ 21.
Bluntschli（ブルンチュリー）------ 22. 41.
Bocksdorf（ボックスドルフ）------ 94.
Bodmann（ボードマン）------- 20. 28.
Boehme（ボェーメ）------ 83.
Boretius（ボレティウス）------ 80.
Brunner（ブルンナー）------ 56.
Ebengreuth, Luschin von（エーベングロイト〔ルシーン・フォン〕）------ 97.
Ehrenberg（エーレンベルク）------- 12.
Eisenhart（アイゼンハルト）------ 31.
Frauenstedt, P.（フラウエンシュテット）------- 12. 71. 82.
Gaupp（ガウプ）------ 22.
Gengler（ゲングラー）------ 83.
Gierke, Otto von（ギールケ〔オットー・フォン〕）------- 12. 21. 29. 83. 97.
Graf und Dietherr（グラーフ・ウント・ディートヘル）------- 18. 22. 30. 31. 97.
Grimm, Jacob（グリム〔ヤコブ〕）------- 3. 4. 12. 13. 14. 18. 19. 20. 22. 23. 24. 28. 29. 31. 37. 38. 41. 42. 49. 50. 51. 55. 56. 57. 61. 62. 63. 64. 65. 69. 70. 71. 74. 75. 76. 80. 81. 82. 83. 84. 85. 86. 87. 90. 92. 93. 97. 98. 99.
Homeyer, Karl Gustav（ホーマイヤー）------- 1. 2. 19. 21. 24.
Hüllmann（ヒュルマン）------ 29.
石川武（いしかわたけし）------- 28.

Kaltenbäck（カルテンベック）------- 14. 28. 56. 62. 63. 65. 97.
久保正幡（くぼまさはた）------- 28.
Löw（レフ）------ 71.
Maurer（マウラー）------- 12. 14. 20. 23. 28. 29. 38. 39. 41. 71. 73. 83. 86. 87. 93.
Meyer（マイヤー）------ 83.
Nägeli（ネーゲリ）------ 64. 71.
直居淳（なおいじゅん）------- 28.
Ochs（オックス）------ 93.
Osenbrüggen（オーゼンブリュッゲン）------- 12. 21. 22. 23. 24. 37. 38. 41. 42. 81. 82. 83. 90. 93.
Piper（ピーパー）------ 23.
Planck（プランク）------ 38.
Pupikofer（プピコーファー）------ 50.
von Reyscher（ライシャー）------- 4. 19.
Schauberg（シャウベルク）------ 37.
Schiller（シラー）------ 98.
Schlüter（シュリューター）------ 93.
Schmidt（シュミット）------ 42.
Schmeller（シュメルラー）------ 83.
庄子良男（しょうじよしお）------- 12. 29. 97.
Schröder, R.（シュレーダー）------- 19.
Waitz（ヴァイツ）------ 82.
Walter（ヴァルター）------ 41.
Weinhold（ヴァインホルト）------ 42.
Wenck（ヴェンク）------ 83.
Winter（ヴィンター）------ 97.

【以上】

【2．国家法の基本的諸概念と最近の国家法諸理論】詳細目次（内容記述順）

Ⅰ．法科学の諸方向の対立と課題（101-117.）

学問の任務：基本概念の説明と深化。説明の明瞭性を求めて現実存在の謎を加工し定式化する形式主義と（101-102.）／深化を求めて深部を穿ち、伝統的システムの不完全性を認識するプラグマティッシュな方向が対立（103-104.）／両者とも最終的には学問に奉仕するも、法律学上の哲学学派と歴史学派の対立に代わるこの分裂は深く、矛盾する結論に導く（105.）

「形式主義的方向」（105-108.）は、既存の概念の論理と形式を重視し、法律構成を第一の課題とする。概念が抽象の産物であることを看過、ドグマが硬直化する（105-106.）／ローマ法による所有権・コルポラチオン・債権債務などの概念の解釈学的定式化は取引への桎梏となる（106.）／最近の国家法理論における、国家権力の分割不可能性による、ある時はドイツ帝国の、またある時はドイツの個別国家の、国家の存在の否定など（107.）／しかし法の諸概念は歴史的産物ではないから、過去の法律観を欠き、法の歴史を曖昧にする（107.）／法の形式的独立性を強調した功績の反面、文化との法と道徳の関連を過小評価（107-108.）／生活を認識せずに支配しようとする純粋の法技術となる（108.）

「プラグマティッシュな方向」（108-112.）は、人間の共同精神の歴史的表出としての現実に存在する法を求め、生活から概念を創造しようとする。法概念も歴史的、ドグマも相対的と考え、概念よりも直観が先行する危険がある（109.）／敵対者をスコラ哲学・独断論・図式主義と批判すれば、逆に非法律的・無批判的・無体系的の批判を受ける（110.）／この方向は、現在の法をも歴史的発展段階と理解し、歴史的基礎の上に自らを置く。法史学・現行法の学問・法と国民文化全体の結合に果たした功績は大きいが、法の道徳や経済からの独立性や境界が曖昧となる（111.）／エンデマンの商法論の例（112.）

いずれの方向も他方の努力を正当に評価すべきである。私法での対立は、素材と体系とに共同の地盤をもつが、長い間法律概念に拘束されずにプラクティッシュに取扱われてきた公法、とくに国家法の領域では対立が著しい（113.）／プラクティッシュな方法の下では、国家法は、国家哲学と哲学史から解放されず、国家概念の法律的定式化や分析を怠り、法律構成や体系論を私法から借用（114.）／形式主義的方向は、国家法の法律的基本概念による基礎づけと一般的法体系への挿入という課題を正しく設定するも解決に至らず（114.）／国家法を共通の基礎に置く双方の真剣な共同作業が必要（115.）

国家法の争いは、国家法体系の前提たる未解決の諸問題、すなわち、「国家概念そのもの」に集中（115-116.）／最近の法律的諸問題の厳密な提起と国家法の新構成の試みの、真剣な検討なき受入れ（116-117.）／ゲルバーと同傾向の諸著作の出現と、国家法学の将来にとって基礎的な諸問題のゆえに、諸理論の批判的検討が課題となる（117.）

II. ザイデルとクリーケンの著作の紹介と検討（117-174.）

ザイデルは国家法の概念体系の構築を、クリーケンは有機体的国家理論の歴史叙述とその批判を試みる。いずれもゲルバーの影響・形式主義への忠誠・法を国家の産物とみること・国家有機体説に反対、などの点で共通（118.）／クリーケンがゲルバーとともに国家人格の概念を国家法の要点とする反面、ザイデルが個々の人間の諸権利だけを認め、国家の権利主体性を否定するが、いずれも国家「人格」を

法律構成の技術的な道具として利用するなどの点で共通（119.）
1．ザイデルの紹介と検討（119-145.）
法律学の純粋にレアリスティッシュな取扱いを目指し、民族精神・個別人間の総計とは異なる総体・権利の総体など、従来の法解釈学上の不必要な擬制を否定（119-120.）
彼によれば、国家は統一体でも有機体でも権利「主体」でもなく、意思支配の対象であり権利の「客体」にすぎない。個々の人間だけが意思や人格・国家的意思や国家的人格をもちうるゆえに、この「支配者」が唯一国家権力の主体である（121.）
法は、表明された支配者意思で、国家をとおしてのみ存在する。そのため国家の成立も支配もいかなる法的源泉も持ちえない。既成事実理論（122.）／支配者の反国家的態度・民衆の革命は、法の限界を超える。以上、彼の言う国家法の基礎は、既に克服された自然主義的な伝統的解釈にすぎない（123.）
第一に「国家と支配者」の関係（123-126.）／彼は「国家」の下に「土地と最高意思に支配される人々」だけを理解するが、誤り（123.）／我々〔ギールケ〕は国家の下に共同団体・意欲し行動する永続的統一体を理解。これが公法上の最上位の主体。支配者は国家人格の構成部分で、その機関である。最終的には国家そのものの主権のみを語ることができ、国家の上に国家の構成部分の主権を語ることをえない（124.）／しかしザイデルによれば、近代憲法の下でも、君主は、彼が支配するゆえに支配し、国家の機関ではなく、国家概念を吸収する。共和国でも、支配者たる多数者が国家の権利主体性を吸収、その主権的諸権利の憲法上の基礎は問題とならず。反対に、すべての国家の職員や諸機関は、憲法上付与された権利義務をもつ（126.）
第二に「国家と法」の関係（126-130.）／ザイデルのいう、法に先立つ国家の存在（従って国家の本質の問題は法律学に属さず）・支配の確立後の法理念の登場は、最大の擬制（127.）／〔ギールケの批判〕国家と法は、一緒に相互浸透的に成立し、原因・結果の関係にない、人間の共同生活の二つの独立した機能。いずれも他方なしには考えられないが、いずれも他方の前に、または、他方をとおして存在するものではない（127.）／法が国家的命令の形式をとる場合も、国家意思や支配者意思は、法の最終的源泉ではなく、民族の法意識の表明の任務を与えられた民族の機関である。国家その他の組織された共同体の諸権力のみならず、民族共同体その他の共同体もまた、法意識の活動から法を生み出しうる（128.）／自治法・慣習法（128-129.）／ザイデルにおける国際法の否定・ギールケの国際法も法だとする批判（129.）
「国家と法」に関するギールケ説（130-131.）／国家の成立も国家的支配の成立も法的な過程。支配者の支配も、成文・不文の憲法が彼に支配者の使命を与えること

による。国家の構成と編成・支配者権力の根拠や内容と限界・支配の正統性と法的制限は、すべて法律問題である（130-131.）／クーデター・法の破壊と治癒の問題（131.）

ザイデルにおける国家法の基礎たる「法治国家」概念の誤りと、部分的に適切な叙述との矛盾（132.）／その国家法体系：支配者の活動から出発・立法と行政の二分・物理的権力たる軍隊（133.）／支配者地位を国家の上におき、国家機関の上に憲法を置くため、憲法は支配者の任意に撤回可能な自己制限にすぎない（134.）

ザイデルのいう立法・行政（狭義の行政と裁判を含む）への国家活動の二分割は、誤り。立法と裁判は法を内容とするが、行政にとって法は制限にすぎない一方、立法と行政は公共の福祉を動機とするが、裁判はそれを知ってはならないからである（135.）

ザイデルの「立法と行政」の関係・法律と命令の区別の詳論は正当（136-137.）

ザイデルの国家法全体・私法の見取図・公法・憲法・手続法（138-145.）／私法も公法も、目的は支配者によって個別的または一般的目的として設定される。法解釈学の届き難い随意的な主権的意思におくこの公法は、法か〔ギールケ〕（138.）

ザイデルにおける公法の私法的な構成・同一概念の公法的または私法的性質（139.）／その諸例：公的な諸物権（139.）／公的な諸人権（140.）／政治的諸権利（142.）／その場合、支配も臣民の地位も純粋の事実とみて、国籍・国家市民権などを権利の前提条件たる事実とみて権利から除外する（140.）／国家と官吏の任用契約に全面的に公法的性質を認めるが、機関を創造する意思行為と服従のみに公法的性質を認めるべき（141.）／債務からの権利と侵害からの権利・刑罰（142.）

政治的諸権利（142.）での私法との平行の終了と嘆かわしい体系的破綻（143.）／政治的諸権利の三つのグループ：支配者意思の行使・参加・補充を求める諸権利（143.）

諸機関と組織体制法（144.）／国民代表（144.）／私法裁判所と公法裁判所の同一化の主張は彼の最良の部分・公的権利の裁判上の保護を論ずる緻密な表現。しかし、彼の概念的基礎との関連を欠く（145.）

2．クリーケンの紹介と検討（145-174.）

国家法の出発点に「国家人格」を置く。国家を機械・有機体・集合的人間とみなす定義や叙述を収集、有機体的理論として総括し断罪（146.）／統一的な基本思想の歴史を提供せず（147.）／この歴史を国家の法律的人格という正当な思想に到達するまでの錯誤の歴史とみて、国家の現実状態・民族意識を無視、右思想の追求を怠っている（148.）

有機体的国家理論の歴史（149.）／統一的思想体系に結合する基本思想の探究・内容の検討と分類・比較・発展と国家概念の定式化など作業が必要（149.）／著者は、発展史を描いていないが、その仕事から豊かな教示を汲み取りうる（150.）

クリーケンの歴史叙述（150-159.）／「無意識」の有機体的国家理論として、プラトン・アリストテレス・パウルス（150.）／近世のグロチウス（151.）・ホッブス・スピノザ・ロック・モンテスキュー・ルソー・カント・ヘルバルトまでの諸理論（152.）／意識的な有機体的国家理論は、有機体の語を始めて用いたフィヒテ・シェリングに始まる（153.）／最近の理論のうち自然法的なものとして、ヘーゲルの精神的有機体（153.）・プランタをはじめ（154.）、ヴェルカーやヴァルンケーニッヒらの心理的物理的国家観（155.）・フォルレンダーやフリッカー、トゥレンデレンブルクらの倫理的国家有機体観（156.）・クラウゼらの調和的有機体的国家理論・その他を挙げる（156.）／歴史的実定的なものとして、ブルンチュリー・ベーゼラー・ベール・シュルツェなど（157.）／最後に神権政治的なものとして、ハラ—やブルケ・シュタールらの理論を説明する（158.）

右の資料は、彼の偏った叙述も有機体的国家思想の中に隠れた真理の存在を推定させる。この思想は、人間精神が国家の概念に目覚める至る所で登場し拡がる（159.）

彼の言う、国家科学における有機体概念の許容不能性の主張（160.）とその論証（161.）

しかし彼の言う有機体の自然科学的概念を法律的概念とすること・法概念を象徴的な類推の正確さで判断することは誤り（162.）／むしろ適合する比較や形象により把握し、学問的用語法が次第に形象的なものを捨て、隠された思想と一致させていくのは学問の日常的手続き。独特の生命を持つ複合的統一体という国家の本質に関する理念も同じ（162.）／国家有機体概念の確立プロセス：目に見えない存在を現実存在と観念・全体と諸部分の間の諸関係の規律の課題に直面・諸部分の総計とは異なる生命統一体のために自然の生物のメルクマールによる有機体の概念に着目・その下にそれが適合する国家の位置づけ・機関や組織などその他の諸概念の専門用語化（163-164.）／国家法の概念系列にとっては、自然科学が有機体をどう観念するかは重要でない（164.）／有機体的国家解釈は、形而上学的・自然科学的仮説ではなく国家法の基本思想の表現である（165.）

有機体思想の否定のためのクリーケンによる自然科学の援用は誤り（165.）／ダーウィン主義の統一的な発展理論からは、人間の共同体形成の中に、基本的な有機体を絶えずより高い複雑な有機体へと結合しようとする総合的な発展過程の終結のみを認めうるにとどまる（166.）／自然科学的な有機的世界の基本的観方の諸変化は、むしろ有機体的国家観察を基礎づける（167.）

有機体概念は法律的に無価値か：法は国家を有機体ではなくペルゾンとして扱う（168.）、国家の法人格が法律構成の出発点（169.）／だが「権利義務をもつのはペルゾン・ペルゾンは権利主体」というのは、無内容な循環論。有機体理論は、むしろ彼がやめる場所で始まる（169.）／国家法理論は、人格が権利主体に適合するメ

ルクマールを確定・人間と国家にそれが同程度にあること・両者の差異を示すことが必要（170.）／有機体的理論は国家法を総体人格の内的な生存秩序とみるが、クリーケンは孤立したペルゾンの外的な関係秩序としかみない（170.）／有機体的理論の恣意的な適用と不完全な遂行。だが思想に責任はない（171.）／国家にもケルパーシャフトにも有機体的解釈は必要（172.）／クリーケンの非難とギールケの反論（173.）／ゲルバーは有機体的理論は法律的に無価値だが自然的政治的考察に一定の価値ありとするが、クリーケンはそれをも否定する（174.）

Ⅲ. ギールケの国家法思想（175-213.）

以上の両者の形式主義や独断論は正しくない（175.）／国家法の継続的発展への道は、過去の基礎の維持・国家法の基本諸概念の純化と純粋法律的体系への結合にある（176.）

我々の時代の課題：「人間は国家のために存在する」と「国家は人間のために存在する」という二つの方向〔国家絶対主義と個人主義〕の統一にある。一つの方向の徹底は、前者を国家における法の否定に、後者を国家概念の否定に導く（177.）

アリストテレスに由来する前者では、国家人格だけが存在し国家に結合された個人の人格は考えられず、法は国家の内部組織を包含しない（178.）

後者の方向は、ゲルマン的中世の個人主義的な国家解釈（178.）／国家は諸個人の諸利益追求の手段・個人だけが固有の人格をもち、国家は個別諸ペルゾンの総計（179.）／国家人格の否定または技術的目的による擬制（179.）／私法的な国家解釈に帰着（180.）

両者を結合する原則の獲得が「近代ドイツ国家法学」の最大の成果（181.）

我々は「自己のために存在し、そして、団体の構成員である」という人間の二重の特性から出発。人間は自己のためと同時に相互のために存在する（181.）／特別性と一般性の調和が人間の課題。対応して、諸個人の生存秩序の上に団体の生存秩序が現れる（182.）／個人存在を超える諸目的のための多彩な社会的諸団体の形成、有機体の本質的メルクマールは同じ（183.）／国家の実体：政治的行動の共同体・一般意思・有機的に組織された力・課題は目的意識的行為（184.）／国家は、人間の共同生活の本質的側面の実現、国家は個人と同様に古い、無意識の社会衝動の自然発生的所産（184.）

国家の本質（185.）／固有の現実存在・社会的有機体の一つとして構成員たる諸個人と諸団体から構成（185.）／個人は、国家においても固有の存在を有するが、その存在の一部をもって国家の構成部分として所属（186.）／国家は社会的有機体の一つにすぎず、広狭の政治的・宗教的・芸術的・経済的などの諸有機体は、国家に対して一定の独立性をもつ（187.）／しかし、国家概念の本質的内容は、共同生活の一定側面のみが構成するが、その課題は人類の文化諸課題に及ぶ（188.）

国家と法の関係（188-.）／国家法は国家の法的側面と関係（188.）

法の本質：外的な意思支配を共同体内部で肯定し限界づける（188.）／道徳は、意思を内的に決定しようとし、良心に当為の観念を植えつける（189.）／しかし社会的関係では外的な許容と外的な強制が必要。法は諸規範・諸権限と諸義務の総体（189.）

法と国家の関係：国家は法なくして完全ではありえず、法は国家なくして完全でありえない（189.）／成立に関しても、国家が法を生み出すのではなく、法が国家を生み出すのでもない（190.）／国家生活と法生活は、共同生活の独立した側面。権力は、国家の条件であるが、法にとっては条件ではなく、無力な法も暴力で実行される法も法（191.）／健康な国家は、権力を法の上に基礎づけることを求め、法も、課題の達成のために国家権力の保護を要する（192.）／国家と法の諸課題：国家的諸課題の本質的部分は法の中にあり、法的諸課題は国家の中にある（192.）／現代国家は、法の保護に制限されず、人間的共同体の完全化を求めるゆえに文化国家、国家が法秩序を自由意思で主権的意思の規範・枠と認めるゆえに法治国家（193.）／国家法は、法理論の一部たる国家理論の一部で、公法の最重要部分（194.）／公法の対立物が私法。公法・私法ともに、主観的権利の中心点は、ペルゾンが法の主体であるゆえに「人格」という共通概念（194-195.）／公法私法に共通に：意思の自己自身との関係・意思の他の意思との関係・意思と意思なき対象との関係、が登場する（195.）／私法は、ペルゾンから個人の特性を抽象、すべての共同団体や国家において個人の特性を見出し、平等に扱う。自由な活動領域を創出（195.）／主観的権利が先頭に立ち、規範は未必的・補充的・媒介的（195.）／取引法の可動性（196.）

公法は、ペルゾンから共同生活に向けられる面を抽象（196.）／諸団体とその諸構成員だけを知る（196.）／自由な意思に活動領域を認めるが、これを有機体的地位の枠内に閉じ込め、必然性の原則が支配・権利が客観的法の前に後退・恒常性が支配、義務が権限の基礎として現れる（196.）

私法と公法の間の境界。流動的、実定法により異なる扱い。家族法・組合法の大部分の私法的構成・ケルパーシャフトの内的生活秩序の公法的建設など（197.）

国家法は、国家を一般性として、すべての諸個人と諸団体を国家の構成員と認める、絶対的な公法（198.）／私法には知られていない、総体人格の内的生活を規律する点で、私法から分離される。公法上の人格概念（199-200.）／国家やケルパーシャフトは総体人格、諸個人または部分諸団体は総体人格の中の構成員人格（200.）／上位秩序と下位秩序との区別（200.）／国家その他の団体の基礎づけ・変更・止揚の経過、構成員の加入・脱退も法的過程（201.）／総体人格の本質的諸要素たる「実体」の概念（201.）／物的実体：領土とペルゾン多数体（202.）／国民・国家所属性（202.）／国家市民権（203.）／諸ペルゾン総体の編成：臣民・支配者・被支配者（203.）／君主（204.）／フュルスト的主権、構成員地位のその他

の諸段階（204.）

国家ケルパーの団体的編成（205.）／ケルパーシャフトが、国家と国家市民の間の中間有機体として登場・固有の共同団体でかつ国家の構成部分たる特性（205.）／ケルパーシャフトの内部法も公法の問題（205.）／統一体国家における諸ゲマインデ・上位秩序下位秩序の地方的諸団体の総体権・一つの総体国家への個別国家の連邦国家的挿入（206.）

「組織体制法（憲法）」（206-）／法的組織（207.）／公法による法律的規律・合憲性（207.）／「諸機関」と「諸機能」（207-208.）／機関が組織体制的に機能すると全体の統一体が活動する（208.）／立憲君主制における国家の諸機関（209.）／諸機関地位の行使（209-210.）

国家法による国家の生活領域の境界設定（211.）：国家機能の三分類：立法・裁判・行政（211-213）

【以上】

【2．国家法の基本的諸概念と最近の国家法諸理論】人名索引（ABC 順）

Adam（アダム）------ 158.
Ahrens（アーレンス）------ 156. 171.
Aristoteles（アリストテレス）------ 150. 151. 177.
Bähr（ベール）------ 145. 157. 173.
Beseler（ベーゼラー）------ 157.
Binding（ビンディング）------ 129.
Bluntschli（ブルンチュリー）------ 155. 157. 168.
Burke（ブルケ）------ 158.
Darwin（ダーウィン）------ 160. 165. 166.
Endemann（エンデマン）------ 112.
Erdmann（エルトマン）------ 157.
Fichte（フィヒテ）------ 152. 153.
Frikker（フリッカー）------ 156. 171.
Franz, Constantin（フランツ〔コンスタンティン〕）------ 154.
Gelber（ゲルバー）------ 107. 117. 118. 119. 140. 141. 168. 169. 174. 175.
Gerstner（ゲルストナー）------ 157.
Grotius（グロチウス）------ 151.
Häckel（ヘッケル）------ 166.
Haller（ハルレル、ハラー）------ 123. 158.
Hegel（ヘーゲル）------ 153. 154. 156.

Held（ヘルト）------ 157.
Herbart（ヘルバルト）------ 152.
Hobbes（ホッブス）------ 123. 152.
Holtzendorff（ホルツェンドルフ）------ 166.
Jhering（イェーリング）------ 172.
Kant（カント）------ 151. 152.
Krause（クラウゼ）------ 156.
Krieken, Albert Th. van（クリーケン〔アルベルト・Th.・ファン〕）------ 118-119. 145-174. 175. 176.
Lasson（ラッソン）------ 129.
Locke（ロック）------ 152.
Mann（マン）------ 107.
Meyer（マイヤー）------ 141.
Mohl（モール）------ 157.
Montesquieue（モンテスキュー）------ 152.
Müller（ミュラー）------ 158.
Pulus（パウルス）------ 150.
Planta（プランタ）------ 154.
Plato（プラトン）------ 150.
Plutarchus（プルタルコス）------ 151.
Puchta（プフタ）------ 120.
Romer（ローマー）------ 155.
Rousseau（ルソー）------ 123. 152.
Schäffle（シェフレ）------ 157.
Schelling（シェリング）------ 152. 153.
Schmitthener（シュミットヘーナー）------ 156. 167.
Schulze（シュルツェ）------ 157. 172.
Seydel, Max（ザイデル〔マックス〕）----- 118-145. 164. 170. 175. 176. 213.
Sohm（ゾーム）------ 107.
Spinoza（スピノザ）------ 152.
Stahl（シュタール）------ 158. 159.
Stein（シュタイン）------ 157.
Trendelenburg（トゥレンデレンブルク）------ 156.
Virchow（フィルヒョウ）------ 166.
Vorländer（フォルレンダー）------ 156.
Waitz（ヴァイツ）------ 156.

Warnkönig（ヴァルンケーニッヒ）------ 155.
Welcker（ヴェルカー）------ 154. そ
Zachariä, K. S.（ツァハリエ）------ 155.

【以上】

【3. 新旧のドイツ帝国】詳細目次（内容記述順）

Ⅰ. 問題提起（215-219.）

新帝国〔1871年ドイツ帝国〕と旧帝国〔神聖ローマ帝国〕（215.）／新帝国は新たな設立であると同時に、旧帝国の相続人（216.）／両者の外的・形式的・法律的な不連続性（216-217.）／内的・実質的・観念的な連続性（217-218.）／皇帝と帝国（218.）

Ⅱ. 基本理念（219-228.）

基本理念は同一：君主政体の形式のドイツ民族の総体国家（219.）／自然的歴史的統一体たる「民族」の、最高の権力内実をもつ政治的有機体たる「国家」を求める衝動（219.）／旧帝国は、瓦解するまで理念上「ドイツ的国家思想」の表現に留まる（220.）／ドイツ同盟の没落と帝国の設立（221.）／新旧両帝国ともドイツ国家だが、全ドイツ民族を含まず、非ドイツ民族を含むが、新帝国はその理念により近づく（221-222.）

旧帝国における神聖ローマ帝国の中世的理念（223.）／最上位の世界帝国がキリスト教徒の諸民族を平和と法のゲマインシャフトに結合する使命をもつこと（224.）／二つの剣：神は、精神的な剣を法王に、世俗的な剣を皇帝に与えた。皇帝は教会の庇護主人・同権的誓約ゲノッセ。アドヴォカーチオ・エクレシアエ（224.）／オットー大帝が神聖ローマ帝国の理念をドイツ帝国と結合（225.）／以来、ローマ皇帝の地位の実質的権利は、選ばれた王にある。神聖帝国の夢と代償（225.）／遅れた国民国家形成（226.）／一度も現実ではなかった世界支配（226.）／ドイツにおける皇帝の同権性と教会フォークト職の矛盾・神聖ローマ帝国は単なる名称・帝位は外観と幻影・皇帝と帝国への追憶と憧れ・皇帝帝国としての蘇り（227.）／新帝国は純粋にドイツ帝国、旧帝国よりドイツ的（227.）／その指導者役割（227.）／ドイツ帝国の概念の核心：君主国・連邦国家・憲法国家の形式（228.）

Ⅲ. 立憲主義的連邦国家（228-233.）

相似は日本：天皇と大名たち（228.）／新旧帝国とも君主国：旧帝国では空虚な形式だが、伝統の伝播に充分（229.）／両帝国とも連邦国家：総体国家とその構成員たる個別諸国家から構成（229.）／老年の旧帝国は、統一体国家や緩い諸国家同盟にも似るが、諸侯国や諸都市は独立の政治的生活をもつ今日的な意味の構成員国

家であった（230.）

両帝国とも組織体制〔憲法〕国家（231.）／代表制的国民代表は旧帝国には疎遠だが、三十年戦争後もランデスヘルの権力と臣民の服従義務における秩序思想の保持

両帝国とも法治国家（231.）／真正のゲルマン的理念：権力は法を超えては存在しない・法が権力に優先する・私法も公法も裁判上保護される。ザクセンシュピーゲルにおける中世国家法の命題（231.）／近代国家法では皇帝に代わる帝国首相の責任（232.）

両帝国の差異：新帝国は文化国家（232.）／ドイツ民族の権利保護のみならず福祉をも目指す（232.）／旧帝国は平和と法の問題に限定（233.）／警察国家への形成

Ⅳ. 民族の編成（233-237.）

皇帝の地位：両帝国とも、主権性と不可侵性を備える一人の皇帝（233.）／新帝位はプロイセンの王位と結合、旧帝位は選挙による差異（233.）／選挙協約と選挙原則（234）

ドイツの個別諸国家：国家的な領域内部では自己完結した共同団体、帝国国家領域では連邦国家的総体有機体の構成員を構成するという二重の地位をもつ（234.）／旧帝国でも構成員は諸領国の所有者たる諸等族で類似の関係（235.）／新帝国では、プロイセンの特別の地位による「多数国家対小国家制」の危険の調整・生存能力ある個別諸国家が存在。旧帝国では、三百以上の諸領国（235.）／大量の小さな侯国と伯爵領・ライネック城・国家のカリカチュア・五十一の帝国諸都市など（236.）

帝国市民権（236.）／新帝国のあらゆるドイツ人は、故郷の国家の市民的政治的権利を有する一方、総体国家の完全な権利を持つ構成員である（236.）／旧帝国でも、すべての人々を拘束する立法と保護する裁判権は存在したが、個々人の政治的権利は存在せず（236-237.）／帝国都市・帝国騎士・八つの村だけが帝国直属（237.）

Ⅴ. 帝国の諸機関（237-241.）

新帝国の最上位の機関は、皇帝（237.）／皇帝の権利：帝国を代表・陸海軍を統帥・帝国参議院と帝国議会の招集・帝国首相その他の帝国官吏の任命（237.）／旧帝国の皇帝も類似の諸権利を有したが、実質的には諸等族に対する特権のみ（238.）

第二の機関は、連邦参議院（238.）／二十五か国の全権委員から構成、帝国の執行権力と立法権力に参加（238.）／独特な構成物（239.）／旧帝国の帝国議会＝帝国諸等族の代理公使たちの会議との類似と相違（239.）／旧帝国の共同統治権あるも、統治事項は殆んどなし（239.）

第三の機関は、ドイツ帝国議会（240.）／一般・直接・秘密投票による国民全体の代表。旧帝国に類似物はない。フランクフルトのパウルス教会でのドイツ議会の追憶（240.）

第四の機関は、帝国諸裁判所・帝国高等商事裁判所など（240.）／公法の帝国裁判所を欠く。旧帝国の帝国諸裁判所：皇帝の帝国宮廷顧問官会議・ライヒスカンマーゲリヒトがあらゆる公的私的法律問題の最終審（240.）／しかし理念のみ・悲惨な実態・ドイツの自由の守護神との命名と評価（241.）

Ⅵ. 国家の諸機能（241-248.）

立法：帝国権限に服するすべての案件につき、連邦参議院と帝国議会が法律を決議・成立させ、皇帝が法律を帝国の名において公布（241.）／帝国法律はラント法に優先・あらゆる個々人あらゆる個別国家を直接義務づける（242.）／旧帝国の立法：大部分ラント法の補充としてのみ妥当（242.）／ドイツ同盟の場合（242.）

行政：新帝国の対外的対内的な包括的行政機能・帝国案件につき個別国家に反しても固有の裁量と手段をもって登場（243.）／旧帝国には殆ど欠ける。帝国案件：領土と民族の保護と主張・戦争と海軍事項（243.）／旧帝国軍隊の哀れな実態・新旧の帝国警察（244.）／新帝国特有の福祉厚生事業（245.）／鉄道・銀行保険・郵便電信などの諸制度・学問芸術その他の諸課題。新旧帝国の財政制度（245-246.）

法の保護（246.）／商法等や刑法のためにのみ帝国裁判所が存在・帝国公法の裁判所がなく、連邦参議院への訴願と行政救済が唯一の道・将来の課題（246.）／新帝国の組織体制〔憲法〕的に保証された発展能力・組織体制の変更（247.）／「統一と権力」と「自由と法」の調和（248.）

【以上】

【3．新旧のドイツ帝国】人名索引（ABC 順）

Alexander（アレクサンダー大王）------- 225.
Bourbonen（ブルボン家の人々）------ 215.
Daniel（預言者ダニエル）------- 225.
Dante（ダンテ）------ 224.
Habsburg（ハプスブルク家）------ 218.
Hohenstauffen（ホーエンシュタウフェン家）------ 218. 233.
Hohenzollern（ホーエンツォルレルン家）------ 233.
Karl（カール大帝）------- 225.
Ludwig, der vierzehnte（ルイ十四世）------ 236.
Mohl（モール）------ 239.
Moser（モーザー）------ 244.

Rudolf（ルドルフ大公）------ 218.
Otto der Große（オットー大帝）------- 225.
Petrus（使徒ペトルス、ペテロ）------- 225.

【以上】

【4．上級貴族の家の法人格―防衛と足固め】詳細目次（内容記述順）

Ⅰ．問題提起（249-251.）

マイヤー「上級貴族の氏族ゲノッセンシャフトの理論について」（249.）は、上級貴族の家の法人格を否定（250.）／ギールケは法人格を認める立場から検討（250.）

Ⅱ．マイヤーの奇妙な錯誤：「所有権者」と「家財産の範囲」の概念的混同（251-257.）

彼は「家の法人格理論から自由所有地の諸財産に関するある家族構成員の遺言処分が否認された事案」から、上級貴族の家の法人格を認める立場（ベーゼラー・レーヴィス・ギールケ）を批判（251.）／法人格理論が家族構成員から特別財産を奪うと誤解（251.）／我々は、家財産のほか個別構成員の特別財産を認める（252.）／相続財産・獲得財産・レーン・自由所有地・通常の家族信託遺贈はゲノッセンシャフト理論から自由：家財産が存在する限りで家の財産能力を承認する（252.）

ゲルマン相続法を親族同意権と家族の総体所有権から説明する十八世紀の通説〔財産を譲渡し得ない家族財産とするには遺言・契約・慣習法等の特別の権原を要する〕（253.）と反対説〔上級貴族の下では第一取得者の処分中止により家族財産に入る〕（254.）の対立／結局「無方式合意と祖先の先慮に基づく承継」の理念と結合して「第一取得者は〔生前または死亡時の〕最も自由な処分を有するが、処分中止により当該財産を黙示的に世襲財産の構成部分と宣言する」との定理が支配（254.）

この定理を「家族ゲノッセンシャフトとその自律性」理論に置き換えたのが、ベーゼラー『相続契約の理論』（254.）／一定の財産の塊のみが家財産として拘束されると主張（255.）／マイヤーは不当にもベーゼラーの正した誤りをベーゼラーに帰した（255.）

ゲノッセンシャフト理論：家によって証明可能的に取得されている財産のみを家の所有権として宣言：特殊寄付などの証明を要求・家法律や家族慣習法による家財産への黙示的編入を承認・他の家族構成員のための普通相続人法の妥当を認める（255.）

Ⅲ．マイヤーの批判（257-260.）

彼は上級貴族の家のコルポラティフな統一体の形成を不明瞭と批判（257.）／し

かし、法人の設立は総体の統一的意思行為であり人格の自己設定の創設的行為・コルポラチオンを設立する自律を認めうる（258.）／中世の諸都市などと同様、上級貴族の家も、漸次的な歴史的生成の中で成長・自律と当該クライスの中での慣習法形成（259.）

Ⅳ. 諸家族を法人に形成する慣習法が証明できないなどの批判（260-278.）

家法律に法人の表現がないとの批判（260.）／だが、十四世紀以来、家族統一体・家族人格の存在に関する法的確信・家には構成員らの複合体と家法律とが対応するとの意識が証明される（261.）／中世以来の自律的規約と個別処分との区別をマウラーが証明（261.）／近代に至り「家法律」の名称が意味を獲得・それまでの規約・随意決定などの諸表現・家の代表と統治や氏族会議の諸原則などの組織体制の確立・多数決原則と代表制的な家族評議会は、組織された諸家族のコルポラチオンとしての出現を示す（262.）

ベーゼラーのいう家組織体制と家族実力行使権の承継（262.）／上級貴族の家の統一的主体性の例：王家間の相続相互契約。（262.）

ゲノッセンシャフト〔法人〕としての家族が永続的財産の実体的所有者、所持人の権利は使用と用益の権利のみを有する（263.）／家諸法律の思想：「財産は部族と氏名・男系部族などに」や「家・権利主体など」の一連の言い回し（263.）／ベーゼラーの引用に追加しうる諸例（264.）／十七世紀以来の「メクレンブルクの部族または家財産は、メクレンブルク・フェルスト家の所属物かつ従物」の表現、十九世紀の憲法証書の中で国家財産と家財産の各主体として国家と王家とが現れる、バーデン・ヴュルテンベルク・ザクセンなど多くの類似の諸例（264-265.）／プロイセンでも王ではなく王の家族が統一体として家財産の所有者として現れている：シュウェッター訴訟：信託遺贈的家占有における国家と王の家族との訴訟（266.）／マイヤーは最近の事例を無視（266.）

遡るほど家法人と構成員総計とは区別し難いが、総体としての家には所有権が、その時々の所持人には生存の期間占有する財産または持分の所有権が付与される：ゲノッセンシャフトと総体所有権が主張される（267.）／家の権利主体性は、等族意識には生き生きとした有効な存在（267.）

マイヤーは、上級貴族の家財産が各所持人に帰属すると主張、だが固有の証明をせず、総体所有権に関するドゥンカー論文からの不十分な事実のみを援用（267-268.）

家統一体に先行したのは、家財産の統括の不完全形態たるゲザムトハント（268.）／この有機的発展から直接近代的な家財産が生じた：ベーラウの研究（269.）／上位にある家の権利をとおしての所持人の権利の制限という観念：家のハウプトは彼の手中にある財産を代表者としてのみ結合すべきこと（270.）／長子相続権も、長子に単独所有権が帰属するのではなく、財産の実体は家族そのものに

帰属する（270.）／ドゥンカーも、長子を単独相続人とする遺言または若い相続人の相続放棄という法律行為に言及、しかし遺言者が単独所有者ではなく、管理・用益の持分を持つにすぎないならば、彼ら全ての諸権利の放棄も、長子への単独所有権の譲渡を意味しない（270.）

ドゥンカー＝マイヤーのその時々の所持人の単独所有権という命題は、十七・八世紀のロマニステンの家族信託遺贈理論によって押し付けられた混乱（271.）／だがその以前に上級貴族の家法律は完成し、上級貴族の家はゲノッセンシャフトに発展していた（272.）／実際の信託遺贈の設立証書も、設立を家法律的な行為と宣言し、所持は家のハウプトに帰属することを宣言する（272.）

V．上級貴族の家族のゲノッセンシャフト的形成の学説史（279-290.）

学説史は、A．ローマ法概念による障害にも拘わらず、ドイツの法学者が上級貴族を絶えずコルポラティフなゲノッセンシャフトとみたこと、B．家財産への利用に限るにせよ、ゲノッセンシャフト理念が勝利したこと、を教える（279.）

A．は、十六世紀以来の常識をなした二つの公理が示す（280.）／a．上級貴族の家族には制定法が帰属（自律性の主体たる家族をウニヴェルシタスに編入）／b．相続相互契約や相続合意における当事者家族の団体としての存在の承認（280.）

十六・七世紀の法律家は、ウニヴェルシタスたる家族に、永続的に保持される財産を家族財産として帰属させたが、所有関係の法律構成をせず。苦境の逃げ道をロマニスト的な家族信託遺贈の理論が提供。①下級貴族のためには実際的な法制度となるが（280.）／長い間完成していた②上級貴族の家法には、若干の語と形式以外何ものも提供せず（281.）／それでも新理論は、全体を包含：本来または狭義の家族信託遺贈は、生前また死因の処分で決定される財産に固定、非本来的なそれは、客観的な法規による類似財産に問題となりえた（281.）

十八世紀以来、信託遺贈概念からの、ⅰ．より狭義の世襲財産（非譲渡性と特別の相続を伴う）と、ⅱ．自律的家族の規約または慣習など独自の法が規律する諸財産（家財産）の、再分離（281.）／ベーゼラーによる完成（282.）／分離は正当かつ必然である

それゆえ、家財産は家に、家族信託遺贈においてはその時々の所持人に、所有権を帰属させることは、徹底して許される（282.）

家財産を家族信託遺贈に含めると解釈的構成を同一にする必要。家族信託遺贈の解釈をめぐる対立からベーゼラーに至る学説の展開（282-284.）／十八世紀末の信託遺贈と世襲財産の家族所有権の承認の一般的妥当・十九世紀、普通法上、家族信託遺贈における法人格の基礎の欠如を認識・各占有者の所有権以外の構成の不可能性を確信（283.）／ロマニスト的反動を避けるため、家族信託遺贈から上級貴族の家財産を分離することが必然的となる（283.）

ベーゼラーがはじめて、信託遺贈から家財産を区分し、家財産の歴史的発展原則

を暴露、家族所有権の定式化と解釈学的分析を完成した（284.）／内容：ドイツのゲノッセンシャフト原則に従うケルパーシャフトの所有権が存在・財産は実体上法人としての家族に属し、用益は、コルポラチオンのハウプトと構成員たちの間で個人的な固有権へと分配される・構成員が固有権をもつ他のゲノッセンシャフトとの差異はハウプトの圧倒的地位にあること、を証明（284.）

学説の状況概観（284-286.）／ベーゼラーに対する反対論：ドゥンカー・ゲルバー・トェールなど。マイヤーも新たな論拠を示さずに反対（284.）／彼による多くの諸家の不適切な評価と引用に対するギールケの厳しい批判（285.）

ベーゼラーの見解をベルリン大学の諸鑑定も一致して承認（286.）／本稿は、上級貴族の法人格の発展を詳論するという私の約束の履行でもある（286.）

Ⅵ. マイヤーの矛盾（291-295.）

彼が上級貴族の家族のコルポラティフな性質を争う一方、その自律性を主張するのは矛盾（291.）／自律性があればコルポラティフな主体があり、主体があれば自律性がある。法解釈学上、構成されるべき規約法とウニヴェルシタスとは相関概念（291.）／今日、自律性の主体がコルポラチオンでのみありうることは、上級貴族の家族との関連で論証されている（292.）／自律性はコルポラティフな団体の機関による自己立法（292-293.）／マイヤーの自律性論に対する批判（293-294.）

Ⅶ. 上級貴族の家族のコルポラチオン的特性（295-297.）

上級貴族の家族は、統一的な権利主体性をもつコルポラチオンだが、組織体制上法人の権利が構成員の個人的権利によって制限されたドイツ法的なコルポラチオン（296.）／ローマ法には知られず。マルクゲノッセンシャフトや株式会社と同様、実体的権利は総体人格に帰属、用益と使用は個々人の固有権を構成（296.）／総体所有権の一例（296.）／ローマ法のウニヴェルシタスの相続理論でも諸個人の権利を認める傾向の指摘（297.）

Ⅷ. 結語（298-300.）

ロマニスト的法思想によるゲルマニスト的法思想の粛清・解体的批判が流行、だが後者はパンデクテン論理学を疑い、ドイツ法を固有の思想的手段で構成する（298-300.）／マイヤー理論は、レアルラステン・有価証券・著作権の説明同様、ゲルマニスト的法思想を誤解した学説史的一症例である（300.）

【以上】

【4. 上級貴族の家の法人格─防衛と足固め】人名索引（ABC 順）

Bald.（バルドゥス）------ 294. 295.
Bart.（バルトルス）------ 294. 295.
Bauer（バウアー）------ 273.
Beck（ベック）------ 273. 275.
Bertachinus（ベルタキーヌス）------ 294.
Beseler（ベーゼラー）------ 250. 252. 253. 254. 255. 259. 262. 264. 266. 271. 272. 275. 282. 284. 285. 286. 288. 289. 290. 297.
Betsius（ベトシウス）------ 287. 288.
Böhlau（ベーラウ）------ 269. 273. 276.
Böhmer, J.H.（ボェーマー〔J.H.〕）------ 282.
Brautlacht（ブラウトラハト）------ 288.
Bruningus, Bruning（ブルニングス、ブルーニング）------ 287. 294.
Brunner（ブルンナー）------ 300.
Brunnemann（ブルンネマン）------ 294.
Bynkerschock（ビュンカーショック）------ 289.
Dahn, F.（ダーン〔F.〕）------ 290. 292. 295.
Carpz（カルプツ）------ 294.
Duncker（ドゥンカー）------ 268. 269. 270. 271. 275. 277. 284. 289.
Fichard（フィッヒャルト）------ 280. 287.
Gail（ガイル）------ 294.
Gengler（ゲングラー）------ 295.
Gerber（ゲルバー）------ 282. 284. 291. 300.
Gierke（ギールケ）------ 250. 252. 253. 254. 289. 296. 297.
Grotius（グロチウス）------ 287.
Hänel（ヘーネル）------ 259. 292. 295.
Harpprecht（ハルププレヒト）------ 288.
Haselberg（ハーゼルベルク）------ 288.
Heberlin（ヘーバーリン）------ 256.
Heffter（ヘフター）------ 252. 256. 257. 273. 274. 275. 277. 278. 285.
Heimbach（ハイムバッハ）------ 274.
Hellfeld（ヘルフェルト）------ 289.
Jason（ジェイソン、ヤーゾン）------ 287. 294. 295.
Jolly（ヨリー）------ 285.
Kind（キント）------ 288.
Klüber（クリューバー）------ 273. 289.
Knipschildt（クニップシルト）------ 280. 282. 287. 288.

Kohler（コーラー）------ 257. 273. 275. 290.
Kreittmayr（クライトマイヤー）------ 256. 288. 289.
Laband（ラーバント）------ 260.
Lewis（レーヴィス）------ 250. 252. 253. 286. 288. 289. 294.
Losaeus（ロサエウス）------ 294. 295.
Lünig（リューニッヒ）------- 273. 275. 276. 277. 278.
Manteuffel（マントイッフェル）------ 288.
Maurer, K.（マウラー〔K .〕）------ 261. 292. 294.
Mejer, O.（マイヤー〔O.〕）------ 249. 250. 251. 252. 253. 255. 256. 260. 261. 262. 266. 267. 270. 271. 272. 273. 277. 278. 279. 282. 284. 285. 286. 288. 289. 290. 291. 292. 294. 295. 296. 297. 298. 300.
Menochius（メノキウス）------ 287.
Moser, J.J.（モーザー〔J.J.〕）------ 256. 257. 275. 277. 288.
Müller（ミュラー）------ 288.
Odofredus（オドフレードゥス）------ 294.
Pistoris, Mod.（ピストリス〔Mod.〕）------ 287.
Platea（プラテア）------ 295.
Posse（ポッセ）------ 256.
Pözl（ペーツル）------ 285.
Pütter（ピュッター）------ 256.
Renaud（ルノー）------ 285.
Reuss（ロイス）------ 274.
Reyscher（ライシャー）------ 274. 277.
Roth（ロート）------ 284. 296.
Runde（ルンデ）------ 256. 288.
庄子良男（しょうじよしお）------ 286.
Schulze（シュルツェ）------ 257. 273. 274. 275. 276. 277. 278. 285. 290.
Schurff（シュルフ）------ 287.
Siegel（ジーゲル）------ 300.
Speirmann（シュパイアマン）------ 288.
Stobbe（シュトッベ）------ 290.
Stryck（ストリーク）------ 288.
Sturvii（ストゥルヴィーイ）------ 288.
Thöl（トェール）------ 284.
Tidaeus（ティダエウス）------ 288.
Voet（フォエト）------ 294.

Weiss（ヴァイス）------ 289.
Wesenbeck（ウェーゼンベック）------ 287.
Zachariä（ツァハリエ）------ 264. 274. 284.
Zasius（ツァージウス）------ 280. 287.
Zimmerle（ツィンメルレ）------ 288.
Zöpfl（ツェプフル）------ 285. 289.

【以上】

【5．法の青春と老年に関して】詳細目次（内容記述順）

Ⅰ．問題提起（301-308.）

遊戯や恣意の所産と見られてきた法の歴史的変化を「法則的発展」とみた歴史法学派の功績と法史学の使命：サヴィニー、アイヒホルン、グリム（301.）

「法は民族精神の所産」（302.）／個人精神同様、我々を取り巻く生活事実から一般精神を解明しうる（303.）／民族精神の概念の法の歴史への導入が妥当（304.）

民族精神は進歩する発展過程に服する：法の青春と老年（304.）／民族の年齢諸段階の特性は、民族精神の表出たる法に反映：その各性格的特徴（305.）／ゲルマン法は、いまだ青春の全メルクマールを担う（305.）／発展の不均一は、階級的地方的な分裂と法の病気に導くが、成熟した形成物と並んで青春時代の諸類型が実現されているのが見られる（305.）／ヴァイステューマー（305.）

外国法による二度の介入（306.）／第一回は、古代世界の相続人によるローマ法の受容：中世ゲルマンの皇帝制・神聖ローマ帝国・官吏やレーン制度などは後期ローマの制度と同じ：破綻に瀕したローマ文化の硬直した法。第二回は、ローマ法継受：中世イタリアの学問により変化し若返った姿でのローマ法の体系的介入（306-307.）／継受は法生活の統一性回復等の手段、だが我々の民族に疎遠なものを押しつけた（307.）／ローマ法と法律家のロマニスト的思考との民族法の分裂による、早い老年の接近（308.）／民族精神の力強い法史的運動から、近代ドイツ法が青春の特徴を現わす（308.）

Ⅱ．無意識の精神活動の優位から意識的な精神活動の優位へ（309-312.）

民族移動までのゲルマン法は自然発生的な慣習法、移動後の部族法典も、慣習法に関する民族集会の認めたヴァイステューマーそのもの（309.）／筆記された法には、空白や矛盾の補充・変更・新規定の需要等が生ずる：フランク帝国の王の命令（310.）／だが中世を通しての慣習法の優位：オットー大帝による古代相続法原則の修正の際の神明裁判：古い法の遵守の残存（310.）

近世に至り、教会や都市の計画的立法の前に慣習法が後退（311.）／国家において一定の機関をもつ成熟した民族生活に対応（311.）／理性法も同じ。だが立法者

も、法を法となすところのものを民族精神の泉から聴き取るべきである（311.）／我々の下での慣習法の争いは、民族の老齢を警告する特徴（312.）／慣習法の創造：商法（312.）

Ⅲ. ファンタジーの優位から理解力の優位へ（312-323.）

法史における感覚的な解釈と形態形成から抽象的なそれへの移行（312.）

青春時代の法における感覚的観方と柔軟な形態形成能力の展開（312.）／ポエジーとフモール、詩的要素の民族精神による決定（313.）／成熟した法は、抽象的な理解力と論理的思考の支配、感覚的な豊かさを失う（313.）

古い法の言語における感覚的・詩的表現：頭韻法（家屋敷・皮髪刑）、同義語反復・肯定と否定（314.）／比喩的表現（オオカミ頭・森の通行者・雄鶏）、婉曲的言い換え（木に騎乗・二人半の人）など（315.）／裁判所の開廷・法の判告など重要な法的行為の際の儀式的方式での詩的表現（316.）／古法のイメージ的諸概念：平和・復讐・ゲヴェーレ・ムント・固有財産など（317.）／所有権・物権・ベルゾン・国家などの一般化を欠く（317.）／法は論理的精神ではなく歴史的精神の放射であるゆえに、抽象的概念の単独支配は死と同一（318）／論理的に証明し難いゲルマン的世襲王制の青春の力（318.）

青春時代の法の諸規定：サリカ法の豚窃盗のカズイスティーク・鳴る骨（318.）／傷害の重さ・距離や広さの測定：白い馬や鐘の響き、三脚イス、ハンマー投げ（319.）／外観的権利の承認：森を通り抜けるランデスヘル・殺害された侵入者の人命金など（320.）／物も個性を有する現象：家の平和や刀剣・糸巻き竿・夫人の装飾品・諸動物のもつ固有権（321.）／我々の青春時代の法は、そのように鳴り響いた（322.）

我々の正義の観念は、均一で確実な原則を求めるが、生活の豊かさが抽象的規範への不断の影響力を維持しない限り、老年の非生産性と硬直に陥る。法の中に体系はあるが法体系は存在しない。ドイツ古法は意識的な体系論の欠如を示す。成熟した学問がはじめて生活への作用力となり、法生活を拘束する体系を発見する（322.）

Ⅳ. 青春の拘束された精神から成熟した自由な精神へ（323-327.）

青春時代の法：外面的・現実的・不平等、不公平・不合理・盲目的（323.）／原始ゲルマンの刑法は、結果のみを見て故意過失を見ず・証拠法も裁判官の証拠評価の余地を欠く・刑罰の外的諸事情による決定など（323.）／武装能力が完全な権利能力の前提・不平等な権利能力など（323.）

非常に厳格な形式主義（324.）／法生活全体の形式による支配。ゾーストの裁判所条例の裁判官（324.）／これらの形式はシンボル（325.）／王の平和＝手袋の付与＝保護の付与、王笏や杖・旗・剣などの付与＝王や裁判官の権力付与、両手の組合わせ＝ゲザムトハントの法律関係の基礎づけなど。その他、証書の取消・アネ

ファング訴訟・わら投げ（325.）／婚姻契約における指輪・王が自由人の処女に与える剣と糸巻棒・婚約指輪・王権等の印璽その他の例（326.）

近代の公法・私法における形式主義（327.）／裁判手続きの諸形式・手形法の形式厳正・裁判上のアウフラッスング。無味乾燥的・分別的・事務的であり、その目的を内容よりも形式によって達成する（327.）

V．民族の歴史と法の歴史（327-332.）

青春の民族では、個人と一般の厳格な相互束縛と不自由性の反面、共同生活は直接性と強度をもつ（328.）／民族移動とキリスト教が民族ゲマインシャフトの中に様々な分裂を持ち込む。だが中世末までは、社会的な団体生活の拘束の中で、国家と個人は完全に後退（328.）／ルネッサンスと宗教改革以降、社会的諸団体の拘束から個人の解放が開始し、近代国家が一般意思の執行者へと上昇（329.）／成熟の段階（329.）

法の歴史は、この発展過程を反映（329.）／青春時代の法は、個人的でも国家的でもなく、社会的：家やジッペ・ゲマインデ・部族および民族ゲノッセンシャフト・種々のヘルシャフトや教会団体による、個人の拘束（329.）／家族法が如何に家統一体に支配されたか：ジッペゲノッセンのフェーデと血讐・宣誓補助・ラントゲマインデの総体所有権・相続順位・刑罰に代わる自力救済（330.）／中世ドイツ帝国も社会的（331.）／その後、個人の解放は、すべての社会的束縛を解消しつつ私法の個人主義的形成へと、国家の解放は、公法の国家絶対主義的形成へと導く。憲法・行政法・刑法・訴訟法など。実りなき老年期への歩み・だが我々の法の継続的形成の希望は、再び法の社会的要素の甦りにある（331.）／我々のゲゼルシャフト法・ゲノッセンシャフト法・フェライン法の再生などの若きゲルマン的力の活動（332.）

VI．諸機能の結合から分離へ（332-334.）

原始段階では、民族総体が様々な生活機能を直接履行するが、文化段階では、特別の職業階級が独立の諸機関を形成する（332.）

青春時代の法は民族法：最古のゲルマン法：民族の魂の流出：民族集会での法の判告と重要な法的行為の確認（333.）／審判人制度以来、法律専門家が形成開始。次第に民族的な法の創造は国民的な法統一の前に停止。外国法が法解釈学と法律家階級・民族意識と法曹法の分裂をもたらす（333.）／民族との結合を求める現代の努力（334.）

VII．民族の歴史的発展と法（334-341.）

民族の歴史の中で「法生活」も本質的部分を構成（335.）／我々の言語精神が最古の法概念に影響したが、成熟した法は固有の技術的言語を創造（335.）／古法では詩的能力が法の共同形成要素だが、今日、芸術衝動と法衝動は離れて存在（336.）／法と宗教：結合（生贄としての死刑・神明裁判・教会法による危難者保

護や宣誓権などの保存）から分離へと進行（336.）／宗教と倫理：誠実の概念が従士関係に入り、ゲノッセンシャフトと法・家族法・契約法・市民的名誉法に浸透（337.）：王の保護・外人法・寡婦や孤児の特権・飲み代・地代の徴収・婚礼の贈り物など（337.）／法と道徳が衝突する際の法自らの配慮（338.）／逃亡犯人と渡し守の諸規定：カノン法による法と道徳の一致の努力と分裂（338.）／鋭い分離は、衝突緩和の手段だが、高次の統一も必要（339.）／青春時代の法における風俗の決定的役割：裁判集会やゲマインデなどの祝祭・饗宴・ダンスなどにおける社交規則・食卓規則：ご馳走の調整義務・友好的な顔つきや礼儀正しい飲食の義務（339.）／帝国法等による「贅沢な饗宴」の禁止（340.）／夫を殴る婦人の例。今日、法と風俗は完全に切断、だが敵対的に扱ってはならず。法と経済（340.）、法と国家の関係（341.）も、不分離から分離へと発展、だがより高次の統一を要する（341.）

Ⅷ. 結語（342-345.）

法の発展：正義の理念の上昇と実定法の理想的形成（342.）／法の進歩は文化の進歩、文化進歩の歴史は法史そのもの（342.）／古ドイツ法に寄せるグリムの嘆き（343.）／ロマン的情調は歴史的考察には堪ええないが、そこには現代が忘れた詩的権利と真理が潜む（343.）／だが最近の法史は、多くの慰めの徴候を示す（344.）／近代諸民族の人類の将来のために働くとの意識と使命（345.）【以上】

【５．法の青春と老年に関して】人名索引（ABC順）

【以上】

【６．自然法とドイツ法】詳細目次（内容記述順）

（＊1.2.--- は原文にはないが、便宜上訳者が付したもの）

1．問題提起（347.）／ドイツ法の歴史的プロセスの諸要素をたどる（348.）

法とは何か、法科学は究極の回答を見出せず。規範の国家的強制可能性か自由意思の外的拘束性か（348）／国家法のほかゲノッセンシャフト法も存在するか（349.）／慣習法は法か：多くは用語法の問題。しかし、法の起源・法の本質・法の目標は何かについては、世界観と諸前提の差異ゆえに、対立は和解し難い。法の源泉は、神か自然か精神か、いかなる諸力が作るか・だれが形成するか（349.）／

約の源泉かつ制限：実定法は、自然法の諸原理を展開し、時代と場所に適合させる課題のみを有する（360.）／自然法の上の神の法（361.）／自然法と共通人類的法。しかし純粋または厳格な自然法の適用不可能性：国家的支配と私的所有権と矛盾（361.）

6．ローマ法と自然法（361.）

ローマ法は「人類全体のための普通法」：ローマ－カノン法は、法律や慣習よりも自然法や神の法に近く見え、内容的にも自然法の要求に適う（362.）／土着法に対する万民法：厳格法に対する近代の衡平法：コルプス・ユリスは書かれた理性との信仰（362.）

自然法思想が実定法に対する主権性を主張しつつ、東ローマ帝国の遺した法はゲルマン的理念と中世的観方によって浸透される（362.）／それらの要素は、誤解の形で諸原典に混入し、または、自然法的諸命題の内部で妥当する（363.）／この諸原典とは異なるイタリアの教義と実務による混合法が、ドイツに継受：同時に、自然法による実定法の補充・訂正の理論も継受される（363.）

実定法における「現代的慣用」と、自然法における中世的ドグマからの解放と法哲学的思索の根本的傾向をとおしての、両者の鋭い対立。自然法による歴史的法の代替の呼び声・宗教改革時代に噴出（363.）／十七世紀における自然法論の完成と歴史的法の危殆化に向けての作業（364.）／十八世紀：自然法論による公法・国家法・教会法・刑法・国際法における勝利・私法をもまた。ルソーの社会契約論（364.）／シラー・ゲーテ（365.）／フランス革命の自然法的改革立法。ドイツ：プロイセンラント法における豊かな自然法的観方・十九世紀における自然法的要請の完全な実現（365.）

7．歴史的法解釈の登場（365.）

歴史的法解釈は形式的に自然法理論を崩壊させるが（365.）／実質的に自然法の仕事をも完成させる（366.）／この現象が自然法の歴史的正当化の証言となる（366.）／その例：①自然法は、中世ゲルマン法やローマ法を除去し、補充的にゲルマン法の核心部分をもたらす。②抽象的理性の主張として、無意識のうちにゲルマン法の諸理念を主張。③自然法論は、意識的にゲルマン的立場からローマ法に反対（366.）／トマージウス・ボェーマー・ヴォルフなど（367.）

8．自然法思想の功績とその中のゲルマン的要素（367.）

ｉ．国家に対する法の関係：自然法の教義は、中世の桎梏から国家を解放し、法思想の独立を維持（367.）／絶対主義的立法の数世紀、国家と同等な法というゲルマン的理念を維持できたのは、自然法の功績（368.）

ii．国家の文化的使命の発見・ゲルマン的自由に反する警察国家や後見国家の防止を求めるカントの自然法的プロテスト（368.）

iii．私法からの公法の区別：ローマ法的な自然法論の功績（368.）／対立の上の

統一・公法も法などの法治国家のゲルマン的核心思想の今日の格闘は、自然法論の働き（368.）

iv. 自然法論の基本思想：国家の高権と個人の自由の領域は、不可侵の境界で分けられた二つの領域（369.）／それをゲルマン的思想世界は、個人の譲渡し得ない不可侵の諸権利の体系へと導入：生まれながらの〔基本的〕人権（369.）

v. 個人と国家を媒介する諸団体：ルソーやフランス革命の正統な理論は、社会的団体の解消を企図（370.）／だが自然法教義は、個人の自由権としての自由な団体形成権を主張、ゲルマン的コルポラチオンの形成を準備した（370.）／国家創造と類似の社会契約による新たなコルポラティフな構築：教会・ゲマインデその他のケルパーシャフト。アルトゥジウス・プロイセンラント法の体系（370.）

vi. 憲法（370.）／自然法論はゲルマン由来の有機的生命の諸萌芽を破壊したが、等族的憲法国家と代表制的憲法国家の架橋を作った功績がある（371.）

vii. 私法（371.）／自然法論は階級的特別法の解消を完成させた。ローマ的平等は法的差異の平準化を求める。自然法は、ゲルマン法の有機的社会的要素の破壊のためにローマ法と同盟。だが家族法、所有権秩序でローマ法と闘う一定の役割も果たす（371-372.）

viii. 自然法におけるゲルマン的要素（372.）／ゲルマン的なのは、普遍主義的・理想主義的な根本性質。法の理由と目標は正義。カントの言葉（372-373.）

【以上】

【6. 自然法とドイツ法】人名索引（ABC 順）

Althusius（アルトゥジウス）------ 370.
Boehmer, J.H.（ボェーマー〔J.H.〕）------ 367.
Eichhorn（アイヒホルン）------ 351.
Goethe（ゲーテ）------ 365.
Grimm（グリム）------ 351.
Justinianus（ユスティニアヌス）------ 358.
Kant（カント）------ 368. 372.
Nettelbladt（ネッテルブラット）------ 370.
Rousseau（ルソー）------ 364. 370.
Savigny（サヴィニー）------ 351.
Schiller（シラー）------ 365.
Sophokles（ソフォクレス）------ 360.
Tacitus（タキトゥス）------ 366.
Thomasius（トマージウス）------ 367.

【以上】

【7．ラーバントの国家法とドイツ法科学】詳細目次（内容記述順）

Ⅰ．問題提起（375-379.）

ラーバントの作品の完成と国家法の論争における卓越した役割（375-376.）／学問の進歩における一面的誇張と作用反作用の原則に関する所見（377-378.）／彼の作品は、決定的な学問的進歩を示すが、採られた方法の内在的限界と諸帰結の一面的かつ一時的性格の意識を欠くときは、進歩は退歩ともなりうる（379.）

Ⅱ．ラーバントの法律的方法（380-391.）

国家法の対象：彼の作品の学問的進歩は「国家法は法であり法以外の何ものでもない」という思想の実行による（380.）／この命題は妥当（380.）／争いは、法の本質にかかる（381.）／国家法を法でないとする現実主義的理論は否定される（381.）／グンプロヴィッツの批判は、ラーバントの方法の一面性を指摘（382.）／ラーバントの努力は承認されるが、主な誤りは、法律的方法の本質の不正なまたは狭すぎる決定にある（382.）／彼は、国家法を国家生活の内容から切り離し、法をその独立性において示そうとする（383.）／国家法は、最近まで異質の要素と混合され独立性を欠いた（一般国家学・政治学）／ゲルバーによるドイツ国家法理論へのローマ法的法思考の導入（384.）／だが法的側面の概念的孤立は行き過ぎてはならない（385.）／ラーバントもしばしば具体的な政治的考慮に結論を負う（385.）

法律的思考の本質：法科学の支柱は歴史と哲学だが、法律的思考は「形式論理」と「実際的な拍子」という精神的要素の混合（386.）／法律学の数学・芸術との親近性。法律学の重要部分は概念からの概念の論理的導出作業だが、単なる形式論理は実質的基本概念を生み出さない（386.）／論理的に可能な諸方法から適切有用なものを見出すのは、法律的な拍子感覚（387.）／ラーバントも両者を備えるが、形式論理的な方向が決定的優位を占める（387.）／彼の正当な感情は、ときに論理的一貫性に反する：帝国または個別国家の国家性などの諸例（388.）／国家法を政治学から切り離し、軍隊法・財政法・裁判制度を厳格に法律的に扱うなどの基礎的達成（388-389）／一般的な国家法的諸概念の解明：実質的意味の法律と形式的意味の法律の区別・憲法的諸規範と行政的諸規範の境界決定など（389-390.）／刑法と訴訟法における国家法的原則の探究により国家法的地平を拡張。だが国家法の基本的諸問題に関しては、彼の法律的方法の欠点＝基本的諸概念の検討の欠落が明らかになる（390.）

Ⅲ．ラーバントの法律的方法に対する批判（391-409.）

彼は、論理に生産力があると誤解し、定義と現実概念を区別しない（391.）／法

されて、公法と私法の内的統一というゲルマン思想を含まず、個人的関係のみが真の法律関係である解釈を反映する（406.）／それらは国家法に使用できない（407.）／それらの概念は、公法により深化され新たに創造されるべきである。そうしてのみ国家法学は独自の概念的基礎を置きうる。国家法学と私法学の結合による祝福は、公法学のローマ法的教義に対する完全な独立性の確保にかかる。しかし彼は、パンデクテン体系の総論を、一般に妥当する覆し得ない真理として受け入れる（407.）／彼の実質的な基本解釈における諸瑕疵は、この形式主義的方法の必然的帰結である（408.）

Ⅳ. 国家の法人格（409-415.）

彼は、正当にも、国家法概念の中心に国家人格を置く。だが彼の不十分な方法は、国家思想を空虚化する（409.）／彼は、私法上の擬制された法人概念を国家人格に持ち込み、それに支配諸権利を帰属させる（410.）／私法上生き死にのできない化け物のような影の存在が、国家法上、主権を求め、生きた人間の血と肉を要求する（410.）

国家への団体人格の譲渡は、歴史的かつ論理的に不可能（410.）／ウニヴェルシタスが個人のごとく扱われる擬制は、起源と目的上、諸個人の利用を目指す法に属し、国家法に対する私法の完全な隔離を前提とする（411.）／この擬制は、公法の権利主体性には及ばず、相関概念として、諸個人とは本質的に異なる国家の概念を必要とする（411.）

国家法における法人概念は、現実にあり生きるままに権利主体と認められる「総体人格」と把握すべきである（411-412.）／公法上の人格たるケルパーシャフト的団体は、社会的生命体。公法は、団体全体を総体人格と把握し、団体の諸部分には、全体に対する地位において構成員人格を保証する：（私法には未知の）内的生存秩序の諸関係（412.）／国家法のみならずあらゆるケルパーシャフトの組織体制法や行政法に含まれる（413.）

彼は、国家人格を私法的な個別人格に還元し、国家法を私法的に構成する（413.）／国家の法人格は、権利義務の永続的・統一的な連結点であるのみ：国家人格は、あらゆる法人同様、意思無能力かつ行為無能力で（413.）／そのため個人や複合体など行為能力者たる機関による代理行為が必要である（414.）／虚構の存在が最高の権利主体・公法的な人格概念の欠如が、国家の構築や連邦国家の構成を特徴づける（414.）

Ⅴ. 国家の構築（415-447.）

彼は、共同団体の客観的秩序の主観的関係をペルゾンの法律関係として定式化：国家と所属員や官吏らの法的紐帯は、債権債務的関係のほか人格自体を把握するとし、この点に私法公法共通のメルクマールを主張（415.）／総体ペルゾンと構成員ペルゾン間の独特の権利を認識せず、個別ペルゾン間の諸権限のみを認識する

(416.)

彼は、国家をヘルシャフトと認識し、ゲノッセンシャフトとはみない：命令と服従の定式に入るものだけが国家法的権限と義務の素材・サヴィニーが「精神的民族共同体の肉体的形態」とした共同団体＝国家を単なる強制装置とみる。国家は民族の外から民族を支配する（416.）／民族は、国家法的に、いかなる主体的な統一体でも、ゲマインシャフトでもなく、個々人の多数体にすぎない（417.）／国家と民族の関係は権力関係の総計。体系の絶対主義的な特徴を示す（417.）

国家所属性の法律関係（417.）／臣下義務と国家市民権的請求権・国家活動への憲法上の関与を求める請求権（418.）／基本的諸権利には、国家法に属さない一般命題も入るが、真正の基本的諸権利は、国家法的な内容の実際的権利（418.）／客観的に国家領域と個人領域を限界づけ、国家も個人もこれを守る権利義務を生ずる（419.）／個々の市民を国家が一定の関係で自由な個人として扱うことを求める憲法上の請求権：国家における個人の自由という不可侵の領域という思想の実定法的形成（419.）／ある基本権の国家的な保証は、自然法的観念ではなく、歴史的発展と実際の需要による（420.）／基本的諸権利も、その時々の法意識により決定され国家の主権的処分に服する実定的権利：私法上の類似物はない：国家のみがコルポラチオン権利に対する個人の自由を保障する。ドイツ帝国は、基本的諸権利を否定せず、一部はラントの諸憲法をとおして修正補充（420-421.）／ラーバントはこの帝国国家法の諸原則を見出すべき学問的課題を無視する。証人強制や人や住居の不可侵・出版の自由などに言及

民族と国土（421.）／彼は、統一体国家の団体的編成の理論の欠如ゆえに、連邦国家における総体国家の個別国家への編成を歪んで解釈・資格づけられた構成員地位を国家機関と混同：その結果、君主制の本質を不十分に決定する（422.）／彼が皇帝制を、直接の帝国機関性と、プロイセン国家とその王に帰属するこの機関性に向けての特別権とに、帰着させる場合に、皇帝制の概念を汲み尽していない（423.）／むしろ皇帝には、増強された国家市民権＝ドイツ民族の国家法的ハウプトの人的特性が付与：皇帝は機関であるのみならず唯一最高の構成員人格である・この点に皇帝の君主的性格がある（423.）／彼の公務員法の叙述は成功：公務員概念と職務概念の区別・職務隷属への国家所属員性の上昇と国家市民的人格の変容という基本思想の遂行（424.）

国家の組織：機関の下に、彼は、意思能力または行為能力あるペルゾンまたはペルゾン多数体を理解：概念の正確な決定を見失っている（424.）／むしろ機関概念は、ケルパーシャフト法に出現（425.）／共同団体の中で総体統一体の道具として機能する部分統一体が機関：代理のカテゴリーには包摂されない：代理はここでは部分をとおしての全体の代表を意味する（425.）／組織体制的に意欲し行為する機関をとおして共同団体は意欲し行動する（426.）／その限りで、可視的なケルパー

シャフト構成員の意欲と行動が、不可視的なケルパーシャフト人格の意欲と行動と一致する。代理ではなく組織体制的な権限が、委任ではなく任命が、コレーギウムその他の公法的諸概念が生ずる（426.）

共同団体の原則から、真に公法的な概念カテゴリーが現れ、そこから国家法の組織が構成される（427.）／三つの差異

①国家機関の地位が、共同団体における一定の構成員地位によるか、特別の国家的な任命によるかの差異（427-428.）

②国家機関相互の関係から生ずる差異（428-431.）／直接的国家機関と間接的国家機関の区別（428.）／前者は、皇帝・連邦参議院・帝国議会・選挙人団・裁判所：後者は前者の下位機関である連邦参議院委員会・帝国議会委員会・諸官庁（429.）／機関自体は、法人ではないが、総体における機関人格を有し、公法的な権利義務の主体（429.）／彼は、直接機関には国家人格を表現する権利を争わず、間接機関とくに官庁には認めないが、段階的差異にすぎない（430.）／官庁は、国民代表と同様、完全な法人ではないが機関ペルゾン。機関の改変等、組織のあらゆる変更は客観的な法の変更を要する（430.）

③国家機関の統一体は一つの統一的な中央機関に集中し、それが最高機関となることによる差異（431.）／正当にもラーバントによれば、ドイツ帝国の主権的機関は、構成員国家の主権的諸機関の統一的総体にある。皇帝と連邦参議院は、共同しても主権者ではないが、主権者の諸権利を共同または単独で行使しなければならない（431.）／彼は、皇帝と連邦参議院を、株式会社の取締役会と株主総会と比較し（432.）／皇帝を業務執行者に引き下げ、連邦参議院を構成員集会に引き上げる。彼は、連邦参議院の二重の地位（諸国家の機関と連邦の機関）をいうが、連邦の機関にすぎない。二重の地位は連邦参議院代議員のみ（432.）／連邦参議院は、帝国議会が民族機関であるのと同じ歴史的・政治的意味で、諸国家の機関にすぎない（433.）

国家における主権的機関の地位、および、他の諸機関との関係。彼は、国家を国家権力の主体とし、これを主権的な機関と同一視。国家人格の現実存在は、この担い手に移され、国家的な権利は、主権的な機関に集中される。権力分割の否定を巡る彼の矛盾（433.）／だが共同団体の統一性と諸機関への機能の分配は調和する（434.）／立憲国家では、主権者は、国家権力の唯一の担い手ではなく、その共同担い手を認める。ラーバントの反対の主張は、立憲主義を追い出す。さらなる矛盾：彼は、帝国議会の国家的権限を認めるが、すでに〔皇帝と連邦参議院に〕国家権力全部を付与するので、帝国議会は空白化：帝国議会の帝国機関性と帝国権力の担い手性との関係は、不明確（434-435.）／しかし最終的には、帝国議会の国家と並ぶ機能を承認する：国家と政府の一致・利害関係者の外部委員会としての民族代表。株式会社の優先社債権者集会との比較。彼の「予算法律のない収入支出の管

理」理論は、国家と政府の一致という前提を遠ざけるや崩壊する（435.）／授権の欠缺にも拘わらず、国家機能は事実上法ではなく権力により遂行される（436.）／法でないものは、法においては使用されない（437.）／辞任か権原なき遂行かの政府の選択・緊急状態は政府の法律的免責状態ではない・いずれにせよ憲法・法律違反（437.）／政府は、刑事免責法律による免責後も、恣意的な使用と支払ゆえに負担を負う（438.）

国家の諸機能。彼の書物を貫く「国家的活動の国家法的モメントは、強制執行によってのみ確保される支配者の臣下への命令」という思想。だがその国家理解は、現実性を欠く（438.）／我々の国家概念は、①対外的な保護と利益代表・対内的な法と文化の世話の引受け、②個人やコルポラチオンの生活領域を妨げない補充的な登場、を求める（439.）／国家法的諸原則はそこから結果する。ラーバントでは、命令と強制から特殊国家法的利益が開始する：国家思想の形式化（439.）／文化任務は国家概念から消える（440.）

国家の設立と終了：人間の生死同様、法律行為ではなく、法が法の効果を結合する構成要件の実現：契約が先行しうるが、契約により完成されるのではない。北ドイツ連邦の設立（440.）／連邦への個別国家の加入を表示する個別行為の総計とみる彼の解釈では、新たな統一的な法主体＝連邦の出現を説明できず（441.）／むしろ個別国家は構成員であるとの表明により構成員として行為するとともに、新たな総体国家の最初の機関として総体人格の自己設定を完成する。彼のヘーネル批判はあたらない（441-442.）／ケルパーシャフトの設立と国家の設立の差異。国家は、国家法の基礎命題を国家外の法秩序からは受け取れず、むしろ独自の権力完全性から自らを法的存在として設定し、自らを最高の総体ペルゾンとして宣言しなければならない（442.）／北ドイツ連邦の成立：他の要因から創出段階で作られた生存条件を、生存の肯定と独自の意思決定によって受け入れ、それにより成立の瞬間に国家法の諸基礎を創造する：連邦による憲法の再度の公布がその表現。ラーバントは、正当にも、公布は認可ではないが、実行された認可の告示であるという（442.）／類似の法律構成：共同団体の本質変化・内的な諸変更の場合（442-443.）／共同団体の統一体的制定行為につき、国家と構成員間の契約は可能だが、国家の構成、編成または組織に変更的に影響する力は持ちえない（443.）／団体法が開始し意思関係が統一体的な共同意思領域で問題となるときは、契約概念は適用されない（444.）／ラーバントが、市民採用と官吏性付与を養子縁組やコンメンダチオンの私法的模範に従って国家法的諸契約と構成するのは、彼の国家法の私法的解釈を示す（444.）

Ⅵ. 連邦国家の理論（447-467.）

彼は、部分も全体も国家＝共同団体である連邦国家の概念を認め、その本質的クリテリウムを多層的な国家人格に見出す（468.）／国家法的決定のためには国家的

人格の構造が問題だが、彼は法人格一般の存在のみを問題とする。連邦国家のその他の形態との区別。①「諸国家同盟」「諸国家結合」との区別：法人格の有無（468.）／②連邦国家の国家人格は部分団体から生ずるが、個別国家の国家人格は自己行政諸団体からは生じえない（469.）／③連邦国家のその他の国家諸形態からの差異。以上、結局は「国家的」団体人格の他の団体人格からの差異・全体とその諸部分の同時的な国家的資格決定が、国家概念と調和するかに帰着する（449.）／狭義の国家概念は個別国家を前提し、複合的人格への分裂を排除するから、連邦国家概念の放棄か教義の放棄かの選択を迫られる。第一の道：プーフェンドルフの先行に従う近代の著者たちは、連邦国家概念を捨て（449.）、これを主権的国家間の条約関係とみ、または、全体を諸国家を諸州とする統一体国家とみる（450.）／それは国民の法意識を無視する。第二の道：連邦国家を諸国家から構成される国家と見る：国家概念は歴史的概念で発展能力を有し、論理的に障害はない（450.）

連邦国家の新構成の試み：国家権力の概念からの、①統一体性を犠牲にするか、②主権性を犠牲にするかの選択（451.）／①連邦国家の国家権力は分割され、総体国家と個別国家は主権的共同団体として併存するとみるヴァイツ説：現実生活と衝突する。②総体国家と個別国家を上位秩序と下位秩序の関係に置き、前者に主権的権力を、後者に非主権的権力を与えるラーバントらの説：主権的な共同団体性が国家概念に属さないため、個別国家とその自律的な州らの境界が困難（451.）／境界線を、彼は構成員地位の異質性：中央権力への持分に求める（451.）／本書の最も疑問の部分（452.）

第一に、個別国家の主権者たちが帝国権力の主権的機関を構成すること：連邦国家における個別国家の構成員地位の排他性というメルクマールが、彼の連邦国家理論の最も困難な瑕疵である（452.）／近代の連邦国家は、諸国家所属員たちが同時に総体国家に直接所属することなしには、考えられない（453.）／二重の国家的編成により、人はベルリン人として間接的、プロイセン人として直接的な国家所属員であるように、プロイセン人として間接的、ドイツ人として直接的な帝国所属員である

第二に、非主権的国家とゲマインデの差異は、団体権力を求める権利の有無：彼は構成員国家にのみ公法上の権利を求める固有の権利を付与する（453.）／イェリネックの理論。だが固有の権利とは何か（453.）／原始取得も承継取得も剥奪も可能、結局は所持の種類にのみ依存する：他人の権利の行使のための権利も固有の権利に含む（454.）／連邦国家の中の諸国家が連邦の機関としてその諸権限を行使するときは、公法的な権力を正確に総体国家が固有の権力を占有するように所持する（454-455.）／同じことは、あらゆる公法的ケルパーシャフトにも言える（455.）

第三に、非主権的国家と市町村的団体の、権利諸領域の異なる内容に従う差異（455.）／諸権限の総体としてみるときは、両者の間に差異はない（456.）。

一つの国家の国家的な構成部分と市町村的構成部分の概念的差異の発見は不可能。実定法に従い、一定の共同団体が最終的に諸国家であることを確証する場合に、課題に満足を与えるであろう：実定法は法律構成の動かし得ない基礎である（456.）

ヘーネルが示す正しい道：連邦国家では、完全な国家は、総体国家や構成員国家ではなく、ただそれらの全体性においてのみ現象する（457.）／ラーバントの帝国権力とラント権力の相互関係の叙述の成功は、この両者の共属性や相互関係の認識による。だが彼は、民事法的人格概念のゆえに、両国家の結合の思想を失う（457.）

その法領域での最高の団体権力が、あらゆる独立の国民的生活クライスにおける全てのその他の団体権力の上になければならない、との近代諸民族の法意識（458.）が、最高権力に一定の課題と権限を割り当て、そのように構成された法領域に「国家的なもの」の性質を付与する。それにも拘らず法意識が、複数の国家権力の主体を同一の共同団体中に認める場合、権利義務の総体が一つの最高かつ不可分の権力領域を構成し、諸主体の多数体はそれらのゲマインシャフト的所持の使命を与えられる、としか考えられない。連邦国家の国家権力も同様である（458.）

連邦国家の分割されない国家権力の主体は「有機的に結合した国家諸ペルゾンの多数体」（458.）／総体国家と構成員たる個別諸国家とが主体を構成する（459.）／一定の組織体制的結合の有機体的性格：参加者の地位は平等ではなく総体国家がハウプト。総体国家が対外的に代理し対内的に最終決定することで、国家意思が統一される（459.）

このように国家権力が総体国家と構成員諸国家に共同占有される場合、国家権力はその行使上、共同把持者間に固有権として分配され、権力の総体が総体国家と構成員諸国家の間の組織体制的な境界をもつ二つの領域に分解、それぞれに固有の国家的権力権を生ずる。いずれも単独では完全な国家権力ではない（459.）／総体国家権力は最高権力だが、下に向かっては権力全体ではなく、構成員国家はその領域では国家権力全体だが、上に向かっては最高権力ではない（460.）／総体国家も構成員国家も、より高次のペルゾンには編入されない、行使のためにのみ分配された統一的な国家領域の共同把持者として、国家的諸ペルゾンである。ドイツの個別諸国家が、帝国の国家的完結性にもかかわらず、国際法的主体性を有し、主権性の名誉権利を有するのは、そのためである（460.）

この法律関係の私法的類似物は、ゲノッセンシャフト的な総体所有権である（460.）／ケルパーシャフト財産の所有権の中の諸権限は二つの領域に分解され、一つは、法人が支配し個々人はその構成員としてのみ権利を付与され、他は、諸構成員に分配され不可侵の個人諸権利を構成する（461.）／株式社団・農業協同組合・鉱山組合などの例（461.）／国家法学は、極めて僅かにしかロマニステンの教義と結合されていない（462.）

連邦国家的な諸国家団体のゲノッセンシャフト的構成。ラーバントの成功と失敗の諸点も、この思想の採用と欠如にかかっている（462.）

Ⅶ. ラーバントの法思想（467-489.）

法思想の純粋性と独立性（467.）／彼は法を単なる国家の産出物とは見ず、慣習法や自律も法源とみる（467.）／国家そのものが法に拘束されるという（468.）／彼は、権力の宣言が法に妥当性を与えまたは奪う場合にも、法を権力の制限とみるが、それが、法を強制と命令の意味に解する彼の理論と調和するかは疑問。国際法の承認・国家への関与を求める諸個人の権利・帝国議会の国家法上の義務などの例（468.）

ラーバントは、形式主義的理解から「命令」説をとり、内容から切り離された形式に固有の生命を付与する（469.）／立法の概念を法律命令の発布に集中・法律内容の確定をその準備とみなす。だが法律命令を法律内容から引き裂くことは許されない（469.）／国家は、法意識の表現を法と認識し宣言することで規範に拘束力を与え、法律命令の発布において法律内容の宣言を法規として実現する（470.）／国家と法は、互いに完全なものにし合う（471.）／法が国家を完成させるように、国家も法を完成させる。むしろ法は実質的な国家機能であり、国家は実質的な法機能である。両者を引き裂く彼の立法概念によれば、国家も法も棄損される：国家は立法者の使命の高貴な部分を失い、法律は命令に格下げされる一方、法律の形式のない全ての権力の上に上昇する（471.）／ここに彼が慣習法を法源とみつつ、制定法改廃効を認めない理由がある（472.）

対外的国際条約が対内的に立法でありうることの形式主義的解釈（472.）／国家的命令だけを内容から分離して規範遵守を図る（473.）／条約の公示方法の欠缺の指摘：形式と内容を引き裂いて国家の法機能と法の内的本質を同時に侵害。彼は「裁判」を、国家の支配権行使と見る限りで、国家法に属するというが、誤り。支配権は、ここでは、国家が民族の法共同体の意味で履行しなければならない実質的課題の解決のための形式的な手段にすぎない（473.）／彼は、裁判権の本質を形式的な支配活動に見出し、民事裁判権と刑事裁判権を区別し（474.）／民事裁判では国家的強制を避けるゆえの給付命令が、刑事裁判権では国家的支配権の実現が、判決の本質的要素であるという（475.）

しかし、裁判において法が主問題でないならば、国家と法の紐帯は切断され、法秩序の保護者たる国家は執行人となり、法は執行の業務規定となる（475.）／現代の国家および法意識によれば：国家が裁判所として法と不法に関して認識することは、国家の本質に属し、法が国家機能を内容全体で履行することは、法の本質である（475-476.）／ローマの方式書訴訟や中世の手続では、命令権や罰令権のみが国家の機関をとおして行使され、判決発見は国家機関の担い手でない人々に指図されたとのラーバントの見解は、国家と官憲の混同に基づく（476.）／ゲルマン的裁判

制度：ゲマインデまたは審判人は国家機関として判決を発見：執行が当事者に委ねられた一方、判決宣告と共に裁判所の任務は終了した（476.）／今日もまた、裁判は裁判所の第一の任務（477.）／法が法として、不法が不法として明らかにされることは、私法公法に妥当する裁判所の卓越した課題である。市民的法律関係につき、国家には、法が勝利するか不法が勝利するかは重大事でないとの彼の主張は誤りである（477.）／法律問題の裁判は民事訴訟の準備的部分ではなく、その中心である（477.）／法治国家では、刑事司法も公的司法も、真正の裁判に重点を見出す（478.）／近代ドイツの発展全体は、行政からの裁判の分離を目標とする（478.）

具体的権利の評決が裁判機能の本質的実体とすれば、命令と強制は国家的機能の形式的補充にすぎない（478.）／国家的評決だけが権威的で、それに命令が内在する（479.）／教会のような団体も法的な裁判を命令と強制により実現しうる。国家の裁判権との差異。判決が国家または主権的機関などに向けられる限りで、ラーバントの構成では、裁判官の裁判は否定される。国庫の敗訴判決・刑事裁判権・行政裁判所・憲法裁判所の場合。彼による主権者とその家族に対する裁判権の否定と、マイヤーの訂正。だがランデスヘルに関しても、それが民族のハウプトとしての彼の不可侵の人格領域に介入しない限りでは、彼に不利益な裁判も考えうる（479-480.）

裁判活動の形式主義的構成とラーバントが裁判の国家的機能を独立の意味で認識していないことの内的関連（480.）／彼は、立法・行政・裁判という三区分の代わりに、裁判を行政の特別の形式とみるフランス的な二区分を遂行する（481.）／裁判と行政の区分は、国家法的立場からの技術的案件としてのみ現れる。しかし、法治国家の現実性の諸条件は、行政活動の中の法の存在（481.）／行政介入から自由な法の実現（482.）／純粋な法の国家機関の形成・法の持続的コントロールの生産、にある。従来の慣例：唯一法によってのみ支配される裁判を目指す規範の総体が、国家法において評価されなければならない。そのための諸命題（482.）／①裁判官活動の行政的機能からの区別、②裁判官の地位の独立性による裁判の独立性、③裁判所の構成による裁判の独立性、④裁判の公平中立性、⑤当事者訴訟の手続をとおしての裁判における正義のみの支配、が重要である（482.）／これらは、ラーバントのもとで見失われている（483.）

裁判官の調査権。彼は、皇帝の公布に基づく法律の合憲性の調査を拒絶する（483.）／だが、裁判所は、裁判の国家機関として、国家的な法設定として現れるある規定が真に国家的な法設定か否かを、独立に確証する権限と義務を有する。行政官庁はこの独立性を欠く（483.）／法の枠に拘束され、上位機関の命令を受ける（484.）／行政官庁も法律の有効性の調査を免れないが、調査の権利義務はその独立性と責任以上には及ばない。ラント法律が帝国法律に反しないか、命令か命令権限の枠内か、などの問題（484.）

裁判官の調査に反対して、彼は、国民代表の同意なき法律の発布は実際上不可能というが疑問である（485.）／公然たる嘘は考えられないとしても、合わせて同意されなかった命題や表現を含む錯誤の可能性や、今になって裁可された以前の国民代表の決議の永続的効力、決議または撤回の最終決定性などの争いもありうる。憲法的な同意のみが法的意味の同意だから（485.）／他方、裁判官の調査は議会内部の過程には及ばない（485.）／議会的合議体の決定に関する限りで、レス・ユディカーターが存在する（486.）／裁判官の調査には、彼が認めるようには、立法者の形式的全能の否定は含まれない。法律は、実質的な憲法違反によって、裁判所によって無効と宣告されうる（486.）

以上がラーバントにおける法の状態である。彼が前提とするようには、国家生活は法において推移しない。法は法の領域の支配者だが、ゲゼルシャフト的世界の全体ではない（486-487.）／法の支配の価値・力・持続は、法の理念にかかっている（487.）

Ⅷ. 結語（489-496.）

ラーバント作品の分析は、論理的形式主義的方法の諸欠点と諸限界を示す（489.）／一部分価値あるも、原則的な諸問題の確定的な回答は、そこには見出し得ない

ドイツ法科学の諸課題（489.）／第一に、従来の成果を全部わがものにすること（490.）／現代ドイツ法律学の、歴史学派により怠られたことの挽回や厳格な体系論・学問の独立と革新に向けた努力。第二に、国家と法の本質についての究極的回答は、論理的形式主義の立場には含まれていないことを記憶にとどめること（490.）／実証主義の衣装の下に自然法が生き返っている（490.）

現代の実証主義的な法形式主義は、法唯物主義に補充を見出している（491.）／だが法の内容はそれでも存在し説明を求める。法秩序の現実の諸要素が法の内容を導く法理念の相続人となる（491.）／法の神聖な権力は、不浄な権力の外観となり、独立の品位を失う（492.）／ただ理想的内容のみが、法に永続的に内的な強さを付与する（492.）／我々の文化の存続が法の運命にかかっている（493.）／法律学は、形式の崇拝に進む代わりに、法秩序の生ける内容の認識を固有の課題としなければならない（493.）／ドイツ国家は正義であれば強く、不法ならば弱い（494.）／〔覚書〕ロジンの論文（494-495.）

【以上】

【7．ラーバントの国家法とドイツ法科学】人名索引（ABC順）

Degenkolb（デーゲンコルプ）------ 488.
Dilthey, W.（ディルタイ〔W.〕）------ 494.
Gerber（ゲルバー）------ 384. 409.
Gneist（グナイスト）------ 485.
Grotius（グローチウス）------ 445.
Grünhut（グリューンフート）------ 488.
Gumplowicz, Ludwig（グンプロヴィッツ〔ルードヴィッヒ〕）------ 381. 391. 409. 415.
Hänel（ヘーネル）------ 441. 457. 464. 465.
Held, v.（ヘルト〔フォン〕）------ 464.
Holtzendorff, v.（ホルツェンドルフ〔フォン〕）------ 447.
Jellinek, G.（イェリネック〔G.〕）------ 447. 453. 454. 455. 463. 464. 465. 466. 487.
Laband, Paul（ラーバント〔パウル〕）------ 375. 376. 379. 380. 381. 382. 384. 385. 387. 388. 389. 390. 391. 392. 394. 395. 396. 397. 398. 399. 400. 402. 403. 404. 405. 406. 407. 408. 409. 410. 413. 414. 415. 416. 417. 419. 420. 421. 422. 423. 424. 427. 428. 430. 431. 432. 433. 434. 435. 438. 439. 440. 441. 442. 443. 444. 445. 446. 447. 448. 451. 452. 453. 454. 455. 457. 462. 463. 464. 465. 466. 467. 468. 469. 471. 472. 473. 474. 475. 476. 477. 478. 479. 480. 481. 483. 484. 485. 486. 488. 489. 490.
Liebe, G.（リーベ〔G.〕）------ 465. 466.
Martitz, von（マルティッツ〔フォン〕）------ 389. 447. 464.
Meyer, G.（マイヤー〔G.〕）------ 464. 465. 466.
Mohl, v.（モール〔フォン〕）------ 465.
Müller, v.（ミュラー〔フォン〕）------ 464. 467.
Pufendorf（プーフェンドルフ）------ 449.
Rosin, Heinrich（ロジン〔ハインリッヒ〕）------ 494. 495.
Rümelin, E.（リューメリン〔E.〕）------ 464.
Savigny（サヴィニー）------ 416.
Seydel, M.（ザイデル〔M.〕）------ 415. 464.
Stengel, v.（シュテンゲル〔フォン〕）------ 489.
Unger（ウンガー）------ 488.
Waitz（ヴァイツ）------ 451.
Ziemer（ツィーマー）------ 409.
Zorn（ツォルン）------- 446. 447. 464. 465.

【以上】

【以上、第一巻の索引・終わり】